2014年甘肃政法学院重点项目（项目编号：GZF2014XZDZZ03）；
甘肃依法治理社会研究中心资助项目

马克思主义
法律思想研究

宋秉武 赵 菁 杨 栋 编著

中国社会科学出版社

图书在版编目（CIP）数据

马克思主义法律思想研究／宋秉武等编著．—北京：中国社会科学出版社，
2017.6

ISBN 978 - 7 - 5203 - 0557 - 0

Ⅰ.①马… Ⅱ.①宋… Ⅲ.①马克思主义—法学—思想史—研究
Ⅳ.①D909.1

中国版本图书馆 CIP 数据核字（2017）第 135667 号

出 版 人	赵剑英	
责任编辑	杨晓芳	
责任校对	张爱华	
责任印制	王 超	

出 版	中国社会科学出版社	
社 址	北京鼓楼西大街甲 158 号	
邮 编	100720	
网 址	http://www.csspw.cn	
发 行 部	010 - 84083685	
门 市 部	010 - 84029450	
经 销	新华书店及其他书店	

印 刷	北京明恒达印务有限公司
装 订	廊坊市广阳区广增装订厂
版 次	2017 年 6 月第 1 版
印 次	2017 年 6 月第 1 次印刷

开 本	710×1000 1/16
印 张	40
插 页	2
字 数	558 千字
定 价	158.00 元

目　　录

第二部分　马克思恩格斯法律思想在苏联的运用和发展

第三部分 马克思主义法律思想中国化及时代价值

第四部分 马克思主义法律思想在欧美国家的多元发展

导　论

　　马克思主义法律思想是马克思主义与国际共产主义运动相结合的产物，是由马克思、恩格斯创立并为他们的后继者所发展，包括马克思主义法学原理、法制思想以及法治建设等在内的理论体系。其中，既有马克思主义法律最一般、最基本的概念、范畴、原理、原则和规律，也有各个发展阶段经典作家关于社会主义法治建设的成功经验和失败教训。马克思主义法律思想从创立到现在，已经走过了170多年的风雨历程。以《关于林木盗窃法的辩论》《黑格尔法哲学批判导言》《共产党宣言》等论著为代表，标志着马克思主义唯物史观法律思想的形成。以《资本论》等论著为代表标志着马克思主义唯物史观法律思想的成熟并走向深入。此后，马克思、恩格斯又在国际共产主义运动中不断丰富、发展和完善马克思主义法律思想。1895年恩格斯去世后，共产国际在坚持和发展马克思主义、实现无产阶级革命等问题上产生了严重分歧。这时，列宁勇敢地捍卫了马克思主义，并把马克思主义同俄国工人运动相结合，领导取得了十月革命的胜利，还在革命后的苏俄进行了社会主义国家法制建设的探索，成功地将马克思主义法律思想发展到列宁主义阶段，为此后苏联社会主义法律体系建设提供了思想基础和实践经验。20世纪初，马克思主义传入中国，中国共产党人和无数信奉马克思主义的法学家，努力将马克思主义与中国社会革命与建设的具体实践结合起来，形成了毛泽东法律思想，实现了马克思主义法律思想中国化的第一次飞跃。1978年改革开放以后，中国共产党人重新树立了解放思想、实事求是的思想路线，经过近 40 年的理论与实践探索，形成了中国特色社会主义法律理论体系，成功地实现了马克思主义法律思想中国化的第二次飞跃。2014 年 10 月，党的十八届四中全会通过的《中共中央关于全面推进依法治国若干重大问题的决定》，为法治中国建设绘制了新的蓝图。具有无限活力和蓬勃生机、鲜明特色和光辉前景的马克思主义法律思想，始终是全面建设中国特色社会主义法治国家的理论基础和思想指导。我国法制建设取得的巨大成就充分证明了马克思主义法律思想的科学性和真理性。

本书系统研究了马克思主义法律思想形成、发展和丰富的历史演化过程，以及在这一过程中取得的成就，既包括马克思、恩格斯在马克思主义创立和发展过程中的法律研究及思想成果，也包括苏俄化和中国化的马克思主义法律思想与法治实践，以及西方马克思主义法学理论。

第 1—5 章研究马克思、恩格斯法律思想的形成与发展，主要论述了马克思、恩格斯法律思想产生的历史背景、思想渊源、主要内容、精神实质和时代价值。

任何一种科学理论都是时代的产物。时代孕育了马克思主义法律思想，马克思主义法律思想的产生与发展又开辟了人类法治建设新时代。马克思、恩格斯生活的时代，资本主义生产方式在西欧已经有了相当的发展。一方面，社会化大生产的迅猛发展，改变着社会分工、社会结构及社会生活方式，使马克思看到经济因素在社会生活中的基础地位，并以此为基础概括出物质资料生产方式是社会发展的决定力量、生产力是社会发展的最终动力等唯物史观基本原理；另一方面，又造成了严重的社会问题。一是资本主义生产方式内在矛盾日益尖锐化。自 1825 年英国首次爆发经济危机以后，周期性的经济危机与资本主义国家如影随形，进而形成世界性的经济灾难——产品滞销、工厂停工、失业增多，无产阶级和广大劳动者生活艰难。二是资产阶级与无产阶级矛盾日益加剧，工人运动在欧洲如火如荼。十九世纪三四十年代，西欧三大工人运动均提出了自己的政治要求和主张，甚至还朦胧地提出了消灭资本主义私有制以及消灭阶级的社会主义思想，使马克思、恩格斯看到："随着大工业的发展，资产阶级赖以生产和占有产品的基础本身也就从它的脚下被挖掉了。它首先生产的是它自身的掘墓人。资产阶级的灭亡和无产阶级的胜利是同样不可避免的。"①由此，马克思主义与国际工人运动进一步相结合，促成了科学社会主义的诞生以及马克思主义的最终问世。

科学的学说创立需要站在巨人的肩膀上，马克思主义法律思想也不例外，古希腊罗马时期的法哲学、文艺复兴时期的启蒙思想和资产阶级的法律思想、法国复辟时期历史学家的进步思想等，以及19世纪西欧三大先进思潮——德国古典哲学、英国古典政治经济学和英国、法国的空想社会主义都为马克思主义理论及其法律思想的创立提供了丰富的理论资源。当然，马克思主义法律思想的产生与马克思、恩格斯本人的主观努力分不开。首先，家庭及生活环境对他们思想的成长起着一定影响。马克思、恩格斯都出生于德国莱茵省——威斯特伐利亚地区，这里自1795—1814年一直为法国所占领，获得了经济、社会和政治改革上的便利条件，成为当时德国经济最发达的省份和受法国革命与文化影响最深刻的地区，生长于此的马克思和恩格斯必然会受其浓郁的自由思想的影响。马克思在1818年5月5日出生于一个开明的、充满了自由主义气氛的富裕的律师家庭，从小接受自由、民主、进步思想的熏陶。除父亲之外，对他影响最大的有邻居冯·威斯特华伦男爵，以及后来特利尔中学的校长维登巴赫和一些具有进步思想的老师们。1835年8月，马克思在中学毕业考试的德文作文《青年在选择职业时的考虑》中，就表达了对未来理想的憧憬和为人类福利而奋斗的信念，这一信念成为马克思毕生的追求。恩格斯在1820年11月28日出生于巴门市的一个工厂主家庭，父亲是一位具有虔诚主义情绪的保守而干练的商人，一心想将恩格斯培养成"欧门—恩格斯"商行的继承人，母亲和爱北斐特中学则给他提供了良好的影

---

① 《马克思恩格斯选集》第4卷，人民出版社1995年版，第284页。

响和优越的条件,使恩格斯从小具有追求自由主义的宗教观、政治观以及对人类知识的酷爱。生活与宗教、知识与信仰相互冲突最终导致恩格斯逐渐转向社会斗争,走上了无神论和青年黑格尔主义道路。其次,相似的思想发展道路使马克思、恩格斯逐渐地树立了共同的奋斗目标——致力于无产阶级和全人类解放的伟大事业。1844 年 2 月,发表在《德法年鉴》上的论文标志着马克思、恩格斯完成了从唯心主义向唯物主义、从革命民主主义向共产主义的转变,为马克思主义奠定了理论前提。后来,二人在布鲁塞尔合写的《德意志意识形态》首次系统地阐述了唯物史观,实现了历史观的伟大变革。1848 年 2 月,马克思、恩格斯为国际性工人组织"共产主义同盟"起草并发表的纲领——《共产党宣言》,标志着马克思主义的公开问世。1848 年欧洲革命失败后,马克思流亡英国,开展了深入的政治经济学研究,揭示了资本主义生产关系的秘密——剩余价值的生产,唯物史观和剩余价值学说成为马克思一生的两个伟大发现。1863 年《资本论》第 1 卷的整理出版,标志着马克思主义的成熟并走向深入。1971 年 3 月,巴黎工人发动起义并成立巴黎公社,马克思代表第一国际写出了著名的《法兰西内战》,高度赞扬了巴黎工人的伟大创举,科学总结了巴黎公社的历史经验。该书与几年后写成的《哥达纲领批判》一起,进一步丰富了科学社会主义学说。1876—1878 年,恩格斯写出了《反杜林论》,全面阐述了马克思主义理论体系。晚年的马克思病魔缠身,但依然坚持在工作岗位,一边为各国工人运动担当顾问,一边继续写作《资本论》,同时还进行了人类学研究。1883 年 3 月 14 日马克思逝世后,恩格斯担起了指导国际工人运动的重任,整理出版了《资本论》第 2、3 卷,写出了《家庭、私有制和国家的起源》《路德维希·费尔巴哈和德国哲学的终结》等著作,进一步发展了马克思主义理论。1895 年 8 月 5 日,恩格斯与世长辞。马克思、恩格斯的这些著作在叙述马克思主义的世界观和政治立场之时,都涉及了国家制度、政党制度、民主制度、选举制度等人类共同体的秩序问题,闪烁着马克思、恩格斯法律思想的光辉和智慧,既是人类文明成果的重要组成部分，也是我们今天全面建设社会主义法治国家的思想资源。

第6—8章主要研究马克思主义法律思想在苏俄和苏联的运用和发展，重点论述了列宁法律思想的形成与发展、列宁法律思想的主要内容及时代特征，考察了斯大林法律思想产生的时代背景、主要内容以及后斯大林时期苏联法律体系的发展、特点及价值取向。

列宁主义及其法律思想是20世纪初俄国社会主义革命和建设的产物，是马克思主义法律思想俄国化的理论结晶。1870年4月22日（俄历4月10日），列宁诞生于俄罗斯辛比尔斯克城的一个民主主义知识分子家庭。在父亲的教育下，兄弟姐妹六人都成为反对沙皇专制制度的热血青年和革命先锋。中学时期，列宁就写出以"人民生活美好的原因"为题的作文，描写了俄国君主专制制度压迫劳苦大众的情形，并对这种不合理的制度进行了激烈的抨击。1887年12月，列宁因参加反抗沙皇政府迫害的学潮而被捕入狱，最后被流放到了喀山省莱舍夫县科库什基诺。其间，列宁不仅系统地阅读了大量的俄国革命民主主义者的书籍，而且还研读了马克思、恩格斯的《资本论》《哲学的贫困》《反杜林论》《德意志意识形态》《英国工人阶级状况》等著作，为以后的革命实践打下了坚实的理论基础。1891年，大学毕业后的列宁积极地运用马克思主义基本立场、基本观点和基本原则分析俄国社会法权关系变动规律及其本质特征。进入20世纪，随着世界局势的变化和俄国国内资产阶级革命运动的高涨，列宁领导了十月社会主义革命并取得了胜利，实现了人类历史的伟大创举——在俄国这样一个经济文化落后的国家建立社会主义国家和制度。在此期间，列宁先后撰写了《国家与革命》《论国家》《无产阶级专政时代的经济和政治》等著作，系统地论述了无产阶级专政、社会主义民主，以及从资本主义到共产主义的过渡阶段无产阶级的法权关系、社会主义法制精神等问题，丰富和发展了马克思主义法律思想。新中国成立以后，列宁研究了新的历史条件下法制建设的相关问题，先后写下《论粮食税》《新经济政策和政治教育委员会的任务》《关于司法人民委员会在新经济政策条件下的任务》《论"双重"领导和法制》《关于赋予国家计划委员会以立法职能》等著作，全面阐述了社会主义俄国政治生活中的法律制度及其运行机制，系统地提出了社会主义法制基本理论，把马克思主义法律思想发展为列宁法律思想，为中国及其他社会主义国家革命与建设提供了宝贵的思想资源和精神财富。

列宁逝世后，斯大林成为苏联共产党和国家的最高领导人，在领导苏联革命和建设的三十年里，既对马克思主义法律思想在苏联的发展做出了一定贡献，又严重破坏了社会主义民主和法制。1956 年苏共二十大，赫鲁晓夫的秘密报告标志着"经典"的斯大林主义崩溃，苏联进入了后斯大林时代。从赫鲁晓夫任苏共中央总书记开始，到勃列日涅夫的改革，一直伴随着苏联高度集中的政治经济体制的结构性失稳，国家的法律系统处于一种亚稳定状态。这一时期，苏联通过确认新的经济形式、调整中央的管理和调控体制、重新界定行为空间等形式，加大了法律对社会的控制和调节，取得了些许成就。然而，苏联法学家的法学理论始终与国家理论紧密结合在一起，不能离开国家谈法、法的本质及作用等问题。在这一理念的影响下，国家权力设计遵循着政治逻辑，政治权力管控着社会的一切生活领域。相应地，苏联模式的基于阶级正义的公民权在夸大的阶级斗争的法律制度中，不仅剥夺了被"符号化"了的"敌人"的身份和权利，也造成了公民的思想和行动的不自由状态。最终，戈尔巴乔夫的改革打破了亚稳定状态的临界点——苏联法律体系随着国家的解体而终结。

第 9—18 章主要研究自 20 世纪以来，伴随着马克思主义在中国的传播和发展，马克思主义法学基本理论与中国社会主义革命与建设实践相结合的两大理论成果——毛泽东法律思想和建设中国特色社会主义法律思想体系的形成、完善与发展。

早在 19 世纪末，马克思主义就已经传入中国，但这时的国人只是将其视为欧洲各种社会主义思想中的一个派别，而非改造中国的武器，并未加以大力宣传和介绍，甚至充满着误解和歪曲。五四运动以后，先进的知识分子才从众多的外来思想中选择了马克思主义，接受了马克思主义法律思想的精髓——历史唯物主义法律观，并以此为基础思考和观察中国社会的实际问题，构成了马克思主义法律思想"中国化"的起点。不过，早期马克思主义者的法律思想往往是一种理论演绎，并未找到中国法制建设的可行道路。1921 年马克思主义与中国工人运动相结合产生了中国共产党，真正开启了马克思主义法律思想"中国化"的进程。以毛泽东为核心的党的第一代领导集体，创造性地把马克思主义基本原理同中国革命的具体实际紧密结合起来，创立了毛泽东思想，形成了马克思主义中国化的第一次飞跃。在这一过程中，马克思主义法学理论在中国得到了广泛的传播。以毛泽东为主要代表的中国共产党人在对马克思主义法学思想吸收、运用及本土化的过程中，最终形成了毛泽东法律思想。毛泽东法律思想是马克思列宁主义法律思想在近现代中国的运用和发展，是中国共产党第一代领导集体智慧的结晶，是中国共产党人在系统回答中国这个半殖民地半封建社会，如何实现新民主主义革命、社会主义革命以及社会主义建设等问题时，对抗日战争时期、土地革命时期以及解放战争时期法制建设的探索和经验总结。建设中国特色社会主义法律思想体系是马克思主义法律思想在当代中国的运用和发展，是中国共产党第二代、第三代领导集体智慧的结晶，是中国特色社会主义理论体系系统回答什么是社会主义、怎样建设社会主义、建设什么样的党、怎样建设党、实现什么样的发展、怎样发展等重大理论实际问题时，对中国特色社会主义的法制建设与法治实践经验的总结。1978 年 12 月，中国共产党十一届三中全会胜利召开，当代中国进入了社会主义改革开放和法制重建的伟大时代。以邓小平为主要代表的中国共产党人，深入总结了新中国成立以来法制建设的经验和教训，勇于把马克思主义法律思想与中国社会主义建设实践相结合，进行理论创新、制度创新、道路创新，揭示了在中国这样一个东方大国建设社会主义法制的基本规律，创立了邓小平法律思想，构成了马克思主义法律思想中国化进程第二次飞跃的开端；中国共产党十三届四中全会以来，以江泽民同志为代表的中国共产党人，在建设中国特色社会主义法制的伟大实践中提出了依法治国的基本思想，标志着马克思主义法律思想中国化进程第二次历史性飞跃的发展；2003 年 10 月，中国共产党第十六届三中全会通过了《中共中央关于完善社会主义市场经济体制若干问题的决定》和《中共中央关于修改宪法部分内容的建议》，以胡锦涛为总书记的党中央领导集体首次提出了科学发展观，进一步把贯彻落实依法治国基本方略和建设社会主义法治国家确立为中国共产党人今后工作的重心，标志着马克思主义法律思想中国化进程第二次历史性飞跃的再发展；党的十八大以来，以习近平同志为总书记的新一届党中央对全面推进依法治国做出重大部署，强调把法治作为治国理政的基本方针。党的十八届四中全会又审议通过了《中共中央关于全面推进依法治国若干重大问题的决定》，提出建设中国特色社会主义法治体系、建设社会主义法治国家的总目标，从理论与实践的结合上，系统地阐述中国特色社会主义法治建设的重大问题，从而丰富和发展了中国特色社会主义法治理论，推动着马克思主义法律思想中国化进程第二次历史性飞跃的继续深化和发展。

第 19 章主要研究西方马克思主义法学理论产生、历史演变、主要思想及特征。西方马克思主义法学是指在西方国家中与经典马克思主义和列宁主义不同的马克思主义法学观点、法学理论的总称，是西方马克思主义理论体系的重要组成部分，是马克思主义法学特定历史条件下的产物。从卢卡奇、柯尔施和葛兰西等人创立，到苏东剧变、冷战结束、新的经济全球化时期的多元化发展，西方马克思主义法学经历了思想的准备期、形成期、发展期和当代发展四个阶段。就其理论的内在逻辑而言，以 1968 年法国的"五月风暴"为界可分前后两个大分期：前期主要是西方马克思主义者关于法律问题的看法和观点，也即西方马克思主义的法学，后期不仅有西方马克思主义者对法律问题的探讨，也有西方学者对马克思主义法学的研究，特别是英美学者从学术的角度掀起了研究马克思主义法学的高潮，他们或梳理概括马克思、恩格斯对法和法律问题的论述，或运用马克思主义的观点分析法律问题，或试图重构马克思主义法学，因而可称为西方马克思主义法学理论。综观西方马克思主义法学的发展，继承中有创新，当然也有全面、彻底地否定马克思主义法学。因而西方马克思主义法学是一个流派庞杂、形态多样、观点不一的学术集合体，应辩证地看待其理论及价值。

　　总之，马克思主义法律思想体系是一个开放的理论体系，伴随着无产阶级政党领导广大人民群众进行社会革命和社会建设的实践产生和发展。研究马克思主义法律思想要做到历史与逻辑的统一、理论与实践的统一、继承与创新的统一，既要掌握马克思主义法律思想的基本精神，也要把握其分析问题、解决问题的基本方法，更要注重其理论的系统性、科学性以及完整性，并结合新的法律实践，予以创造性发展。

第一部分
马克思恩格斯法律思想及价值

第一章

马克思恩格斯法律思想产生的
社会历史背景

19 世纪三四十年代，西欧商品经济充分发展，引发了人们思想观念的转变，反对权威、反对传统、追求自由的诉求又反过来推动着社会经济、政治、文化，乃至法律的进一步变革，为马克思主义法律思想的产生与发展提供了坚实的社会、政治和阶级基础。

一　马克思恩格斯法律思想产生的社会基础

探寻马克思主义法律思想产生的社会基础，必须回到资本主义生产关系产生和发展这一大环境中去。

西欧封建社会末期，随着社会生产力的发展，商品经济得以较快发展，地中海沿岸的一些地区逐渐出现了以商业和手工业为主的城市经济。这种建立在私有制和自身劳动基础上的、以交换为目的的简单商品经济，引起了生产者之间的激烈竞争和分化，使手工作坊中的师徒关系逐渐转变为雇佣关系，成为早期的工业资本家和雇佣工人。与此同时，早在新航路开辟以前，地中海沿岸就成为东西方贸易的中心。随着商人和高利贷者财富的进一步积累，一些大商人成了包买商，控制了商品的生产与销售，进而控制了商品生产者，并逐渐成为手工业领域的胜利者——工业资本家，而小生产者连同其帮工和学徒则沦为雇佣工人，这是资本主义生产关系萌芽的基本形式。

不断扩大的世界市场需要进一步促生和育化资本主义生产关系。由商人、高利贷者、贵族、早期的资产阶级组成的社会统治阶层进行了疯狂的资本原始积累，加速了生产者与生产资料相分离。其实，欧洲的资本原始积累始于15世纪30年代，16世纪达到高潮，19世纪趋于结束。一方面，资本家和封建贵族用掠夺、欺骗等方法获得大量的农民、教会和国有土地，建立资本主义土地私有制，奠定了资本主义私有财产制度的基础；另一方面，从15世纪末开始，葡萄牙、西班牙、荷兰、英国、法国等国家的新兴资产阶级，通过武力征服海外殖民地、屠杀当地居民、抢夺金银财富和贩卖黑奴。据统计，在长达300多年的海外殖民统治中，仅从中南美洲就掠夺黄金250万公斤、白银1亿公斤。1783—1793年的十一年间，奴隶贸易使非洲丧失了1亿多人口。新兴资产阶级在国外进行殖民掠夺，在国内通过国债制度、课税制度和保护关税制度对本国人民的盘剥，积累了巨额的货币财富，从而大大地加速了资本主义的发展。

生产力与生产关系、经济基础与上层建筑的矛盾运动，反过来又大大加速了资本主义社会生产力的发展。如马丁·路德的宗教改革、德国农民战争以及尼德兰资产阶级革命，"宣告了欧洲新社会的政治制度"的胜利，为资本主义工业化扫除了障碍。从18世纪开始，英国、法国相继完成工业革命。此后的德国、美国、日本等国家也纷纷加入工业革命的行列，并于19世纪末先后完成了工业革命。工厂制取代手工工场，带动着整个社会快速地演变。正如马克思在《共产党宣言》中指出的："资产阶级在它的不到一百年的阶级统治中所创造的生产力，比过去一切世代创造的全部生产力还要多，还要大。自然力的征服，机器的采用，化学在工业和农业中的应用，轮船的行驶，铁路的通行，电报的使用，整个整个大陆的开垦，河川的通航，仿佛用法术从地下呼唤出来的大量人口……""资产阶级使农村屈服于城市的统治。……正像它使农村从属于城市一样，它使未开化和半开化的国家从属于文明的国家，使农民的民族从属于资产阶级的民族，使东方从属于西方。"① 这种全面而深刻的社会变化——人类社会从农业文明向工业文明的转变，改变着人们的传统习俗、思想观念、价值取向，乃至择业标准和人生追求。

二　马克思恩格斯法律思想产生的政治基础

一种社会形态的起源与发展有由政治、经济、文化观念等因素相互交织形成的复杂的动力机制。尽管文化观念是属于思想上层建筑领域，受社会经济基础制约，属于第二性的，但它往往是社会形态变化的首要牵动因素。在资本主义发展初期，人们追求财富和享受的欲望以及由此而产生的积累财富的动力、努力工作的表现，都会溯及政治、法律和道德层面。首先，由原始积累发展出的市场经济理论要求人们尚勤劳、善赚钱、讲诚信、守公正等，其核心要义就是用合理的方式赚钱。这种独特的经济伦理观念成就了一批批成功的企业家，也极大地促进了资本主义经济的发展。其次，市场经济理论促生了西方资产阶级以个人主义、自由主义为核心的思想观念和以宪政、平等、民主、人权为核心的政治诉求。其实，从15—17世纪，西方思想界经历了从神学个人主义到世俗个人主义的发展。② 中世纪教会的黑暗腐化统治，人们的精神生活与世俗生活受到极大的压制，信徒们渴望自由与平等的呼声越来越强烈。因此，自由与平等的政治理念必然成为新时代普通大众最直接的政治诉求。第三，随着自由与平等观念深入人心，民主与法治逐渐演化为西方资本主义社会的两大主要精神支柱。众所周知，雇佣劳动是资本主义社会生产的根本特征，也是资本主义社会发展的必要条件之一。然而，庞大的剩余劳动力的存在反过来会阻碍社会生产力的发展。因为，如果劳动者获得的工资不能满足其基本的生活需求时则会怠工，致使劳动生产率下降。由是，在资本

---

① 《马克思恩格斯选集》第1卷，人民出版社1995年版，第227页。
② 丛日云：《在上帝与恺撒之间》，生活·读书·新知三联书店2003年版，第108页。

主义生产条件下，强烈的道德责任感、精于计算收入、严密的经济头脑以及高效完成工作的态度，冷静、节俭的品质必然成为资产阶级提倡的道德取向。同时，服从、忠顺、乐于为社会利益牺牲个人利益的精神，成为私人生活的义务，也成为一种政治美德。① 由是，在资本主义国家层面必然出现立宪政体和民主政体两种趋向，在社会生活领域则经历一个从身份到契约的过程，即交易双方在人格上是平等的。第四，市场经济客观上要求参与经济行为主体必须按照自愿、互利、互惠、平等的原则进入进行交易，必然促生了市民社会的形成与发展。自中世纪城市衰落以来，西方绝对国家打破了地域间的割据状态，将君主的臣民们及其生活空间凝结成了一个社会，构成了社会治理活动演变的基本脉络——市民社会与国家逐渐走向分离，表现在现实生活中就是此起彼伏的资产阶级革命以及由此建立起的法治国家取代了绝对国家。然而，国家依然是统治者，市民社会依然是被统治者。尽管国家为市民社会准备了民主制度，使后者能够参与到对自己的治理中来，但统治与统被治的关系从未发生过实质性的改变。市民社会与国家的分离是不可避免的。

市民社会与国家的分离使整个近代西方社会发生了深刻的变化。一是市民社会的利己主义原则导致个人与个人、个人与国家之间的利益冲突，进而导致私人等级与普通等级、私人权利和国家权力之间的对立与冲突。二是国家治理需要促生了庞大的官僚体制（国家制度），而这种官僚体制运作模式依然是国家形式主义。就国家层面，这种体制内部不可避免地形成了敬畏权威、崇拜权威、盲从权威；就个体层面，国家权力成为个人升官发财、飞黄腾达的手段。三是社会治理需要促生了代议制或代表制这一近代民主政治的运行模式。市民社会通过议员参与国家和政治生活，议员作为市民社会的代表实现其政治上的诉求。从逻辑上说，议员代表的是市民社会整体利益，但他

---

① ［英］R. H. 托尼：《宗教与资本主义的兴起》，赵月瑟等译，上海译文出版社 2007 年版，第 103 页。

们又是一个"经济人"，又有自己特殊利益的诉求，由此形成了国家的理论建制与实践建制之间存在着应然与实然的矛盾。为了消除上述的各种矛盾与冲突，西方资本主义国家不同程度地实现了人类法律文明及其权利系统的历史性变革与进步。私有财产神圣不可侵犯原则的确立则是这一进步的标志。如1789年法国《人权和公民权利宣言》的颁布、1791年美国《人权法案》的生效、1832年英国议会改革，标志着私有财产神圣不可侵犯原则在宪法和政治制度中的确立。

综上所述，近代资产阶级的社会革命与政治革命是人类历史的进步，而推动这一革命的原动力则是商品经济的发展。在商品交换中，一定所有权不是这一活动的结果，而是这一活动的前提——商品交换主体对自己的商品拥有独立的所有权，交换的双方在交换过程中应是平等关系，而非隶属的关系。这正是从近代以来西方社会不断成长起来的法律精神——所有权，推动着西方社会的法律思想的进步和法律形式主义运动的发展，为马克思主义法律思想的形成提供了政治和法律的基础。

三　马克思恩格斯法律思想产生的阶级基础

从封建社会向资本主义社会、乡村经济向城市经济的转变进程中，伴随着严重的剥削和压榨，社会结构、阶级结构发生了深刻的变化，产生了工业资产阶级和无产阶级。无产阶级即产业工人与手工工场工人不同，没有小块土地，没有传统的生产工具，也不带任何的宗法色彩，是完全的雇佣劳动者。使用机器生产的劳动条件和由机器联结的劳动环境，使他们更具有集中性、团结性和纪律性特点，后经过科学理论的引导必将成为自觉自为的阶级——作为一个社会群体为争取自己的利益和社会地位而斗争。1831年、1834年的法国里昂工人起义，1836年开始的英国宪章运动，1844年的德国西里西亚工人起义，都是最好的例证。尽管这几次工人运动先后失败了，但对以后的工人运动影响深远——工人阶级作为独立的政治力量开始登上历史的舞台。1848—1849 年间，法国、德意志、奥地利、意大利、匈牙利等欧洲国家的资产阶级民主革命和民族革命的再度兴起，沉重地打击了欧洲各国的封建专制制度，摧毁了反动的神圣同盟和维也纳会议的体系，为资本主义的发展扫清了道路。同时，也锻炼了这些国家的无产阶级以及其他革命群众，丰富了科学社会主义的理论，对于马克思主义法律思想的产生，以及后来的欧洲工人运动和社会主义革命有着深远的影响。

四　马克思恩格斯法律思想产生的实践基础

1842 年 1 月至 1843 年 3 月，处于普鲁士政府统治下的资产阶级自由派对政府的统治极为不满，以其创立的《莱茵报》为斗争堡垒抨击各种弊政。马克思和恩格斯都是该报的撰稿人，后来马克思成为该报的主编。在《莱茵报》供职期间，发生了很多马克思信奉的黑格尔哲学理论无法解释的社会问题，诸如《林木盗窃法》《离婚法（草案）》市政改革方案以及保护关税等，既令马克思苦恼，也令马克思感兴趣，于是马克思转向对黑格尔法哲学进行批判性研究，先后完成了《黑格尔法哲学批判》《1844 年经济学哲学手稿》《〈政治经济学批判〉导言》等著作的写作。正如马克思在《〈政治经济学批判〉序言》中说的："我的第一部著作是对黑格尔的批判性分析，目的在于解决我所看到的现实之间的矛盾。"① 显然，此时的马克思已经发现法制观念不是凭空想出来的，而是无数次实践的结果。

1847 年 6 月初，恩格斯出席了伦敦共产主义同盟的第一次代表大会（马克思未能参与这次会议）。1847 年 8 月，马克思成为布鲁塞尔共产主义同盟支部的领导。1847 年 11 月，马克思应邀参加了第二次共产主义同盟代表大会，并为大会起草了著名的《共产党宣言》——共产主义同盟纲领性文件。1848 年 2 月 24 日，《共产党宣言》正式

---

① 《马克思恩格斯文集》第 2 卷，人民出版社 2009 年第 1 版，第 591 页。

出版。1848 年德国爆发资产阶级革命，马克思、恩格斯不仅指导了无产阶级加入这场革命中，而且根据实际情况制定了无产阶级革命战略。这次经历为马克思和恩格斯后来的研究提供了巨大的参考。列宁曾对此评价说："马克思、恩格斯参加的 1848—1849 年的群众革命斗争的经历，是他们一生事业研究的中心。"马克思、恩格斯在研究时经常以这次经历作为参考判断各国工人运动和民主主义运动是否会成功。总之，马克思和恩格斯革命实践为后来的很多次革命和运动提供了借鉴意义，并且在实践中将历史唯物主义付诸实践，不断地推动着社会的变革和发展。历史唯物主义法制观也在实践中不断地丰富着自身的内涵和意义，为更多的群众和民族提供了借鉴意义。

第二章

马克思恩格斯法律思想的历史渊源

　　西方法律思想的历史传统是马克思恩格斯法律思想生长的土壤。从西方法律思想的源头看，古典自然法的精神深刻地影响了马克思、恩格斯，以此为起点，马克思、恩格斯逐步成为有史以来为全人类的自由、平等和幸福而战的最坚强、最伟大的斗士，成为无产阶级最信赖、最敬仰的革命导师。就马克思、恩格斯所处的年代而言，对其法律思想产生巨大影响的无疑是康德道德理想主义和黑格尔法哲学。

一　古希腊罗马时期的法律思想

　　古代希腊是西方文明的发源地。柏拉图、亚里士多德、西塞罗等人是西方早期自然法思想的典型代表，也是马克思恩格斯法律思想的源头。

（一）柏拉图的正义理论

　　柏拉图（Πλάτων，约公元前427—前347年）是古希腊客观唯心主义哲学家、奴隶主贵族阶级的思想家。《理想国》又称为《论正义》（又译作《共和国》《国家篇》）《政治家》和《法律》等著作集中体现了柏拉图丰富的法哲学思想。

　　柏拉图法哲学思想的核心是正义。"在柏拉图看来，正义意味着

'一个人'应当做他的能力使他所处的生活地位中的工作。"① 因而在其《理想国》里，根据人的天分和能力的不同，将公民分为三个等级，金质的人（哲学家）适合做统治者，银质的人（武士）负责保卫国家并辅助统治者履行其统治职责，铜质和铁质的人（农夫和手艺人）则是从事劳动生产的，每个等级各守本分、各司其职，这就是正义。法律就是维护正义。其实，柏拉图的"正义"一词有道德正义和法律正义两层含义。法律正义是指通过法律机器的正常运转而获得的结果或判决，而非法治的作用。事实上，当时的柏拉图更强调采用人治方式实行统治。晚年时，柏拉图意识到依靠"哲学王"治理国家难以成功，因而确认了"法治国"乃是统治人类、治理国家的次优选择。为此，他在《法律篇》中详尽地描述了另一种国家蓝图：国家依法治国，全体公民依法办事，统治者不享有随意司法的权力。从总体看，柏拉图的著作《法律篇》强调的法治思想与精神开创了西方法治理论的先河，但其法哲学思想依然具有明显的理想主义特点。

（二）亚里士多德的法治思想

亚里士多德（Αριστοτέλης，公元前384—前322年）是古希腊著名的哲学家，也是一位"百科全书"式的伟大学者。亚里士多德师从柏拉图，但他的法哲学思想却与柏拉图迥然不同，具有现实主义的特点。他认为人类之初出于生理的自然，男女结合为家庭。随后，为了满足不断扩大的生活需要而由若干个家庭联合组成了村落，村落衍生了部落并进一步发展为国家即城邦。尽管城邦是人类社会高级而完备的阶段，但遵循的是自然演化的秩序，因而人在本性上更趋向于政治动物。个人依附于城邦，城邦就以维护全体公民的利益，实现全体公民的幸福为目的。亚里士多德认为如果贫富差距过大，容易产生

---

① ［美］E. 博登海默：《法理学——法哲学及其方法》，邓正来译，华夏出版社1987年版，第7页。

阶级对立，不利于城邦的稳定，城邦也不是一个自由的城邦。因此，理想的城邦应该由中产阶级掌握，体现正义，讲求公平，并用法律（中道的权衡）加以调节。显然，与柏拉图相比，亚里士多德更强调法治优于人治。亚里士多德的法哲学思想对后世包括马克思、恩格斯在内的思想家的法哲学影响极为深远。

（三）西塞罗的自然法思想

西塞罗（Marcus Tullius Cicero，公元前 106—前 43 年）是古罗马著名的政治家和法学家。西塞罗在继承斯多葛派自然法思想的基础上，第一次比较全面系统地论述了自然法理论。西塞罗认为："真正的法律乃是一种与自然相符合的正当理性；它具有普遍的适用性并且是不变而永恒的。通过命令的方式，这一法律号召人们履行自己的义务；通过它的禁令，它使人们不去做不正当的事情。"[①] 因此，自然法是最高的法律，是一切民族、国家的最高行为准则，具有永恒的、不变的性质。西塞罗还论及了人定法，认为人定法是国家根据自然法的要求制定的法律，它的目的是维护国家的统一和人民的安定与幸福。由于自然法是最高的、正确的理性，人类只有遵循理性（自然法）才能制定出具体的、正确的法；国家是在法律和正义指导下的人民团体。因此，理性（自然法）也是国家制定法律的依据。西塞罗还提出人类自然平等的法律观，认为人是理性动物，人们彼此之间是平等的。如果真正要使公民获得幸福，国家就应当实行法治，不允许任何人享有法律以外的特权。西塞罗的这一思想成为天赋人权的先声，对西方近代资产阶级启蒙思想产生了重大影响。

综上所述，古希腊罗马的法哲学一般以自然理性为终极依托，强调自然理性是人定法的基础，具有鲜明的历史唯心主义特征。如苏格拉底的法律伦理与正义相一致的原理，柏拉图则强调理性是法律的实

---

① 转引自〔美〕E. 博登海默《法理学——法哲学及其方法》，邓正来译，华夏出版社 1987 年版，第 14 页。

体以及"善"是诉讼法律的基本尺度，亚里士多德则把自然法看成基于人类本性的一种道德规范，西塞罗则把法律看成正义与理性的化身，等等。然而，这种法的概念学说开启的西方法治精神则是马克思恩格斯法律思想的原生地。

二 17—18 世纪的西方法律思想

17—18 世纪西方资产阶级的法学思想是马克思恩格斯法律思想的丰富资源。近代以后，随着西方资本主义社会经济的发展，人们思想上要求进步与自由，反对传统与专制，人类的法学意识形态也强烈渴求文明与进步，要么以自然权利为依据来阐述法，要么从法律自身发展出发来理解法，形成了早期西方资产阶级的法学思想，如霍布斯、洛克、孟德斯鸠、卢梭等人的思想。

（一）霍布斯的自然状态与维护专制政权思想

托马斯·霍布斯（Thomas Hobbes，1588—1679）是英国著名的哲学家，近代资产阶级自然法学派的重要代表人物，提出了系统的自然法理论。霍布斯认为人在本质上是自私自利、趋利避害的，相互之间为了利益、安全、名分而争执，这是人的天赋权利。为了制止纷争，营造和平，就必须依靠理性提出适合的、普遍遵守的条款（自然法）以限制人类行为。霍布斯还认为尽管自然法是人类理性的体现和人们道德行为准则，但要依靠权威的强制力来保障实施。也就是说，为了使大家能够遵守自然法，维护社会的共同利益，人们必须在理性的启迪下放弃自然权利，并把它交给某个人或集体，使其拥有权威来治理社会，这就是所谓的国家了。国家凭借所有人让渡的权利与力量，按照自然法的要求，制定法律，谋求和平和进行公共防御。显然，霍布斯的国家理论带有严重的为专制政权辩护的色彩，对后世也产生了深远的影响。

(二) 洛克的自由主义与有限政府思想

约翰·洛克 (John Locke, 1632—1704) 是西方古典自由主义的杰出代表。洛克的法哲学也是从自然状态展开的, 不过他对自然状态的描写与霍布斯截然不同。洛克认为自然状态是一个和平自由的状态。在这种状态下, 人们能够自由地决定自己的行动, 处理自己的人身和财产, 无须服从其他任何人的意志和权威, 因而这种状态也是一种平等状态。不过, 这种状态缺少众所周知的法律, 缺乏依照法律解决争执的知名的、公正的裁判者以及支持正确裁判的权力。为此, 人们必须建立一个政治社会, 并通过缔结社会契约的方式建立 "有限政府" (政府受契约限制), 充分有效地保护人们的自然权利。洛克还主张 "有限政府" 实行法治而非人治, 尤其要重视立法和执法。总之, 洛克以自然法为理论基础, 阐述了自己的国家观、法律观以及自由观等思想, 对 18 世纪法国启蒙思想家孟德斯鸠、卢梭等人产生了深远的影响。

(三) 孟德斯鸠的法治国家与三权分立

查理·路易·孟德斯鸠 (Charles de Secondat, 1689—1755) 是 18 世纪法国著名的启蒙思想家之一, 其法学理论也是建立在自然法理论基础之上的, 认为广义的法是规则, 是由事物的性质产生出来的必然关系。自然法是人类在自然状态中所接受并遵循的一种规则, 即和平、觅食、互爱、过社会生活。这是人类自然本性的体现。由于人类具有理性, 在理性的启示下, 人类会感到自然状态的诸多不便, 必然要进入社会状态。人们进入社会状态后相互间的平等随之消失, 于是人与人之间, 国家与国家之间开始了纷争, 甚至战争。为了摆脱战争状态, 社会必须立法 (制定人为法), 用法律来调整人与人之间、国家与国家之间的相互关系。其实, 孟德斯鸠的自然法目的在于否定封建制度, 用 "自然环境决定论" 否定神意决定论。因为, 在他看来专制制度不仅违背了人类理性, 也与自然规律相抵触。只有根据自然环境实行法治的资产阶级国家，才能与人类理性相吻合。

孟德斯鸠还提出了"三权分立"学说，认为如果一个国家的权力集中于某一机关或个人之手，就会造成权力的滥用，进而侵犯公民的自由权，因而需要制衡。即将国家权力分为立法权、行政权和司法权三部分，分别授予不同的机关，且这三种权力既相互独立，又相互牵制与制衡，这就是其著名的三权分立理论。孟德斯鸠的"三权分立"学说为资产阶级政治制度的建立奠定了基础，对 1789 年法国《人权宣言》和 1791 年法国宪法以及美国 1787 年宪法产生了直接影响。但分权只是资产阶级内部的权力分工，而非改变资本主义国家的性质和阶级地位。

（四）卢梭的社会契约论与人民主权思想

让—雅克·卢梭（Jean-Jacques Rousseau，1712—1778）是 18 世纪法国杰出的启蒙思想家，资产阶级民主主义者。卢梭以假定为前提，认为人类在进入文明社会以前曾存在一个自然状态时期。在自然状态下，人们过着孤立、自由、平等的生活，没有国家和法律，没有私有财产。私有制的出现破坏了这种状态的平和。为了达到新的平等，每个个人必须通过缔结社会契约，让渡权利，形成国家，遵守契约，从而获得社会自由和国家对个人权利的保护，这就是卢梭的"社会契约论"，人民主权思想是其理论的核心。卢梭认为社会契约本质上是一种公意（以人民的共同利益为基础、全体成员一致同意来表达的且个人必须服从的人民意志的体现）。人民主权是公意的运用和体现，不可转让、不可分割、不可侵犯。政府仅仅是主权的执行者，其权力是由人民主权派生的。法律是由国家主权者制定的，是人民公共意志的体现，同样具有至高无上的权威性。因此，法律面前人人平等。卢梭的"社会契约论"与人民主权思想是 18 世纪资产阶级民主主义最激进的思想。

三　德国古典主义法哲学思想

在哲学被视为"科学之科学"的时代，法哲学甚至是法学本身只能从属于哲学。然而，专业法学家与哲学家对法学的理解是不同的，哲学家对法学的探究往往企图直指法学之本质与终极，使法学沐浴在理性思辨的光芒之中，并致力于帮助或引导法学界对于法的本体、终极价值与归宿的理解。以康德、费希特、谢林、黑格尔、费尔巴哈等人思想为代表德国古典主义法哲学，是西方资产阶级法学意识形态的最高集成，也是马克思主义法哲学的直接理论来源。

（一）康德的法权理论与国家学说

伊曼努尔·康德（Immanuel Kant，1724—1804）是西方最伟大的哲学家之一，他以《纯粹理性批判》《实践理性批判》《判断力批判》为基石创建了批判哲学体系，实现了欧洲乃至整个人类哲学史上的一次巨大转变，并对以后几乎所有伟大的哲学家产生了深刻的影响，如19世纪的费希特、谢林、黑格尔、叔本华、尼采等，20世纪的胡塞尔、海德格尔等。出于对政治的关注和革命的热情，晚年的康德突破了三大批判的框架，把目光移向了以人的权利与自由何以可能为主的政治法律哲学范畴的研究，[①] 对后来的马克思、恩格斯产生了一定的影响。康德的法哲学思想主要集中在《道德形而上学》第一部分的《法的形而上学原理》，以及《世界公民观点之下的普遍历史观念》《论通常的说法：这在理论上可能是正确的，但在实践上是行不通的》《永久和平论》等论著中，系统地回答了诸如人的普遍权利、法的概念、原则、财产的取得方式、国家起源等法学基本问题。

1. 自由是康德法哲学的逻辑起点

康德认为，"法律和权利一样，都是那些使任何人的有意识的行为，"[②] 一个人的自由行为如果按照普遍法则能与别人的自由相协调，那么这种自由行为就是他的权利，应该受到法律的保护。可见，在康德的思想里，自由问题就是权利问题，也是法律问题。自由是一切问

[①] 白冬冬：《康德法哲学思想析略——基于理性视角的法治观》，《人民论坛》2015年第4期，第195页。

[②] 倪正茂：《法哲学经纬》，上海社会科学院出版社1996年版，第134页。

题的核心和基点。康德正是以自由为逻辑起点展开对法权问题的研究。首先，康德认为真正的自由必须能够加以普遍化，使之成为一个普遍立法原则并指导行动。因为，人是有限的理性存在，同时面临两个世界，受制于两种法则：其一作为自然存在物，人受制于自然法则，没有自由可言；其二作为有理性存在物，人遵守的是理性法则，因而是自由的。但由于人的理性是有限性，因而，也不完全自由。为了真正获得这种天赋的、原生的、不证自明的先验存在（自由），人只有通过遵守道德法则以彻底摆脱原始欲望的诱惑。"德性是所有向我们显现为值得想望的东西的无上条件，从而也是我们对于幸福的全部的追求的无上的条件，因而也就是无上的善。"① 可见，康德是把道德确定为实现自由的方向，以期重塑终极关怀的理想。其次，康德从人与人之间的关系来定义权利，认为权利"可以理解为全部条件，根据这些条件，任何人的有意识的行为，按照一条普遍的自由法则，确实能够和其他人的有意识的行为相协调。"② 康德的定义：一方面，明确了自由并不是意志本身而是"行为"，体现的是人与人之间的关系，只有在有意识的活动中人的自由才能够得以体现；另一方面，明确了权利是基于道德主体的责任而获得的在普遍争议原则支配之下的法律上的利益。这种利益是在普遍自由与平等的基础上，通过使自己的意志同他人的意志相协调而获得的。因此，人只有使自己与他人有意识的行为相容并行才可获得权利，否则就会因为不具备权利的实质要件而不能成为权利。任何行使妨害别人自由的行为不仅不构成权利，而且在法理上也是错误的，因而应该予以制止。

2. 纯粹理性是康德法治思想的天然基础

康德认为权利的原则只是"哲学上的并且是有系统的知识"，因而不可能是经验的，只能诉诸纯粹理性。"纯粹理性"可视为一种实

---

① ［德］康德：《实践理性批判》，韩水法译，商务印书馆1999年版，第121页。
② ［德］康德：《法的形而上学原理——权利的科学》，沈叔平译，商务印书馆1991年版，"序言"第40页。

践原则的渊源，一种制定法规的能力。① 也即可以正确地引导我们认识与行动的最高法则，因而是自由的唯一保障。显然，康德把理性提高到了前所未有的高度加以肯定，认为"不成熟状态就是不经别人的引导，就对运用自己的理智无能为力"，"启蒙运动就是人类脱离自己加之于自己的不成熟状态。"② 因此，尊重理性就是尊重人的尊严与存在。当然，康德也看到了纯粹理性的局限性，要求通过"实践理性"加以扬弃以达到兼有主观和客观的自由。他认为"自爱的准则（明智）只是劝告；德性的法则是命令。但在人们劝告我们做什么和我们有责任做什么之间毕竟有一个巨大的区别。"③ 因此，纯粹理性需要与实践理性相统一才能演化出全部权利的最高法则，并以此为指导建构出不可改变的永恒的原则体系。

3. 实践理性是康德法治思想的实施路径

康德认为，服从自然法则的人类在诸多诱惑面前显得软弱和无理智，人与人之间的冲突难以避免且超出内在约束的规制，如果没有一种外在的力量来裁判和遏制，人类的自由将无从谈起。为此，人们需要以契约的形式结束自然状态以实现社会道德上的自由。可见，康德在国家起源思想上深受卢梭的影响，但康德的思想更富有洞见。康德将世界区分为自然世界与人文世界。与自然世界的必然性不同，人文世界中的个人生而自由，可以为善，也可以作恶。一个违背道德绝对命令的"坏人"能否成为一个好公民并非一个道德命题，而是一个宪制问题。"好的宪制，不能指望出自道德性，反倒可以指望，一个民族在好的宪制下，能有好的道德状况。"④ 因此，康德认为的最高目标便是建立一个没有专制、人人平等的法治社会，脱离粗野自然状态进入法律秩序下的文明状态，让"恶"向善充分发展。

---

① 参见［德］康德《法的形而上学原理——权利的科学》，沈叔平译，商务印书馆1991年版，"序言"第13页。

② ［德］康德：《实践理性批判》，邓晓芒译，杨祖陶校，人民出版社2003年版，第90页。

③ 同上书，第48—49页。

④ ［德］康德：《历史批判文集》，何兆武译，商务印书馆1990年版，第126页。

总之，康德崇尚理性和自由，并且极力反对近代以来的世俗自然法。康德的法治理念概括起来就是两个词——理性、自由。纵观康德的整个思想体系都有关于自由和理性的阐述。自由的意志是依靠人类的理性来自我约束的。真正的自由就是指人能够通过理性摆脱外部和内心的欲望，自我约束，实现自己管理自己，这就是实践理性之法。康德的法哲学思想对马克思的法律思想有着至关重要的影响，特别是马克思早期先验的法哲学理论具有很强烈的康德痕迹。

（二）黑格尔的绝对精神与法的理念

乔治·威廉·弗里德利希·黑格尔（Georg Wilhelm Friedrich Hegel，1770—1831）是德国古典哲学的集大成者，法哲学是其哲学思想的重要组成部分。黑格尔的客观唯心主义哲学体系主要由逻辑哲学、自然哲学和精神哲学构成。按照这一体系，法哲学是属于精神哲学阶段中的客观精神环节——法的概念的现实化过程。所谓客观精神就是指精神把自己体现在外在的客观世界。法的概念的现实化过程由抽象法（包含所有权、契约和不法三个环节）、道德（包含故意和责任、意图和福利、善和良心三个环节）、伦理（客观精神的真实体现，包括家庭、市民社会和国家三个环节）三个发展阶段构成。显然，黑格尔的法哲学是其逻辑学的应用与补充。黑格尔从逻辑学的角度阐明法的概念的现实化，其实表达的是法和国家的学说，对青年马克思的法哲学观产生了极大的影响。

1. 自由意志是法的本质

与人们通常所说的法律（与道德和伦理相对立）不同，黑格尔所讲的"法"是哲学层面的，是精神的东西，是自由意志的体现，因而要用哲学的或伦理科学的研究方法才能揭示法的本质。在哲学上，"法的理念是自由"①，自由是构成法的实体和规定性，自由和意志对于法来讲是不可或缺的。"自由是意志的根本规定，……自由的东西

———————

① 〔德〕黑格尔：《法哲学原理》，范扬等译，商务印书馆1961年版，第1—2页。

就是意志。意志没有自由，只是一句空话。"① 但是，自由并不是任性的，而是由一定条件决定的。在社会领域中，自由就意味着克服个人的任性，使其意志在法的关系范围内受到一定的限制。由是，黑格尔把法定义为："任何定在，只要是自由意志的定在，就叫作法。"②

按照黑格尔的看法，意志在其发展中经历了绝对普遍的意志、特殊化的意志和真正的意志三个环节。在绝对普遍的意志环节中意志是一种抽象的自由。在特殊化的意志环节中，抽象的自由被扬弃和设定为有限性或特殊化的东西，属于自由但不是构成自由的全体。只有在真正的意志环节中，意志是普遍性和特殊性两个环节的统一，是经过在自身中反思而返回普遍性的特殊性，是自我的自我规定，因而是自在自为的。黑格尔按照自在自为的意志这一理念的发展阶段，把意志分成三个领域，即抽象法或形式法领域、道德的领域和伦理的领域。与此相对应，法哲学体系分为客观意志的法（自由意志借助外物来实现自己）、主观意志的法（自由意志表现为行为主体的善与恶的内在信念）、客观意志的法和主观意志的法的统一（自由意志最终通过国家这个伦理理念现实化的最高级阶段表现出来）三个有机组成部分。这样，自由意志沿着"肯定—否定—否定之否定"的逻辑而有序地运动着，经历了抽象法、道德法和伦理法三个领域后使自己成为多种规定性的综合性命题，最后回归国家——真正的自由意志的实现或本质回归。

2. 国家是自由意志的实现（主观意志与客观意志的统一）

黑格尔吸收了柏拉图和卢梭有关于共同体（国家）的思想，认为国家是个体独立性和普遍实体性在其中完成巨大统一的那种伦理和精神，"是绝对自在自为的理性的东西。"③ "是自由的现实化，而自由之成为现实乃是理性的绝对目的。""但具体自由在于，个人的单一性及其特殊利益不但获得它们的完全发展，以及它们的权利获得明白

---

① ［德］黑格尔：《法哲学原理》，范扬等译，商务印书馆1961年版，第10—11页。
② 同上书，第36页。
③ 同上书，第253页。

承认（如在家庭和市民社会的领域中那样），而且一方面通过自身过渡到普遍物的利益，另一方面它们认识和希求普遍物，甚至承认普遍物作为它们自己实体性的精神，并把普遍物作为它们的最终目的而进行活动。"① 因此，"现代国家的本质在于，普遍物是同特殊性的完全自由和私人福利相结合的，所以家庭和市民社会的利益必须集中于国家。"②

黑格尔关于现代国家本质的思想，折射出他对市民社会与国家关系的认识，不像近代契约论者通过政治契约把个人的自然权利延伸为国家权力，把市民社会等同于国家。相反，他把个人和市民社会看作由合乎理性的国家所规定的。在《历史哲学》中，黑格尔从国家是自由的实现这一立场出发，对近代契约论者的国家观进行了批判，指出自然法理论所主张的自然状态下，全人类拥有他们的自然权利，得以无约束地行使和享有他们的自由的设定，这没有历史事实的根据，恰恰相反，"野蛮的生活状态固然不乏其例，但都是表现着粗鲁的热情和凶暴的行为，同时无论他们的状况是怎样的简陋，他们总有些所谓拘束自由的社会安排。"③ 所以，"天然状态不外乎是无法的和凶暴的状态，没有驯服的天然冲动的状态、不人道的行为和情感的状态，"④ 因而需要社会和国家来限制这种纯兽性的情感和原始的本能。但是，在国家产生的问题上，黑格尔否定近代启蒙思想家的社会契约论主张，认为"如果把国家同市民社会混淆起来，而把它的使命规定为保证和保护所有权和个人自由，那么单个人本身的利益就成为这些人结合的最后目的。由此产生的结果是，成为国家成员是任意的事。……这样一来，这些单个人的结合成为国家就变成了一种契

---

　　① ［德］黑格尔：《法哲学原理》，范扬等译，商务印书馆1961年版，第260页。
　　② 同上书，第261页。
　　③ ［德］黑格尔：《历史哲学》，王造时译，上海书店出版社2006年版，第37—38页。
　　④ 同上书，第38页。

约"①。由于契约缺乏可遵循合理性原则而成为单个人的任性、意见和随心表达的同意的基础，势必导致如同法国大革命那样可怕的事变。因此，国家与个人的关系不应该像社会契约论所想象的那样，而是完全地相关联相融合，关键在于是以人为基础，尊重人。

综上所述，黑格尔法哲学在思维与存在相统一的基础上，通过法的概念的自我运动，经过抽象法、道德和伦理三个环节，实现了"应有之法"与"现有之法"在理性基础上的统一。正因为如此，黑格尔的法哲学表现出其客观唯心主义的实质。对此马克思指出，在黑格尔那里，家庭、市民社会和国家"这种现实性也被说成合乎理性，然而它之所以合乎理性，并不是因为它固有的理性，而是因为经验的事实在其经验的存在中具有一种与它自身不同的意义。作为出发点的事实没有被理解为事实本身，而是被理解为神秘的结果。现实性成了现象，但观念除了是这种现象以外，没有任何其他的内容"②。然而，正是由于黑格尔在理性基础上实现了"应有之法"与"现有之法"的统一，为马克思认识到康德理想主义法学世界观中的"应有"与"现有"相脱节的缺陷，开始脱离法的形而上学，建立新的法哲学体系提供了"精神依托"和理论资源。

3. 黑格尔对早期马克思法哲学观的影响

在黑格尔法哲学的影响下，马克思逐渐地离开了康德主义走向了黑格尔主义，并形成了自己早期理性批判主义的法哲学思想。当然，这一转变绝不意味着马克思彻底抛弃了康德主义，相反，"马克思既吸取了康德主义的积极因素，又吸取了黑格尔主义的合理内核，从而在综合两者的基础上强调个人自由思想的决定作用，论证了独立自由的个人在对周围现实的关系上所采取的积极态度，进而形成了一种新

---

① ［德］黑格尔：《法哲学原理》，范扬等译，商务印书馆1961年版，第253—254页。

② 《马克思恩格斯全集》第3卷，人民出版社2002年版，第12页。

的理性批判精神。"① 这种理性批判主义法哲学观既继承了自近代启蒙运动以来以自由为核心的、在康德那里得以系统化的理性主义法哲学观的传统，又融汇了黑格尔的具有历史批判精神的法哲学观念系统中的合理性内核，并充分反映在马克思的博士论文和《莱茵报》的前期工作之中。

马克思的博士论文《德谟克利特的自然哲学和伊壁鸠鲁的自然哲学的差别》是一部"自由哲学的宣言"。在文中，马克思通过对伊壁鸠鲁自然哲学的评述，把自由这一权利现象的基本因素上升到法哲学本体论的高度来加以论证，揭示了人的自由与人的生存环境之间的辩证关系。在马克思看来，伊壁鸠鲁思想的基本特征在于追求自我满足和内心的平静，诉诸偶然的"抽象可能性"，否定必然的"客观实证性"，崇尚主体的"自我意识"，集中体现为以"原子偏离"说为根基的自由观和反抗宗教神学的启蒙思想。马克思对伊壁鸠鲁的"原子偏离"说很感兴趣，指出原子的偏斜运动不是特殊的、偶然出现在伊壁鸠鲁哲学中的规定，而是贯穿在他整个哲学中的基本原则。只有在原子的偏斜运动中才体现了原子的真实的灵魂，即自我意识的绝对性和自由。马克思还高度评价伊壁鸠鲁否定天体永恒的传统观念、抨击宗教神学的无神论思想，热情地把伊壁鸠鲁称为"最伟大的希腊启蒙思想家"，欣赏伊壁鸠鲁对于主体自由的高度重视以及强调人在对周围的现实的关系中所具有的独立地位的思想。当然，马克思也看到了伊壁鸠鲁过度地肯定偶然性而否定必然性，把自由理解为脱离外在世界的自我意识的宁静的弱点。可见，马克思通过对伊壁鸠鲁自由哲学的研究，形成了自己独特的哲学世界观，强调作为主体的人的自由、价值与尊严，又重视环境的作用。要求人通过对现存世界的批判和改造，达到真正的自由。

1841 年 4 月，马克思获得耶拿大学哲学博士学位，直接跨入社会

---

① 公丕祥：《马克思法学观的演变》，载于《马克思主义来源研究论丛》第 10 辑，商务印书馆 1986 年版，第 35 页。

政治生活。同年 12 月，弗·威廉四世颁布了名为自由、实为专制的《新的书报检查令》。思想敏锐的马克思以其特有的洞察力发现了他的反民主、反自由的反动意图，于 1842 年 1—2 月为《德国年鉴》撰写了《评普鲁士最近的书报检查令》。马克思从国家应该是政治理性和法的理性的实现原则出发，来评判国家、法的合理性，抨击专制法律对人的出版自由权利的剥夺。在马克思看来，"对于法律来说，除了'我'的行为以外，'我'是根本不存在的，'我'根本不是法律的对象。'我'的行为就是法律在处置'我'时所应依据的唯一的东西，因为'我'的行为就是'我'为之要求生存权利、要求现实权利的唯一东西，而且因此'我'才受到现行法的支配。可是，追究倾向的法律不仅要惩罚'我'所做的，而且要惩罚'我'在行动以外所想的。所以，这种法律是对公民名誉的一种侮辱，是一种危害'我'的生存的法律。"① 这种法律不是理性的、道德的国家为它的人民所颁布的法律，而是政府官员以他们自己的思想方式来颁布的反对另一种思想方式的专制法律，是一个党派用来对付另一个党派的法律，因此要废除书报检查制度。可见，此时的马克思已觉察到法的党性本质问题。

1842 年 4 月，马克思在为《莱茵报》撰写的第一篇文章，即《关于新闻出版自由和公布省等级会议辩论情况的辩论》中阐明法是自由的实现的思想。在马克思之前，包括康德在内的近代启蒙思想家都认为，自由是人的天赋权利，是每个人固有的本性，人凭借这种与生俱来的自由，成为自身的主人。马克思发挥了启蒙思想家的自由观，指出自由确实是人的本质，新闻出版自由向来是存在的，回答新闻出版自由是个别人物的特权还是人类精神的特权这一问题，关键在于"精神的自由"是否比"反对精神的自由"享有更多的权利。马克思对此反诘道："如果作为'普遍自由'的实现的'自由的新闻出版'和'新闻出版自由'应当被摒弃的话，那么，作为特殊自由的

---

① 《马克思恩格斯全集》第 1 卷，人民出版社 1995 年第 2 版，第 121 页。

实现的书报检查制度和受检查的书报就更应当摒弃了；因为，如果类是坏，种还能是好的吗?"① 这就是说，新闻出版自由是人类精神的特权，新闻出版就是人类自由的实现。哪里有新闻出版，哪里也就有新闻出版自由。因此，《新闻出版法》作为对新闻出版自由在法律上的认可，应当是自由的肯定存在。

1842 年 6—7 月，马克思撰写了《〈科隆日报〉第 179 号的社论》。在这篇社论中，马克思从黑格尔的理性国家观的整体主义出发，强调国家要按照自由理性维护公民的自由，公民要服从理性国家的法律。马克思主张从人类理性出发来阐明国家，反对以基督教为根据去判定国家制度是否合理。他认为，先是马基雅弗利、康帕内拉，后是霍布斯、斯宾诺莎、格劳秀斯，直至卢梭、费希特、黑格尔，"已经开始用人的眼光来观察国家了，他们从理性和经验出发，而不是从神学出发来阐明国家的自然规律。"② 但由于立场的不同，他们关于国家的界定不尽相同，不过这表明哲学已成为自己时代的精神之精华。马克思也是通过对黑格尔的"国家是自由意志的实现"思想的批判性超越，提出了国家就是相互教育的自由人的联合体的新理性批判主义法哲学观。

（三）费尔巴哈法哲学思想

路德维希·安德列斯·费尔巴哈（Ludwig Andreas Feuerbach，1804—1872）秉承西方近代社会伦理文化演化传统，主张人文主义，反对宗教神学和以黑格尔思辨哲学为代表的德国古典哲学对国家政治、伦理道德、科学研究等方面的强大控制和影响。认为宗教产生的理论前提是有类意识的人的出现，因此，神和宗教的本质就是人的本质。"如果人的本质就是人所认为的至高本质，那么，在实践上，最高的和首要的基则，也必须是人对人的爱。"③ 费尔巴哈运用人本主

---

① 《马克思恩格斯全集》第 1 卷，人民出版社 1995 年第 2 版，第 167—168 页。
② 同上书，第 227 页。
③ 《费尔巴哈哲学著作选集》下卷，荣震华等译，商务印书馆 1984 年版，第 33 页。

义哲学世界观对宗教神秘性的消释，使人认识到基督教世界的一切都是虚幻的、第二性的，是摹本，从而恢复了唯物主义权威，对马克思产生了巨大影响。1843年，《莱茵报》被普鲁士政府查封后，马克思从报社主编回到了书房进行理论研究。在克洛茨纳赫期间，马克思搜罗了大量资料，涉及历史、法律、政治等领域，最终被装订成五本"克罗茨纳赫笔记"，后根据其在《莱茵报》的工作经历，又汇编成了《黑格尔法哲学批判》，这是马克思最早的有关于法的论著。在《黑格尔法哲学批判》中，马克思运用唯物主义的观点对黑格尔唯心主义进行了批判，这标志着马克思已从新理性批判主义法哲学观向唯物主义法哲学观转变。显然，这与费尔巴哈的影响是分不开的。

1. 费尔巴哈对德国古典哲学的终结

众所周知，费尔巴哈的整个唯物主义学说，包括自然唯物主义学说和人本唯物主义学说两部分。其中，自然唯物主义学说是人本主义学说的逻辑前提和客观根据，而人本主义唯物主义学说则是自然唯物主义学说的逻辑发展和理论归属。[①] 就其整个哲学而言，是通过对宗教神学的批判，进而实现对唯心主义基本原则，特别是德国古典哲学批判的。费尔巴哈认为康德是站在经验论的基础之上实现了对笛卡儿之后的旧形而上学的批判，由于康德仅仅把自在之物看作单纯的思想物，抽离了自在之物的客观物质基础，因而这种批判是不彻底的。费希特则是从康德哲学出发的，致力于化解康德哲学的主体与客体之间内部矛盾，并使之统一于一个整体。但由于费希特所说的主客同一只是先验虚幻的同一，是单纯的主观感觉，必然导致费希特只能从理论的角度提出和解决关于客观性和主观性的问题，其结果无疑是十分荒谬的；谢林的哲学是从费希特出发，力图恢复斯宾诺莎的实体的客观性，但由于其把自然界看作主体和对象的一种共存（实体），因而是从主观的思辨需要出发虚构出了"绝对"（精神和自然的统一），最

---

① 冯锋：《走出马克思哲学与费尔巴哈哲学关系的误区》，载于《重庆邮电学院学报》（社会科学版）2003年第2期，第14页。

终只能使"哲学现在变成了美丽的、诗意的、舒适的、浪漫的哲学，可是这样也就变成了超越的、迷信的、绝对无批判的哲学了。全部批判的根本条件，亦即主观与客观的差异，已经消失不见了"①。黑格尔的哲学也是一种一定的、特殊的、存在于经验中的哲学。首先，费尔巴哈怀疑黑格尔所谓的绝对哲学，认为绝对在一个被宣称为绝对的对象中得到完满的体现，乃是一件绝对的奇迹，是世界的毁灭，因为它在成为现实时，要受到时间和空间的限制。其次，费尔巴哈抓住黑格尔哲学在"开端"上的矛盾，批判了它的绝对性要求。在他看来："现实的发展依然是在精神之内实现的，精神的创造活动所能产生的只是抽象的概念。"② 黑格尔的开端仍然是过去关于哲学第一原理的想法，是从开端到终点，再从终点到开端的形式游戏。这个游戏表面上是通过理念的发展来证明开始时那个未被规定的东西，其实是一种形式上的循环运动。再次，费尔巴哈否定了黑格尔哲学出发点的那个"感性确定性"的存在，认为这样一个普遍的、纯粹的存在，并不是感性的、个别的存在，不是一个具体的存在物，而是一个存在物的概念。最后，费尔巴哈揭露了黑格尔颠倒了第一性与第二性的关系，认为这是其陷入唯心主义矛盾的根本原因。总之，通过对黑格尔的批判，费尔巴哈不仅走出了思辨哲学的唯心主义泥潭，而且也初步确立了哲学唯物主义的基本立场，为其人本主义法哲学奠定了基础。

2. 费尔巴哈法哲学的核心

人的本质理论是费尔巴哈法哲学的核心。首先，费尔巴哈认为存在即自然，自然即存在，人的存在就是自然的感性的存在。从而否定了宗教神学或思辨哲学关于人的虚无缥缈的本质，确立了人的本质在于其当下的生存的观点。其次，费尔巴哈认为人是类的存在物。相对于个体而言，在量上是大于或等于二，是多。在质上是共性、是思想物的存在，是不可感的，是人与动物的区别，是人的类本质。动物只

---

① 《费尔巴哈哲学著作选集》上卷，荣震华等译，商务印书馆1984年版，第75页。

② ［法］奥古斯特·科尔纽：《马克思的思想起源》，王瑾译，中国人民大学出版社1987年3月第1版，第57页。

能以个体物为对象，即以直观的实物为对象；而人不仅能以直观的实物为对象，而且能以思想物为对象。再次，费尔巴哈认为具有自然本质和类本质的人只是初具人形，还不能算作完整的人。人之所以成为人还在于人的社会性，人的社会生活，所以人的社会性是人的本质属性。显然，这对马克思以后探索人的社会本质，以及人在社会中的法权关系具有不容忽视的启发意义。最后，费尔巴哈认为决定人之为人的最终原因是人的绝对本质（最高本质）。绝对本质就是人最内在的关于人的知情意的相互作用的整体系统，是人的最深层次的本性，决定人存在的最高本质。是人的理性、意志和心的统一，因而，具有思维力、意志力和心力是判定一个完善人的根本标准。总之，关于人的本质理论是费尔巴哈完成宗教批判，重建爱的宗教理论的支撑点，也是其人本唯物主义的基础和核心。

3. 费尔巴哈法哲学对马克思恩格斯法的影响

首先，费尔巴哈深刻揭露黑格尔哲学颠倒存在与思维之间的关系的错误，主张把黑格尔颠倒的东西再颠倒回来。这一"颠倒"的方法其实质是把感性存在作为基本的出发点，肯定自然界和以自然为出发点的"现实的人"，从而揭露了宗教和唯心主义哲学的本质。这种方法一直是马克思揭露唯心主义本质的有力武器，并以此为基础解决了黑格尔哲学中一般和个别之间的颠倒关系，强调人的实践活动的意义，辩证、唯物地阐明了社会存在和社会意识的关系，为历史唯物主义的建立奠定了基础。其次，费尔巴哈坚持唯物主义的基本立场，重树了唯物主义权威，给哲学带来了新的活力。马克思、恩格斯正是在费尔巴哈唯物主义的基础上离开了黑格尔，又超越了费尔巴哈。再次，费尔巴哈异化分析方法对马克思、恩格斯产生了深远的影响。费尔巴哈在宗教批判中揭示了神是人的本质异化的结果，人自然的依赖感使人把自己的本质异化出去，并独立为一种神秘的实体加以崇拜，神的本质和秘密就是人的本质和秘密。因此，要把人的本质还给人自己，建立真正爱人的"爱的宗教"。这种异化分析的方法为马克思所肯定，并自觉地运用到自己的理论实践中，提出了"政治异化""人的自我异化""劳动异化"等理论，正是这种异化分析方法的运用，使马克思得以深入现实生活中，深刻揭示现实的各种矛盾，说明了现实的问题，为唯物史观的创立提供了方法上的基础。最后，费尔巴哈人的本质理论对马克思也产生了一定影响。费尔巴哈关于人的本质的多重规定思想被马克思吸纳和创新。1844 年马克思、恩格斯合写了《神圣家族》，不仅批判了以鲍威尔为首的青年黑格尔学派，而且也对费尔巴哈的哲学思想进行了充分肯定。在此基础上，马克思、恩格斯坚持并发展了费尔巴哈的思想理论和分析问题的方法，初步论述实践的观点、人的实践本质、人类历史的物质基础、人民群众的历史作用等唯物主义观点。后来，又在《关于费尔巴哈的提纲》和《德意志意识形态》中，以科学的实践观为基础，阐述了主体与客体、理论与实践、主观世界与客观世界之间的辩证关系，以及社会本质、人的本质、哲学的功能等一系列唯物主义基本原则。至此，马克思、恩格斯实现了对费尔巴哈哲学思想的超越。

第三章

马克思恩格斯法律思想的形成

　　马克思、恩格斯批判性地继承了前人的思想，并在实践中融合了自己的观点，从而诠释了历史唯物主义法律思想。尽管从思想演进的逻辑上看，康德、黑格尔、费尔巴哈等人对马克思、恩格斯都产生了一定的影响，但就其法哲学思想而言，更多地是受到了黑格尔法哲学的影响。尤其是1843年《莱茵报》工作期间，相继出版了《关于出版自由和公布等级会议记录的辩论》《林木盗窃法的辩论》《摩塞尔地区农民贫困问题》的辩论性文章，残酷的现实与马克思信奉的黑格尔理性主义国家观念产生了矛盾，于是马克思带着疑惑展开对其法哲学的批判。正如马克思在《〈政治经济学批判〉序言》中所说："为了解决使我苦恼的疑问，我写的第一部著作是对黑格尔法哲学的批判性的分析，这部著作的导言曾发表在1844年巴黎出版的《德法年鉴》上。"[1] 马克思、恩格斯正是通过批判黑格尔法哲学走近费尔巴哈，最终又超越了费尔巴哈，创立了历史唯物主义法律观。

一　马克思恩格斯早期的法律思想

（一）青年马克思对法哲学的初步探索
1. 大学时期先验的法哲学体系的建构与批判
青年时期的马克思生活在法学气氛浓厚的环境中，祖父、伯父都

---

[1] 《马克思恩格斯选集》第2卷，人民出版社2012年第3版，第2页。

是法律问题专家（特利尔城的拉比）。父亲是一名具有一定声誉的律师，担任特利尔市政府法律顾问一职。1835 年 10 月，在父亲的安排下马克思进入波恩大学学习法律。在波恩大学期间，马克思先后学习了《法学全书》《法学纲要》《罗马法史》《德意志法学史》《自然法》等六门课程。一年以后，马克思转到柏林大学继续学习法学。柏林大学的学习对马克思一生的思想发展产生了重要的影响。正是在这里，马克思从启蒙思想出发，不断地探索世界观和法学观，从最初接受康德、费希特的理性主义思想，到后来选择黑格尔的法哲学，最终参加了青年黑格尔派运动。

在柏林大学第一学期马克思主要学习了《罗马法全书》《刑法》《教会法》《普鲁士民事诉讼》等课程，并围绕着罗马法课程学习了约·海奈克齐乌斯、安·蒂博等人的著作以及各种文献。尽管马克思首先渴望专攻哲学，但由于哲学与法学的内在关系，马克思并没有放弃法学，反而试图以康德理性自由主义法学观，汲取罗马法的内在精神，建构一个全新的以罗马法为依托的法哲学体系。用马克思的话说，"这部倒霉的作品写到了公法部分，约有三百印张。"① 第一部分的《法的形而上学》"是我慨然称为法的形而上学的东西，也就是脱离了任何实际的法和法的任何实际形式的原则、思维、定义，这一切都是按费希特的那一套，只不过我的东西比他的更现代化，内容更空洞而已"②。第二部分是法哲学是研究成文罗马法中的思想发展，即关于形式法和实体法的学说。"关于形式法的学说，应该叙述体系在连贯性和联系方面的纯粹形式，它的分类和范围；关于实体法的学说，相反地，则应当叙述体系的内容，说明形式是怎样凝缩在自己的内容中。"③ 可惜，这部未完成的手稿没有保留下来，不过，从马克思给父亲的信中有关法学体系的构架中可以看出，此时的马克思深受康德思想的影响，还没有真正认识到

---

① 《马克思恩格斯全集》第 40 卷，人民出版社 1982 年第 1 版，第 10 页。
② 同上。
③ 同上书，第 11 页。

黑格尔学说的真正价值。如"'关于实体法学说'的部分,基本上来自于康德的思想。康德主张把权力分为物权、人格权以及物权性质的人格权;而康德所说的人格权,又是根据契约产生的权利。同时,马克思在"关于有条件的契约私法"这部分的纲目中,总括了三个方面的内容,即人对人的权利、物权和在物之上人对人的权利;这三个方面的观点与康德的观点基本一致。另外,"马克思关于'人对人的权利'的阐述,也是建立在对契约问题研究的基础之上,这同康德是相似的。"[①]

2. 从康德的理想主义向黑格尔法哲学转变

构建法哲学体系使马克思的身体健康遭受了严重的损害,在医生的建议下马克思来到了柏林郊区的施特拉劳小村庄休养。其间,马克思开始反思自己的思想,并研读了黑格尔及黑格尔学生的全部著作和笔记,他深深地被黑格尔的思想所吸引,逐步认识到自己过去想要建构的法学体系的根本缺陷。后来参加了青年黑格尔派组织的博士俱乐部活动,成为一个青年黑格尔主义者。在柏林大学的最后几年,"博士俱乐部"成为马克思精神生活的中心。在这里,他参加了关于哲学、宗教、政治、法学、文学及现实问题的讨论,先后研读了黑格尔的《自然哲学》、亚里士多德的《论灵魂》和《工具论》以及17—18世纪英国和法国的哲学著作,也深入研究了古希腊罗马时期的法律思想。由于马克思知识渊博、思维敏捷,他成为"博士俱乐部"的活跃分子。正如青年黑格尔派的重要成员莫·赫斯给朋友的信中所说,"请你想象一下:卢梭、伏尔泰、霍尔巴赫、莱辛、海涅和黑格尔结合一个人,我所说的结合不是机械地混合——这将会使你得到一个关于马克思博士的概念。"[②] 这样,马克思经历了康德、费希特、谢林到黑格尔这一与德国古典哲学本身相同的发展过程。

---

① 李光灿、吕世伦:《马克思恩格斯法律思想史》,西安交通大学出版社2016年版,第28—29页。

② 同上书,第34页。

3. 博士论文中的法哲学思想

1838 年 5 月父亲去世，来自家庭的经济援助日益减少，使马克思选择职业变得极为迫切。1839 年，出于在波恩取得大学哲学讲师职位的考虑，马克思开始着手写博士论文——《德谟克利特的自然哲学和伊壁鸠鲁的自然哲学的差别》，直到 1841 年 3 月底。为了完成博士论文的写作，马克思系统地研读了古希腊思想史，阅读了与伊壁鸠鲁的哲学有关的大量书籍，并写下了 7 本笔记，"既包括表征伊壁鸠鲁思想文献的选择与其理论源流的追溯，也有对伊壁鸠鲁思想中'准则学'原理及其应用的概述，还涉及原子论哲学的嬗变历程及伊壁鸠鲁在其中所做出的贡献的甄别，而能够上升到元哲学层次的问题更是极为广泛而深入。"① 后来，他在此基础撰写了《德谟克利特的自然哲学和伊壁鸠鲁的自然哲学的差别》。在方法上，马克思运用黑格尔的辩证思想对伊壁鸠鲁的自我意识哲学进行剖析，认为伊壁鸠鲁的自然哲学始终贯穿着本质与存在、形式与质料之间的矛盾，这种矛盾是观念与物质、个别自我意识和外部现实之间的对立与斗争。通过这种对立与斗争，个别自我意识才能不断地克服自身的抽象性并使自己的本质对象化，最终获得实现和肯定。不过，博士论文的基本立场仍然是唯心主义。从法哲学的视角看，马克思的博士论文是一部"自由哲学宣言"，在对德谟克利特的自然哲学和伊壁鸠鲁的自然哲学的分析和比较中，借助伊壁鸠鲁的原子世界，展现了人的价值、尊严、自由与平等。因为，伊壁鸠鲁生活的时代，正是以马其顿军事帝国建立为标志的"希腊化时期"，以雅典为代表的城邦民主崩溃了，人与城邦不可分割的联系不存在了，个人无法掌控自己的命运，人与自己所生活在其中的社会关系异化现象越来越严重，引起思想家的普遍关注。以伊壁鸠鲁为代表的伊壁鸠鲁主义与斯多葛派相对，强调偶然性和主体能动性，要求通过对个人幸福、快乐的追求与满足，来抗衡异化的社会环

---

① 聂锦芳：《"Idealismus 不是幻想，而是真理"——马克思"博士论文"解读》，载于《北京行政学院学报》2016 年第 3 期，第 68 页。

境，宣扬个人的绝对自由与独立，并提出了"社会契约论"思想，伊壁鸠鲁也被解读为近代正义思想的先驱。马克思所处的德国与伊壁鸠鲁所处的希腊有一定的相似性，马克思正是以伊壁鸠鲁自由哲学为起点，分析当时德国社会问题，从而初步预设了未来自由法哲学发展的趋势。当然，《博士论文》是"建立在黑格尔思辨唯心主义的理论基础之上；但毫无疑问，它是新理性批判主义法学世界观的'哲学纲领'"。①

（二）马克思在《莱茵报》前期的法律思想

19 世纪 40 年代的德国和欧洲其他国家一样，随着拿破仑的失败、封建复辟势力抬头而进入一个政治反动的时期（资产阶级革命的前夜），由于普鲁士政府对激进思想的控制，费尔巴哈、施特劳斯和鲍威尔等人都因政治立场的原因被迫离开了大学讲台。因此，对于刚刚获得哲学博士学位、告别学生时代、站在人生十字路口的马克思来说，想要在大学谋求一个教师职位十分渺茫。于是，马克思选择了一个与教师相近的职业——《莱茵报》撰稿人，继而成为编辑、主编。其间，马克思在同封建专制做斗争的同时，写了大量的法律文章。马克思在《莱茵报》时期的法学思想可以分为前后两个阶段，即以《评普鲁士最近的书报检查令》和《关于出版自由和公布等级会议记录的辩论》为代表的前期思想和以《关于林木盗窃法的辩论》为代表的后期思想，体现了马克思从新理性批判主义法学观向历史唯物主义法学观的转变。

1841 年 12 月 24 日，德皇威廉四世为实现独裁目的，颁布新的书报检查令，以取代 1819 年 10 月 18 日的旧法令。其实，这个新法令是以"不得阻扰人们对真理作严肃和谦虚的探讨，不得使作者受到无理的约束，不得妨碍书籍在书市上自由流通"② 之名行禁止书报出版自由之实。此时的马克思以其继承的近代启蒙思想家法治理论，运用

① 李光灿、吕世伦：《马克思恩格斯法律思想史》，西安交通大学出版社 2016 年版，第 37 页。
② 《马克思恩格斯全集》第 1 卷，人民出版社 1995 年版，第 110 页。

新理性批判主义法学观，分析了法与自由的关系，强调真正的法律应该是人类自由理性的保障，普鲁士的"书报检查就是官方的批评。书报检查的标准就是批评的标准"①。从当时政府颁布的检查令来看，"公正的、自由主义的书报检查"是不存在的。马克思先后写了《评普鲁士最近的书报检查令》和《关于出版自由和公布等级会议记录的辩论》两篇文章来批评书报检查制度和讨论出版自由问题。马克思借用农民等级的一位议员的话说："人类精神应当根据它固有的规律自由地发展，应当有权将自己取得的成就告诉别人，否则，清新的河流也会变成一潭恶臭的死水。"② 书报检查制度的存在会成为一种妨害人们公开谈论事物的羁绊。因为，这一法律强调的并不是真理，而是严肃和谦虚。而严肃和谦虚又是一些不确定概念。③ 这样，作者必然成了最可怕的恐怖主义的牺牲品，遭受怀疑和制裁。在此基础上，马克思分析了法与自由的关系，认为："一开始我们就指出，在形形色色反对新闻出版自由的辩论人进行论战时，实际上进行论战的是他们的特殊等级，起初诸侯等级的辩论人提出了一些圆滑的论据。他证明新闻出版自由是不合理的，他的根据便是书报检查法中表现得十分明显的诸侯信念。他以为，德国精神高尚而真实地发展是由于上面的限制造成的。最后，他进行了反对各国人民的论战，他怀着高贵的怯懦责骂新闻出版自由，说它是人民自己对自己使用的一种粗野而冒失的语言。"④ 其实，"在新闻出版自由方面他驳斥的是人的自由，在新闻出版法方面他驳斥的是法律。"⑤ 因为，自由是每个人固有的本质，真正的法律是以自由为基础并且是自由的实现。法律不是压制自由的手段，正如重力定律不是阻止运动的手段一样，法律是肯定的、明确的、普遍的规范，在这些规范中自由的存在具有普遍的、理论的、不

---

① 《马克思恩格斯全集》第 1 卷，人民出版社 1995 年版，第 107 页。
② 同上书，第 200 页。
③ 参见《马克思恩格斯全集》第 1 卷，人民出版社 1995 年版，第 112 页。
④ 《马克思恩格斯全集》第 1 卷，人民出版社 1995 年版，第 155 页。
⑤ 同上。

取决于个别人的任性的性质。法典就是人民自由的"圣经"。

随着现实政治斗争的需要，马克思还批判了以胡果为代表的为普鲁士专制政府服务的历史法学派。18 世纪末至 19 世纪初，在德国出现了一股代表半封建势力的保守主义法学思潮——历史法学派。他们反对近代古典自然法学派理性主义法学思想，主张法学应体现传统的"民族精神"或"民族意识"，鼓吹习惯法是最好的体现民族意识的法律，因而是所有法的基础，并以此攻击法国资产阶级革命，维护封建专制统治。马克思认为以胡果为代表的历史法学派是十足的怀疑论者，"否认理性，推崇实证，亵渎了对正义的、道德的和政治的人来说是神圣的一切，借此去颂扬历史法学派的庸俗观点，要人们承认那种甚至丧失了理性的假象的实证的现实。"① 这种以"绝对可靠"的本能把各种制度中合乎理性和合乎道德的一切都看作对理性来说是一种可疑的东西，包括自由、正义，必然为"专横的暴力法"提供了理论基础，因而是反动的，需要严厉的批判。如 1842 年 12 月 18 日的《论离婚法草案》批判了 1842 年在萨维尼领导下拟定的《离婚法草案》，揭露历史法学派的反理性主义的性质。

当然，这一时期的马克思还以《莱茵报》为阵地，展开了对当时禁锢人们思想的宗教的批判。因为，对于后发展的德国人民来说，政治解放才刚刚开始，要完成这一历史使命就必须要从理论上弄清政治、法等国家制度与宗教的关系，也就是说，要弄清宗教与国家的关系。按照当时政府的理解，宗教是国家的基础，决定着国家的兴衰。马克思则认为这是一种颠倒历史的说法。从人类历史看，古代宗教往往是作为一种结果伴随着古代国家的灭亡而灭亡，而非这些国家灭亡的原因。因此，是国家左右宗教而非宗教左右国家。一个真正的现代国家必须是宗教符合于实现理性自由的国家。可见，马克思把自由和理性作为分析法律现象、探讨法律问题的出发点和归宿。当然，马克

---

① 李光灿、吕世伦：《马克思恩格斯法律思想史》，西安交通大学出版社 2016 年版，第 47 页。

思所讲的理性是"人类的理性"而非黑格尔的"绝对理念",所讲的自由是"人类的普遍自由"而非黑格尔的抽象的"自由意志",特别是劳苦大众的生存自由和发展自由,从这个意义上说,崇尚理性与自由是这一时期马克思新理性批判主义法律观的基本特征。

(三) 恩格斯的新理性批判主义法律思想

1835 年,中学还未毕业的恩格斯到不来梅学习经商,在不来梅的这段时间里,恩格斯进行了大量的社会考察,了解到现实生活中种种不平等现象,尤其是工人和劳动人们的疾苦,深深地触动了恩格斯,使其精神和世界观发生了激烈冲突,由此产生了对自己信仰的宗教的怀疑。他发现现实中人们的生活和教堂里颂扬的相去甚远,只有通过改变现实才能唤醒人们的宗教蒙昧。为此,恩格斯逐步抛弃了自己的宗教信仰,开始致力于社会革命运动。

与马克思一样,年青的恩格斯对政治、哲学、文学比较感兴趣,也积极参加当地的一些进步社团活动。1839 年春天,恩格斯开始为"青年德意志"运动的机关报《德意志电讯》供稿,讨论政府的政治制度和社会民主等问题。其中,在代表作《乌培河谷来信》中,恩格斯用大量事实描述宗教虔诚主义在乌培河谷地区各个生活领域中的表现:一共不过两三千人散居在河谷的两岸,河水清澈,山峦重叠,森林、草地、花园五色缤纷,景色迷人。然而在这里人们感受不到朝气蓬勃的景象:闲散的懒汉每晚游荡在酒馆和街道,繁重的工作过早地压弯了人们的脊梁,他们的"命运不是神秘主义就是酗酒"。"光是埃尔伯斐尔德一个地方,2500 个学龄儿童中就有 1200 人失学,他们在工厂里长大,——这只是便于厂主雇用童工而不再拿双倍的钱来雇用被童工代替的成年工人。但是大腹便便的厂主们是满不在乎的,因为虔诚派教徒的灵魂不致因为使一个儿童堕落就下地狱,特别是这个灵魂如果每个礼拜日到教堂去上两次,那就更心安理得了。"[1] 深

---

① 《马克思恩格斯全集》第 2 卷,人民出版社 2005 年版,第 45 页。

刻揭露了宗教扼杀人民生活中一些健康、自由的本质及其反理性性质，以及那些"敬畏上帝"的厂主们的虚伪，表现出青年恩格斯对社会问题的高度关切。

在"青年德意志"运动的影响下，恩格斯以理性主义为指导，批判宗教虔诚主义的虚伪，试图把宗教信仰与人们的理性思考联系起来，把宗教和人性联系起来。在他看来，只有通过理性验证的学说才可以作为人们信仰的依据，神圣的教义也应该用理性去理解。随着斗争的继续和革命经验的积累，恩格斯政治立场发生了一些变化，发现自己的民主主义思想与"青年德意志"分子的自由主义思想存在着区别，甚至矛盾。为此他需要对自己思想进行一次清算，以摆脱旧有思想的束缚，由此转向关注黑格尔的哲学思想。在这一过程中，施特劳斯的《耶稣传》对恩格斯产生了深刻的影响。施特劳斯运用黑格尔的辩证法批判基督教史的虚假性以及宗教的起源，给恩格斯解决理性与信仰、宗教与科学之间的矛盾提供了一定参考。1841年秋，恩格斯来到柏林，旁听了柏林大学的哲学课程，参加了青年黑格尔派柏林小组的活动，并着手研究黑格尔的思想。不久，他积极投身于柏林地区的革命，把斗争的矛头指向谢林的哲学。从1841年年底到1842年年初，恩格斯先后写了《谢林论黑格尔》《谢林和启示》《谢林——基督的哲学家》等论文，深刻地批判了谢林的理论，捍卫了黑格尔思想的进步性，认为谢林在政治上是专制的、在哲学上是神秘的。这时的恩格斯已经完全摆脱传统的宗教观影响，逐渐建立起以黑格尔辩证思想为基础的新理性批判主义观，开始以民主主义身份在《莱茵报》等刊物上发表文章，内容涉及政治、自由、法律、宗教、国家等问题。

由关注社会问题发展到关注政治、国家等问题，此时的恩格斯已经把批判的矛头对准了普鲁士国王。在《普鲁士国王弗里德里希·威廉四世》这篇文章中，恩格斯深刻地揭露了当时的普鲁士弥漫着基督教蒙昧主义和封建君主专制主义，威廉四世提出的"君主主教制"则加剧了这一情况，就连"德意志通报"每天都卑鄙无耻地把德国的君主们和德国人奉承一番。因此，完全有必要用另一种眼光来看待那些统治者。恩格斯认为，普鲁士国王弗里德里希·威廉四世是普鲁士国家制度的原则贯彻到极点时的产物，"他不但归附于历史法学派，甚至将它进一步运用，几乎要赶上哈勒的复古思想了。"① 他"按照圣经道德的戒律制定国家法律"②，集教会和国家权力于一身。因此，"这种国家形式的最终目的就是黑格尔所说的政教合一。"③ 在处理国家内部关系上也是如此，威廉四世抓住自己还能找到的中世纪残余的东西，保护世袭贵族的利益，壮大贵族的队伍，提升市民等级阶层的地位，鼓励各行各业建立封建行会，整个社会故步自封，这些做法不仅与市民社会的独立、自由、开放等要求背道而驰，而且也使国家力量过于分散以至完全瓦解，对此应该进行彻底的批判。为此，恩格斯与马克思一道，以革命民主主义者的视角，写了《德国民间故事》《时文评注》《普鲁士新闻出版法批判》等文章。如在《德国民间故事》中，恩格斯就联邦议会和普鲁士书报检查制度展开分析，认为通过对封建贵族及其思想的批判，以唤醒人们追求自由、权利的意识；在《时文评注》中，恩格斯指出一定要克服书报检查制度中一切变化无常的原则；在《普鲁士新闻出版法批判》一文中，恩格斯讨论了立法与司法的关系、立法的科学性和可操作性、司法解释的实践意义、应然法与实然法的关系等，表达了自己新理性主义法律观。当然，此时的恩格斯对法律讨论不仅仅局限于自由与权利，也涉及土地所有权、国家制度等层面。

二　马克思恩格斯法律观的历史唯物主义转变

（一）马克思在《莱茵报》后期的法律思想

1842 年 3 月，马克思开始把主要精力转到《莱茵报》的编辑工作上，集中地写了一批抨击普鲁士的"基督教国家"制度和关于莱茵地区议会辩论的文章。其中，《关于林木盗窃法的辩论》最具代表

---

① 《马克思恩格斯全集》第 2 卷，人民出版社 2005 年版，第 536 页。
② 同上。
③ 同上。

性。19 世纪 20 年代的农业危机带来的匮乏和工业需求的增加导致了政府的法律干涉。在普鲁士的所有起诉案件中，六分之一涉及林木，这个比例在莱茵地区还要高得多。① 当时政府提议林木监护人就是指控犯法行为的唯一裁决者，可以独自评估损失，由此引发了人们对国家制度合法性的反思。马克思认为林木盗窃法和狩猎、森林、牧场违禁法一样值得研究。由于手头没有这个法案，马克思就省议会及其委员会对法案所做的部分补充与省议会展开辩论。马克思认为法案的标题将普通违反森林条例的行为归为盗窃，对此议会采取了回避的态度，无疑导致司法实践中将捡拾枯枝烂叶的行为也归为盗窃，并与砍伐林木行为处以同样的重罚，"那么就必然会把一大批不是存心犯罪的人从活生生的道德之树上砍下来，把他们当作枯树抛入犯罪、耻辱和贫困的地狱。"② 无可厚非，窃取别人的一棵活着的树木是偷窃行为，盗窃别人砍倒的树木也是偷窃行为，但"捡拾枯树和盗窃林木是本质上不同的两回事。对象不同，作用于这些对象的行为也就不同，因而意图也就一定有所不同"③。如果作为事物的法理本质的普遍和真正的表达者——法律把那些未必能叫作违反林木管理条例的行为称之为盗窃林木，那么，将穷人变成了"法定谎言的牺牲品"的法律就不具有合理性！在此基础上，马克思分析指出，"在实施普通法律的时候，合理的习惯法不过是制定法所认可的习惯，……法不再取决于偶然性，即不再取决于习惯是否合理；恰恰相反，习惯所以成为合理的，是因为法已变成了法律，习惯已成为国家的习惯。"④ 正如捡拾枯枝烂叶的行为，贫民的任何习惯权利都来自于某些所有权的不确定性，不仅不能得到法律的保护，反而会成为不法的牺牲品。这种把无罪当作有罪，把一般的违法行为归为犯罪，不区分此罪与彼罪，这

---

① 参见 H. Stein. Karl Marx und der Rheinische Pauperismus. Fahrbuch des kolnischen Ge-schtsvereins，XIV（1932）。

② 《马克思恩格斯全集》第 1 卷，人民出版社 1995 年版，第 243 页。

③ 同上书，第 244 页。

④ 同上书，第 249—250 页。

样的法律以及法律的实施，都是专制主义、重刑主义法律的表现。这种状况不仅导致法律自身的"泯灭"，而且导致私人利益把国家贬低成谋利的工具，从而使国家为了私人利益违背自己应有的原则而非理性化和异化。显然，马克思是从黑格尔的理性国家观出发，强调司法权的国家统一性，反对任何个人染指国家的司法领域，维护广大劳动者的利益。马克思这一主张在后来的《摩塞尔记者的辩论》中得到进一步体现。在《摩塞尔记者的辩论》一文中，马克思指出："人们在研究国家状况时很容易走入歧途，即忽视各种关系的客观本性，而用当事人的意志来解释一切。但是存在着这样一些关系，这些关系既决定私人和个别政权代表者的行动，而且就像呼吸一样地不以他们为转移。只要人们一开始就站在这种客观立场上，人们就不会忽此忽彼地寻找善意或恶意，而会在乍看起来似乎只有人在活动的地方看到客观关系的作用。"① 这种客观关系就是"摩塞尔河沿岸地区的贫困状况同时就是治理的贫困状况"，就是行政当局由于自己的官僚本质不作为的态度，甚至推诿责任，就是葡萄酒酿造者为私人利益所蒙蔽而做出的判断。由此，马克思认为必须引入超越治人者和治于人者的第三个因素，即政治的因素—市民的因素—公民与市民相结合的因素—自由报刊，并寄希望于此作为减轻摩塞尔地区的贫困状况的途径。当然，马克思也看到了普鲁士报刊总的情况无论对坦率而言或者对公开而言，存在着不能克服的障碍——当局尊严神圣不可侵犯的原则，必然会将葡萄酒酿造者的求助视为对政府法律的无耻的暴力的非议，进行蛮横压制。从《摩塞尔记者的辩护》一文看，马克思依然承袭了《关于出版自由和公布等级会议记录的辩护》和《关于林木盗窃法的辩护》的思路，以抽象的、普遍的理性来否定具体的、私人的利益，用理性的超越性来批判现实的狭隘性，用抽象的人来批判具体的人。据此我们可以认定，此时的马克思依然带有浓郁的理性主义气息，尽管他已经觉察到"利益"与法律、法律与官方法理学（国家意识形

---

① 《马克思恩格斯全集》第 1 卷，人民出版社 1995 年版，第 216 页。

态）之间存在着矛盾与冲突，但要从理论上完全厘清其关系是有一些难度。因此，严格意义上来说，马克思仍不是一位马克思主义意义上的"唯物主义者"。

理论与现实的矛盾引起了马克思对自己坚持的哲学立场（黑格尔法哲学）产生了怀疑，并逐渐转向对黑格尔法哲学的批判。对此时的心路历程马克思后来做了如下的描述："为了解决使我苦恼的疑问，我写的第一部著作是对黑格尔法哲学的批判性的分析，这部著作的导言曾发表在1844年巴黎出版的《德法年鉴》上。我的研究得出这样一个结果：法的关系正像国家的形式一样，既不能从它们本身来理解，也不能从所谓人类精神的一般发展来理解，相反，它们根源于物质的生活关系，这种物质的生活关系的总和，黑格尔按照18世纪的英国人和法国人的先例，概括为'市民社会'，而对市民社会的解剖应该到政治经济中去寻求。"① 国家连同"市民社会"的关系构成马克思整个批判过程的核心。加之，《摩塞尔记者的辩护》一文的发表引起政府当局的极度不满。1843年3月，普鲁士政府以"该报有明显的企图攻击国家制度的基础，发挥了旨在动摇君主制度原则的理论，恶意煽动舆论怀疑政府的所作所为，挑拨各等级人的相互对立，挑起对现有的法定秩序的不满，鼓励对友好国家采取极端反对的态度"为由，查封了《莱茵报》。马克思退回了书房进行理论研究，并把斗争的矛头直指黑格尔的法哲学。1843年在克洛茨纳赫期间写的"克罗茨纳赫笔记"，就是针对黑格尔《法哲学原理》一书的第261—313节所做的全面的分析和批判。后来，马克思根据在《莱茵报》的工作经历，将之汇编成为《黑格尔法哲学批判》。

（二）《〈黑格尔法哲学批判〉导言》中的法律思想

1. 关于现代国家制度根源的阐释

马克思通过对黑格尔国家学说的批判阐释了现代国家制度的物质

---

① 《马克思恩格斯选集》第2卷，人民出版社2012年版，第2页。

根源。根据黑格尔国家学说，逻辑理念是第一性的，国家、法，甚至现实存在的家庭和社会都是说明和体现逻辑理念的工具，因而是派生物，是第二性的。因此，作为伦理理念的实现的国家制度是绝对自在自为的理性东西，其目的是社会普遍利益而非私人利益，其合理性是毋庸置疑的。然而，市民社会中的人们（包括国家共同体赖以运行的官僚机构中官吏们）都是从自己的特殊利益出发，这样，必然形成了国家与市民社会的事实对立，国家制度就成为政府借以消除市民社会和国家之间的矛盾对立的中介。对此，马克思一针见血地指出，政治国家只是虚幻的共同体，代表虚幻的共同利益，不可能成为市民社会矛盾的统一和调和的中介。等级、政府既不可能消灭等级的特殊存在，使其成为普遍性的存在，也不可能消除国家政权和政府行为与人民之间的矛盾，相反是这种矛盾的必然表现。官吏同样也不是普遍利益的代表，而是反对市民社会的全权代表。这些官吏一旦进入市民社会，代表的依然是统治阶级的利益，不仅不能消除国家和市民社会之间的对立，相反会加重二者之间的对立。从根本上看，黑格尔的错误就在于"他满足于这种解决办法的表面现象，并把这种表面现象当作事情的本质"①。与黑格尔截然相反，马克思主张从现实存在的矛盾出发去批判政治国家，认为"对现代国家制度的真正哲学的批判，不仅揭露这种制度中存在着的矛盾，而且解释这些矛盾，了解这些矛盾的形成过程和这些矛盾的必然性"②。显然，此时的马克思已经触及国家制度产生的物质根源——现实存在的矛盾（社会物质生活基础）。

2. 关于国家与市民社会关系的阐释

根据黑格尔哲学思想，绝对理念（精神）将自己分为自己概念的两个理想性的领域（自己的有限的两个领域），目的是要超出这两个领域的理想性而成为自在自为的无限的现实精神。③ 国家作为绝对理念同样也把自己分为家庭和市民社会两个领域，即家庭和市民社会。

---

① 《马克思恩格斯全集》第 3 卷，人民出版社 2002 年版，第 94 页。

② 同上书，第 114 页。

③ 参见［德］黑格尔《法哲学原理》，范扬等译，商务印书馆 1961 年版，第 263 页。

家庭是"直接的或自然的伦理精神和狭窄的普遍性的领域"，市民社会是"特殊的领域"，因而是有限性领域。国家则是家庭和市民社会的内在目的，是绝对自在自为的理性的东西，是社会生活各领域的决定力量。对此，马克思认为黑格尔完全颠倒了家庭、市民社会和国家的关系。把国家理念化，把理念变成了独立的主体，把家庭、市民社会现实主体看作理念的、非现实的东西，家庭和市民社会结合成国家，不是它们自身生存过程的结果，而是由国家这一理念在自己生存过程中从自身把它们分离出来的。事实上，政治国家离开家庭（天然基础）和市民社会（人为基础）是不能存在的，但这些在黑格尔那里却变成了被制约、被规定、被产生的东西。显然，黑格尔把家庭、市民社会和国家间的因果关系颠倒了。在此基础上，马克思进一步阐明了国家与市民社会的关系，明确地指出：不是国家决定家庭和市民社会，而是家庭和市民社会决定国家。"家庭和市民社会是国家的现实的构成部分，是意志的现实的精神存在，它们是国家的存在方式。家庭和市民社会使自身成为国家。它们是原动力。"① 尽管，马克思在物质生活关系领域也使用了"市民社会"这一概念，但关于市民社会与国家的关系的理解却与黑格尔截然相反。这一理解不仅是马克思唯物史观的生长点，也在马克思主义法哲学的形成中具有重要意义。

3. 关于民主制的阐释

黑格尔认为君主立宪制是符合国家理念的国家形式，是最高的、最完善的国家形式。因为，君主立宪制体现了君主权（王权）、行政权和立法权三者的统一。国家人格只有作为君主才能实现，因而君主主权具有至高无上性。马克思深刻地批判了黑格尔这一主张，认为这是对国家本质的歪曲。因为，在君主制中，君主是依靠官僚机构来行使权力的，君主最关心的是如何保障自己特殊利益，根本不关心人民利益、社会普遍利益。作为国家意识的黑格尔哲学从根本上否定了人民的地位和作用。与黑格尔的君主立宪制相对立，马克思阐述了民主

---

① 《马克思恩格斯全集》第3卷，人民出版社2002年版，第11页。

制的思想，认为民主制是人民的国家制度，民主制的每一个环节都是全体民众利益实现的环节。在民主制中，主权属于人民，属于劳动者，不是人为法律存在，而是法律为人存在，人的存在就是最高的法律。民主制中的法律是为人民服务的，是为了保护人民自己的利益，是人民意志的体现。因而，要通过真正的革命，变革旧的国家制度，建立民主制。可见，此时的马克思从反对黑格尔的国家制度中逐渐演变出人民革命的思想来。

4. 关于私有财产决定政治国家思想的阐释

在黑格尔的理论体系中，国家是普遍利益的代表，因而国家政权统治着私有财产，并使其服从自己，进而服从整体的普遍利益。长子继承制是独立意志的保证，私有财产是自由的最初定在，是人的意志的体现。因而，长子继承制就是政治国家对私有财产的支配权的证明。对此，马克思认为"长子继承权是完全的土地占有的结果，是已成化石的私有财产，是发展到最富有独立性和鲜明性的私有财产（无论什么样的）"[1]。它所产生的政治特权体现的正是私有财产对国家政权的支配。黑格尔把二者之间的因果关系颠倒了，因而是错误。"财产之存在，不再是'因为我把我的意志置于财产之中'，而我的意志之存在，则是'因为它就在财产之中'。在这里，我的意志已经不占有，而是被占有。"[2]从本质上看，黑格尔肯定长子继承制把国家变为直接的私有财产，即地产的属性。因此，不是国家政权统治着私有财产，相反，是私有财产决定政治国家。马克思的私有财产决定政治国家这个思想，实际上是市民社会决定国家的思想的进一步展开。

5. 关于国家与个人的关系的阐释

国家与个人的关系上，黑格尔不是从现实的人引申出国家，而是从国家引申出现实的人，认为个人只能无条件地依从于国家，从而抬高了国家，贬低了个人，进一步企图将人民排除在管理社会的范围之

---

① 《马克思恩格斯全集》第3卷，人民出版社2002年版，第124页。
② 同上书，第126页。

外，是资产阶级的意识形态。对此，马克思一针见血地指出："黑格尔想使人的本质作为某种想象中的单一性来独自活动，而不是使人在其现实的、人的存在中活动，"① 使人的活动与现实相脱离，人及其活动被抽象化和神秘化。从根本上讲，人是现实的人，是家庭和市民社会中活动的人。人是社会的主体，家庭、市民社会、国家都是人的活动的产物。"正如同不是宗教创造人，而是人创造宗教一样，不是国家制度创造人民，而是人民创造国家制度。"② 要实现国家与个人实体统一，必须实行民主制，真正体现人民管理国家。

总之，马克思通过对黑格尔法哲学的批判得出了"市民社会决定国家"的结论，以市民社会来说明国家和法，并进而说明整个社会的结构及其历史。马克思把黑格尔颠倒了的国家与市民社会的关系理顺了，认为市民社会是国家的基础。恩格斯对此评价说："马克思从黑格尔的法哲学出发，得出这样一种见解：要获得理解人类历史发展过程的钥匙，不应到被黑格尔描绘成'大厦之顶'的国家中去寻找，而应到黑格尔所那样蔑视的'市民社会'中去寻找。"③ 尽管当时的马克思对市民社会的认识还很笼统，缺乏政治经济学知识支撑，缺乏对市民社会的解剖和对国家本质的科学揭示，没有认识到生产力与生产关系二者之间的关系，没有认识到国家是统治阶级意志的体现和阶级斗争的工具，但已开启了其法哲学世界观转变的历程。

三　马克思恩格斯法律思想的形成

从 1844 年开始，马克思、恩格斯发表了一系列重要著作（文章），如《1844 年经济学哲学手稿》《神圣家族》《关于费尔巴哈的提纲》《德意志意识形态》《共产党宣言》等著作，尤其是《共产党宣言》的发表，标志着马克思恩格斯历史唯物主义法律观的问世。

---

① 《马克思恩格斯全集》第 3 卷，人民出版社 2002 年版，第 51 页。
② 同上书，第 40 页。
③ 《马克思恩格斯全集》第 16 卷，人民出版社 1964 年版，第 409 页。

（一）《1844 年经济学哲学手稿》：历史唯物主义法律观的发源地

马克思的《1844 年经济学哲学手稿》（以下简称《手稿》），是从哲学的角度来研究人的存在及其本质的。在《手稿》中，马克思提出了涵盖市民社会异化、国家和法律异化的异化劳动理论。

首先，马克思认为劳动是人的本质体现。指出人类的劳动具有对象性、能动性、社会性等特点①：一方面，人具有自然属性，为了生存和发展，人要能动地对自然、社会进行认识和改造，以满足自己衣食住行的需要。这是人类劳动的直接动因；另一方面，人又具有社会的属性，是社会人，其劳动活动必然会受到现实的社会基础、历史条件及活动规律等社会条件②的制约，因此，人的本质规定性必然由个人与社会之间的关系所决定。在资本主义社会中，劳动是以外在于自身并与自己相对立的力量，即异化的形式出现，体现为劳动者与其劳动产品相异化、劳动者与其劳动活动相异化、人与人的类本质相异化，以及人与人之间关系相异化③四个方面。工人生产的财富越多，生产的影响和规模越大，他就越贫穷、越廉价；工人在劳动过程中不是肯定自己而是否定自己，其精神和肉体遭受非人的摧残和折磨。造成这一现象的根源就是社会分工和私有制。因此，"对私有财产的积极的扬弃，作为对人的生命的占有，是对一切异化的积极的扬弃，从而是人从宗教、家庭、国家等向自己的合乎人性的存在即社会的存在的复归。"④ 可见，在《手稿》中，马克思通过对古典政治经济学的批判，找到了私有制、阶级产生以及由异化劳动而导致的人的异化的根源，进而得出消灭私有制，扬弃异化，实现人的解放，进而使人成

---

① 汪家宝：《马克思法哲学思想及其当代意义》，博士学位论文，复旦大学，2008 年，第 1 页。

② 周世兴：《论作为社会历史剧中人物和剧作者的人的历史辩证法》，《西北师大学报》（社会科学版）2005 年第 10 期，第 31 页。

③ 严书翰：《波澜壮阔跌宕起伏——科学社会主义形成和发展的第一个 50 年》，《科学社会主义》2007 年第 8 期，第 148 页。

④ 《马克思恩格斯文集》第 1 卷，人民出版社 2009 年版，第 186 页。

为真正的人这一结论。因而,《手稿》被称为"马克思唯物史观的发源地"。

其次,马克思在对法律异化问题进行论证时使用了其论证异化劳动问题的同一逻辑。所谓的法律异化就是法律的理想和法律的效果不一致。[①] 在《手稿》中,马克思通过对封建社会和资本主义社会法律异化进行分析,指出封建社会的法律是对人们在政治、经济和社会上的不平等地位加以确认,因而维护的是封建土地所有制和封建地主阶级的利益。封建社会的法律具有野蛮残酷及习惯法等特征;资本主义社会的法律由资本主义生产方式所决定,依然保护的是资产阶级的利益。总之,马克思是通过对私有财产的运动变化从而引起法律相应的变化的分析,得出宗教、家庭、国家和法等上层建筑是由一定社会的生产方式决定、制约的结论的。[②] 在此基础上,马克思明确了资本家和工人之间是一种剥削与被剥削的关系。

尽管马克思关于法律由生产规律所决定的观点较之前市民社会决定法律(国家制度)的观点更深刻、更具体。但此时的马克思依然没有从人的本质异化到复归这一否定之否定的思辨模式中解脱出来。因此,《手稿》中马克思关于法的本质的描述还是以一种先验的、理性的、合理的方式进行,还没有明确揭示出法的阶级性和物质制约性。随着后来的《神圣家族》《关于费尔巴哈的提纲》的继续探索,直到《德意志意识形态》时,法的物质制约性和阶级意志性才得以完整呈现。

(二)《论犹太人问题》:向历史唯物主义法律观的转变

1843 年,《莱茵报》被政府查封后马克思流亡法国的巴黎,此时,赫斯和卢格也到了巴黎,并把巴黎作为《德法年鉴》的出版地。马克思于同年 10 月加入《德法年鉴》的出版发行工作中,并在《德

---

① 汪家宝:《马克思法哲学思想及其当代意义》,博士学位论文,复旦大学,2008 年,第 10 页。

② 同上。

法年鉴》刊登了他在克罗茨纳赫已经写好的文章——《论犹太人问题》。《论犹太人问题》中心论题是当代国家从市民社会的分离以及随之而来的自由主义政治解决社会问题的失败。与英国和法国资本主义取得了胜利并获得巨大发展相比，德国国内的状况十分复杂。一方面，德国的资产阶级远未完成社会革命，在经济、政治、思想和文化等方面并未获得对封建贵族的胜利；另一方面，从1816年起，犹太人享有的权利远远低于基督徒，犹太人的解放问题在普鲁士引起人们的普遍关注。当时的理论家、思想家和政治家都提出了自己的看法并给出解决的路径，其中，以鲍威尔为代表的青年黑格尔派认为，犹太人与基督徒为了能够生活在一起，必须放弃使其分离的东西——犹太教。也就是说，犹太人之所以被排除在基督教社会之外，不能获得平等的权利，主要是因为他们宗教的褊狭性造成的。因此，犹太人要获得解放首先必须把自己从犹太教中解放出来，进而获得与其他人一样的政治的、社会的、法律的权利。可见，他们把犹太人问题理解为宗教问题。马克思不同意鲍威尔的观点，认为宗教问题是一个政治解放问题，"就德国来说，对宗教的批判基本上已经结束。"① 犹太人问题则是一个人类解放问题。政治解放与人类解放是不一样的。同国家已从宗教中解放出来了而公民仍可能受宗教的限制一样，政治从宗教中获得解放并不一定能把人从宗教观念中解放出来。在资本主义社会里，无论是犹太人信仰犹太教还是基督徒信仰基督教，都是政治解放未能把人从宗教观念中彻底解放出来的一种表现，但不能由此将宗教信仰作为公民能否获得平等的公民权的根据。事实上，公民权根源于人们的物质生活基础，也即"与私有财产的情况类似：就美洲宪法宣布选举并不需要财产的限制而言，它已经消灭了私有财产。但是，这远没有真正地消灭私有财产，而实际上正是以私有财产为前提。结果，人类存在被深度地分裂了"②。其实，在现实的德国，基督徒与

① 《马克思恩格斯文集》第1卷，人民出版社2009年版，第3页。
② ［英］戴维·麦克莱伦：《马克思传》，王珍译，中国人民大学出版社2006年版，第87页。

犹太人不仅具有地位的差异，而且部分基督徒与犹太人一样也没有人权，同样需要人的解放以实现真正的解放。因此，从根本上讲，只有当公民等级、政治等级和公民特权、政治特权被消灭，所有人在一个自由的、世俗的国家中都享有平等权利的时候，宗教偏见和宗教分离才会消失，犹太人乃至所有人才能真正实现解放。

为了进一步表明宗教与公民权有更多的一致性，马克思与鲍威尔为代表的青年黑格尔派就犹太人的人权要求展开争论。鲍威尔认为犹太人和基督徒都不能要求普遍的人权，因为他们特定的、独有的宗教必然使他们的要求都归于无效。马克思通过实证研究驳斥鲍威尔的观点。首先，他认为公民权与人权不同，公民权是政治秩序的权利，是通过公民参与国家的普遍性得以表现的，它绝不以消灭宗教为前提。换言之，公民权反映的是人的社会本质，因此，对公民权的诉求必然导致人类的解放。其次，马克思认为资产阶级所说的人权都没有超出利己主义的人，都没有脱离市民社会成员的团体。它是资产阶级社会分离的表现，不具有社会性和普遍性。因为，它不是建立在人与人结合起来的基础上，而是建立在人与人分离的基础上。资产阶级革命实现的政治解放以及旧的封建社会的解体，并没有实现人与人之间的真正平等，相反，使利己的个人由于私有财产而加大了分离，因而不是真正意义上的人的解放。最后，马克思对鲍威尔的《现代犹太人和基督徒获得自由的能力》中关于犹太人比基督徒距离解放更远所做的神学解释也进行了批判，认为宗教是这个污浊的、自私自利世界的精神的虚伪外表。如果将犹太人的解放问题演变成为消灭犹太教而需要克服的特殊的社会因素，显然是不人道的，错误的。

为此，马克思再次论述了市民社会与政治国家的关系，强调指出政治国家与市民社会的关系，正像宗教与世俗世界的关系一样（不是宗教决定世俗世界，而是世俗世界决定宗教），国家虽然在政治上超越了市民社会，但还是要受市民社会的制约。据此，马克思把犹太教的世俗基础定义为实际需要和自私自利，把犹太人的世俗偶像定义为做生意，把犹太人的世俗上帝定义为金钱。进而得出：一种社会组织如果能够消除做生意的前提，从而能够消除做生意的可能性，那么这种社会组织也就能使犹太人不可能产生。① 显然，马克思通过对犹太人的解放问题的研究，已经开始注意到了商品社会及其重要符号——货币，对人、对人与人之间关系的异化作用。在马克思看来，"实际需要、利己主义是市民社会的原则；只要市民社会完全从自身产生出政治国家，这个原则就赤裸裸地显现出来。实际需要和自私自利的神就是金钱。"② 在这个自私自利的世界里，法律必然成为金钱利益统治的工具，而人与人之间最高的关系就是法律规定的关系。尽管从这些论述中，我们看出了费尔巴哈人本主义的痕迹，但马克思以人的类本质为视角观察国家、政治、法律、宗教和市民社会等问题，最终总结了从施特劳斯到费尔巴哈的青年黑格尔派的全部工作，指出宗教的苦难既是现实苦难的表现，又是对这种现实苦难的抗议。对宗教的批判就是对苦难世界的批判，即对法的批判；发出了批判的武器不能代替武器的批判，物质力量只能用物质力量来摧毁的革命呐喊，标志着其在世界观上由唯心主义到唯物主义、在政治观上由革命民主主义到共产主义的伟大转变。

（三）《德意志意识形态》：历史唯物主义法律观的初步阐述

马克思、恩格斯在《德意志意识形态》（以下简称《形态》）中确立的历史唯物主义理论体系，可以说是一场政治哲学与法哲学的一次伟大的创新。在《形态》中，马克思和恩格斯系统地阐述了唯物主义历史观的基本原理。即"从直接生活的物质生产出发阐述现实的生产过程，把同这种生产方式相联系的、它所产生的交往形式即各个不同阶段上的市民社会理解为整个历史的基础，从市民社会作为国家的活动描述市民社会，同时从市民社会出发阐明意识的所有各种不同

---

① ［英］戴维·麦克莱伦：《马克思传》，王珍译，中国人民大学出版社 2006 年版，第 89—90 页。

② 《马克思恩格斯全集》第 3 卷，人民出版社 2002 年版，第 194 页。

的理论产物和形式，如宗教、哲学、道德等，而且追溯它们产生的过程。"① 以此为基础，马克思和恩格斯把唯物史观的基本原理贯彻到了法的领域，认为任何新的生产力的发展都会引起社会分工的发展，分工的进一步发展导致了私有制的出现，造成了个人利益与所有互相交往的人们的共同利益之间的矛盾，为了调节私人利益和公共利益之间的矛盾，国家和法律出现了。人类发展过程中因社会形态不同而产生了不同的法律类型，第一种所有制是"部落所有制"，没有法律；第二种所有制是"古代公社所有制和国家所有制"，出现了奴隶仅仅为客体的奴隶主和奴隶的法律关系；第三种所有制形式是"封建的或等级的所有制"，则出现了国王或君主个人意志的体现的"特权法"；第四种所有制形式是"资本主义的纯粹的私有制"，尽管为了达到自己的目的，资产阶级宣扬"自由、平等、博爱"的思想，提出"法律面前人人平等"。但其法律依然维护的是资产阶级利益、体现的是资产阶级的意志。由此展开了生产力的发展制约着所有制形式的发展变化，所有制的性质则决定着法的性质和形态这一历史唯物主义法律观的全面论述。

首先，社会经济关系对法具有决定性作用。由于旧唯物主义的立足点是"市民社会"，② 因而在他们的观念中法和国家与社会经济关系是一种本末倒置的关系。事实上，国家作为统治阶级的各个人借以实现其共同利益的形式，是该时代的整个市民社会获得集中表现的形式。一切共同的规章制度则是以国家为中介，获得了政治形式。③ 根据新唯物主义的立足点是人类社会或社会化的人类，④ 认为社会存在决定社会意识，法作为观念的东西必然从人们的物质生产以及由此而产生的关系中产生。"那些决不依个人'意志'为转移的个人的物质生

---

① 《马克思恩格斯选集》第 1 卷，人民出版社 2012 年版，第 171 页。
② 参见《马克思恩格斯文集》第 1 卷，人民出版社 2009 年版，第 506 页。
③ 同上书，第 584 页。
④ 《马克思恩格斯文集》第 1 卷，人民出版社 2009 年版，第 506 页。

活，即他们的相互制约的生产方式和交往形式，是国家的现实基础，"① 当然也是"自由意志"或抽象权力的现实基础。"在一切还必须有分工和私有制的阶段上，都是完全不依个人的意志为转移的。这些现实的关系绝不是国家政权创造出来的，相反地，它们本身就是创造国家政权的力量。"② 从而肯定了社会经济关系对法的决定性作用，实现对唯心主义法学观的超越。其次，国家意志是统治阶级意志的集中表现。马克思、恩格斯指出，根源于社会经济关系的法律实际上是一种国家意志，因此不能把国家意志与制约这种国家意志的社会经济关系割裂开来。这种国家意志是掌握国家政权的统治阶级意志的集中体现，统治阶级为了把自己的意志上升为国家意志，便借助于法律使之合法化。因此，在一定社会经济关系中占统治地位的统治阶级，"除了必须以国家的形式组织自己的力量外，他们还必须给予他们自己的由这些特定关系所决定的意志以国家意志即法律的一般表现形式。"③ 法律就是掌握国家政权的阶级用国家意志形式组织自己的力量的一种重要手段。最后，作为统治阶级共同意志的体现——法律维护的是统治阶级整体利益。在《形态》中，马克思、恩格斯特别强调，法律作为统治阶级意志的集中体现，既不是统治阶级中少数人的意志，更不是什么个别人的"自我意志"，而是统治阶级的整体意志。一方面，统治阶级中的任何一员，都不能把自己的"单个意志"强加于甚至凌驾于"整个意志"之上；另一方面，作为统治阶级整体意志集中反映的法律，是全社会共同遵循的准则。因而，维护的是统治阶级整体利益。

1846 年的夏天，马克思、恩格斯完成了《形态》的主要章节写作，但由于种种原因，这部巨著未能公开发表。所以，马克思、恩格斯在这部著作中确立的历史唯物主义法律观是通过后来的《哲学的贫困》和《共产党宣言》宣告于世的。

---

① 马克思、恩格斯：《德意志意识形态》，人民出版社 1961 年版，第 367 页。
② 同上书，第 367—368 页。
③ 同上书，第 368 页。

（四）《共产党宣言》：历史唯物主义法律观的纲领性文件

19世纪40年代，为指导欧洲工人运动，马克思、恩格斯于1848年写成了《共产党宣言》（以下简称《宣言》）这部无产阶级革命的纲领性文件，标志着马克思主义和工人运动相结合的开始。在《宣言》里，马克思、恩格斯运用历史唯物主义的世界观和方法论分析和揭露资产阶级及其法的阶级本质和特征，全面论述了无产阶级在法律上的诉求。

首先，《宣言》运用辩证法揭示了资本主义社会的产生和发展的历史必然性，指出从封建社会的灭亡中产生出来的现代资产阶级是人类历史长期发展的产物，是人类社会生产方式和交换方式的一系列变革的产物。也即当封建的所有制关系不再适应已经发展的生产力，而成为生产的桎梏时，它必须被炸毁，取而代之的就是自由竞争以及与自由竞争相适应的社会制度和政治制度，即资产阶级的经济统治和政治统治。不仅如此，"资产阶级的这种发展的每一个阶段，都伴随着相应的政治上的进展。它在封建主统治下是被压迫的等级，在公社里是武装的和自治的团体，在一些地方组成独立的城市共和国，在另一些地方组成君主国中的纳税的第三等级；后来，在工场手工业时期，它是等级君主国或专制君主国中同贵族相抗衡的势力，而且是大君主国的基础；最后，从大工业和世界市场建立的时候起，它在现代的代议制国家里夺得了独占的政治统治。"不仅如此，随着"资产阶级日甚一日地消灭生产资料、财产和人口的分散状态。它使人口密集起来，使生产资料集中起来，使财产聚集在少数人的手里。由此必然产生的结果就是政治的集中。各自独立的、几乎只有同盟关系的、各有不同利益、不同法律、不同政府、不同关税的各个地区，现在已经结合为一个拥有统一的政府、统一的法律、统一的民族阶级利益和统一的关税的统一的民族"①。可见，资本主义社会取代封建社会是人类历史的一大进步。

---

① 《马克思恩格斯选集》第1卷，人民出版社1995年版，第277页。

其次，《宣言》对资产阶级制度（包括法律制度）的本质予以揭示，指出社会物质生活条件对被奉为法律的统治阶级意志的决定性作用，统治阶级绝不可能离开本阶级所处的物质生活条件来凭空地创建法律，而只能依据物质生活条件，把本阶级的意志依照一定的程序上升为国家意志，使之具有法律性质。在资本主义社会中，以剥削雇佣劳动为基础的资本主义私有制，是决定资产阶级法的本质特征的决定性因素，所以资产阶级的法不过是奉为法律的资产阶级的意志的体现，而不是全体国民意志的体现。在现今资产阶级生产关系的范围内，所谓的自由只不过是贸易的自由、买卖的自由、资本的自由，归结为一点就是资产阶级的自由而非所有人的自由。资产阶级在鼓吹"法律面前人人平等"的同时，也确认了私有财产神圣不可侵犯，体现了资产阶级法的阶级性。

最后，《宣言》指出要想把本阶级的意志上升为国家的意志，形成社会成员普遍共同遵循的法律，就必须首先掌握国家政权。阶级斗争是文明社会发展的直接动力，阶级斗争的每一步发展都采取一定的政治形式，它集中表现为阶级斗争中占优势的那个阶级夺取政权，成为国家政权的代表者，然后从本阶级的利益出发去改变现行的法律，制定符合本阶级意志的法律实现自己的统治。资产阶级通过阶级斗争推翻了封建君主和贵族的统治，制定了体现资产阶级意志法律，确立了其统治地位。同样地，"夺取政权，争得民主"是无产阶级革命的第一步。无产阶级斗争的目的就是废除资本主义私有制，建立无产阶级的政治统治，将自己上升为统治阶级，然后实行无产阶级专政。

总之，马克思、恩格斯在《宣言》中，通过对资产阶级法的本质的批判和分析，得出了"法是统治阶级意志的体现，意志的内容是受物质生活条件所制约"的结论，强调了法的阶级意志性与物质制约性的辩证统一，标志着马克思恩格斯历史唯物主义法律观的问世。

第四章

马克思恩格斯法律思想的发展

　　与时俱进的理论品质决定了马克思主义理论源于实践并在实践中不断创新与发展。1848年《共产党宣言》问世后，马克思、恩格斯没有停止理论创作的步伐。相反，他们积极地把马克思主义法学理论运用于指导无产阶级革命的伟大实践，并在实践中寻求理论的新突破，从而把马克思主义法律思想推向一个新阶段。

一　19世纪50年代马克思恩格斯的法律思想

　　19世纪50年代是马克思主义法律思想发展的重要时期，作为无产阶级革命的纲领性文件——《共产党宣言》问世，欧洲迎来无产阶级革命的新高潮。马克思、恩格斯以极大的革命热情投入了这场运动，并把马克思主义法律思想与无产阶级运动相结合，通过实践的检验、理论的反思，进一步揭示了社会革命和阶级斗争下的法律思想发展的一般规律。这一时期，马克思主义法律思想的主要成果有《1848年至1850年的法兰西阶级斗争》《路易·波拿巴的雾月十八日》（马克思）和《德国的革命与反革命》（恩格斯）等重要著作。在这些著作里，马克思、恩格斯深入分析了资本主义时代法律发展，以及其与社会经济、政治、政党等方面的关系，进一步阐述了无产阶级法律的精神实质和无产阶级法律制度确立等相关问题。

　　1848年欧洲革命是处于上升时期的资本主义与当时欧洲大部分

国家仍然保存的封建专制制度之间矛盾激化的结果。从 1848 年革命爆发到 1851 年 12 月路易·波拿巴确立帝制，尽管无产阶级都表现出高涨的革命激情，但毫无例外地遭到了失败。他们非但没有像《德意志意识形态》和《共产党宣言》所宣称的那样失掉锁链，从而"不是社会本身获得了新的内容"，反而"只是国家回到了最古老的形态，回到了宝剑和袈裟的极端原始的统治"①。因此，总体上这是一场资产阶级民主主义革命。不过，由于欧洲各国的经济、政治和历史的差异，革命在各国资产阶级政党确立其政治统治的一系列法律制度要求上也表现出巨大的差异性。如何看待这一复杂而曲折的历史，并将它同自己的理论思考有机结合起来，成为马克思当时面临的重要课题，《1848 年至 1850 年的法兰西阶级斗争》和《路易·波拿巴的雾月十八日》便是这一反思的集中体现。

1850 年 1—3 月，马克思在《新莱茵报·政治经济评论》上以"1848 年到 1849 年"为题发表了 3 篇关于法国革命经验的文章。1850 年春天，恩格斯以题为《革命的两年：1848 和 1849》在伦敦《民主评论》上出版了它的英文版。1895 年出版单行本时，恩格斯又把马克思和他合写的《国际述评（三）》（1850 年 10 月）收录为这部著作的最后一章，定名为"1848 年至 1850 年的法兰西阶级斗争"，并写了长篇的导言。《1848 年至 1850 年的法兰西阶级斗争》从革命理论、国家学说、议会斗争等方面总结了法国革命经验，为以后无产阶级革命实践提供了理论指导。

在革命理论上，这部著作提出了"革命是历史的火车头"的著名论断，指出革命大大地推动了社会进步，加速了历史的发展进程。在具体论述资产阶级民主革命阶段无产阶级所肩负的任务时，指出资产阶级和无产阶级之间的对立从根本上决定了资产阶级的立场——由于惧怕无产阶级而不愿担负起领导一切人民力量，彻底消灭封建残余、实现资产阶级民主革命的历史使命。因此，只有无产阶级才是革命运

---

① 《马克思恩格斯选集》第 1 卷，人民出版社 1995 年版，第 588 页。

动和历史发展的主要力量，才能把革命继续推向前进。这部著作还指出，当时法国的无产阶级发展不充分，没有能力实现自己的革命，所以在革命发生时只在巴黎拥有实际的力量和影响，但在其他地区几乎完全消失在占压倒多数的农民和小资产阶级中。无产阶级夺取革命胜利的关键就在于团结广大的中间阶层，特别是占人口大多数的农民。这部著作就无产阶级革命任务展开了论述，指出占有生产资料，使生产资料受联合的工人阶级支配，从而消灭雇佣劳动、资本及其相互间关系，最终建立既与形形色色的封建的、资产阶级的、小资产阶级的社会主义截然不同，也与空想和自发的工人共产主义不同的现代工人社会主义。

在国家学说上，这部著作第一次直接使用无产阶级专政的概念来说明无产阶级国家的本质，指出法国现代社会中两大阶级的斗争，特别是 1848 年 6 月巴黎工人失败后资产阶级对革命群众的血腥镇压，把蒙在共和国头上的一层幕布撕破了，使无产阶级清楚地认识到资产阶级的统治是一种恐怖的统治，资产阶级共和国国家的任务就是巩固资本和劳动奴役，"推翻资产阶级!"实行"工人阶级专政!"才是无产阶级革命必然选择。

1895 年，恩格斯在该书的导言中，对马克思的革命理论和国家学说进行了创新。恩格斯首先指出"我们"对当时欧洲无产阶级革命形势的错误估计导致革命的最终失败。其实当时欧洲大陆经济的发展还远没有成熟到可以铲除资本主义生产方式的程度。因而，1848年以后，在社会主义者国际大军的人数、组织、纪律、觉悟程度和胜利信心都与日俱增的情况下，无产阶级还不能用一次重大的打击铲除资本主义。也就是说，"在 1848 年要以一次简单的突然袭击来达到社会改造，是多么不可能的事情。"[1] 此外，恩格斯在《导言》中阐述了无产阶级的斗争方式要同客观革命形势相适应的思想。1848 年革命时期，无产阶级斗争的方式主要是巷战。此后，资本主义国家经过

---

[1]　《马克思恩格斯全集》第 22 卷，人民出版社 1965 年版，第 598 页。

几十年的发展，经济、政治、科技条件发生了很大的变化——大城市的扩展、政府军队种类和数量的增多、交通的便利、武器装备的精良等，都要求无产阶级斗争策略和方法做出相应的改变。最后，恩格斯总结了欧洲无产阶级从 1848 年到 1871 年巴黎公社的革命经验，结合90 年代阶级斗争条件的新变化，反复告诫各国工人党不要因为德国社会党利用普选权取得了一点成绩就放弃自己的革命权，要随时掌握革命权并做好暴力准备。与此同时，他认为为了保证不放弃革命权，还需要建立一支"决定性的'突击队'"，为"决定性的搏战"那一天做好准备，最终实现无产阶级专政。

其实，关于利用议会的问题，马克思恩格斯的认识有一个过程。19 世纪 60 年代他们一度认为普选权在德国这样的国家，对工人来说是陷阱，是政府的欺骗工具。到 70 年代初，随着形势的变化，他们从德国社会民主党利用普选权的最初战绩中，看出"普选权赋予我们一种卓越的行动手段"①，并逐步阐明它的重要作用。70 年代末，他们进一步指出，议会斗争使工人党"有可能统计自己的力量，向世界显示它组织得很好的和不断壮大的队伍"。② 80 年代中期，他们做出了"普选是衡量工人阶级成熟性的标尺"的重要论断。到 90 年代中期，恩格斯更明确地把它看作无产阶级手中的一件武器，认为工人政党在决战到来之前，应当利用选举运动与资产阶级进行斗争。

《路易·波拿巴的雾月十八日》是马克思针对拿破仑的侄子路易·波拿巴在 1851 年 12 月 2 日发动政变而写的一部分析法国政局的文章。之所以叫作雾月十八日，是因为 1799 年 11 月 9 日，拿破仑发动政变，推翻了当时共和国的暴政，改行帝制，史称"雾月政变"。在《路易·波拿巴的雾月十八日》中，马克思对法国二月革命到路易·波拿巴政变这段历史中的阶级关系以及各项变化进行了科学的分析，第一次提出无产阶级革命必须打碎资产阶级国家机器的论断。与

---

① 《马克思恩格斯全集》第 17 卷，人民出版社 1963 年版，第 304 页。
② 《马克思恩格斯全集》第 19 卷，人民出版社 1963 年版，第 137 页。

《共产党宣言》相比，内容更充实、叙述更具体、影响更深远，是马克思最重要的经典著作之一。

首先，马克思阐述了宪法是宪政民主建设的首要保障的思想。波拿巴登上皇帝的宝座后，于 1852 年 1 月 14 日制定了一部新的宪法（1852 年宪法），在一定程度上暂时巩固其政权。基于对法国 1789 年革命以来制定的十多部宪法历史的分析，马克思认为任何政府都必须首先有足够的权威防治内乱，然后才是对政府的权力进行制约。尽管宪政体制是宽容和妥协的体制，但对于坚持通过革命建立极端的、排他的政治势力必须采取坚决措施。否则，宪政体制就不能自保，更不会有宪政民主的建设了。同样地，波拿巴的修宪在法国宪政民主发展过程中起着重要的作用。其次，马克思阐述了建立无产阶级专政的思想。尽管无产阶级专政在《共产党宣言》中有所表述，直到 1850 年，马克思在《新莱茵报》上评论法国 1848 年革命的系列文章中才将此作为纲领性口号首次明确提出。马克思认为，资产阶级用来压迫和剥削无产阶级的工具就是资产阶级国家，资产阶级国家只有在无产阶级斗争的推动下，经历了自己的全部过程，最后必将被无产阶级力量破坏和否定。打碎资产阶级国家机器，实现无产阶级专政，是无产阶级革命的首要任务。最后，马克思还分析农民问题以及建立工农联盟问题。马克思认为，单靠无产阶级的力量不能打碎旧的国家机器。为了完成这一历史任务，无产阶级必须团结广大人民群众。其中，农民问题成为最重要的问题。历来法国的小农不能作为一支独立的政治力量而存在，因此，无产阶级要取得革命的胜利必须得到农民的支持，实现工农联盟。

《德国的革命与反革命》是恩格斯 1851 年 8 月至 1852 年 9 月间为《纽约每日论坛报》撰写的一组文章。在该组文章中，恩格斯对德国革命前社会各阶级状况进行了分析，指出当时的德国，在政治上处于封建割据的专制统治下，社会阶级结构极为复杂，有资产阶级、封建贵族、中间阶级、小手工业者、小商人阶级、工人阶级及农民阶级。由于资产阶级在经济上的先天性不足，决定了其在政治上的软弱性，希望各邦封建主能够通过自上而下的改良实现国家统一，自己则心安理得地坐享其成，并在获得一定的权力后就背叛人民、统治人民、剥削人民；德国的中间阶级人数少、不集中，但随着其财富的增加，政治上的重要性也不容忽视。如 1840 年普鲁士资产阶级领导德国中间阶级争取政治权力的斗争取得胜利等；城市里的小手工业者、小商人阶级人数最多，但因这个阶级的生存仰仗宫廷和贵族的惠顾，因而属于极端动摇的一个阶级；人口占大多数的农民阶级，"革命对他们每个人都有利，因此可以预料，一旦运动全面展开，他们就会一个跟着一个参加进来。"① 德国工人阶级则是一个不断进步的阶级，他们对革命的认识更加的明朗化。

通过分析恩格斯看到，1848 年德国民主革命运动缺乏一种坚强的领导力量：资产阶级很快就背叛了革命，无产阶级尚未成熟到可以领导革命的程度，而小资产阶级只会到处争夺权力，却无能力领导革命取得胜利。因此，斗争的结局是封建势力借助于资产阶级的帮助，完成了它的反革命复辟。但也应看到反对封建制度的斗争带有广泛的群众性，无产阶级和其他劳动群众（特别是农民）也有强烈的反抗精神，所以反动势力的胜利只是暂时的。继 1848 年三月革命之后，维也纳人民的五月起义和六月柏林人民袭击军械库的斗争、10 月 6 日维也纳工人、学生、手工业者举行的大规模的武装起义以及 1849 年 5 月所发生的"维护帝国宪法运动"，都是革命和反革命之间的反复斗争。通过这些斗争，各阶级的本性显露得更加清楚了。无产阶级也得到了锻炼，阶级觉悟进一步地提高了，这将为德国未来无产阶级革命的胜利准备了必要的条件。

二　马克思法律思想的全面深化

《资本论》是马克思主义的百科全书，在这部巨著中，马克思对

---

① 《马克思恩格斯选集》第 1 卷，人民出版社 1995 年版，第 489 页。

资本主义社会进行经济学分析，科学地完善了唯物史观和科学社会主义理论，揭示了人类社会发展的一般规律，深刻地阐述马克思主义法学的基本思想，特别是考察了人类社会从前资本主义社会走向资本主义社会这一过程中的法权关系及其演变，因而包含丰富而重要的法哲学思想。

首先，马克思认为应从不同商品的生产者或所有者交换商品这一社会现象出发来认识法权关系。在《资本论》中，马克思全面而又系统地分析了构成法权关系的物质生活基础，认为生产关系"即人们在他们的社会生活过程中、在他们的社会生活的生产中所处的各种关系"的基础，就是支配物品和占有对该物品劳动果实的现实的经济所有制关系。一定社会中现存的生产关系的总和构成了该社会的经济基础，而作为社会上层建筑重要组成部分的法权现象根源于社会的经济关系。因此，法权关系"是一种反映经济关系的意志关系。这种法的关系或意志关系的内容是由这种经济关系本身决定的"①。为此，马克思以资本主义工资为例，生动展示法律关系怎样根源于物质的生活关系。马克思认为，在资本主义社会的表面上，工人的工资表现为劳动的价格，表现为对一定量的劳动支付一定量的货币。其实这种表现形式掩盖了现实关系，即资本主义与工人之间的劳动力买卖关系。资本家利用劳动力的特殊利用价值，榨取工人创造的剩余价值。尽可能多地获取剩余价值是资本的本质，而资本本身就体现了一种人与人之间的社会关系，即资本家与工人之间剥削与被剥削的关系。这种关系的基础便是资本主义生产资料所有制。造成工资这一资本主义雇佣劳动法律关系的根源在于资本主义生产关系的性质。因此，不能离开人们的物质利益关系考察他们的法权关系。

其次，马克思认为，一切生产关系都是通过一种自觉的、为一定人的意志所支配的人的活动来实现的。因而，反映一定生产关系的法权关系也是一种意志的关系。这种意志关系反过来对于现实经济关系

---

① 《马克思恩格斯全集》第 44 卷，人民出版社 2001 年版，第 103 页。

具有重要的作用，在商品交换中，如果没有交换双方当事人的相互意志活动，交换关系就不能形成、交换活动就不能继续，交换目的也就不能实现。因此，我们研究人们之间的法权关系就不能离开他们之间的物质利益关系及其反映这种物质利益关系的意志关系。也就是，一定的法的关系是一定经济条件的法权表现，离开对经济关系的考察，就无从认识法的本质属性。在《资本论》及其手稿中，法权关系是经济关系的意志化形态这一命题，便成为马克思分析一切法权关系现象的基石。[①] 为此，马克思从商品交换中分析了"人的法律因素"及根源。马克思认为："他们起初在交换行为中作为这样的人相对立：互相承认对方是所有者，是把自己的意志渗透到自己的商品中去的人，并且只是按照他们共同的意志，就是说实际上是以契约为媒介，通过互相转让而互相占有。这里边已有人的法律因素以及其中包含的自由因素。"[②] 从中可以看出，"人的法律因素"不是凭空产生的，它是商品经济产生和发展的结果，是商品生产者或占有者经济要求的反映，是一种包含有自由和权利关系的意志关系。这种自由和权利是法律产生的现实条件，没有自由和权利，无论如何也产生不了法。法律因素植根于经济运动过程中，经济运行过程中自由、平等、权利的基本观念也应成为法律的基本观念。尽管马克思"人的法律因素"还不是法律本身，但它对研究法律产生的动因，运用法律调整机制去促进商品经济的发展有重要意义。

综上所述，马克思深刻地揭露了资产阶级法学家的法权思想的虚伪性，以及资产阶级现实的法权关系赖以产生的经济关系的剥削性。认为所有制是一定社会中人们对生产资料的占有方式，而所有权是所有制在法律上的表现，法律确立的基础是所有权，法律的基本精神就是所有权。法律在所有权基础上建立，反过来它起着保护一定所有权关系的作用。资本家剥削工人的秘密就是资本家在流通领域购得劳动

---

① 公丕祥、龚廷泰：《马克思主义法律思想通史》第 1 卷，南京师范大学出版社 2014 年版，第 397 页。

② 《马克思恩格斯全集》第 46 卷下，人民出版社 1980 年版，第 472 页。

力这一特殊商品，而资本家在最后无偿占有了劳动力创造的剩余价值。所以，在资本主义社会"所有权在资本方面辩证地转化为对他人的产品的权利，或者说转化为对他人劳动的所有权，转化为不支付等价物便占有他人的劳动的权利，而在劳动能力方面则辩证地转化为必须把它本身的劳动或它本身的产品看作他人财产的义务。"① 因此，资产阶级的法是虚伪的，是要被摧毁的剥削阶级的法律，但要摧毁其法律首先要改变旧的所有权关系——阻碍社会生产力进一步发展的经济关系。总之，马克思在《资本论》中通过对资本运动过程的分析，深刻揭示了资产阶级的法的本质，通过对法和经济关系的论述，进一步揭露了资产阶级法的虚伪性。

三 马克思晚年时期的法律思想

19 世纪 80 年代始，马克思法律思想得以进一步深化。这一时期马克思的法律思想体现在《法兰西内战》《巴枯宁〈国家制度和无政府主义〉一书摘要》《哥达纲领批判》以及马克思晚年的"人类学笔记"等著作中。

1871 年法国巴黎公社革命爆发，虽然革命仅持续了 70 多天，但这次由无产阶级独立领导的反对资产阶级的革命实践活动给世界无产阶级革命运动留下了宝贵的经验和教训。革命后，马克思及时发表了《法兰西内战》（1871 年 5 月 30 日）（以下简称《内战》）这部著作，总结了巴黎公社的经验教训，对公社的社会、政治以及法律措施等进行了认真分析，对无产阶级国家的法权问题予以了全面的阐释。在《内战》中，马克思再次论证了他在《路易·波拿巴的雾月十八日》中做出的关于无产阶级必须打碎资产阶级国家机器的科学论断，指出"工人阶级不能简单地掌握现成的国家机器，并运用它来达到自己的

---

① 《马克思恩格斯全集》第46卷上，人民出版社1979年版，第455页。

目的"①。他强调无产阶级革命在消灭旧的经济基础的同时，还要从根本上消除资产阶级全部上层建筑，包括政治、法的关系等，"要消灭以民族统一的体现者自居同时脱离民族，凌驾于民族之上的国家政权。"但"旧政权的纯属压迫性质的机关予以铲除，而旧政权的合理职能则从僭越或凌驾于社会之上的当局那里夺取过来，归还给社会的承担责任的勤务员"②。在《内战》中，马克思还对巴黎公社建立的人民陪审员制度、辩护自由权的保障等现代法权制度予以肯定，并强调无产阶级专政国家既是行政机关，又是享有立法权的机关。

巴黎公社后，各种机会主义猖獗，较具代表性的有巴枯宁的唯心主义、虚无主义法哲学观和拉萨尔派的无政府主义法哲学观。针对巴枯宁的唯心主义，马克思写下了《摘要》一文，指出巴枯宁把意志看作社会革命的基础，而不是社会经济条件，这是其唯心主义的体现。巴枯宁主观唯心主义法哲学观的典型表现还在于他把废除私有制看作社会革命的起点，马克思认为废除继承权这种法律行为不会成为社会改造的起点。

随后，马克思发表了《哥达纲领批判》（以下简称《批判》），同拉萨尔主义进行了艰苦的斗争。文章中，马克思对从资本主义向共产主义过渡时期的法权问题做了深刻的分析。该文中，马克思对共产主义发展两个阶段的思想进行了阐明，并重点分析了社会主义这个共产主义初级阶段的法权关系。马克思认为，对于刚刚从资本主义社会脱胎出来的社会主义社会，它身上还带有那个旧社会的痕迹，表现在经济、法律等各个方面，只有到了共产主义社会，物质财富丰富，劳动成了生活的第一需要，三大差别的消除，这时法权的概念已完全超出资产阶级狭隘的眼界时，自由才可真正实现。

马克思晚年为了进一步阐释清楚人类社会历史运动的规律，对马·柯瓦列夫斯基的《公社土地占有制，其解体的原因、进程和结

---

① 《马克思恩格斯选集》第 3 卷，人民出版社 1995 年版，第 117 页
② 《马克思恩格斯选集》第 3 卷，人民出版社 2012 年版，第 100 页。

果》、路·亨·摩尔根的《古代社会》、亨·萨·梅恩的《古代法制史讲演录》、约·拉伯克的《文明的起源和人的原始状态》、约·菲尔的《印度和锡兰的雅利安人村社》等文化人类学著作进行了精心的研读，并做了大量的读书笔记，对其中一些重要内容作了细致的摘录、评注等。在这些著述中，马克思探讨了古代公社所有制的演变规律，对古代社会法权关系的本质特征进行了分析总结，对国家和法的起源及历史发展进行了揭示。尤其是关于东方社会理论和东方社会法律文化思想的论述，对于人们考察和把握人类社会法和法律的运动规律具有极大的启发作用，它们的法哲学价值极其重大。

所谓东方社会理论就是马克思晚年以占全世界人口绝大多数国家和地区的东方世界为背景，特别是以印度、俄国、中国三国为典型，关于东方社会的历史发展、现实社会状况以及未来去向的理论，是马克思关于人类社会历史发展思想的重要组成部分。跨越资本主义"卡夫丁峡谷"直接过渡到社会主义的构想是马克思东方社会理论的核心。在《共产党宣言》中，马克思曾指出："资产阶级，由于一切生产工具的迅速改进，由于交通的极其便利，把一切民族甚至最野蛮的民族都卷到文明中来了。它的商品的低廉价格，是它用来摧毁一切万里长城、征服野蛮人最顽强的仇外心理的重炮。它迫使一切民族——如果它们不想灭亡的话——采用资产阶级的生产方式：它迫使它们在自己那里推行所谓的文明制度，即变成资产者。一句话，它按照自己的面貌为自己创造出一个世界。"[①] 显然在这里，马克思认为由于资本主义生产方式代表了人类最新成就，因而是世界历史发展的方向，以公有制为特征和以村社为基础的亚细亚的所有制形式必将在资本主义洪流的冲击下解体，并纳入整个世界资本主义社会的秩序之中，俄国的未来前景就只能是资本主义。19世纪70年代后期，欧洲各地区的革命运动由高涨转为低潮，一些学者开始研究东方社会并取得了重要成果，马克思也认真阅读了弗列罗夫斯基的《俄国工人阶级的状

---

① 《马克思恩格斯选集》第1卷，人民出版社1995年版，第276页。

况》，受到了启发，马克思研究东方社会的土地所有制和村社制度的思想发生了明显的变化。1881 年 3 月，马克思给俄国劳动解放社的成员查苏利奇的复信中指出："农村村社是俄国社会新生的支点。"①认为一切以商品生产和商品交换为基础的社会的确定不移的规律，虽然在近代资本主义生产中得到了充分发展，但并不一定要在资本主义生产中才能起作用。俄国就有可能不经过资本主义制度的卡夫丁峡谷，而吸取资本主义制度所取得的一切积极成果进入新的发展阶段。②1882 年 1 月，在《共产党宣言》俄文第二版序言中，马克思态度鲜明地宣称现今的俄国土地公社所有制是共产主义发展的起点。

东方社会的法律文化思想则是马克思从早年到暮岁探讨社会发展与法律进步之间关联的一个极为重要的理论层面。这一理论的核心概念就是"亚细亚生产方式"。就人类的历史阶段而言，马克思始终认为，以亚细亚生产方式为基础的东方社会处于比资本主义更低的前资本主义阶段，即在原生阶段构成一切文明民族共同的历史起源，又在次生阶段与奴隶制和农奴制相并列，构成前资本主义三大主要生产方式之一。就农民而言，亚细亚生产方式可能是一种更优越于奴隶制和农奴制的生产方式，因为在奴隶制下"劳动者表现为土地财产的附属品，"而"在东方特有的形式下"，劳动者则"是公共财产的共有者"，劳动者不是把自己当作劳动者，而是把自己当作所有者和同时也是进行劳动的共同体的成员。就社会发展而言，这种生产方式又与东方社会停滞不前的社会现状相联系的，是一种原始的、没落的生产方式。

其实，早在 19 世纪四五十年代，马克思就以印度为对象对东方社会进行了考察，形成了《不列颠在印度的统治》《不列颠在印度统治的未来结果》《东印度公司：它的历史与结果》等论著，得出了以公有制为特征和以村社为基础的东方社会结构必将在资本主义洪流的

---

① 《马克思恩格斯全集》第 19 卷，人民出版社 1963 年版，第 269 页。
② 参见《马克思恩格斯全集》第 19 卷，人民出版社 1963 年版，第 541 页。

冲击下解体，从而整个世界都将纳入资本主义社会秩序的结论。60年代起，马克思以俄国为研究对象，继续对东方社会的生产方式进行考察。长期的研究使马克思改变了自己原来的观念，认为尽管人类历史经历了以公社所有制为基础的古代的或原生的和以私有制为基础的包括建立在奴隶制和农奴制上的次生的两种形态，但"并不是所有的原始公社都是按着同一形式建立起来的。相反，它们有好多种社会结构，这些结构的类型、存在时间的长短彼此都不相同，标志着依次进化的各个阶段。俄国的公社就是通常称作农业公社的一种类型。"①既是原生的社会形态的最后阶段，也是向次生的形态过渡的阶段。确切地说，是以公有制为基础的社会向以私有制为基础的社会过渡的阶段。其二，东方社会的农村公社内部财产关系具有二重性，摆脱了牢固然而狭窄的血统亲属关系的束缚，并以土地公社所有制以及由此而产生的各种社会关系作为自己的坚实基础：同时，尽管这种发展与比较古的公社机体是不相容的，但各个家庭单独占有房屋和园地、小土地经济和私人占有产品，必然促进了个人的发展。这种二重性的财产关系既是农村公社巨大生命力的源泉，也可能是其逐渐解体的萌芽。其三，近代西方资本主义文明的入侵是东方社会的农村公社制度解体的重要外部原因。然而，绝不能将其农村公社土地所有制的解体过程视为西欧的封建化过程。因为，欧洲意义上的封建主义在印度的大部分地区是不存在的。

四　恩格斯晚年对马克思主义法律思想的贡献

(一)《反杜林论》：对马克思主义法律思想的捍卫

19世纪70年代以后，欧洲资产阶级在政治上日益走向全面反动，工人运动、社会主义政党面临困境。社会实践需要马克思主义者研究资本主义发展的新形势，总结工人运动的新经验，系统地阐发马

---

① 《马克思恩格斯全集》第19卷，人民出版社1963年版，第448页。

克思主义的基本原理及其哲学基础，以便从思想上进一步武装工人阶级，促进工人运动。而反动的资产阶级，竭力提倡各种反科学、反理性等唯心主义，马克思、恩格斯与之进行了尖锐的斗争，捍卫和发展了马克思主义及其哲学基础。与此同时，实证论者杜林疯狂诋毁马克思主义，自吹自擂他在哲学、政治经济学和社会主义理论达到了"最后的、终极的真理"。杜林的反动理论影响极坏。为了同杜林展开论战，1878 年 7 月，恩格斯发表了《反杜林论》，第一次系统地阐发了马克思主义的三个组成部分及其内在联系，使其更具有战斗力。

在《反杜林论》中，恩格斯不仅对杜林进行揭露和批判，而且阐发了其法哲学思想，针对杜林对马克思法律思想的攻击进行了还击并揭露其在法学上的狂妄无知，杜林吹嘘自己对法学有最深刻的专门研究且有三年的审判实践，认为民法以暴力为基础，刑法以复仇为自然基础。根据马克思主义，法不是从来就有的，是随着私有制和阶级的出现才产生的，是统治阶级意志的体现，是维护统治阶级利益的工具，具有明显的阶级性。恩格斯在批判杜林的法学无知后，指出"如果不谈谈所谓自由意志、人的责任、必然和自由的关系等问题，就不能很好地讨论道德和法的问题"①。从而，从意志和自由的角度深化了马克思关于法的本质的论述。首先，恩格斯认为承认必然的客观实在性乃是自由的前提。必然就是客观存在的规律性，主要包括自然必然性、社会必然性和思维必然性。前两者是人们熟知的外部世界的规律，无疑是客观的。但它们作用的特点和方式是不同的。自然必然性不仅早在人类社会产生以前就客观存在，而且在人类诞生以后，它也无须人类活动的参与照常运行。社会必然性则不同，它的存在与运行需要人类实践活动的参与。不过人们不可能随心所欲地创造历史，历史进程总是受其内在规律支配的。因而，社会必然性跟自然必然性一样，也是客观的。思维必然性同样也是客观的，它是自然必然性和社会必然性在人脑中的反映，尽管它的形式是主观的，但其内容却是客

---

① 《马克思恩格斯全集》第 20 卷，人民出版社 1971 年版，第 124 页。

观的。人们只能认识它、利用它，而不能违背它、消灭它。其次，恩格斯还强调认识必然乃是自由的基础。必然是客观的，但又是可以被认识的。它只是在人们没有认识时才是盲目的，一旦人们在实践活动中认识了事物的必然性，并用以指导我们的行动，达到预期的目的，那么尚未被认识的"自在之物"就转化为已被认识的"为我之物"，盲目的、尚未被认识的"自在的必然性"就转化为已被认识的"为我的必然性"，人们由此就可以获得自由。可见，恩格斯所说的意志自由就是借助于对事物的认识来做出决定的那种能力。最后，恩格斯认为人的意志归根结底要受到他们的物质生活条件及其他客观因素的制约。根据马克思主义理论，人与人之间的意志关系是人们的利益关系的反映，意志自由的不断发展使法律调整具有了必要性。然而，法仅仅是统治阶级意志的体现，只有在政治上和经济上占统治地位的阶级，才有可能把自己的意志上升为法律，以确认并保护有利于本阶级统治的社会关系和社会秩序，维护统治阶级共同的利益。"在这种关系中占统治地位的个人除了必须以国家的形式组织自己的力量外，他们还必须给予他们自己的由这些特定关系所决定的意志以国家意志即法律的一般表现形式。"① 也就是说，个人，即使是统治阶级中的个人，也不能因追求自己的特殊利益而破坏这种关系或秩序。为此，恩格斯认为如果把法看成纯粹的意志而忽视了其赖以生存的客观经济基础，仅仅凭主观意志来制定法律，则是对法的本质的否定。

（二）《家庭、私有制和国家的起源》：对马克思主义法律思想的再深化

1884 年，为了用更为系统的马克思主义国家学说和法律理论武装无产阶级及其政党，同资产阶级和机会主义进行斗争，也为了完成马克思的遗愿，恩格斯站在唯物史观的角度写成了《家庭、私有制和国家的起源》（以下简称《起源》）这本书。恩格斯运用辩证唯物主

---

① 马克思、恩格斯：《德意志意识形态》，人民出版社 1961 年版，第 368 页。

义和历史唯物主义的基本观点，通过对大量历史材料进行论证和分析，进一步论证了马克思关于国家和法的起源问题，使马克思的这一观点有了更加坚实的科学基础。

首先，恩格斯认为，国家和法不是从来就有的，国家和法是社会发展到一定历史阶段的产物。恩格斯进一步分析道，在原始氏族社会制度中，"没有军队、宪兵和警察。没有贵族、国王、总督、地方官和法官，没有监狱，没有诉讼，而一切都是有条理的。……一切问题，都由当事人自己解决，在大多数情况下，历来的习俗就把一切调整好了。"① 但是随着原始社会末期社会大分工的出现，产生了私有制和阶级，于是国家出现了。"氏族制度已经过时了。它被分工及其后果即社会之分裂为阶级所炸毁。它被国家代替了。"② 从恩格斯对国家起源的论述，我们不难看出，随着生产力的发展，社会生产率不断提高，剩余产品开始产生，伴随着社会分工的发展，私人占有和阶级陆续出现，社会财富日益集中到少数人手中，两极分化的过程逐渐显著。历史发展到这个阶段，"所缺少的只是一件东西，即这样一个机关，它不仅保障单个人新获得的财富不受氏族制度的共产制传统的侵犯，不仅使以前被轻视的私有财产神圣化，并宣布这种神圣化是整个人类社会的最高目的，而且还给相继发展起来的获得财产从而不断加速财富积累的新形式，盖上社会普遍承认的印章；所缺少的只是这样一个机关，它不仅使正在开始的社会分裂为阶级的现象永久化，而且使有产阶级剥削无产者阶级的权利以及前者对后者的统治永久化。而这样的机关也就出现了，国家被发明出来了。"③ 可见，国家和法从根本上是由经济关系和社会关系的不断发展而自发的产生的，是社会发展到一定历史阶段才有的。

其次，恩格斯概括和总结了国家和法产生的三种主要形式。国家产生的第一种形式是雅典国家，与之相对应产生了雅典的法。它是在

---

① 《马克思恩格斯全集》第 21 卷，人民出版社 1965 年版，第 111 页。

② 同上书，第 193 页。

③ 《马克思恩格斯选集》第 4 卷，人民出版社 1995 年版，第 107 页。

社会内部阶级对立中特别是平民和贵族的斗争过程中出现的。第二种形式是罗马国家的产生，由于贵族和平民之间的矛盾进一步尖锐，为了协调矛盾，制定了罗马最早的成文法《十二铜表法》，它的制定，大大提高了平民政治上的权利，打破了过去氏族贵族对立法和司法权力的垄断。通过平民和贵族之间的斗争，导致两种社会势力以习惯法为基础而共同制定成文法，这是法产生的第二种形式。国家产生的第三种形式是德意志国家，法的第三种形式以法兰克王国的"日耳曼法"为代表。恩格斯进一步指出，国家和法是随着私有制和阶级的出现而产生的，它们也会随着私有制和阶级的消灭而消灭。"国家并不是从来就有的。曾经有过不需要国家而且根本不知国家和国家权力为何物的社会。在经济发展到一定阶段而必然使社会分裂为阶级时，国家就由于这种分裂而成为必要了。现在我们正在以迅速的步伐向这样的生产发展阶段，在这个阶段上，这些阶级的存在不仅不再必要，而且成了生产的直接障碍。阶级不可避免地要消失，正如它们从前不可避免地产生一样。随着阶级的消失，国家也不可避免地要消失。以生产者自由平等的联合体为基础的、按新方式来组织生产的社会，将把全部国家机器放到它应该去的地方，即放到古物陈列馆去，同纺车和青铜斧陈列在一起。"①

　　第三，恩格斯从国家和原始的氏族组织的区别中指出，国家具有"按地区划分""公共权力"的特征，并进而对国家的本质进行了界定。恩格斯认为，由于生产的发展，人口大规模流动，国家不再像旧的氏族公社那样由血缘关系形成和联结，而是由"地区划分"。"因此，按地区来划分就被作为出发点，并允许公民在他们居住的地方实现他们的公共权力和义务，不管他们属于哪一氏族或哪一部落。"②此外，在论述国家和氏族组织的不同点的第二个特征时，恩格斯提出了国家"公共权力"的概念，这也是对马克思国家社会管理职能理

---

① 《马克思恩格斯全集》第 21 卷，人民出版社 1965 年版，第 197—198 页。
② 《马克思恩格斯选集》第 4 卷，人民出版社 1995 年版，第 171 页。

论的发展。马克思在《资本论》中指出：国家的职能"既包括执行由一切社会的性质产生的各种公共事务，又包括由政府同人民大众对立而产生的各种特殊职能，"①"国家之所以能够执行建立和维护公共秩序的职能，就在于它是一种'公共权力'。"② 恩格斯在《反杜林论》中也指出："一切政治权利起先都是以某种经济的、社会的职能为基础的。"③"政治统治到处都是以执行某种社会职能为基础，而且政治统治只有执行了它的这种职能才能持续下去。"④ 在《起源》中，恩格斯认为国家与氏族组织相比，"这种公共权力已经不再直接就是自己组织为武装力量的居民了。"⑤ 恩格斯对国家"公共权力"概念的提出，不仅是区别于原始氏族组织的特征之一，也是对国家职能和本质的准确概括——国家不仅是经济上占统治地位的阶级用来镇压和剥削被压迫阶级的工具，也是通过服务和管理，担当维护全体成员的共同利益，维护国家内部和外部安全的职能。

第四，恩格斯认为国家的消失是必然的。事物是发展的，任何事物都有产生、发展和消亡的过程。国家是一个历史范畴，它是一定历史阶段的产物。正如社会经济发展到一定历史阶段，阶级矛盾不可调和的时候必然产生国家一样，随着社会经济的发展，私有制和阶级的存在成为经济发展的障碍，私有制和阶级就必然消失，国家也必将随着阶级的消失而归于消亡。

总之，在《起源》中，恩格斯坚持历史唯物主义原理，从生产力发展的高度，从经济与政治关系的角度深刻论述了私有制、阶级、法和国家的起源等问题的论述，揭露了资产阶级学者对私有制、阶级等问题的荒谬观点，为无产阶级正确理解这些问题指明了方向。

----

① 《马克思恩格斯选集》第 2 卷，人民出版社 1995 年版，第 510 页。
② 阎孟伟：《国家的性质、职能及其合法性——从恩格斯的国家学说谈起》，《马克思主义与现实》2011 年第 2 期，第 50 页。
③ 《马克思恩格斯选集》第 3 卷，人民出版社 1995 年版，第 526 页。
④ 同上书，第 523 页。
⑤ 《马克思恩格斯选集》第 4 卷，人民出版社 1995 年版，第 171 页。

（三）《路德维希·费尔巴哈和德国古典哲学的终结》：马克思主义法律思想的完善

为了系统地阐述马克思主义哲学同德国古典哲学特别是费尔巴哈哲学之间的关系，同时为了批判和回击资产阶级哲学家企图复活德国古典哲学中落后和保守的东西，恩格斯在1886年写了《路德维希·费尔巴哈和德国古典哲学的终结》（简称《费尔巴哈论》）一书。恩格斯在《费尔巴哈论》中批判唯心主义法哲学，进一步充实了马克思主义法哲学思想。

按照恩格斯的说法，他写作《费尔巴哈论》的直接目的，是要完成一个从1845年以后"再没有机会回到"的题目——清算"我们"（指他和马克思）与黑格尔哲学的关系，以及与费尔巴哈哲学的关系。1885年施达克的《路德维希·费尔巴哈》的出版，使恩格斯终于遇到了一个继续开展这一工作的契机。施达克在当时是一个非常普通的青年作者，而恩格斯则早已誉满天下。恩格斯之所以选择为这本书撰写评论，并探讨马克思主义与德国古典哲学的关系，当然与这本书触及了一些重要理论问题有关，但更重要的是，这本书的出版恰逢马克思主义在整个欧洲范围遇到严峻挑战之际——尤其是当时德国思想界的新康德主义倾向及其对马克思主义哲学的排斥和侵蚀，已经到了恩格斯不得不发言的时候。然而，面对新康德主义的挑战，恩格斯在《费尔巴哈论》中选择批判的起点却是黑格尔法哲学。对此有学者认为，马克思和恩格斯此前一直试图澄清自己与黑格尔哲学的关系，但一直没有机会完成这一工作，而施达克的著作正好为恩格斯提供了一个完成夙愿的契机。[①] 的确，与黑格尔哲学的关系，这是马克思和恩格斯一生都在不断返回的理论问题。同样，对黑格尔法哲学的批判也是马克思恩格斯法律思想的生长点。

批判黑格尔法哲学，系统阐述了唯物史观的基本原理是《费尔巴

---

① 吴猛、张晓萌：《从黑格尔到海涅：论恩格斯〈路德维希·费尔巴哈与德国古典哲学的终结〉的叙述起点》，《当代国外马克思主义评论》2013年第12期，第194页。

哈论》重要贡献。其一，恩格斯通过比较社会运动和自然运动，揭示了社会运动由人的活动构成的特点，并认为这一特点"丝毫不能改变这样一个事实：历史进程是受内在的一般规律支配的"。① 其二，恩格斯指出了人民群众是历史的创造者。历史究竟是由谁创造的，在这个问题上，长期以来争论不休。在恩格斯看来，个别人物，即使是非常杰出的人物，也只能对人类历史的发展起有限的作用，而不会起到根本作用。在历史发展中真正起持久的、引导重大历史变迁作用的是人民群众、是整个民族和整个阶级的行动，他们才是社会发展客观规律的真正体现者。其三，恩格斯阐述了阶级斗争的作用和根源。恩格斯指出，在 19 世纪初的英、法等资本主义国家中，阶级关系已经鲜明地表现为资产阶级和无产阶级的关系，阶级斗争已经是现代历史发展的直接动力。资产阶级和无产阶级这两大阶级的起源和发展是由于纯粹经济的原因，它们之间的斗争首先是为了经济利益而进行的，政治权力不过是用来实现经济利益的手段。其四，恩格斯论述了经济基础对国家、法律以及社会意识形态等上层建筑的决定作用。其实，马克思在批判黑格尔法哲学时就提出，市民社会决定国家而不是国家决定市民社会这一观点，初步奠定了国家和法的唯物主义理论的基石。恩格斯在《费尔巴哈论》中，继承了马克思批判黑格尔法哲学的这一观点，进一步剖析了黑格尔唯心主义的法哲学观。恩格斯明确指出："从传统的观点来看（这种观点也是黑格尔所尊崇的），国家是决定性的因素，市民社会是被国家决定的因素。"② 这是黑格尔国家观中的核心观点。尽管黑格尔所表达的国家、市民社会和家庭以当时的实际生活为参照，是现实的。但完全颠倒了国家和法与经济基础之间的客观的辩证关系，因而是唯心的。因为"国家，政治制度是从属的东西，而市民社会，经济关系的领域是决定性的因素"。③ 与国家一样作为上层建筑的法也是由一定的经济基础决定，并为一定的经济

---

① 《马克思恩格斯文集》第 4 卷，人民出版社 2009 年版，第 302 页。
② 《马克思恩格斯全集》第 21 卷，人民出版社 1965 年版，第 345 页。
③ 同上。

基础服务。无论是公法还是私法都是由经济基础决定的。资产阶级法学家们往往看不到法与经济基础之间的联系，认为经济事实要获得合法的地位，必须采取法律的形式，否则便不合法。顺理成章，不是经济基础决定国家与法，而是国家与法决定经济基础。实际上，某种经济活动合法与否，完全取决于它是否符合现实的经济基础。"法学家以为他是凭着先验的原理来活动，然而这只不过是经济的反映而已。"①

总之，《费尔巴哈论》体现了恩格斯对黑格尔法哲学的批判，对马克思法哲学思想的深化和丰富，为我们正确地对待人类历史上的文明成果树立了光辉范例。事实表明，任何思想文化成果总是一定时代经济和政治条件的反映，必然具有历史的局限性，因此，应采取批判继承的态度，取其精华、去其糟粕，使之与当今实践相适应、与时代发展相协调。

① 《马克思恩格斯全集》第 37 卷，人民出版社 1971 年版，第 488 页。

第五章

马克思恩格斯法律思想的理论价值

综观马克思恩格斯一生的理论追求和思想发展，从早期的哲学人本学批判到中期的政治经济学批判，再到晚年的历史人类学批判，始终贯穿着一条内在的逻辑主线——对人类社会发展的现实关切和对人的法权关系的高度关注。在这一演进过程中，形成了以《1844 年经济学哲学手稿》《黑格尔法哲学批判》《德意志意识形态》《共产党宣言》《资本论》《家庭、私有制和国家起源》等为代表的具有丰富的法学思想的著作，阐述了法的起源、法的本质、法与社会政治经济的关系，以及法律现象演化的历史与逻辑规则，为无产阶级法权革命与社会主义法制建设提供了世界观和方法论的指导。本章主要从本体论、方法论和价值论三个方面，分析马克思恩格斯法律思想的时期价值和理论意义。

一 马克思恩格斯对法学本体论的贡献

法学本体论是一切法律现象存在的根据。马克思恩格斯始终以历史唯物主义的视角分析人类社会的法及法律现象，特别是资本主义社会中的法权关系，形成了丰富的法学本体论思想，对中国特色社会主义法治体系建设具有世界观意义。

（一）法是上升为国家意志的统治阶级意志的体现

法是体现统治阶级意志的社会规范，由国家制定或认可的并由国家强制力保障实施的社会规范，受社会物质生活条件决定的，这是马克思主义关于法的辩证唯物主义的基本表述。马克思和恩格斯通过对"法"和"法律"的区别来界定法的本质的。马克思在早期曾指出，"法"是"自由的无意识的自然规律"，而法律"是事物的法理本质的普遍和真正的表达者"，① 因而要适应事物的法的本质。"法律只是在自由的无意识的自然规律变成有意识的国家法律时，才成为真正的法律。"② 显然，这里的"法"是事物的法则，"法律"则是人定的规范。也就是我们所说的法律。首先，法根源于人类生产实践活动。马克思、恩格斯反复强调法起源的实践基础，认为原始社会没有法律。在氏族内部，人们的权利和义务没有任何差别，参加公共事务和人们的吃饭、睡觉一样不存在是权利还是义务之争。后来，随着生产力的发展，出现了剩余财产和私有制，于是产生了这样一种需要："把每天重复着的生产、分配和交换产品的行为用一个共同规则概括起来，设法使个人服从生产和交换的一般条件。这个规则首先表现为习惯，后来便成了法律。"③ 在人类社会的进一步发展过程中，生产力和生产关系的有机统一推动着社会进步。其中，生产关系受到物质生产力的制约，并构成了整个经济社会结构（经济基础），对社会的经济、政治、文化产生着重要的影响。法律就属于上层建筑，受到经济社会结构的影响，经济基础的发展程度会作用于法律的形成和发展。可见，法根源于人类生产实践活动，并受社会物质生活基础的制约和影响。其次，法是上升为国家意志的统治阶级意志的体现。法所体现的统治阶级的"阶级意志"是统治阶级的整体意志，而不是个别统治者的任性，也不是统治者个人意志的简单相加，更不是统治阶级意志

---

① 《马克思恩格斯全集》第 1 卷，人民出版社 1995 年版，第 244 页。
② 同上书，第 176 页。
③ 《马克思恩格斯选集》第 2 卷，人民出版社 1972 年版，第 538—539 页。

的全部，而是其中上升为国家意志的那部分意志，用马克思恩格斯的话讲就是"被奉为法律"的那部分统治阶级意志。在阶级社会，由于阶级意志关系着整个国家、全体人民的利益，因而需要用严谨的法律表现出来。阶级意志的范围十分广泛，包括经济、政治、文化等方面，其中，法律作为法制的外在表现形式，必然是体现在国家经济、政治、文化生活中占统治地位的阶级意志。还有，马克思认为法是统治阶级实现阶级统治的重要工具。也就是说，法是国家制定或认可的并以国家强制力保障实施的行为规范。法制作为统治阶级维护自身统治的工具体现着法的本质。统治阶级在维护自身统治时，需要组织军队，建立国家形式，从而实现对人民的管理。统治阶级需要从两个方面实现对社会的管理，一是将符合统治阶级意志的社会规则以法律的形式表现出来；二是建立法律制度，实现对社会的管理。每个阶级的法制都具备工具性，帮助该阶级管理被统治阶级。无产阶级专政的法制也不例外。

（二）法是人类历史发展的中介环节

法或法律何以存在？这是关于法的本体论追问。霍布斯认为权力决定法，施蒂纳则认为意志决定法制，黑格尔也认为法是绝对精神的外化，等等。可见，马克思恩格斯法律思想产生以前，学界对法的存在根据的解释大都是唯心的。马克思经过大量的实践证明，认为"法的关系正像国家的形式一样，既不能从它们本身来理解，也不能从所谓人类精神的一般发展来理解，相反，它们根源于物质的生活关系，这种物质的生活关系的总和，黑格尔按照18世纪的英国人和法国人的先例，称之为'市民社会'，而对市民社会的解剖应该到政治经济中去寻求。……我所得到的，并且一经得到就用于指导我的研究工作的总的结果，可以简要地表述如下：人们在自己生活的社会生产中发生的一定的、必然的、不以他们的意志为转移的关系，即同他们的物质生产力的一定发展阶段相适合的生产关系。这些生产关系的总和构成社会的经济结构，既有法律的和政治的上层建筑竖立其上并有一定的社会意识形式与之相适应的现实基础。物质生活的生产方式制约着整个社会生活、政治生活和精神生活的过程。不是人们的意识决定人们的存在，相反，是人们的社会存在决定人们的意识"①。原始社会生产力水平低下，生产关系非常简单，不需要法。但随着人类社会生产力的进一步发展，原有的生产关系不能满足社会变化的需求，奴隶社会的生产关系便取而代之。于是出现了用于调和阶级矛盾的国家、法、军队、监狱等暴力手段。当奴隶社会的生产力不断发展时，产生了新的社会关系，需要封建社会才能满足生产关系进一步发展的需要，于是奴隶社会又成为封建社会需要铲除的生产关系。……社会在不停地发展中，法和国家也会随着生产力和生产关系之间的变革而不断地发生变化。法就是联系整个社会的纽带。

（三）法是社会有效治理的手段

产生于人类社会一定阶段的法，必然成为一种维护现存阶级统治的工具，处于社会结构中的上层建筑中，受经济基础的制约。相反，上层建筑对经济基础和生产力都具有反作用。较其他的上层建筑，法律处于核心并发挥着重要的调适作用。其实，其他的上层建筑，甚至经济基础中制度规范都是法律的一种体现。马克思在《关于新闻出版自由和公布省等级会议辩论情况的辩论》中指出，在当时政府政治制度中，现实的预防性法律是不存在的，只有管理规则，"法律只是在受到践踏时才成为实际有效的法律，因为法律只是在自由的无意识的自然规律变成有意识的国家法律时，才成为真正的法律。"② 也即国家需要根据自己的需要对各种社会进行相应的管理与调节，法作为一种调节社会关系的工具，必然发挥其社会特有的治理功能。

综上所述，马克思恩格斯在进行法律研究的过程中，始终将法及法的现象放在整个社会有机体系中进行考察，科学地论证了法的起

① 《马克思恩格斯选集》第 2 卷，人民出版社 2012 年版，第 2 页。
② 《马克思恩格斯全集》第 1 卷，人民出版社 1995 年版，第 176 页。

源、法在社会系统中的地位、法与社会系统的其他组成部分的关系，得出法或法律是一定社会物质条件的反映这一历史唯物主义法学观。在此基础上，进一步阐明了作为上层建筑的组成部分——法律，对一定社会经济条件的反映通常需要以掌握国家权力的统治阶级为中介，从而揭示了法律现象从"应然"到"实然"的历史演进规律。显然，马克思恩格斯关于法的本质属性的界定绝非单一的、片面的、局部的规定，相反是一个具有多层规定性综合性命题，也即从法的外部表现形态开始，呈现出对法的明确的、肯定的、普遍的规定，进入对法律背后隐藏的经济事实的揭示，引出对社会各主体的法权关系深刻论述，为其完整而系统地论述其法学理论奠定了坚实的本体论基础，也为无产阶级夺取革命胜利，建设无产阶级专政，实现人类解放提供法理基础和世界观指导。

二 马克思恩格斯对法学价值论的贡献

良法善治代表着人类对可欲求的理想社会的共同愿望与追求。中共十八届四中全会决议指出："法律是治国之重器，良法是善治之举。"① 何为良法？何以善治？良法善治的意义何在？马克思恩格斯法律思想早已给出了清晰的答案。

（一）确保人民自由的法律就是良法

自由与法律的关系问题是马克思恩格斯法律思想的核心问题。马克思把对国家与法的理解置于社会物质关系之中，以辩证态度看待自由与法律之间的关系，认为自由是人性最重要最突出的特点，是人唯一的生来即有的权利，因而也是每个人固有的本质，凭借这种本质，人有权成为自己的主人。基于这种认识，他把是否体现人类的自由本

---

① 《〈中共中央关于全面推进依法治国若干重大问题的决议〉辅导读本》，人民出版社2014 年版，第 8 页。

性作为衡量事物善恶好坏的重要价值尺度，认为"对人来说，只有自由的实现的东西，才是好的"①。法律作为"事物的法理本质的普遍的和真正的表达者"②，应该顺应人的自由本质，确保"自由成为现实的自由和社会的自由"③，成为真正的人民自由的圣经，以肯定的、明确的、普遍的规则，确保人的固有本质——自由的实现。当然，马克思所说的自由不是虚幻的，而是生成于人的现实生活中并被法律所确证的真正的、可以从事任何不损害他人利益的权利。因此，自由就其实质而言是一个实践的问题，是人类实践活动的展开；是个人与社会、个人的独立与社会的整合、个人的发展与社会的发展的关系间双向的权利和义务配置。④ 因此，真正的良法就是能够确保人们自由的法律。

（二）人性是良法何以可能的基础

人性的三维性（生物性、社会性、精神性）和生存空间的三重性（自然空间、社会空间、历史空间）决定了人必然追求幸福、正义和崇高三大价值以及在自然、社会和历史空间中实现自身价值。其中，幸福价值体现为个人需要的满足，正义价值体现为和谐秩序的形成以及个人权利的有效保护，崇高价值则体现个人德性品质的形成及其完善。⑤ 作为生物性存在，人为了满足生存的需求而进行以追求幸福价值的认识自然和征服自然的创造性活动，即一切历史的一种基本条件——"生产物质生活本身"，推动人类社会生产力的不断发展和社会物质财富的不断涌现。因为"人们为了能够'创造历史'，必须能

---

① 《马克思恩格斯全集》第 1 卷，人民出版社 1995 年版，第 171 页。
② 同上书，第 244 页。
③ ［英］韦恩·莫里森：《法理学——从古希腊到后现代》，李桂林译，武汉大学出版社 2003 年版，第 271 页。
④ 参见张文显《法哲学范畴研究》，中国政法大学出版社 2001 年版，第 208 页。
⑤ 赵菁：《新时期思想政治理论课堂教学文化构建的主体分析》，《未来与发展》2011 年第 6 期，第 101 页。

够生活"①。作为社会性存在，人又不得不为确保自我权利的有效表达和利益的最大保护，追求人我关系的和谐以及共同体秩序的公平与正义，也即社会空间的建构性活动必须合乎共同体存在与发展的需要。因为，生产力发展所带来的人类总体利益，具体落实到每个人，又是以生产的社会关系为中介，因而结果上，不同的个人之间差距不仅是不可避免，也被不断地扩大了。换言之，如果说人在自然面前还可以保持人类平等的外观和整体的形象，那么在社会生活即现实的社会关系中出现了人与人之间的利害冲突以及由分工和财产差别所造成的界限和鸿沟是必然的和不可避免的。于是，作为调节社会共同体中的各种利益主体间的利益关系的中介——典章制度就有产生的必要。

由此可见，法律产生于人的社会交往的需要。交往需要信任，信任需要秩序，秩序需要规则，好的秩序则取决于好的规则。作为精神性的存在物，人为了追求德性品质的养成以及实现自我价值的崇高，不断进行理性反思：历史的意义是什么，人类在自然界中的地位和命运如何，个人与社会之间是什么关系等一些终极性的问题，以此来矫正自己的行为，实现幸福、正义和崇高价值的提升和自我的完善。在这一过程中，集体共享的意义和价值体系被传达、交流、沟通和接纳是十分必要的。因为，对于群体而言，没有人与人之间的联合与合作，既不能发生交往，也不能发生关系，所谓的社会关系也成为一种虚假的或异化的关系。对于个体而言，无论是追求生物学意义，还是社会学意义，抑或超时空的精神意义，都需要积极地、良好地融入环境（自然的或社会的）。融入并不是湮没个性，相反，个人的独特个性作为遗传和环境所决定的实际的和潜在的行为模式的总和，在适应复杂多变的社会生活过程中，一般都会表现出浓郁的情感色彩和较多的习惯特性。但个人的价值认同建构所运用的材料则来自于历史、地理、社会，来自于生产和再生产的制度，来自于集体记忆，也来自于权力机器和宗教启示。也正是因为个人、社团组织、族群，甚至民

---

① 《马克思恩格斯选集》第 1 卷，人民出版社 2012 年版，第 158 页。

族，根据扎根于他们的社会结构和时空框架的社会要素和文化规则，处理了所有这些材料，并重新安排了它们的意义，才使得种群、民族、人类的文明获得延续和进步。良法产生于人性就不难理解了。

（三）实现人的自由而全面发展是无产阶级法权革命的价值取向

从人类历史发展来看，一定的生产方式或一定的工业阶段始终是与一定的共同活动方式——"生产力"联系着，而"以一定的方式进行生产活动的一定的个人，发生一定的社会关系和政治关系"①，又总是同其所从事的活动相关联，既同他们的社会生产水平相关联，也同他们的社会分工程度相关联。可见，生产力决定生产关系。"没有蒸汽机和珍妮走锭精纺机就不能消灭奴隶制；没有改良的农业就不能消灭农奴制；当人们还不能使自己的衣食住行在质和量方面得到充分保证的时候，人们就根本不能获得解放"②。因此，人的解放是由工业状况、商业状况、农业状况、交往状况等共同促成的。在人类早期的部落所有制里，与低下的生产力水平相一致的是家庭内部的劳动及其产品的不平等的分配，以及由此形成的"非常原始和隐蔽的奴隶制。"个人完全依附于部落，无自由可言。在古典古代的公社所有制和国家所有制和封建的或等级的所有制，随着生产力、分工的发展，"产生了单个人的利益或单个家庭的利益与所有互相交往的个人的共同利益之间的矛盾；而且这种共同利益不是仅仅作为一种'普遍的东西'存在于观念之中，而首先是作为彼此有了分工的个人之间的相互依存关系存在于现实之中。"③ 对于个人而言，为了追求仅仅是自己的特殊的——对他们来说是同他们的共同利益不相符合的利益而发生诸多的斗争，反过来促使了国家这种虚幻的"普遍"利益来进行实际的干涉和约束，这种共同利益就成了一种"异己的"力量，统治人、压迫人，个人无自由可言。"只要特殊利益和共同利益之间还有

---

① 《马克思恩格斯选集》第 1 卷，人民出版社 2012 年版，第 151 页。
② 同上书，第 154 页。
③ 同上书，第 163 页。

分裂"，国家这个虚幻的"普遍"利益就有存在的必要。那么，人本身的活动依然作为一种异己的力量，统治人、压迫人。尽管资本主义社会的建立较之古代和中世纪是人类的一大进步。在现代国家里，市民社会与政治国家的分离使人民群众有了更多的自由，民主制度在形式上使人成了国家制度的原则和法律的根本目的；人民主权成为国家的政治基础，人民群众的普遍利益在国家形式中得到反映。但是，资产阶级一般都坚持以个人为本位，在个人与社会及他人的关系上主张个人主义，在人与自然关系上则主张"人类中心主义"。因而，其实质是狭隘的、自私的、片面的个人主义。法律体系中所保护的利益主体仅仅是在产者。对于广大"没有财产的"而言，必须承担社会的一切重负，而不能享受社会的福利，被拒斥于社会之外，而不得不同资产阶级及其法权关系相抗争。因此，消灭私有制、消除分工，建立共产主义，用无产阶级法权关系代替资产阶级的法权关系，实现人的自由而全面的发展是历史的必然。

马克思恩格斯的法律思想正是以社会和广大的人民为本位，在个人与社会及他人的关系上，主张社会主义集体主义，始终把人民的整体利益放在首位，认为人民群众才是历史的创造者，指出"正是人，现实的、活生生的人在创造这一切，拥有这一切并进行战斗。并不是'历史'把人当作手段来达到自己——仿佛历史是上个独具魅力的人——的目的"[1]。因此，在努力实现、维护、保障和发展人民利益的前提下，正确协调个人和社会的关系，包括用法律的形式确保最广大的人民群众的利益得以实现，各项权利得以保护，最终通过无产阶级运动实现生产力的巨大发展，社会财富的极大丰富和人的自由而全面发展。在人与自然关系上，则坚持以本国人民和全人类可持续发展这一整体的长远的根本利益为出发点，严格遵循自然和社会运动的客观规律，正确处理人口、资源、环境和发展的关系，达到人与自然之间和谐相处、永久共存的目的。以马克思主义为指导的无产阶级法

---

① 《马克思恩格斯文集》第1卷，人民出版社2009年版，第295页。

律，才是全面的、彻底的和社会本位，是以维护最广大人民群众的利
益为价值导向，真正才可称得上确保人们自由的良法。党的十八届四
中全会明确提出："要维护宪法法律权威，维护人民权益、维护社会
公平正义、维护国家安全稳定。"这是对无产阶级法律的正义价值的
传承和创新。

三　马克思恩格斯对法学方法论的贡献

马克思恩格斯经典作家把是否从现实社会关系中得出法学概念与
范畴，看作区分唯物主义法学认识路线和唯心主义法学认识路线的原
则界限。① 唯心主义法学认识路线主张从人们的概念、思想出发解释
法和法律现象，无视法赖以产生的物质生活基础。唯物主义法学认识
路线则坚持"从现实的、有生命的个人本身出发，把意识仅仅看作他
们的意识"②。马克思恩格斯坚持了唯物主义法学认识路线，从客观
的事实、从现实社会的人及人的生活出发研究法及法律现象、法律运
行规律，实现人类法律思想史上的历史飞越。因此，研究和挖掘马克
思恩格斯法律思想方法论意义，无疑可为我们全面建设中国特色社会
主义法治体系提供科学指导。

首先，以现实的人们的经济关系为基础研究社会主义初级阶段的
法权关系。马克思恩格斯在社会存在理论和整个唯物史观的基础上揭
示了现代法权的本质及其历史，马克思恩格斯法哲学思想形成和发展
的过程，某种程度上就是破除现代法权的神话学的过程。在他们看
来，法权的最深厚的根源存在于一定社会的物质生活条件中，存在于
现实的人们的经济关系之中；经济关系产生法权关系，法权关系的内
容归根结底是由经济关系本身所决定的；那些不依个人意志为转移的
个人的物质生活，即他们相互制约的生产方式和交往形式是国家和法

---

① 公丕祥、龚廷泰：《马克思主义法律思想通史》第 1 卷，南京师范大学出版社 2014
年版，第 11 页。

② 《马克思恩格斯选集》第 1 卷，人民出版社 1995 年版，第 73 页。

的现实基础，法只不过是物质生活关系的一种征兆、一种表现；法的关系正像国家的形式一样，既不能从它的本身来理解，也不能从所谓人类精神的一般发展来理解，相反，它根源于物质的生活关系。具体到当代中国所处的历史境域，如果离开我国现阶段的生产力发展状况和经济发展水平，像改革开放以前那样抽象地谈论现代法权异化性质的消除，拒斥一切法权关系，其后果不言自明；而如果离开我国的具体国情、现有的经济结构和文化传统，产生对现代法权的盲目迷信和崇拜，实质上是完全忽视了现代法权的异化性质，同样也是间接地将现代法权神话了。

作为市民社会和政治革命范围内的现代法权，对于人类社会而言确实是不充分的，但并不是毫无价值的。对现代社会结构里发展起来的现代法权体系，必须实行"吸纳"和"超越"的双重任务。一方面，在明显低于马克思当年设想的社会主义初级阶段的今天，对待现代法权体系不能采取抽象批判和否定的态度。由于中国是在资本主义尚未充分发展的背景下进行革命和建立社会主义制度的，因此，我国的政治制度和法权体系是在现代民主制度和现代法权关系并未获得典型发展并且比较落后的基础上实行的社会主义政治制度和法权体系。这种状况以及发展生产力、建立社会主义市场经济体制和反对特权的任务决定了现代社会结构里发展起来的"自由""平等""民主""人权"等现代法权体系的内容，在我国社会主义初级阶段不可能被消除，也不应该被消除。相反，现代法权体系在我国很长的一段时间内还有被吸纳和发展的重要任务。另一方面，由于我国国情和社会主义制度的性质决定了我们的政治制度和法权体系又绝不能照搬西方的模式，因此，全面建设中国特色社会主义法律体系要求我们，对于在现代社会结构中发展起来的"自由""平等""民主""人权"等现代法权之来历及性质必须具有批判的理解，也就是说，必须明了其基本的前提和界限。从这个意义上来看，无论是现在还是将来，我们都不能简单地套用西方市民社会模式和法权体系标准，来作为建构中国特色社会主义法权体系和中国特色社会主义政治文明的根据。换言之，中国的经济制度、政治制度、国家制度，社会发展状况以及历史传统决定了中国法权体系的建构以及整个社会主义政治文明的建设，必须立足于建设中国特色社会主义的伟大实践，对现代社会结构里发展起来的"自由""平等""民主""人权"等现代法权体系的内容采取吸纳与超越、发展与反思的双重态度，从而全面建设中国特色社会主义的政治文明和法律体系。这是摆在我们面前的迫切任务，也是马克思法哲学思想最重要的当代意义和时代价值所在。

其次，以优化社会主义初级阶段的法律制度环境为主要内容，全面建设中国特色社会主义法律体系和法治国家。环境是指周围的境况、条件。所谓制度环境，通俗地讲，就是指人们从事经济、政治、文化活动所处的系列制度境况和条件。其中，包括法律制度环境。人类社会发展的史实表明，良好的境况和有利的条件会促进经济发展和社会进步，恶劣的境况和不利的条件会抑制社会和人的发展，阻碍社会进步。制度（包括正式制度和非正式制度）是规范人们行为的系列准则，它的基本功能是在一定的框架下鼓励人们积极地、放心地去干什么，约束人们不能去干什么。对于社会发展而言，制度也有优劣之分，那些能够促进经济发展和社会进步的系列行为准则属于正义的制度，否则就是属于不正义的制度。党的十八届四中全会明确提出，为了实现全面推进依法治国的总目标，就要在中国共产党领导下，坚持中国特色社会主义制度，贯彻中国特色社会主义法治理论，形成完备的法律规范体系、高效的法治实施体系、严密的法治监督体系、有力的法治保障体系，形成完善的党内法规体系，坚持依法治国、依法执政、依法行政共同推进，坚持法治国家、法治政府、法治社会一体建设，实现科学立法、严格执法、公正司法、全民守法，促进国家治理体系和治理能力现代化，体现优化社会主义初级阶段的法律制度环境，全面推进依法治国的决心和意志。

新时期，优化社会主义初级阶段的法律制度环境，就要解放思想、实事求是、与时俱进，不断清除陈腐落后的制度理念，实现制度理念创新；就要立足于社会主义初级阶段这一实际，不断改革、完善和创新体制制度和规章制度，不断完善中国特色社会主义法治体系，形成完备的法律规范体系、高效的法治实施体系、严密的法治监督体系、有力的法治保障体系，形成完善的党内法规体系；就要以马克思主义人的自由发展为宗旨，不断地推进依法治国、依法执政、依法行政，确保人民当家做主和主人翁地位；就要以马克思主义法哲学为指导，坚持法治国家、法治政府、法治社会一体建设，实现科学立法、严格执法、公正司法、全民守法，促进国家治理体系和治理能力现代化。

最后，以实现人类自由而全面发展为终极目标构建和谐的人类共同体。人类自由的实现是哲学家们一直关注的问题和永恒的理想。在马克思看来，个人与社会、个人与国家之间相互关系的法权意义，集中地通过自由、权利等法哲学范畴体现出来。法律现象的价值属性更深刻的内涵就在于它对在生产力和交换关系发展的基础上形成的一定社会主体的自由和权利的确认。其实，现代性自由观起源于 15 世纪的文艺复兴运动及 16 世纪的宗教改革运动，核心观点就是"自由是人的最高价值"。到了黑格尔时，主体性原则赋予现代性的基本原则并加以探讨，认为主体性原则主要包含个体自由主义、批判的权利和行为的自由以及自我意识的把握等内容。由是，个人主体性原则演变为一种知性原则，从而使现代性自由观陷入三层困境：社会共同体将由于个人主体性的极度膨胀而瓦解、在道德伦理层面上的主体性原则的个体主义价值导向、一切以"我"为中心的对"他者"的漠视，引起许多学者对其深刻的反思和高度关注。

从撰写博士论文开始，自由问题就成为马克思理论创作的主线。当然，此时的马克思深受青年黑格尔派思想新理性批判主义的影响，其思想具有一定的思辨性，但马克思更重视"人"的现实自由及其实现。在《莱茵报》担任主编时，马克思第一次遇到的要对物质利益发表意见的难题，促使其对黑格尔法哲学的研究。马克思认为黑格尔法哲学不是真正的法哲学。在《黑格尔法哲学批判》开始部分，马克思便将黑格尔法哲学界定为"逻辑的、泛神论的神秘主义"。针对黑格尔法哲学把国家理念神秘化，马克思指出真正的法哲学应该把对自由的现实道路的探寻作为其方向，而不是像黑格尔那样歪曲了法哲学的主题。在《黑格尔法哲学批判》中，马克思确立了自己的"市民社会决定国家和法"的法哲学原则，并意识到要为自由奠定真实的基础，就必须从市民社会出发，如此才能彻底破除黑格尔思辨法哲学的国家神话，因为"市民社会"在马克思看来属于"物质的生产关系的总和"，是理解法的关系的基础。从《1844 年经济学哲学手稿》到《资本论》的发表，通过对政治经济学的研究，马克思发现了剩余价值规律：工人的剩余劳动创造了资本主义社会所有的财富，工人的剩余劳动养活了整个剥削者社会。所谓永恒、美好的资本主义社会，实质上是富人的天堂、工人的地狱；不仅工人无"自由"，就是任何一个"富人"也同样会沦为被奴役的对象，变成非自由的人。资产阶级所谓的"法权自由"，只是维护资本永久增值的自由。[①] 因此，对市民社会的超越与自由人联合体的建立，才是人的自由的真正实现。可见，党的十八届四中全会提出的坚持人民主体地位，坚持法律面前人人平等，维护人民权益，既体现了马克思主义这一法哲学精神，也是将其作为社会发展的最终理想加以追求的。

---

① 马东景：《马克思法哲学思想研究》，博士学位论文，安徽大学，2015 年，第 79 页。

第二部分

马克思恩格斯法律思想在苏联的运用和发展

第六章

列宁法律思想的形成与发展

在马克思主义法律思想体系中，列宁的法律思想占据重要的地位。列宁在领导俄国无产阶级革命的伟大实践中，创造性地运用马克思主义法律思想与各种机会主义思潮展开论战，并对社会主义革命与建设条件下的法制问题进行了探索性研究，取得了许多有价值的成果，从而将马克思主义法律思想推向了列宁主义阶段。本章主要论述列宁法律思想的形成、发展、主要内容及特点。

一　列宁法律思想产生的社会背景

19世纪70年代，资产阶级开始从"它的全盛时代"逐步走向"绝对统治和衰落的时代"，"这是新的阶级即现代民主派准备和慢慢聚集力量的时代"。① 自然科学领域的新发现，各种反唯物主义思潮和修正主义思潮接踵而至，给马克思主义及其法律思想提出了新的挑战。列宁在对俄国及国际工人运动经验的总结和与各种错误思潮的斗争中，逐步形成了对法律问题的看法和理解。

（一）垄断资本主义的形成

资本与生产的集中必然导致垄断。早在十九世纪五六十年代，德

---

① 《列宁全集》第21卷，人民出版社1959年版，第125页。

国就出现了卡特尔这种垄断组织形式。1873年发生的席卷欧美各主要资本主义国家的经济危机造成了垄断组织的空前发展，使资本主义开始从自由竞争阶段向垄断阶段过渡。资本主义发展到垄断阶段以后，暴露出明显的寄生性和腐朽性。一是资本主义生产在某些部门或某些时期虽然有较快的发展，但垄断资本家所关心的不是生产技术的改进，而是如何获得稳定的高额利润。因此，为了防止新的危机，保证垄断收入，垄断组织往往人为的阻碍生产技术的进步，使社会生产力的发展出现了停滞的趋势。二是由于生产和资本集中在少数几个国家中，这些国家凭借资本输出这一"剪息票"的手段剥削海外国家和殖民地的劳动，形成了帝国主义的寄生性和腐朽性。三是垄断资产阶级为了维持其对内垄断、对外称霸的局面，往往在国际国内形势变得紧张的时候，公开抛弃民主、自由和博爱的外衣，在政治上走向全面反动，对内加紧镇压，对外发动侵略。面对帝国主义阶段世界资本主义发展的新情况、新现象、新问题带来的新挑战，以列宁为代表的共产国际必须做出应答。

（二）共产主义运动的分裂

进入帝国主义阶段，资本主义社会基本矛盾在某种程度上趋于缓和，对当时的国际共产主义运动产生了重大的影响。诸如工人政党的合法运动取得的成果导致党内的一些人产生了放弃武装斗争夺取政权的思想；资产阶级对工人阶级的上层分子的利益收买使其放弃鼓动使用暴力的方法推翻资产阶级的统治；趋于缓和的阶级矛盾动摇了工人阶级领袖层的信念，"许多工人政党的领导人对日益严重的机会主义威胁视而无睹，麻木不仁，不斗争、不批判，乃至同流合污，或者缺乏明确的认识和切实有效的办法，"① 甚至公开表示支持，如德国社会民主党的领导人李希特尔、海涅、福尔马尔等人。第二国际内部修正主义、机会主义的泛滥不仅造成工人阶级内部思想上的混乱，最终

---

① 庄福龄：《马克思主义史》第1卷，人民出版社1996年版，第831页。

导致第二国际的分裂。

共产主义运动的分裂突出地表现在第二国际及其活动中。第二国际是马克思去世以后，在恩格斯的直接指导下成立的国际工人运动组织。这个组织在成立之初，思想上就存在严重的分歧。以伯恩施坦为主要代表的机会主义派别，运用新康德主义哲学观的折中主义与多元论的政治理论，对马克思主义理论进行全面修正，其中包括马克思主义的法律思想。1896—1898年，伯恩施坦在《新时代》杂志以《社会主义问题》为总题目发表了6篇文章，宣布马克思主义已经落后于实际，已经过时了，必须对马克思主义进行修正。1899年1月，伯恩施坦发表了《社会主义的前提和社会民主党的任务》一书，并在该书中进一步把自己的理论系统化，同时对马克思主义进行全面的修正和攻击，在德国社会民主党内部引起了强烈反响，倍倍尔、卢森堡、蔡特金等人坚持马克思主义，尖锐地批判了伯恩施坦，但大卫、福尔马尔、康拉德·施密特、奥艾尔等人支持伯恩施坦，也有一些人对伯恩施坦的批判不够坚定，企图与伯恩施坦妥协。

对马克思主义进行修正，不是德国社会民主党内部的偶然现象，而是一种同当时自由竞争资本主义已经进入帝国主义这个时代背景相联系的国际现象。早在伯恩施坦发表《社会主义的前提和社会民主党的任务》一书的同时，法国就发生了法国社会党党员米勒兰参加资产阶级内阁的事件。米勒兰事件在法国社会党内和国际共产主义运动中引起了激烈的争论。1900年第二国际第三次代表大会就米勒兰事件进行专门讨论，形成了以盖得为主的左派（坚持批判米勒兰并给予制裁）、以饶勒斯为首的右派（认为米勒兰加入资产阶级内阁正是社会主义政党发展壮大的标志，是社会主义因素增长的表现，米勒兰加入内阁有助于实现社会主义，因而与伯恩施坦一起支持米勒兰）和以考茨基为首的中派（认为米勒兰加入资产阶级内阁不是原则问题，而是策略问题，国际代表大会对此不应该干涉）三派。这次代表大会最终通过了考茨基提出的提议，变相地庇护了米勒兰。

第二国际巴黎代表大会表明，国际共产主义运动开始陷入分裂。

随着局势的发展，这种分裂越来越明显，也越来越严重，到 1914 年爆发第一次帝国主义战争时，左、中、右三派的区别在对待战争的态度上完全暴露出来了，右派认为工人阶级应该积极参加这场帝国主义战争以保卫自己的祖国；中派赞成和平，赞成从各方面对政府施加压力以实现和平，同时也赞成与右派讲团结；左派则提出变帝国主义战争为国内战争，希望本国反动政权当局在战争中失败，使国内的无产阶级能够顺应趋势，取得社会革命的胜利。对于国际共产主义运动的分裂，列宁认为右派完全公开的背叛了马克思主义，中派则是隐蔽的背叛了马克思主义，马克思主义在他们那里仅仅成了为其背叛行为辩护的挡箭牌，因此，右派和中派都不是马克思主义者，只有左派真正的坚持马克思主义，并以符合马克思主义精神的方法把马克思主义推向前进。

（三）马克思主义在俄国的传播

同资本主义向帝国主义过渡密切联系的是马克思主义在俄国的传播，为列宁接触马克思主义到成长为一个坚定的马克思主义者创造了理论环境。早在十九世纪六七十年代，俄国革命民粹派就对马克思主义进行研究和传播，80 年代以普列汉诺夫·格奥尔基·瓦连廷诺维奇（Plekhanov Georgii Valentlnovich，1856—1918）为首的劳动解放社的大量宣传和理论工作为传播马克思主义做出了重要贡献。普列汉诺夫及其领导的"劳动解放社"，翻译出版的马克思主义著作数量多、质量高、传播广，不仅俄国许多工人革命家包括列宁，都是从这里接触马克思主义、学习和接受马克思主义，而且也成为十月革命后的俄国马克思恩格斯著作翻译工作的参考依据。《共产党宣言》是普列汉诺夫翻译出版的第一部马克思主义著作。1883 年 6 月 29 日，恩格斯在给弗里德里希·阿道夫·左尔格的信中这样评价："翻译《宣言》是异常困难的，俄译本是目前我看到的所有译本中最好的译本。"[①] 普列汉诺夫不仅将

---

① 《马克思恩格斯全集》第 36 卷，人民出版社 1974 年版，第 46 页。

大量的马克思主义经典著作译成俄文，在俄国广泛地传播马克思主义，而且还撰写了大量的著作，运用马克思主义的观点，科学地评价了包括新康德主义、伯恩斯坦主义、合法马克思主义、马赫主义（马赫主义亦名"经验批判主义"），捍卫了马克思主义。如《社会主义和政治斗争》《我们的意见和分歧》《社会民主党人在战争时期的立场》《无政府主义和社会主义》《论一元论历史观之发展》《论所谓马克思主义的危机》《伯恩斯坦与唯物主义》等论著。普列汉诺夫还以"劳动解放社"为依托，协助列宁创办了《火星报》和《曙光》，批判修正主义和各种机会主义，宣传马克思主义，完成了思想上建党的任务。1903 年 7 月 30 日—8 月 23 日，俄国社会民主工党第二次代表大会在布鲁塞尔举行，普列汉诺夫主持并发表了一系列讲话，会议还通过了党纲和党章，选举产生了党的领导机构，标志着俄国新型马克思主义政党的诞生。马克思主义政党的诞生标志着俄国无产阶级革命掀开了新的一页。

（四）俄国社会形势的变化

与西欧相比，十月革命前的俄国社会政治经济文化十分落后且地区发展极不平衡，俄罗斯本土（大俄罗斯）、乌克兰、波兰、波罗的海沿岸各国、白俄罗斯、阿塞拜疆的一部分，阿尔巴尼亚和格鲁吉亚，不同程度地进入了工业资本主义发展阶段；西伯利亚、远东、中亚、北高加索，伏尔加河流域等地区处于自然的、宗法的农业经济占主导地位阶段；一些边疆民族地区仍处于殖民地或半殖民地状态。从整体上看，政治上实行君主专政，包括贵族和资产阶级在内的广大民众没有基本的政治权利；经济上农业和手工业在国民经济中占据主导地位，大工业主要集中在大城市和少数工业部门中，并为国家和外国资本所掌握，军事色彩十分浓厚，与全国市场缺乏有机的联系；社会结构方面，被固定在村社之中的农民占人口的绝大多数，从农民转化而来的工人阶级尤其是大工业无产阶级人数少、素质低，人数极少的资产阶级尚未成为一个真正意义上的阶级；在文化形态方面以前资本主义的为主，绝大多数国民没有受到现代文明的洗礼，宗法的、平均的、集体的、反资本主义的文化占绝对优势。因此，此时的俄国是一个集原始社会因素（农村公社）、奴隶社会因素（农奴制）、封建社会因素（地主庄园制度）和资本主义因素（少数现代工业和市场机制）于一体的国家。到了 19 世纪 80 年代，俄国国内的社会形势发生了很大变化，出现并形成了资本主义社会的两大基本阶级——资产阶级和无产阶级，无产阶级作为先进生产力的代表和资本主义的掘墓人迅速发展壮大。加之第一次世界大战，俄国的工业、运输、农业陷于瓦解、崩溃状态。此时的俄国正处于革命的前夜。俄国社会的一系列变化以及高度的使命感，使列宁积极地投身于俄国社会革命的伟大实践中，理论联系实际，实事求是，将马克思主义上升到列宁主义阶段。

总之，随着资本主义逐步走向垄断，帝国主义及其之间的矛盾日趋尖锐和复杂，国际共产主义运动面临着新的挑战。与此同时，第二国际修正主义的泛滥，特别是第一次世界大战开始后，多数社会民主党对马克思主义的背叛，转向社会沙文主义，导致了第二国际的破产，促成了以普列汉诺夫、列宁为首的真正的马克思主义队伍的成长，以及与修正主义的不懈斗争，并把马克思主义同帝国主义时代中的无产阶级革命运动实践相结合，推动革命的不断深入和理论的不断完善与发展。列宁的法律思想就是这一发展的重要成果之一。

二　列宁法律思想的理论渊源

回顾历史，我们不难发现，列宁法律思想的形成并非无本之木，无源之水。对马克思恩格斯法学理论、东方社会理论的批判与继承，并在实践中运用马克思主义同俄国民粹派的思潮、共产国际中的各种机会主义、修正主义和其他反马克思思想做斗争，最终形成包括战时共产主义、新经济政策以及一国建成社会主义的法律构思，成功地将马克思恩格斯法律思想提升至列宁主义阶段——列宁主义法律思想。

（一）对马克思恩格斯法律思想的继承和发展

1. 对马克思恩格斯关于法的一般解释的继承和发展

在法与阶级的关系上继承和发展了马克思主义的基本观点。法是统治阶级意志的体现这一观点，是马克思、恩格斯在《德意志意识形态》一文中明确提出的。马克思、恩格斯认为：不以个人意志为转移的个人的物质生活（即生产方式和交往形式）"绝不是国家政权创造出来的，相反地，它们本身就是创造国家政权的力量。在这种关系中占统治地位的个人除了必须以国家的形式组织自己的力量外，他们还必须给予他们自己的由这些特定关系所决定的意志以国家意志即法律的一般表现形式"。① 也就是说，"由他们的共同利益所决定的这种意志的表现，就是法律"。② 由是，法是由国家制定和认可的并由国家强制力保障实施的社会规范体系，具有鲜明的阶级性。列宁根据当时俄国革命斗争的实际需要，创造性地运用了马克思主义这一基本观点，对沙皇政府法律的本质进行了分析。1886 年 6 月 3 日，沙皇政府颁布了《工厂工人罚款法》，列宁认为沙皇政府的法律只关心厂主，只保护厂主的利益，好像一切损失都是由工人的过失造成的。从根本上讲，这样的罚款法意味着资本家对工人的奴役，意味着工人是一个下等的、不自由的阶级。从沙皇政府的法律制度和司法体制看，"几乎一切涉及工人生活的法律，都给了我们的大臣们极大的权力"。③而且，"新法令赋予官员执行这一法令的权力越大，它对官员、对厂主就越有利；官员就可以更多地勒索；厂主可以更轻易地得到特权和默许"。不仅如此，列宁还指出沙皇政府法律在执行上的阶级性。他认为凡是对工人有一点好处的法律，统治者总是想法拖拉，使法律的实行无限期地拖延下去，因此，"工人只有一个办法：团结起来，使全体工人都认识到工人自己作为一个阶级的利益，并且用团结一致的

---

① 马克思、恩格斯：《德意志意识形态》，人民出版社 1961 年版，第 367—368 页。
② 同上书，第 368 页。
③ 《列宁全集》第 2 卷，人民出版社 1984 年版，第 351 页。

力量来反击政府和厂主"。①

　　1894 年春天，列宁写了《什么是"人民之友"以及他们如何攻击社会民主党人?》一书，来应对包括俄国民粹主义在内的各种机会主义、资产阶级反动学者对马克思、恩格斯这一观点的攻击，指出决定论与道德观念之间、历史必然性与个人作用之间不存在任何冲突，"决定论思想确认人的行动的必然性，摒弃所谓意志自由的荒唐的神话，但丝毫不消灭人的理性、人的良心以及人的行动的评价。恰巧相反，只有根据决定论的观点，才能做出严格正确的评价，而不至于把什么都推到自由意志上去"。② 同样，历史必然性思想不仅不损害个人在历史上的作用；相反，肯定了人的行为，正确的评价人的社会活动，以及确保人的活动的成功，从而从唯物史观的层面阐述了马克思主义关于法律的本质、地位和作用等学说。

　　在法起源问题上继承和发展了马克思主义基本观点。马克思认为法既不是从来就有的，也不会永远存在，而是人类历史发展到一定阶段的产物，并随着阶级和国家的消亡而消亡。原始社会末期，由于私有制的产生、国家的出现，体现统治阶级意志的法相应而生，到了共产主义社会，随着阶级和国家的消亡，法也完成自己的历史使命退出历史舞台。对此，恩格斯在《家庭、私有制和国家的起源》中进行了论证。列宁运用这一观点对资本主义社会的法的本质进行了分析，指出在阶级社会里，法的制定、颁布、实施、监督都是由统治者的共同利益所决定的。1899 年，列宁在《论工业法庭》一文中指出，西欧大多数国家都有这样的法庭，俄国迫切需要建立这样的法庭。因为，有了工业法庭后，工人不仅便于进行法律诉求，而且可以通过工业法庭学习相关的法律知识，独立地参与社会事务和国家事务（因为法庭是国家机关，它的活动是国家活动的一部分）的管理。因为，"对工人最重要的，不单是要从书本上获得法律知识，而且要在生活

① 《列宁全集》第 2 卷，人民出版社 1984 年版，第 353 页。
② 《列宁全集》第 1 卷，人民出版社 1984 年版，第 129 页。

中熟悉法律，这样他们才会了解，这些法律是为谁制定的，那些运用法律的人是为谁服务的。任何一个工人一旦熟悉了法律，就会很清楚地看出，这些法律代表的是有产阶级、私有者、资本家、资产阶级的利益，而工人阶级，在他们还没有争得权利选举自己的代表参加法律的制定和监督法律的执行以前，永远也不能可靠地从根本改善自己的景况"。① 年底，列宁又在《论〈宣言书〉》中指出，"世界社会主义的第一宣言书《共产党宣言》，已经确立了一个从那时起就成了一种起码常识的真理：一切阶级斗争都是政治斗争，工人运动只有转身政治斗争，才能脱离萌芽状态和幼年时期，才能成为阶级的运动"。② 这个真理也适用于俄国。基辅委员会认为目前不可能号召工人群众进行政治活动，因为绝大多数俄国工人还没有成熟到能够进行政治斗争，这个论断显然是错误的。因此，我们应着手创办全俄机关刊物，"开辟专栏讨论争论的问题，扩大我们宣传和鼓动的范围，特别注重组织问题、策略问题和活动的方案，满足最开展的工人的各种要求，不断提高无产阶级中水平较低的部分的觉悟（用工人通讯和其他东西来吸引他们），使他们愈来愈自觉地参加社会主义运动和政治斗争"。③ 最终通过无产阶级革命和无产阶级专政，推动人类社会从有阶级社会向无阶级社会发展。

在经济基础决定法的性质、特征和发展的观点上继承和发展了马克思主义。按照马克思主义理论，权利和法均属于社会上层建筑，归根到底是受社会经济关系所制约和决定的。最初，人们的思想观念直接与人们的物质活动、物质交往、物质生活中的语言交织在一起的。当思想观念上升为一种理论形态并"表现在某一民族的政治、法律、道德、宗教、形而上学等的语言中的精神生产也是这样"。④ 1842 年10 月马克思撰写的《关于林木盗窃法的辩论》指出，林木所有者的

---

① 《列宁全集》第 4 卷，人民出版社 1984 年版，第 243 页。

② 同上书，第 273 页。

③ 同上书，第 281 页。

④ 马克思、恩格斯：《德意志意识形态》，人民出版社 1961 年版，第 19 页。

物质利益对国家和法律起着支配性的作用。后在《〈政治经济学批判〉序言》中，马克思又指出法律属于上层建筑，受经济基础的制约，并随经济基础的变化而变化。根据这一观点，列宁论述了法律是社会上层建筑的理论，指出"思想的社会关系不过是物质的社会关系的上层建筑，而物质的社会关系是不以人的意志和意识为转移而形成的，是人维持生存的活动的（结果）形式"。① 并"随着经济基础的变更，全部庞大的上层建筑包括法律也或慢或快地发生变革"。② 1875 年 5 月，马克思在《哥达纲领批判》中针对机会主义超阶级的"公平的分配""平等的权利"观点进行了批判，指出权利（法律）永远不可能超出一定社会的经济结构以及由此决定的社会文化结构，由于脱胎于资本主义社会，经济、道德和精神各方面还带有旧社会的痕迹，社会主义所实行的按劳分配原则"对不同等的劳动来说是不平等的权利"。③ 只有在共产主义社会的高级阶段，随着三大差别的消除、个人的全面发展、集体财富的极大涌流，"社会才能在自己的旗帜上写上：各尽所能，按需分配！"④ 列宁认同这一观点，认为法所体现的统治阶级的意志和国家意志、法所维护的社会利益，以及法所规定的权利和义务及其二者的关系，法的历史命运，归根到底都是由经济基础决定的。尽管国家制度、历史传统、民族习惯、社会心理、政治观点、道德观念、宗教信仰等对法律也发生一定的影响，但它们只是相互影响并对经济基础发生反作用，因此"必须到俄国社会各个阶级的物质利益中去寻找对于社会思想流派和法律政治制度的解释"。⑤

　　2. 对马克思恩格斯法社会学理论的继承和发展

　　继承和发展了马克思恩格斯的法律发展理论。法律发展属于法社

---

① 《列宁全集》第 1 卷，人民出版社 1984 年版，第 121 页。
② 同上书，第 108 页。
③ 《马克思恩格斯文集》第 3 卷，人民出版社 2009 年版，第 435 页。
④ 同上书，第 436 页。
⑤ 《列宁全集》第 2 卷，人民出版社 1984 年版，第 385 页。

会学的范畴，主要探究社会发展与法律进步之间的互动关联结构及法律成长的一般模型。马克思运用唯物史观研究人类社会及其法律的发展过程，把经济关系的客观要求看成社会发展和法律进步的决定性因素，强调"每种生产形式都产生出它所特有的法权关系、统治形式"，① 由此勾画出人类社会法律文明的历史演进图——一个由低级形态向高级形态依次更替的进程。如《德意志意识形态》中的原始的、古代的、封建的和现代资产阶级几种社会形态，②《〈政治经济学批判〉序言》中的亚细亚的、古代的、封建的和现代资产阶级的生产方式。他认为一种社会形态先进与否，一种社会处于何种发展阶段，根本上取决于社会生产力发展水平以及生产关系与之适应的程度。因此，不同的社会形态必然表现出不同的法律文明和制度体系。在自然经济条件下，社会的主导意识是权威主义，法律调整机制以确认和保护等级依附关系为核心和目标，个人直接从属于他人或某种社会组织；而在商品经济主要条件下，社会成员个体之间的联系形式是建立在商品经济基础之上的物的依赖关系——人们摆脱了地区性的自发联系，建立起普遍的劳动体系和社会交往关系，以及"平等、自由、权利、契约"为核心的近代社会的法律文明。列宁继承了马克思的社会形态理论，将人类社会的发展史进一步表述为原始社会、奴隶制社会、农奴制社会、资本主义社会几种图式，③ 并从马克思关于社会发展和法律进步的大量思想资源中吸收营养，进而形成了自己的法律发展理论，认为法律的产生、性质及其变化取决于社会物质生活条件，从而有效地指导俄国无产阶级革命和社会主义法制建设。

继承和发展了马克思恩格斯的社会有机体理论。马克思恩格斯认为人类社会是由各种社会要素构成的有机统一体，各要素之间存在相互影响、相互作用和相互制约的关系。列宁批判地继承这一理论，指出社会有机体具有客观性、整体性和辩证性特征，是"受一定规律支

① 《马克思恩格斯全集》第46卷上，人民出版社1979年版，第25页。
② 《马克思恩格斯选集》第1卷，人民出版社1995年版，第67—71页。
③ 斯大林：《论列宁主义问题》，唯真译，外国文书籍出版局1948年版，第727页。

配的自然历史过程",① 是一个同自然界既有区别又有联系的物质体系。社会有机体的规律性决定了法律的出发点应是外部客观的物质现象。同时，又由于社会有机体是由各种社会要素构成的，且各要素间是互相联系、互为作用、彼此制约的。因此，考察人类社会一定发展阶段的法律现象时应做到理论与实践、历史与逻辑的统一。列宁正是在领导无产阶级革命和社会主义法制建设的实践中，正确地认识到法律进步与社会发展、社会基本矛盾以及个人之间的关系，并根据俄国当时的具体情况，做出相应的调整与创新，从而使新生的苏维埃共和国的法律秩序不断走向完善。

继承和发展了马克思恩格斯的法律革命理论。法律革命与社会革命具有内在的必然关系。社会革命由政治革命、经济革命和文化革命三个部分组成，是社会发展过程中的质的飞跃，是社会形态从低级向高级的转化，是社会的经济基础和上层建筑的全面变革。根据马克思的法律革命理论，生产力发展到一定阶段必然会同它们一直在其中活动的现存生产关系或只是作为生产关系的法律用语的财产关系发生矛盾。当生产关系由生产力的发展形式变成生产力的桎梏时，革命阶级必然会通过革命手段变革旧的生产关系以适应生产力进一步发展的要求。伴随着生产关系及经济基础的变更，全部庞大的上层建筑，包括旧的政治制度、法律制度以及相应的法律思想、政治思想、宗教、艺术、哲学等社会意识形态，必然发生或慢或快的变革。因此，社会革命与法律革命具有密不可分的内在联系。社会革命是法律革命的前提条件，法律革命则是社会革命的合法性基础。列宁坚持和发展了马克思这一理论，批判民粹派否认社会发展与法律进步的相互关联及其规律性的主观唯心主义观点，阐明了法律进步与社会发展的必然性和规律性。列宁赞同法律进步的内在根据是社会基本矛盾的观点，认为法律制度的变革是由社会基本矛盾的辩证运动引起的。因此，要从社会基本矛盾运动中探究法律进步的根源。同时，法律进步与社会发展是

---

① 《列宁全集》第 1 卷，人民出版社 1984 年版，第 136 页。

同步的。当生产力发展到一定阶段，必然要与它们一直活动在其中的现存生产关系或财产关系相矛盾；当这些矛盾充分发展到一定阶段时社会革命的时代就会到来了。随着生产关系的变革，必然实现法律制度的历史性变革。当然，推动历史进步的主体力量是人民群众，因此社会基本矛盾对法律进步与社会发展的作用是通过人民群众的自觉活动而实现的。

3. 对马克思恩格斯关于无产阶级专政理论的继承和发展

马克思恩格斯认为无产阶级、农民和小资产者是全社会最激进、最民主的阶级，其中，工人无产阶级是现代一切民主运动的核心。恩格斯在1848年5月的《法兰克福议会》一文中指出，"德国人民"正是由这些阶级构成。要建立人民革命专政，就必须让人民牢牢掌握"直接统治权"。目前"德国人民几乎已在国内所有大小城市的街道上，尤其是在维也纳和柏林的街垒中，夺得了自己的主权。而且已经在国民议会的选举中行使了这个主权。国民议会的第一个行动必须是，大声而公开宣布德国人民的这个主权。它的第二行动必须是，在人民主权的基础上制定德国的宪法，消除德国现存制度中一切和人民主权的原则相抵触的东西"。① 在《共产党宣言》中，他们明确地提出了无产阶级专政的思想，指出"工人革命的第一步就是无产阶级变为统治阶级，争得民主。无产阶级将利用自己的政治统治，一步一步地夺取资产阶级的全部资本，把一切生产工具集中在国家即组织成为统治阶级的无产阶级手里，并且尽可能快地增加生产力的总量"。② 说明工人革命的第一步要使无产阶级上升为统治阶级，建立无产阶级政治统治，即无产阶级专政。以列宁为首的布尔什维克党运用这一理论，领导俄国人民取得了十月革命的胜利，建立了人类社会第一个无产阶级专政国家——苏维埃政权。首先，根据马克思恩格斯关于打碎旧的国家机器、废除旧法律、摧毁旧法制的思想和国际无产阶级革命

———————

① 《马克思恩格斯全集》第5卷，人民出版社1958年版，第14页。
② 《马克思恩格斯选集》第1卷，人民出版社1995年版，第293页。

斗争的经验，提出摧毁俄国资产阶级的法制，建立人民的法制思想。为此，列宁批判了第二国际修正主义者弗兰克对帝国主义时期的资产阶级法制极其推崇的理论，指出"弗兰克陶醉于这种法制，竟然忘记资产阶级同无产阶级是不可调和的，他不自觉地站到那些认为资产阶级法制永世长存、认为社会主义可以装在资产阶级法制框子里的人的立场上去了"。① 是无视法制的本质和历史局限性的错误做法。无产阶级只有摧毁资产阶级法制，才能建立无产阶级法制。其次，列宁认为建立无产阶级法制的第一步就是掌握国家政权，因为法律是通过国家意志表现出来的统治阶级的意志，一个阶级把自己的意志上升为国家意志的关键就是掌握国家政权。只有掌握了国家政权，才能通过国家机关制定或认可体现本阶级意志的法律。同时，法律必须以国家政权的强制力量为后盾才能在实际生活中生效，才能在国家权力管理的范围内要求全体社会成员一律遵守。最后，列宁在领导无产阶级革命和社会主义法制建设实践中，反复强调法律秩序是法制建设所形成的有序化状态和结果，因此，无产阶级掌握国家政权后必须实行无产阶级专政，构建良好的法律秩序。

4. 对马克思恩格斯关于东方社会的法律思想的继承和发展

所谓东方社会理论就是马克思、恩格斯晚年以占全世界人口绝大多数国家和地区的东方世界为背景，特别是以印度、俄国、中国三个国家为典型，关于东方社会的历史发展、现实社会状况以及未来去向的理论，主要散见于马克思研究印度、俄国和中国的文章、通信和《资本论》《人类学笔记》②等著作，以及恩格斯的相关文章中，是马克思、恩格斯关于人类社会历史发展思想的重要组成部分。跨越资本主义"卡夫丁峡谷"直接过渡到社会主义的构想是马克思、恩格斯东方社会理论的核心。其中，东方社会的法律文化思想则是马克思从早年到暮岁探讨社会发展与法律进步之间关联的一个极为重要的理论

---

① 《列宁全集》第20卷，人民出版社1989年版，第11页。
② 赵春荣：《马克思东方社会理论的若干问题探讨》，《探求》2000年第6期，第23页。

层面。这一理论的核心概念就是"亚细亚生产方式"。就人类的历史阶段而言，马克思始终认为，以亚细亚生产方式为基础的东方社会处于比资本主义更低的前资本主义阶段，即在原生阶段构成一切文明民族共同的历史起源，又在次生阶段与奴隶制和农奴制相并列，构成前资本主义三大主要生产方式之一。从总体上看，马克思的东方社会法律文化问题研究从属对"世界历史"发展进程的研究。只是从19世纪40年代中期到50年代初开始，马克思更多地关注东方社会法律文化发展的特殊机制，这一探索在他的晚年《人类学笔记》中达到新的理论高度。在这些笔记中，马克思不仅探讨了人类早期所有制形态的演变，揭示了古代社会法权关系的历史起源及其本质特征，而且在世界法律文明的大背景下来考察了古代东方社会的法律文化面貌，揭示了东方社会发展道路的特殊性，这无疑对东方各国进行社会法律文化建设具有借鉴意义。

　　1861年革命后的俄国阶级矛盾日趋复杂和尖锐。"俄国向何处去？"成为马克思和俄国进步知识分子必须解释的重大时代课题。对此马克思认为"如果俄国继续走它在1861年所开始走的道路，那它将会失去当时历史所能提供给一个民族的最好的机会，而遭受资本主义制度所带来的一切极端不幸的灾难"。① 俄国的无产阶级应该抓住这一机会，进行无产阶级革命，实现社会主义。这就是马克思关于东方落后国家的社会主义道路的新探索，构成了马克思完整的社会主义理论。此后，马克思对亚细亚生产方式及其法律文化思想进行进一步研究，将体现古代东方法律文化精神的"亚细亚生产方式"视为人类社会的"原生形态"，得出了富有指导意义的结论：一是人类历史经历了以公社所有制为基础的古代的或原生的和以私有制为基础的包括建立在奴隶制和农奴制上的次生的两种形态，但"并不是所有的原始公社都是按着同一形式建立起来的。相反，它们有好多种社会结构，这些结构的类型、存在时间的长短彼此都不相同，标志着依次进

---

① 《马克思恩格斯全集》第19卷，人民出版社1963年版，第129页。

化的各个阶段。俄国的公社就是通常称作农业公社的一种类型"。①
既是原生的社会形态的最后阶段，也是向次生的形态过渡的阶段。二
是东方社会的农村公社内部财产关系具有二重性。一方面，它摆脱了
牢固然而狭窄的血统亲属关系的束缚，并以土地公社所有制以及由此
而产生的各种社会关系为自己的坚实基础。另一方面，各个家庭单独
占有房屋和园（土）地和私人产品，促进了个人的发展，但与较古
的公社机体是极不相容的。这种二重性的财产关系既是农村公社巨大
生命力的源泉，也可能是其逐渐解体的最初原因。三是近代西方资本
主义文明的入侵是东方社会的农村公社制度解体的重要外部原因。然
而，绝不能将其农村公社土地所有制的解体过程视为西欧的封建化过
程。因此，只要"吸取资本主义制度所取得的一切肯定成果"② 并加
以改造和发展，就有可能使农村村社成为"俄国社会新生的起点"。③

　　马克思去世后，恩格斯继承了马克思的遗志，就俄国农村公社及
其前途问题、东方社会法律发展道路的进行集中而系统的研究，彻底
除去了民粹派罩在俄国农村公社身上的神圣灵光，指出被民粹派吹嘘
为神奇存在物的农村公社是一种处于文明时代以前的氏族社会制度，
是一种原始的农业共产主义，并不是俄国的特有现象。相反"……在
原始时代曾盛行于日耳曼人、克尔特人、印度人，……，在印度至今
还存在，在爱尔兰和苏格兰，只是不久前才被强行消灭，在德国，甚
至现在在一些地方还能见到；……它实际上是所有民族在一定的发展
阶段上的共同现象"。④ 因而不能作为俄国社会优越于其他西欧国家
的根据。恩格斯还认为"要处在较低的经济发展阶段的社会来解决只
是处在高得多的发展阶段的社会才产生了和才能产生的问题和冲突，
这在历史上是不可能的。……这一点对于俄国的公社……或者任何其
他以生产资料公有为特点的蒙昧时期或野蛮时期的社会形态一样，是

---

① 《马克思恩格斯全集》第 19 卷，人民出版社 1963 年版，第 448 页。
② 同上书，第 451 页。
③ 同上书，第 269 页。
④ 《马克思恩格斯全集》第 22 卷，人民出版社 1965 年版，第 494 页。

完全适用的"。① 在论及农村公社的未来命运时，恩格斯认为必须先推翻沙皇专制制度，实现资本主义生产方式的冲击和洗礼，即发展资本主义。后来的发展证明，俄国在短短的时间里就奠定了资本主义生产方式的全部基础。伴随俄国越来越快的资本主义工业化，农村公社也逐渐进入了快速崩溃的历程，使恩格斯关于俄国农村未来发展前景看法发生了变化，认为"当西欧人民的无产阶级取得胜利和生产资料转归公有之后，那些刚刚踏上资本主义生产道路而仍然保全了氏族制度或氏族制度残余的国家，可以利用这些公社所有制的残余和与之相适应的人民风尚作为强大的手段，来大大缩短自己向社会主义社会发展的过程，并可以避免我们在西欧开辟道路时所不得不经历的大部分苦难和斗争"。② 即跨越资本主义"卡夫丁峡谷"。综合来看，恩格斯从分析揭示俄国农村公社的落后、保守、封闭，到详尽阐发俄国公社资本主义前途的必然性，进而表明跨越"卡夫丁峡谷"的可能性的思想，隐含着这样的论断：尽快过渡到资本主义工业社会是俄国公社所有制未来去向，但俄国要缩短其资本主义进程，首先必须找到能够挽救公社所有制而使它有可能变成确实富有生命力的新因素——西欧无产阶级对资产阶级的胜利以及与之俱来的以公共管理的生产代替资本主义生产，即"卡夫丁峡谷"的跨越是建立在坚实的生产力发展基础之上的。恩格斯的这一论断为后来的苏维埃国社会主义理论与实践建制提供了指导。列宁正是通过精准把握世界革命发展的新形式，紧密结合俄国发展的特点，深刻剖析落后的东方国家特有国情，创造性地发展了马克思主义，从而得出东方国家的社会主义革命能够直接从民主革命转变而来、东方国家能够在经济和文化发展落后的基础上逐步实现社会主义以及东方社会的特性有利于彻底地进行社会主义改造和建设等思想。

（二）对其他马克思主义者的重要思想的批判和吸纳

在列宁法律思想的形成过程中，列宁对其他马克思主义者的思想

---

① 《马克思恩格斯全集》第 22 卷，人民出版社 1965 年版，第 502 页。

② 同上。

进行了批判和吸纳，构成了列宁法律思想又一来源，如卢森堡、普列汉诺夫和考茨基等人的思想。作为第二国际左派的著名代表人物和国际共运史上有影响的马克思主义理论家——罗莎·卢森堡（Rosa Luxemburg, 1871—1919）对列宁的法律思想产生了重要的影响，特别是其对列宁的民主集中制组织原则提出的一些批评意见最为重要。卢森堡认为由于长期受专制主义影响，俄国缺乏民主自由等现代化基质，决定了俄国社会民主党在组织上更具复杂性而非列宁的简单化，尤其要警惕党内出现专制主义与独断主义，也即党的民主集中制不能建立在党的士兵对中央机关盲目听话和机械服从的基础上。尽管卢森堡能够结合俄国革命的实际情况，提出许多具有闪光点的观点和建议对列宁关于党内民主的思想有所增进，但由于卢森堡在责备列宁为激进派和布朗基主义的同时，忽视了马克思早期曾在雅各宾派和布朗基派那里借鉴的许多想法。同时，她也不能将布朗基主义和列宁主义的革命组织完全区分开来，使她不能正确地认识到布尔什维克领导的精英组织同那些俄国传统的独立的密谋集团的区别等，最终导致了她与列宁在无产阶级政党的组织原则上的重大分歧。普列汉诺夫是俄国第一个马克思主义者，对列宁的影响十分巨大。学界一般将普列汉诺夫看成马克思、恩格斯到列宁之间的中介或桥梁，尤其是他的哲学著作对列宁哲学思想的形成和发展产生过决定性的影响。在普列汉诺夫还是一个马克思主义者的时候提出最高的法律是革命者的利益的观点，列宁完全认同这一观点，并对这一观点进行了创新和发展。列宁正是在与马克思主义者进行思想交流和交锋过程中，走近马克思主义，并将马克思主义发展到列宁主义阶段，最终形成了自己的马克思主义法律观。

（三）对俄国民粹派的"村社社会主义"思潮及其他民主主义思想的批判

列宁法律思想既源于马克思主义理论，也受俄国革命民主主义思想传统的影响。俄国的民主主义经历了不同的历史时期。在 18 世纪，民主主义思想家、革命家亚历山大·尼古拉也维奇·拉吉舍夫认为沙皇统治是造成俄国人民苦难的主要原因，只有革命才能推翻封建专制制度，才能把人民从苦难中解救出来。由此推动俄国十二月党人开创了俄国解放运动的新时代。19世纪40—60年代，俄国资产阶级启蒙者将俄国社会进步的根本问题归结为与封建农奴制度及其残余做斗争，于是提出了反对农奴制度，主张建立新的社会经济制度和走西欧式的发展道路。其中，以民主主义者亚·伊·赫尔岑、尼·加·车尔尼雪夫斯基创立的村社社会主义理论最具代表性。

同当时俄国其他资产阶级知识分子一样，赫尔岑起初是把解决俄国社会问题的希望寄托于资本主义制度，接受了资产阶级"自由、正义、平等、博爱"等政治口号，以为只要资本主义发展起来，就可推翻沙皇的统治。后来的国外生活使他认识到资本主义制度种种不合理的现象，认识到资产阶级不可能自行解决这些社会问题，更不可能把广大的人民群众从一切压迫和剥削中解放出来。理想与现实的差距使他将目光从西欧转到俄国国内，从资产阶级和工人的身上转到了农民身上，发现俄国的村社就是产生社会主义制度的理想温床，得出了俄国可以自行地从村社发展到社会主义的结论。车尔尼雪夫斯基进一步发挥了赫尔岑的思想，认为不能把从原始社会到共产主义社会的历史看成一个永恒不变和一劳永逸的过程，这个过程不仅是变化的，而且在每一个国家各具特殊性。就俄国而言，具备了跨越资本主义这一历史阶段的条件，即具有跨越"卡夫丁峡谷"的可能性。

赫尔岑和车尔尼雪夫斯基在当时的俄国知识界处于精神领袖的地位，他们的"直接跃入社会主义，使俄国免除资本主义阶段的苦难"这一主张，对于为寻求俄国现代化的道路而苦斗的俄国进步知识分子来说，无疑具有极大的诱惑力。从19世纪60年代起，一批自称是"人民的精粹"的俄国小资产阶级知识分子，继承了赫尔岑和车尔尼雪夫斯基的思想，以拯救村社和农民为口号，发起了一场声势浩大的离开自由主义的"社会"到"民间去"的运动，形成了以拉甫罗夫、特卡乔夫、丹尼尔逊和早期的普列汉诺夫等人为代表的俄国民粹派的"村社社会主义"思潮。由于民粹派是与马克思主义相敌对的思想体系，不从思想上彻底粉碎它，马克思主义理论就在俄国发展不起来。为此，列宁和俄国其他马克思主义者开展了批判民粹派错误思想的理论活动。

首先，民粹派认为资本主义制度本身不具有历史发展的必然性，只是人类社会发展中一个暂时性社会制度，带给广大民众的只是灾难和困苦而非解放和幸福。列宁认为民粹派仅仅看到了资本主义罪恶的一面，忽视了其历史进步性。这是一种落后意识限制下做出的应急反应，源于民粹派的小资产阶级心态——害怕资本主义发展引起社会解体对自己不利。与民粹派不同，列宁认为资本主义具有历史进步性，其一，资本主义生产方式代替封建主义生产方式极大地促进了生产力的发展，表现在俄国就是各生产部门的生产技术的变革极大地推动社会"不合比例的""跳跃式"的发展；其二，资本主义商品经济发展促成统一市场的形成，彻底打破了原来封闭割据的状况，使生产更集中、更社会化，从而提高了社会生产效率；其三，资本主义社会不仅形成了统一的市场，而且造就了可以自由出卖劳动力的社会制度——雇佣劳动制度，从而打破了封建的人身依附关系，促进了人的自由与解放。其次，民粹派认为俄国目前处于前资本主义社会，经济条件落后，如果有资本主义，那仅仅是萌芽状态，是一种人为的结果。对此，列宁认为农奴制改革后的俄国，加工工业和采掘工业与农业的加快分离，农业已成为相对独立的生产部门，并随着工业的发展劳动人口趋于减少，逐渐成为雇佣工人，表明资本主义已经在俄国产生，民粹派之所以把这种发展过程说成是人为措施的结果，原因就在于他们只看到资本主义罪恶的方面，而看不到资本主义取代封建社会的历史进步性。最后，民粹派认为村社是俄国传统的遗产，在村社基础上搞社会主义公有制非常容易为俄国农民所接受，加之村社内部广泛的协作精神和集体主义原则，使俄国农民更具有社会主义的"本能"，通过村社这一途径过渡到社会主义较为顺利。因此，在俄国不是资本主义而是前资本主义农业社会才可能发展出社会主义，不是工人阶级而是知识分子领导的农民阶级才是革命中的先进力量。作为正统的马克思主义者，列宁不同意民粹派的观点，特别是其所谓的农民具有社会主义天性的看法。在《俄国社会民主党人的任务》中，列宁明确地指出资本主义生产方式内在不可调和的矛盾决定了资本主义的最终灭亡的命运。资本主义在创造了巨大生产力的同时，也为社会主义创造了丰富的物质前提和为自己的必然灭亡创造了掘墓人——无产阶级。因此，俄国革命的主要依靠力量就是无产阶级，社会民主党的主要任务就是领导无产阶级进行社会革命。

在当时的俄国，除了受民粹派的"村社社会主义"思潮的影响外，还有"合法的马克思主义"和经济派思想的影响。俄国"合法的马克思主义"者认为资本主义在俄国的产生具有历史必然性，但由于其没有分析这一社会现象产生的阶级根源，因而否认无产阶级革命的必要性。对此列宁进行深刻批判，认为这是一种将马克思主义降低为庸俗的改良主义表现，俄国社会主义历史决定了社会主义最迫切的任务就是反对专制政府，争取政治自由，而要完成这一任务就必须进行无产阶级革命，推翻专制统治。因此，对于俄国无产阶级政党和俄国社会民主主义者来说，随时准备领导无产阶级进行争取政治权利的斗争。同样，俄国的经济派也看不到工人阶级争取政治权利的重要性，认为经济斗争具有头等重要的意义，倡导工人阶级为提高自身的经济水平而斗争。列宁对此也进行了深刻地批判，指出这是由于当时俄国社会民主主义者中的一些人对马克思主义理论理解不够准确，对无产阶级的法权革命斗争的方式缺乏深入的思考，且受伯恩斯坦机会主义的影响而产生的一种思潮，真正的马克思主义者不仅重视无产阶级的经济斗争，更重视无产阶级的政治斗争，并将政治斗争视为无产阶级实现经济利益的根本保障。无产阶级政党应该认识到只从事经济斗争，势必使无产阶级失去自己的政治独立性，甚至成为其他党派的依附，从而"背叛'工人的解放应该是工人自己的事情'这一伟大遗训"[1]；应该认识到将经济斗争和政治斗争紧密地结合起来，形成

---

[1]《列宁全集》第4卷，人民出版社1984年版，第335页。

无产阶级统一的阶级斗争，是无产阶级政党的重要任务和使命。因此，"不仅要帮助工人进行经济斗争，而且要帮助工人进行政治斗争；不仅要针对当前的经济要求进行鼓动，而且要针对一切政治压迫进行鼓动；不仅要宣传科学社会主义思想，而且要宣传民主主义思想"。①

综上所述，无论是马克思、恩格斯关于法的一般论述，还是关于东方社会法律发展以及俄国跨越"卡夫丁峡谷"可能性的分析，抑或是俄国民粹派的"村社社会主义"思潮等俄国民主主义思想构成了列宁法律思想产生的理论环境。

三 列宁法律思想形成的主观条件

尽管"一切划时代的体系的真正的内容都是由于产生这些体系的那个时期的需要而形成起来的。所有这些体系都是以本国过去的整个发展为基础的，是以阶级关系的历史形式及其政治的、道德的、哲学的以及其他的后果为基础的"。② 但列宁法律思想的形成与列宁本人的社会实践、主观努力是分不开的。19 世纪末 20 世纪初，国内外对马克思主义进行歪曲、修正甚至污蔑的各种言论泛滥成灾，引发列宁对马克思主义和自己的马克思主义观进行了深刻反思，反思的结果使列宁更深入地理解了马克思主义本质，更加坚定了马克思主义立场，进而创立了列宁主义。

（一）早期的家庭环境对列宁的影响

列宁原名为弗拉基米尔·伊里奇·乌里扬诺夫，1870 年 4 月 22 日（俄历 4 月 10 日）诞生于俄罗斯辛比尔斯克城的一个民主主义知识分子家庭。父亲伊里奇·尼古拉也维奇·乌里扬诺夫从职于教育行业并成为一位具有民主主义思想的活动家。在父亲的教育和引导下，

---

① 《列宁全集》第 4 卷，人民出版社 1984 年版，第 155 页。
② 马克思、恩格斯：《德意志意识形态》，人民出版社 1961 年版，第 534 页。

列宁兄弟姐妹六人都成了反对沙皇专制的热血青年和革命先锋。中学时代的列宁就以《人民生活美好的原因》为题，描写了俄国君主专制制度压迫劳苦大众的情形，并对这种不合理的制度进行了激烈的抨击。1887 年的春天，列宁的姐姐安娜和哥哥亚历山大因同谋杀沙皇案有牵连而被捕入狱。哥哥的死和姐姐的流放大大地触动了列宁，立志投身于反沙皇的革命运动。同年秋，列宁进入喀山大学法律系学习，12 月因为参加反抗沙皇政府迫害的学潮而被开除，并被捕入狱，最后流放到了喀山省莱舍夫县科库什基诺。经过学潮的洗礼，不仅使列宁认识到只有加倍学习，用理论武装自己，才能有效地改造俄国政府现有的社会制度，而且通过理论学习和实践奋斗，逐步实现自己世界观和政治立场的转变。

（二）青年时期的马克思主义理论修养

1887 年 12 月，17 岁的列宁被学校开除后，在流放期间，不仅自修了法律系一、二年级的全部课程外，还系统地阅读了大量的俄国革命民主主义者的书籍。如亚·谢·普希金、尼·瓦·果戈理、伊·谢·屠格涅夫、列·尼·托尔斯泰、维·格·别林斯基、亚·伊·赫尔岑、尼·亚·杜勃罗留波夫、尼·加·车尔尼雪夫斯基等人的著作。其中，车尔尼雪夫斯基对列宁的影响最大。列宁的著作《怎么办?》的名字就是借用车尔尼雪夫斯基的小说《怎么办?》的。列宁认为车尔尼雪夫斯基是沿着赫尔岑开辟的道路继续前行者，"他的著作散发着阶级斗争的气息。他毅然决然地实行了揭露自由派叛变行为的路线，这条路线至今仍为立宪民主党人和取消派所痛恨"。① 因而比赫尔岑更进步、更具战斗性。"但是车尔尼雪夫斯基没有上升到，更确切些说，由于俄国生活的落后，不可能上升到马克思和恩格斯的辩证唯物主义"。② 列宁以辩证的态度对待车尔尼雪夫斯基和赫尔岑

---

① 《列宁全集》第 25 卷，人民出版社 1988 年版，第 99 页。
② 《列宁全集》第 18 卷，人民出版社 1988 年版，第 378—379 页。

等人的思想。列宁正是从传统的革命民主主义思想中汲取了最革命的营养，为接受马克思主义做好了思想上的准备。

1888 年冬天，列宁开始研究马克思、恩格斯的著作，如《资本论》《哲学的贫困》《反杜林论》《德意志意识形态》《英国工人阶级状况》等。同时，还吸收了同时代许多马克思主义者的先进思想，如普列汉诺夫的思想。可以说，列宁通过普列汉诺夫走近马克思主义，又超越普列汉诺夫而成为彻底的马克思主义者。1891 年，列宁获准以校外生资格参加彼得堡大学法律系的课程考试，并以各科成绩均为优秀获得甲等毕业证书。大学毕业后移居萨马拉从事律师业务。1892年列宁组织了萨马拉第一个马克思主义小组，积极宣传马克思主义，首次将革命思想与革命实践有机统一起来。1893 年 9 月列宁一家来到彼得堡，开始了真正的职业革命家的生涯。10 月列宁加入彼得堡工艺学院学生马克思主义小组，当月底在小组的会议上批评了格·波·克拉辛所做的《市场问题》专题报告，后又将这次发言和思想加以总结，写成了《论所谓市场问题》一文，这是列宁把马克思主义理论与俄国具体实际相结合的第一篇文章。1894 年春夏为了反击民粹主义者的错误思想，列宁发表了《什么是"人民之友"以及他们如何攻击社会民主党人》一书，明确地指出该书的写作"是为了：第一，向尽可能多的读者解释清楚，什么是马克思主义；第二，揭露民粹主义的资产阶级性质，指出这是小市民思想，是为小生产辩护的。"[1]《什么是"人民之友"以及他们如何攻击社会民主党人》一书是列宁对自己马克思主义观的第一次系统总结，标志着列宁马克思主义世界观的初步确立。

（三）特殊的革命经历促成列宁主义的诞生

彼得堡是俄国革命的最前沿，身处彼得堡的列宁不仅经历了其他

---

① 上海外国语学院列宁著作翻译研究室编：《回忆列宁》第 2 卷，人民出版社 1982 年版，第 53 页。

俄国社会民主党领袖所要经历的革命运动，而且也经历了以律师身份作掩护从事的特殊的革命活动。在此期间，他广泛接触一些马克思主义小组，并加入彼得堡工艺学院的一个以青年知识分子为主体的马克思主义小组。由于列宁学识渊博、工作热情，不久就成为小组的核心。同时，还作为莫斯科第一个马克思主义小组成员，与民粹派分子展开激烈的思想斗争，发表了关于"人民之友"问题的三篇长文，在俄国青年马克思主义者中产生了巨大影响。当时的俄国，工人运动不断高涨，农民运动风起云涌，学生运动也开展起来了，甚至自由资产阶级也要求进行社会改革。在革命来临之际，俄国迫切需要一个革命的工人政党来领导革命斗争。对列宁和其他社会民主主义者来说，当务之急就是建立这样一个政党。为此，列宁写了《告托伦顿工厂男女工人》《对工厂工人罚款法的解释》《我们的大臣们在想些什么》《告沙皇政府》《新工厂法》等文章，用通俗易懂的语言向工人群众讲述革命的道理，揭露沙皇法律压迫人民的实质，阐述革命民主主义的法律思想，并向俄国无产阶级及广大人民指明解放道路。1895 年12 月，列宁被捕入狱，在狱中起草了《党纲草案》，并写了《社会民主党纲领草案及其说明》一文分析当前俄国的政治经济形势和俄国社会民主主义者的任务，宣传革命思想、策略以及政治法律诉求等。14 个月后列宁被判处流放东西伯利亚三年。在东西伯利亚艰苦的生存条件之下，列宁依然坚持理论学习，认真思考并研究俄国的现实问题和马克思主义问题，最终形成了《俄国资本主义的发展》这一巨著。正如列宁所说："'思想和理智的时代'在人类历史上的来临，有时就像一位政治活动家被投入监狱能促进他的科学研究工作一样。"①1905 年俄国革命失败后，列宁离开了俄国进行长达 10 年之久的国外流亡生活。在这期间，俄国革命一直处于低潮，在许多人放弃了马克思主义信仰的情况下，列宁始终坚持学习马克思主义、信仰马克思主义、运用马克思主义，领导俄国人民进行革命斗争。

---

① 《列宁全集》第 12 卷，人民出版社 1987 年版，第 299 页。

　　总之，特殊的革命经历造就了列宁特殊的理论品质，而这种理论品质又造就了列宁主义。一是能够冷静地对待一切，不为那些虚幻缥缈的现象所迷惑，直指问题的本质；二是能够全面地看待问题，发掘别人所忽视的因素，形成比别人更加宽阔的理论视野；三是具备特殊的逆向思维能力，提出与众不同但被实践证明是正确的观点。正因为如此，使列宁成为俄国真正马克思主义的传承者；也正因为如此，在恩格斯逝世后，列宁毅然迎接第二国际中机会主义、修正主义的挑战，从而成为继普列汉诺夫之后国际范围内捍卫马克思主义的先锋战士；也是因为如此，列宁还善于运用马克思主义的世界观和方法论，科学地分析俄国社会所处的时代特征、社会性质、阶级结构以及无产阶级所面临的历史使命和艰巨任务，创造性地解决了新的历史条件下所提出的一系列新课题，从而在俄国这块土地上，把马克思主义推进到一个崭新的发展阶级——列宁主义。

四　列宁法律思想的历史演进

　　关于列宁法律思想的分期，学者的观点不一致，有的按照时间的推移将列宁的法律思想分为三个阶段，如，吕世伦主编的《列宁法律思想史》（2000），将列宁的法律思想分为形成时期（1893—1904）、新的发展时期（1905.01—1917.10）和对马克思主义无产阶级专政和法律思想的贡献时期（1917.10—1924.01）；也有人以思想的内在逻辑将列宁的法律思想划分为前后两个阶段，如，付子堂的《马克思主义法律思想研究》（2005），将列宁的法律分为1895—1917年对法律问题的理解阶段和20世纪初俄国社会转型时期列宁法律思想的演进阶段。本书以第一次世界大战为界，将列宁的法律思想分为前后两个时期四个小阶段，即奠基阶段、形成阶段、成熟阶段和最后一年。

（一）列宁法律思想奠基阶段（1893—1914年）

　　1893—1914年第一次世界大战爆发之前，列宁在反对第二国际修正主义和机会主义，俄国自由主义民粹派、"合法的马克思主义"和经济派的过程中，坚持、捍卫和发展了马克思主义法律思想。

1. 批判俄国民粹派的思想

如前所述，形成于 19 世纪下半叶的俄国自由主义民粹派，起先认为俄国的现实不可能产生资本主义，俄国的无产阶级发展不成熟，因而知识分子领导的农民阶级才是俄国社会变革的主要力量，进而得出精英分子是人类历史的创造者结论。到了 19 世纪 80 年代，民粹派逐渐背叛了自己的初衷，不仅肯定了资本主义在俄国存在的事实，而且认为这一事实是人为的结果而非历史的必然，反对用马克思主义理论改造俄国的现实，即通过社会革命实现从资本主义向社会主义过渡，继而追随伯恩施坦的机会主义理论，歪曲、反对，甚至阻止马克思主义在俄国的传播。列宁从 1894 年开始就与俄国的民粹主义展开激烈的理论斗争。

首先，列宁认为俄国的民粹派与伯恩施坦及其支持者一样，试图通过对马克思主义世界观和方法论的否定，达到对科学社会主义的否定。如米海洛夫斯基所说，在马克思的著作里看不到唯物主义的运用，因而不能作为历史的一般理论；马克思的辩证法如同黑格尔式的三段论，也无法说明人类历史的进步性。对此列宁进行了反驳，指出米海洛夫斯基的做法就是"把一个不可思议的胡说偷偷加在马克思的头上，似乎马克思在用三段式证明资本主义灭亡的必然性，然后批评家就得意扬扬地来攻击这个胡说"。[①] 这是一种颠倒黑白的把戏。事实上，马克思主义对人类社会发展规律的历史性分析是建立在科学的世界观和方法论基础之上的——社会基本矛盾决定着人类社会从肯定到否定，再由否定走向肯定的过程，从而实现了人类社会的进步与发展。无论是机会主义还是民粹派，歪曲了马克思主义这一思想，并将其说成是对人类社会的主观判定，进而否认人类社会发展的规律性以及这种规律为人所掌握的可能性。这显然是错误的，应当摒弃和批

---

① 《列宁全集》第 1 卷，人民出版社 1984 年版，第 153 页。

判的。

其次，列宁认为俄国的民粹派与伯恩施坦及其支持者一样，都否认通过阶级斗争夺取资产阶级国家政权的法权革命路径，宣传和倡导非暴力的革命方式。这种思潮无视俄国的现实，是对马克思主义的歪曲，从根本上说来是马克思主义理论，在俄国知识分子中产生了极坏影响，应进行彻底的批判。他认为"社会主义的知识分子只有抛弃幻想，在俄国现实的而不是合乎心愿的发展中，在现实的而不是臆想的社会经济关系中去寻找立脚点，才能指望工作获得成就"。① 由于俄国从农奴制向资本主义的过渡具有独特性——通过无产阶级革命实现农民的解放，进而通向社会主义，需要理论工作者以俄国的社会现实作为研究对象，解答无产阶级革命急需解答的问题，即使"当工人阶级的先进代表领会了科学社会主义思想，领会了关于俄国工人的历史使命的思想时，当这些思想得到广泛的传播并在工人中间成立坚固的组织，把他们现时分散的经济战变成自觉的阶级斗争时，俄国工人就会起来率领一切民主分子去推翻专制制度，并引导俄国无产阶级（和全世界无产阶级并肩地）循着公开政治斗争的大道走向胜利的共产主义革命"。②

2. 批判俄国"合法的马克思主义"和经济派的思想

列宁对俄国"合法的马克思主义"的批判始于普列汉诺夫对司徒威的批判。在当时，"合法的马克思主义"虽然认识到资本主义在俄国发生的必然性，但没有认识到引起这一切变化背后的经济根源，因而不能真正理解马克思主义，不能真正认识到无产阶级革命斗争的重要性和必要性，故而主张通过和平的道路实现社会主义。对此列宁进行了反驳，指出"推翻专制制度，争取政治自由"不仅是马克思主义在俄国的运用，也是俄国多年来无产阶级革命实践所证明了的正确道路。马克思主义的无产阶级法权革命理论的真谛在于反对纯粹的暴

---

① 《列宁全集》第 1 卷，人民出版社 1984 年版，第 260 页。
② 同上书，第 264 页。

力革命，要求根据本国的实际情况决定采用什么样的革命手段。"合法的马克思主义"及其支持者极力否定法律政治的阶级性、无产阶级革命的阶级性，鼓吹改良主义思想是对马克思主义的背离，是伯恩施坦机会主义在俄国的继续，对俄国知识分子和工人政党造成了极坏性的影响，应坚决予以反对。

和俄国"合法的马克思主义"一样，俄国的经济派也看不到工人阶级政治权利的重要性，仅仅倡导为工人阶级的经济水平而斗争，对此列宁也展开了批判，认为经济派之所以把经济斗争放在头等重要的地位上，极力反对和抑制实现工人的政治斗争，主要因为当时的俄国社会民主主义者中有一些人对马克思的理论把握和理解不准确，对无产阶级法权革命的斗争方式还缺乏深入的思考，以及伯恩施坦及其支持者们的思想影响。列宁认为，无视经济斗争和政治斗争的辩证关系，或者像机会主义者那样曲解两者之间的关系都是错误的，是对马克思理论的误解，会给无产阶级革命运动带来负面影响。因此，俄国的无产阶级政党和社会民主党不仅要宣传科学社会主义，而且也要宣传民主主义思潮，鼓动一切受压迫者通过政治斗争实现经济权益。

列宁在与俄国"合法的马克思主义"和经济派思想的批判中，对马克思主义基本原理的普遍性及其与俄国无产阶级法权革命的独特性之间的关系进行了充分的解析，涉及法律与经济、法律与政治、法律与阶级的关系，以及国家观和国家法等思想，构成列宁早期的法哲学重要内容。

3. 批判沙皇专制制度及其法律制度

列宁根据马克思、恩格斯法律思想，具体分析了沙皇俄国法律和政府（国家）的阶级本质，指出法律就是取得胜利并掌握国家政权的阶级意志的表现，沙皇俄国的法律就是地主、资本家意志的体现。列宁列举了大量的事实证明在沙皇专制制度下，政府是剥削者最忠实的朋友和同盟者，其法律是维护剥削阶级的利益和统治的重要工具。列宁指出，1861 年俄国的农奴制改革，政府颁布了一系列旨在解放农奴的法律文件，解放了近 2250 万农奴，但地主土地私有制被保留下来，甚至在改革中农民原有的土地也被宣布为地主的财产，造成了农民经济的彻底破产和在经济上、政治上受压迫的命运。说明沙皇政府的法令、法律完全是为富人的利益服务的，是欺骗人民的法律。列宁还在1899年底的《论工业法庭》、1901年1月的《打吧，但不要打死》、1901年6月的《新的激战》、1902年9月的《新罢工法草案》、1903年9月的《一项给遭受不幸事故的工人发放抚恤金的法令》等文章中，揭露沙俄法律的反动本质，指出俄国所有关于工人阶级的法令大致可以分为两类："一类是这样的一些法令，只要这些法令哪怕在某一方面，哪怕有一丁点儿扩大工人的独立性、主动性和权利，就要给它们加上无数的例外、附带条件、通令解释和限制，这些都会导致——用我们的纲领草案的话来说——'警察—官吏对劳动阶级的监护扩大或巩固'。……另一类法令则表现出一种同公民的独立性和主动性毫无共同之处的让步——于是专制政府便显得无比地慷慨大方。"① 政府"法令所宣布的工人代表权，实际上执行起来就像特里什卡的外套一样，只剩下了一条领子。而这条领子是很必要的，为的是好抓住'领子'把倒霉的'工长'揪到警察局去"。② 因此，从本质上讲，沙皇政府只是资本家的忠实奴仆，沙皇政府的法律只是为富人的利益而服务。

　　列宁在揭露沙皇政府及其法律的反动本质的同时，始终没有忘记无产阶级使命和奋斗目标，没有忘记用马克思主义理论教育和武装工人阶级和其他劳动人民，组织他们为寻求推翻沙皇专制制度而斗争，直至最终取得胜利。列宁指出，从改革后的农民近40年的分化过程看，"我国农民不仅受资本的压迫，而且还受地主和农奴制残余的压迫，受后一种压迫甚至更深。这些桎梏使农民的生活状况极端恶化，束缚着农民的手脚，同这些桎梏作无情的斗争，不仅是可能的，而且为了我国整个社会发展的利益也是必要的"。③ 1898年3月，成立的

---

① 《列宁全集》第7卷，人民出版社1986年版，第308页。
② 同上书，第309页。
③ 《列宁全集》第4卷，人民出版社1984年版，第381页。

俄国社会民主工党没有及时制定党纲和党章，因而在思想上和组织上缺乏战斗力，使列宁看到了正确的指导思想对于一个无产阶级政党的重要性。1899年底，列宁在《我们党的纲领草案》中指出："目前我们运动中的迫切问题，已经不是开展过去那种分散的'手工业方式的'工作，而是进行联合，进行组织。为此就需要纲领。"① 关于无产阶级政党的纲领原则，列宁也进行了分析，认为必须写清基本的要求和基本的原理，至于革命手段问题、策略问题无须明确规定，应随实践的发展做出相应的调整；关于无产阶级政党纲领的实践部分，列宁认为应由一般的民主改革、采取保护工人的办法、采取有利于农民的措施三个部分组成，而且对各部分应做详尽说明，以体现无产阶级法律与资产阶级法律的本质区别。

1901年底到1902年上半年，根据列宁的倡导，《火星报》编辑部制定了俄国社会民主工党纲领草案，但由于这个草案是由普列汉诺夫执笔的，在列宁和编辑部其他成员的批评下并未采用，最终由列宁亲自另起了一份草案。列宁在《关于俄国社会民主工党纲领的文献》的草案里，科学地分析了当前俄国人民民主革命所处的社会条件，指出"农奴制的社会制度的许多残余极严重地阻碍着生产力的发展，使无产阶级的阶级斗争不能充分地和全面地发展，使劳动居民的生活水平降低，使千百万农民处于亚洲式的野蛮的垂死境地，使全体人民处于愚昧无知、毫无权利和受压迫的境地"。② 因此，俄国社会民主工党的最近的政治任务就是推翻沙皇专制制度，建立民主共和国。1905年1月9日，彼得堡14万工人举行和平示威游行，揭开了俄国资产阶级民主革命的序幕。1905年9月19日，从莫斯科开始的政治罢工，到10月扩展到200万工人参加的全国性的政治罢工，并成立了工人苏维埃。列宁意识到工人苏维埃将是民主革命胜利后新的革命政权的雏形，于是在1905年11月回国途中，撰写了《我们的任务和工人代表苏维埃》一文，提出苏

---

① 《列宁全集》第4卷，人民出版社1984年版，第186—187页。
② 《列宁全集》第6卷，人民出版社1986年版，第194页。

维埃是革命人民进行起义的机关，也是胜利后临时政府的机关，主张工人苏维埃吸收所有的工人、职员、雇农等革命阶层的代表参加，代表所有愿意并且能够为改善劳动人民生活而斗争的人。苏维埃实行的是革命的人民专政，不承认任何其他政权，也不受其他政权的法律限制。人民亲自登上历史舞台，亲自执行审判和惩处的权力，同时也创制新的革命法律。① 列宁的这些主张隐含着对无产阶级革命胜利后所要建设的国家形式、政权组织形式、法律制度及其运行模式的构想和期盼。在以后领导俄国革命的历程中，列宁始终将彻底废除旧专制，实现无产阶级法权要求作为奋斗目标而孜孜以求。

从 1908—1912 年，俄国进入斯托雷平反动年代和布尔什维克形成独立政党时期，俄国革命处于低潮，沙皇政府日益反动，变本加厉地采用军队和司法审判疯狂镇压工农革命运动，在政治、思想、文化等领域向无产阶级及其政党发动全面进攻。② 列宁在描述当时俄国社会政治形势时说：“近几十年来，资本主义的长足进步和一切文明国家的工人运动的迅速发展，使资产阶级对无产阶级过去的那种态度有了很大的变化。”③ 从社会主义运动在全世界的发展来看，这些变化体现了一种进步，即从最初的“为生存而斗争”发展到现在的“为争取政权而斗争”。“工人运动内部的改良主义同革命社会民主主义的斗争的尖锐化，是世界各文明国家的整个经济政治环境中发生的上述变化的完全必然的结果”。④ 因此，这一时期列宁也是围绕合法斗争与非法斗争相结合来阐述自己的革命观点和法律思想。

（二）列宁法律思想的形成阶段（1914—1917 年）

从 1914 年第一次世界大战爆发至 1917 年十月革命爆发，是列宁法律思想的形成时期。这一时期，列宁主要围绕着垄断资本主义阶段

---

① 参见吕世伦主编《列宁法律思想史》，法律出版社 2000 年版，第 304 页。
② 同上书，第 327 页。
③ 《列宁全集》第 20 卷，人民出版社 1989 年版，第 307 页。
④ 同上书，第 308 页。

国家和法律的新特征，阐述了社会主义国家和法律形成的规律、无产阶级国际法原则以及在帝国主义时代的民族问题等。列宁认为国家与垄断金融资本的融合，形成了资本的国家垄断，甚至国际垄断，操纵着社会的经济生活和政治生活，意味着垄断资本主义国家和法律的控制作用不断加强，并成为镇压人民和进行殖民统治的工具。同时，由于帝国主义发展的不平衡性规律，决定了社会主义革命不可能在大多数资本主义国家同时取得胜利，而只能在作为帝国主义统治最薄弱环节的国家先取得胜利，无产阶级应利用这一机遇促成社会革命，建立无产阶级专政。但由于帝国主义为了争夺世界霸权，存在非正义战争的可能性。因此，无产阶级应反对帝国主义的殖民战争，坚持被压迫人民的自决权；反对帝国主义瓜分世界的协定，实现人民的自由联合；反对国家兼并，在国家主权平等的基础上构建真正的和平。当然，无产阶级革命应与殖民国家的民族斗争结合起来，通过实现民族自决权来解决民族问题，通过社会主义革命实现民族和平。

1917 年 2 月 27 日，二月革命推翻了沙皇制度，俄国资产阶级民主革命的任务已经完成，但革命的结果形成了两个并存的政权，即资产阶级临时政府和工兵代表苏维埃。资产阶级临时政府要求按照西方三权分立的政治体制管理国家，而工兵代表苏维埃政权则要根据法国巴黎公社的革命实践模式以及马克思、恩格斯对巴黎公社政权体制的理论总结设计建设俄国的国家制度。由于两种政权的国家建设模式和代表的阶级利益完全不同。列宁认为"一国之内决不能有两个政权。其中必有一个要化为乌有"。苏维埃才是俄国无产阶级专政最适宜的形式。"现在，俄国的整个资产阶级已经在各处拼命用各种办法排除、削弱和消灭兵工代表苏维埃，以求建立资产阶级的单一政权"。① 因此，"无产阶级政党不能局限于资产阶级议会制民主共和国，"而"要争取建立一个更民主的无产阶级—农民共和国，在这个共和国里，完全废除警察和常备军，而代之以普遍的人民武装，全民的民兵；一

① 《列宁全集》第 29 卷，人民出版社 1985 年版，第 154 页。

切公职人员不仅由选举产生，而且可以按照大多数选民的要求随时撤换；一切公职人员的工资不得超过熟练工人的平均工资；人民代表苏维埃（由各阶级、各行业或各地的代表组成）逐步代替议会制代表机构，它既是立法权机关，又是执法机关"。① 为此，列宁在《党纲问题》《关于目前政治形势的决议草案》《革命的任务》等文章中，对未来俄罗斯共和国的政体、国体和司法体制进行设计和构想，并将这些构想体现在俄罗斯共和国宪法纲领文件中，提出建立人民专制，实行年满 20 岁的男女公民的普选制，实行广泛的地方自治，人身和住宅不受侵犯，信仰、言论、出版、集会、罢工和结社的自由不受限制，有迁徙和从业的自由，废除等级制，居民有权受到用本民族语言进行的教育，各族人民一律平等，② 等等。列宁所拟订的宪法纲领，反映出列宁依照巴黎公社的模式对未来社会主义的宏伟蓝图的构想，以及未来国家的法律制度及其基本原则和模式的型构，这是人类宪法发展史上一个伟大的里程碑。③ 当然，列宁关于社会主义法律制度的理想蓝图是随着列宁领导俄国人民取得十月革命的胜利而变为现实，并且以更为精细和丰富的内容呈现在人类法律发展的历史长河之中，为社会主义国家的法治建设提供理论指导。

（三）列宁法律思想的成熟阶段（1917 年 11 月—1922 年 3 月）

1917 年 11 月—1922 年 3 月，苏维埃俄国经历了十月革命、政权巩固、国内革命战争等重大历史事件。在这一时期，列宁通过俄国社会主义革命与建设的实践，把列宁法律思想推向一个新高度。

首先，进行了建立无产阶级专政国家及政权组织的实践。十月革命胜利后，列宁领导的苏维埃建立了无产阶级专政国家，成立了国家最高的权力机关（苏维埃人民代表大会），立法、执法和监督机关（全俄中央执行委员会），最高国家管理机关（全俄中央执行委员会

---

① 《列宁全集》第 29 卷，人民出版社 1985 年版，第 476 页。
② 《列宁全集》第 32 卷，人民出版社 1985 年版，第 137—164 页。
③ 龚廷泰：《列宁法律思想研究》，南京师范大学出版社 2000 年版，第 102 页。

组织的人民委员会）及相关国家机构。苏维埃人民代表大会是劳动人民第一次当家做主行使国家权力的机关，其核心内容和根本准则就是一切权力属于人民，而人民行使权力的机关是由人民代表组成的人民会议或议院，拥有制定、解释、修改、废止和补充宪法和普遍法律以及监督宪法实施的权力，拥有组织中央其他最高机关的权力，包括选举、决定、任命国家首脑、政府组成人员、最高人民法院和最高人民检察院的组成人员，拥有审查和批准国民经济计划的权力，拥有听取、审议、质询和监督最高行政机关、最高审判机关和最高检察机关的工作报告的权力。苏维埃俄国的政权组织形式是根据马克思主义的分工原则建立的，国家机关的各组成部分虽职责不尽相同，但最终目的完全一致——实现人民当家做主。实践证明，苏维埃民主制确实显示了这种人民直接管理制的首创精神。然而随着急风暴雨式的阶级斗争结束，当问题转入管理国家，转入经济、政治、文化建设上来时，广大的劳动人民由于文化水平低下，制约了其民主管理能力的发挥。因此，列宁认为在新的历史条件下实行政党代表制十分必要。为了适应这一变化，需要进一步完善和规范无产阶级政党的组织建设、工作机构以及其职能。1918年苏维埃宪法明确地规定了中央和地方的一切权力归苏维埃，全俄苏维埃代表大会是国家最高权力机关，全俄中央执行委员会是其常设机关。

　　其次，完整而系统地阐述了列宁的法律思想。十月革命胜利后，列宁将其在革命过程中所形成的法律思想付诸实践并予以发展和完善。一是把摧毁资产阶级的法律制度和打碎资产阶级的法律机构，创建社会主义的法律制度和法律体制作为苏俄法治建设的主要任务。列宁认为，"无产阶级不能简单地夺取国家政权，也就是说，不能只是把旧的国家机构转到新的人手中，而应当打碎、摧毁这个机构，用新的机构来代替它"。① 二是运用法律手段实行国家管理和巩固苏维埃政权。为了确保社会主义建设的有秩性，十月革命胜利后，根据苏维

---

① 《列宁全集》第31卷，人民出版社1985年版，第109页。

埃人民委员会颁布的《关于法院的第一号法令》，列宁领导苏维埃共和国人民建立起维护人民利益的苏维埃法院、检察机关、工农革命法庭以及地方人民法院。通过法律的手段审判了危害苏维埃政权，危害社会主义事业的反革命案件和刑事犯罪案件，从而有效地巩固了苏维埃政权。司法审判与革命手段相结合构成了这一时期列宁法律思想的一个特点。三是认为法制得到最严格的遵守才是社会主义法治建设的关键。遵守法制就是实现人民的意志。苏维埃新的法律基本原则、基本体系确定后必须得到最严格的遵守。对无产阶级政党而言，大多数人的意志是必须执行的，而违背这种意志就是背叛革命。所以，在政权建立初期，由于人们的认识存在差异性，列宁认为有针对性地实行"强迫执行法令"是有必要的。"不仅同剥削者斗争要有强迫，同地方主义和小生产者习惯势力做斗争也要有强迫"。[1] 当然，对于广大人民群众而言，法律实施的关键在于他们的自觉而非暴力强迫。四是加强法制教育与思想文化教育工作。随着苏维埃工作重心向管理国家、经济政治文化建设转移，社会的全面进步提上了日程。为此，列宁认为仅有法律还不够，必须要进行大量的教育、组织和文化工作，以配合社会主义法治建设。只有这样，才能使广大劳动者参加进来。他认为"假如我们拒绝用法令指明道路，那我们就是社会主义的叛徒。但是，假如只有法律或者指望写上一百个法令就可以改变农村的全部生活，那就是十足的傻瓜。法律的作用在于使倾听苏维埃政权的千百万群众学会采取实际步骤"。[2] 五是颁布了第一部苏维埃宪法。1918 年 7 月，在列宁领导下苏维埃俄国颁布了第一部宪法，宣布国家政权是劳动者的政权，是剥夺剥夺者的权利。宪法用劳动者的自由代替剥削者的自由，用法律的形式确认了人民的民主权利，这使民主在世界历史上空前地扩大。宪法用社会主义真民主取代资本主义的假民主，就是用无产阶级国家代替资产阶级国家。

---

[1] 吕世伦主编：《列宁法律思想史》，法律出版社 2000 年版，第 25 页。
[2] 同上。

　　最后，实行战时共产主义政策。1918 年 3 月 3 日，苏维埃俄国同德国签订了布列斯特和约，摆脱帝国主义战争，全身心地投入国家建设。苏维埃俄国的这一做法引起帝国主义的不满和恐慌，国内外反革命势力纠集起来再一次把新生的苏维埃拉入了战争之中。为了应对战争，保卫革命的胜利果实，国家的核心任务均转到了为争取战争的胜利而奋斗上来。苏维埃俄国的制度设计实行战时共产主义政策，即把一切工矿企业收归国有；取消企业的经济核算，原料供应和产品销售由国家统一负责；取消商品交换，实行余粮征集制；"不劳动者不得食"，推行义务劳动等。1918 年 9 月，反革命恐怖分子活动十分猖狂，列宁等领导人的生命受到严重威胁，全俄中央执行委员会决定成立捷尔任斯基为首的全俄肃反委员会，实行对"白色恐怖"的"红色恐怖"。全俄肃反委员会拥有了超越宪法的相关权力，如逮捕、审讯，甚至枪决等权力。当然，这是战争时期迫不得已的选择。1920 年 11 月，外国武装干涉和国内战争以苏维埃俄国的胜利而告终，然而脱离实际的战时共产主义政策使列宁的事业遭受了重大的挫折，其中最具代表性的是 1921 年 3 月初发生的喀琅施塔得叛乱。社会革命党人、孟什维克、无政府主义者利用大部分出身于农民的水兵的不满情绪，乘机打出"没有布尔什维克参加的苏维埃""保卫农民"等旗号，妄图消灭苏维埃，以复辟资产阶级专政。这次叛乱及其引发的政治危机使列宁认识到"必须立刻采取迅速的、最坚决的、最紧急的办法来改善农民的生活状况和提高他们的生产力"。① 于是就有了新经济政策取代战时共产主义政策的社会实践，实行了政治、经济、法律制度的一系列改革和创新，提出了"经济—政治—文化"三位一体的社会总体发展新战略，以及与此相配套的社会主义民主法制建设的新观念、新理论、新措施。

（四）列宁政治活动的最后一年（1922 年 3 月—1923 年 3 月）

　　转入新经济政策时期以后，列宁有关社会主义法制建设的思想再

---

　　① 《列宁全集》第 41 卷，人民出版社 1986 年版，第 207 页。

次发生了重大的质的飞跃，充分展示了他对社会主义法治国家建设的伟大构想。在列宁政治活动的最后一年，他深入思考了有关反对官僚主义、防止政权改变颜色等有关问题，内容涉及政治、文化乃至哲学等诸多方面。在建立和巩固无产阶级专政的斗争中，在把俄国从一个经济、政治、文化落后的国家过渡到社会主义国家的实践过程中，在把马克思主义的法律学说全面推向实践和创新的过程中，列宁创造性地发展了马克思主义的法律学说。继第三个阶段之后，列宁把法律思想的理论建构和法律创制、法律实施、法律改革相结合。创制与改革是其这一时期法律思想的突出特点。[①]

　　在这一年中，召开了俄共（布）第十一次代表大会，列宁在大会上做了报告和发言，总结了实施新经济政策一年来的基本教训和经验，指出新经济政策的本质和决定意义就是与农民经济的结合，新经济政策实施以来，农民不仅战胜了饥饿，而且自愿交纳了大量的粮食税，农民暴动的现象现在基本上没有了，说明农民对目前的生活状况是满意的。虽然"我们的机关和我们国家的经济情况还很糟糕，还不能防止这些现象，但无论如何，全体农民对我们已经全没有什么严重不满的了。这是在一年中取得的成就。我认为这已经很不少了"。[②]当然，列宁对当时俄国的轻工业、商业和农业发展存在的一些不足进行了反思，指出根本原因在于不会经营。列宁认为"如果我们不能在最近一年内证明我们会经营，那苏维埃政权就无法生存下去。而最大的危险就在于，不是所有的人都认识到这一点。如果全体共产党员、负责工作人员都清楚地认识到，我们不会经营，让我们从头学起，那我们就会把事情办好——依我看，这就是主要的根本的结论"。[③]因而主张要利用新经济政策实施以来所开设的既有俄国和外国的私人资本家参与、也有共产党员参与的公司开展正常竞赛，提高无产阶级的社会经济管理水平，实现与农民经济的有效结合，满足农民生活需

---

① 参见龚廷泰《列宁法律思想研究》，南京师范大学出版社2000年版，第17—18页。
② 《列宁全集》第43卷，人民出版社1987年版，第281页。
③ 同上书，第79页。

要，以帮助农民改变目前落后愚昧的状况。关于对待国家资本主义的态度和方式存在问题，列宁认为在国家资本主义问题上，我们的报刊和党犯了一个共同的错误，就是染上了知识分子习气，坠入了自由主义、自作聪明地来理解资本主义，并且去翻看旧本本。因为那些书里写的只是资本主义制度下的国家资本主义，而非共产主义制度下的国家资本主义。对于共产主义制度下的国家资本主义，马克思没有想到也并未写下片言只语，没有留下任何明确的可供引用的文字和无可反驳的指示。因此，我们只有自己找出路、想办法。对于领导这个已经脱离资本主义轨道，但还没有走上新的轨道的国家的无产阶级来说，国家就是我们，就是无产阶级，就是工人阶级的先锋队。国家资本主义，就是我们能够加以限制、能够规定其范围的资本主义。国家资本主义是可以而且应当容许其存在的，我们可以而且应当将其纳入一定范围，尽管现在我们还没有这个本领。

1922 年 3 月 6 日，列宁清楚地看到新经济政策比预期（能够控制的范围）走得更远，于是在《论苏维埃共和国所处的国际和国内形势》的报告中明确地提出"停止退却"的要求，指出在饥饿严重、工业破坏的情况下，保持不住 1917—1918 年所获得的全部阵地，向资本家做出让步是必需的，但现在这种让步的意义已经没有了，到了该停止退却的时候，因而希望而且相信党代表大会也会以俄国领导党的名义正式宣告停止经济上的退却。列宁还指出当下最重要的目标就是重新部署力量，应对社会、经济、政治以及文化建设，并就法制建设做了相应的思考。首先，列宁认为现在需要的不是新的法令，而是考察人和检查实际情况。在《论苏维埃共和国所处的国际和国内形势》的报告中，列宁指出目前"我们的法令太多了，而且像马雅可夫斯基所描写的那样，都是匆匆忙忙赶出来的，但对于法令的实际执行情况却没有加以检查"。[①] 因而，对负责具体工作的人员是否执行了党的决定以及执行的水平加以考察。由于目前国内政策和形势的变

---

① 《列宁全集》第 43 卷，人民出版社 1987 年版，第 14 页。

化，党内部的一些党员，身居要职、受人尊敬，但没有学会同拖拉现象做斗争，也不善于同这种现象做斗争，反而为之掩护，甚至随波逐流，形成严重的官僚主义习气和作风，"我们必须清除这种敌人，我们要借助所有觉悟的工人农民收拾这种敌人。所有非党的工农群众都会跟着共产党的先进队伍去反对这种敌人，反对这种紊乱现象和奥勃洛摩夫习气。在这方面不能有任何动摇"。[1] 因此，现在"我们需要的不是新的法令、新的机构和新的斗争方式。我们需要的是考察用人是否得当，检查实际执行情况"。[2] 其次，列宁认为反对和消除官僚主义是国家机关建设的核心问题。列宁一直比较关注国家机关的建设，认为国家机关问题"是一个老问题，又永远是一个新问题"。[3]因为，机关臃肿，办事效率低，"本位主义"、教条主义，怠工偷懒的现象十分普遍，机关工作人员不仅不为我们办事，甚至反对我们，要使机关得到改善就必须花大力气进行清理整顿。"英勇肯干的人可能只有几十个，而待着怠工或半怠工，钻在公文堆里的人却有几百个，这种力量对比往往使我们生气勃勃的事业断送在文牍的汪洋大海里"。[4] 在这一年里，列宁向俄共党提出的《我们怎样改组工农检察院》建议和《宁可少些，但要好些》的文章，集中体现了列宁政治活动最后一年关于国家机关改革的思想。最后，列宁认为只有实行统一的法制才能消解地方对法制和文明建设的影响。由于检察机关没有行政权，对任何行政问题没有表决权，因而只能做一件事，而且一定要把这件事做好，那就是注意使整个共和国对法制的理解和试用都能形成统一共识，地方政权必须绝对遵守全联邦统一规定的法律，同时，在量刑时也应考虑地方的一切情况。列宁的这一思想在1922年5月20日给斯大林的题为《论"双重"领导和法制》的信中得到了集中体现。在信里，列宁指出关于检察机关的问题，在领导全俄中央执

---

① 《列宁全集》第43卷，人民出版社1987年版，第14页。
② 同上书，第15页。
③ 同上书，第247页。
④ 同上书，第248页。

行委员会常会工作的中央专门委员会中发生意见分歧的关键在于地方检察机关应该实行"单一"（中央机关）的领导还是"双重"（中央和地方机关）的领导。同时，全俄中央执行委员会专门委员会的多数委员还否定地方检察人员有从法制的观点对省执行委员会和所有地方政权机关的任何决定提出异议的机制。我找不出任何理由来证明全俄中央执行委员会专门委员会的多数委员的这一决定是正确的。因为，"法制不能有卡卢加省的法制，喀山省的法制，而应是全俄统一的法制，甚至是全苏维埃共和国联邦统一的法制"。① 否则，根本谈不上维护和创立什么文明了。基于国内外形势的需要，列宁把这一时期政府的工作重心放在了用法律的形式将新经济政策固定下来，并颁布了一系列法律。在列宁的领导下，1922 年 5 月 12—26 日，第九届全俄中央执行委员会第三次常会讨论通过了《俄罗斯联邦刑法典实施》，1922 年 10 月 23—31 日，第九届全俄中央执行委员会第四次常会审议并批准了《劳动法典》《土地法典》《俄罗斯联邦民法典》等法案。

---

① 《列宁全集》第 43 卷，人民出版社 1987 年版，第 195 页。

第七章

列宁法律思想的内容、特征及意义

列宁法律思想与列宁的国家理论、革命理论、制度建设等理论结合在一起，内容宏大、思想深刻，主要涉及三个层面的内容，即法理学理论，包括法的本体论、价值论，法律政策的调整与政权建设、经济建设、文化建设、民主与法制建设的关系，以及法的创制、实施与改革等；宪法学理论，包括宪法的实质与国家制度形态，成文宪法与现实宪法的关系，以及民族平等与民族自决权，法院与检察院的性质、任务、原则和国家司法权的性质与行使等；其他部门法学理论，包括民法、继承法、经济法、刑法和诉讼法等理论。本章主要从法理学、宪法学以及法律与国家政权组织形式的关系等方面阐释列宁法律思想的内容、特征和意义。

一 列宁法律思想的主要内容

（一）关于国家的起源、本质和特征的思想

19 世纪末 20 世纪初，随着国际形势的日趋复杂，正确解答无产阶级革命理论与实践问题是摆在马克思主义者面前的重大时代课题。然而，形形色色的机会主义、无政府主义，特别是第二国际内部伯恩施坦、考茨基等人，歪曲、阉割马克思主义及其国家学说，在共产国际运动中造成了恶劣的影响。为了捍卫马克思主义，从 1916 年秋天开始，列宁大量地阅读了马克思、恩格斯有关国家学说的著作，以及

伯恩施坦、考茨基等人的相关著述，并作了《马克思主义论国家》的笔记，后又在拉兹里夫湖畔撰写了《国家与革命》，系统地阐述了国家起源、本质和特征。

首先，列宁认为国家不是从来就有的，是人类社会发展到一定阶段的产物。针对民粹派理论家米海洛夫斯基对马克思主义的批评和歪曲，尤其是对恩格斯的《家庭、私有制和国家的起源》的攻击，列宁予以了回击，指出作为资产阶级革命实践的产物和总结，近代国家理论是民族国家建立的理论依据。马克思、恩格斯通过批判黑格尔唯心主义的国家观，建立了科学的国家理论，多次强调国家不是从来就有的，是人类社会发展到一定阶段的产物，我们应该坚持这一科学的观点。米海洛夫斯基等人不懂俄国的历史进程，幼稚地用氏族联系来解释民族，用资产阶级庸俗理论解释国家，"是因为他把历史上一个特定的社会形态（以交换为基础的社会形态）的范畴和上层建筑，当作同子女教育和'直接'两性关系一样普遍的和永恒的范畴"。[1] 显然是错误的。事实上，"国家完全不是建立在氏族的联合上，而是建立在地域的联合上。"[2] 因而是人类社会发展到一定阶段才出现的人类社会共同体。

其次，列宁认为国家不是超阶级的，是一个阶级统治另一个阶级的工具。正如恩格斯所讲："国家是从控制阶级对立的需要中产生的，由于它同时又是在这些阶级的冲突中产生，所以，它照例是最强大的、在经济上占统治地位的阶级的国家，这个阶级借助于国家而在政治上也成为占统治地位的阶级，因而获得了镇压和剥削被压迫阶级的新手段。"[3] 国家永远是统治阶级压迫和剥削被统治阶级的工具。因此"工人阶级不能简单地掌握现成的国家机器，并运用它来达到自己的目的，"[4] 而要通过暴力革命打碎资产阶级旧的国家机器，进而摧

---

[1] 《列宁全集》第 1 卷，人民出版社 2013 年增订版，第 124—125 页。
[2] 同上书，第 124 页。
[3] 《马克思恩格斯选集》第 4 卷，人民出版社 2012 年版，第 188 页。
[4] 《马克思恩格斯全集》第 17 卷，人民出版社 1963 年版，第 355 页。

毁旧的法制，建立新的法律体系，以维护自己的政权。列宁在《国家与革命》中对此评价道："马克思主义在这一段精彩的论述里，与《共产党宣言》相比，向前迈进了一大步。在那里，国家问题还提得非常抽象，只用了最一般的概念和说法。在这里，问题提得具体了，并且做出了非常确切、明确、实际而具体的结论：过去一切革命都使国家机器更加完备，而这个机器必须打碎，必须摧毁的。"① 在此基础上，列宁进一步总结了国家的概念，指出国家就是阶级矛盾不可调和的产物和表现。只有当阶级矛盾在客观上达到不能调和的地步、时代和条件才产生国家。反过来说，国家的存在恰好证明了阶级矛盾的不可调和性。作为国家机器的重要部分——军队、警察、监狱和法庭都是统治阶级实行阶级统治的工具，具有暴力性，因而资产阶级所谓的"阶级调和论"和"考茨基主义"的和平过渡论是虚伪的。

再次，列宁认为国家的本质就是与人民大众分离的公共权力。针对"合法的马克思主义者"司徒卢威在《俄国经济发展问题的述评》一书中对马克思主义的扭曲，认为"国家首先是秩序的组织；它在社会经济结构决定一些集团从属于另一些集团的社会中，则是个统治（阶级统治）的组织"这一错误观点进行了无情的批判，列宁认为如果按照司徒卢威的观点，"国家的特征就是强制权力"②，必然地推断出氏族社会应该有国家的，显然这与马克思、恩格斯在《家庭、私有制和国家的起源》中阐述的"国家的本质特征，是和人民大众分离的公共权力"③ 这一主张相背离。事实上，国家"对氏族制度起了双重的破坏作用：第一，它造成了一种已不再直接等同于武装起来的全体人民的公共权力。因此，国家的特征就是存在着把权力集中在自己手中的特殊阶级。而公社的，'秩序的组织'是由公社全体成员轮流管理的，显然谁也不会把公社称作国家"。④ 第二，"现代社会中把权

---

① 《列宁选集》第 3 卷，人民出版社 1995 年版，第 133—134 页。
② 《列宁全集》第 1 卷，人民出版社 2013 年增订版，第 380 页。
③ 同上。
④ 同上书，第 381 页。

力掌握在自己手里的那个特殊阶层是官僚。这个阶层和现代社会中的统治阶级即资产阶级有直接而又极密切的联系"。尽管官僚曾是资产阶级反对封建主、反对旧贵族制度代表人物的第一个政治工具。因而从本质上看，"任何官僚机构，无论按其历史的起源、现代来源或使命看，都是纯粹的、彻头彻尾的资产阶级机构，只有小资产阶级的思想家才能从生产者的利益出发向这种机构呼吁。"①

最后，列宁论述了国家消亡的思想。在国家消亡的理论问题上，第二国际的机会主义者对马克思主义学说进行了恶意歪曲，企图否定以暴力革命推翻资产阶级的理论。为了揭露机会主义者的这一恶劣行径，列宁在《国家与革命》中对国家和法的消亡问题进行了科学分析，指出"自行消亡只适用于无产阶级国家"，国家消亡的必经途径是"无产阶级专政"和社会主义社会的法权革命。因为，国家与法的消亡需要高度发达的社会政治、经济、文化等条件，而创造这一条件将是一个长期而又复杂的过程。在这一过程中，必须经过对人民实行民主和对资本家实行专政的过渡时期，使"所有的人"都能参与国家和社会经济的管理、监督与计算，使人们对一切公共生活的基本规则由必须遵守变成一种习惯。

（二）关于工人代表苏维埃性质、地位、历史使命的思想

1905 年 10 月，俄国城市无产阶级成立了工人代表苏维埃，引起了列宁的高度关注，列宁意识到工人代表苏维埃将是民主革命胜利后新的革命政权的萌芽，于是在《我们的任务和工人代表苏维埃》一文中，列宁提出苏维埃是革命人民进行起义的机关，也是胜利后临时政府的机关的观点，要求工人代表苏维埃吸纳包括所有愿意并且能够为改善劳动人民生活而斗争的人在内的工人、职员、雇农等革命阶层的代表参加。列宁还通过与军队、无产阶级政党和一切旧政权组织相比较，阐明了工人代表苏维埃性质、地位和历史使命。

---

① 《列宁全集》第 1 卷，人民出版社 2013 年增订版，第 381—382 页。

　　关于工人代表苏维埃与政党的关系，列宁是根据当时工人运动的形势加以分析的。1905 年 9 月 19 日，始于莫斯科的政治罢工最终扩展为 200 多万人的全国性政治罢工，并席卷了 1/3 的农村县以及部分军队，出现了工人代表苏维埃及相类似的机关，如农民委员会、铁路委员会、士兵代表苏维埃等。这些组织成为它们所代表的革命群众武装斗争的领导核心，具有极大的感召力，并在以后的斗争中继续发挥组织和领导作用。尤其是工人代表苏维埃在这次事变中起着举足轻重的作用。对此，列宁总结道：自 1905 年以来，俄国无产阶级进行了广泛而持久的游行示威运动，已经使政治危机尖锐化了。今天俄国的革命力量发展到与沙皇政府势均力敌的地步，和平示威游行已经不能成为运动的主要形式。因为，政治罢工成功的一个极为重要的条件就是它的突然性，即使统治阶级措手不及。然而，经过这次运动，反动政府已经学会了如何应对任何突发的政治罢工的各种办法和措施。所以，武装起义必将是无产阶级与沙皇政府斗争的最主要形式。工人代表苏维埃正是作为武装起义的组织和领导机关而出现的。因此，工人代表苏维埃从一开始就是武装起义的组织和领导机关。1906 年 3 月 20 日，列宁在《提交俄国社会民主工党统一代表大会的策略纲领》一文中明确指出，"工人代表苏维埃是在群众性的政治罢工的基础上自觉地产生的广大工人群众的非党组织；……就其成分来说，将有小资产阶级最革命的分子参加，就其活动内容来说，将由纯粹的罢工组织变成整个革命斗争的机关。"① 因而它将是革命政权的萌芽。由此可见，列宁的观点就是工人代表苏维埃领导武装起义（军队）。

　　关于工人代表苏维埃与政党的关系，列宁在回答拉金在《新生活报》第 5 号发表的"是要工人代表苏维埃，还是要党"的质问时进行分析的。列宁认为要把苏维埃完全归附某一个政党是不妥的，问题的关键在于如何将工人代表苏维埃的任务和俄国社会民主工党的任务有机地结合起来。因为，工人代表苏维埃是在全俄政治罢工中产生

————————
　　① 《列宁全集》第 12 卷，人民出版社 1987 年版，第 207 页。

的，其目的是多元的，既有经济的，也有政治的。经济目的关系到整个无产阶级、全体工人的利益，部分还关系到整个劳动者阶层；政治目的则是实现被统治阶级从沙皇专制统治的束缚中，从警察官僚的残暴统治中解放出来，因而关系到全俄国的各民族人民。从经济斗争看，无产阶级不仅要领导社会民主党人参加改善生活条件的斗争，而且要让所有的工人、职员、仆役、雇农等代表，要"把一切愿意而且能够为改善全体劳动人民的生活而共同奋斗的人的代表，把一切只要起码在政治上是正直的人的代表，把一切人（只要不是黑帮分子）的代表，都包括进来"。① 社会民主党要尽可能地使党的各种组织成员都参加到所有的工会中去，利用和各种无产阶级共同斗争的机会，始终不渝地宣传马克思主义。只有这样，社会民主党才能保持自己在组织上的独立性，坚持自己的原则，同时，也使无产阶级的每一个斗争步骤都与自己有计划的组织活动高度一致。从政治斗争看，俄国的革命力量与反革命力量趋于平衡，沙皇政府为了苟延残喘，还会做最后的垂死挣扎。单凭无产阶级的力量还不能彻底摧毁沙皇专制制度，还需要将所有的革命力量组织起来。但由于各种革命力量的党性差异比较大，即使在工人阶级内部，也存在较大的分歧。因此，"我认为在这个问题上要求工人代表苏维埃接受社会民主党的纲领并加入俄国社会民主工党，也是不妥当的。我觉得，在目前，为了领导政治斗争无疑既需要苏维埃（改变了方向的苏维埃，关于这个方向立刻就要谈到），又需要党。"② 由是，为了实现推翻沙皇政府这一共同目标，各种革命力量应在保持自身党性完全独立前提下一同战斗，"苏维埃应当尽快地宣布自己是全俄的临时革命政府，或者（完全是一码事，只不过是形式不同而已）必须建立一个临时革命政府。"③

关于工人代表苏维埃与一切旧政权的区别，列宁认为"现在所缺

---

① 《列宁全集》第 12 卷，人民出版社 1987 年版，第 56—57 页。
② 同上书，第 57 页。
③ 同上。

乏的正是一切真正革命的力量，一切已经进行革命活动的力量的联合"。① 而要实现这种联合必须有一个全俄的政治中心，即一个充满活力、扎根民众、取信人民的富有组织性，并与各种革命政党保持密切联系的政治中心。"这个政治中心只能由革命的无产阶级来建立。"② 工人代表苏维埃就是它的雏形。当然，工人代表苏维埃必须保证实现沙皇曾虚伪许诺过的政治自由，彻底废除一切限制言论、信仰、集会、结社、出版、罢工示威自由的法律和执行这些法律的警察官僚机构；保证实现普遍、平等、自由、无记名的投票制度，建立真正的人民立宪会议，并赋予它充分的权力；保证立刻给予受凶残的沙皇压迫的各民族以真正的自由；保证工人通过斗争取得的 8 小时工作制和其他约束资本家剥削的紧急措施；支持在全国各地自发组成的革命农民委员会为夺取全部土地而采取的一切革命措施；等等。由此可见，工人代表苏维埃与一切旧政权的区别就在于，旧政权只是少数人压迫工农群众的政权机关，依靠铁腕排斥和排挤人民参加政权管理。为了隐瞒自己的肮脏勾当，往往用欺骗的手段蒙蔽人民。而工人代表苏维埃是革命的人民压迫一小撮享有特权的贵族和官僚的政权机关，完全取得了人民的信任和支持，不加限制地吸引全体群众参加政权，对人民没有任何隐私，广泛地吸收工人、农民和士兵的代表参加，因而是真正代表了人民的利益和意志的机关，由从群众中产生的工人代表苏维埃代表人民实行专政，领导全体人民参加国家的管理和建设。

（三）关于苏维埃国家制度构建的思想

　　苏维埃国家制度的构想是列宁法制思想的重要组成部分。列宁对苏维埃制度的认识是随着俄国革命和社会主义建设实践的变化而变化的。从最初的理论设想，到后来的制度设计，再到实践探索，始终坚持走一条全然不同于西方资本主义政体的新型民主制度建设道路。

---

① 《列宁全集》第 12 卷，人民出版社 1987 年版，第 58 页。
② 同上。

1. 十月革命前的初步设想

1905 年苏维埃诞生后，俄国各派政治力量在如何建立国家制度的认识上有着很大分歧。沙皇政府对其持敌视态度，立宪民主党人则倾向于国家杜马和立宪会议；孟什维克仅仅将其看为工人罢工的自治机关；布尔什维克内部也有不少人对其持怀疑甚至否定的态度。对此，列宁认为苏维埃是唯一的可能的政府形式，是能够把议会制和直接民主制的优点结合起来的崭新的民主制度。因为苏维埃代表整个无产阶级利益，不从属于任何一个政党，是巴黎公社全部实质的体现，国家的最高权力属于人民，人民直接参与国家管理，由人民选举出来的代表并对选民直接负责；实行立法权与行政权的统一，人民代表既是立法者，又是法律的执行者和检查者。针对布尔什维克内部关于如何对党和苏维埃关系定位的问题，列宁明确指出：要苏维埃完全归附于一个政党是不妥当的。因为，工人代表苏维埃产生于总罢工，参与罢工的人员阶级身份比较复杂。当然"要求工人代表苏维埃接受社会民主党的纲领并加入俄国社会民主工党，也是不妥当的"。[1] "俄国社会民主工党应该参加非党的工人代表苏维埃，在每个苏维埃内部必须建立尽可能强有力的党组，使这些党组的活动与党的整个活动保持紧密的联系"。[2] 可以看出，此时的列宁将苏维埃看成代表整个无产阶级利益的广泛组织，包括一切革命政党和革命民主派在内的各党不存在隶属关系，苏维埃与各党的关系则是涵盖与被涵盖的关系。

2. 苏维埃政权初创时的理论架构

从 1917 年 11 月苏维埃政权的建立到 1918 年 5 月国内战争爆发，是苏维埃政权初创时期，其特色主要体现在以下四个方面：

主张全部政权属于苏维埃。俄国十月革命后出现了苏维埃和立宪会议两个并行的权力机关。加之，召开立宪会议一直是俄国各党派追求的共同目的。因此，"全部政权归苏维埃"还是"全部政权归立宪

---

① 《列宁全集》第 12 卷，人民出版社 1987 年版，第 57 页。
② 同上书，第 207 页。

会议"成为布尔什维克与其他党派之间斗争的焦点。经过综合考虑，列宁主张"全部政权归苏维埃"，提出"立宪会议不会按照克伦斯基的愿望召开"，也"不会成为资产阶级原先所设想的样子"。而是在"承认苏维埃政权和苏维埃政府"① 的前提下召开。于是，在立宪会议召开的前两天，全俄中央执行委员会通过了由列宁起草的《被剥削劳动人民权利宣言》（以下简称《宣言》），郑重宣告中央和地方全部政权应当完全地、绝对地属于劳动群众和他们的全权代表机关——工农兵代表苏维埃。立宪会议由于拒绝接受《宣言》而遭解散。至此苏维埃与立宪会议之间的冲突宣告结束，苏维埃制度在俄国确立。

主张苏维埃政权高于各政党。苏维埃制度在俄国确立后，苏维埃政权与各政党的关系问题提上日程。列宁认为"苏维埃政权既不是遵照谁的指令，也不是根据哪个政党的决议建立的，因为它高于各政党，它是根据革命的经验，根据千百万人的经验建立的"。② 整个苏维埃民主制度和民主程序都体现了人民自治的特点，反对党越过苏维埃直接对人民发号施令。同时，由于十月革命后的苏维埃包括若干个政党，除了占据优势的布尔什维克以外，还有孟什维克、左派社会革命党、右派社会革命党和无政府主义者。因此，"全部政权归苏维埃"就意味着新政权应是由代表机构中占据多数的政党组织政府，实行多数党领导的、其他政党参加的多党联合执政模式。在全俄苏维埃第二次代表大会上，布尔什维克党作为多数党被赋予了组织政府的权利和义务。于是，苏维埃政权与各政党的关系，进一步演化为布尔什维克党与其他党派的关系。对此，列宁表示："我们过去同意，并且现在仍旧同意同苏维埃中的少数派分掌政权"，但强调"这个少数派必须诚心诚意地服从多数，并执行全俄苏维埃第二次代表大会全体批准的，采取渐进的、然而是坚定不移的步骤走向社会主义的纲领"。③ 可见，在政权组织问题上，列宁认为权力应该掌握在苏维埃中的多数

---

① 《列宁全集》第 33 卷，人民出版社 1985 年版，第 133、122 页。
② 同上书，第 305 页。
③ 《列宁选集》第 3 卷，人民出版社 1995 年版，第 359 页。

党手里，但并不排斥由其他党派参与政府的多党联合执政体制。与列宁的政治主张相适应，1917年12月底至1918年3月，苏维埃政权实行布尔什维克党领导下的两党（布尔什维克与左派社会革命党）合作制度，并积累了一些成功的经验。

主张人民管理国家。苏维埃政权建立后，废除了一切旧的官僚机构，代之以各级苏维埃及人民委员会。在政权运作过程中，以普遍选举和监督制为核心实施人民自己管理国家。苏维埃政权规定一切苏维埃代表及各级领导机关都由人民群众选举产生。基层苏维埃代表实行直接选举，上一级苏维埃代表则由人民群众选举产生的代表代表人民进行选举。既确保苏维埃的阶级性，又加强选民与选民之间、选民与代表之间，以及上下级苏维埃之间的联系，从而确保"最民主的选举"。在选举的程序上，1917年11月，全俄苏维埃中央执行委员会通过了《罢免权法令草案》，人民群众除了拥有苏维埃代表的选举权以外，还拥有更重要的罢免权、改选权等权利。特别是"每个农民既能选派代表参加苏维埃，又可罢免他们"[1]，体现了苏维埃的真正人民性。

积极吸收劳动者参与国家管理。苏维埃政权建立后，列宁经常探讨吸收全体劳动者参加管理的问题，他认为"苏维埃政权是群众立即开始学习管理国家和组织全国范围的生产的机关"，尽管这种新型民主制还有很多混乱和不合理现象，但"其活的灵魂就是政权转归劳动者，消灭剥削和镇压机关"[2]；要求人们摆脱所谓普通的工人和农民不能管理国家的偏见，积极吸纳劳动者参与国家与社会的管理工作；努力提高劳动者的自治能力，使其在苏维埃的大企业、农村公社劳动组织中发挥积极的作用。苏维埃政权在实际运作中，许多政策措施体现了劳动者管理国家的原则，如从由人民选举产生的苏维埃代表担负管理国家的日常工作，逐步过渡到使全体居民都来参加苏维埃组织并

---

① 《列宁全集》第33卷，人民出版社1985年版，第107页。

② 《列宁选集》第3卷，人民出版社1995年版，第464页。

担负管理国家的职务，大量提拔普通工人和士兵参加相应机关的监督、检查和领导工作等。

主张立法权与行政权统一。十月革命后，列宁把立法权与行政权相统一的原则付诸实践中。在制度的设计中，全国苏维埃代表大会是国家的最高权力机关，既要负责制定法律，又要亲自执行自己通过的法律，亲自检查实际执行的结果，亲自对自己的选民直接负责；民选的可以随时撤换的苏维埃代表兼任各行政机关工作人员；司法机关从属于最高权力机关，不能独立行使职权；法院和法官与普通的国家机关及其工作人员并无任何实质上的差别，也由人民选举产生，并接受人民群众的监督。在实践运行中，苏维埃政权基本上遵循了"议行合一"的原则。

3. 政权巩固时期的战略调整

自 1918 年 5 月起，持续两年多的国内战争使新生的苏维埃政权进入了全面的战时轨道，其民主制也受到了前所未有的挑战，发生了根本性的嬗变。列宁的苏维埃制度构想也随之实行了战略调整。

用一党执政代替多党联合执政。国内战争爆发后，左派社会革命党与布尔什维克组成的联合执政模式由于各政党间的斗争很快瓦解，并在镇压、取缔反对党之后演变为一党执政。其一，早在苏维埃政权建立之初，孟什维克和左派社会革命党就对新政权充满敌视，通过各种途径进行颠覆活动。布尔什维克对孟什维克和左派社会革命党的态度也很强硬，从党内开除、政府驱逐到 1921 年初的大规模镇压，孟什维克和左派社会革命党成为布尔什维克政权严厉打压的对象。其二，在政权建立初期，尽管左派社会革命党能与布尔什维克同舟共济，但后因与布尔什维克在《布列斯特和约》、余粮征集制等问题上产生了严重分歧，退出联合政府，并采取抵触性的行动，甚至组织了一系列恐怖活动，暴动、叛乱，甚至刺杀德国大使以期挑起国际纠纷而遭到布尔什维克的坚决回击和严厉镇压。其三，联盟的破裂以及政党间分歧和斗争的加剧使列宁对多党执政的态度和看法发生了重大变化。在列宁看来，布尔什维克和苏维埃人民倾全国之力保卫新生政权在即，反对党企图借外力摧毁新政权，就是从政治上的合法反对派变成了政权的敌对者。任何政权在面临颠覆时都不会无动于衷，因此反对派被镇压和取缔是情理之事，也许从立宪会议来看这种做法是不对的，但从我们肩负的责任来看这种做法完全正确。因此，在联合执政联盟瓦解后，列宁认为"现在政权已经由一个政党，由无产阶级政党夺取到手，保持下来，巩固下来，甚至没有'不可靠的同路人'参加"。① 告诫工人不要谋求同靠不住的左派社会革命党人妥协。② 后来，列宁更加明确地说："我们就是坚持一党专政，而且我们决不能离开这个基地。因为这是一个在几十年内争得了整个工厂无产阶级即工业无产阶级的先锋队地位的党。"③ 内战结束后，面对国内爆发的政治危机，布尔什维克一边进行政策调整，实施新经济政策，一边开始取缔其他一切党派。1922 年 3 月召开的俄共（布）第十一次代表大会确立俄国共产党为国内唯一合法的政党。到 1922 年底，一党独掌政权的执政体制在苏维埃俄国成为现实。

用政党代表制代替人民管理制。建立劳动者自己管理自己的民主制度一直是列宁和布尔什维克追求的政治理想。十月革命胜利后，列宁关于苏维埃制度的构建体现了人民管理的思想，但由于广大劳动者落后的文化水平和战争的极端环境，最终促使苏维埃政权的管理模式从人民管理制向政党代表制转变。1919 年 3 月，在党的八大上，列宁第一次明确阐述了由政党代表人民进行管理的历史必要性。他认为苏维埃已经彻底扫除了阻挠劳动者参加管理的法律障碍，"但是直到今天我们还没有达到使劳动群众能够参加管理的地步，因为除了法律，还要有文化水平，而你是不能使它服从任何法律的。由于文化水平这样低，苏维埃虽然按党纲规定是通过劳动者来实行管理的机关，而实际上却是通过无产阶级先进阶层来为劳动者实行管理而不是通过

---

① 《列宁选集》第 3 卷，人民出版社 1995 年版，第 532 页。
② 《列宁全集》第 35 卷，人民出版社 1985 年版，第 32—33 页。
③ 《列宁全集》第 37 卷，人民出版社 1986 年版，第 126 页。

劳动群众来实行管理的机关。"① 后来在同"民主集中派""工人反对派"论战的过程中，列宁反驳了工人自治的观点，更为彻底、直率地表达了政党代表制的思想。认为管理国家需要"一支经过锻炼的共产主义革命者的大军，这样的大军是有的，这就是党"。尽管工人可以通过工会争取到一些选票，实现对国家的管理，但由于受管理水平的制约，是不会长久的，甚至会因此而葬送无产阶级专政。可见，此时的列宁关于国家管理模式发生认识上的变化。

用一切权力归党中央代替"一切权力归苏维埃"。尽管"一切权力归苏维埃"奠定了苏维埃在政权体系中的全权地位，也激发了人民群众的民主热情。但由于国内战争的逼近、苏维埃民主的拖拉冗长、政府政权运作效率低下，极不利于国家集中财力物力应对战争和进行社会建设。于是，苏维埃俄国逐步实现了"一切权力归苏维埃"向"一切权力归党中央"的转变。即国家各种各级权力开始从苏维埃手中向党的手中转移，并在苏维埃政权机关中建立了严格服从党的纪律、执行党的决定的党团（党组）；大力选拔党员到苏维埃政权机关工作，甚至担任基层政权的领导职务；党内实行集中制。党的权力急剧膨胀，最终使国家权力不仅从苏维埃流向了党，而且也出现了向党中央、党的政治局和书记处甚至向党的总书记集中的趋向。以俄共（布）的政治局、组织局和书记处为核心的国家权力格局初步形成，为以后的苏联一党专政埋下了隐患。

用干部委任制代替普选制。在苏维埃制度初创阶段，列宁强调人民的自由选举权和罢免权，并把它作为苏维埃真正人民性的体现。但选举是一个复杂的运作过程，缺乏必要条件和适宜环境单有热情是难以操作的。国内战争开始后，大规模的资源集中需要庞大的干部队伍，而精通业务和掌握管理经验与技术的人很难从文化水平不高的工农中选出。为了保证战争的需要，就开始由党的上级机关直接向党的下级组织、国家机关、苏维埃、军队和工会委派干部。于是，苏维埃

---

① 《列宁选集》第 3 卷，人民出版社 1995 年版，第 770 页。

的普选制逐渐被干部委任制所取代。据统计，"仅在 1920 年 4 月至 11 月期间，中央委员会就任命 37547 名干部，把他们安排在最重要、最艰巨的工作岗位上，其中 25249 人响应党的动员奔赴各地"。① 列宁曾对俄（布）党中央政治局、组织局在委任干部方面的巨大权限描述说："中央委员会拥有巨大的权力，具有极大的潜力。我们负责分配 20 万—40 万党的工作人员的工作，并且通过他们来分配千百万非党人员的工作。"② 尽管现实条件决定了俄国实行干部委任制的必要性，但不可否认干部委任制的盛行确实背离了苏维埃的民主原则，削弱了苏维埃的地位和功能，阻碍了人民民主权力的行使，使人民群众对官员的监督大打折扣。内战结束后的俄共（布）十大决定重新实行民主选举制也没有扭转这一局面，党的干部委任制不仅普遍盛行，而且成为党实现自己的纲领、巩固执政地位的主要方式。

总之，一党制的建立、政党代表制的实行、权力集中制的加强和干部委任制的盛行使苏维埃制度逐渐游离了原来的轨道，形成了一种与苏维埃的民主本质大相径庭的制度模式，为其后苏联高度集权政治体制埋下隐患。

4. 列宁晚期的再调整

国内战争结束后，高度集权的政治体制的弊端开始显露。一方面，它不适应新经济政策所展现的商品经济发展的要求；另一方面，官僚主义的复活和泛滥使原本是官僚主义对立物的苏维埃也逐渐官僚化。苏维埃的现实体制完全背离了原来的理想设计，引起了列宁极大的担忧。为了扭转这一局势，列宁进行了更深入的理论探索以及一系列制度重构的尝试。他认为不能把党组织的职能和国家机关的职能混淆起来，要求把过分集中于党的立法权和执法权重新归还给苏维埃。根据列宁的建议，俄共（布）十一大通过的《关于党的巩固和新任务》指出："当前极重要的任务是规定党的机关和苏维埃机关之间的

---

① ［苏］契尔年科：《党和国家机关工作问题》，陈联璧等译，中国对外翻译出版公司 1984 年版，第 33 页。

② 《列宁全集》第 42 卷，人民出版社 1987 年版，第 419 页。

正确分工，明确地划清两者在权利和职责方面的界限。"① 然而，由于健康状况恶化，列宁只是确立了正确处理党与苏维埃关系的指导原则，没有来得及解决实际操作问题。

（四）关于法制的首要任务的思想

十月革命推翻了临时政府，建立了无产阶级专政国家，列宁着手建设社会主义政治制度和法律制度。先后颁布了《告工人、士兵和农民书》《和平法令》和《土地法令》，制定了大约 600 件法令、决议，1918 年又制定了第一部社会主义宪法。在这些法令、决议中对法制的首要任务做了明确规定。

1. 确定国家的基本制度

"各国之间最重要的政治分野，不在于它们政府的形式，而在于它们政府的有效程度。"② 十月革命胜利后，列宁十分重视用立法的手段确保新政权的巩固和公共秩序的重建。在列宁的领导下，"新政权颁布了符合广大人民群众的要求和希望的法律，从而在新的生活方式的发展道路上立下了里程碑。"③ 如制定了《和平法令》《土地法令》等一系列法律文件，建立了《民法》《刑法》等部门法以及相关的法律设施，从法律上确定了国家基本的社会关系和经济制度，使社会秩序制度化、国家治理有效化。

1918 年 3 月，苏俄与德国签订了"正义的民主的和约"——《布列斯特和约》，实现了不侵占别国领土，不强迫合并别的民族以及不赔款的条约，为俄国人民赢得和平的建设机会。实践证明，《和平法令》是一个无产阶级国家国际公法的纲领性文件，第一次公布了社会主义国家对外政策的基本原则，反对并退出正在进行的帝国主义

---

① 《苏联共产党代表大会、代表会议和中央全会决议汇编》第 2 分册，人民出版社 1964 年版，第 181—182 页。

② ［美］亨廷顿：《变化社会中的政治秩序》，王冠华等译，生活·读书·新知三联书店 1989 年版，第 1 页。

③ 《列宁全集》第 33 卷，人民出版社 1985 年版，第 52 页。

战争，号召各国人民掌握自己的命运，支持被压迫民族独立和民族解放，表明了社会主义国家与资本主义国家的根本区别，掀开了国际关系史上的新篇章。

土地是人类生存的首要条件，也是农民最主要的生产资料。为了解决俄国土地问题，1907 年 3 月，列宁写了《在第二届国家杜马中关于土地问题演说的草稿》，指出沙皇法律是为地主阶级服务的，农民只有不断地斗争才能争取自身的权利。在俄国，杜马是地主阶级的代言人，杜马的意志就是法律，而且最大的地主往往又是最大的官员。因此，国家和法律是为地主阶级的利益服务的，农民要想增加土地必须不懈地斗争；人民自由党主张人民容忍、服从一小撮大地主统治；社会民主党则要求"把土地转交给民主的国家"。然而真正的民主就是代表人民群众的利益，而不是一小撮特权阶级的利益。没有民主就没有政治自由，没有全权的人民代表机关，任何土地改革都不可能对人民有利。因此，社会民主党要代表人民在国家杜马争取人民的权利。此后，列宁在《俄国社会民主党的土地纲领》《关于俄国社会民主工党统一代表大会的报告》等文中，进一步分析了阶级斗争与土地问题之间的关系，确立了解决俄国土地问题的基本框架——在阶级斗争的情况下来制定全部的土地政策。1917 年 11 月起草的《土地法令》将这一理论付诸行动。《土地法令》的颁布和土地改革的实行，使贫农、中农获得了 1.5 亿俄亩的土地和价值 3 亿卢布的农具，根除了土地私有制的根源——农奴制，从而巩固了新生的苏维埃政权。

2. 维护民族的平等权益

民族是一个历史范畴，也是一个实体范畴，"是具有同一历史本源和同一命运感的人民组成的政治体系"。[①] 民族问题是一个长期而且复杂的社会政治问题，当然也是俄国历史中敏感的政治问题之一，如何解决民族问题关系着苏维埃俄国的命运。列宁基于对国内民族问

---

① ［美］加布里埃尔·A. 阿尔蒙德、小 G. 宾厄姆·鲍威尔：《比较政治学：体系、过程和政策》，曹沛霖等译，上海译文出版社 1987 年版，第 3 页。

题的深刻认识，用民族自决理论来解决社会主义国家的民族问题，认为不同民族在政治权利和经济发展上都是平等的主体，应当否定传统的大民族主义政策，倡导民族平等和民族联盟。从 1893 年开始到十月革命前，列宁相继撰写了《我们纲领中的民族问题》《崩得民族主义的顶峰》《一封给地方自治人士的信》《论民族自决权》《关于民族问题的批评意见》《社会主义革命和民族自决权》等文章，从民族自治、民族自决、社会民主党人在民族问题上的基本原则等方面，阐释其"民族自决权"思想，纠正了机会主义者认识上的偏差，捍卫了马克思主义，促进了党内思想的统一，为国家的政治动员奠定了理论基础。

　　主张民族自决和民主共和。列宁在《我们纲领中的民族问题》一文中写道："在党纲草案中，我们提出了建立具有民主宪法的共和国的要求，民主宪法应保证'承认国内各民族有自决权。'"① 作为无产阶级政党的社会民主党真正任务就是促进各个民族中的无产阶级的自决。在《关于民族问题的批评意见》一文中，列宁总结资本主义发展过程中的民族关系时指出，存在民族生活和民族运动的觉醒，反对一切民族压迫的斗争和民族国家的建设的趋势，和民族之间的联系紧密和频繁，民族壁垒的破坏和国际统一格局形成的趋势。前者是资本主义初期较占优势；而后者是资本主义成熟期的突出表现。从这两种趋势出发，马克思主义者必须坚持民族平等和民族自由原则，反对一切民族压迫；坚持国际主义原则，反对反动的资产阶级民族主义。在《论"民族文化自治"》一文中，列宁又指出"民族文化自治"是为资本主义的民族压迫和阶级对立作辩护，资产阶级主张各民族在文化事务上实行自治，实则否认各民族，尤其是被压迫民族的政治独立和自治，资产阶级主张建立"民族文化共同体"，实则力图抹杀民族内部的阶级对立，因而具有很大的欺骗性。

　　十月社会革命胜利后，列宁的民族自决理论得到法律上的确认。

---

　　① 《列宁全集》第 7 卷，人民出版社 1986 年版，第 218 页。

1919 年 12 月 2 日，俄共（布）中央委员会在全俄第八次党代表会议上通过了关于乌克兰苏维埃政权的决议。决议指出："中央委员会一贯执行民族自决原则，因此认为有必要再一次提出保证，俄国共产党承认乌克兰苏维埃社会主义共和国的独立。"① 1918 年 7 月 10 日全俄第五次苏维埃代表大会通过的《俄罗斯社会主义联邦苏维埃共和国宪法》，明确规定了各民族苏维埃共和国都有加入或退出苏维埃社会主义联邦的自由。由此可见，民族自决权是苏维埃俄国处理民族问题的最重要政策和法律依据。

3. 防止政治权力集中导致官僚主义

"衡量一场革命的革命性如何，应看其政治参与扩大的速度和范围。而衡量一场革命成功到什么程度，则应看其所产生的制度的权威性和稳定性。"② 对于通过暴力革命来实现转型的社会而言，以政治权威重建社会公共秩序，维护社会稳定尤为重要和关键。但是，重建社会秩序就必然需要具有严格分工的等级制官僚体制来进行社会资源的组织和社会成员的动员。十月革命胜利后，苏维埃俄国在列宁领导下建立了高度集中的国家权力体制，为社会秩序的重建和社会经济政治文化的发展提供了保障。同时，列宁也提出了建立健全社会主义法制，防止政治权力集中导致官僚主义的要求。据统计，在十月革命胜利后的七年时间里，列宁亲自起草和修改了一百多项重要法律与法令，领导制定和签署了数以千计的法律、法令、条例和决议。③ 1917 年 11 月—1918 年 3 月仅四个月的时间内，列宁就亲自起草、签发或批准了 300 多件各种各样的政府文件，1921 年实行新经济后初期的

---

① 《关于乌克兰苏维埃政权的决议》，选自《苏联民族问题文献选编》，社会科学文献出版社 1987 年版，第 15 页。

② ［美］亨廷顿：《变化社会中的政治秩序》，王冠华等译，生活·读书·新知三联书店 1989 年版，第 243 页。

③ 洪韵珊等：《社会主义民主的理论和实践》，四川省社会科学院出版社 1985 年版，第 186 页。

两年内，列宁亲自签署公布的法律和法令达 467 个。① 不仅如此，列宁还要求任何组织和个人必须严格遵守法律，依法办事，党组织和党员也不例外，必须在宪法和法律的范围内活动，以维护法律的至上性和权威性。1918 年 11 月召开的全俄苏维埃非常第六次代表大会专门做出了《关于严格遵守法律》的决议。决议指出"一年以前，俄国工人阶级在革命斗争中，曾经制定了俄罗斯社会主义联邦共和国的各种法律原则，为了进一步发展和巩固工农政权，必须严格地遵守这些法律"。② 1919 年 9 月 6 日为了贯彻执行这项决议，列宁亲自主持编写了一本通俗的宣传手册——《执行苏维埃共和国法律》，敦促尽快出版，分送给各人民委员部全体部务委员。在寄书的时候，列宁还特意附了一封短信，写道"兹寄上《执行苏维埃共和国法律》一书，其中载有全俄苏维埃第六次代表大会所颁布的一项法律，请予以注意。此项法律必须无条件地严格执行，特此提醒"。③ 总之，列宁认为法律是防止、制裁官僚主义行为的最有效武器，只有对犯有官僚主义、拖拉作风、玩忽职守、粗心大意等过错的人给予行政处分，情节严重者撤职，送交法庭，由司法机关公开审讯，才能真正防止官僚主义。当然，防止官僚主义是一项系统工程，除法律制裁外，苏维埃俄国还实行了发展社会主义民主、强化党和国家的监察制度、精简党政机构及会议、提高工农科学文化水平、吸收群众参加国家管理、改善干部选拔制度、实行严格的责任制等措施和手段，有效地遏制了建国初期党和政府机关中存在的官僚主义。

（五）关于法制统一论思想

法制是一个综合性的概念，包括现行的法律规范体系、法律规范

---

① ［苏］《契尔年科言论选集》，苏群译，生活·读书·新知三联书店 1985 年版，第133、196 页。

② 《苏联和苏俄刑事诉讼及法院和检察院组织立法史料汇编》（1917—1954）（上册），法律出版社 1958 年版，第140 页。

③ 《列宁全集》第 49 卷，人民出版社 1988 年版，第 82 页。

在实际中的运行、指导法律规范制定运行的法律意识。法制也是一个动态的运转系统，由立法体系、执法体系、司法体系、守法体系、法律监督体系等构成。要使一个国家的法律制度能根据社会的需求，对各种纷繁复杂的社会关系给予及时地调整，使其呈现出一种统一有序的状态，法制体系本身必须是统一的。列宁极为重视法制的统一，这一思想集中地体现在《论"双重"领导和法制》这部著作中。

1. 制定宪法确保法制的统一

宪法是国家根本大法，是一个国家的立法基础，也是国家法律体系建构的原则。列宁认为，要实现苏维埃俄国国家法制统一，必须制定国家的总章程——宪法，以宪法为统领，展开苏维埃政权的国家法制建设。实际上早在俄国二月革命时期，列宁就认为无产阶级专政最适合苏维埃俄国。为了实现民主主义革命向社会主义革命过渡，"无产阶级政党面临的直接任务，就是争取一个最能保证经济发展和人民权利，特别是保证痛苦最少地向社会主义过渡的国家制度"。[①] 包括国家的法律制度。十月革命胜利后，为了巩固无产阶级革命的胜利果实，列宁认为必须将新生苏维埃政权存在的这一政治事实上升到宪法的高度，以实现苏维埃国家政权合法性和长治性。于是在1918年7月，列宁领导俄共（布）颁布并实施了世界上第一部反映无产阶级革命成果和阶级关系的社会主义类型的宪法——《俄罗斯苏维埃联邦社会主义共和国宪法（根本法）》。1922年12月，列宁根据苏联俄国政治、社会、经济发展以及法制建设的新需求，着手对1918年苏俄宪法进行修订。1924年1月31日，第二次全苏联苏维埃代表批准生效了《苏维埃社会主义共和国联盟根本法（宪法）》，集中反映了列宁依宪治国，维护法制统一的思想精髓。

2. 构建完善的体系实现法制的统一

真正实现国家法制的统一，除了统一的宪法外，还要有以宪法为总纲的完善的、统一的法律体系。在苏俄十月革命初期的几个月内，

---

① 《列宁全集》第29卷，人民出版社1985年版，第486页。

在列宁的领导下，《和平法令》《土地法令》以及《革命法庭条例》等维护新生苏维埃政权的临时法令的颁布，特别是 1918 年苏俄宪法的制定，苏维埃俄国进入了社会主义法律体系的建设时期。国内革命战争结束后，列宁领导的苏维埃及时地将工作重心转移到经济建设中来，实行了新经济政策，加大了社会主义法制的建设。从 1921 年 3 月《关于以实物税代替余粮收集制的决议》的颁布，到 1922 年《俄罗斯联邦刑法典》《检察监督条例》《苏俄法院组织条例》《劳动法典》《土地法典》《俄罗斯联邦民法典》《苏俄刑事诉讼法典》等法律的相继出台，再到 1923 年《苏俄民事诉讼法典》的问世，在新经济政策实施短短不到两年的时间内，列宁领导苏维埃进行了广泛的立法活动，实现了部门法的法典化，初步建立起一个以苏俄宪法为纲领，以刑法、民法、劳动法、土地法和诉讼法等基本法为核心的门类齐全的苏俄社会主义法律体系，确保了苏维埃法制的高度统一。

3. 严格执法促进法制的统一实施

宪法和完善的法律体系为国家法制的统一确立了明确纲领和基本条件，但由不同部门法构成的法律体系只是静态法，不是社会现实生活中运行的动态法。因此，以司法统一和执法统一构建良性的法律运行机制，促进法制的统一实施就显得十分必要。1918 年 11 月 2 日，列宁在《关于切实遵守法律的决定提纲草稿》一文中明确指出"法制应当加强（或得到严格的遵守）"。首先，列宁认为自觉遵守法律规定是实现法制统一的基础要件。要加强对于群众的法制教育，用灌输的方式提高群众的法律意识，为苏维埃法制的统一实现奠定群众守法的基础。进入和平经济建设时期的苏维埃俄国，由于固有的守旧思想和愚昧认识，曾一度出现轻视苏维埃法律遵守的现象。其次，列宁认为执法统一是确保法制统一实施的根本。执法不一会造成人们对法律的误解，甚至曲解。为了促使苏维埃机关严格执行法律法令，列宁强调俄共（布）党的监察机关和苏维埃行政监察机关要切实履行职责，监督苏维埃法律的统一实施。"规定地方检察机关只受中央机关领导，保留检察机关有从地方政权机关的一切决定或决议是否合乎法制的观点对它们提出异议的权利和义务,"① "检察长的责任是使任何地方政权机关的任何一项决定都不同法律抵触,"② 要 "注意使整个共和国对法制有真正一致的理解"。③ 监察委员会和工农检察院要承担起强制推进的法制使命。最后,列宁认为司法统一是确保法制统一实施的关键。司法权是国家主权的重要组成部分,国家通过建立专门的司法机构并赋予其司法权而实现国家的职能,因而它应是统一而不可分割的。全苏俄法制统一实施的实现不仅需要全体社会主体的自觉守法和苏维埃行政机关严格统一的执法,更需要作为维护社会权利最后一道屏障——司法机关的依法司法。司法机关要对无视苏维埃法律法令规定的肆意违反者一律送交革命法庭进行查办处理。同时,要确立苏维埃全联邦法制统一所必需的最基本条件——担负维护法制使命的苏维埃审判员 "必须绝对遵守全联邦统一规定的法律"。④ 此外,司法机关还要加倍注意对官僚主义、拖拉作风和经济工作上的指挥失当进行司法追究,"凡不执行此项规定的人民审判员和司法人民委员部部务委员应予撤销职务"。⑤ 只有苏维埃司法机关理解和适用法律相一致并切实贯彻苏维埃法律,才能最终达到以司法统一促进法制统一的实现。

4. 厉行监督保障法制统一的实现

法制统一实施不仅需要建立一个从完善立法和全民守法再到严格执法和公正司法的法律运行机制,而且需要建立一个专门的法律监督机制,保障法制统一的实现。苏维埃政权建立后,苏维埃将法律监督和检查的职责赋予了各级苏维埃及其执行委员会、司法人民委员部及其下属地方机关、工农检察院、中央主管部门等机关,有效地防止权力的集中,但令出多门会使人无所适从,法制统一也就成为空话。面

① 《列宁全集》第 43 卷,人民出版社 1987 年版,第 198 页。
② 同上书,第 196 页。
③ 同上书,第 195 页。
④ 同上。
⑤ 同上书,第 53 页。

对苏俄监督法律实施主体的多元化和监督缺乏统一性的困境，列宁不禁感叹："我们的法令太多了，而且像马雅可夫斯基所描写的那样，都是匆匆忙忙制定出来的，但对于法令的实际执行情况却没有加以检查。"① 而且随着苏俄社会主义法律体系的逐步完善，提出了改变苏维埃法制监督主体虚化局面以实现苏维埃法制统一的要求。为此，建立了除党的监督、行政监督、群众监督和媒体监督体系之外的一个专门的法律监督机关——苏维埃检察机关，制定了苏俄《检察监督条例》（以下简称《条例》），专门实施法律的监督任务。《条例》从权力结构和职权配置上赋予检察机关不受苏俄行政机关和社会团体的干涉独立运行，并能够对苏维埃国家政治、经济、社会和法律生活中的一切方面实施专门的法律监督，履行一般监督职权和诉讼监督职权，监督苏维埃人民委员会各部和地方苏维埃政权机关能够始终如一地执行和实施苏俄国家各项法律制度，监督苏维埃政权机关的决议和法院的裁判是否遵守苏俄法制以实现全苏俄法制的统一实施。

总之，苏维埃俄国社会革命与社会建设正是遵循着列宁法制统一的思想，在摧毁沙俄政府旧法律的基础上，建立了新的统一的社会主义法律制度，确保实现了真正的人民主权、保障了人民的自由、平等和民主等合法权益，为以后的苏联社会主义法制建设提供理论资源。

（六）关于法律权威的思想

1906 年 3 月 28 日，列宁在《同立宪民主党的政治家和博学的教授们的通俗谈话》中初步表达了法律权威的思想。1917 年在《国家与革命》一书中，列宁进一步阐述了建设社会主义仍需要法律的观点。1919 年 3 月俄共（布）八大通过的《关于农村工作的报告》中，列宁将法律、法令看成是治理国家的手段，实现人民当家做主的保证，指出"法令，这是号召群众实际行动的指令。……法令的作用在于使倾听苏维埃政权意见的那成百、成千、成百万的人学会采取实际

---

① 《列宁全集》第 43 卷，人民出版社 1987 年版，第 14 页。

步骤。"① 根据马克思的理论，工兵代表苏维埃"这种国家类型就是'终于发现的、可以使劳动在经济上获得解放的政治形式'"。对于工兵代表苏维埃而言，只有实现社会主义民主的制度化和法律化，才能吸引人民群众"自下而上地直接参加全部国家生活的民主建设"②。1921年3月新经济政策实施后，苏维埃政权的主要任务转移到经济建设上来，列宁的法律权威思想得到了进一步的深化和发展，在立法、执法、司法、守法、法律监督和法制教育等方面得到了充分的体现。

1. 确认法律在国家治理中的权威性

列宁历来主张用法律来治理国家和管理社会事务，反复强调宪法和法律在国家治理和人民生活中的重要地位和作用，以及树立法律权威性的必要性，认为有法可依是国家治理的必要条件。十月革命胜利的第二天，列宁就起草了《和平法令》《土地法令》，随后又相继起草了《工人监督条例》《罢免权法令》《关于实行银行国有化及有关必要措施的法令》等。1918—1924年，两部苏维埃宪法的颁布，特别是1922年后，制定、修改和颁布了《苏俄刑法典》《检察机关条例》《律师机构条例》《苏俄民法典》《苏俄法院组织条例》《苏俄刑事诉讼法典》等法律，确保了社会主义各项事业的建设有法可依。列宁进一步指出执法必严是国家治理的关键。作为广大人民群众意志体现的社会主义法律必须得到严格的执行。列宁认为："对我们来说，大多数人的意志永远是必须执行的，违背这种意志就等于叛变革命。"③ 建国之初，列宁就十分重视运用法制同犯罪做斗争，起草了一系列惩治犯罪的法令，号召广大人民群众同反革命内战祸首做斗争，同盗匪、流氓、骗子、投机者、破坏者"开战"。在实行新经济政策时期，列宁一手抓俄国社会主义经济建设，一手抓司法建设，将法制建设提到了与经济建设同样重要的地位。总之，列宁领导的苏维

① 《列宁全集》第36卷，人民出版社1985年版，第188页。
② 《列宁全集》第29卷，人民出版社1985年版，第162页。
③ 《列宁全集》第35卷，人民出版社1985年版，第174页。

埃俄国无论是进行社会主义法制建设，还是进行社会主义法治建设，无不反映出法律在国家治理的权威性。

2. 强调法律在党法关系中的权威性

十月革命的胜利使俄共（布）成为执政党，由此带来了不可回避的党权与法权关系问题。是"以党代法"还是"依法治党"？为此，列宁进行了一系列理论研究和实践探索，形成了完整的党法关系思想。

首先，确立党对立法机关和司法机关的领导地位。列宁指出："我们的党是一个执政党，党的代表大会所通过的决定，对于整个共和国都是必须遵守的；在这里，我们应当在原则上解决这个问题。"[①]其次，坚决实行党政分开、党法分开。在列宁的倡议下，俄共（布）"八大"通过的决议规定："无论如何不应当把党组织的职能和国家机关即苏维埃的职能混淆起来。""党应当通过苏维埃机关在苏维埃宪法的范围内来贯彻自己的决定。党努力领导苏维埃的工作，但不是代替苏维埃"。[②]俄共（布）九大又重申了八大的决议，提出必须划分党的机关同苏维埃机关之间的界限，"党组织绝不应当代替苏维埃"，"党组织的全部工作都应当通过相当的苏维埃机关来进行"。[③]新经济政策实施后，列宁进一步洞悉到党政不分、党法不分、党权过于集中的危害，深感党政工作责任区分的重要性。他在致俄共（布）中央全会的信中写道："必须十分明确地划分党（及其中央）和苏维埃政权的职责；提高苏维埃工作人员和苏维埃机关的责任心和独立负责精神，党的任务则是对所有国家机关的工作进行总的领导，不是像目前那样进行过分频繁的、不正常的、往往是琐碎的干预。"[④]根据列宁的提议，1922年3月的俄共（布）十一大通过决议，着重强调

---

① 《列宁全集》第41卷，人民出版社1986年版，第55页。

② 《苏联共产党代表大会、代表会议和中央全会决议汇编》第1分册，人民出版社1964年版，第571页。

③ 《苏联共产党代表大会、代表会议和中央全会决议汇编》第2分册，人民出版社1964年版，第28—29页。

④ 《列宁全集》第43卷，人民出版社1987年版，第64页。

俄共（布）"八大"决议的正确性，指出"党组织应当保证对苏维埃机关和经济机关实行坚定的领导"，"应当指导经济机关的活动"。但"党组织无论如何不应当干预经济机关的日常工作，应当不要发布在苏维埃工作方面的行政命令"。① 只有这样，才能把立法权、行政权和司法权还给人民代表苏维埃、国家行政机关和司法机关。当然，由于历史条件的限制以及天不假年，列宁在党政分开、党法分开问题上的探索尚有许多未尽之意。最后，执政党必须带头守法。苏俄的法律体系是在俄共（布）领导下通过法定的程序制定的，体现了党的领导，但是这并不意味着党高于法律，可以不遵守法律。列宁认为法律应该高于各个政党，包括俄共（布）。不仅如此，俄共（布）作为执政党还应带头守法，以维护法律的权威性。任何党组织及党的领导干部都不得有超越于法律之上的特权，广大党员尤其是领导干部要依照宪法、法律的规定来规范自身的行为。只有这样才能真正做到坚持党的领导与维护社会主义法律的权威性、至上性的有机统一。

3. 强调法律在司法实践中的权威性

列宁不仅主张依法治国，而且还强调有法必依，执法必严，违法必究。早在十月革命胜利之初，列宁领导人民委员会（全俄中央执行委员会）制定并颁布了关于法院的三号法令，指出法庭是否是真正办事迅速的、革命的法庭，关键要看其在"无情地严惩反革命分子、受贿者、捣乱者和破坏纪律分子"② 方面所作出的实际成绩。1918 年春，列宁在首次提出工作重点向经济建设转移的同时，强调"在任何工厂、任何经济单位、任何事情上，凡是破坏劳动纪律的人，就是造成饥荒和失业痛苦的罪人；应该善于查出这种罪人，交付审判，严厉惩办"。③ 在国内战争期间，针对投机倒把、贪污受贿到处横行这一恶劣现象，列宁要求严惩这些违法犯罪者，直至运用死刑。1921 年

---

① 《苏联共产党代表大会、代表会议和中央全会决议汇编》第 2 分册，人民出版社 1964 年版，第 181—182 页。

② 《列宁全集》第 34 卷，人民出版社 1985 年版，第 194 页。

③ 同上书，第 178 页。

新经济政策实施后，列宁要求司法人民委员部要严惩私营工商业者的违法活动，加倍注意官僚主义、拖拉作风和经济工作的指挥失当，同时，要"无情地（直至枪决）和迅速地惩办滥用新经济政策的人"。①

坚持执法必严原则最大的难点在于对党员领导干部违法行为的追究。对此，列宁主张法律面前人人平等，反对超越法律之上的任何特权。他认为无论是谁，只要触犯了刑律，该治罪的治罪，该处刑的处刑，无一例外。共产党员更是严格要求自己，消除任何利用执政党地位从轻判罪的可能性。在相同情况下，"对共产党员的惩办应比对非党人员加倍严厉，这同样是起码的常识"。② 在实践中，列宁也是一贯坚持严惩违法犯罪的共产党员立场。1918 年 3 月，苏维埃人民委员会办公厅主任弗·德·邦契－布鲁耶维奇未经列宁批准，擅自把列宁的薪金由每月 500 卢布提高到 800 卢布。对此，列宁严厉地指出："鉴于您直接破坏人民委员会 1917 年 11 月 23 日的法令，……擅自提高我的薪金这一公然违法行为，我宣布给您以严重警告处分。"③ 1921 年 11 月 30 日，莫斯科自来水厂优秀的总工程师弗·瓦·奥登博格尔因不堪忍受有关党员干部对其粗暴和官僚主义的态度以及不断迫害行为而自杀。列宁得知后极为愤怒，亲笔起草了关于该案的决议草案，建议政治局做出决定，"责成莫斯科苏维埃呈请全俄中央执行委员会主席团批准将委员会结论中提到的人全部交付法庭审判"，"责成司法人民委员部特别用心、妥善和声势浩大地审理这个案件"，"责成组织局设立党的特别法庭。把自来水厂整个党支部交付该法庭审判"。④ 并指示《消息报》和《真理报》发表有分量的文章，评论这个令人气愤的案件，以达到警钟的作用。由此可见，列宁在执法必严、违法必究、从严治党方面的决心和勇气。

---

① 《列宁全集》第 42 卷，人民出版社 1987 年版，第 426 页。
② 同上。
③ 《列宁全集》第 48 卷，人民出版社 1987 年版，第 155—156 页。
④ 《列宁全集》第 42 卷，人民出版社 1987 年版，第 377—378 页。

（七）关于人民主权论的思想

人民主权又称"一切权力属于人民"。它集中地表达了国家权力来源于人民、控制于人民、服务于人民的政治理念。人民主权论在17世纪英国思想家洛克和18世纪法国启蒙学者卢梭等人的著作中已有较为详备的论述。欧洲首次提出一切权力归人民的主张则是17世纪英国伟大的政论家弥尔顿。他认为："人民的权力至高无上"，"对于暴君，人民有反抗权。"① 因为"一切权力的源泉一向是来自人民"。② 人民不仅有选择自己的政府和官吏的权利，还有监督政府权力的权利以及立法和司法的权利。洛克和卢梭则主张国家主权基于社会契约，这可以看成近代资产阶级最早的宪政思想。继卢梭之后的欧美思想界几乎普遍表达了对人民主权理念的认同。诸如德国的康德、费希特，美国的华盛顿、潘恩、杰斐逊，俄国的十二月党人、赫尔岑、车尔尼雪夫斯基等。马克思和恩格斯在批判近代启蒙思想家的"天赋人权"论的基础上，建立了新型的人民主权理论，认为国家主权只有一个，"不是君主的主权，就是人民的主权"。人民应该是国家权力的主体，真正的民主应是人民主权、人民意志的实现，就是人民自己创造、自己建立、自己规定国家制度，以及运用这种国家制度决定自己的事情。概括起来就是人民当家做主。

列宁将马克思主义人民主权论发展到一个新的高度，指出人民主权的本质就是"全体人民享有全部权力，即统一的、完全的和整个的权力"。③ 为了实践这一思想，列宁主张实行民主改革，争取人民的政治自由，保护工人和农民的利益；主张工人阶级政党应该把俄国全体人民反对专制制度的民主斗争同无产阶级反对资产阶级的社会主义革命结合起来，通过无产阶级革命，使广大无产阶级上升为统治阶级。针对当时俄国政治、经济、文化落后的现状，列宁提出通过"代

---

① ［英］弥尔顿：《为英国人民声辩》，何宁译，商务印书馆1958年版，第141页。
② 同上书，第165页。
③ 《列宁全集》第10卷，人民出版社1987年版，第313页。

议制"［多数人委托少数人并通过其中一部分先进分子（政党）的领导］最终实现人民对国家的间接管理民主路径。后来，列宁又在《怎么办?》和《进一步，退两步》中，对党的民主思想和民主原则展开了阐释，认为必须把党代表大会作为党的最高权力机关；任何领导人都不能享有不服从党内多数人意志的特权。1904 年，列宁为《无产者报》撰写文稿时肯定了"实行彻底的集中制和坚决扩大党组织内的民主"的基本原则。可见，"民主集中制的无产阶级政党"的建立及其组织结构和活动方式是列宁代议制思想的逻辑起点。

1905—1907 年，列宁写了《专制制度和无产阶级》《社会民主工党和临时革命政府》《无产阶级和农民的革命民主专政》等文章，论述了立宪的必要性、实现立宪会议的条件，揭露了沙皇政府的宪法的本质，号召人民用革命手段来争取全民立宪会议的召开。1905 年 11 月撰写了《我们的任务和工人代表苏维埃》一文，提出苏维埃是革命人民进行起义的机关，也是胜利后临时政府的机关；工人代表苏维埃要成为革命的政治领导中心就要团结一切革命的力量，并处理好与军队、与无产阶级政党的关系；为了实现无产阶级的政治纲领（实现政治自由），必须进行民主改革。为此，列宁详细地列举民主改革的要求，即普遍、直接、平等和秘密的选举权；普遍、非宗教、免费的义务教育；公民的人身和住宅不受侵犯；信仰、言论、集会、罢工的自由；迁徙自由和择业自由；全体公民一律平等；男女完全平等；官吏由民选产生；建立国家权力集中于立法会议的人民专政并实现一院制；实行广泛的地方自治；向法院控告官吏的权利；法官由人民选举产生；用人民武装取代常备军；教会与国家分离、学校同教会分离；等等。也提出了一系列保护工人和农民利益的宪政立法要求。如实行 8 小时工作制；禁止开夜工和加班加点；禁止雇佣童工；妇女不应在对身体有害的部门工作；以法律规定工厂主对工人的工伤事故负责；以法律保障工人的工资权；年老工人应领取国家发放的养老金；废除一切雇主和雇工不平等的法律；应将工厂法和工厂视察制推行到一切产业部门；应绝对禁止雇主克扣工人工资；雇主不得私设公堂，擅自审判；应在一切产业部门设立工业法庭或农业法庭，由雇主和工人双方选出数量相等的代表担任审判员；等等。

1917 年，十月革命取得胜利后，建立了苏维埃政权，开始苏联社会主义的建设时期。1918 年 7 月 10 日，《俄罗斯苏维埃社会主义联邦共和国宪法（根本法）》获得通过，并于 7 月 19 日公布生效。根据列宁的建议，该宪法将《被剥削劳动人民权利宣言》作为其引言列入。1918 年 10—11 月，列宁写的《无产阶级革命和叛徒考茨基》和 1919 年 12 月写的《立宪会议选举和无产阶级专政》，对立宪会议和无产阶级专政进行了集中论述。针对考茨基将专政和民主对立起来，污蔑苏维埃政权取消了民主，列宁进行了批驳，指出专政不一定意味着消灭对其他阶级实行专政的那个阶级的民主，但一定意味着消灭（或极大限制）被专政的或者说作为专政对象的那个阶级的民主。无产阶级专政就是无产阶级对资产阶级采用暴力手段来获得和维持人民权利和利益的政权。由此可见，在列宁人民主权的思想里，阐明了民主与法律、国家政权和法律的关系，即以民主形式产生的法律必须服务于、依赖于政权，法律就是一种"国家意志"体现。

（六）关于权力监督的思想

不受监督的权力是危险的，必然导致腐败。在民主国家中，建立有效的权力制约机制是人们不断奋斗的目标。苏维埃政权建立以后，为了防止权力的腐化和滥用，列宁要求建立权力制约机制、权力监督机制，并就建立有效的权力制约机制和监督机制进行了一系列的理论与实践探索。

1. 关于党内监督的理论与实践

共产党作为执政党有责任也有义务保持自身廉洁性，对执政党的组织和党员的有效监督，是权力监督制约的关键。列宁十分重视党的自我监督，十月革命胜利以后，专门成立了中央监察委员会进行党的自我监督，并赋予中央监察委员会绝对的监督权。1921 年 3 月，俄共第十次代表大会通过了《关于监察委员会的决议》，明确规定监察委员会和党的委员会权限及任务。反复强调对党和国家机关以及领导干部，特别是对党和国家的最高机关与领袖人物的监督，要求中央监察委员会在自己主席团的领导下，积极履行对中央政治局的监督职责，经常检查政治局的文件，并恰当地分配自己的检查工作，以便对全部的国家机关的办文制度实行检查。为了提高党的监督机构的独立性，要求监察委员会委员不能兼任本部门的行政职务，也不能兼任党委委员，各监察委员会委员在任期内不得调任其他工作；要求监察委员会委员的"当选者也像一般中央委员一样，应该经过党的资格审查，"① 由他们组成的集体"应该注意不让任何人的威信，不管是总书记，还是某个其他中央委员的威信，来妨碍他们提出质询，检查文件，以至做到绝对了解情况并使各项事务严格按照规定办事"。②

2. 关于人民监督机制的理论与实践

在十月革命前夕和苏维埃政权成立初期，列宁认为广大群众对国家权力强有力的监督能够促进社会主义国家的稳固与发展，反复强调让苏维埃共和国人人都能参加国家管理，实行直接选举制、人民自治和"直接的人民立法"，以确保人民主权的实现。然而，内忧外患使苏俄进入了战时共产主义的集权时期，为了防止国家机关工作人员的官僚蜕变，列宁提出了"权利制约权力"思想——人民通过检举、申诉、控告、质询等形式直接对国家机关工作人员及其行为进行监督，这就是所谓的"自下而上"的人民监督方式。为此，列宁还进行了一系列实践探索，如颁布《工人监督条例》，成立了最高工人监督机关——苏俄工人监督委员会；改组了工农检察院，实行对党政最高机关及工作人员各项工作的监督；建立信访制度和来访登记制度，充分发挥新闻媒体的舆论监督作用等，使人民群众的监督权真正落到实处，维护和发展了苏维埃社会主义建设的各项事业。

---

① 《列宁全集》第43卷，人民出版社1987年版，第374页。
② 《列宁选集》第4卷，人民出版社1995年版，第782—783页。

3. 关于法律监督机制的理论与实践

"如果没有一个能够强制人们遵守权利准则的机构，权利也就等于零"。① 无论是人民群众的监督，还是党内的自我监督，都必须依法进行。为此，列宁十分注重法律监督机制的理论与实践探索。首先，依法规定党和国家机关各部门的权力，做到监督活动有法可依、有章可循。列宁强调苏维埃应当把建立专门的权力监督机关放在工作的首位，"一切苏维埃领导机关，如执行委员会，省、市工人、农民和红军代表苏维埃等，必须立即重新安排自己的工作，把切实监督中央政权和地方机关的决定的执行情况这项工作放在首位"。② 苏维埃政权建立之初，列宁就组建了司法人民委员部，负责关于党和国家机关各部门的权力范围、权力运行以及惩治权力滥用等法律的起草、编纂工作，基本做到了有法可依。1918 年苏俄宪法又明确规定了党和国家机关各部门的职权范围与职责，这就为实现对党和国家机关各部门权力进行监督提供了宪法上的依据。十月革命胜利后，苏维埃俄国通过制定《工人监督条例》，依法成立工人监督委员会，并赋予其独立的监督权，这样就把广大工人阶级纳入对国家管理以及对权力运行监督的系统中。为了监督制约中央委员会的权力、防止中央委员会滥用职权，列宁在 1921 年主持俄共第十次代表大会通过了《关于监察委员会的决议》，根据该决议中央监察委员会直接从俄共全国代表大会中选举产生，并对俄共全国代表大会负责且保持独立性，它的委员不能在任何党政机关中兼职。党的章程明确规定中央监察委员会享有的独立监督权，从而在制度上确保中央监察委员会能够独立对中央的党组织及其工作人员行使监督权。其次，建立新型的法律监督机关，既要确保法律监督机关的独立性，又要做到各机关的分工合作，从而形成有机的监督体系。列宁在《我们怎样改组工农检察院》一文中提出了在保持党政监督系统各自的独立性的基础上，以工农检察院为

---

① 《列宁全集》第 31 卷，人民出版社 1985 年版，第 95 页。
② 《列宁全集》第 35 卷，人民出版社 1985 年版，第 360 页。

中枢统一发挥工农检察院和中央监察委员会两个监督机构的作用；从广大工人和农民队伍中为新的中央监察委员会挑选优秀分子；精简工农检察院的编制，提高工农检察院工作效率等改革设想。在《对惩治贪污的法令草案的修改》中指出，各级干部和职员利用其职务上的便利或协助其他部门的公务人员利用其职务上的便利为他人谋取不正当利益者至少要判 5 年有期徒刑，服刑期间不仅强迫劳动，而且没收其个人全部财产。在列宁的领导下，建立了检察机关，依法对党和国家机关各部门工作人员的权力进行监督。最后，监督活动应当遵守合法的程序，防止监督权力自身的滥用乃至异化，维护司法程序的正义性。对此列宁还特别指示，司法人民委员会可以直接参与各种调查委员会的活动，保证各种调查委员会能够按照法定程序开展工作。十月革命胜利之后，苏维埃政府成立了全俄肃反委员会打击反革命势力的破坏活动，严惩社会中存在的消极怠工和投机倒把的行为。为了制约这个特殊机关权力的滥用，苏俄又规定司法人民委员部、内务人民委员部和彼得格勒苏维埃主席团密切监督这个委员会的工作。列宁认为，权力监督机关的主要任务不是捕捉机关在执行法律中的缺点和错误，而是要及时纠正这些缺点和错误。因此，在法律监督工作中，宁可少抓一些，但要一抓到底，从而充分行使好监督机关的监督职能。

二　列宁法律思想的基本特征

作为世界上第一个社会主义国家的缔造者，列宁所阐发的法律思想影响了整个社会主义阵营的法制建设和司法实践，具有鲜明的时代性、民族性、实践性和创新性。虽然列宁所创立的苏联已经解体，但今天我们回顾、认识和评价列宁主义的法律思想，对全面建设社会主义法治国家仍富有时代意义和理论价值。

（一）列宁法律思想的民族性

列宁法律思想是马克思主义法律思想和 19 世纪俄国具体法律实

践相结合的产物，具有民族性。众所周知，马克思主义关于人类社会发展的一般规律的理论包括俄国在内的东方社会，尽管早期和中期的马克思关于东方社会的研究从属于其"世界历史"发展规律的研究。进入19世纪70年代下半期，特别是马克思在其生命的最后十年中，关于东方社会发展的特殊规律及其法律文化特质的研究成为其理论研究的核心和重点。在这些研究中，马克思反对把关于西欧社会发展道路的论述变成超越历史的"万能历史哲学"简单地套用到俄国问题上来，要求依据唯物史观的一般原理，具体分析俄国的特殊国情——与世隔绝的村社制度及其内在的矛盾性，并把此作为研究俄国法律文化特质的立足点。马克思通过研究认为，要使俄国社会不通过资本主义制度的"卡夫丁峡谷"，就必须利用资本主义条件下的一切肯定性成果，通过俄国内部的人民革命，建立起社会主义制度及其法律文明。马克思的这些探索无疑为列宁研究俄国社会革命与建设提供了理论基础。

列宁以时代为背景，具体地分析俄国的国情特点，在此基础上阐述自己的法律思想。列宁在《我们的纲领》一文中指出："我们认为，对于俄国社会党人来说，尤其需要独立地探讨马克思的理论，因为它所提供的只是一般的指导原理，而这些原理的应用具体地说，在英国不同于法国，在法国不同于德国，在德国又不同于俄国。"① 后来又在《论我国革命》一文中进一步指出："俄国是个介于文明国家和初次被这次战争最终卷入文明之列的整个东方各国即欧洲以外各国之间的国家，所以俄国能够表现出而且势必表现出某些特殊性，这些特殊性当然符合世界发展的总的路线，但却使俄国革命显得有别于以前西欧各国的革命，而且这些特殊性到了东方国家又会产生某些局部的新东西。"② 对于俄国社会党人来说，尤其需要独立地探讨马克思的理论，因为它所提供的只是总的指导原理，而这些原理的应用具体

---

① 《列宁选集》第1卷，人民出版社1995年版，第274页。
② 《列宁选集》第4卷，人民出版社1995年版，第776页。

地说，在英国不同于法国，在法国不同于德国，在德国又不同于俄国。因此，俄国的法制建设必须立足俄国的基本国情和民族特色——俄国走上资本主义发展道路，但发展得极为不充分，生产力在总体上比较落后，发展极不平衡，因而势必长期存在多层阶梯式的经济结构；同时，俄国又是一个大量农奴制残存的落后的野蛮的军事封建帝国，工人阶级只占居民人口的极少数，因而同西欧发达国家相比，俄国还是一个落后的小农占多数的国家，是一个经济文化相当落后的国家。上述的特殊国情决定了俄国法律文化的落后性，沙皇专制制度的反动性，以及民主与法制传统广泛缺乏，建立社会主义法制文明的艰巨性，特别是如何提高广大人民群众自觉的社会主义法律意识，创设比资本主义更高的法律文化的历史任务十分艰巨。因此，批判旧世界、建立新世界的过程，仅仅依靠资产阶级法律是不行的，"批判的武器"决不能代替"武器的批判"，在俄国，要建立无产阶级专政，必须凭借暴力方式和革命手段，摧毁旧法制的约束。可见，立足于俄国基本国情的列宁主义法律思想必然具有民族性。

（二）列宁法律思想的时代性

列宁主义法律思想既是俄国民族精神的升华，又是时代精神的精华，符合时代的进步要求，抓住了时代的主题，回答了时代提出的迫切课题。19 世纪末 20 世纪初，人类社会进入了一个崭新的时代，即资本主义从自由竞争到垄断的发展时代。在这个新时代的条件下，无产阶级是新时代的中心，决定着时代的主要内容和发展方向，是新的生产方式的代表，即社会主义新的生产方式的代表，由此也就决定了这个新时代的国际社会的进程和基本方向只能是从帝国主义向社会主义的过渡。列宁站在时代潮流的风口浪尖上，运用马克思主义法学世界观批判第二国际严重泛滥的机会主义思潮，清除民粹主义思潮在人民群众中，特别是在青年知识分子和部分工人群众中的消极影响；同时，他揭露了剥削阶级法律的反动实质，把马克思主义法律思想同俄国无产阶级革命实践相结合，把反对帝国主义战争与变帝国主义战争为国内革命战争相结合，把合法斗争与"非法"斗争相结合，制定了俄国无产阶级反对资产阶级、封建贵族剥削和压迫的方针和策略，号召人民群众在革命条件尚未成熟时，必须团结一致，通过各种形式的斗争迫使统治阶级废除一些不利于工人阶级和农民群众的法律法令，保证工农大众在政治上和经济上最基本的生存权利。在长期的社会革命与实践中，把马克思主义发展到列宁主义，把马克思主义法律思想发展到列宁主义法律思想，揭示了在新的历史时期社会主义法制建设的基本规律——用革命手段摧毁资产阶级统治，摧毁整个资产阶级包括法律制度在内的国家制度及组织和运行机制，建立无产阶级的统治和法治秩序。

（三）列宁法律思想的实践性

与马克思恩格斯相比，列宁的法律思想的实践性，不仅体现在它对资产阶级所建立的旧秩序、旧法制的双重批判之中，而且还体现在它使马克思恩格斯创立的社会主义法律学说转入全面创立社会主义新秩序、新法制的前无古人的法律实践过程之中。因此，列宁的法律思想更具有直接现实性。十月革命胜利之后，列宁积极领导了社会主义法制的创建工作，运用法律手段为巩固新兴苏维埃政权和革命成果，展开了卓有成效的斗争；运用革命手段摧毁资本主义生产关系，为巩固无产阶级政权奠定了强大的物质基础；利用法律手段完成资产阶级民主革命的遗留任务，并在加强社会主义经济建设、政治建设和文化建设的过程中，有效地推进了社会主义民主法制建设。列宁所领导和从事的社会主义法律实践活动和探索精神为其他社会主义国家的法制建设积累了实践经验。

（四）列宁法律思想的创新性

马克思主义创始人在创立科学社会主义理论的同时也创立了社会主义的法律学说。由于历史条件的限制，他们的理论和学说只是对建立社会主义制度的轮廓式的粗线条的总体设想。这些特定物质生活条件下马克思主义创始人的天才设想，为列宁建立无产阶级的新政权、新秩序、新法制提供了科学的世界观和方法论的指导。然而，纵观列宁的整个法律学说和法律实践过程，强烈的时代感和历史使命感使列宁能够及时总结社会主义由理论转变为实践过程中正反两方面的经验教训，实现马克思主义法律思想的两次伟大超越。第一次是在十月革命前后提出的一国胜利论。列宁认为，由于资本主义从自由竞争发展到垄断阶段，帝国主义政治经济发展的不平衡性，及其各种矛盾的尖锐性，会在帝国主义世界体系的链条中出现某些薄弱环节，这就导致无产阶级革命可以在一国取得胜利，从而实现在一国内由资本主义制度文明向社会主义新型制度文明的跨越。十月革命的胜利，标志着这一历史性超越的完成。第二次是从战时共产主义政策转入新经济政策时期提出的"三位一体"的社会总体发展战略。在及时放弃战时共产主义政策，在全俄推行新经济政策的同时，列宁深入探索苏维埃俄国走向社会主义建设的特殊道路和规律，提出了"经济—政治—文化""三位一体"的社会总体发展新战略，实行政治制度和法律制度的一系列改革和创新，从而完成了马克思主义法律思想发展的又一次伟大的超越与创新。总之，列宁对于马克思主义法律思想的不断创新和自我超越的精神以及实现这种创新和超越的基本理论和方法，乃是列宁主义法律思想的最为宝贵的财富，对今天全面建设社会主义法律体系、全面建设社会主义法治国家具有借鉴意义。

三　继承和发展列宁法律思想的意义

列宁法律思想是马克思、恩格斯法律思想在俄国的全面实践和理论提升，尽管列宁已经去世 90 多年，但列宁主义及其法律思想依然是无产阶级政党领导本国人民进行无产阶级革命和社会主义建设，实现人类解放伟大事业的指导思想。尤其是新时期，全面建设中国特色社会主义法治体系，全面建设社会主义法治国家，继承和发展以保障人民民主、实施宪政、构建完善的法律体系、认真遵守和执行法律、实行权力监督制约、正确处理党法关系等思想为主要内容的列宁主义法律思想，具有重要的理论价值和实践参照。

（一）继承和发展列宁的人民民主思想，全面建设法治中国

列宁认为民主是一种国家制度，一切权力属于人民，是社会主义国家本质的具体体现。在社会主义国家中人民当家做主，广大的人民群众享有民主选举、民主决策、民主管理、民主监督的权利，如果没有了民主就没有社会主义，更谈不上社会主义法治国家的建设事业。因此，建设中国特色社会主义法治体系，建设社会主义法治国家，就应当坚持人民民主，以获得最广大的人民群众的支持。

中国古代的政治体制是君主专制，主权在君的思想根深蒂固。虽然，辛亥革命后人们的民主观念逐渐形成，但此时的主权掌握在官僚资产阶级手中，人民群众仍然没有参与管理国家的权力。新中国成立后，《中华人民共和国宪法》明确规定了以工人阶级为领导的、以工农联盟为基础的广大人民群众对国家的领导地位；规定了国家的一切权力属于人民；规定了全国人民代表大会和地方各级人民代表大会是人民群众参与国家管理的机关；规定了民主集中制的原则；规定了各民族、全体公民一律平等的原则等。同时《选举法》还规定了人民选举国家政权的原则和程序，其他的各种法律也规定了政府依法管理国家的原则和人民享有监督政府的权利。真正实现了人民当家做主和主权在民。特别是在改革开放后，随着《行政诉讼法》的"民告官"成为人们处理与政府纠纷的一个重要途径；国家调控一切的计划经济转变为给人民当家做主提供真实经济基础的市场经济；文化市场由文艺只为政治服务的不正常形态真正转变为大众的文化，人民的民主权利得到进一步保证。然而在当代中国社会，封建观念仍然存在于某些政府官员和老百姓的思想中，某些不合理的制度还在限制着人民当家做主的权利，破坏民主的事情还在不时发生，影响了全面建设中国特色社会主义法治体系，全面建设社会主义法治国家。因此，时至今日我们依然要坚持列宁有关保证人民参与国家管理的权利的理论原则。

其实，保障人民群众的权益是无产阶级政党及其指导思想一贯坚持的基本原则。马克思恩格斯在《共产党宣言》中强调："过去的一切运动都是少数人的或者为少数人谋利益的运动。无产阶级的运动是绝大多数人的、为绝大多数人谋利益的独立的运动。"① 列宁更是将"人民的利益是最高的法律"这一原则贯彻到苏维埃俄国的社会主义建设事业中，强调宪法（法律）要保证全体公民参加国家的管理，认为这是实现人民民主的前提条件。党的十七大把"扩大人民民主，保证人民当家做主"作为坚定不移发展社会主义民主政治的首要任务。党的十八大指出，"继续推动科学发展、促进社会和谐，继续改善人民生活、增进人民福祉，完成时代赋予的光荣而艰巨的任务"。党的十八届四中全会更是提出了"坚持人民主体地位"，全面推进依法治国的基本要求。2016 年 7 月 1 日，习近平总书记在庆祝中国共产党成立 95 周年大会上的讲话中再次强调"人民是历史的创造者，是真正的英雄。……全党同志要把人民放在心中最高位置，坚持全心全意为人民服务的根本宗旨，……尊重人民主体地位，保证人民当家做主，是我们党的一贯主张"。社会主义法律应当反映最广大人民的根本利益和共同意志，社会主义法治建设的根本目的就是要实现好、维护好、发展好最广大人民的利益。

（二）继承和发展列宁的构建完善的法律体系思想，全面建设法治中国

列宁在领导无产阶级夺取政权后，认识到应当依靠法律来治理国家，不仅要利用现有的法律，而且还要制定新的相应的法律。新时期，全面推进依法治国，同样也需要完善的具有中国特色的社会主义法律体系作为前提和基础，以保证国家和社会生活各方面有法可依。尽管吴邦国委员长在十一届全国人大四次会议第二次全体会议上宣布中国特色社会主义法律体系已经形成。但中国处于社会转型期，新情

---

① 《马克思恩格斯选集》第 1 卷，人民出版社 1995 年版，第 283 页。

况、新问题、新现象、新挑战不断出现，只有不断地完善中国特色社会主义法律体系，才能确保中国繁荣富强和长治久安。

首先，坚持民主立法，构建完善的法律体系，推进法治中国建设。列宁认为民主作为一种工作方法，则是以少数服从多数的原则制定法律、拟定政策，这是民主立法的核心要义。所谓的民主立法，就是立法的主体是人民，立法的原则和程序都是民主的。我国是人民当家做主的社会主义国家，国家的主人是广大的人民群众，一切权力属于人民。坚持民主立法，构建完善的法律体系，才能有效地推进法治中国建设。要求国家最高机关代表人民行使立法权，立法机关应当遵循民主程序进行立法，确保全体人民群众参与法律法规的草案的讨论、修改，最大限度地发扬社会主义民主。其次，坚持科学立法，构建完善的法律体系，推进法治中国建设。科学立法就是立法者的主观认识符合客观实际，这是共产党科学执政、科学决策的必然要求，也是提高立法质量的必然要求。按照列宁科学立法原则，进行科学立法要做到立法应与中国国情相结合、立法应与社会实践相结合，科学合理地规定权利与义务、权力和责任。换言之，科学立法的过程就是要根据中国的国情和社会发展的基本要求，通过对各种利益进行有效的取舍和协调，将社会主义国家和人民所认可的利益上升为法律利益，使之法律化、制度化、规范化，并对各种权利和义务或权力与责任加以设定。再次，坚持党领导立法，构建完善的法律体系，推进法治中国建设。坚持党领导立法是中国特色社会主义法制建设的根本要求，也是列宁主义法律思想的基本主张。列宁认为："我们的党是一个执政党，党的代表大会所通过的决定，对于整个共和国都是必须遵守的。"① 十月革命胜利后，列宁以实物税代替余粮收集制的有关决议，以及以后的许多法令、法规，甚至国家宪法，都是先在党的代表大会通过议（提）案，再提交中央委员会和人民委员会仔细研究具体内容和具体形式，最后制定相应的法律。由此可见，党的政策是社会主

---

① 《列宁全集》第41卷，人民出版社1986年版，第55页。

义法律的一个重要依据，而法律是党的政策的具体体现。党的十八届四中全会提出的在中国共产党领导下全面推进依法治国，正是对列宁这一思想的继承和发展。最后，坚持法制统一的原则，构建完善的法律体系，推进法治中国建设。防止法出多门是列宁十分重视的重要原则。列宁反复强调苏维埃俄国的法制应当是全俄国甚至是全苏维埃共和国联邦统一的法制，如果不能确定全联邦法制的统一也就谈不上维护文明制度。我国在进行社会主义法制建设过程中，应当继承列宁的这一思想，坚持立法的连贯性、程序性、科学性和民主性，维护国家法制统一。

（三）继承和发展列宁的法律权威思想，全面建设法治中国

在社会主义制度下，"法律至上"其实就是人民的意志至上，就是根据广大人民群众的共同意志制定的宪法法律至上。列宁十分重视维护宪法法律的权威，强调必须恪守苏维埃政权的法律，反对任何形式的法外特权。中国共产党人继承了列宁维护宪法法律权威的思想，多次指出"我们要在全国坚决实行这样一些原则：有法必依，执法必严，违法必究，在法律面前人人平等"。① 要实施"建设中国特色社会主义法治体系，建设社会主义法治国家"的战略，就应当切实维护宪法法律的权威，要让宪法和法律在国家和社会生活中享有崇高的威望，在调控社会生活方面发挥基础和主导的作用。首先，维护宪法法律的权威，推进法治中国建设。人民的利益是最高的法律。社会主义国家的一切权力属于人民，国家制定宪法和法律最根本的目的是确认和保障最广大人民群众的根本利益。宪法是国家的根本大法，宪法的主要功能就是以最高的法律效力宣布并保证人民群众的利益。新中国成立后，我国秉承了列宁关于人民的利益是最高的法律的思想，通过人民代表大会制定的宪法法律将人民的意志和利益上升为国家意志，确保了人民当家做主的地位。现在人民群众对法治讨论和担心较多的

---

① 《邓小平文选》第 2 卷，人民出版社 1994 年版，第 254 页。

就是宪法和法律的权威会受到其他方面的挑战，法律得不到严格的执行和遵守。因此，树立宪法和法律的权威是我国建设法治国家的必然要求。其次，维护执法部门的权威，推进法治中国建设。法律的权威性不仅体现在法律的制定上，也体现在法律的执行中。列宁曾强调，如果已经制定的法律不能认真地执行，那么它很可能完全变成儿戏。目前，我国社会主义法治建设中取得了令世人瞩目的成就，执法机关通过依法打击违法犯罪、维护社会稳定以及化解社会各类纠纷促进社会和谐等方面工作，使国家制定的法律得到贯彻实施，有力地维护了法律的权威与尊严。然而近年来，个别拥有执法权的部门机关在行使权力的过程中存在一些违法现象，影响了人民群众对执法机关的公信度和满意度。对此，需要进一步规范执法行为，完善执法机制，切实解决执法不严、司法不公等问题，从根本上抓好执法规范化建设，从观念和制度上解决影响执法公正和文明执法的突出问题，从而进一步增强和保障执法部门的权威。同时，要提高广大人民群众法律意识，使社会主义法律得到广大人民群众的认可、理解和遵守，法律的权威和尊严才能得到保障。最后，坚持党在法下，推进法治中国建设。共产党作为执政党，不可避免地会碰到如何正确处理党的政策与法律的关系的问题。对此，列宁曾提出了党代会不能制定法律、党组织不能代替苏维埃，要求执政党必须在宪法法律的范围内活动的重要思想。毛泽东也说："政策是革命政党一切实际行动的出发点，并且表现于行动的过程和归宿。一个革命政党的任何行动都是实行政策。不是实行正确的政策，就是实施错误的政策；不是自觉地，就是盲目地实行某种政策。"① 中国共产党一向重视制定和实施政策。在革命和建设时期党制定的政策都曾经发挥了巨大的作用。在新的历史条件下更要把党的路线、方针、政策制定好、贯彻好、落实好。但在依法治国的背景下，仅仅依靠政策远远不能满足国家治理的时代的要求，还必须实现以政策为主向以法律为主的转变，使党在宪法和法律规定的范围

---

① 《毛泽东选集》第4卷，人民出版社1991年版，第1286页。

内活动，以显示宪法和法律的权威。

（四）继承和发展列宁的权力监督制约机制思想，全面建设法治中国

"一切有权力的人都容易滥用权力，这是一条万古不变的经验。有权力的人们使用权力一直到有界限的地方才休止。"① 列宁在带领苏俄人民进行社会主义建设的过程中也深刻认识到防止权力滥用和异化重要性，并就如何建立有效的权力监督制约机制进行了积极的理论和实践探索，为我国实行法治、防止权力腐败提供了重要的理论指导和实践借鉴。首先，完善党内的权力监督制约机制，推进法治中国建设。十月革命胜利之后，俄共（布）成为了俄国的执政党，列宁为了打击腐败现象，巩固党的领导地位，积极探索了党内监督制约机制，提出了执政党自我监督思想，并通过党章赋予和确定了中央监察委员会独立行使监督同级党组织及其领导者的特别权力。时至今日，列宁的这些关于党内监督制约机制的探索，仍然具有指导我党加强对自身权力监督制约制度建设的重要价值。中国共产党是我国的政治核心，作为执政党领导着中国社会主义建设事业的发展前进，对国家机关具有领导和监督的权力与责任，以保证国家机关活动的社会主义方向。党对其内部的党员干部的监督制约是防止党内腐败现象滋生，树立和维护党在群众中良好形象必不可少的措施。因此，中国共产党建立和完善党内自身的监督制约机制，对于我国成功建立权力监督制约机制具有决定性作用。其次，健全人民对权力的监督制约机制，推进法治中国建设。群众是监督制约公权力的主力军，列宁十分注重发挥广大人民群众对国家机关及其工作人员行使公权力时的监督作用。我国《宪法》第四十一条也明确规定了"中华人民共和国公民对于任何国家机关和国家工作人员，有提出批评和建议的权利；对于任何国家机关和国家工作人员的违法失职行为，有向有关国家机关申诉、控

---

① ［法］孟德斯鸠：《论法的精神》，许明龙译，商务印书馆2009年版，第154页。

告或者检举的权利，但是不得捏造或者歪曲事实进行诬告陷害"。由此可见，广大人民群众监督是我国监督体系中不可缺少的组成部分，是其他监督机制的基础，是人民实现当家做主的民主权利的重要内容。依法保障人民群众和社会团体组织对权力进行监督和制约的各种形式与途径，是建立和完善人民群众监督制约权力机制的重要任务。一方面，建立健全人民群众对公权进行监督和制约的法律制度保障。另一方面，依法保障和发挥社会舆论对权力的监督制约功能，主要是新闻舆论对权力的监督制约作用，切实保障人民群众对权力的有效监督。最后，完善权力监督制约机制中的法律监督制度，推进法治中国建设。法律是监督制约党和国家机关公权力的有效武器。中国在建设社会主义法治国家的过程中，必须继承列宁这一重要思想，加强法律对权力的监督制约作用。全面建设法治国家，不仅要有完善的法律制度，还要有行之有效的法律监督体系，实现以法制权。只有实行严格的法律监督，才能真正树立宪法和法律的权威，才能维护法制的统一和尊严，才能切实保证公民的合法权利。在我国目前的法治实践中，只有当人们确信法律可以限制、制约权力，人民才能尊敬和拥护法律，否则就会让人民群众丧失对法治的信心，就会丧失实行依法治国战略的重要主体。因此，我们应当尽快完善法律监督体系，把法律监督与党内监督、群众监督和舆论监督相结合，从而有效制约公权力，防止权力滥用，严厉打击腐败。要建立完善的权力监督机制，使党的执政权力、国家行政机关的行政权、司法机关的司法权都能得到有效的监督；要加强对行政主体行使行政行为的法律监督制约作用，促使其坚持依法行政。要保障司法机关独立公正，使在依法追究党和国家机关及其工作人员的法律责任，尤其对其中违法乱纪、滥用职权的领导干部进行严厉制裁的过程中，能够有力保证对权力的监督制约。当然，进行法律监督的过程中应当遵循坚持依法监督原则、民主监督原则、坚持权力制约原则以及讲求实效原则。

总之，列宁在领导世界上第一个社会主义国家进行社会主义法治建设中，第一次对社会主义历史条件下法律的生成与维系作了比较系统的阐述。由于当时国际与国内因素的影响，列宁主义法律思想难免带有一定的局限性，但列宁主义法律思想所蕴含的丰富内容对中国特色社会主义法治体系的构建，社会主义法治国家的建设依然具有重要的启迪意义。

第八章

苏联社会主义法制建设的成就和失误

苏联（由于本书已将列宁的法律思想作为一个独立部分进行论述，所以这里的苏联不包括列宁时期）社会主义法制建设分为斯大林时期和后斯大林时期两个阶段。从整体看，苏联社会主义法制建设与其领导人的成长经历、政治地位、社会状况和国际环境分不开。本章主要从制度的理论构建和实践推进两个层面讨论苏联社会主义法制建设的成就和失误，从中理出斯大林模式对社会主义法制建设的影响，以及对我国的法治建设提供的借鉴。

一　斯大林法律思想形成的历史背景

斯大林执政时期，资本主义世界处于经济危机时期，资本主义阵营内部、资本主义与殖民地半殖民地人民之间的矛盾重重。苏联则作为世界历史上第一个社会主义国家不断崛起，并与以美国为首的资本主义阵营形成对峙。然而，时至的苏共党内各种观点、各派势力之间的矛盾也表面化、明朗化。在这样一个大背景下，斯大林担负起历史赋予的重任，擎起社会主义伟大旗帜，与各种矛盾开展了卓绝的斗争，在发展和捍卫马克思列宁主义，维护和推进社会主义经济政治和文化建设的过程中，形成了斯大林的法律思想，在苏联的卫国战争（"二战"）和社会主义建设中发挥了重要的作用。

（一）世界无产阶级革命转入低潮

十月革命胜利的影响下，欧洲许多国家爆发了无产阶级革命和民主革命，东方殖民地、半殖民地国家也爆发了民族民主革命，掀起了世界革命运动的高潮。但是，从1919年秋天起，各国无产阶级革命的发展开始转入低潮并渐趋消退。相反，此时的资本主义世界出现了一些新变化，英、法、美等国家逐渐摆脱危机，相继进入了相对稳定的发展时期，而且在武装干涉苏俄失败后，这些国家暂时不再企图凭借武力颠覆和扼杀苏联，转入对社会主义阵营的西化、分化的新战略时期。

国际局势的一系列新变化意味着社会主义革命在多国的胜利不可能在短期内实现，苏联不可能依靠世界革命或欧洲革命来巩固自己的社会主义阵地。在一个较长的时期内，苏联将是处于世界资本主义包围下的唯一的无产阶级专政的社会主义国家。布尔什维克面临着是继续推进世界革命？还是靠自己的力量独自建设社会主义？处于资本主义包围之中的苏联能不能依靠自己的力量单独在一个国家内建成社会主义？一个国家单独进行社会主义建设的前景如何？一系列时代课题，以斯大林为首的苏共必须对这些难题做出自己的回答。斯大林追随列宁及无产阶级伟大事业，认为俄国单独一国可以首先夺取政权，建立工兵代表苏维埃，俄国革命的胜利将激起西方无产阶级进行夺取政权的斗争，而西方无产阶级革命的胜利也会给予俄国大力支援，使俄国取得社会主义最终胜利。当世界无产阶级革命转入低潮时，斯大林也认同列宁的"一国胜利论"并致力于"一国社会主义"建设。

（二）国际"冷战"对峙格局对斯大林的影响

国际"冷战"对峙格局起于20世纪20年代，一直持续到80年代末90年代初。尽管1925年世界承认了苏联，但以英、法、美为代表的资本主义国家依然对苏联持敌对的立场。尤其是美国，在整个20年代，不仅在外交上拒绝承认苏联，而且阻挠其他国家与苏联改善外交关系，企图在世界上弱化苏联。如美国对苏英两国的贸易谈判及关系的破坏、美英联合通过对德国的政策影响达到对苏联孤立，以及阻止亚非拉国家与苏联的结盟等。尽管这一时期未爆发大规模反苏战争，但英美对苏联的敌视行为并未停止，国际上反苏高潮迭起。1927 年，苏联多个驻外使馆和商务机构受到袭击，5 月英国同苏联政府断绝外交关系，6 月苏联驻波兰大使被刺身亡，等等。这一时期，西方资本主义世界与苏联的持续紧张关系，使斯大林始终具有一种迫切的危机感和严重的孤岛意识。第二次世界大战期间，苏联付出了惨重代价，本希望在战后能以最大的精力恢复和发展经济，并在经济上与美国继续合作，然而这仅仅是一厢情愿。此时的美国为了全球霸权主义的需要，下定决心与苏联走向公开对抗。加之，战后社会主义制度的吸引力和苏联的国际政治影响力都是西方资本主义国家不愿看到的。1946 年 3 月，英国首相丘吉尔在美国的富尔敦发表演说，攻击中东欧大陆已经"被苏联用铁幕笼罩起来"，呼吁英美结成联盟，有效遏制苏联的扩张，这场演说正式拉开了东西方"冷战"的序幕。随着"冷战"阴云的进一步加重，斯大林开始强调帝国主义战争的不可避免性和两种制度对立和斗争的不可调和性。1947 年苏联拒绝参加马歇尔计划，苏联与美国的关系完全破裂。世界最终形成了以苏美为首的两种体系、两个阵营和两个对立的经济集团和军事集团的全面对峙。"冷战"的对峙局面势必影响斯大林对苏联及社会主义阵营中各国经济联系路径和经济发展方式的判断。如何保证苏联本国安全和既得利益，同时保证新解放的人民民主国家不被帝国主义颠覆，成为斯大林关心的重要问题。1952 年，斯大林在《苏联社会主义经济问题》中明确提出了世界已形成两个平行市场的论断。这一论断在一定程度上解决了社会主义国家的生存问题，但不能解决社会主义国家的发展问题，也给苏联和其他社会主义国家造成了负面影响。

（三）1929—1933 年世界性资本主义经济危机

1929—1933 年，资本主义世界爆发了有史以来持续时间最长、波及范围最广、破坏最严重的经济危机。经济危机的爆发对资本主义世界造成了巨大影响，资本主义的岌岌可危、资本主义政府的新变化及苏联社会主义建设的成就增强了斯大林的信心。据统计，危机期间整个资本主义世界的工业生产下降 40% 以上，几乎倒退到 19 世纪末 20 世纪初的水平。严重的经济危机激化了社会矛盾和阶级矛盾，大规模的罢工运动不断发生，资本主义制度面临巨大的危机。

在西方世界面临巨大危机之时，苏联则向全世界表明，社会主义制度拥有巨大的活力和潜力，并为人类开创了新的通向未来的道路。1928 年，苏联开始实行发展国民经济的第一个五年计划，并只用了四年零三个月的时间就顺利完成。随着第一个五年计划完成，苏联的经济、政治和军事实力不断增强，国际地位有了很大提高，对比资本主义经济危机的频发及危害，苏联集中国家财力物力进行工业建设的计划经济显示出独特的优越性，让计划经济备受关注。西方一些有识之士也对计划经济给予了研究，如美国经济学家弗·曼·泰勒。同时，苏联显示出的生命力有力地证明了社会主义制度的优越性，使人们自然而然地将苏联的发展与繁荣等同于社会主义制度，而把社会主义制度等同于"指导性计划"，进而使以"指导性计划"为核心的斯大林主义作为社会主义发展的标准路径在社会主义国家推行就成了必然。

（四）第二次世界大战阴云来袭

经济危机使国际政治经济形势发生了根本性变化，使一些国家的法西斯主义开始滋生，为转嫁危机，德国、日本及意大利等国家的民族沙文主义和军国主义情绪迅速发展，国家经济日益转向军事化。在亚洲，日本军国主义发动了蓄谋已久的侵华战争。在欧洲，希特勒法西斯逐步走上了对内实行恐怖统治，对外扩张的道路。并对美国和欧洲的安全构成了现实的威胁。在帝国主义包围下，在战争的现实威胁下，斯大林提出了苏联应当采取一切措施保障国家以防止突然的事变。其实，战争对于斯大林是挥之不去的阴云。斯大林认为处于资本主义包围之中的第一个社会主义国家要生存下来，必须要自己武装自己，尽快建立自己足够强大的经济和国防。早在1925年，斯大林在联共（布）第十四次代表大会上就提出："把我国从农业国变成能自力生产必需的装备的工业国——这就是我们的总路线的实质和基础。"① 由于处于资本主义包围和随时可能爆发的反苏战争的威胁，联共（布）多数领导人是支持斯大林基于备战而确立的经济发展战略的。第二次世界大战的胜利，证明了重工业是苏联国防力量和武装部队强大的基础，也证明了斯大林的建设社会主义思想正确性，这也为斯大林主义的形成提供了现实支撑。

（五）社会主义从一国向多国发展

在第二次世界大战后，国际共产主义运动取得了辉煌胜利，社会主义由一国走向了多国，特别是中国革命的胜利，进一步改变了国际力量的对比，扩大了社会主义的影响，一度形成了世界社会主义高歌猛进的大好形势。一系列社会主义国家和人民民主国家的胜利造成的革命形势鼓舞了斯大林。苏联也积极地援助东欧和亚洲新生的社会主义政权，积极促进社会主义国家和人民民主国家的联合。1947年苏联和东欧各人民民主国家同法国、意大利共产党和工人党成立欧洲九国共产党工人党情报局；1949年1月苏联与保加利亚、匈牙利、波兰、罗马尼亚、捷克斯洛伐克共同决定成立经济互助委员会（以下简称经互会）。1950年2月11日，斯大林与毛泽东在莫斯科签署了为期30年的《苏中友好同盟互助条约》。

社会主义多国的胜利大大增强了社会主义的力量，苏联不再仅仅依靠自身的力量与西方世界对垒，而是依靠联合起来的社会主义阵营的力量来反对西方资本主义阵营。事实上，由于特殊的国际背景和国内发展情况，许多社会主义国家先后在苏联的支持下，取得社会主义革命胜利和社会主义建设的巨大进步。对此，斯大林也作了评价，他

---

① 《斯大林全集》第7卷，人民出版社1958年版，第294页。

认为"这个合作的经验表明，没有一个资本主义国家能像苏联那样给予各人民民主国家以真正的和技术精湛的帮助。问题不仅在于这种帮助是极度便宜的，技术上是头等的。问题首先在于这种合作的基础，是互相帮助和求得共同经济高涨的真诚愿望。结果，在这些国家中便有了高速度的工业发展。可以满怀信心地说，在这样的工业发展速度之下，很快就会使得这些国家不仅不需要从资本主义国家输入商品，而且它们自己还会感到必须把自己生产的多余商品输往他国"。① 所有这一切无疑更加坚定了斯大林对其关于社会主义建设的理论信心。

（六）1923 年初的苏联党中央内部斗争

1923 年初列宁因第三次中风基本失去了工作能力，托洛茨基、季诺维也夫（和加米涅夫）与斯大林三派的矛盾在失去列宁权威的压制和调和后不可避免地暴露并逐步激化，围绕着关于苏联社会主义发展路线的争论，展开了苏联最高领导权的斗争，这一争论的结果最终形成了以斯大林为首的苏联最高领导核心。

在这三个派别中，托洛茨基担任苏联陆海军人民委员，掌握着军队，在工人和普通党员群众中依然享有很高威信，托洛茨基本人始终以不参与苏联政权建设及实际的国家管理工作的方式，保持其"独立于"中央领导人群体的姿态和反对派政治领袖旗帜的形象，以获得党内反对派的支持，谋求通过政治斗争夺取最高领导权及在党内确立自己的思想路线。季诺维也夫是共产国际执行委员会主席和彼得格勒苏维埃主席，掌握共产国际组织和彼得格勒党组织，加米涅夫是苏共中央政治会议执行主席、苏联人民委员会第一副主席（列宁病逝后实际代理主席职权）和莫斯科苏维埃主席，掌握莫斯科党组织，之后的斗争历史证明，这两人能够也确实发动了彼得格勒和莫斯科的党组织力量支持自己在党中央的活动。斯大林担任党的总书记，尽管党的总书记不是党中央最高领导职务，这一职务拥有对党中央委员会以下全党

① 《斯大林文选》下，人民出版社 1962 年版，第 594—595 页。

各级委员会机关的领导及中央委员会的人事任命和组织权力。列宁出于加强党的统一、整顿党的秩序以及在中央机关内对抗托洛茨基势力的需要支持斯大林。[①] 可见，季诺维也夫、加米涅夫和斯大林在党中央委员会内并称"三驾马车"，但三人中并没有人享有比其他人更高的威望和影响力。在这三个派别中，托洛茨基始终是列宁的反对者，有自己的思想路线主张——世界革命、工人民主和快速工业化等；季诺维也夫虽和斯大林一样，坚持列宁的路线，但斯大林在关于欧洲革命的形势上更加务实和谨慎。

1923 年爆发了围绕德国可能出现的革命形势以及 1923 年由于新经济政策造成的工业发展困难的托洛茨基一派与季诺维也夫、斯大林两派间的斗争。1923 年 1 月，协约国赔偿委员会认为德国没有履行战败赔偿义务，法国和比利时出兵强行占领了德国的经济中心鲁尔工业区，致使德国陷于经济崩溃和社会动荡边缘。形势表明德国有可能、有条件爆发无产阶级革命。季诺维也夫领导的共产国际为此通过了决议，要求对德国共产党提供积极的支持，并将俄国革命和苏维埃政权视为支援、推动，以扩大欧洲"即将"到来的革命形势的物质手段，遭到了托洛茨基一派的反对。1923 年，新经济政策对农民做出的让步造成城市工厂资金短缺，工厂生产难以为继，工人收入减少，生活水平下降，工人阶级的不满情绪与日俱增。相反，城市资本主义经济因素"死灰复燃"，出现了新的剥削现象，全国多地爆发了政治危机。对此，托洛茨基批评中央不采取他的加强对农民的剥夺以快速实现工业化的政策，一些支持托洛茨基的党的著名活动家如布勃诺夫、安东诺夫·奥弗申柯、皮达可夫和穆拉洛夫等人，向政治局递送了一份联名签署的《致中央政治局的信》，即所谓"46 人声明"，对中央的工作和政策提出发难。1923 年 10 月下旬，党中央委员会和中央监察委员会全会以压倒多数的优势谴责了托洛茨基和 46 位联合

---

① ［俄］斯维亚托斯拉夫·雷巴斯、叶卡捷琳娜·雷巴斯：《斯大林传——命运与战略》上，吴昊等译，上海人民出版社 2014 年版，第 372 页。

署名人的行为。同年 12 月，托洛茨基再次给党中央委员会写信，坚决主张"严厉、明确地谴责党的机关内的形式主义和官僚主义分子"，要求党的方针"向工人民主的方向"转变。随后又在《真理报》上发表了他的《新方针》掀起了广泛的党内争论。辩论的结果还是党中央委员会的路线获得胜利。1924 年 1 月 21 日，列宁去世，同年 6 月，托洛茨基在共产国际第五次代表大会上做了题为《十月的教训》的演讲，提出他自己才是十月革命的主要负责人，抨击季诺维也夫和加米涅夫在十月革命期间的退缩行为，以及由于他们的错误政策导致了 1923 年德国共产党人活动的失败。1925 年 1 月，党中央全会决议斥责托洛茨基的文章《十月的教训》为"共产主义的冒牌货"，并解除了托洛茨基的革命军事委员会主席和陆海军人民委员的职务，保留其政治局委员职务。至此，托洛茨基与季诺维也夫和斯大林之间的斗争趋于结束。

随着托洛茨基趋于沉默，季诺维也夫和斯大林的分歧和矛盾日益凸显。在 1924 年 5 月底党的第十三次代表大会召开前夕，斯大林在《真理报》上发表了自己的讲稿《论列宁主义基础》，文中他首次提出了在一国范围内建成社会主义的可能性，并就列宁的思想提出了他自己的解释。不可避免地与一向将自己视为列宁的思想的继承人和解释人的季诺维也夫发生冲突。1925 年 4 月召开的党的第十四次代表大会通过了政治决议，斯大林关于一国首先建成社会主义的思想，以及苏联已经可以迅速从恢复战前工业化向实现工业化前进的观点得到了党内的支持。6 月，季诺维也夫出版了自己的小册子《列宁主义》，指出从列宁主义观点来看一国建成社会主义的理论是错误的。随后，由季诺维也夫领导的列宁格勒党组织也向党中央委员会提出尖锐批评。[①] 党的十四大之后，党中央委员会向列宁格勒派出了一个代表团，召开了列宁格勒州的党代表会议，作为季诺维也夫主要反对者的布哈

---

① ［俄］斯维亚托斯拉夫·雷巴斯、叶卡捷琳娜·雷巴斯：《斯大林传——命运与战略》上，上海人民出版社 2014 年版，第 402 页。

林做了报告，免去了季诺维也夫的列宁格勒党组织的领导职务，代之以斯大林的支持者基洛夫。此时的季诺维也夫虽然保留了政治局委员和共产国际主席的职务，但已不再掌握列宁格勒党组织巨大资源的实权，失去了独自参与中央内部斗争的依靠力量。随之而来的便是布哈林派和斯大林派之间的分歧和矛盾的暴露和尖锐化。

实际上，布哈林与斯大林之间的矛盾，不同于前面三派间的权力斗争，而是围绕1926年后苏联发展战略的看法展开争论。斯大林关于苏联发展战略的思想是在列宁逝世后逐步发展起来的，符合当时苏联政治和社会历史条件，正确估计到了苏联即将面临的国际政治局势的变化。斯大林最终选择依靠党政官僚队伍对农村实行"农业集体化"强制改造，在此基础上快速推进基础工业、重化工业和国防军工业的发展。并由"基洛夫被刺"案件发动了"大清洗"运动，使国家政治保卫系统对党政官僚系统和军队形成了巨大压力和威慑力，从而加强了斯大林的权力核心地位。第二次世界大战（卫国战争）结束后的国家重建工作使斯大林式政治权力结构得到进一步加强。

综上所述，斯大林的最高权威，一方面基于其自身作为最高领导人的地位和其掌握的实际权力；一方面来自其与政治权力结构体系内部各权力集团的关系。斯大林的最高权威最终形成斯大林主义，而斯大林主义必然影响斯大林时期乃至后斯大林时期的苏联法制建立与发展。

二　斯大林法律思想的主要内容及评析

约瑟夫·维萨里奥诺维奇·斯大林，1879年12月18日出生于格鲁吉亚哥里城的一个农民之家。父亲的粗犷暴烈、反复无常和家庭暴力，使斯大林从小就养成了一种反抗精神和暴力倾向。母亲的坚强勤惠、质朴诚实、娴静开通而又笃信宗教，对斯大林的影响很大。在母亲的坚持下，斯大林进了东正教小学和中学。在求学的同时，斯大林阅读了大量的书籍，既包括流行的经典名著，特别是一些充满反抗精神的文学作品，也包括禁书范围内的马克思、恩格斯、列宁的著作。周围的环境和民族氛围对斯大林也产生了很深的影响，格鲁吉亚人粗犷暴躁、豪放好客、富于幻想、脱离实际的特点，在斯大林身上时时体现，同时也使斯大林和周围的任何人一样具有了深厚的社会使命感。1898 年加入社会民主工党。1899 年因从事马克思主义的宣传被开除学籍，从此走向职业革命的道路。1901 年 3 月—1917 年 2 月革命先后被捕 7 次，流放 6 次。在此期间他并没有放弃革命。1912 年 1 月，在党的第六次代表会议上当选为布尔什维克党中央委员会委员，具体负责俄国中央局的工作，成为列宁主义的坚定的拥护者。1917 年二月革命后，斯大林从流放地回到彼得堡，主持《真理报》的工作，在党的第七次代表会议上当选为中央政治局委员。十月革命胜利后，担任民族事务人民委员、国家监察部人民委员等职务。在 1918—1920 年外国武装干涉和国内战争期间被派往战争前线工作。1922 年，在党的第十一次代表会议上当选为苏共（布）中央委员会总书记。1924 年 1 月列宁逝世后，成为苏联党和国家的最高领导人。1924—1953 年，在复杂的国内环境下，领导苏联人民完成了工业、农业、商业的社会主义改造、完成了工业化和农业集体化；在国际资本主义的包围和封锁下，领导苏联人民克服层层困难，实现了卫国战争以及反法西斯战争的胜利，并为苏联人民赢得了国际声誉。最终把一个经济文化落后的农业国家变成为先进的工业国家。1953 年 3 月 5 日病逝。

斯大林对苏联的革命和建设事业做出了巨大贡献，同时也犯了许多错误，特别是在搞个人集权、肃反运动的扩大化、践踏社会主义法治以及大肆推行苏联模式等方面的错误，给苏联和其他社会主义国家造成严重的负面影响。所以，对其思想理论，包括法律思想应一分为二地看待。

（一）斯大林关于"一国建成社会主义"的思想

19 世纪末 20 世纪初，列宁根据帝国主义时代经济政治发展不平衡的规律，提出了"一国胜利论"。列宁逝世后，联共（布）党内围绕苏联一国能否建成社会主义的问题展开了激烈争论。以托洛茨基、季诺维也夫、加米涅夫等为代表的反对派教条式地死守马克思、恩格斯"同时胜利"的结论不放，否定苏联一国建成社会主义的可能性和现实性，坚持"不断革命论"。对此，斯大林明确提出一国可以建成社会主义的理论。1924年12月，斯大林在《十月革命和俄国共产党人的策略》中指出："在其他国家（即使这些国家的资本主义比较发达）还保存着资本主义的情况下，社会主义在一个国家（即使这些国家的资本主义不太发达）内胜利是完全可能的，是可以肯定的。"① 这一理论后经斯大林反复论证，不断丰富和发展为一国建成完全的社会主义社会和共产主义社会的理论。首先，斯大林论述了苏联建成社会主义与社会主义的最终胜利的区别，指出"在苏联建成社会主义的问题是战胜本'民族'资产阶级的问题，而社会主义的最终胜利问题是战胜世界资产阶级的问题"。② 因为，社会主义在一国胜利包括在国内社会主义可能在一个国家内胜利，和在国际社会主义的最终胜利使国家免除武装干涉和旧制度的复辟，从而战胜世界资产阶级两个层面。当然，这需要有其他国家无产阶级革命的胜利及其支持。在《俄共（布）第十四次代表会议的工作总结》中，斯大林还指出："各国工人对我国革命的支援，尤其是这些工人的胜利，即使在几个国家内的胜利，是完全保障第一个获得胜利的国家免除武装干涉和复辟行动的必要条件，是保证社会主义最终胜利的必要条件。"③其次，斯大林阐明了"一国建成社会主义"的条件，认为一国建成社会主义需要国内和国际两个条件，在国内要组织起包括工业和农业在内的国民经济体系，在国际要摆脱战争的泥潭，全身心地投入国内建设。苏联建立的苏维埃政权为建成社会主义提供了政治基础，如果处理好工业和农业的关系，也就为建成社会主义打下了坚实的经济基

---

① 《斯大林选集》上卷，人民出版社1979年版，第285页。
② 同上书，第512页。
③ 同上书，第342页。

础，但和平稳定的国际环境也十分重要。第一次世界大战以后，帝国主义与殖民地、附属国之间的矛盾，帝国主义国家内部无产阶级与资产阶级的矛盾，极有可能形成一个苏联社会主义政权能够与世界资本主义和平共处的国际环境，为苏联赢得一个能够推进社会主义建设的相对和平的"喘息"时期。苏联要抓住这一机遇建设社会主义。最后，提出"一国建成社会主义"的标准。斯大林认为苏联无产阶级依靠本身的力量战胜本国的资产阶级就是建成社会主义。也就是说，在政治上战胜资产阶级，消灭剥削阶级和剥削制度，建立无产阶级专政；在经济上战胜资产阶级，消灭资本主义生产关系，建立社会主义经济基础。前者在苏联已经实现，现在要实行农业和工业的结合，以建成社会主义，巩固苏维埃政权。总之，斯大林"一国建成社会主义"理论是对马克思、恩格斯关于无产阶级革命和社会主义建设理论的继承和发展，也是对列宁"一国胜利论"的创造性发挥和合理运用。

（二）斯大林关于苏联宪法的思想

十月革命胜利后的第二天，苏维埃政权就通过了《土地法令》，宣布废除地主土地私有制，一切自然资源（包括森林和水流）一律收归全民所有。截至 1918 年上半年，苏维埃政权先后把银行、外贸、铁路、邮电、商船以及所有大工业都收归国有，实行社会主义国有化，使国民经济的命脉完全转到无产阶级手中，变主要生产资料的资本主义私有制为社会主义公有制。1918 年 7 月 4 日，第五次苏维埃代表大会通过了世界上第一部社会主义类型的宪法——俄罗斯苏维埃联邦社会主义共和国宪法。斯大林对此做了高度评价，认为这是人类历史上的第一个无产阶级和广大劳动人民的解放宣言，规定了苏维埃国家的国体、政体和基本的国家制度，但仍有不完善的地方，需要随着实践的变化而加以修改，使之更好地为社会主义建设发挥法律的作用。1924 年 1 月第二次全苏维埃代表大会批准了《苏维埃社会主义共和国联盟宪法（根本法）》（1924 年苏联宪法）。在宪法的保护下，苏联社会主义的经济、政治、文化等生活发生了翻天覆地的变化。1935年2月6日，苏维埃第七次代表大会通过了特别决议提出的修改宪法的提议。在1936年《关于苏联宪法草案》的报告中，斯大林阐述了"社会主义就是消灭阶级"的基本思想。斯大林认为新经济政策的实质就是社会主义对资本主义的殊死斗争，是要解决这两种经济结构"谁战胜谁"这个根本问题，社会主义工业化和农业集体化是消灭城乡资产阶级的必由之路，经过这样一场极其深刻的革命，苏联国内人数最多的一个剥削阶级——富农阶级，也宣告消灭了。尽管在这个过程中，苏联党内托洛茨基、布哈林等机会主义分子一再从"左"的和右的方面进行干扰和破坏，但并没有也不可能阻挡党和人民在列宁主义路线指导下胜利进军。随着生产资料所有制方面的社会主义改造胜利，社会主义制度在苏联建立，作为阶级的剥削阶级便不复存在了。因此，我们制定的新宪法必须体现苏联为工农社会主义国家的意志，规定国家的全部权力属于城乡劳动者，由各级劳动者代表苏维埃行使；确定社会主义公有制为苏联的经济基础；扩大公民的基本权利，包括劳动权、休息权、选举权等；规定国家的国体与政体及相关的权力机构；规定有关社会制度和国家制度的其他内容。从总体看，1936年宪法从法律上肯定了苏联社会主义建设的伟大成就，确立了生产资料公有制为苏联社会主义不可动摇的基础地位，以及国家在经济、政治、军事和文化等方面实行的民族平等政策取得的巨大成就。如果说1924年宪法是在列宁的领导下制定的，那么1936年苏联宪法则完全在斯大林的指导下修订的，因而又称"斯大林宪法"。在没有任何别国的现成经验借鉴的情况下，斯大林坚持把马克思列宁主义的基本原理同当时苏联的具体实际相结合，明确指出作为阶级的剥削阶级已被消灭这一客观事实，并对苏联国内政治、经济、文化、军事以及社会发展做出基本判断，这是难能可贵的。但宪法是特定历史时代的产物，存在诸多局限和错误，应当引以为戒。

（三）关于苏维埃国家职能和机构设置的法律构思

列宁逝世后，斯大林根据列宁提出的无产阶级专政的理论，结合苏联社会发展的实际情况，进一步阐明了社会主义国家的职能、机构设置及相关理论。

1936 年斯大林在《关于苏联宪法草案》的报告中宣布：苏联社会的阶级结构发生了根本性变化，"所有的剥削阶级都消灭了"，①"我们苏联社会已经做到在基本上实现了社会主义，建立了社会主义制度，即实现了马克思主义者义称为共产主义第一阶段或低级阶段的制度"。② 由此，引起了苏联共产党内关于社会主义国家问题的争论。1939 年，斯大林《在党的第十八次代表大会上关于联共（布）中央工作的总结报告》中，对这个问题作了专门的回答。首先，根据苏维埃国家性质界定国家的职能。斯大林认为，苏维埃政权是一个全新的社会主义国家——实行无产阶级专政。无产阶级专政是一种新型的国家形式；无产阶级专政不是意味着暴力，而且也包含着对非无产阶级的劳动群众的领导；无产阶级专政是要建设比资本主义社会经济类型更高、更全、更好的社会主义经济。无产阶级专政国家的职能可以从静态、动态两个方面加以界定。从静态上看，对内镇压被推翻了的阶级，进行经济工作和文化教育工作以及发展社会主义经济和人的社会主义精神改造的，对外保卫国家，防止外来侵犯的。从动态上看，第一个阶段（从十月革命起到剥削阶级消灭），主要职能是进行经济组织工作和文化教育工作；第二个阶段（从消灭城乡资本主义分子到社会主义经济体系完全胜利和通过新宪法）主要职能是在全国组织社会主义经济、消灭资本主义分子的最后残余，组织文化革命和完全现代化的军队来保卫国家。其次，论述了国家与政府的关系。斯大林认为，国家与政府不能混为一谈，政府是国家组织的上层机构，苏维埃社会主义国家"是无产阶级掌握国家政权的组织，这个政权的使命是镇压剥削者的反抗，组织社会主义经济，消灭阶级等等。我们的政府则是这个国家组织的上层机构，是它的上层领导机构。政府可能犯错

① 《斯大林选集》下卷，人民出版社 1979 年版，第 394 页。
② 同上书，第 399 页。

误，它可能犯一些使无产阶级专政遭受暂时挫折的错误，但这并不是说无产阶级专政这个过渡时期的建国原则是不正确的，或者是错误的。这只是说上层领导机构不好，上层领导机构的政策即政府的政策不符合于无产阶级专政，这种政策应当加以修改，使之符合于无产阶级专政的要求"。[①] 也就是说要不断地改革政府的机构，改革政府领导机构和法律，使之符合无产阶级专政的需要。再次，论述了国家机构改革的重要性。斯大林认为："国家机构问题是我国整个建设中最重要的问题之一。国家机关是廉洁奉公，还是贪污受贿；是实行节约，还是浪费人民财产；是在工作中弄虚作假，还是全心全意为国家服务；是劳动者的累赘，还是帮助劳动者的机关；是培植无产阶级的法制思想，还是以否定这个思想的精神腐化人民的意识；是在向过渡到没有国家的共产主义社会这个方向前进，还是向普通的资产阶级国家的腐朽官僚制度倒退——正确地解决这一切问题，对于党和社会主义不能没有决定意义。"[②] 因此，改善国家机构就必须同官僚主义分子做斗争，尤其是同党内的官僚主义分子做斗争。最后，论述了反对官僚主义和改善国家机构的政策与措施。斯大林认为反对官僚主义的斗争必须有分寸，有严格的政策界限。只有这样才能真正达到改善而非搞垮。因此，要有系统地改善国家机关。一是重用一批真正忠诚无产阶级事业的有才干的人进入国家机关。要做到这一点，"最可靠的办法就是提高工农文化水平"。二是发扬党内民主，组织群众对领导干部实行自下而上的监督。斯大林成为苏共领导人后，主张发扬党内民主，批评不经选举使用行政手段增补党的权力机关成员的做法；提出要依靠自下而上的党内外民主监督消除官僚主义，把发扬党内民主和接受党外监督的工作结合起来，要求对于党外群众的批评要认真听取。他还特别强调群众对领袖批评监督的重要性，认为由于党本身取得了巨大成就，党内必然会形成一些地位、威望比较高的领导者，一

---

① 《斯大林全集》第9卷，人民出版社1954年版，第164—165页。
② 《斯大林全集》第6卷，人民出版社1956年版，第217页。

且他们脱离了群众，群众只能从下而上的仰望他们，就不敢批评他们，也无法监督他们。要时刻敞开自我批评的大门以改善群众与领袖之间的关系，等等。不久，斯大林在事实上改变了自己的正确想法，逐步建立和发展起了一整套权力高度集中的党内监督运作机制。三是加强社会主义法制建设，用法律武器反对官僚主义。斯大林认为，加强社会主义法制"在争取消除我们的党机关和苏维埃机关、经济机关和工会机关以及共青团机关的缺点方面，在改善我们的管理机关方面，是有重大意义的"。① 这不仅需要完备的社会主义法律，而且也需要建立一支廉洁奉公、刚正不阿、严于执法的干部队伍。斯大林上台不久就发动了一场针对"法治国家"理论的批判运动，将马林茨基等倡导的社会主义法治观批判为"资产阶级法治国家观的翻版"，并上纲上线地指出谁把这一观念运用到苏维埃国家谁就是受资产阶级法学家支配。在斯大林错误的法制理论指导下，20世纪30年代中期逐渐形成了斯大林个人集权和个人崇拜，用行政命令和长官意志管理国家的个人集权的政治体制，以"人治"代替"法治"，使苏联的民主法制遭到破坏。

（四）斯大林关于国家利益的思想

作为一个马克思主义者，斯大林的国家利益观在理论上主要来源于马列主义。马克思恩格斯曾经指出："任何一种所谓的人权都没有超出利己的人，没有超出作为市民社会成员的人，即没有超出封闭于自身、封闭于自己的私人利益和自己的私人任意行为、脱离共同体的个体。……把他们连接起来的唯一纽带是自然的必然性，是需要和私人利益，是对他们的财产和他们的利己的人身的保护。"② "人们为之奋斗的一切，都同他们的利益有关"。③ 列宁也多次指出："只有具体分析各种阶级的地位和利益，才能确定这个真理应用于某一问题上的

---

① 《斯大林全集》第13卷，人民出版社1956年版，第122页。
② 《马克思恩格斯文集》第1卷，人民出版社2009年版，第42页。
③ 《马克思恩格斯全集》第1卷，人民出版社1995年版，第187页。

确切意义。"① 只有马克思主义的世界观才正确地反映了革命无产阶级的利益、观点和文化。列宁的国家利益观对斯大林产生了深远的影响。

第一，斯大林强调以政治利益为核心的多元利益相结合的国家职能观。斯大林认为，在旧的阶级统治之下，全体居民毫无权利可言，层出不穷的专横暴虐笼罩着生活的各方面，公民的生命财产完全没有保障，更谈不上什么政治权利和文化权利。革命首先是争取自由斗争的权利，争取罢工、结社、集会、言论、出版等的权利，因为没有这些权利，工人争取改善自己生活的斗争就会极端困难。而随着政治斗争的活跃而来的是工人经济斗争的活跃。政治罢工造成经济罢工，反过来，经济罢工也造成政治罢工。因此，"无产者……就这样用双重性的斗争来保护自己的阶级利益。"② 十月革命不能认为只是经济关系和社会政治关系方面的革命，也是思想意识上的革命。"当我们党的同志陶醉于经济胜利而离开政治时，这是一个极端，使我们遭受了很大的牺牲。如果现在我们有些同志，由于要加强党的政治工作而想离开经济工作，那末这是另一个极端，它将使我们遭受的牺牲并不比前者小。不能从一个极端跑到另一个极端。不能把政治和经济分开。"③ 同样，"社会主义生产的目的不是利润，而是人及其需要，即满足人的物质和文化的需要"。④ 只有综合考虑、共同发展，才能使国家经济高涨、文化进步、政治文明。为此，要加强和改进党的建设，使党"不仅适于保卫群众的政治利益，而且适于保卫群众的经济利益"。⑤ 要注重国家政策的制定和调整，要使"这些政策照顾到保持无产阶级和农民经济合作的利益和巩固工农联盟的利益"。⑥ 要提高工人阶级文化水平和培养工人阶级管理国家、管理工业的技能和本领，服务国家的整体发展，实现国家与社会政治利

---

① 《列宁选集》第 1 卷，人民出版社 1995 年版，第 161 页。
② 《斯大林全集》第 1 卷，人民出版社 1953 年版，第 259 页。
③ 《斯大林文选》上，人民出版社 1962 年版，第 137 页。
④ 《斯大林文选》下，人民出版社 1962 年版，第 633 页。
⑤ 《斯大林全集》第 2 卷，人民出版社 1953 年版，第 145 页。
⑥ 《斯大林全集》第 8 卷，人民出版社 1954 年版，第 255 页。

益、经济利益和文化利益。

第二，斯大林强调以公共利益为核心的个人利益与公共利益兼顾的利益观。斯大林曾指出："我们的政府和党除了人民的利益和人民操心的事情以外，没有别的利益和别的操心的事情。"① 而且在社会主义社会，"个人和集体之间、个人利益和集体利益之间没有而且也不应当有不可调和的对立。不应当有这种对立，是因为集体主义、社会主义并不否认个人利益，而是把个人利益和集体利益结合起来。社会主义是不能撇开个人利益的。只有社会主义社会才能给这种个人利益以最充分的满足。此外，社会主义社会是保护个人利益的唯一牢固的保证。在这个意义下，'个人主义'和社会主义之间没有不可调和的对立"。② 无产阶级和农民在发展的根本问题上还有共同的利益，这些共同利益就是工农联盟的基础，就是农业的社会主义道路。我们建设的是社会主义社会，因此，在考虑社会整体需要，有计划地、有意识地、以全俄的规模来组织经济，要运用各种方法协调好无产阶级和农民、工业和农业、中央和地方、集体和个体的关系。不可否认，在后来的社会实践中，尤其是针对当时党内存在严重分歧时，不排除斯大林假"公"济"私"，无视个人利益，搞专权独断，甚至在许多问题上还上纲上线，背离了原来的初衷。如1936年斯大林在同负责编写教科书的一些中央委员会工作人员谈话中露骨地指出："我们的民主应该把公共利益摆在第一位。个人利益与公共利益相比几乎等于零。"③

第三，强调以阶级利益为核心的阶级利益与民族利益相结合的民族观。民族问题是民族国家的主要问题之一。斯大林认为民族问题的实质就是民族利益和阶级利益。由于社会环境、国家政权性质，以及社会发展的程度不同，决定了民族问题的内容、形式、解决方式具有历史的、阶级的差异性。有贵族的"民族问题"、有资产阶级的"民

---

① 《斯大林文集（1934—1952）》，人民出版社1985年版，第41页。

② 《斯大林文选》上卷，人民出版社1962年版，第5页。

③ 转引自［俄］德·安·沃尔科戈诺夫《斯大林》上册，张慕良等译，世界知识出版社2001年版，第394页。

族问题"，当然也有无产阶级的"民族问题"。如何正确地处理好民族差别和相关的民族问题，对于苏维埃来说，一要加强民族团结，要不分民族地把一切工人联合起来，以确保俄国无产阶级利益的实现。二要区别无产阶级在自己的纲领中科学地规定的利益和依各阶级（资产阶级、贵族和僧侣等）的实力和影响力而获得的利益。前者是马克思主义者的义务；后者是由各阶级所组成的民族的权利。三要采取灵活的政策和措施处理好民族问题。要根据该民族所处的具体历史条件来解决民族问题。四要进行体制建设，创造一定的条件解决民族问题。如自决权和区域自治就是解决民族问题的一个必要条件。五要反对一切民族主义。一方面，反对大俄罗斯共产党员脱离共产主义的大国主义、殖民主义、大俄罗斯沙文主义。另一方面，反对少数民族党员脱离共产主义的资产阶级民主的民族主义，如大伊斯兰主义、大突厥主义的形式（在东方）等。尽管斯大林由于形势的影响和认识的偏差，往往更偏重从阶级利益讲民族问题，但作为共产主义者，在特殊时期强调无产阶级的阶级利益理所应当。不过如果将其抬得过高，乃至排挤和抛弃民族利益，那就会激化矛盾，反而违背了共产主义原则。实际上，在这种偏重下，斯大林日益滋长了大俄罗斯主义倾向，把大俄罗斯的利益完全等同于全苏联无产阶级的利益。正因如此，苏联民族问题矛盾重重，旧矛盾未解决又出现新矛盾，以致积重难返，尾大不掉，成为苏联解体的一个重要因素。

第四，强调以国家利益为核心的国家利益与世界利益有机统一的建设观。斯大林继承和发展马克思主义关于爱国主义与国际主义、国家利益与世界利益有机统一的思想，强调倾向国家利益的国家利益与世界利益相统一的发展观。在党的建设上，要求按国际主义精神的原则把党建成一个国际主义的党。认为"任何国家的共产党的战略和策略只有在这种情况下才能是正确的，……在估计自己国家的条件和情况的同时，把国际无产阶级的利益、其他国家的革命利益放在首位"[①]，在政

---

① 《斯大林全集》第5卷，人民出版社1957年版，第64页。

权建设上，斯大林认为苏维埃政权按其本质来说是国际主义的，它用各种方法在群众中培植联合的思想，因此它本身就推动群众走上联合的道路。他指出："在我们这个联合了不少于三十个民族的联邦内，……人们看到的是各独立共和国之间的国家联系日益加强，各独立民族日益地紧密地结成一个独立的国家。"① 军队也一样，受的是国际主义的教育，所以也是世界各国工人的军队。在国际组织建设上，斯大林曾说："我们重视党和共产国际的利益，重视党的统一和共产国际的统一的利益，"② 联合国存在的意义就在于它是维持和平和国际安全的重要工具，其力量在于它是以各个国家平等的原则为依据的，而不是以某些国家统治另一些国家的原则为依据的。在民族解放上，斯大林认为把一个国家无产者的利益和任务与各国无产者的利益和任务联系起来，是各国无产者的革命运动获得胜利的最可靠的道路。苏联无产阶级的"民族"任务与国际任务相融合是党所持的出发点。十月革命就是用无产阶级国际主义的方法解放被压迫民族的最好例证。在对外关系上，斯大林认为，"在苏维埃爱国主义中，各族人民的民族传统是同苏联所有劳动者的共同切身利益和谐地结合在一起的。……同时，苏联各族人民尊重外国人民的权利和独立，一向表示愿意同邻国和平友好相处"。③ 因此，我们奉行的是和平政策，我们愿意和资产阶级国家签订互不侵犯公约，乃至进行经济文化交流和友好往来，尽管有着意识形态和制度上的分歧。"民族主义和蜕化的道路，是完全取消无产阶级国际主义政策的道路"。大俄罗斯沙文主义是最危险的敌人，我们必须要打倒它。只有把民族主义铲除掉，才能成为真正国际主义的马克思主义组织。但是，在实践中斯大林还是表现出了国家利益至上的倾向，甚至不惜损害他国和世界利益。

第五，强调近期利益与长期利益相协调注重近期利益的理想观。斯大林认为，无产阶级有最高纲领和最低纲领，也有长期利益和近期

---

① 《斯大林全集》第 5 卷，人民出版社 1957 年版，第 124 页。
② 《斯大林全集》第 10 卷，人民出版社 1954 年版，第 76 页。
③ 《斯大林文选》下卷，人民出版社 1962 年版，第 395—396 页。

利益。作为无产阶级政党，"如果它不善于超出无产阶级的一时的利益，如果它不善于把群众的水平提高到认识无产阶级的阶级利益，那末它就不能成为真正的党。"① 作为党纲，必须有反映农村和城市的无产者利益的社会主义纲领，也应在最低纲领中体现他们的日常利益。同时，工厂党委会必须不倦地参与工人的一切斗争，保卫他们的日常利益，并且把这些日常利益和无产阶级的根本利益联系起来。还必须使每个共青团员积极分子把自己在各个建设部门中的日常工作同建成社会主义社会的前途结合起来。但由于特殊的政治气候、国际环境和认识上的偏差，斯大林更为重视国家近期利益，即为了国家的迅速发展壮大，牺牲了太多个体部分利益。斯大林多次谈道："我国革命的历史说明，如果没有一部分工人为了我国整个工人阶级的利益而作某些牺牲，我们要向前迈一大步是做不到的。""合理化需要一部分工人，包括青年在内，作某些暂时的牺牲"。"目前的轻微的牺牲在最近的将来定能获得绰绰有余的补偿，这几乎是用不着证明的。因此，我以为为了整个工人阶级的利益，我们应当不怕某些轻微的牺牲。"② 为了加快国家建设，"农民不仅向国家缴纳一般的税，即直接税和间接税，而且他们在购买工业品时要因为价格较高而多付一些钱。"③ 这种城乡间的"剪刀差"是我国目前工业化发展的主要源泉。在谈论防止"失其速度"和"失其方向"的同时，斯大林则认为延缓速度就是落后，而落后者是要挨打的。我们不愿意挨打就要竭力和尽可能加快速度。"我们比先进国家落后了五十年至一百年。我们应当在十年内跑完这一段距离。或者我们做到这一点，或者我们被人打倒。"④ "我们不能知道帝国主义究竟会在哪一天进攻苏联，打断我国的建设。……所以，党不得不鞭策国家前进，以免错过时机，而能尽量利用喘息时机，赶快在苏联建立工业化的基础，即苏联富强的基

①　《斯大林全集》第 6 卷，人民出版社 1956 年版，第 149—150 页。
②　《斯大林全集》第 9 卷，人民出版社 1954 年版，第 178 页。
③　《斯大林全集》第 11 卷，人民出版社 1955 年版，第 139 页。
④　《斯大林全集》第 13 卷，人民出版社 1956 年版，第 38 页。

础。党不可能等待和应付，它应当实行最高速度的政策。"[1] 并且这种高速度还应该得到全世界无产阶级的赞扬和支持。实际上，这种"贡税"和高速度，有时名为国家利益和个人的长期利益，实则是为了国家的近期利益，而牺牲的是个人利益和国家的长期利益，因而也就造成了极大的困苦和后患。

三　后斯大林时期苏联法律体系的艰难发展

后斯大林时代，斯大林模式仍然是苏联社会的主导性模式。随着苏联社会经济、政治体制改革的启动，社会主义法制体系也作了相应的调整，但收效甚微。

（一）戈尔巴乔夫改革前苏联法律系统对国家经济与社会发展的调节

20 世纪 50 年代初，随着苏联经济的恢复和发展，高度集中的经济管理模式与生产力发展之间存在的矛盾开始凸显。到了六七十年代，苏联劳动力和资金日益短缺，粗放型经济的潜力基本耗尽，苏联的国民经济发展步履维艰，呈江河日下的趋势。[2] 一方面，高度集中的政治体制造成了党政不分，以党代政。另一方面，苏联共产党包揽国家和社会事务，使党陷入日常的管理工作，客观上削弱了党对国家和社会的总的政治领导。[3] 迫使苏联当局不得不对这种政治经济体制进行调整乃至改革。从赫鲁晓夫任苏共中央总书记开始，到勃列日涅夫的改革，苏联高度集中的政治经济体制进入失稳的状态，国家的法律系统也处于一个亚稳定状态之中，并在极其艰难的情况下，通过确

---

① 《斯大林全集》第 13 卷，人民出版社 1956 年版，第 168 页。

② 姜芳：《俄罗斯经济改革透视——从"休克疗法"到"国家发展战略"》，上海财经大学出版社 2000 年版，第 9 页。

③ ［苏］A. A. 别祖格洛夫主编：《苏维埃建设学》，刘家辉等译，中国人民大学出版社 1983 年版，第 3 页。

认新的经济形式、调整中央的管理和调控体制、重新界定行为空间等形式，加大了法律对社会控制的正反馈调节，取得了些许的成就。

首先，确认新的经济形式。赫鲁晓夫认为农业落后的主要原因在于"违反了物质利益原则"，而物质利益原则是社会主义经济的根本原则之一，原有的农业管理体制过于集中，限制了集体农民的主动性、创造性。因此，主张运用组织手段和法律手段从根本上改变国家与集体农庄之间的经济关系，实现产品自由买卖等原则。1956 年 3 月 6 日，苏共中央和苏联部长会议通过了《关于农业劳动组合章程和进一步提高庄员在集体农庄生产组织与劳动组合事务管理中的主动性》的决议，建议集体农庄从保证迅速提高农业和畜牧业这一首要任务出发，结合当地的条件，对已颁布的农业劳动组合章程的个别条款，自行加以补充和修改。1958 年 6 月 30 日，苏联部长会议又通过了《关于取消义务交售制和机器拖拉机站实物报酬制以及关于新的农产品采购办法、价格和条件》的决议。根据这个决议改为实施统一的采购形式，即由国家按经济上合理价格向集体农庄采购农产品。1961 年后，定购合同制成了国家采购农产品的法定形式。[①] 1969 年 11 月，全苏集体农庄庄员第三次代表大会通过了新的《集体农庄示范章程》，极大地扩充了集体农庄法的作用范围。这些法律规定促进了国家与集体农庄之间原有的不平等关系的调整，从而保障改革的顺利进行，体现了这一时期法律系统对社会控制的正反馈调节和在国家经济社会发展中保障地位。

其次，调整中央的管理和调控体制。1957 年 5 月 11 日，最高苏维埃主席团颁布法令，决定撤销 25 个管理工业和建筑业的全联盟和联盟兼共和国的部，在全苏建立 105 个经济行政区，每个区设一个国民经济委员会，所有原来各部所属企业全部下放给所在地区的国民经济委员会管理。这样实行了几十年的部门管理被地区管理所代替。这一管理体制的改革大大削弱了中央对经济工作的领导权，将经济管理

---

① 张寿民：《俄罗斯法律发达史》，法律出版社 2000 年版，第 196—197 页。

权限从中央移到了地方，提高了地方在国民经济管理方面的地位和作用。然而，地方经济管理权限的扩大进一步加剧了原有高度集中的经济管理体制的震荡。

最后，重新界定行为空间。1964 年 10 月 1 日起施行的《苏俄民法典》，标志着苏联社会改革步伐的加大。此后，在经济改革过程中制定的一系列法令中都有民法规范。随着国家所有制关系的发展，法律对社会经济发展的影响力增强了，所有制关系的法律调整也得到了相应的发展。这一点从对《苏联和各加盟共和国民事立法纲要》和各加盟共和国法典所作出的立法上的补充（如实行社会组织所有权制度，占有保护制度等）就可以看出。

为了进一步保障勃列日涅夫"加强经济刺激"的新经济体制的运行，1965 年 10 月 2 日，苏联第六届最高苏维埃第六次会议通过了《关于改变工业管理机构系统和改组某些其他国家管理机构》的法令，10 月 4 日，苏共中央和部长会议通过了《计划工作和加强工业生产的经济刺激》的决议。之后，又颁布了《社会主义国营生产企业条例》《苏联各工业部总条例》《苏联部长会议国家物资技术供应委员会条例》《生产用品供应条例》《人民消费品供应条例》《关于改行生产计划工作和经济刺激新体制的工业企业工作人员的奖励示范条例》《企业、联合组织和工业部门改行计划和经济刺激新体制办法说明》等一系列文件。另外，为了提高经济契约的作用，扩大企业和联合企业的权利，1981 年 2 月 10 日，苏联部长会议决议批准的新的《产品供应条例》规定了经济契约的计划职能。从总体看，与这一时期的政治、经济的不稳定发展相比，苏联的法律系统在稳中有一些正向的表现，尤其是政府在民商经济法立法上做了些调整，放大了政治经济系统结构性失稳所造成的"涨落"，将原有的政治经济稳态结构转化为亚稳态结构，保障改革的顺利推进。

（二）戈尔巴乔夫改革对苏联政治经济法律结构的影响

1985 年 3 月，戈尔巴乔夫担任苏共中央总书记，着手实行以科学技术进步和社会生产的集约化、民主化、公开化为手段，推行"加速社会与经济发展"战略的社会改革。其中，经济体制改革的总体思路是扩大企业自主权，加强对劳动的刺激，提高利润的作用。但对于通货膨胀、外汇储备下降等问题，没有提出切实的措施，对不合理的价格也没有有效地干预。这种将以私有制为基础的市场经济作为目标的改革，从根本上否定了社会主义经济制度。政治体制改革的核心则是恢复苏维埃的职能，恢复列宁时代"一切权力归苏维埃"的原则。要求任何问题，无论是经济的还是社会的问题，不能越过苏维埃加以解决，党的政策（经济的、社会的、民族的政策）首先经过人民代表苏维埃来执行。为此，重新设计了国家权力机构（苏联人民代表大会）的组织形式和运作模式。尽管戈尔巴乔夫政治体制改革给了人们言论自由——1988 年 6 月苏共第十九次代表会议通过了《关于公开性》的决议，但没有相应的法律规范（直到 1990 年 6 月 12 日《苏联新闻出版法》才出台），苏共长期掩盖的历史错误被揭露出来，在历史的真相面前，苏共失去了为自己辩护的能力，只能宣布与斯大林体制划清界限。1991 年 6 月叶利钦当选为俄罗斯总统，反对派掌握了国家的政权，最终决定了苏联解体的命运。总之，这次使国家发生"天翻地覆"变化的社会政治运动将已经失稳的政治经济结构推向了解体境遇。

（三）戈尔巴乔夫改革时期苏联法律系统的不稳定调整

戈尔巴乔夫的改革显然加剧了苏联政治经济结构的失衡，作为上层建筑的重要组成部分国家的法律系统通过立法方式及时做出相应的调整，发挥了其对政治经济结构的正向作用，并在与政治经济系统的互动中建立新的法律发展态势，以巩固新的政治经济结构。[①]

1. 对 1977 年宪法进行了实质性修改

戈尔巴乔夫当选为总书记之后，根据国家发生的重大变化对宪法

---

① 参见熊继宁《系统法学导论》，知识产权出版社 2006 年版，第 291 页。

做出了修改建议。1988 年第十九次党代表会议有人提出取消《宪法》第六条（即取消苏共领导地位的宪法条款）的修宪要求，最终未被通过。1990 年以后，修宪进入了实质性阶段。一是通过成立人民代表大会（以下简称人代会）和引入总统制完成了从议行合一到三权分立的转向。1988 年 12 月 1 日，最高苏维埃通过了《关于修改和补充苏联宪法（根本法）》的法律，宣布成立苏联人民代表大会，并将其作为最高权力机构。1990 年 3 月 14 日，苏联第三次非常人民代表大会通过了《关于设立苏联总统职位和苏联宪法（根本法）修改补充法》。在修改后的苏联宪法中增加了"苏联总统"章节，规定总统是国家的最高执行长官。二是取消苏共领导地位，承认多党制。在 1990 年 3 月 14 日通过的宪法修正案中，对规定苏共作为社会领导力量的《宪法》第六条作了根本修改。一切政党应在宪法和苏联法律的范围内活动。三是打破原有的联邦制宪法体系。四是改变了原有的选举制度，人民代表实行竞选制。五是修改了原有的关于经济制度的宪法条文，取消了关于生产资料社会主义所有制的提法。

　　2. 颁布了有关所有制改革的法律

　　1986 年 11 月 19 日，苏联最高苏维埃通过《苏联个体劳动法》。1987 年 5 月开始正式实施，《个体劳动法》第一条第二款明确宣布个体劳动是一种社会有益活动，允许私人从事生产和服务领域 29 个项目的个体劳动，使长期存在的地下劳动合法化；放宽对个体劳动规模的限制，允许公民联合起来（但禁止雇佣劳动）从事这种活动，而且在人数上没有规定最高限额，这一改革有利于个体劳动者扩大其经营规模，激发他们组织起来的积极性。短短半年时间，在法律允许范围内从事个体劳动的人已达 200 万—300 万，约占全苏人口 1%。1988 年通过《合作社法》，使合作经济得以合法活动。1990 年 3 月 6 日，苏联最高苏维埃又通过了被称为旨在进行根本经济改革的中心法律——《所有制法》，承认了各种所有制形式平等。

　　3. 制定了《国营企业法》

　　1987 年 6 月，通过了苏联第一部企业管理法——《国营企业法》，明确规定企业是社会主义商品生产者；企业成为相对独立的生产经营者，不再是上级指令被动执行者；企业内部实行自治；实行完全的经济核算制，自负盈亏。《国营企业法》的颁布扩大了企业生产自主权和收益分配权，但由于缺失有效的约束机制，导致企业自主权、收益分配权扩大，出现了利己主义，日用品短缺、消费基金失控和通货膨胀。

与大幅度社会改革相呼应，苏联法学家在 80 年代后期开始对国家—法制建设进行深入反思，指出"社会主义民主思想和要求、人民自治并享有充分的权利应以国家—法律的形式得到体现和作为相应的制度、准则和程序而固定下来"。他们批判"传统社会主义"集权国家把法律强加于社会的专断性，主张恢复个人的独立性、自由和权利，并强调"法制国家观念依据的原则是国家服从于社会"。①

综上所述，无论是立法上的调整还是人们法制观念的加强，都进一步加剧了社会结构的不平衡，促使政治经济系统由现有的"失稳态"进一步向"远离平衡态"转化，而这种不平衡发展到极致就打破了旧稳态结构的临界点——苏联法律体系随着国家的解体而终结。

四　苏联社会主义法律思想的成就及评价

随着在政治统治上的稳固，苏联的法学家不断地在理论上为新的政权建构法理上的正当性和合法性。经过关于法律的定义、法律的本质、法律的作用以及社会主义法律与资本主义法律的区别等问题上的激烈争论，建立了完整、精致的法和国家的理论，形成了社会主义法律体系。从一种全景式的角度来把握这种法律体系，便于我们在宏观上理解它的性质和特质。

---

① 参见［俄］B. 波普科夫、金雷《苏联法制国家的概念与特点》，载于《国外社会科学》1989 年第 10 期，第 35—36 页。

（一）苏联社会主义法律思想的成就

1. 社会主义要不要法的争论

1917—1937 年"斯大林宪法"颁布，苏联法学界存在着一股法律虚无主义的思潮，影响着社会主义法制建设。如 A. T. 盖伊赫巴尔格认为，宗教是人民的鸦片，但很少有人知道法也对人民更加危险和有毒。M. A. 莱斯涅尔也提出了相类似的观点，认为既然我们已经有固定不移的、确知的阶级利益，以及实现这种利益的适当技术方法，为什么还需要法律的调整？E. B. 帕舒甘尼斯认为法总的来说是建立在商品交换和市场关系之上的，社会主义社会消灭商品经济（市场经济）也就意味着法的消亡。甚至有的学者认为民法具有资本主义的性质，社会主义社会是不需要的。对这种法律虚无主义，苏联著名法学家 C. C. 阿列克谢耶夫明确批判道：法律虚无主义情绪的形成比较复杂，有的基于对旧法的仇视心理的影响，有的则在革命胜利初期，由于敌人利用立宪会议关于"法""法制"等口号进行反革命活动宣传的结果，有的是因为在阶级斗争时期，往往直接的革命行动代替正常的法律程序给人们造成认识上的错觉，有的是对马克思主义经典作家，特别是列宁的法律思想认识不到位，等等。

经过斗争，认为社会主义阶段还是需要法，苏维埃的法律是需要加强而不是趋于消亡。一是拉脱维亚共和党的创始人之一斯图契卡，通过对国家与法的关系研究，提出了"法是与统治阶级利益相适应的，由该阶级有组织的力量保护着的社会关系体系（或秩序）界说"。二是苏联法学家 E. B. 帕舒甘尼斯认为法是一种特殊的社会关系，法就是法律关系体系，是商品交换关系的直接反映；最发达、最全面、最完备的法律媒介产生于商品生产者之间的关系。因此，有商品生产就有法（私法）；资本主义以前的各种社会经济形态是不完善的、不发达的，而在社会主义阶段，只有在商品占有关系还存在的情况下，法才能存在；随着社会主义建设的胜利，法将要消亡。三是苏联国家和党的活动家 H. B. 克雷连科则认为法是成文的现行法律或不成文的习惯法，它们反映着在该社会生产关系基础上形成的，为了该社会统治阶级的利益而被调整着并以强制力保护着的人们之间的社会关系。总之，以上三种观点在 20 世纪 30 年代初都不同程度地受到了学界的批判。

2. 关于法的定义

在法理学中，法的定义问题是一个世界性的永恒的难题，并由此引发了无数的论争。英国法学家哈特指出，"在哲学的其他领域围绕着定义与意义等概念的所有的那些阻碍或偏见，在关于法律的定义问题上也引起了无尽的争论"。① 不同时代的法学家和法学派都从特定的学术立场和角度，以特定的思想资源为基础对法做出界定。同样，在法理学中，法的定义问题是建构一种法律学说的理论起点和逻辑前提，涉及对法律在人类社会中的价值论和功能论的理解。因此，对于法的定义的争论，不是一个纯粹的法学问题，而是政治哲学的问题，即是一个关于社会制度建构的元理论问题。换言之，法的定义问题在法学中具有本体论的地位。法的定义会影响和制约人们对法律的认识和价值的思考，进而影响国家制度、社会的类型、国家权力的性质和生活于其中的个人的权利和尊严的制度建构。关于法的观念、学说和理论的历史，更是一部反映了在社会共同体生活中，对待人的尊重和奴役、弘扬和驾驭的态度的历史，表达了对人的理解和对人所属社会的理解。如何定义法律，同样是苏联法和国家理论的主要问题。从法学家斯图契卡、莱斯涅尔、帕舒卡尼斯到维辛斯基的官方定义，始终是法律理论中的核心问题，且具有苏联特色——遵循政治逻辑的政治化理解。

从理论上讲，法律在国家主义的政治观念中具有特殊的重要作用，是国家整个社会动员和组织社会力量的权力资源。在被高度强化了的政治斗争、阶级冲突和意识形态话语的斗争中，法律首先是一种

---

① ［英］哈特：《法理学与哲学论文集》，支振峰译，法律出版社 2005 年版，第 96 页。

重要的政治力量。苏联由于革命的法制意识形态和时刻存在着的（或被刻意强化了的）危机意识，法律的政治逻辑和政治化的理解必然成为首要的思维方式。"苏维埃政权的法令，在许多情况下只是一些口号，而法律秩序非常不稳固。许多事情都是根据革命法律意识处理的。马克思主义的法律研究干部屈指可数，他们的实际经验也不多。当时多半把法的概念同年轻的苏维埃共和国所应建立的社会关系秩序混为一谈；对已经形成的法律关系和法本身没有加以本质的区分"。①随着 1924 年苏联第一部宪法的颁布，俄罗斯和其他加盟共和国对部门法的编纂，大规模的法制建设都要求从理论上达成共识，这就需要抛弃用同一种尺度衡量经济现实和法律现实，突出法律的特点，赋予法律的概念以具体的实际内容。1936 年苏联宪法和在资本主义包围中建立社会主义的国家条件，对解决这个问题产生了积极的推动作用。②法学家开始认识到法律虚无主义的荒谬性，逐渐认识到苏维埃法律在社会主义阶段需要不断地强化。与此相适应，形成了一些关于法的定义的思想。1936 年苏联宪法的修订和颁布，使苏联学者们对法律及其社会主义法制建设有了新的认识。如斯图契卡在《俄罗斯联邦刑法指导原则》中，给法律下了一个定义，即"法律是符合统治阶级的利益并为这个阶级有组织的武力所保卫的一个社会关系的体系（或秩序）"。③ 1938 年 7 月 16—19 日，第一次全苏法律科学工作者会议在莫斯科举行，在这次会议上，时任苏联总检察长的安·扬·维辛斯基作了题为《苏维埃社会主义法律科学的基本任务》的报告，给法律下了一个具有官方色彩的定义，即法是"法律规范总和"，他在报告中指出：我们目前的任务就是给苏维埃社会主义法下一个正确的定义。科学院法律研究所讨论和通过了我的提纲，第一次作了给法下

---

① ［苏］B. H. 库德里亚采夫、A. M. 瓦西里耶夫：《法的一般概念的发展》，吴大英等译，载于《法学译丛》1986 年第 1 期，第 1—2 页。

② ［奥］凯尔森：《共产主义的法律理论》，王名扬译，中国法制出版社 2004 年版，第 84—85 页。

③ 同上书，第 78 页。

一个正确定义的尝试。这个定义就是："法是以立法形式规定的表现统治阶级意志的行为规则和为国家政权所认可的风俗习惯和公共生活规则的总和，国家为了保护、巩固和发展对于统治阶级有利的和惬意的社会秩序，以强制力量保证它的实施。"① 这就是著名的维辛斯基"法——法律规范总和"的法的定义。后来，维辛斯基在他的法学著述中对法的定义做了补充和完善，使其成为苏联的官方观点，在苏联统领法学理论界长达 20 年之久，对中国法学界的理论研究也产生了巨大的影响。

3. 关于法律的本质理解

法律的本质问题是法学理论的核心问题。苏联著名的法学家斯图契卡、莱斯涅尔、巴斯卡尼斯、克雷连科、维辛斯基等人基于社会发展的理论建制和实践建制的需要，提出了法律是社会关系的体系、法律是商品社会中的社会关系、法律是一个规范体系等理论观点，初步建构了苏联马克思列宁主义的法律本质理论框架。如斯图契卡将法律理解为现实的社会关系、经济关系，认为"法律是符合统治阶级的利益并为这个阶级有组织的武力所保卫的一个社会关系的体系（或秩序）"。莱斯涅尔则试图利用心理学和社会的经济解释的原理相结合揭示法的现象的本质。在他看来，无产阶级所要求或需要的公平就是这个阶级的直觉法。这种直觉法是同无产阶级的革命法律意识密切关联的。巴斯卡尼斯追随马克思和恩格斯的分析路径，注重从经济观点来解释政治现象和法律现象。克雷连科反对把法律理解为直接的社会关系和直接从交换中产生的法律关系体系，认为法是成文的现行法和不成文的习惯法，体现着统治阶级的利益，反映、调整并以强制力保护着在该社会生产关系基础上形成的社会关系，"法的内容只不过是旨在确证和保护现行法律秩序的规范体系"。② 维辛斯基从法律与国

① 参见［苏］安·扬·维辛斯基《国家和法的理论问题》，李樵等译，法律出版社1955 年版，第 100 页。
② ［苏］H. B. 克雷连科：《关于法和国家的谈话》，莫斯科 1924 年俄文版，第 31 页，转引自孙国华主编《法理学教程》，中国人民大学出版社 1994 年版，第 73 页。

家的联系来分析法律本质，认为"法的问题是和国家问题有机地联系着的"①，"马克思列宁主义确定资产阶级的法是奉为法律的资产阶级的意志，这一意志的内容是由资产阶级的物质生活条件决定的"。②"社会主义的法是奉为法律的苏维埃人民的意志，……表现着构成苏维埃社会的工人、农民和苏维埃知识分子的利益"。③ 1938 年 7 月 16 日在第一次全苏联苏维埃法律和国家科学会议上，维辛斯基将社会主义法的本质与前社会主义法的本质作了对比分析，指出苏维埃社会主义法是一种新的法，在社会主义建设时期，它表现的是绝大多数人民的意志，在社会主义胜利的条件下则是全体人民的意志——在实质上是一种新的意志。维辛斯基关于法律体现了统治阶级意志理论为苏联立法指明了方向。至此，20 世纪 30 年代末期大多数法学家认可的苏联正统的法律概念和基础理论初步形成。

玛·巴·卡列娃等人继维辛斯基之后，实现了苏联法律本质观点的系统化和规范化表述，并以权威教科书的形式确立了统治阶级意志是法律的本质的正统理论地位。首先，他们认为法律是一种特殊的社会规范——体现对社会实行国家领导的那个阶级的意志，体现在法律中的这个意志归根到底是由统治阶级的物质生活条件决定的，因而也是由社会经济基础决定的；法律作为是一种特殊的社会规范，不同于社会中的道德、习惯、礼仪等行为规则，是经国家制定或认可的，并依靠国家的强制力来执行和遵守的规范。因而"法律规范是人们（公民和他们的各种社会团体、组织）在各种活动领域中的一般行为规则。掌握国家权力的统治阶级，通过在法律规范中为社会成员、社会团体和国家机关规定一定的权利和义务的办法，通过法律调整他们之间的关系的办法，确立了有利于并适合于本阶级的社会秩序"。④

① 参见［苏］安·扬·维辛斯基《国家和法的理论问题》，李樵等译，法律出版社 1955 年版，第 201 页。
② 同上书，第 202 页。
③ 同上。
④ ［苏］玛·巴·卡列娃等：《国家和法的理论》，李嘉恩等译，中国人民大学出版社 1956 年版，第 76 页。

他们还指出："在法中反映整个统治阶级的意志，但这并不等于说统治阶级的意志的一切反映都是法。……只有那些反映在国家的特殊文件中，即反映在法律科学称之为法的渊源或规范性文件中的统治阶级意志，才叫作法。"①

20世纪50年代末期，赫鲁晓夫开始了苏联建设社会主义模式的第三次探索。一方面通过一系列改革措施消除了斯大林模式的许多极端的做法，使国家从以往的非常状态过渡到较为正常的状态；另一方面又实质性地保留了斯大林高度集中的政治体制和指令性计划的经济管理模式，仍然坚持苏联处于向共产主义过渡时期的观点，进一步发展了斯大林的超越阶段的发展思想，进而宣布苏联进入"全面展开共产主义建设时期"，提出20年内建成共产主义社会。② 苏联法学界也随之将苏联社会主义法律称为全民法。与此相适应，法的一般理论始终同国家和法的理论一起成为苏联法律科学的基础理论。1964年勃列日涅夫取代赫鲁晓夫，掌握了苏联的政权，开始实施以稳定压制改革的政策。但勃列日涅夫的改革只坚持到19世纪60年代末，其后就进入了模式转换的停顿和发展的停滞时期。勃列日涅夫与赫鲁晓夫一样，仍然坚持超越历史发展阶段的思想，他在1967年11月庆祝十月革命50周年大会正式宣布苏联建成了"发达的社会主义社会"，这一思想被1977年苏联宪法所确认。因此，全民法的概念一直延续到苏联解体。全民法时期的苏联法律本质理论观点主要集中在对前社会主义国家法的阶级本质的继续揭示和对苏联社会主义法的本质的认识方面。此外，在对社会主义法的本质的理论探讨的过程中逐渐引入了法律的社会本质观点。

4. 关于国家至上的理念

在人类社会的制度形态中，曾经存在过不同的国家和社会结构来

---

① ［苏］玛·巴·卡列娃等：《国家和法的理论》，李嘉恩等译，中国人民大学出版社1956年版，第78页。

② 参见陈新明《苏联演变与社会主义改革》，中共中央党校出版社2002年版，第259页。

安排个人在国家中的位置和相应的权力体系、个人的权利和利益分配模式。通过法律制度做出社会的基本安排。尤其是新建立的民族国家，往往通过宪法来确定社会的基本制度和社会结构，规定国家和公民的关系。从苏联宪法的历史变迁中可以看到，国家是通过宪法来建构和实施社会制度，组织社会结构的。这种法律制度和社会结构的构成，明显的体现出国家的绝对权力对社会和个体的控制，形成了固定不变的国家意志对个人精神领域的压迫性。政治上对国家机器和官僚政治的强化、经济领域实施的行政管理模式，在宪法中都进行了明确的表达。尤其在斯大林宪法中，对社会的阶级归属的划分、公民权利的赋予和政治地位的规定，以及在具体的法律制度中的国家主义，建立了稳定的社会基本结构。并且，宪法为这种制度安排和社会结构的确立提供了法律上的合法性力量。在苏联国家和法的理论中，政治性是对宪法的基本理解和宪法的首要含义。宪法是确立和巩固政治革命的宣言，个人权利的保护和权利宣告并非最主要的理解角度。因此，在斯大林时期的宪法和基本法律制度中，阶级专政、镇压构成了基本内容和主旨。在所有的社会领域，国家都是型构社会制度和社会基本结构的唯一力量。在这种通过宪法建构的制度里，国家主义是宪法制度和法律体系的本体和本源。

（二）苏联社会主义法律思想的特点①

1. 以马克思主义为指导但理解过于简单化

从总体上看，苏联社会主义法学是以马克思主义为指导，因而称为"国家与法的理论""苏联国家与法的理论"或"马克思主义国家与法的理论"。法学方法论部分基本被称为"以马克思主义为指导"，法学理论著书引经据典的基本上是马克思、恩格斯、列宁的观点，尤其是马克思、恩格斯、列宁关于国家和法的观点，成为学者创设自己理论的基础和依据。但由于对马克思主义的片面化、简单化理解，致

---

① 参见张俊杰《当代俄罗斯法学思潮》，法律出版社 2006 年版，第 35—40 页。

使不能全局地、历史性地、整体地看待马克思主义。正如学者 P. 3. 利夫希茨认为,马克思、恩格斯对法所下的定义虽有几十个之多,但将法或法律看成第二性,受一定的经济基础的制约这点上是相同的。由于我们的简单理解,抛弃了其他的定义,仅仅采纳了法是被奉为法律的统治阶级意志的唯一定义,必然导致在阶级基础上把国家与法联系在一起,并把二者变成阶级斗争的统一手段、镇压阶级敌人的统一手段,使法的定义和国家的阶级定义很好地适合于产业资本主义的情况、资产阶级和无产阶级矛盾对立、社会震荡、完成社会主义革命等理论和现实问题,最终必然导致法学研究的意识形态化。

2. 拒斥马克思主义以外的法学理论

苏联时期,苏联法学界对马克思主义以外关于国家与法的理论持拒斥态度。按照苏联学 E. H. 捷姆诺夫的观点,苏联科学院和高校的法与国家理论科学的传统是,在其马克思列宁主义式的理解下,将该学科与唯物的、历史的和辩证方法的发展联系在一起加以研究。当然,对唯物主义、辩证法和历史唯物主义的研究是几代学者进行的传统,也是学科发展的必然趋势,但非意识形态化也是国家和法律理论研究的重要方法之一,对教条主义的克服、对现有理论认识的修正,是要以多元的方法论为前提,包括在一系列情况下应与论敌的理论、学说相互作用为前提的。法学博士 B. M. 卡列里斯基教授也认为,苏联几十年的法学研究基本上遵从的是马克思列宁主义一元论,马列主义国家和法的理论被认定为唯一的真理,其他一切理论和学说都拒斥在研究的视域之外,使我们的法学研究十分贫乏,没有充分利用世界政治和法律文化的优秀成果。

3. 法律研究受政治导向影响过于浓重

俄国十月革命胜利后,为建立一种崭新的、与历史上一切剥削阶级的社会制度具有本质区别的社会主义法律制度,需要社会主义法学理论的支撑和实践上的不断探索,但苏联法学研究存在严重的学术问题政治化倾向,缺乏辩证的态度,要么肯定一切,要么否定一切,这种学术研究风气一直持续到苏联的解体。如在 1931 年 1 月全苏第一次马克思主义国家学者代表大会上，对苏联第一代法学家斯图契卡、克雷连科、帕舒甘尼茨等人关于法的观点进行了批判，最终形成典型的"维辛斯基定义"即"法——法律规范的总和"。苏共二十大以后，随着对斯大林迷信、个人崇拜的批判，维辛斯基本人及其法学理论才受到人们的质疑和严厉地批判，甚至根本性的否定。尽管70年代后，学术界能够比较实事求是地分析各种观点的合理成分，但同时也产生了对法是统治阶级意志的质疑，并进而批判《共产党宣言》中对法的界定，直到最后几乎全面否定了马克思主义和社会主义。

（三）对苏联社会主义法律思想的评价

20 世纪 80 年代以前的苏联法学思潮受政治思潮的影响，教条主义十分浓厚，使政治逻辑成为法律研究的唯一逻辑，法律理论也与国家理论紧密地结合在一起，法律的本体就是国家主义，法律的性质、本质和作用等问题不能离开国家作单独的理解和研究，必须放在国家的背景中加以解释。使整个苏联"人民和社会落到了完全从属于国家的专制政权的状况。国家攫取了人民的普遍和统一的公意的表达者的作用，而且掌握了全部必要的惩罚手段，以使每一个有怀疑的人都'相信'，由国家制定的人民的普遍和统一的公意，是人民的根本渴求和热忱愿望的最佳反映"。[①] 在法律的性质问题上，认为社会主义的法律不同于资本主义的法律，只是暂时的、消灭阶级对立和管理经济的手段；在法律的定义上，强调法律是统治阶级意志的体现；在法律的功能上，强调保护社会主义政治、经济和社会秩序，以及通过法律和司法来扩展法律对社会民众的理想教育和道德教育；在所有权、契约等民法问题上，强调法律的政治功能即法律为国家计划服务。总体上，苏联的法律理论是国家哲学的法律表现。

---

① ［俄］安德兰尼克·米格拉尼扬、米文：《对苏联社会主义制度下的个人、社会和国家三者关系的分析探讨》，载于《俄罗斯中亚东欧研究》2003 年第 5 期，第 94 页。

1. 政治权力完全掌控了人们的社会生活

列宁逝世后，斯大林执政，本应实施列宁提出的改革设想和措施，逐步建立起社会主义的民主政治制度，但斯大林在实践上放弃了列宁的新经济政策，在阶级斗争尖锐化理论指导下，于30年代中期逐渐形成了大权独揽，用行政命令和长官意志管理国家的个人集权的政治体制，以"人治"代替"法治"，使苏联的民主法制遭到破坏。这种极权式的国家权力设计，使国家统合、控制、监督了社会所有领域。国家的政治权力通行于社会的每一个角落。在个体的私人领域，国家也以家长式的面目出场。国家是政治与经济的代表，是伦理与道德的代表。虽然赫鲁晓夫、勃列日涅夫和戈尔巴乔夫等都对这种体制进行过改革，但都没有成功。他们反对别人搞个人集权，可后来自己却重蹈覆辙。结果不仅没有改变这种体制，反而更加强化了个人集权。尽管苏联有相对完备的法制，但其实质上是一种缺乏民主的人治下的法制。否定权力的任期制和选举制，实行权力终身制或世袭制；实行权力的高度集中制，否定必要的权力制约机制；权大于法，导致苏联发生30年代"大清洗"的悲剧；个人的意志完全凌驾于法律之上。由此决定了苏联的国家权力在设计上以权代法，政治权力管控了人们全部的社会生活。

2. 政治功能的凸显致使法律功能的窄化

所谓的法律功能，就是对法律的概念式理解和法律本质观念承载的社会作用的预期。可以分为规范作用与社会作用。规范作用是法作用于社会的特殊形式，主要有指引、评价、教育、预测和强制五种；社会作用则是法规制和调整社会关系的目的。如果说法的规范作用取决于法的特征，那么法的社会作用就是由法的内容、目的决定的。在现实社会中，法律功能的发挥是受人们的法律观念、对待法律的态度以及法律具有的价值的影响和制约。十月革命前，西方法律思想或多或少地渗入俄国，形成了代表平民和无产者利益的马克思主义思想和代表资产阶级利益的法律思想并存活跃发展局面。十月革命以后，苏联法律的研究则过多地受政治制度导向性影响，形成了独具特色的社会主义法律思想。尤其是在苏联官方统一的观念中，法律是实现国家意志、建立新的经济制度和社会关系的手段，是镇压和惩罚反对者，确立新的社会生活秩序，贯彻新的社会理念的必要措施。因此，法律的功能更多地表现为建立在阶级划分基础上的惩罚作用。这种法律功能随着国家权力不断的强化和集中，演化为强制性的法律秩序，进而发展为一种国家控制的生活秩序。法律功能的绝对化导致了 20 年代末期苏联法律所承载的社会功能，诸如自由、民主和权利保障已经高度的匮乏了。尽管苏共二十大赫鲁晓夫的秘密报告标志着"经典"的斯大林主义崩溃，政治领域和法学界对传统的法律政治化进行了激烈地批判。但俄国传统文化观念和斯大林的"遗风"并未清除掉，直到苏联终结，法律的政治功能始终居于优先地位，法制建设上重视公法、轻视私法，法律制度的强制性仍然是主导性的特征。因此，苏联法律功能仅仅停留在对法律的理解和法律本质理论的逻辑延伸，而未真正体现社会主义法律对全体公民基本权利和合法利益的有效保护上。

3. 法律制度的基本价值被极端异化

正义作为社会制度的基本价值，是人类社会一个永恒的问题，不同的文化观念和社会制度，形成不同甚至对立的正义观念和由这种正义观念支配的社会制度和生活世界。在社会制度中，正义问题是现实的、具体的表现个人在国家中的政治地位、拥有的法律权利、维护自身利益和追求自身幸福的条件和途径问题。宪法作为国家的根本大法，是一个现代民族国家的政治理念和正义观念的宣言书，表达了国家对秩序、安全、自由、功利和福利等社会正义的理论建构和制度安排。在苏联的法律制度中，宪法确认了公民的政治身份和法律身份。然而，在长期的法制建设中"公民"的内涵总是把一部分社会成员排斥在外。十月革命胜利初期，国家制度建设强调用国家的暴力进行镇压和持续地剥夺，是一种用政治方式赋予特定社会成员的公民权利——对俄国的贵族阶级、资本家、教会和富农的镇压具有合理性。那么，随着国家的逐步稳定，阶级正义制度化为具体的法律制度时，国家对整个社会的政治经济文化生活的控制逐步增强，与强化阶级正义相伴随的则是惩罚、监督、控制体系的发达，而非公民权利和自由的范围、个人行动的领域的扩大，宪法宣告的公民权利与现实社会给予公民的权利之间发生背离，甚至异化。如在斯大林时期的全国性镇压运动中，阶级身份的认定是惩罚的唯一依据。在危机意识、阶级冲突和阶级斗争扩大化的时期，阶级正义成为剥夺公民权利、惩罚、奴役和流放的判断标准，等等。斯大林时代的这种政治统治方式，是对人的尊严和价值的歧视，缺乏对人性的基本尊重。尽管1977年宪法宣告苏联进入了全民国家、高度发达的社会主义时期，但宪法宣告的高度集权的政治体制仍然导致了公民权利实现途径上的虚幻。如果说20世纪六七十年代，社会公众基本上已经把主要的关注点和个体生活的兴趣转移到物质生活领域，而非政治生活领域是一种好的走向，还不如说是因为苏联国家的政治法律现实已经损害了公民的政治热情和民主的参与精神，政治冷漠成为社会观念的主流，更有利于国家观念无阻碍地推行。正如一位哲学家所言，"我们从前曾满怀激情地现身于此并以这种现身来说明我们生命的意义的一切偶像，都已经失去了自己的魅力，不能再吸引我们的灵魂，无论我们周围有多少人仍然为此贡献自己的力量"。① 总之，在全权国家的压制下，苏联式的基于阶级正义的公民权，在夸大的阶级斗争的法律制度中，不仅剥夺了被"符号化"了的"敌人"的身份和权利，也造成了公民的思想和行动的不自由状态。从根本上讲，苏联的法律制度未能真正体现和维护社会制度的正义原则，背离了法律原初追求的基本价值。

---

① ［俄］弗兰克：《俄国知识人与精神偶像》，徐凤林译，学林出版社1999年版，第127页。

第三部分
马克思主义法律思想中国化及时代价值

第九章

中国早期马克思主义者的法律思想

鸦片战争以降，随着中国社会由传统向现代的转变，法律启蒙运动由此发端。魏源、林则徐等奋声疾呼"师夷变法"，郑观应、王韬等大力推崇"军民共治"。19 世纪末，康有为、梁启超等领导的维新变法运动使君主立宪学说深入人心。20 世纪初，清政府实行新政，宣布进行法制改革，将中国法制与西方法制联结起来。至此，传统的中华法系解体，中国法制在被动中走向现代化。从 1915 年《青年杂志》创立到 1925 年国民大革命兴起的五四时期，以李大钊、陈独秀为代表的中国早期马克思主义者在宣传和介绍十月革命与马克思主义的过程中，与 20 世纪初开启的法制现代化进程相结合，以马克思主义的视角对中国法制建设问题进行了初步思考与探索，构成了马克思主义法律思想的中国起源。

一　马克思主义法律思想中国化的起源

早在 19 世纪末，马克思主义就已传入中国，但这时的国人只是将马克思主义视为欧洲各种社会主义思想中的一个派别，而并未视作改造中国的武器，对其宣传和介绍是零星而片断的，并且充满着误解和歪曲。正如美国学者德里克在《中国共产主义起源》一书中所言："把中国知识分子在 1920 年之前对十月革命的理解与接受，看着是对马克思列宁主义的理解与接受，是一种事后的聪明。"[1] 以中国马克思主义的奠基人李大钊为例，他在五四以前虽已研究过马克思主义政治经济学，热烈赞美过俄国十月革命，但尚未接受马克思主义学说。在 1918 年底以前，他的文章中甚至没有提到马克思的名字。直到 1919 年五四运动发生后，也就是五四后期，先进的中国知识分子才从众多的外来思想中选择了马克思主义，接受了马克思主义法律思想的精髓——历史唯物主义法律观。五四时期，中国新知识分子的这一重大转型有着深刻的社会历史根源。

（一）阶级基础：青年学生和无产阶级队伍的迅速壮大

自 1901 年清末新政实行以来，新式学堂普遍建立，出洋留学蔚然成风，受过新式教育的知识分子愈来愈多。1907 年，全国大、中、小学学生数为 1024988 人。[2] 到了 1916 年，全国各级学校学生数已达 390 多万人。日本、欧洲、美国都有大量中国留学生，仅 1917 年在美国的中国留学生就有 1170 人。[3] 接受了新式教育的青年学生队伍不断发展壮大，这为新思想的传播和落土提供了必需的阶级土壤。与此同时，国内阶级关系发生了新的变动。第一次世界大战爆发以后，中国民族资本主义经济乘着帝国主义无暇东顾的机会得到空前发展，掀起了兴办资本主义工业的热潮，中国产业工人队伍成倍增长。辛亥革命前，中国近代产业工人近 60 万人；到 1919 年五四运动前夕，产业工人队伍已达 200 万人。[4] 可以说，五四时期新知识分子的转型，从根本上取决于这一时期中国资本主义经济的快速发展和阶级关系的变化。

（二）经济基础：辛亥以来的社会境况

"一战"期间，工人阶级的力量显著增强，但工作境遇没有丝毫

---

[1] Arif Dirlik, The Origins of Chinese Communism, Oxford University Press, 1989, p. 19.
[2] 皮明庥：《近代中国社会主义思潮觅踪》，吉林文史出版社 1991 年版，第 207 页。
[3] 李良玉：《动荡时代的知识分子》，浙江人民出版社 1990 年版，第 139—140 页。
[4] 阮湘等：《第一回中国年鉴》，商务印书馆 1924 年版，第 1441 页。

改善。1912—1921 年，中国各工厂工人的工作时间平均为 12 小时，多的为 14—15 小时，少的为 9—10 小时（往往另外增加 3 小时的无偿夜工）。① 占人口绝大多数的农民，生活艰难困苦，处境更加悲惨。"在以地主为主体的各种势力的剥削压迫下，农民挣扎在破产的边缘；在农村阶级分化的趋势中，富者愈富，贫者愈贫，农民失去土地或破产的数量在急剧增加，农民和地主阶级之间的矛盾不断激化。在这种情况下，为了生存和改变自己的悲惨境地，农民只有起来反抗。"② 社会经济情形必然在思想意识层面有所体现，辛亥革命以来的社会境况就不能不引起知识分子的关注，促使他们研究工农问题，探究解决方法，而以批判现实为特征的马克思主义法制思想也就进入了他们的视野。

（三）思想基础：新文化运动造成的思想解放

1915 年新文化运动的兴起，使中国思想界出现了百家争鸣的繁荣景象。杜威的实验主义、柏格森的生命哲学、罗素的科学主义以及各种社会主义学说，包括马克思主义唯物史观，在中国大地上竞相传播。不过，这时马克思主义还并不特别引人注目。当时，中国的革命政党对于社会主义只是抱着一种同情的态度，最关心的是俄国革命政党的恐怖行动，而并非他们背后的马克思主义。③ 尽管如此，新文化运动带来的思想解放却为马克思主义的继续传播和成为主流奠定了思想基础。在俄国十月革命之后，先进的中国知识分子在一段观察和思考之后，逐渐把目光聚焦于苏维埃俄国，从欢呼十月革命的胜利，进而探讨和追求马克思主义学说。正如毛泽东指出："十月革命一声炮响，给我们送来了马克思主义。十月革命帮助了全世界的也帮助了中

---

① 北京大学国际政治系编：《中国现代史统计资料选编》，河南人民出版社 1985 年版，第 13—15 页。

② 王继停：《马克思主义中国化：早期进程与启示》，上海社会科学院出版社 2009 年版，第 41 页。

③ ［美］莫里斯·迈斯纳：《李大钊与中国马克思主义的起源》，中共北京市委党史研究室编译组译，中共党史资料出版社 1989 年版，第 59 页。

国的先进分子，用无产阶级的宇宙观作为观察国家命运的工具，重新考虑自己的问题。"①

（四）心理基础："向西看"信仰的幻灭

鸦片战争以来，中国人一直在学习西方的道路上蹒跚前行。尽管列强一再欺辱中国，但"物竞天择、适者生存"的社会达尔文主义价值观使中国人认为弱肉强食、落后挨打是竞争的必然结果，并未因此放弃向西方学习的决心和愿望。然而，经过了辛亥革命的中国，立宪民主徒有其表，尊孔复辟未有竟时，军阀混战无休无止，护国护法难奏其功，外侮侵凌日甚一日。这种理想与现实的巨大反差使广大知识分子深感失望，这种失望情绪又演化为对西方资产阶级政治学说和资本主义民主政治的绝望。"无量金钱无量血，可怜购得假共和。浩劫茫茫何日了，自惭无策济斯民。"辛亥元勋蔡济民的《书愤》颇能反映时人的心态。正当此时，第一次世界大战充分暴露了西方资本主义文明的缺陷，引起了中国人对于中国未来发展方向的深刻反思。"第一次世界大战向全世界提出了一个划时代的课题，这个课题用梁启超的话来说就是：欧洲文明的迷梦破产了。它也迫使中国选择一条新的道路。"② 于是，当巴黎和会上中国外交失败的消息传来后，那些原本鼓吹西方文明、信仰西方制度的中国人便不再像过去那样麻木，而是日渐走向激进，决心寻求资产阶级民主政治学说以外的救国道路。新文化运动的掌舵者陈独秀就在引领时代风潮的《敬告青年》中提出："都站起来解决吧！"在这种氛围下，中国人接受马克思主义就有了一定的心理基础。

五四运动以后，马克思主义逐渐被先进的中国知识分子广泛接受，由此逐渐开启了马克思主义法律思想"中国化"的历程。不过，五四后期的社会现实与历史任务决定了此时的马克思主义法律思想还

---

① 毛泽东：《毛泽东选集》第4卷，人民出版社1991年版，第1471页。
② 韩毓海：《从世界到中国：重新检视"五四"的文化遗产》，《人民日报》（海外版），2009年5月5日第7版。

不可能付诸实践，早期马克思主义者的法律思想往往是一种理论上的演绎，还没有真正找到中国法制建设的可行道路。因此，五四时期只能视为马克思主义法律思想的中国起源，而并非马克思主义法律思想中国化的开端。尽管如此，我们也不能低估早期马克思主义者对于马克思主义法律思想中国化的意义和贡献。"所谓马克思主义法律观，即历史唯物主义的法律基本观点。这些观点是整个马克思主义法学的基础，以后的各种马克思主义法学理论都是在历史唯物主义法律基本观点的基础上建立和发展起来的。"① 可以说，正是早期马克思主义者的初步探索和开创性贡献，为日后马克思主义法律思想的继续推进和中国化奠定了必要前提。

二　李大钊法律思想的形成与发展

李大钊学识渊博，"对历史学、法学、政治学、教育学、伦理学乃至民族问题、妇女问题等进行过研究，在这些领域中做出了开拓性的建树。"② 他对中国现代法制观念的确立和深化、民主宪政制度的创设和变革、民主与法制建设的发展方向做出了积极贡献，是 20 世纪初中国法律启蒙思想家中的重要一员。

（一）民主主义法律思想的形成

李大钊早期的法律思想属于民主主义范畴，这和他早年的学习经历息息相关，又与辛亥革命后民主共和意识深入人心、人民反专制复辟的斗争紧密相连。

一方面，清末新政施行以来，法制改革就成为知识分子高度关注的紧要问题。少年时代的李大钊面对清朝即将亡国灭种的境遇，"感

---

① 付子堂：《马克思主义法律思想研究》，高等教育出版社 2005 年版，第 45 页。
② 江泽民：《在李大钊诞辰一百周年纪念大会上的讲话》，《人民日报》1989 年 10 月 29 日第 1 版。

于国势之危迫，急思深研政理，求得挽救民族、振奋国群之良策"①，于 1907 年考入北洋政法专门学校，初步学习和掌握了资产阶级民主主义法理学说。1913 年，他又东渡日本，在早稻田大学系统学习政法诸学。前后 8 年的学习经历，使他积累了丰富的民主主义法律知识，能够从法律的专业角度观察中国的现实问题，这为日后以法律为武器开展反封建斗争奠定了基础。

另一方面，民初的混乱局面亟须法制约束。民国建立后，政局混乱，武人专权。在这种政治环境下，李大钊怀着对国家民族的深沉忧患意识，高度关注现实的法制建设，着力从学理与实践相结合的角度做出深刻的理性思考，希望在中国建立起资本主义法治社会，使中国成为真正意义上的资产阶级共和国。为此，他提出了一系列法制改革观点，反对袁世凯的个人独裁和复辟帝制，矛头直指封建专制主义，初步形成了民主主义法律思想。

（二）民主主义法律思想的主要内容

在李大钊自幼萌发的爱国主义情感和初步形成的民主主义法律观中，充满着对封建专制主义法律制度的深恶痛绝。他的民主主义法律思想内容丰富，见解独特，许多思想火花对当时的社会变革具有启迪作用。

第一，反对封建专制，提倡平等自由，是李大钊民主主义法律思想的出发点。辛亥革命推翻了封建君主专制制度，却未能在思想文化领域扫尽封建糟粕。民国建立以后，袁世凯又在社会上掀起了尊孔复古的逆流，为复辟帝制大造舆论。李大钊指出孔子乃历代帝王专制之护符，尊孔就是为了保护君主专制体制。"孔子生于专制之社会，专制之时代，自然不能不就当时之政治制度而立说，故其说确足以代表专制社会之道德，亦确足为专制君主所利用资以为护符也。……余之掊击孔子，非掊击孔子之本身，乃掊击为历代君主所雕塑之偶像的权

---

① 李大钊：《李大钊全集》第 5 卷，人民出版社 2006 年版，第 226 页。

威也；非掊击孔子，乃掊击专制政治之灵魂也。"①

　　李大钊认为，孔学所代表的封建正统法律思想是造成中国沉沦与落后的根源。他深刻揭示了封建法律思想的社会根源和阶级本质，指出孔学是适应中国两千余年封建农业经济的产物，是以三纲五常为核心的封建宗法制度的表层构造。"孔子的学说所以能支配中国人心有二千余年的原故，不是他的学说本身具有绝大的权威，永久不变的真理，配作中国人的'万世师表'，因他是适应中国二千余年来未曾变动的农业经济组织反映出来的产物，因他是中国大家族制度上的表层构造，因为经济上有他的基础。"随着中国社会的转型，专制主义制度和封建正统法律思想退出历史舞台必将成为不可抗拒的潮流。"中国的农业经济，既因受了重大的压迫而生动摇，那么首先崩颓粉碎的，就是大家族制度了。中国的一切风俗、礼教、政法、伦理，都以大家族制度为基础，而以孔子主义为其全结晶体。大家族制度既入了崩颓粉碎的运命，孔子主义也不能不跟着崩颓粉碎了。"② 李大钊将法律制度同经济现象、社会结构等结合起来进行考察，这使其对封建正统法律思想的批判达到了前所未有的深度。

　　李大钊把自由、平等、人权观念的普及和实现看成是法治社会赖以建立的前提。"自由为人类生存必需之要求，无自由则无生存之价值。"③ 他认为，国民的自由是现代政治建立的基础，国家与人民之间应当充分疏通，国民能够顺畅表达自己的意愿，这也正是民治主义的宗旨。"语其精神，不外使政治体中之各个分子，均得觅得有机会以自纳其殊能特操于公共生活之中，在国家法令之下，自由以守其轨范，并进以尽其职分，而赴共同之志的。"④ 李大钊特别看重思想自由，在《宪政与思想自由》等文章中对思想自由的条件、意义及限制思想自由的后果做了全面论述，一再强调应将思想自由写入宪法，

①　李大钊：《李大钊选集》上，人民出版社 1959 年版，第 80 页。
②　李大钊：《李大钊文集》下，人民出版社 1984 年版，第 79—84 页。
③　李大钊：《李大钊文集》上，人民出版社 1984 年版，第 244 页。
④　同上书，第 517 页。

用国家的根本法加以保护。他坚决反对北洋政府在天坛宪法草案中将孔学定为国民修身大本的做法，严正指出："孔子者，历代帝王专制之护符也、宪法者，现代国民自由之证券也。专制不能见容于自由，即孔子不当存于宪法。今以专制护符之孔子，入于自由证券之宪法，则其宪法将为萌芽专制之宪法，非为孕育自由之宪法也；将为束制民彝之宪法，非为解放人权之宪法也；将为野心家利用之宪法，非为平常百姓日常享用之宪法也。此专制复活之先声也。"① 他强调，在宪法中应明文规定教育及信仰自由，禁止出版检查制度，除非犯有诽谤罪和泄密罪，否则一律不受法律限制。

第二，实施宪政制度，建立法治社会，是李大钊民主主义法律思想的核心。辛亥革命推翻了几千年的封建专制主义政体，拉开了建立资产阶级民主共和制度的序幕。但是，以袁世凯为首的北洋军阀政府不顾人民愿望，企图制定一部扩大总统权力、实行独裁统治的宪法。为此，李大钊在《宪法公言》杂志上集中发表了一系列文章，提出自己对于立宪、行宪的思想主张，希望通过法律手段建立一个"以议会为神脑，以法律为血气，不自有其体，而以众体为一体，不自有其意，而以众意为一意"② 的真正的民主共和国。

李大钊认为国家和法律密不可分，国赖法而存，离法则危，必须维护宪法的至高无上地位。"国之存也，存于法；人之生也，生于理。"③ 为树立宪法至上的观念，他把宪法与法律加以区别，指出："以广义法律言，宪法自赅括于众法之内而为其一种；以狭义法律而言，宪法实超轶乎其上，而确然有形式上殊异。"④ 各种政治势力应以国家利益为重，自觉遵守宪法，绝不能仗势而为、以武犯禁，赫然临于宪法之上。"各种势力，亦均知遵奉政理，而能自纳于轨物之中，则法外之势力，悉包涵于宪法，而无所于不平。宪法之力，乃克广被

---

① 李大钊：《李大钊选集》上，人民出版社 1959 年版，第 77 页。
② 李大钊：《李大钊文集》上，人民出版社 1984 年版，第 520 页。
③ 同上书，第 173 页。
④ 同上书，第 61 页。

既，以垂于永久。"① 对毫无法制观念的民众，要进行必要的法律教育，使之以自由、平等、博爱为处世信条，崇信法律，遵纪守法。同时，要制定一部限制总统权力、扩张和反映民意的宪法。"吾人苟欲为幸福之国民，当先求善良之宪法。"② 针对袁世凯企图借宪法公布权干涉制宪的行为，他严正指出："宪法之公布权，不属之大总统，而属之宪法会议，证之法理，昭然若揭矣。"③ 总统之权力乃宪法所赋予，其活动应在宪法范围之内。宪法只有充分反映国民公意，才能得到民众的拥护，才能得以实施，法治社会才能实现。"以宪法为物之势力，不在宪法自身，而在人民之心理。"④ 他还把人民的意志和要求比作"民彝"，主张"通民彝于国法"，疏通国法与民彝间的联络，使法律体现人民的意愿。

第三，浓厚的革命色彩，强烈的国情意识，是李大钊民主主义法律思想的鲜明特征。民国初年，在论及法律与政治的关系时，人们一般都借助于资产阶级法律思想，认为法律代表社会各阶级的政治利益，"政治之力足以屈法律之力，法律之力只宜徇政治之力。"李大钊承认政治对法律的制约性，"其于法律虽无何等权能，而于事实则确于法律之后隐操一种势力，且能自范于法律之中而无所违。"但他敏锐地指出这种政治具有特定的含义，反映统治阶级的意愿，而普通民众的政治诉求则对法律不产生影响。法律实际上服务于统治阶级的利益，一旦民意与法律产生冲突，就会遭到国家暴力的压制。"若其强力含有破坏法律之性质，且恒有其倾向、有其行为焉，则为非法之暴力，而非政治之所能容。"⑤

他还指出法律的制定应该依据具体的国情和人民的要求，不能一成不变。"法易腐而理常新，法易滞而理常进。……即以理之力为法

① 李大钊：《李大钊文集》上，人民出版社 1984 年版，第 222 页。
② 同上书，第 211 页。
③ 同上书，第 53 页。
④ 同上书，第 222 页。
⑤ 李大钊：《暴力与政治》，《太平洋》第 1 卷第 7 号，1917 年 10 月 15 日。

之力开其基，更以理之力为法之力去其障，使法外之理，无不有其机会以入法之中，理外之法，无不有其因缘以失法之力。平流并进，递演递嬗，即法即理，即理即法。"① 法律的制定要因时因地制宜，要反映人民的意志，只有这样才能具有无限的生命力。对西方的法律制度，不能盲目照搬，必须仔细鉴别、慎重吸收。他强调："代议政治虽今犹在试验之中，其良其否，难以确知，其存其易，亦未可测。"② 国人应该发扬民主精神，奋勇探索和建设符合时代精神与中国国情的政治法律体制。

民国初年，新知与旧影并存，这时的李大钊还没有充分认识到资本主义法律制度的虚伪，一度推崇英国的《大宪章法》和法国的《人权宣言》，甚至认为《人权宣言》为"近世人类自由之保证书"。尽管如此，在当时的历史条件下，他以民主主义法律观清算封建主义法律思想，又对资产阶级法律思想有所怀疑和突破，这反映出他的法律思想在不断发展和进步，他的民主主义法律思想和建立法治社会的远见卓识已经超过了与他同时代的任何思想家。

（三）从民主主义向马克思主义转变

近代以来，先进的中国人为了挽救国家危亡，历尽千辛万苦，向西方寻找救国救民真理，寻找富国强兵之路。然而，正如毛泽东在《论人民民主专政》一文中所言："中国人向西方学得很不少，但是行不通，理想总是不能实现。一切别的东西都试过了，都失败了。"李大钊在成为马克思主义者以前，曾热切盼望着通过法律手段建立一个人人平等、人人自由的法治社会。然而，他的治国方案根本无法实现，现实迫使他另寻出路。正值此时，俄国爆发了十月革命，向世人展示了一条充满希望的崭新道路。

十月革命给中国带来了马克思主义，这给苦苦思索中的李大钊提

---

① 李大钊：《李大钊文集》上，人民出版社1984年版，第173—174页。
② 李大钊：《李大钊选集》上，人民出版社1959年版，第50页。

供了科学的世界观和方法论，他开始以马克思主义的视角观察问题，认识到了资产阶级议会制度的本质，热情称赞布尔什维克党领导俄国人民建设社会主义法制的成就。"没有康格雷（国会音译），没有巴力门（议会音译），没有大总统，没有总理，没有内阁，没有立法部，没有统治者，但有劳工联合的会议，什么事都归他们决定。"①他对军阀统治下的法律体制进行了尖锐的抨击和深刻的批判，嘲讽道："到了今日，没有普通选举，还称得起是个共和国么？"②

以1918年7月《法俄革命之比较观》的发表为起点，李大钊开始从民主主义向马克思主义转变，着手建构无产阶级法律观，用马克思主义法律思想解释社会主义制度。1919年下半年，他发表了《我的马克思主义观》及《物质变动和道德变动》两篇文章，以唯物史观为指导，开始辩证地看待法律与经济基础的相互关系，注重从经济上解释法制的演变，在保障人民自由权利的基础上更强调人民当家做主。这标志着李大钊正式形成了马克思主义法律观，成为近代中国无产阶级和社会主义法律思想的开拓者和奠基人。

（四）马克思主义法律思想的主要内容

随着对马克思主义学习的加深，李大钊对法律本质和法律问题的认识不断深化，逐渐形成了社会主义法律观，成为中国马克思主义法学的开拓者、近代无产阶级和马克思主义法律思想的主要奠基人。

1. 阐述法的本质，剖析法的职能

法律与经济基础之间存在互动关系，法律是反映统治阶级意愿的工具，必将随着社会经济的发展演变为社会管理的公约，这是李大钊马克思主义法律思想的根本立场。

李大钊根据马克思主义关于生产力决定生产关系、经济基础决定上层建筑的原理，认识到法律属于上层建筑，依从于一定的经济基础

---

① 李大钊：《李大钊选集》上，人民出版社1959年版，第114—115页。

② 李大钊：《普通选举》，《每周评论》1919年2月23日第10号。

和社会历史条件。他把法律、政治、宗教等人类社会一切精神的构造看成是表层的构造,把经济的、物质的构造看成是基础的构造,认为基础构造决定表层构造,表层构造随基础构造而变动。"人类社会生产关系的总和,构成社会经济的构造。这是社会的基础构造。一切社会上政治的、法制的、伦理的、哲学的,简单说,凡是精神上的构造,都是随着经济的构造变化而变化。我们可以称这些精神的构造为表面构造。表面构造常视基础构造为转移,而基础构造的变动,乃以其内部促他自己进化的最高动因,就是生产力,为主动。"① 由此出发,他充分揭示了法律的阶级本质,一针见血地指出:"所谓法律、国家,不过有产阶级之维持其地位者。"② 法律总是与社会经济形态相匹配,其目的就是维持社会经济秩序的稳定。阶级社会的法律必然会打上统治阶级的烙印,致力于维系统治阶级的经济地位、保护他们的私有财富,不可能去关注劳动群众的诉求。在资本主义制度下,"政治、法律又是帮助有产者,保护资本家的。因此,无产的劳动者受到莫大的毒害。……在工银制度下的劳动者,简直不如牛马!"资本主义越发达,"在资本制度下的文明越进步,劳动者越受痛苦。"在资产阶级掌握社会财富和国家政权的时代,"工厂规则完全是保护资本家的利益的,对于工人们底幸福方面,剥削殆尽!工人的独立人格,工人的自由权,在工厂规则里,完全淹没了!"③ 正是基于这样深刻的认识,李大钊坚信劳工阶级"知道现在资本主义制度是使他们贫困的唯一原因,知道现在的法律是阶级的法律,政治是阶级的政治,社会是阶级的社会。"④ 因此,欲谋求中国社会的改造,欲进行政治法律制度的变革,必须首先改变社会经济制度,进行无产阶级革命。"经济问题的解决,是根本解决。经济问题一旦解决,什么政治问题、法律问题、家庭制度问题、女子解放问题、工人解放问题,都

---

① 李大钊:《李大钊选集》上,人民出版社1959年版,第185、186页。
② 《李大钊传》编写组:《李大钊传》,人民出版社1979年版,第87页。
③ 李大钊:《李大钊选集》上,人民出版社1959年版,第490、493、496页。
④ 同上书,第265页。

可以解决。"①

值得注意的是，在刚刚接触马克思主义之际，李大钊还未能全面理解经济基础与上层建筑之间的互动关系，一度忽视甚至否认法律等上层建筑对经济基础的反作用，曾认为："思想、主义、哲学、宗教、道德、法制等等不能限制经济变化物质变化，而物质和经济可以决定思想、主义、哲学、宗教、道德、法制等等。"② 随着对马克思主义研究的深入，他开始认识到法律虽受经济基础支配，但并非完全被动地依从和等待经济的变动，在一定社会历史条件下，经济现象和法律现象可以相互影响，法律等上层建筑对经济基础具有反作用，从而形成了科学的马克思主义法律思想。在《我的马克思主义观》一文中，他指出："经济现象和法律现象，都是社会的原动力，他们可以相互影响，都与我们所求的那正当决定的情状有密切的关系。……在经济构造上建立的一切表面构造，如法律等，不是绝对的不能加些影响于各个的经济现象，但是他们都是随着经济全进路的大势走的，都是辅助着经济内部变化的，就是有时可以抑制各个的经济现象，也不能反抗经济全进路的大势。"③

李大钊对社会主义法律制度的职能进行了初步思考。他认为，法律随着阶级、私有制、国家的产生而产生，亦将随着阶级、私有制、国家的消亡而消亡，最终成为管理公共事务的公约。社会主义法律就要废除旧的生产关系和经济基础，建立适应新的经济基础的秩序，实现无产阶级专政。"照法律方面言，必须将旧的经济生活与秩序，废止之，扫除之，如私有权及遗产制，另规定一种新的经济生活与秩序，将资本财产法、私有者改为公有者之一种制度。从经济方面言，必须使劳动的人，满足欲望，得全收利益。"④

李大钊还对个人与社会、自由与秩序间的关系进行了辩证分析，

① 李大钊：《再论问题与主义》，《每周评论》1919 年 8 月 17 日第 35 号。
② 李大钊：《李大钊选集》上，人民出版社 1959 年版，第 261 页。
③ 同上书，第 192、193 页。
④ 李大钊：《李大钊全集》第 4 卷，人民出版社 2006 年版，第 195 页。

勾勒了社会主义法制下的社会形态。他驳斥了社会主义束缚自由的观点，强调尊重人的个性、关注个性发展是社会主义的重要特征。"德谟克拉西与社会主义，在精神上亦复相同。真正的德谟克拉西，其目的在废除统治与屈服的关系，在打破擅用他人一如器物的制度。而社会主义的目的，亦是这样。"①　以此之故，李大钊抛弃了以前那种绝对抽象的资产阶级自由观，认为社会主义不仅不排斥民主与自由，而且要发展民主与自由，它在精神上与民主、自由相通。"社会主义是保护自由，增加自由者，使农工等人均多得自由。"②　社会主义下的秩序才是"真实的秩序"，充分保障公民权益，"不是压服一切个性的活动，是包蓄种种不同的机会使其中的各个份子都可以自由选择的安排；不是死的状态，是活的肌体。"③　社会主义社会的法制就是保证公民合理的发展个性，并随着社会的进步而赋予公民个性发展以更多机会。在社会主义社会，自由、民主和法制实现了有机统一。"我们所要求的自由，是秩序中的自由；我们所顾全的秩序，是自由间的秩序。只有从秩序中得来的是自由，只有自由上建设的是秩序。个人与社会、自由与秩序，原是不可分的东西。"④

2. 以社会主义民主取代议会政治

以社会主义民主政治取代资产阶级议会政治，以"平民主义"作为中国民主法制建设的方向，这是李大钊马克思主义法律思想的基本观点。

李大钊运用历史唯物主义的观点来考察人民群众在历史中的作用，在《法俄革命之比较观》一文中阐明了法国革命和俄国革命的本质区别，指出俄国革命"冲决'神'与'独裁君主'之势力范围，而以人道、自由为基础，将统制一切之权力，全收于民众之手"⑤，

---

① 李大钊：《李大钊选集》上，人民出版社1959年版，第400页。
② 李大钊：《李大钊全集》第4卷，人民出版社2006年版，第196页。
③ 李大钊：《李大钊文集》上，人民出版社1984年版，第437、438页。
④ 同上书，第438页。
⑤ 李大钊：《李大钊选集》上，人民出版社1959年版，第104页。

开启了人类历史的新纪元。他认识到"议会制度纯是欺人的方法"，是"为中产阶级装潢门面，而特权政治则在内幕中施行"。"真实的平民政治非打破这虚伪的议会制度必不能实现。"① 他热情歌颂在世界无产阶级革命高潮中表现出来的群众运动的伟大力量，认为这是滔滔的历史潮流，人类发展的前景必是"劳工的世界"，断定"民众的势力，是现代社会上一切构造的唯一基础"。② 以此为基础，他开始用平民主义和平民政治来勾勒无产阶级的理想社会形态。

对于"平民主义"的内涵，李大钊引用马莎莱客的话进行了诠释："'平民主义'的政治的和社会的目的，乃在废除属隶与统治的关系。'平民主义'一语的本来的意义，是'人民的统治'，但现代'平民主义'的目的，已全不在统治而在属于人民、为人民、由于人民的执行。"他强调现代的平民主义，"不是对人的统治，而是对事物的管理。""就是把政治上、经济上、社会上一切特权阶级，完全打破，使人民全体，都是为社会国家作有益的工作的人，不须用政治机关以统治人身，政治机关只是为全体人民而由全体人民执行的事务管理的工具。"③ 在平民主义社会下，国家和政治法律机关失去政治性和统治功能，而完全是属于人民、为了人民的新型社会。由此可见，这种平民主义政治已经是一种与资产阶级政治相对立而与社会主义相联系的新型民主政治，也就是社会主义民主政治。

李大钊对平民主义下的民主法制进行了具体描述："使政治体中的各分子，均得觅有机会以纳其殊能操于公共生活中：在国家法令之下，自由以守其轨范，自进以尽其职分；以平均发展的机会，趋赴公共福利的目的；官吏与公民，全为治理国家事务的人；人人都是治者，人人都非隶属，其间没有严若鸿沟的阶级。这里所谓治者，即是治理事务者的意思，不含有治人的意味。国家与人民间，但含有意思的关系，没有强力的关系；但有公约的遵守，没有强迫的压服，政府

---

① 李大钊：《李大钊文集》下，人民出版社1984年版，第571页。
② 同上书，第239页。
③ 李大钊：《李大钊选集》上，人民出版社1959年版，第411、415、427页。

不过是公民赖以实现自己于政治事务的工具罢了。"在这种社会制度下，人民真正当家做主，法制保障绝大多数人的民主与自由，同时又坚持多数原则与少数原则的统一。"在商议讨论中，多数宜有容纳少数方面意见的精神；在依法表决后，少数宜有服从全体决议的道义。"① 此时的法律已不再具有阶级压迫、阶级专政工具的含义，而是执行大多数人意志的一种手段。

3. 保障工农权益，实现妇女参政

依法维护工农大众的基本政治权利和经济利益，实现妇女参政，这是李大钊马克思主义法律思想的重要内容。

在近代中国，广大工农群众生活悲惨艰辛，毫无政治权利。李大钊对歧视劳动人民的做法十分不满，谴责说："我请问低级高级从那里分别？凡是劳作的人，都是高尚的，都是神圣的，都比你们这些吃人血不作人事的绅士、贤人、政客们强得多。"② 他要求制定劳动保障条例，规定每日劳动时间。近代中国工人深受三座大山的压迫，劳动时间长，劳动条件差，工酬待遇低，生活在社会最底层。李大钊对工人阶级的苦难感同身受，在1920年的"五一"国际劳动节上，大声呼吁工人群众为实现八小时工作制奋起抗争："希望他早日完成那'八小时'运动的使命，更进而负起'六小时'运动的新使命来。起！起！！起！！！劬劳辛苦的工人！今天是你们觉醒的日子了！"③ 在1922年的"五一"国际劳动节上，他更是提出了改善工人境遇的六项具体要求："（1）八小时工作，额外工作加薪；（2）假期停工给薪；（3）男女同工同酬；（4）含有危险性的工作应该格外优待，如矿路电等；（5）取缔童工；（6）要求公家在工人集合的地方多设正当娱乐的场所及设备。"④

他要求改革选举制度，维护工农的政治权利。民国以来颁布的选

① 李大钊：《李大钊选集》上，人民出版社1959年版，第410、411、413页。
② 同上书，第305页。
③ 同上书，第325页。
④ 同上书，第387页。

举法，对选举人加以极高的学识、地位或财产资格限制，实际上变相剥夺了普通工人和农民的选举权。针对这种情况，李大钊在《劳动教育问题》一文中指出："现代的劳工社会已竟渐渐觉醒。……不但在政治上要求普通选举，在经济上要求分配平均，在教育上、文学上也要求一个人人均等机会。"因此，"应该要求一种 Democracy 的产业组织，使这些劳苦工作的人，也得一种均等机会去分配那生产的结果。""因为 Democracy 的意义就是人类生活上一切福利的机会均等。"① 在《青年与农村》一文中，他指出民主政治的基础在农村，必须实现农民参政。"无论所行的是限制选举，抑是普通选举，那选民的生活本据，大多数都在农村。若想扩清选举，使这种新制度不做高等流氓们藏污纳垢的巢穴，发财做官的捷径，非开发农村不可，非使一般农民有自由判别的知能不可。"因此，不仅要赋予农民选举权，而且要教育农民，提高他们的文化水平和参政意识。"这样的民主主义，才算有了根底，有了泉源。这样的农村，才算是培养民主主义的沃土。"② 经过马克思主义的洗礼后，李大钊已经认识到工农大众才是中国民主政治的基础，工农基本政治权利和经济利益的实现才是人民当家做主的标志。

他要求解放妇女，以制度的形式保证女子参政。在中国由传统社会向现代社会转变的交替时期，封建专制主义的残余依然根深蒂固地影响着人们的思想，男女在经济、法律、社会地位等方面都不平等。李大钊十分痛恨男女不平等的社会现象，指出："男女各有各的特性，全为对等的关系，全有相与补足的地方。"③ 他强调，在妇女没有解放的国家绝对没有真正的平民主义，女子参政是妇女解放和法律平等的标志。无产阶级的妇女运动与资产阶级的女权运动既有联系，又相区别，旨在实现社会平等、消除阶级压迫。"无产阶级的妇女运动，对于那种阶级的差别，绝不过问，只求同阶级中之人类，俱得享有同

---

① 李大钊：《李大钊选集》上，人民出版社 1959 年版，第 138、139 页。
② 同上书，第 148、149 页。
③ 同上书，第 370 页。

等之权利，并不承认社会现象中有压迫与被压迫两种阶级之事实。……换言之，其所主张者，确在男女两性都不处于压迫与被压迫之地位。"他要求制定以普选制为核心的选举法，在"行政法上为官吏之权，女子应不受限制"。① 妇女应先争得宪法上的平等权，通过普遍选举实现与男子平等参政，然后运用政治力量确保男女全部法律权利平等，进而以此谋求女性在社会上的各种权益和福祉。

三　陈独秀法律思想的形成与发展

陈独秀具有强烈的爱国精神和救亡意识，一直关注着中国的法制建设进程。民国建立以后，他关心宪政建设，特别针对孔教入宪问题进行了深入研究，在法制建设方面提出了一系列民主主义色彩的意见和观点。五四运动以后，他的思想认识发生了重要转变，重视现实问题的真正解决和劳动群众的权益维护，初步形成了社会主义法制观。

（一）民主主义法律思想的形成

民国初年，陈独秀是一位激进的民主主义者，大力宣传平等自由观念，积极投身民主宪政建设，形成了民主主义法律观，这与当时的社会历史背景、他的知识文化素养有着很大关系。

1. 法制建设的需要

1901 年，基于帝国主义的压力和救亡图存的需要，清政府宣布实行新政，决定改制自强。作为新政的重要内容，清政府参照西方国家的法制模式和律例规定，将中国的立法、司法从行政系统中分离出来，试图和西方法制接轨，拉开了法制改革的帷幕。虽然 1911 年的辛亥革命推翻了清王朝，但并不排斥新政所取得的具有资本主义性质的改革成就。因此，清末法制改革的成果不仅没有受到影响，还得到了进一步发展，原来具有准立法机关性质的资政院和各省咨议局就发

---

① 明丙：《李大钊君讲演女权运动》，《江声日刊》1923 年 2 月 5、6 日。

展为国会和省议会。实际上，法制不是无源之水、无本之木，民初的法制建设是清末开启的法制现代化进程的延续和传承。因此，在经历了革命风暴的民国，西方的法制体系依旧是中国人学习和效仿的标杆与范式，只不过学习的步伐比清末迈得更大，学习的紧迫性也比清末更为急切。于是，民初的知识分子在思考和谈论立宪政治和法制建设有关问题时，就纷纷站在资产阶级民主主义的立场上，以建立健全资本主义法制体系为切入点。正是在这种氛围下，陈独秀推崇西方的议会政治和法制体系，特别对法国的政体制度情有独钟。

2. 社会心理的趋同

尽管民初政局动荡，宪政建设屡受挫折，民主法制数遭践踏，但广大革命党人和知识分子并不气馁，为了捍卫革命果实、维护共和制度，与各种倒行逆施行为和封建复古思想进行了不屈不挠的顽强斗争。特别是1915年兴起的新文化运动，猛烈批判了以儒家思想为代表的封建旧文化，彻底否定了封建专制制度，进一步宣传了资产阶级的思想文化。辛亥革命以来，随着民主共和观念日益深入人心，民主民权成为社会主流意识，建立资产阶级法治社会成为社会各界的共同心愿。在这种社会心理认同下，纵如袁世凯之强横跋扈，复辟帝制也要以"洪宪"遮羞。因此，民初的知识分子在展望中国发展前景时，自然就以西方资本主义制度为蓝本，期望将中国建成真正的资产阶级共和国，实行资本主义民主法制。五四前期的陈独秀高举民主旗帜，热衷宪政法制，实乃顺势而为，时势使然。

3. 知识结构的影响

陈独秀天资聪慧，生性不羁，追求真知，热爱自由。他从小阅览儒家典籍，旧学功底相当深厚，1896年考中秀才且院试第一，却无意功名仕宦，藐视封建纲常。1897年，进入杭州中西求实书院学习，开始接受近代西方思想文化，思想渐趋激进，崇尚民主平等。以后，又赴日深造，大量接触西方资产阶级民主政治学说，对法国的资本主义制度极为推崇，由衷希望中国能够借鉴法国经验，走上资本主义发展道路。因此，在辛亥革命推翻清廷、建立民国以后，陈独秀就从自身深厚的民主主义理论素养出发，提出了包括法制建设在内的一系列民主主义色彩的治国主张。

（二）民主主义法律思想的主要内容

民国初建，陈独秀对立宪民主满怀期望，热切关注宪政进程，希望中国能够建立法治社会，成为真正意义上的资产阶级共和国。他积极投身民主宪政建设活动，在五四前期形成了以推崇法治、保障人权为基本内容的民主主义法律观。

1. 捍卫宪政原则，反对孔教入宪

辛亥革命虽然终结了封建君主专制制度，却不可能在短时间内荡除意识形态方面的封建观念，迂腐落后的封建意识依然根深蒂固。1913 年，在袁世凯的干涉下，《中华民国宪法草案》（俗称"天坛草案"）中就写入了尊孔条款。1916 年袁世凯死后，康有为致书总统黎元洪和总理段祺瑞，要求北京政府"以孔子为大教，编入宪法，复祀孔子之拜跪明令，保守府县学宫及祭田，皆置奉祀官，勿得荒废污莱，勿得以他职事假赁侵占。且令议员有司，永不提议。"[1] 同时，他又致书国会议员，反对废除祭天祀孔之礼仪，要求"大教典礼，永勿提议"[2]。面对这股甚嚣尘上的尊孔逆流，陈独秀进行了激烈抗争，从多个方面分析论述了立宪原则，坚决反对孔教入宪。

首先，儒学并非宗教，不可定为国教。陈独秀考察了儒学的发展源流，指出"孔教"一词源于南北朝时期佛道儒三家之争，但儒学系以六艺为教，并无宗教的实质与仪式，况且"宗教之能使人解脱者，余则以为必先自欺，始克自解，非真解也。……若迷信宗教以求解脱，直'欲速不达'而已！"[3] 因此，若强以儒学为宗教，无非自欺欺人，并不能决疑释忧，更不能推动社会进步。这样，他就从学术

---

① 康有为：《康有为全集》第 10 集，中国人民大学出版社 2007 年版，第 317 页。
② 同上书，第 320 页。
③ 陈独秀：《陈独秀文章选编》上，生活·读书·新知三联书店 1984 年版，第 166—167 页。

的角度指明了儒学与宗教的区别，否定了在宪法中以孔教为国教的根据。

其次，宪法要保证政教分离，不应涉及伦理道德事宜。陈独秀坚持政教分离这一基本的制宪原则，指出"今蔑视他宗，独尊一孔，岂非侵害宗教信仰之自由乎"①？"孔教而可定为国教，加入宪法，倘发生效力，将何以处佛、道、耶、回诸教徒之平等权利？倘不发生效力，国法岂非儿戏？政教混合，将以启国家无穷之纷争。"② 他强调中国教派繁多，民众信仰纷杂，宪法不能具文规定某一教义为全国民众的伦理规范，而应该保障全体民众的信仰自由和所有宗教的平等地位。他还进一步指出，伦理问题属于教育和道德范畴，不能以法律条文进行规定，否则便是越界侵权。不论是代表封建伦理的孔教学说，还是当今国民急需的科学精神，抑或西方资产阶级的民主主义，都不能写入宪法，强使全体国民接受遵行。"盖宪法者，全国人民权利之保证书也，决不可杂以优待一族、一教、一党、一派人之作用。……挟堂堂国宪，强全国之从同，以阻思想信仰之自由，其无理取闹，宁非奇谈！"③ 今天看来，陈独秀关于宪法不能涉及道德问题的论述并不客观，对宪法权限的定位亦不准确，但他从当时反孔斗争的迫切需要出发，强调法律和道德各有所属，由此杜绝了在宪法中以孔子之道为修身大本、以儒家伦理为立国精神的可能性，这具有明显的进步意义。

最后，儒家礼教与立宪精神相悖。陈独秀指出，儒家礼教是封建社会的产物，旨在"别尊卑、明贵贱"，禁锢民众人权，泯灭个体自由，为封建等级制度服务。"其范围不越少数君主贵族之权利与名誉，于多数国民之幸福无于焉。"④ 立宪政治是共和时代的产物，强调法治和人权，旨在保障人们自由发展的权利，这与压抑人性的礼教完全

① 陈独秀：《陈独秀文章选编》上，生活·读书·新知三联书店1984年版，第144页。
② 同上书，第167页。
③ 同上书，第145页。
④ 同上书，第155页。

冲突。"代议政体，民选议院，岂孔教之所许？"① 而且，儒学与帝制紧密关联，尊孔与复辟如影随形，在实行共和的民国尊崇儒学就很可能引发复辟帝制的丑剧。随着民主共和观念的深入传播，新道德和新文化的不断普及，民众素养的日益提升，彻底扫除儒家的纲常伦理观念将是大势所趋。显而易见，陈独秀是从实现人的解放和发展入手，将礼教精髓与立宪主旨进行了对比，宣传了现代法治的自由平等理念，猛烈抨击了维护三纲五常等级制度的封建礼教。这样的批判触及立宪法治的核心与封建礼教的要害，既有深邃的学术感，又有鲜明的针对性，充分说明了宪政时代儒学走向没落的历史必然性，回答了"孔教与共和乃绝对两不相容之物，存其一必废其一"② 的根本原因。

2. 保障人民主权，实现法律公正

民国建立后，西方的法制体系成为民主主义者学习效仿的标杆与范式。陈独秀将西方现代文明归结为"法治"本位，强调法治的最大精神就在于法律面前人人平等，法治的根本要义就是保障人民主权（人权）。他认为，近代的民主国家已成为人民的集合团体，人民已成为国家的主人，人权理所当然成为一切国民平等共享的权利。18世纪以来，欧洲资本主义国家之所以文明进化，其中一个重要原因就是实现了法律上的平等人权。"法律上之平等人权，伦理上之独立人格，学术上之破除迷信，思想自由。此三者为欧洲文明进化之根本原因。"③ 因此，在实行民主共和制度的中国进行宪政建设，同样要在法律上充分保障人权，以民众"居于主人的主动的地位为唯一根本之条件"④，使民众可以"自进而建设政府，自立法度而自服从之，自定权利而自尊重之"⑤。

然而，在军阀统治的高压和南北纷争的时局下，历时数年的宪政

---

① 陈独秀：《陈独秀文章选编》上，生活·读书·新知三联书店 1984 年版，第 148 页。
② 同上书，第 232 页。
③ 陈独秀：《陈独秀著作选》第 1 卷，上海人民出版社 1993 年版，第 10 页。
④ 陈独秀：《陈独秀文章选编》上，生活·读书·新知三联书店 1984 年版，第 107 页。
⑤ 陈独秀：《陈独秀著作选》第 1 卷，上海人民出版社 1993 年版，第 107—108 页。

实践无所成就。陈独秀对此深感失望，对军阀时代的法律不公现象进行了深刻的揭露与批判。在《法律是什么东西》一文中，他尖锐地指出："大老官赌起钱来，输赢到十万八万，都是常有的事。就是那些惩办烟犯、赌犯的法官、警察官，吸烟赌钱的也不少，那个敢说他们犯法？单单寻着那吸烟赌钱的贫苦男女，捉来又是拘留，又是罚钱，说他们犯了刑法，违了警章。"① 毋庸置疑，陈独秀的人民主权观念深受卢梭民主思想的影响，要求把民主主义作为立宪政治的原则，将宪法作为国民权利的证券，这些见解对于波折重重的民初宪政运动和法制建设具有重要的理论指导意义，体现了他对西方民主主义法律思想的扬弃和发展。只是在权力意识和专制传统极为浓厚的旧中国，期盼以和平的宪政运动确立人权、平等这些基本的法治原则，只能是一个不切实际的空想。

3. 维护法律威信，处事灵活变通

在民初宪政建设的舞台上，陈独秀一开始强调依法行事，希望人们自觉养成守法观念，行事遵守法律程序。针对当时武人干政、法令不行的现象，他予以痛切批判，严正指出："目下政治上一切不良的现象，追本求源，都是'武人不守法律'为恶因中之根本恶因。"② 他要求人们尊重法律的威信，对于既有条例不要妄议废除，而是依照法定程序将其补充完善，并呼吁取缔督军制度，收军权于中央，归治权于地方，以民治代军治，以此防止武人专权，建成法治社会。陈独秀的这些观点虽显稚嫩，并不能解决中国宪政和法制建设的困境，却表达了青年知识分子对军阀统治的极大愤恨和对民主法治的强烈渴望。

后来，鉴于宪政法治遥遥无期的事实，陈独秀对原有的依法行事观点进行了反思，认为法律虽然能够约束个人行为、维持社会秩序，但要解决中国当下的现实问题，消除战乱纷争的局面，就不能刻板固

---

① 陈独秀：《陈独秀著作选》第 1 卷，上海人民出版社 1993 年版，第 389 页。

② 同上书，第 268 页。

守法律条文，而应在维护法律威信的前提下适当变通。他明确表示："我虽不藐视法律，也断然不迷信法律。我觉得这组织复杂的人类社会，除了国家制度以外，有许多用不着法律的地方。"① 从以往对立宪法治的强烈渴望，到坦然承认法律效用的不足，这反映出陈独秀对中国国情的认知在不断加深，也反映出他的法治理想在军阀割据时代的现实困境。

在 1919 年广州军政府与北京政府举行南北和平会议之际，陈独秀发表了许多评论，深入探讨了维护法律原则和迁就社会现实这对矛盾关系的处理问题。他认为，和平会议所要讨论的国会问题和宪法问题都属于法律范畴，南北代表必须以折中原则商议处理，既要遵守法律程序，又要考虑既成事实，不可拘泥成法、固执不通，必须灵活处置，以此解决争议。"北方应该用法律改变法律，不可完全拿一方面的事实，来破坏法律的假面。南方也应该只要保全法律的假面，不可完全拿一方面的理论，来束缚事实，造成破坏法律假面的时势。"② 具体而言，老国会（即民元国会、第一届国会）虽在 1917 年张勋复辟之时被解散，但在法统上始终存在，故北方应该接受南方维护法统的要求，保证老国会依法恢复、行使职能；新国会（即安福国会、第二届国会）虽然不合法统，但已在 1918 年选举产生了总统徐世昌，故南方应该对徐氏就任总统的既成事实表示理解和迁就；至于其他法律层面的问题则交由恢复后的老国会，"用法律改变法律的手段，由国会本身解决。"③ 陈独秀对南北和谈中涉及法律和法统问题的解决思路，反映了他在法治宪政的理想和军阀统治的现实之间无所适从的窘境，说明他的民主主义法治理想已然成为永难实现的乌托邦。

（三）从民主主义向马克思主义转变

俄国十月革命以后，陈独秀开始学习马克思主义，思想认识得到

---

① 陈独秀：《陈独秀著作选》第 1 卷，上海人民出版社 1993 年版，第 338 页。
② 同上。
③ 同上书，第 341 页。

显著提升。五四运动以后，他放弃了原先的民主主义立场，以马克思主义的原则与方法思考法律问题，实现了法制思想的升华与发展，从民主主义者转变为早期马克思主义者。1919 年 12 月 1 日，《实行民治的基础》一文的发表说明他正在向马克思主义法律观过渡；1920 年 9 月 1 日，《谈政治》一文的发表标志着他初步形成了马克思主义法律思想。

第一，社会阶级关系的变化是陈独秀思想转型的根本原因。第一次世界大战期间，随着民族资本主义经济的空前发展，产业工人的队伍进一步壮大，力量进一步增强。1913 年产业工人还只有 60 多万，到五四运动前夕，已经达到了 200 多万人。五四运动爆发以后，工人阶级也举行了声势浩大的罢工运动，有力地支援了学生和其他社会阶层的爱国斗争，表现出了高度的政治觉醒和民族觉悟。工人运动的发展使陈独秀深受鼓舞，他敏锐地意识到工人阶级作为一支独立的政治力量已经登上了政治舞台，必将在国家政治生活中发挥更为重大的作用，担负起领导国家的重任。但是，与工人阶级的使命和地位极不相称的是，广大工人阶级遭受着帝国主义、封建势力和资产阶级的三重压迫，其苦难之深、剥削之重在世界各国都是绝无仅有，而资产阶级民主主义学说不可能解决中国工人面临的实际问题，资产阶级的法律体系也不可能为工人运动和维权斗争提供制度保障。因此，陈独秀怀着对工人阶级的殷切期望和真挚同情，开始从马克思主义法律思想中寻找答案，希望建立保障劳工大众权益的法律制度。

第二，民初法制建设的困境是陈独秀思想转型的重要条件。民国建立以来法令不行、宪政难成的惨痛事实，使陈独秀对阶级社会的法制深感失望，认识到在原有基础上进行修补徒然无济，只有破旧立新才是唯一出路。他总结民国以来的法制建设情形说："违法的违法，贪赃的贪赃，做皇帝的做皇帝，复辟的复辟，解散国会的解散国会，约法不曾把它们束缚得住，倒是人民底出版、集会自由，却被约法束缚得十分可怜。……正因为约法对于人民底权利，原本有这样一手拿出、一手收回底办法，政府才定出许多限制的法律，把人民底出版、集会自由，束缚得和钢铁锁链一般。"他指出这样的法律只是统治者约束人民的工具，并大声质问护法运动的领导人："这样的约法护他做什么？我要请问护法的先生们，护法底价值在那里？"① 他认识到在军阀统治的中国，名为最高权力机关的国会只是军人政治的粉饰与点缀。"不但法律问题，就是裁兵、废督问题，将来也不过议决几个空言的议案，实际上都不是他们能够解决得了的。"解决中国的问题不能指望国会和宪政，只能"用那最不和平的手段，将那顾全饭碗阻碍和平的武人、议员、政客扫荡一空不可"。② 他深刻体会到，旧瓶难装新酒，立宪死路一条，只有彻底推翻维护帝国主义和封建军阀的旧制度，建立社会主义法制，才能真正维护人民的利益，得到人民的尊重和认可。

第三，思想认识的升华是陈独秀思想转型的直接动因。新文化运动以磅礴的气势给了封建的专制主义、封建的伦理道德、封建的迷信和愚昧以前所未有的沉重打击，大力宣传了民主和科学，在思想界特别是青年知识分子中极大地破除了封建主义的束缚，促使人们加紧追求救国救民的真理。十月革命爆发以后，先进的中国知识分子受到这场革命的影响，开始进一步了解马克思列宁主义。正是经过对马克思主义的学习，陈独秀接受了马克思主义唯物史观，以理论联系实际的科学态度研读法律问题。他深刻理解了法律的本质，认识到法律制度由一定时期的社会经济基础所决定，任何法律都是社会经济现象的反映，是基于社会经济生活条件的规则。社会主义是人类社会的发展趋势，将来的法律制度必然与社会主义的经济基础相适应。社会主义法制必然会体现劳动人民的要求，维护劳工阶层的利益。由此，在法律视野上，他从过去笼统地注重民权转变为关注劳动群众的利益，从热衷立宪政治转变为探索社会制度的变革，从简单地评议法律的效力和缺陷转变为揭示法律的本质和归宿。

---

① 陈独秀：《陈独秀文章选编》上，生活·读书·新知三联书店1984年版，第474页。
② 同上书，第391页。

（四）马克思主义法律思想的主要内容

五四运动以后，陈独秀接受了马克思主义，开始立足唯物史观研读法律问题，着重阐释了法的阶级属性、法的发展前景、法和经济的辩证关系、人的自由发展和相关权利等问题。

1. 阐明法的本质，剖析法的功能

随着对马克思主义学习的深入，陈独秀对法律的本质与功能有了深刻体会，开始认识到属于意识形态的法律思想和社会存在之间具有辩证关系，社会存在决定法律思想，法律思想是特定时期社会存在的反映，"一切法律和学说，大概都从已成的事实产生出来的。"[1] 具体而言，他对法律本质与功能的论述集中在以下几个方面。

首先，法律具有阶级性，任何时代的法律都只是体现统治国家的某一阶级或党派的意志。陈独秀认为，法律作为国家意志的体现，具有权威性，但却并非神圣而不可侵犯。"因为他不是永远的真理，也不是全体国民总意的表现，他的存废是自然跟着一阶级一党派能够造成国家的权力而变化的。"[2] 他从国家的阶级属性入手分析法律的本质，指出所有阶级时代的法律都是阶级统治和压迫人民的工具。在古代的奴隶制国家、封建制国家和近代的资本主义国家，统治者都会以法律来奴役和剥削人民。虽然在某些情况下，统治阶级也会对法律制度进行一些改革和调整，但法律的阶级属性不会有任何变化。在半殖民地半封建社会的中国，法律就集中体现了帝国主义和封建军阀的意愿，不可能关注和保障劳动人民的权益。为此，他向劳动人民发出呼吁："切不可迷信宪法可以革军阀的命，白纸黑字的自由是骗人的废话，自古只有革命造成宪法，没有宪法造成革命。"[3] 他希望人们积极参加国民革命运动，彻底推翻军阀统治，建立维护人民权益的法律

---

① 陈独秀：《陈独秀文章选编》上，生活·读书·新知三联书店 1984 年版，第 433 页。

② 陈独秀：《陈独秀文章选编》中，生活·读书·新知三联书店 1984 年版，第 11—12 页。

③ 同上书，第 252 页。

制度。

其次，只有社会主义时代的法律才是保障人民权利的有效工具。陈独秀立足法律的阶级属性考察其社会功能，认为"法律随着阶级党派的新陈代谢，渐次进步"①，在劳动人民当家做主的社会主义时代，法律就会成为保障人民利益的有力工具。也就是说，在社会主义革命取得胜利以后，还必须建立社会主义法制，以法律的强制力来巩固社会主义制度、维护劳动群众的权益。他满怀憧憬地指出："用革命的手段建设劳动阶级（即生产阶级）的国家，创造那禁止对内对外一切掠夺的政治、法律，为现代社会第一需要。"② 在这里，陈独秀冷静而客观地分析法律的效用，将其定性为一种不可或缺且卓有成效的统治"工具"，还特别申明，即便这种"工具不好，只可改造他，不必将他抛弃不用"③。

最后，社会主义法律在完成自己的历史使命后，将会自行消亡。陈独秀指出，社会主义制度建立之初，由于民众素质的提升和观念的转变滞后于社会制度的变革，旧制度造成的"人类专己自私的野心"④ 不会骤然消逝，人们尚未把劳动视为谋生的第一手段和生活的第一需要，就必须健全完善社会主义法律制度，以此强制全体国民参加劳动，防止出现不劳而食的特权阶层，防止"发生阴谋使资本主义制度死灰复燃甚至于恢复帝制的可能"⑤。随着社会主义社会的发展，阶级剥削彻底消灭，国民素质充分提升，至此法律便会自然消亡。值得注意的是，陈独秀并不是单纯地就法论法，而是在社会经济关系与人类社会的总体演进中思考法律的发展走向，科学地推断出法律最终会随阶级的消亡而消亡，社会主义法制建设就是为未来法律的消亡而创造条件。

---

① 陈独秀：《陈独秀文章选编》中，生活·读书·新知三联书店1984年版，第12页。
② 同上书，第6页。
③ 同上书，第7页。
④ 同上书，第10页。
⑤ 同上书，第46页。

2. 主张劳工神圣，保障人民权利

在接受马克思主义后，陈独秀十分关注以工人、妇女为代表的劳苦群众的生存状况，以维护劳工权益、实现人民做主为出发点，积极研究法制建设的可行性方案，形成了若干切中时弊、富有见地的重要意见。

首先，法律要保障劳工阶层的基本权利。陈独秀对中国工人阶级遭受的苦难有着深刻的体察与真挚的同情，曾愤慨地指出："劳动者不是我们的同类吗？他们穿的什么，食的什么，住的什么，知道什么，无日无夜的委身那毫无乐趣的劳动，和没有知觉生命的机器有何区别？"① 他特意比较了中外工人所享有的法律权益，指出国外往往有专门的法律保护女工、童工及老年工人的权益，设有相应的"工厂法"保护工人的卫生和教育权利。相形之下，中国的工人阶级权利缺失严重，处于极其悲惨的境地，只能通过开展革命斗争改善境遇。"贵族、资本家、中等社会的国家、政府、国会、省议会、县议会，决不能解决劳动界困苦，劳动界决不可依赖他们，所可依赖的只有你们自己的劳动革命军。"② 不过，陈独秀虽然认为工人阶层最终只能通过暴力革命解放自身，但他也强调在现有机制下争取一些法律权利的必要性，并将集会、结社、出版、罢工等权利视为工人运动深入发展的重要前提和工人群众的近期斗争目标。为此，他一面呼吁劳动者积极争取普通选举权，一面要求废止束缚工人集会、结社、出版、罢工等权利的法律，特别是取缔袁世凯时期制定的禁止工人集会的"治安警察法"，颁布维护工人利益的"工会法"。他希望广大工人勇于维权、奋斗不止："我们工人应该有较大的责任，假使尚不肯努力做去，未免自己看得太低，不知自爱了。"③ 在这里，陈独秀既指出革命才是解决工人群众权益缺失问题的根本出路，又要求工人阶级通过改良现行的法律制度来维护自身权益，这种看似矛盾的主张主要是基

---

① 陈独秀：《陈独秀文章选编》中，生活·读书·新知三联书店1984年版，第112页。
② 同上书，第130页。
③ 同上书，第109—110页。

于敌强我弱力量对比状况的一种务实性考虑，是成长中的工人阶级同强大的反动势力进行斗争的一种有效策略，体现了革命原则性与斗争策略性的统一。

其次，法律要维护妇女阶层的正当权益。早在新文化运动兴起之时，陈独秀就在反对封建伦理纲常的斗争中发出了男女平等的呼声，指出广大妇女同胞完全沦为男性的附属品，婚前寄食于父，婚后寄食于夫，毫无权利而言。他要求在法律上赋予妇女参政权，指出"妇人参政运动，亦现代文明妇人生活之一端"①。五四运动以后，他从社会经济关系入手考察妇女解放问题，认为在具有剥削性质的社会经济制度下，妇女在经济上完全依附于男性，从而丧失了独立的人格和对等的权利。因此，妇女要实现自身解放和男女平等，首要任务就是实现经济地位的独立，"取得法律家所谓'自然人'的资格，然后才能够说到别的问题，才能够说到和别的人同等权利。"②他进而指出，只有社会主义经济关系才能使妇女摆脱附属地位，成为真正的自然人，实现自身的真解放。"女子问题，实离不开社会主义。……在社会主义之下，男女都要力作，未成年时候，受社会公共教育，成年以后，在社会公共劳动。在家庭不至受家庭压迫，结婚后不会受男子压迫，因社会主义认男女皆有人格，女子不能附属于父，也不能附属于夫。"③在民初的妇女解放运动着眼于争取参政权利之际，陈独秀却高瞻远瞩，另辟蹊径，不仅从社会经济关系出发分析了妇女权益缺失的根源，还立足社会革命来探究妇女解放的出路，指出只有社会主义制度才能实现妇女的真正解放，只有社会主义法制才能保障妇女的正当权益，这就为妇女解放运动指明了正确的斗争方向。

最后，以"民治主义"方案建立社会主义法律制度。陈独秀认为，民治就是实现主权在民，保证全体国民权益平等，把国民的意愿

---

① 陈独秀：《陈独秀文章选编》上，生活·读书·新知三联书店1984年版，第154页。
② 陈独秀：《陈独秀文章选编》中，生活·读书·新知三联书店1984年版，第114页。
③ 同上书，第116页。

和要求通过立法程序上升为国家法律，以法律的形式将民众的议政、参政、请愿、集会、言论、出版、结社等自由权利确定下来。换言之，"就是打破治者与被治者的阶级，人民自身同时是治者又是被治者。"① 实行民治以后，人人都有直接议决权，阶级差别随即消除，男女权利平等，人与人之间关系和谐。尽管陈独秀深知改变社会制度是解决中国一切问题的根本途径，但还是希望尽量避免激进的暴力革命和阶级斗争，表示"我们不情愿阶级斗争发生，我们渴望纯粹资本作用——离开劳力的资本作用——渐渐消灭，不至于造成阶级斗争"②。他还以社会存在决定社会意识的原理分析了"民治"的前景，满怀信心地认为，中国的社会经济基础具有孕育民治主义的良好土壤，完全可以通过地方自治和同业联合的方式，扫除军阀统治的"军治"现实，渐次建成民治国家。陈独秀希望以温和的和平改良实现社会制度的更迭，建立保障大众权益的社会主义法制，这样的"民治"主张体现了对人权的高度重视。"'人权'和'法治'是现代文明国家的代名词"，尊重并保障人权已是当代中国法治建设的核心价值。③从这一角度而言，陈独秀的"民治主义"与现代法治"坚持人民主体地位"的原则具有高度契合性，这在那个年代实属难能可贵。不过，这种具有鲜明改良主义色彩的"民治"方案在帝国主义和封建军阀联合统治之下的旧中国，又显得不合时宜，实在无法施行。"总统、内阁、国会都建筑在军阀势力上面，而军阀又压倒在外国帝国主义国家之下，这是中国现在政治实在情形。"④ 在这样的国度，只有通过反帝反军阀的国民革命，才能使劳动人民在政治和经济上彻底翻身。因此，陈独秀主动放弃了温和的民治主义主张，转向激进的国民革命立场，这种转变恰恰体现了他从民主主义向马克思主义过渡的思想轨迹。

---

① 陈独秀：《陈独秀文章选编》上，生活·读书·新知三联书店 1984 年版，第 430 页。
② 同上书，第 438 页。
③ 张伟：《尊重和保障人权是法治国家的核心价值》，《现代法学》2015 年第 3 期。
④ 陈独秀：《陈独秀文章选编》中，生活·读书·新知三联书店 1984 年版，第 229 页。

3. 重视言论自由，强调破旧立新

五四后期是我国社会政治经济与思想文化急剧变动的时期，陈独秀基于现实政治斗争的需要，研究了法律和言论自由的关系、国民革命与法制变革等问题，提出通过国民革命实现社会制度的变革，建立保障劳动人民权利的法律制度。

首先，法律必须保障言论自由。在陈独秀看来，法律旨在"守成"，着眼于维系和巩固现行的社会秩序，是一种传承当前社会人类文明的行为规范；言论自由旨在"立新"，着眼于突破现行的社会秩序，是开创未来社会人类文明的先决条件。在某种意义上，一切文明和法律都是过往时期言论自由的产物和结晶。因此，法律只能用来约束民众的行为，绝不能妨害和限制人们的言论自由，民众必须拥有绝对化的言论自由。"因为言论要有逾越现行法律以外的绝对自由，才能够发见现在文明的弊端，现在法律的缺点"①，才能持续不断地推动法律制度的完善、社会的进步和文明的发展。尽管陈独秀对法律和言论自由相互关系的认识不尽客观，忽视了作为意识形态的法律源于一定时期的社会经济关系这一马克思主义基本原理，但这样的论述强烈抨击了军阀政府肆意践踏民众言论权利的社会现实，无疑具有重要的现实斗争意义。

其次，以国民革命实现法制变革。陈独秀认为民国建立以来"法律无效，舆论无效，战乱蔓延，工商凋敝，教育废弛"，其症结就在于武人跋扈，"武人割据是中国唯一的乱源"②。为此，就要以政党政治取代武人政治，以人民权力取代军阀权力。在这里，他所谓的政党政治并非民初的议会政治，而是要创建一个具有战斗力的全国性革命政党，由这样的政党领导人民进行反帝反军阀的革命运动，即"集中全国民主主义的分子组织强大的政党，对内倾覆封建的军阀，建设民主政治的全国统一政府，对外反抗国际帝国主义，使中国成为真正的

---

① 陈独秀：《陈独秀文章选编》上，生活·读书·新知三联书店 1984 年版，第 440 页。
② 陈独秀：《陈独秀文章选编》中，生活·读书·新知三联书店 1984 年版，第 186 页。

独立国家。"① 他认为，只有经过这一政党领导的革命运动，才能实现法律制度的破旧立新，为民众争取到集会、结社、言论、出版等权利，废止"治安警察条例"及压迫工人罢工的刑律，制定出旨在保护工农权益的各种律例。1921 年正式成立的中国共产党，正是陈独秀所期望的"革命政党"和国民革命运动的领导核心。因此，在1922 年中共二大召开以后，他就明确指出中国工人阶级和社会主义者必须开展打倒封建军阀和帝国主义的国民革命。国民革命号召的发出，说明陈独秀对于改良旧中国的法律制度已不抱任何冀望，完全摆脱了民主主义法律观的影响，他的马克思主义法律思想日趋成熟。

四　其他早期马克思主义者的法律思想

在五四时期的中国早期马克思主义者中，瞿秋白、李达等人坚持马克思主义的研究范式，从不同的角度对法律问题进行了一定思考。他们的理论研究活动是马克思主义法律思想中国起源的重要环节，对于推进马克思主义中国化提供了许多珍贵资料。

（一）瞿秋白的法律思想

瞿秋白的法律思想是中国人第一次较系统地将马克思主义理论同中国实际相结合的产物，成为中国马克思主义法学与非马克思主义法学的分水岭，奠定了我国法学理论发展的基本框架。瞿秋白虽出身于封建士大夫阶层，但从青少年时代起便产生了比较激进的革命思想。特别是 1920 年 10 月至 1923 年初对苏维埃俄国的亲临考察，使他成为中国现代史上第一位直接接触马克思主义特别是列宁主义思想的革命家。他运用马克思主义立场、观点和方法阐述了国家和法的一般问题，形成了马克思主义国家观和法律观。

---

① 陈独秀：《陈独秀文章选编》中，生活·读书·新知三联书店 1984 年版，第 188 页。

1. 国家是阶级斗争不可调和的产物

阶级斗争学说是我国早期马克思主义者接受和认识马克思主义的发端。瞿秋白也是如此，他依据马克思主义经济学原理，用阶级分析的方法来观察中国社会和中国革命，观察国家和法的现象。

首先，瞿秋白分析了阶级的起源。他强调指出："物质的生产是社会的基础……所以要研究阶级的变易的哲理应当先研究经济——才能彻底探悉各种政治宗教关系之根本原因。"① 为此，研究阶级变易的哲理当然应该从经济入手。瞿秋白认为，草昧时代（原始社会）人类穴居而巢处，不能有丝毫的剩余产品，这时的"政府"（氏族组织）还可以说完全为公服务，所谓自由、平等、博爱虽然没有形式上的规定，实际上却是氏族制度的原则。后来，在不断的生存竞争中生产力大大提高，于是出现了对全社会而言的而不是对一阶级而言的剩余产品。在这里，瞿秋白明确指出原始共产时代所出现的剩余产品属于整个氏族部落而不是个人所有，更不是某一阶级所有，这时还没有私有财产的出现。有了剩余产品，才有了交易制度的出现，交易的倡行使产品不仅具有了使用价值，而且还具备了价值而成为商品，这就导致社会全体成员创造的财产落到少数人手中，于是社会上有了财产的不平等，进而逐级分化。这样，氏族各部落之间的交易就促使过去那种社会全体成员之间的共同利益分裂成一个个互相冲突的特殊利益，而利益一致的成员集合在一起便出现了阶级。接着，瞿秋白指出，社会产生了阶级以后，各阶级的分工虽然形成了全社会的经济协作局面，但各阶级的目的和利益不同，存在着根本的利益冲突，于是会不可避免地发生阶级的斗争，而这种阶级斗争势必达到不可调和的程度。换言之，各阶级间的斗争就是利益冲突和矛盾不可调和的集中表现。因此，社会自身就提出了把阶级冲突控制在社会所能承受范围之内的要求。

其次，瞿秋白明确提出国家是阶级斗争不可调和的产物。他指

---

① 瞿秋白：《瞿秋白文集·政治理论编》二，人民出版社1988年版，第364页。

出："奴隶的产生、产品的商品化、土地私有制成立，以前按族为群的制度自然废弃，而划地为界的制度便代之以兴。最初的国家形式因此产生。……社会不平等既然发生，有产者与无产者、奴隶主和奴隶之间既然确定，社会中便发生利益冲突的各阶级——阶级斗争从此开始，这时便需一种特别权力以便强纳此等阶级斗争于'秩序'之中。这种特别权力，从社会中分出来，统治社会——就是国家。国家是阶级斗争的结果。"① 一方面，瞿秋白认为阶级一旦形成，原始社会的按族为群的氏族制度，由于对社会爆发的阶级冲突无能为力而自然废弃，产生了"划地为界的制度"，这便是国家最初的模式。另一方面，瞿秋白认为，社会既有了不平等，奴隶主和奴隶的区别已成定式，奴隶主对奴隶进行残酷的剥削和压榨，奴隶对这种统治必然要进行激烈的反抗斗争，他们之间的冲突日益激化，若仍凭借氏族组织和传统的习俗来调节这种社会关系，已远远不够，必须有一种特别权力，这种权力"一方面在一定的土地范围之内一切人都对于他服从；而另一方面，他对于其他权力在法律上绝对不服从"②。在这里，瞿秋白深刻认识到国家在上层建筑中处于核心地位，能够以整个社会名义行使具有最高权威的强制手段，国家存在的价值就在于以阶级斗争得来的权力维持社会秩序。"国家是阶级斗争的结果，没有阶级便没有国家。"③ 毫无疑问，瞿秋白揭示了国家是阶级斗争不可调和的产物这一原理。

2. 与国家同步产生的法的起源论

国家和法都是特定历史阶段下的产物，犹如孪生姊妹相伴而生。马克思主义经典作家曾多次把国家比喻为机器，而把国家机器的各部件联结起来并使之能够协调运转的程序系统就是法。为此，统治阶级"除了必须以国家的形式组织自己的力量外，他们还必须给予他们自

---

① 瞿秋白：《瞿秋白文集·政治理论编》二，人民出版社 1988 年版，第 365 页。

② 同上。

③ 同上。

己的由这些特定关系所决定的意志，以国家意志即法律的一般表现形式"①，使法成为国家存在的生命形式。瞿秋白在阐述马克思主义国家观的同时，系统分析了与国家同步产生的法的起源问题。

瞿秋白运用历史唯物主义观点即法的原因论来探讨法的起源问题，尖锐地批驳了客观唯心论即法的目的论，明确表示若用目的论解释法的起源，那么社会就会归结到"圣人则天之明，因地之利，取法度于鬼神"，这样就掩盖和歪曲了法的起源的真义。为此，瞿秋白主张抛弃宗教式信仰的目的论，而采取原因论的科学方法解释法的起源问题。他指出，世界万物普遍联系，"每一现象必定有他的原因"。他把原因论解释为：假使有甲种现象，那就必有乙种现象与之相应，解释某种现象，寻出它的原因，也就是寻出另一种现象，找出现象之间的联系。这一观点推翻了一切神意、偶像、超越自然力之说，使人能真正运用自然力及自己的社会力。瞿秋白认为，原因论科学地、历史地、总体地寻求社会现象产生的原因，对于自然和社会都是科学。他站在这样的高度来阐述法的起源论，其理论的真理性便不言而喻。他在论及阶级斗争作为国家产生的渊源之时，就说道："国家、法律是阶级社会之产儿。"也就是说，法同样是阶级矛盾不可调和的产物。有阶级存在的社会往往会陷于暴烈斗争的旋涡里，由此，"人类社会便分为特权的与压迫的，统治的与受治的，剥削的与受剥削的阶级"②。这个"特权的、统治的、剥削的"阶级借助于国家威力而在经济上、政治上成为占统治地位的阶级，并获得剥削和镇压被压迫阶级的新手段——法。他们"一定要用特别的法律来取得尊敬，由于这种法律，他们就享有特殊、神圣和不可侵犯的地位了"。因此，一旦产生了阶级和国家，便产生了对社会秩序的需求，而法正是"社会关系之系统或秩序，与治者阶级的阶级利益相符者，且为此一阶级之组织力（即国家）所保守"③。可见，法与国家一样起源于阶级斗争，

---

① 瞿秋白：《瞿秋白文集·政治理论编》二，人民出版社 1988 年版，第 152 页。
② 同上书，第 349 页。
③ 同上书，第 153 页。

绝不是外部强加于社会的一种力量，而是社会发展到一定阶段的产物，是阶级斗争的必然结果。同时，法服务于国家，是国家存在的生命形式。正因为这样，瞿秋白明确指出，阶级社会存在的条件之一便是法律的规范及治者阶级之国家组织。

3. 国家的科学定义和法的本质

20 世纪 20 年代，中国社会盛行"国家是政治和商业组织"的国家观。这种观点完全否认了国家的阶级本质，瞿秋白对此进行了抨击，得出了科学的国家定义。

首先，瞿秋白指出"国家是政治和商业的组织"的定义从根本上否认了国家的阶级性，否认阶级斗争和阶级对立。"所谓'社会阶级'，乃是指占有同一的经济地位，对于生产工具有同一关系的人。"[①] 这些阶级间的斗争使得一个阶级不能不以强制力量保存有利于本阶级的经济组织，以遏制其他阶级。瞿秋白认为，国家"是社会之一种阶级的组织，含有一定的土地及居住于此土地之人民总体，且为一最高主权所结合者。"即使在主权沦丧的殖民地，也依旧存在着国家的形式，保持着"治者阶级所节制管理的社会关系"[②]。可以说，国家从本质上是阶级统治的工具，并且"仅是为一个阶级的而非为全社会的"。由此，瞿秋白总结出国家的科学定义，即"国家是一阶级控制他阶级的工具"，这也是恩格斯关于"国家是一个阶级压迫另一阶级的工具"这一著名论断的另一种表达形式。

其次，瞿秋白驳斥了"国家和法是荒谬无理"的观点，阐明了国家和法存在的必要与可能，揭示了国家和法的阶级本质。他认为，国家和法是阶级斗争不可调和的产物，而不是一个抽象的制度，代表着统治阶级的统治权。统治阶级作为日益同社会脱离的"权力代表"，"一定要用特别的法律来取得尊敬"，即取得对被统治阶级的统治权。

---

① 瞿秋白：《瞿秋白文集·政治理论编》二，人民出版社 1988 年版，第 154 页。
② 同上书，第 155 页。

这样，国家成为统治阶级得以实现其意志的工具，法成为统治阶级意志的体现，旨在促使统治阶级的意志固定化、客观化。

4. 依赖于经济基础的法的变迁论

根据唯物主义历史观，任何社会形态都是经济基础和上层建筑的统一。经济基础是上层建筑赖以产生和发展的物质基础，上层建筑是经济基础巩固和发展的政治思想条件。然而，瞿秋白所处的时代是马克思主义理论传入中国的开始阶段，中国共产党对于这一理论的理解，还处于幼稚的阶段，而正是瞿秋白把这一理论应用到对法的变迁的解释上，从而使之逐步系统化。旅俄期间，瞿秋白通过俄国4年多的经济建设成果，形成了"经济的稳定影响于法律"的感性思索。回国后，他在理论上进一步充实了"法与经济关系"这一命题，在肯定经济基础决定论的同时，比较具体地分析了上层建筑各因素，如政治、法律、道德、风俗等与经济基础的辩证关系，分析了法对经济基础发展的辅助作用。

第一，肯定经济基础对法的决定作用。瞿秋白把社会比喻为一项系统工程，将经济视为这一工程的基础。在《社会科学概论》一文中，他描绘了一幅塔式社会结构示意图，塔基是社会的物质生产；塔顶是社会建筑；而政治、法律、哲学等都是经济发展的结果。他认为，经济基础的发展变化决定了法的发展变化，"经济关系时有变迁法律当然大有变革。"他以四种社会形态为例，分析了法律类型因经济基础的变化而变迁的历史演变过程。奴隶社会是我国专制制度的开端，其经济基础是奴隶主占有生产资料并完全占有奴隶，奴隶主阶级为了维护本阶级的利益，使统治合法化，利用手中的权力制定了一系列日常行为准则。这种畸形的经济基础决定了奴隶社会的法主要以礼的形式出现，而礼成为规范社会秩序的一种工具，内在地含有法律的种子。到了奴隶社会末期，封建生产关系萌芽，土地兼并加剧，社会经济关系的变动决定了封建主义法律的出笼。正如列宁所说："地主为了确立自己的统治，为了保持自己的权力，需要有一种机构来使大多数人受他们支配，服从他们的一定法规，这些法规基本上为了一个目的——维持地主阶级统治农奴制农民的权力。"① 由此，瞿秋白表示："封建法律大半都是土地占有的确定法，此外便是关于农奴买卖的规定。"② 到了封建社会末期，资本主义商品经济发达，"商业及私产的发展里，契约借券等习惯日益积累"，结果"大部分人丧失私产"，少数资本家占有生产资料，剥削雇佣劳动，这样的经济状况决定了"资产阶级法律实在是商品经济的社会秩序维持法"，"所以资产阶级法律有一总原则：拥护私产。"③ 在分析了私有制社会经济关系对法的影响后，瞿秋白科学地预判出，在社会主义社会经济条件下，阶级没有骤然消灭，国家必须保护劳动经营生产和国外交易，这是社会主义法律观的工作重心。通过对这四种社会形态变化的分析，瞿秋白认识到，生产力及经济关系变易，使各阶级在社会生产里的相对优势互相更迭，"于是发生革命而政治制度变革——统治阶级相更调"，"治者阶级更迭之后——一切法律的总原则都是随着变的。"④可见，经济基础的发展变化决定了法的性质、内容的变迁。

第二，充分肯定法对经济基础的辅助作用。瞿秋白在经济基础决定论的前提下，对上层建筑的社会作用进行了思辨。他指出："物质的基础产生精神的社会现象，好象树的发叶开花，并非简单供给你主观欣赏，而是有客观的营养传种作用的。所以政治、思想等当然能返其影响于经济。不过经济是基础，政治思想等只能做经济数量上的变更之助缘，而不能做经济性质上变更之动因。"⑤ 由此，他揭示了法"返其影响于经济"的辅助作用。那么，这种作用如何发挥效益呢？他认为，在阶级社会，治者阶级主要靠经济力量（如占有生产资料以及工具，占有受治阶级的产品）剥削受治阶级，而且以法来辅助他们的剥削行为。也就是说，治者阶级就是使法积极地确认、巩固和发展

---

① 列宁：《列宁选集》第4卷，人民出版社1975年版，第51页。
② 瞿秋白：《瞿秋白文集·政治理论编》二，人民出版社1988年版，第567页。
③ 同上书，第568页。
④ 同上。
⑤ 同上。

自己在经济、政治、思想上的统治地位，确认统治阶级的权利，并且以法的形式确认被统治阶级的义务，以此保证统治阶级统治的长久性、稳定性。瞿秋白在中国现代法学思想史上，继李大钊、李达之后系统而明确地阐述了法对维系经济基础的直接辅助作用，这不仅完善了经济基础决定论思想，而且提高了法的社会价值。

5. 国家和法的消亡论

马克思主义认为，随着人类社会的发展，作为统治阶级意志体现的国家与法必将趋于消亡。毛泽东同志指出："凡是历史上发生的东西都要在历史上消灭。"[①] 法和国家是阶级社会的产物，只有到了社会主义社会末期，"国家能实行有规划的经济生产计划——逐步取消资产阶级经济的无政府状态，逐步消灭阶级差别，国家和法才能完全消灭"[②] 并自行消亡，这是国家和法的历史发展趋势。

瞿秋白作为中国早期马克思主义者，倡行国家和法消亡论，认识到它们的消亡是一种不以人的意志为转移的客观事实，是在具备一定客观条件下的自行消亡。第一，经济条件。瞿秋白深知国家和法存在的客观基础是经济，从经济入手寻找它们消亡的根源。他指出，无产阶级国家及法律适应其经济政策，待无产阶级经济发展到"公有的大生产征服一切小生产，改良生产的劳动工具——提高技术程度，使全社会一切工具都能共同享有，共同使用"，"那时生产量非常增多，人人各尽所能，各取所需"[③]，商品经济已由产品经济代替，社会已无贵贱不平之分，国家和法的阶级属性就会自然消亡。第二，政治条件。瞿秋白指出，国家和法直接导源于阶级斗争，必然伴随阶级斗争的消亡而消亡。在未来社会，"人类都成了智力、体力兼备的劳动者"，取消了阶级和阶级差别，"没有阶级，没有国家和政府，更无所谓'民'，当然更无所谓的政治了！"只有无差别的"真正的平等、

---

① 毛泽东：《毛泽东选集》第 5 卷，人民出版社 1977 年版，第 279 页。
② 瞿秋白：《瞿秋白文集·政治理论编》二，人民出版社 1988 年版，第 569 页。
③ 同上书，第 570 页。

自由、博爱"。① 在这种政治环境下，自然也就不需要法律来规范社会秩序。第三，思想条件。瞿秋白设想，未来社会"应用科学实施教育，文化极高；群众受社会生活的熏陶，心理上生理上的病状尚且日益减少，人人能以自力调节自己的欲望，罪恶决难存在"②。由于人的自觉力极大加强，就不需要强加于他人意志和行为的法律，国家和法也就失去了发挥效力的对象。只要具备了这三方面的条件，国家和法的本质属性的消亡便是定式。

（二）李达的法律思想

李达是我国"少有的马克思主义法学家"和"最早运用马克思主义研究法学的一位拓荒者和带路人"，③ 对推动马克思主义法律思想的中国化起到了重要作用。自从成为早期马克思主义者以来，他始终关注法律问题，努力探索改造中国社会的法学理论和法律实践。他立足中国社会现实，探讨劳工问题、妇女问题，解读社会主义宪法，并以法理学话语表述了马克思主义哲学中国化的研究范式，初步建构了马克思主义法理学体系。李达法律思想是运用马克思主义哲学研究法律问题和思考中国出路的理论创造，是毛泽东法律思想的有机组成部分。

1. 关于妇女和劳工解放的思想

五四运动以后，工人运动风起云涌，反对封建束缚、追求妇女解放的呼声逐渐成为时代最强音。李达非常重视劳工问题和妇女问题，介绍了世界主要国家的劳工问题、妇女问题和社会政策的历史与现状，阐明了社会主义的劳动观和妇女观，认为劳工和妇女问题的根源在于资本主义工业的发展和雇佣劳动制度的盛行，女权运动只有转变

---

① 瞿秋白：《瞿秋白文集·政治理论编》二，人民出版社1988年版，第571页。
② 同上书，第596页。
③ 韩德培：《一位少有的马克思主义法学家》，《武汉大学学报》（哲学社会科学版）1981年第1期。

为劳工运动，通过改造资本主义经济组织才能彻底解决。① 他把立法运动视为推进中国劳工运动和妇女解放运动的初步措施，在《对于全国劳动大会的希望》和《劳动立法运动》等文章中，表达了通过立法斗争推动中国劳工运动发展的期望，要求从法律上废除阻碍劳工运动的因素，承认劳动者有罢工权、制定工会法和工厂法、实行八小时劳动制、保护童工女工和制定劳动保险法。他还回顾了西方工人阶级团结反抗，争取劳动立法、改善自身状况的历史，呼吁国内劳动界团结起来，从事劳动立法运动，争取结社自由和罢工权利。"中国劳动者处在半封建式的武人政治之下，受不到法律的保障，军阀资本家可以任意杀人，若想用合法的手段取得真正的自由，当然是不可能之事。但是劳动者解放的第一步，至少必先取得结社自由和罢工权利。有了结社自由，无数万劳动者便可组成一大阶级和有产阶级对峙。有了罢工权利，劳动阶级就可以学得作战方略和有产阶级抵抗。所以在现在的中国要求劳动立法，一则可以获得组织、团结的机会，一则可以顾忌目前的利害。凡是劳动者，都应急起直追，切不可观望不前。"② 20世纪20年代初，李达在思考劳工问题和妇女问题时，已经开始关注法律问题，不仅了解到发达资本主义国家的劳动者和妇女通过立法手段维护自身权益的历史与现状，而且结合中国社会的实际状况，呼吁日益壮大的工人阶级开展立法运动以推动劳工问题的解决。值得注意的是，这一时期的李达虽然强调借助立法机关来改善劳动者的地位，但并没有把劳工解放等同于在法律上保障劳动者的政治权利和经济利益，而是认为劳动立法只是解决劳工问题的第一步，要从根本上解决现代社会的劳工问题和妇女问题，则必须诉诸无产阶级革命，彻底推翻资本主义制度和国家政权。

2. 关于社会主义国家法制建设的思想

在20年代的社会主义争论中，李达开始探讨无产阶级夺取政权、

---

① 李达:《李达文集》第1卷，人民出版社1980年版，第146—149页。
② 同上书，第190页。

建立社会主义国家后采取何种政策的问题。他认为，马克思主义经典作家关于无产阶级专政的设想，以及俄国十月革命胜利后建立的社会主义制度，已经从理论和实践层面对这一问题做出了回答。在社会主义国家，改革立法机关和完善法律制度是巩固社会主义政权、保障劳动者权益的必要措施。这一时期，李达翻译、撰写的社会主义理论与实践方面的著作，都涉及社会主义国家的法律问题。在《马克思派社会主义》中，他介绍了马克思列宁主义的国家观和法律观以及无产阶级专政下的法律制度，指出布尔什维克主义的原理是劳动专政，主张由工人、农民组成的劳农会集中立法权和行政权，根据劳动单位而不是地域来划分选举区域。在《马克思学说与中国》中，他指出中国无产阶级掌握政权后，应该根据中国的产业状况和文化程度以及马克思主义的原则制定各项政策。为此，他拟订了若干条大纲，其中包括立定保工法，保障工人、农民的无条件的选举权和被选举权，实现妇女在政治上经济上社会上一切与男子平等。① 从这一时期李达的译著来看，俄国十月革命胜利后建立的社会主义政权及其所颁布的法律制度为他展望社会主义国家的法律制度提供了直接的思想资源。他详细介绍了俄国十月革命胜利后所采取的种种保护妇女和儿童的措施，以及新的婚姻法和家族法，指出俄国的新婚姻法和家族法在男女权利平等的基础上，专以当事人的意愿为结婚离婚的条件，完全废止了私生子制度，保证了父母双方对于子女的权利和义务完全平等，体现了社会主义以人为本的原则。② 在马克思主义传入中国之初，李达较早地思考了社会主义国家的法律问题，介绍了俄国革命胜利后颁布的法律条文，强调社会主义国家的法律制度对劳动者和妇女的政治、经济和社会权利的广泛尊重和充分保护，并展望了中国完成社会主义革命后应该确立的法律制度。

---

① 李达：《李达文集》第 1 卷，人民出版社 1980 年版，第 215 页。

② ［日］山川菊荣：《劳农俄国底妇女解放》，李达译，《新青年》1921 年 7 月第 9 卷第 3 号；［日］山川菊荣：《劳农俄国底结婚制度》，李达译，《新青年》1921 年 4 月第 8 卷第 6 号。

在新中国成立前后，李达又关注着新宪法的制定事宜。从《中国人民政治协商会议共同纲领》的颁布，到《中华人民共和国宪法草案》的讨论，以及《中华人民共和国宪法》的出台，他都给予了极大的关注，并积极投身于新宪法的解读工作。他认为："我国的宪法是全国人民大众的共同意志的表现，它决不是几个法学家在书斋里写出来的东西。所以我们学习这个宪法，必须结合客观的革命实际和社会实际，来理解它的根本精神。"① 为此，他从以下方面阐述了新中国宪法与中国革命和社会主义建设之间的关系。首先，新中国宪法是历史经验的总结，总结了中国人民反抗帝国主义和封建主义的革命斗争的经验、中国近代关于宪法问题和宪政运动的经验，以及社会主义改造的经验。其次，新中国宪法是社会主义制度的保障，以明确的条文规定了阶级基础、政治基础、经济基础以及公民的基本权利和义务，体现了近代以来中国人民的共同愿望，为巩固社会主义制度、实现建设社会主义的目标提供了有力的法律保障。李达对新中国宪法深入、详尽、通俗的解读，立足于中国的具体实际，正如他在《法理学大纲》中所言："只有这样从中国社会的基础中产生的法律，才是与中国社会的前途相配合的法律。只有这样的法律才能推动中国社会的前进。"②

3. 关于马克思主义法理学体系的构建

在立足中国现实思考法律问题、运用马克思主义哲学研究法律现象的过程中，李达开始了从阐释马克思主义法律观到建构马克思主义法理学体系的尝试。其中，1947 年完稿的《法理学大纲》是他建构马克思主义法理学体系的代表性成果。

首先，他用法理学话语表述马克思主义哲学中国化的研究范式。在《法理学大纲》中，李达明确指出："作为社会科学之一的法理学，如果真能阐明法律的发展法则，就可以依据这法则以改造法律，

① 李达：《李达文集》第 4 卷，人民出版社 1980 年版，第 443—444 页。
② 李达：《法理学大纲》，法律出版社 1984 年版，第 13 页。

使法律适应于社会生活，并促进现实社会发展，这是关于法理学的任务的问题。"① 在实践中认识自然界和人类社会的发展规律，进而合理运用这些规律来改造自然界和人类社会，推动人类历史进步，这是马克思主义哲学实践观的基本主张。然而，普遍性的规律总是蕴含在特殊性的条件中，合理运用这些规律，依赖于人们在不同时代和民族的实际状况中进行创造性的努力。对于法理学研究和法律实践而言，同样如此。法律发展的普遍法则的实现，不能离开各国的社会现状和法律体系，更不能寄希望于法律体系的自我完成。

其次，他运用马克思主义哲学展开法理学批判。他运用马克思主义哲学的理论和方法，回顾了自古希腊时代以来法理学的学说史，选取了各派法理学的代表人物及其观点，说明各派法理学的历史背景、社会根源和理论实质，揭露其共同缺陷。他认为，以往各派法理学的哲学基础都是观念论，不懂得人类社会历史和国家形成发展的现实基础，缺乏社会现象互相联系的观点，忽视法律与社会生活及其他领域之间的密切联系，其结果只能是立足于资本主义社会的经济基础和社会结构，追求不可能实现的公平正义。"市民的法理学，只是想把自己阶级的意志加入于统治万人的法律之中。他们的意志之根本的性质与方向，是受他们的阶级的存在之经济条件所决定的。"②

最后，他阐明了法理学研究的前提性问题和核心论题。在李达看来，法理学是在马克思主义哲学的指导下，阐明法律的发展法则，进而依据这些法则改造现实社会和法律制度，促进社会发展，为此需要综合运用分析与综合、归纳与演绎的方法。由此出发，他对于法理学研究范围的理解，突破了法律领域的视域限制，转而考察法律作为特殊的社会现象与政治、经济和其他意识形态之间的关系。也就是说，法理学不仅要研究法律制度的各种形式和历史形态，还要研究法律制度与国家形态、经济基础以及法律的起源，并在此基础上构建系统的

---

① 李达：《法理学大纲》，法律出版社1984年版，第9页。
② 同上书，第86页。

法律观。在合理阐明法理学研究的前提性问题之后，李达揭示了法理学的核心论题，即法律与国家的关系问题。他一面批判了各派法理学的国家观和法律观，揭露了各派法理学对法律与国家关系的曲解，一面在论述法律的本质与现象、内容与形式、属性时，始终围绕法律与国家关系这一核心论题，从不同角度展现了法律与国家关系的丰富内涵。时至今日，中国法学界仍然肯定他的《法理学大纲》是"中国历史上第一部用科学的世界观和科学的社会观研究法学基本原理的系统的法理学专著"①。

五　中国早期马克思主义者法律思想的特点

五四时期是我国旧民主主义行将终结、新民主主义即将诞生的历史转折时期。以李大钊、陈独秀为代表的中国早期马克思主义者积极顺应近代中国历史的发展趋势与要求，完成了从民主主义法律观向马克思主义法律思想的转变。他们从笼统地注重人权转为具体关注劳动群众的利益，从热衷立宪法治转为探究社会主义法治的原则，从简单地评议法律的效力和缺陷转为深刻揭示法律的本质和归宿，这一切都反映出时代的重大变化和历史的发展趋势。

（一）早期马克思主义者经历了从"政治解读"到"经济诠释"的变化

五四前期，早期马克思主义者为寻求救国救民的真理，以政治家的身份研究法律问题，从制度角度阐述中国法制建设的方向，特别以"天赋人权"、"自由"、"平等"学说为武器，对以儒学为代表的封建正统法律思想进行了猛烈批判，揭露了军阀时代法律制度的虚伪，提出了一些具体的宪政主张，形成了比较完整的民主主义法律思想。十月革命爆发以后，人类历史出现了新的发展轨迹。早期马克思主义者

---

① 李龙、汪习根：《二十世纪中国法理学回眸》，《法学评论》1994 年第 4 期。

为之欢欣鼓舞，李大钊更是积极介绍十月革命的特点和意义，大声欢呼："由今以后，到处所见的，都是 Bolshevism 战胜的旗。到处所闻的，都是 Bolshevism 的凯歌的声。人道的警钟响了！自由的曙光出现了！试看将来的环球，必是赤旗的世界！"①这时候，他们还只是从社会政治角度宣传和研究社会主义，没有考察社会主义革命的经济动因，也没有分析社会经济和法律制度的关系。五四后期，随着马克思主义理论素养的提升，他从社会存在决定社会意识的唯物史观出发进行研究，认识到法律是一定时期社会经济生活的反映，社会主义是社会化大生产的必然要求，建立社会主义制度、实行社会主义法制是中国社会发展的必然选择。李大钊指出："中国人民在世界经济上的地位，已立在这劳工运动日盛一日的风潮中，想行保护资本家的制度，无论理所不可，抑且势所不能。"②陈独秀强调："我们因为客观的历史进化之历程明白指出我们的必由之路，就是我们不能不相信的社会主义。统括说起来是：（一）旧经济组织的自然变化，已指教我们：帝国主义的那条旧路是不能再向前走的了。（二）人类社会组织之历史的进化，已指教我们：不能不走向社会主义的路了。"③由此，他们强烈反对压迫劳动人民的法律制度及其所代表的剥削阶级，坚信社会主义才是中国的未来，描述了构建社会主义民主法制的若干原则。尽管他们所提意见比较零散，却是中国法制现代化进程中的远见卓识，闪耀着智慧的火花，体现了早期马克思主义者的思想发展轨迹。

（二）早期马克思主义者实现了从"主权在民"到"劳工神圣"的飞跃

早期马克思主义者在研究法律问题时，始终把保障民权特别是劳动群众的权利作为出发点和落脚点。五四前期，他们大力鼓吹民主宪

---

①　李大钊：《李大钊选集》上，人民出版社 1959 年版，第 117 页。

②　同上书，第 356 页。

③　陈独秀：《陈独秀文章选编》中，生活·读书·新知三联书店 1984 年版，第 292页。

政，认为国家权力属于人民，反复强调法律的主旨诉求就在于保障全体国民的权利，形成了"主权在民"的观点。这时候，他们所谓的国民只是一个比较笼统而模糊的概念，主要指资产阶级知识分子，对劳动群众的地位和作用还缺乏准确的认识。五四后期，他们正确认识到法律的阶级性，并以此作为观察和思考法律问题的立足点，强调劳工阶层是适应近代中国经济关系发展变化的产物和新生产关系的代表，响亮地喊出"劳工神圣"的口号，要求赋予劳工阶级应有的法律权益，并积极探究保障劳动人民基本权利的法制建设方案。李大钊强调无产阶级专政和劳动人民翻身做主是社会经济发展的必然要求，必须以法律手段保障工农大众和妇女阶层的权益。他指出，大家族制度是中国农业社会的基本构造和纲常礼教的社会基础，随着西方入侵和商品经济的发展，自然经济逐渐解体，大家族制度已然崩溃，经济关系开始发生变化，新的经济成分开始出现。"现代的经济组织，促使劳工阶级的自觉，应合社会的新要求，就发生了'劳工神圣'的新伦理，这也是新经济组织上必然发生的构造。"他还特别强调："新思想是应经济的新状态、社会的新要求发生的，不是几个青年凭空造出来的。"① 陈独秀同样认为工人阶级是新生产力的代表，先后提出了民治主义和国民革命的主张，希望以此消灭旧制度，消除阶级压迫，建立社会主义民主法制。

（三）早期马克思主义者完成了从"立宪法治"到"国民革命"的转变

半殖民地半封建的旧中国，自清末就开始了法制变革的进程，但阻力很大，发展缓慢。五四前期，早期马克思主义者对清末新政开启的法制现代化进程充满憧憬，对资产阶级民主法制建设寄予厚望，极力伸张宪法的权威，强调统治者依法治国、国民依法行事，力求建成法治社会，还针对民众无权的社会现实，要求在法律上保证男女平

---

① 李大钊：《李大钊选集》上，人民出版社 1959 年版，第 301、302 页。

等，赋予广大妇女和工农群众参政权。五四后期，他们对资产阶级民主法制产生了怀疑，认识到法律是统治阶级意志的体现，开始辩证地看待革命与经济的关系，主张以革命手段解决中国的问题，由此摒弃了过去的民主主义的法治理想，转而提倡无产阶级专政，旗帜鲜明地提出了国民革命的主张。"革命"是马克思主义法律思想由批判走向实践的集中体现，旨在消除旧制度及其社会的不平等结构，开创新时代的政治秩序。尽管革命必然伴随着残酷激烈的斗争，会对社会经济生活造成一定破坏，但矫枉必过正、顽疾用猛药，在三座大山统治下的旧中国，只有狂风暴雨般的群众革命才能改变社会面貌。李大钊指出，只有对中国社会进行根本改造，推翻帝国主义和封建势力的统治，才能扫除法制现代化的障碍。他对马克思主义法律思想的认识和理解具有典型性，代表了当时的主流形态。陈独秀也强调，只有以革命方式推翻帝国主义和封建势力的统治，对中国社会进行根本性的改造，才能在新的社会政治经济关系上建立起社会主义法制。"我们不是不要宪法，是要在社会上造成自然需要宪法底实质。"① 这说明早期马克思主义者对马克思主义法律思想的理解不断深入，表现出卓越的超前意识，也反映出近代中国社会的急剧变化和旧民主主义革命向新民主主义革命过渡的时代特征。

（四）早期马克思主义者始终把"理论研究"和"回应现实"密切结合

早期马克思主义者从来不是空洞地研究法理，而是密切关注社会政治的发展变化，注意研究成果的实践应用，及时回应时事热点问题。陈独秀曾强调指出："讨论社会问题，要以实际问题为限；若是离开了实际问题，专门发空议论，就是天天谈政治，天天鼓吹无政府主义、社会主义，也无人来干涉你，这种滑稽的假的言论自

---

① 陈独秀：《陈独秀文章选编》中，生活·读书·新知三联书店 1984 年版，第 1 页。

由，我们要他做什么？"① 可以说，早期马克思主义者法律思想的落脚点就是解决近代中国社会面临的实际问题。不论是五四前期主张宪政与法治，还是五四后期提倡民治与革命，这些都是他们研究中国法律问题的阶段性理论成果，也是他们针对不同时期的中国社会问题所提供的解决方案。这种理论联系实际的研究方法，不仅保证了研究结论的客观性和针对性，还为五四时期的宪政建设、工人运动和国民革命提供了理论依据。尤为可贵的是，他们没有因为旧中国妇女地位低下而漠视其基本权益，而是将妇女视作劳动群众中的一员，提出帮助妇女抵抗男子压迫的命题，并专门考察了男女平等和妇女解放的必要条件，要求在法律层面上实现男女同权，赋予女子参政权利。1924 年北京政变后，段祺瑞领导的北京政府曾提出召开国民会议，却拒绝赋予妇女和工农阶层选举权与被选举权。对此，陈独秀明确表示这样的会议不过是假"国民"之名行"专权"之实，纯是愚民之举，并一针见血地指出："安福政府愚弄国民的心事已和盘托出，其最重要而又最显明的两点：（一）以议宪限制国民会议的职权；（二）以教育、性别、宗教限制人民的选举及被选举权。……有何理由可以剥夺其选举权或被选举权？世界上何处有这样以性别、教育、职业、宗教限制选举的普通选举制？"② 不过，早期马克思主义者并没有将妇女解放的希望寄托于军阀政府的法律改革，而是把妇女解放和社会革命联系起来，提出了建立社会主义法制、实现妇女真正解放的真知灼见。

在风潮激荡的五四时期，早期马克思主义者以新的视野研究中国法律问题，为我国马克思主义法学的创立和发展做出了卓越贡献，形成了具有鲜明时代特征的马克思主义法律思想。五四前期，他们借鉴西方启蒙思想提出的"自由"、"平等"、"人权"思想，在考察立宪

---

① 陈独秀：《陈独秀文章选编》中，生活·读书·新知三联书店 1984 年版，第107 页。
② 陈独秀：《陈独秀文章选编》下，生活·读书·新知三联书店 1984 年版，第18 页。

的一般原则和中国宪政建设的具体问题时，表达了对法治社会的强烈期盼，提出了保障人民主权、维护法律威信等一些具有民主主义色彩的法制建设意见。五四后期，他们开始站在马克思主义的立场上审视法律问题，从社会经济关系和阶级状况入手探究法律的本质属性、主旨功能和发展归宿，指出社会主义制度和社会主义法制是人类社会演进发展的必然结果，只有社会主义法制才能维护全体劳动人民的权益，只有开展国民革命才能建立社会主义法律制度。他们逐渐从和平改良主义家转变为暴力革命鼓吹者，从主张法律框架内革命激变为暴力摧毁旧法制，从对民主主义法治社会的渴望和对民治主义远景的展望激变为对国民大革命的欢呼和对社会主义法治的期待。这种转变主要在于社会阶级关系的变动和工人阶级力量的成长，在于他们对西方政治体制的失望和对中国宪政前景的绝望。在和平的法律改良无所成就以后，他们希望以国民革命的阵痛，使中国社会获得凤凰涅槃般的新生，在经历了革命冲涤的中国建立崭新的社会主义法治体系。可以说，早期马克思主义者的法律思想既是对近代资产阶级民主法治学说的否定和扬弃，又是马克思主义法律思想中国化的早期成果，反映了民主主义和社会主义两种思想体系此消彼长的历史进程，揭示了中国法制建设的发展方向和法治社会的蓝图愿景。尽管五四时期他们的马克思主义法律思想不够全面、系统和深刻，但为后人做出了积极榜样，对我们今天进行的社会主义民主法制建设仍然具有重要的启发意义。

第十章

毛泽东法律思想的内容、
地位及历史局限

十月革命一声炮响给中国送来了马克思主义，马克思主义与中国工人运动相结合产生了中国共产党。在中国共产党的奋斗过程中，以毛泽东为核心的党的第一代领导集体，创造性地把马克思主义基本原理同中国革命的具体实际紧密结合起来，创立了毛泽东思想，形成了马克思主义中国化的第一次飞跃。在这一过程中，党的第一代领导集体对马克思主义法学理论进行了本土化的吸收和运用，从而形成了毛泽东法律思想。本章主要围绕马克思主义法学思想中国化进程的第一次飞跃的历史条件、主要内容、特征及意义展开阐述。

一 毛泽东法律思想的形成与发展

（一）毛泽东法律思想形成的历史条件

鸦片战争以后，为了挽救民族的危亡，许多仁人志士浴血奋斗，寻求振兴中华的真理与道路，但都相继失败了。十月革命胜利后，马克思主义传入中国，给中国人民带来了希望和曙光。从此以后，中华民族在马克思主义的指导下逐步取得了新民主主义革命、社会主义革命和建设的伟大胜利。正是在这一伟大的历史过程中，开启了马克思主义法律思想中国化的进程。

1. 革命与战争的时代主题

19世纪末20世纪初，资本主义从自由竞争阶段发展到垄断阶段，亦即帝国主义阶段。在这一阶段，资本主义的各种矛盾严重激化。首先，无产阶级和资产阶级的矛盾更加尖锐。垄断资本家为了追求超额剩余价值，采取各种手段加强对无产阶级的剥削和压迫，使无产阶级与资产阶级的矛盾更加激化，以致 20 世纪初工人罢工浪潮此起彼伏，席卷了整个欧洲。其次，帝国主义与殖民地半殖民地国家之间的矛盾更加尖锐。资本主义国家进入到垄断阶段后，对殖民地半殖民地国家的剥削和掠夺由商品输出转化为资本输出，加重了对当地人民的剥削，获取了大量财富，导致帝国主义与殖民地半殖民地国家之间的矛盾异常尖锐，各殖民地半殖民地人民争取民族独立的斗争此起彼伏。再次，帝国主义国家之间的矛盾更加尖锐。在帝国主义阶段，各帝国主义国家为了争夺原料产地、投资场所、销售市场和殖民地，相互间钩心斗角、尔虞我诈，想方设法削弱和排挤对方，甚至不惜动用武力，第一次世界大战就是两个帝国主义集团之间为了争夺利益而爆发的世界性大战。

由资本主义政治经济发展不平衡所引起的第一次世界大战给各交战国的人民带来深重灾难，各国无产阶级的革命情绪空前高涨。列宁在系统分析帝国主义和俄国实际情况的基础上，提出了社会主义首先在一国或几国取得胜利的理论，并领导十月革命将这一理论变成现实。俄国十月革命结束了资产阶级专政，成立了苏维埃政权，建立了世界上第一个社会主义国家。十月革命为世界被压迫被剥削人民与民族的解放提供了一个样本，推动了殖民地半殖民地国家和民族的解放运动及世界革命的发展。

第一次世界大战和俄国十月革命的胜利，改变了世界发展的方向，国际环境从总体上说，"是资本主义和社会主义斗争的环境，是资本主义向下没落，社会主义向上生长的环境。"[①] 这个时代是"革命和战争的新时代"，无产阶级革命与民族解放运动是这个时代的主要内容，社会主义是这个时代发展的主要方向。

---

① 毛泽东：《毛泽东选集》第 2 卷，人民出版社 1991 年版，第 679 页。

2. 日本、欧洲、俄国语境下的马克思主义思潮及其在中国的传播

19世纪末20世纪初，马克思主义思潮在日本、欧洲、俄国得到了广泛传播，产生了巨大影响，又进而传入中国。

明治维新以后，随着资本主义的迅速发展，日本工业无产阶级队伍不断壮大。到1892年，日本工人成立了劳动协会。工人运动的兴起引起了日本进步思想界对在欧洲上空徘徊的社会主义、共产主义幽灵的关注，日本社会不仅出现了如《劳动世界》《社会主义》《平民新闻》《真言》《独立评论》等许多以介绍劳动者运动和社会主义为主要内容的进步刊物，还出现了许多主张社会主义的组织和讲演会。日本人自己撰写的诸多社会主义著述也相继刊出，并在社会上广泛流传。日本早期的社会主义运动，基本上以基督教社会主义和国家社会主义的倾向为主，并且很快就受到第二国际的社会民主主义的影响。由于处在资产阶级操纵下的法西斯军国主义专制统治之下，当时的日本还不具备自由谈论和宣传马克思主义中阶级斗争学说、无产阶级专政理论的条件，这对于早期日本知识分子选择社会主义流派形成了巨大的阻力。在这种强制性压力的直接作用下，日本早期的社会主义者很难真正接受马克思主义，距离对马克思主义的真正理解还相差甚远。

欧洲的资本主义发展比较充分，马克思主义正是在这样的环境中产生和发展起来。马克思、恩格斯在长期的革命斗争实践中，在学习和借鉴德国古典哲学、英国政治经济学、法国空想社会主义的基础上，把空想社会主义发展成科学社会主义。科学社会主义揭示了唯物史观和阶级斗争学说，揭示了生产力和生产关系、经济基础和上层建筑的关系，揭示了资本主义必然灭亡、社会主义必然胜利的社会发展趋势，阐明了阶级斗争学说和人民群众是社会发展的主体等原理。20世纪初以列宁为代表的马克思主义者将马克思主义基本原理与俄国的具体情况相结合，实现了马克思主义俄国化。俄国进步的思想界在空

前野蛮和反动的沙皇制度的压迫下，如饥似渴地寻求正确的革命理论，参照了欧洲的经验，找到了马克思主义这个唯一正确的理论。马克思主义俄国化的理论成果——列宁主义，阐明了关于无产阶级革命在一国或几国首先取得胜利的理论、关于无产阶级革命和无产阶级专政的理论、关于无产阶级政党建设的理论、关于民族和殖民地的理论等。

马克思主义思潮主要是通过赴日本、欧洲和俄国的中国留学生传至中国。由于马克思主义思潮在这些国家或地区的语境不同，这些国家或地区的马克思主义流派也就不尽相同。中国的先进分子通过不同路径学习的马克思主义传到中国后，能否适应中国的环境和条件逐步生长和发展起来，又需要审视中国的国内环境和条件是否具备马克思主义生长和发展的土壤。

3. 十月革命的胜利及其对中国社会的影响

19 世纪末 20 世纪初，国际工人运动出现了新的高潮，革命中心从法国及德国而又转入俄国。这时，由于西方主要资本主义国家政治经济的发展，修正主义在第二国际泛滥开来。如何将马克思主义普遍原理与本国无产阶级革命实践相结合，走具有本国特色的无产阶级革命道路就成为各国工人阶级面临的主要课题。列宁及时总结了欧洲工人运动的经验和教训，列宁创造性地提出了"社会主义革命在一国首先胜利"的理论，指出马克思主义理论"所提供的只是总的指导原理，而这些原理的应用具体地说，在英国不同于法国，在法国不同于德国，在德国又不同于俄国"。"我们决不把马克思的理论看作某种一成不变的和神圣不可侵犯的东西；恰恰相反，我们深信：它只是给一种科学奠定了基础，社会党人如果不愿意落后于实际生活，就应当在各方面将这种科学推向前进。"[1] 1913 年 3 月 1 日，他在《马克思学说的历史命运》一文中指出，从 1848 年的欧洲革命到 1871 年的巴黎公社，从 1871 年的巴黎公社到 1905 年的俄国革命，再从 1905 年

---

① 列宁：《列宁专题文集》（论马克思主义），人民出版社 2009 年版，第 96 页。

的俄国革命到今天，世界历史的三大革命时期都使《共产党宣言》得到了新的证明并取得了新的胜利。1871 年的巴黎公社"结束了资产阶级变革的这一发展过程"，"西方进入了未来变革时代的'和平'准备阶段。到处都在形成就其主要成分来说是无产阶级的社会主义政党。"① 在"半亚洲式国家"的俄国，社会民主党以马克思主义基本原理来指导无产阶级革命，就必须深入研究和把握俄国社会的实际状况和革命的客观需要——必须经历民主主义革命和社会主义革命两个阶段。前者是反对沙皇专制、建立民主政治，后者是反对资产阶级、建立社会主义社会。二者的目标、任务完全不同，但却不可分割，前者是后者的基础，后者则是前者的必要发展。1905 年革命爆发以后，俄国社会民主党人就要致力于彻底摧毁沙皇政府的统治，建立无产阶级和农民的革命民主专政的共和国。1917 年，他成功地领导了十月社会主义革命，在经济文化落后的俄国创建了社会主义的国家和制度，这正是马克思主义基本原理与俄国革命具体实际相结合的结果。十月革命的胜利无疑为中国社会革命提供了可借鉴的经验，给中国人民提供了一个将社会主义由理论转化为实践、由理想转化为现实的可资学习的榜样。

在中国近代史上，中国应当走什么样的路，一直是先进的中国知识分子孜孜以求的事业。在十月革命前，从仿效日本"明治维新"的改良式戊戌变法，到以建立欧美式资产阶级共和国为目标的辛亥革命，都主张向西方资本主义国家学习，企图在中国实行资本主义制度，以促进中国社会的进步。从历史发展的一般规律来说，资本主义代替封建主义是历史的一大进步，但在近代中国特殊的条件下却无法实现。反帝反封建的资产阶级民主革命，一次又一次地遭到失败。事实证明，资本主义道路行不通。十月革命后，马克思主义传入中国，以毛泽东为代表的中国共产党人运用马克思主义基本原理，对旧中国的社会性质和基本矛盾进行了科学分析，创立了无产阶级领导的、以

---

① 列宁：《列宁专题文集》（论马克思主义），人民出版社 2009 年版，第 64—65 页。

工农联盟为基础、以反帝国主义、反封建主义、反官僚资本主义为目标的新民主主义革命理论，指出中国革命要分两步走，第一步是进行资产阶级民主主义革命，第二步是进行社会主义革命。其中，民主主义革命是社会主义革命的必要准备，社会主义革命则是民主主义革命的必然趋势，中国决不能横插一个资产阶级专政的阶段。中国共产党领导的新民主主义革命，经历了北伐战争、土地革命战争、抗日战争和全国解放战争等几个阶段，创造出一条农村包围城市、武装夺取政权的革命道路，经过长达 28 年艰苦卓绝的英勇奋斗，终于在 1949 年10 月 1 日成立了中华人民共和国。由此可见，马克思主义作为一种在西方文化土壤中发展起来的理论学说，能够在中国土地上生根发芽，就在于是以毛泽东为核心的党的第一代领导集体对马克思主义创造性运用的结果。

4. 中国社会的变迁及知识分子在文化选择上的转向

五四运动前后，中国社会的经济结构、政治结构、观念结构都发生了重大变化，随之而来的是中国先进知识分子在文化选择上的转变，这为毛泽东法律思想的形成提供了基本前提。

（1）经济结构的变迁

马克思认为：“唯物史观是以一定历史时期的物质、经济、生活条件来说明一切历史事变和观念、一切政治、哲学和宗教的。”[①] 因此，要探究新民主主义革命时期中国共产党对社会思潮的认识，就需要研究当时经济结构的变化。

鸦片战争以后，中国沦为半殖民地半封建社会。外国资本主义通过商品输出、资本输出对中国人民进行盘剥和压榨，客观上促进了中国民族资本主义经济的发展和传统的自给自足小农经济的破产。不过，在中国广大地区，地主阶级的势力仍然根深蒂固，而外国侵略势力与本国封建势力勾结所形成的社会怪胎——官僚买办资本阶级也处

---

① 马克思、恩格斯：《马克思恩格斯选集》第 3 卷，人民出版社 1995 年版，第 209页。

于统治地位。到了第一次世界大战期间，由于各主要参战国忙于战争而无暇顾及中国市场，放松了对中国的经济侵略，再加上参战国对民用产品需求的增加，这在客观上为中国民族资本主义的发展提供了机会，促使中国民族资本主义经济发展比较迅速。由于民族资本主义经济的发展，导致中国社会阶级结构发生了重要变化。首先是民族资产阶级力量的壮大，1919 年前后全国民族资产阶级的人数"至少不会低于 10 万人"。其次是中国无产阶级队伍的发展与壮大，1919 年前后全国共有产业工人约 261 万人。① 中国民族资本主义在外国侵略势力和本国封建势力的夹缝中产生和发展起来，受到帝国主义和封建主义的压迫与剥削，具有革命性的一面，但又在经济上、政治上、技术上与帝国主义和封建主义有着千丝万缕的联系，具有妥协性的一面。相比之下，中国的工人阶级具有自身的特点和优点，又由于早期马克思主义在中国的传播和十月革命的影响，使工人阶级成为最有觉悟的力量并登上了中国社会的政治舞台，这为中国共产党的成立和马克思主义在中国的进一步传播奠定了阶级基础。1919 年前后中国社会阶级结构的变化，决定了中国革命性质的变化和社会思潮的导向以及新民主主义革命时期中国共产党的思想认识程度。

（2）政治结构的变迁

秦汉以来，中国一直实行封建专制制度。在鸦片战争后，中华民族面临着严重的民族危机而无民族独立可言，中国人民深受帝国主义和本国封建主义的压迫剥削以至阶级矛盾十分尖锐。为了挽救民族危机，先进的仁人志士先后在器物层面和制度层面向西方学习。19 世纪下半叶，洋务派掀起了以"自强"、"求富"为目标的洋务运动，但中日甲午战争的惨败惊醒了国人试图在"器物"层面学习西方以实现富国强兵的迷梦。由此，有识之士认识到，在不改变落后的政治制度的前提下，单纯学习西方的科学技术不可能挽救民族危亡。于

---

① 刘明逵、唐玉良：《中国近代工人阶级和工人运动》第 1 册，中共中央党校出版社 2002 年版，第 4 页。

是，中国人开始学习西方的政治制度，发起了维新变法，发动了辛亥革命，但这些振兴中华的努力也以失败告终。特别是辛亥革命以后，中国陷入更加黑暗、腐败、混乱的北洋军阀统治时期，对外继续出卖国家权益，对内日益走向独裁专制，军阀之间混战不休，文化领域出现了尊孔复古的逆流，中国半殖民地半封建社会的性质没有任何变化。"中国向何处去"仍然是摆在中国人民面前的首要问题，历史和时代的发问又促使有识之士开始新的探索。他们逐渐认识到："要拿旧心理运用新制度，决计不可能，渐渐要求全人格的觉悟"，于是"从文化根本上感觉不足"。① 就这样，向西方学习的目光从器物和制度层面转到文化观念层面。

（3）观念结构的变迁

鸦片战争以来，中国人除了面临前所未有的民族危机，还面临着前所未有的文化危机。中国的知识分子陷入了"古今中西"的文化困局之中，抱残守缺、因循守旧没有出路，学习西方、锐意进取却总是挨打。在新文化运动之前，他们所选择的任何一种文化都没能挽救民族危机和文化危机，这种文化困局摧残和撕裂着近代中国知识分子的内心精神世界。作为对辛亥革命后北洋军阀专制统治的回应，一些有识之士在痛苦的挣扎和求索中终于认识到："我们中国多数国民口里虽然是不反对共和，脑子里实在装满了帝制时代的旧思想"；"如今要巩固共和，非先将国民脑子里所有反对共和的旧思想，一一洗刷干净不可;"②"伦理的觉悟，为吾人最后觉悟之最后觉悟"。③ 由此，新文化运动狂飙骤起，宣誓了中国文化的近代转型。

总之，鸦片战争以后，中国严重的民族危机引起政治、经济的急剧变动，进而使得整个思想文化领域面临着价值失范和认同危机，引发了新文化运动，而新文化运动的历史任务就是对现代性价值的重构。从洋务派主张"中学为体、西学为用"到新文化运动后期宣传

---

① 梁启超：《梁启超选集》，上海人民出版社 1984 年版，第 S34 页。
② 陈独秀：《独秀文存》，安徽人民出版社 1987 年版，第 103 页。
③ 同上书，第 41 页。

介绍马列主义，体现了中国先进分子在文化选择上的革命性转变——开始由西方向东方转变、由资本主义向社会主义转变。

5. 五四运动时期马克思主义在中国的传播

在中国第一次出现马克思及其学说的报刊是《万国公报》。该报在1899年2月刊登的由英国人李提摩太翻译、中国人察尔康撰写的《大同学》一书中，提到了马克思和《资本论》，书中的"Marx"被翻译成了"马客偲"，而将《资本论》视作"安民新学"。最早介绍马克思生平的中国人是梁启超。他于1902年在《新民晚报》发表文章《进化论革命者颉德之学说》，其中提到了马克思。1903年，他又在《二十世纪之巨灵托拉斯》一文中将马克思称作"社会主义之鼻祖"。另一位较早介绍马克思和恩格斯生平及著作的人是朱执信。他于1905年在《民报》上发表了文章《德意志社会革命家小传》，向中国人详细介绍了马克思和恩格斯的生平、《共产党宣言》的基本观点，并介绍了马克思的经济理论。同年，他又在《民报》上发表了《论社会革命与政治革命并行》一文，称社会主义为"自马尔克以来，学说皆变，渐趋实行，世称科学的社会主义"。孙中山在探索救国救民的道路时，也吸收借鉴了马克思、恩格斯关于社会主义的思想和理论。胡汉民、戴季陶等人也关注并介绍过马克思的思想和学说，对马克思学说在中国的早期传播起到了一定的推动作用。此外，马克思、恩格斯及其学说在中国的传播还离不开日本学者的贡献，如片山潜的《我们的社会主义》、幸得秋水的《社会主义神髓》等文著陆续被翻译成中文，这也促进了马克思学说在中国的早期传播。

总之，经过五四运动的洗礼，一批具有初步共产主义理想的知识分子逐渐成长为马克思主义者。他们不仅从理论上认识到工人阶级的历史地位和历史使命，而且亲眼看到中国工人阶级的强大力量，体察到中国工人阶级开始作为一支独立力量登上政治舞台并迫切需要革命理论的指导。因而，中国马克思主义者开始到工人群众中去宣传马克思主义，进行组织工作，特别是通过出版通俗读物、举办劳动补习学校、组织工会等各种形式向工人阶级宣传马克思主义，帮助他们认识和了解马克思主义，逐渐使马克思主义同中国工人运动相结合，发挥出巨大的理论指导作用。

（二）毛泽东法律思想形成的实践基础

20 世纪前半叶，加强法制建设越来越成为世界各国的共识，苏俄（联）也进行了社会主义法制建设的伟大实践。与此同时，中国共产党领导人民成功地开展了波澜壮阔的新民主主义革命和改天换地的社会主义革命，进行了法制建设的初步探索。这一时期国际社会法制建设的相关经验和中国自身法制建设的具体进程，构成了毛泽东法律思想产生和形成的实践基础。

1. 世界各国法制建设的有益经验

20 世纪以来，反对专制、实行法治逐渐成为世界各国治国理政的主旋律，这是毛泽东法律思想形成的外部环境。

列宁创造性地把马克思主义法学理论与俄国社会主义法制建设实际相结合，取得了丰硕成果，给中国社会主义法制建设以及毛泽东法律思想的形成提供了宝贵经验。在十月革命前夕，列宁创造性地运用马克思主义法律思想探索俄国未来社会主义法制建设的道路，先后撰写了《国家与革命》《苏维埃政权的当前任务》《论国家》《无产阶级专政时代的经济和政治》等著作，对新政权建立后如何发展民主、建设法制做出了创造性的思考和探索。他明确指出，无产阶级专政的第一步就是通过暴力革命打碎旧的国家机器和法律秩序，建立无产阶级专政的国家政权和社会主义的法制体系。他还进一步阐发了马克思关于过渡时期的思想，指出在资本主义向共产主义过渡阶段，无产阶级法权的基本特征就是无产阶级专政，即一方面要扩大民主，使人民享有民主，另一方面要实行专政以镇压反动者，保卫革命的胜利成果。鉴于俄国是一个经济、文化相对落后的国家，在革命胜利初期必须保留大量的小商品生产，因而，利用合理合法的手段促进小商品经济向公有的大经济转化就成为俄国无产阶级专政的重要内容。他还指出，在社会主义条件下，法制建设的一项重要任务就是建立和完善人民权利得以实现的有效机制，一面要运用法律的形式确认人民的权利；一面要用法律的形式确保人民的权利得以实现。其中，前者属于法制范畴，后者则是法治问题。为此，列宁在《被剥削劳动人民权利宣言》中，描绘了包括人民政治、经济、文化和社会权利在内的无产阶级人权体系的基本图式，把人权置于人民所有权利的核心位置。1918 年 7 月 4 日，第五次苏维埃代表大会通过了《俄罗斯联邦社会主义共和国宪法》。作为世界上第一部社会主义类型的宪法，它虽然带有过渡时期的一些特征，却是人类历史上的第一个无产阶级和广大劳动人民的解放宣言，规定了苏维埃国家的国体、政体和国家制度，为俄国社会主义法制建设提供了保障和依据。1924 年 1 月，第二次全苏联苏维埃代表大会批准了《苏维埃社会主义共和国根本法》，即1924 年苏联宪法，标志着马克思主义法律思想俄国化的理论成果趋于成熟。从 1924 年宪法颁布到 1936 年宣布建成社会主义，苏联法制建设取得了丰硕成果，苏共领导人提出了许多关于社会主义法制建设的著名论断，如依法治国、各民族拥有平等地位、用宪法限制党组织的活动范围、依法保护公民权利等，这些都是创造性运用马克思主义法学理论的典范，对中国的法制建设起到了举足轻重的影响。如果细心比较苏联宪法与 1954 年的中国宪法，我们不难发现，苏联宪法中的无产阶级专政论述、民主原则、土地政策、建立公有制等诸多内容，同"五四宪法"都有异曲同工之妙。毛泽东在 1954 年起草宪法草案时也曾说过："我们是以自己为主，也参考了苏联和各人民民主国家宪法中的好东西。讲到宪法，资产阶级是先行的。英国也好，法国也好，美国也好，资产阶级都有过革命时期，宪法就是他们在那个时候搞起的。我们对资产阶级民主不能一笔抹杀，说他们的宪法在历史上没有地位。"[1] 由此可见，毛泽东法律思想的形成同苏联法制建设的实践经验密不可分。

---

① 毛泽东：《毛泽东选集》第 5 卷，人民出版社 1977 年版，第 127 页。

另外，西方国家和广大发展中国家法制建设中的经验教训也为毛泽东法律思想的形成提供了必要参照。"二战"结束以后，西方各国逐步完善法律制度，尤其是英国、法国、德国、瑞典等发达国家先后制定和完善了宪法、经济法和社会法，这为发展中国家开展法制建设提供了一定的参照经验。同时，一些发展中国家适应经济社会发展的需要，高度重视法制建设，也在政治、经济、文化、人权保障方面进行了大量的立法实践，逐渐建立起民主的法律制度，对同是发展中国家的中国进行法制建设提供了有益借鉴。

总之，20 世纪的世界各国来往密切，交流频繁，无论是资本主义国家还是社会主义国家，依法治国已经成为社会历史发展的大势所趋。以毛泽东为核心的第一代领导集体审时度势，及时觉察到了世界形势的变化，积极吸收国内外法制建设的先进经验，根据中国革命和建设的实际需要，建立了新民主主义法制和社会主义法制。

2. 以毛泽东为代表的中国共产党人早期的法制探索

理论来源于实践，又反过来指导实践并在实践中丰富和发展。毛泽东等老一辈无产阶级革命家有着强烈的实践精神和丰富的实践经历，始终坚持从实践出发，重视调查研究，善于及时从实践中总结检讨，实现理论的升华和飞跃。在某种意义上，毛泽东法律思想就是党的第一代领导集体对中国革命和建设过程中法制实践经验教训的科学总结。

（1）新民主主义革命的实践使毛泽东认识到法律必须维护劳动群众的权益

以毛泽东为代表的中国共产党人在艰难困苦的战争年代就在思考法制建设问题，一方面是他们高瞻远瞩；另一方面也是革命和建设实践的需要。农民阶级是新民主主义革命的主力军，要调动农民的革命积极性就必须解决土地问题。中国共产党带领人民群众进行了打土豪分田地、变封建地主土地所有制为农民个体所有制的实践，取得了极大成效。为防止农民的土地所有权遭到侵犯，必须将革命胜利成果用法律的形式固定下来，于是，一系列的土地立法应运而生。工人阶级是新民主主义革命的领导者，针对工人权益得不到应有保护的状况，毛泽东指出："只有坚决地实行劳动法，才能改善工人群众的生活，使工人群众积极地迅速地参加经济建设事业。"① 对于广大妇女深受封建礼教压迫的现状，他认识到只有赋予妇女婚姻自由自主的权利，提高妇女的社会地位，才能真正实现妇女解放，调动她们的革命积极性，发挥出女子半边天的作用。在毛泽东的关注和推动下，一系列劳动保护条例、章程、法律及有关家庭婚姻方面的法律逐渐制定出来。

（2）多民族国家的具体国情使毛泽东认识到立法必须坚持原则性与灵活性相结合的原则

在《关于中华人民共和国宪法草案》一文中，毛泽东运用大量的材料和事例对原则性与灵活性相结合的立法原则进行了分析与论证，指出坚持社会主义民主原则以保证社会主义法制为社会主义经济基础及广大人民群众服务的方向，这是立法的原则性要求，但法律也不能规定得过细过死，要在充分认识和把握法的本质属性和规范性特征的基础上，尊重客观实际，根据社会、经济、文化的发展变化状况，有针对性地制定和修改法律。"还有少数民族问题，它有共同性，也有特殊性。共同的就适用共同的条文，特殊的就适用特殊的条文。"②

（3）不公平的社会现实和带有强烈阶级歧视的旧法制使毛泽东清醒地认识到公平执法和重视证据的重要性

毛泽东自幼生活在农村，耳闻目睹了官府严厉镇压百姓的事实以及农村种种无法无天的现象，如地主对农民或族长对族人为非作歹、私设公堂、草菅人命的情况，这使他逐渐萌生出反对旧法制、创设为劳动人民服务的新法制的思想。1909 年，年仅 16 岁的毛泽东就反叛过本族族长毛鸿宾不问青红皂白、剥夺族人毛承文说话自由和辩解权利的粗暴行为。他表示："我晓得，一只手遮不住天，千人抬不动个'理'字，就是犯了朝廷的王法，也要问问犯人的口供。"③ 在革命生

---

① 毛泽东：《毛泽东选集》第 1 卷，人民出版社 1991 年版，第 125 页。
② 毛泽东：《毛泽东文集》第 6 卷，人民出版社 1999 年版，第 327 页。
③ 张启华：《读懂毛泽东》，四川人民出版社 2001 年版，第 11 页。

涯中，毛泽东一贯强调执法机关及其工作人员要坚持以事实为根据，以法律为准绳，克服主观主义思想和畏事怕难情绪。抗日战争时期，他就指出：“坚决地镇压那些坚决的汉奸分子和坚决的反共分子，”“但是决不可多杀人，……对任何犯人，应坚决废止肉刑，重证据而不轻信口供。”① 新中国成立后，党和政府带领人民开展了大规模的镇压反革命运动。在镇压、处理那些罪大恶极的匪首、恶霸特务及反动会道门的头子时，毛泽东仍然强调重视证据。“为了不致弄错，使自己陷于被动，对尚无证据的特务及会门头子，应当进行侦察，取得确证，而不要随便捕人杀人。”②

针对封建时代的严刑峻法，他提出废止肉刑、反对刑讯逼供的主张。井冈山时期的《古田会议决议案》第七章，就以专章规定了“废止肉刑问题”。抗战时期，他又明确提出这一观点，强调逮捕人犯不准施以侮辱、殴打及刑讯逼供、强迫自首。在新中国成立初期进行的打击资产阶级不法分子、纯洁和教育干部队伍、巩固人民民主专政和国营经济地位的运动中，他再度提醒广大干部和工作人员：“无论‘三反’‘五反’，均不得采用肉刑逼供方法。”③ 针对执法实践中的犯错情况，他提出有错必纠，“发现了错误，一定要改正，无论公安部门、检察部门、司法部门、监狱、劳动改造的管理机关，都应该采取这个态度。”④

毛泽东领导中国人民推翻了两千年的封建制度，打破了帝国主义的军事独裁专制，成立了民主独立的新中国，进行了社会主义改造和社会主义建设，这些成就无不需要法律的支持和保证。以毛泽东为核心的党的第一代领导集体根据现实需要，实事求是地制定了一系列政策、法律、法规，保证了新民主主义革命的胜利，加快了社会主义的建设步伐，为我国社会主义法制建设奠定了良好开端。

---

① 毛泽东：《毛泽东选集》第 2 卷，人民出版社 1991 年版，第 767 页。
② 毛泽东：《毛泽东文集》第 6 卷，人民出版社 1999 年版，第 118 页。
③ 同上书，第 199 页。
④ 毛泽东：《毛泽东文集》第 7 卷，人民出版社 1999 年版，第 21 页。

（三）毛泽东法律思想形成的理论资源

思想文化具有连续性和继承性，在新的时代条件下又发生新的变动。恩格斯指出："每一代人一方面在完全改变了的条件下继续从事先辈的活动；另一方面又通过完全改变了的活动来改变旧的条件。"①毛泽东法律思想的形成有着深刻的理论渊源，它是对马列主义法律思想的继承和发展，是对中国传统法治文化的传承与扬弃，是对西方近代法学理论的吸收与突破。

1. 马列主义法律思想

毛泽东法律思想是马列主义法律观与中国实际相结合的重大成果。马列主义为毛泽东法律思想的形成提供了重要的思想武器，奠定了坚实的理论基础，构成毛泽东法律思想的直接理论来源。毛泽东继承和发展了马列主义法律观的基本立场、观点和方法，以之观察和解决中国革命与建设的实际问题，从而形成了毛泽东法律思想。

第一，马克思主义法学阐明了法的本质属性和阶级性特征。马克思主义法学认为，法属于上层建筑的范畴，体现统治阶级的意志，是统治阶级利用国家力量制定的维护自身利益的规则，是阶级统治的工具。法由特定历史时期的物质条件所决定，又对当时的物质生活起着一定的反作用。马克思强调："法律只是事实的公认，"法律"应该是社会共同的，由一定物质生产方式所产生的利益和需要的表现"②。马克思主义经典作家认为，法律对于巩固国家政权和维护社会秩序具有十分重要的作用。"所有通过革命取得政权的政党或阶级，就其本性来说，都要求由革命创造的新的法制基础得到绝对的承认。""工人阶级夺取政权之后，像任何阶级一样，要通过改变所有制和实行新宪法来掌握和保持政权，巩固政权。"③毛泽东接受了马列主义关于

---

① 马克思、恩格斯：《马克思恩格斯选集》第 1 卷，人民出版社 1972 年版，第 51 页。

② 全国人大常委会办公厅研究室、中国社会科学院法学研究所编：《马克思、恩格斯、列宁、斯大林论法》，法律出版社 1986 年版，第 17、33 页。

③ 同上书，第 88、92 页。

法律阶级属性的论断，指出在社会主义社会下，法律将充分体现劳动人民的意志，"维护革命秩序，保护劳动人民利益，保护社会主义经济基础，保护生产力"①。

第二，马克思主义法学阐述了法的制定原则。首先，马克思主义法学认为立法要秉持民主客观与实事求是的原则。"立法者应该把自己看作一个自然科学家。他不是在制造法律，不是在发明法律，而仅仅是在表述法律，……如果一个立法者用自己的臆想来代替事情的本质，那么我们就应该责备他极端任性。"在具体的立法工作中，要保证"每一个群众代表、每一个公民都能参加国家法律的讨论"，要使人民对法律的执行过程进行有效监督。② 列宁结合俄国革命的需要，特别指出："现代俄国社会运动的主要形式依旧是广大人民群众的直接革命运动，它要打破旧法律，摧毁压迫人民的机关，夺取政权，创立新法制。"③ 这些马克思主义经典作家阐述的立法原则，得到了毛泽东的充分认同。他要求立法工作人员切实遵循马克思主义的立法原则，一切从中国实际出发。在 1954 年讨论《中华人民共和国宪法》草案时，他曾特别指出："我们的宪法草案，结合了原则性和灵活性。原则基本上有两个：民主原则和社会主义原则。""现在能实行的我们就写，不能实行的就不写。"④ 其次，马克思主义法学认为法律在一定条件下可以继承，立法要借鉴过往的经验。马克思、恩格斯在《德意志意识形态》中强调，法律可以"继承"。斯大林结合苏联法制建设经验，认同这一观点，表示苏联"新宪法草案是已经走过的道路的总结，是已经取得的成就的总结。所以，它是把事实上已经获得和争取到的东西登记下来，用立法程序固定下来"⑤。毛泽东承继并

① 毛泽东：《毛泽东文集》第 7 卷，人民出版社 1999 年版，第 197 页。
② 全国人大常委会办公厅研究室、中国社会科学院法学研究所编：《马克思、恩格斯、列宁、斯大林论法》，法律出版社 1986 年版，第 118、130 页。
③ 列宁：《列宁全集》第 10 卷，人民出版社 1958 年版，第 245 页。
④ 毛泽东：《毛泽东文集》第 6 卷，人民出版社 1999 年版，第 326、327 页。
⑤ 全国人大常委会办公厅研究室、中国社会科学院法学研究所编：《马克思、恩格斯、列宁、斯大林论法》，法律出版社 1986 年版，第 114、102 页。

发展了马克思主义立法观，提出以批判的态度继承法律遗产，在法律的制定工作中必须立足具体国情，借鉴历史的经验教训，吸收实践的新鲜成果。

第三，马克思主义法学重视法的执行效果。执法力度直接关系法律的效用和威信，马克思主义经典作家主张以国家的强制力保证法律的贯彻执行。列宁就要求苏俄各地工作人员高度重视法律法令的落实情况，做好执法工作："我已经说过，法令责成公社帮助附近农民。……要在法令中写出某些具体的指示是不可能的。我们本来就是规定一般的原则，希望各地有觉悟的同志们忠实地去执行。……当然，任何法令都有办法躲避不执行的，或者甚至阳奉阴违。因此，关于帮助农民的法令，如果不忠实地执行，很可能完全变成儿戏而得到完全相反的结果。"① 毛泽东继承了马克思主义执法理论，强调法律面前一概平等，执法必须公平公正，对党员干部的违法行为要给予严厉打击和严肃制裁。

第四，马克思主义法学认为法律处于动态变化的发展过程。马克思从唯物史观的角度指出，法是阶级统治的产物，必然与阶级的产生消亡相始终，绝非永恒的社会存在。作为上层建筑的法必须与经济基础相适应，在不同的历史时期必然具有不同的内容。毛泽东认识到法的发展规律和最终宿命，强调中国的法制建设必须适应时代环境和中国实际，做到与时俱进，根据客观环境的变化进行适当的完善和修订。

需要注意的是，列宁的法学理论为毛泽东法律思想的形成提供了丰富的实践经验。在列宁的领导下，苏俄开展了社会主义法制建设的伟大实践。在立法工作上，坚持吸收外国优秀经验与立足本国实际相结合；在守法原则上，强调法律面前人人平等，反对一切形式的特权和专权，提倡党员干部以身作则，发挥示范带头作用；在执法问题

---

① 全国人大常委会办公厅研究室、中国社会科学院法学研究所编：《马克思、恩格斯、列宁、斯大林论法》，法律出版社1986年版，第137—138页。

上，主张对违法行为严厉惩处。[①]列宁的法学理论是马克思主义法律思想的进一步发展和实践应用，初步建构了社会主义法治体系。苏俄（1922年发展为苏联）是世界上第一个社会主义国家，也是世界强国，自然成为其他国家共产党人学习效法的榜样。因此，毛泽东在思考和构建中国法律建设理论之时，就很自然地从列宁法学理论中汲取营养，获得了更全面更具体的理论和实践经验。

2. 中国传统的法律文化

任何新思想都是在更高的基础上对前人物质和精神文化的批判继承，毛泽东法律思想亦浸染着鲜明的中国传统文化底蕴。毛泽东具有深厚扎实的传统文化功底，在他的诗文著述当中，成语典故、名言警句、寓言传说往往是信手拈来而又精妙绝伦。中国历朝历代都有法律制度和法理著述，这些传统法律思想构成了毛泽东法律思想形成发展的文化土壤。

第一，儒家思想的"德主刑辅"观念是毛泽东法律思想的重要组成部分。儒家文化强调德治，认为"礼者，禁于将然之前，而法者，禁于已然之后"。（《大戴礼记·礼察》）法律和刑责的作用十分有限，德治和礼教才是治国安邦的根本手段。孔子提出了"德主刑辅"的著名论断，认为道德教化是使民众遵守规章制度和社会秩序的重要手段，指出："道之以政，齐之以刑，民免而无耻。道之以德，齐之以礼，有耻且格。"（《论语·为政》）就是说，如果仅仅依托刑法来治理国家，人民只会追求免除法律的惩罚，不会产生廉耻之心。统治者必须以道德导引人民，以礼制教育人民，这样民众才会自觉归服。为此，孔子要求统治者实行宽严相济的刑罚政策，刑罚适当，慎重用刑。儒家所谓"刑不上大夫"，就是要求在刑罚方面优待"贤者"，体现了古代社会对德行的尊崇。在毛泽东的思想深处，儒家的"仁爱"观一直占据着重要地位。他认为"法令者，代谋幸福之具也"[②]，

---

① 列宁：《列宁文稿》第2卷，人民出版社1980年版，第65—67页。
② 毛泽东：《毛泽东早期文稿》，湖南出版社1990年版，第1页。

提出了人道主义改造罪犯的政策，要求关心、帮助和教育全体犯人（含死刑犯人在内），改善和消除"监狱拥挤、营养不良、医药不足、发生疾病死亡等不良情况"①。他强调，监狱应该为犯人提供改造的契机，对他们进行思想教育和劳动改造，帮助他们学习并掌握一些知识和技能，使犯人改过自新、重返社会。他还阐述了死刑的使用原则，认为死刑固然可以有效打击罪大恶极的犯罪分子，能够防止严重犯罪行为的发生，慰民心而平民愤，保障正常的社会生产生活秩序，但一定要慎重使用。"其原则是凡有血债或其他重大罪行非杀不可平民愤者，应坚决杀掉，以平民愤而利生产。"② 毕竟，"一颗脑袋落地，历史证明是接不起来的，也不像割韭菜那样，割了一次还可以长起来，割错了，想改正错误也没办法。"③

　　第二，法家思想的"以法治国"观念为毛泽东法律思想提供了丰富的内容。管仲在中国历史上最早提出了"法治"主张："先王之治国也，不淫意于法之外，不为惠于法之内也。动之非法者，所以禁止而外私也，威不两错，政不二门，以法治国，则举措而已。"（《管子·明法》）商鞅不仅提倡"不贵义而贵法"，"任法而治"，还强调："三代不同礼而王，五霸不同法而霸。故知者作法，而愚者制焉；贤者更礼，而不肖者拘焉。"法家主张将法律定为成文制度，为人们提供恒定的行为标准；统治者以法治国，循章奖惩，赏罚分明；法制要适应时代发展，因时因地制宜，"治世不一道，便国不必法古。"（《商君书·更法》）毛泽东发展了法家的"法治"思想，强调法制建设要立足于一定时期的具体国情，在执法过程中必须做到稳（稳健）、准（准确）、狠（坚决），对穷凶极恶、罪证确凿的犯罪分子要痛下杀手，决不能姑息纵容。他强调："对镇压反革命分子，请注意打得稳、打得准、打得狠。"④ 不过，司法部门和相关工作人员不能

---

① 毛泽东：《毛泽东文集》第6卷，人民出版社1999年版，第160页。
② 同上书，第121页。
③ 毛泽东：《毛泽东文集》第7卷，人民出版社1999年版，第58页。
④ 毛泽东：《毛泽东文集》第6卷，人民出版社1999年版，第117页。

因此而滥用权力，不能以粗暴的方式对待当事人，要尊重犯罪嫌疑人和犯人的人格，要保障其生命健康权不受侵害。

第三，法家思想的"刑无等级"主张对毛泽东法律思想产生了很大影响。法家鼻祖管子提出："夫生法者，君也；守法者，臣也；法于法者，民也。君臣上下贵贱皆从法，此谓为大治。"（《管子·任法》）商鞅也强调法令的整齐划一："所谓壹刑者，刑无等级，自卿相将军以至大夫、庶人，有不从王令、犯国禁、乱上制者，罪死不赦。"（《商君书·赏刑》）法家强调法律的公平适用，王公贵族为非作歹同样要受法律的制裁。毛泽东吸收了这些传统文化的精髓，提出法律面前人人平等，所有人都要自觉接受法律法规的制约，任何政治团体和个人都只能在法律许可的范围内进行活动。在人民当家做主的新中国，"人民犯了法，也要受处罚，也要坐班房，也有死刑。"① 他要求机关工作人员，尤其是领导干部要发挥榜样示范作用，做到带头守法。当1948年毛岸英提出与不足法定婚龄的刘思齐结婚时，毛泽东就要求他们遵守法律，明确强调："你们必须守法，不能因为是毛泽东的儿子而有半点特殊，法律是不允许有特殊人物不遵守的，是要每个人都遵守。"② 他还根据不同种类的违法情形，提出了针对领导干部的差异化处罚办法，即：对于犯错严重者，群众可以进行批评，甚至予以撤职处理并送交法庭审理；对于"典型的官僚主义、命令主义和违法乱纪的事例"，就要通过报纸等大众传媒进行深入揭发，对严重的违法乱纪情形要依法严惩；对于贪污分子，"轻者批评教育，重者撤职、惩办、判处徒刑，直至枪毙一批最严重的贪污犯。"③

第四，传统民本思想对毛泽东法律思想也有重要影响。中国传统文化中的人本思想是毛泽东法律思想形成的一个重要理论来源。民本思想起源于西周时期，当时的保民思想是后来春秋时期民本思想发展的鼻祖。在春秋时期，孟子作为民本思想的主要代表人物就曾经提

---

① 毛泽东：《毛泽东选集》第4卷，人民出版社1991年版，第1176页。
② 张勇、刘启明：《毛泽东教我们学管理》，中共党史出版社2003年版，第385页。
③ 毛泽东：《毛泽东文集》第6卷，人民出版社1999年版，第191页。

出："民为贵，社稷次之，君为轻。"[1] 荀子也提出过："庶人安政，然后君子安位。传曰'君者，舟也；庶人者，水也。水则载舟，水则覆舟'。"[2] 到了封建社会，君主认识到人民力量的强大和施行仁政的极端必要性，"以人为本"作为主流思想也体现在历朝历代的治国理念中。毛泽东正是在这种传统民本思想的影响下，结合马克思主义的唯物史观，更加深刻地认识到人民群众是推动历史前进的最重要力量。他用人民民主专政取代了单纯的民本主义，解决了传统民本主义的局限性问题，进而坚持并创造出了"为人民服务"的精神以及走"群众路线"的工作方法。不仅如此，毛泽东在法律制定过程中也充分发扬了人民民主专政精神，使人民群众参与到社会主义法律的创建中来，这既是社会主义法律区别于剥削阶级法律的一个根本特点，也是社会主义法治优越于剥削阶级法制的重要体现。

3. 西方近代法学理论

毛泽东大量阅览西方近代启蒙思想家的法学名著，拓深了自己的法学理论素养。比如，孟德斯鸠在《论法的精神》和《法意》当中，提出了"地理决定论"的刑罚观，主张罪刑相适、刑罚正义、刑罚宽和，使监狱成为犯人学习改造的学校。卢梭在《社会契约论》中提出了主权在民的思想，指出政府的权力来源于人民的认可，法律是人民意志的记录和公意的行为，旨在保障全体公民的自由、平等和幸福。西方启蒙思想家的法律思想是时代精神的集中表现，反映了资产阶级要求摆脱宗教束缚、建立法治社会的强烈渴望，这与毛泽东反对封建酷刑和阶级压迫的思想相契合，为他的法制实践提供了重要的理论参考。比如，他对"主权在民"原则做了进一步发展，形成了人民民主专政思想。在1947年的"十二月会议"上，他明确要求继承启蒙思想家反对酷刑的主张："关于打人问题，共产党在原则上主张废止肉刑，这个原则曾经是资产阶级民主主义者反封建的口号，无产

---

[1] 《孟子》，上海古籍出版社2013年版，第208页。
[2] 《荀子》，中华书局2006年版，第304页。

阶级应该接受这个遗产。……现在必须重申，共产党绝不要提倡打人，绝不要组织打人，这是一条原则。"[1] 毛泽东还深刻认识到西方近代法学理论的局限性，指出资本主义社会的法律制度，实质上是维护资产阶级专政的统治工具，并不能保障劳动人民的自由权利。他清醒地认识到，中国的社会主义法制建设必须立足具体国情，批判地吸收国外先进经验和理论成果，体现出自己的民族文化特色。

任何思想文化都是传承和创新的产物，任何新理论都是吸收和借鉴原有文化的结晶。以毛泽东为核心的党的领导集体在继承、吸收和借鉴马列主义法律观、中国传统法律思想、西方近代法学理论的基础上，在中国革命和建设的复杂历史背景下，完成了马克思主义法学理论的中国化，形成了毛泽东法律思想。

（四）毛泽东法律思想的发展历程

毛泽东从小就关心国家大事，强烈要求改变现实，曾受到改良主义和无政府主义思想的影响。1913 年春天，他在考取了湖南第一师范学校后，与同学蔡和森等一同组织了"新民学会"，开始宣传进步思想。1918 年 8 月，他经李大钊推荐到北京大学图书馆工作。李大钊等人介绍和宣传马列主义及十月革命的文章，对毛泽东影响很大。从此，毛泽东接触到马克思主义法学理论，思想上发生了重大变化，逐渐成长为马克思法律思想中国化的开拓者。

1. 毛泽东法律思想的萌芽

从 1912 年民国建立到 1927 年土地革命爆发以前，是毛泽东法律思想的萌芽时期。在这一时期，毛泽东结合湖南自治运动、工农运动和国民大革命的实践，论证了法律在保障民众利益方面的作用，实现了从革命的民主主义法律思想向马克思主义性质法律思想的转变。

（1）强调法律是保障民众利益的重要工具

早在湖南第一师范学校读书期间，毛泽东就具备了一定的法律知

---

[1]　毛泽东：《毛泽东文集》第 4 卷，人民出版社 1996 年版，第 331 页。

识，初步探讨了法律的作用，认为法律是保障民众利益的重要工具。1912 年，他在《商鞅徙木立信论》一文中指出："法令者，代谋幸福之具也。法令而善，其幸福吾民也必多，吾民方恐其不布此法令，或布而恐其不生效力，必竭全力以保障之，维持之，务使达到完善之目的而止。……法令而不善，则不惟无幸福之可言，且有危害之足惧，吾民又必竭全力以阻止此法令。"① 在毛泽东看来，法善则民信而遵之，法恶则民惧而阻之，善法与恶法的区别就在于是否为民众着想、反映民众诉求。他根据商鞅前后两次变法的史实，指出商鞅新法"利国福民"，"惩奸宄以保人民之权利，务耕织以增进国民之富力，尚军功以树国威，孥贫怠以绝消耗"，② 因而得到秦国群众的拥护，为秦国日后并吞六国、统一天下奠定了坚实基础。

青年毛泽东还关注妇女解放问题，要求保障妇女合法利益，尤其要实现女子自立和恋爱自由。1919 年 11 月 14 日，知书识礼的长沙女青年赵五贞因不愿遵从父命嫁给富商为继室，用剃刀自杀于花轿内，引起社会强烈反响。毛泽东就此事在湖南《大公报》《女界钟》上连续发表 10 篇评论文章，称赞赵氏争自由、保人格的勇气，抨击封建礼法制度的罪恶。"这事件背后，是婚姻制度的腐败，社会制度的黑暗，意想的不能独立，恋爱不能自由。"③ 他悲愤地指出，赵五贞的父母必须担负法律责任，"于是我的良心逼着我说下面两句：（一）天下类于赵女士父母的父母都要入狱。（二）愿率天（下）人齐声高呼：'赵女士万岁！'"④ 他呼吁扫除婚姻问题上的封建迷信观念，彻底改革婚制，实现自由恋爱。"父母代办政策，应该绝对否认。恋爱是神圣的，是绝对不能代办，不能威迫，不能利诱的！"⑤ 他进一步指出，要实现恋爱自由、婚姻幸福，就必先实现女子经济自立。正是

---

① 毛泽东：《毛泽东早期文稿》，湖南出版社 1990 年版，第 1 页。
② 同上。
③ 同上书，第 380 页。
④ 同上书，第 383 页。
⑤ 同上书，第 384 页。

因为数千年来女子在经济上依附于男子，才造成女子在家庭婚姻中的从属地位。"盖我国因数千年不正当的礼教习俗，女子在任何方面，都无位置。从政治、法律、教育，以至职业、交际、娱乐、名分，一概和男子分开做两样，退处于社会的暗陬。于不得幸福之外，还领受着许多不人道的虐待。"①旧中国女性社会地位低下，人们对此习以为常，毛泽东却不为传统偏见所扰，大声疾呼妇女解放，不仅要求赋予女子自由恋爱在内的合法权益，还提出了经济独立的命题，直击中国腐朽落后的封建经济制度和宗法家庭关系，这体现出他真挚的民本关怀、卓越的时代眼光和敏锐的社会洞察力。

（2）主张人民立宪

针对民初政局动荡、军阀混战不止的现实难题，毛泽东提出了"地方自治"和"人民宪法"的主张。在1920年湖南驱张运动中，他设计了层级推进的"民治"建国蓝图。"依我的观察，中国民治的总建设，二十年内完全无望。二十年只是准备期。准备不在别处，只在一省一省的人民各自先去整理解决（废督裁兵、教育实业）。假如这回湖南人做了一个头，陕西、福建、四川、安徽等有同样情形的省随其后，十几年二十年后，便可合起来得到全国的总解决了。"②他认为，国事糜烂而难以收拾，"社会的腐朽，民族的颓败，非有绝大努力，给他个连根拔起，不足以言摧陷廓清。"③因此，只能是大处着眼、小处着手，先谋求湖南地方自治，进而形成席卷各省的自治风潮，最终建立全国性的民主制度。"九年假共和大战乱的经验，迫人不得不醒觉，知道全国的总建设在一个期内完全无望。最好办法，是索性不谋总建设，索性分裂，去谋各省的分建设，实行'各省人民自决主义'。……我曾着实想过，救湖南，救中国，图与全世界解放的民族携手，均非这样不行。"④他强调，湖南地方自治必须以自决和

---

① 毛泽东：《毛泽东早期文稿》，湖南出版社1990年版，第387页。
② 同上书，第446、447页。
③ 同上书，第449页。
④ 同上书，第466页。

民治为立足点，切实保障民众的合法权益。在以"湖南改造促成会"名义写给老同盟会员、上海报人曾毅的回信中，毛泽东阐明了湖南自治的要点："第一能遵守自决主义，不引虎入室，已入室将入室之虎又能正式拒而去之。第二能遵守民治主义，自认为平民之一，干净洗脱其丘八气、官僚气、绅士气，往后举措，一以三千万平民之公意为从违。最重要者，废督裁兵，钱不浪用，教育力图普及，三千万人都有言论、出版、集会、结社之自由。"① 他进而提出制宪主张，要求制定湖南省宪法以革新社会环境，以之作为自治运动的根据和大纲。"自治运动只是简单的希望在湖南能够特别定出一个办法（湖南宪法），将湖南造成一个较好的环境，我们好于这种环境之内，实现我们具体的准备工夫。"② 在与彭璜等人共同拟定的《湖南改造促成会发起宣言》中，他明确指出实行自治自决的新湖南将"完全保障人民'集会'、'结社'、'言论'、'出版'之自由"③。作为湖南自治根本法的省宪法，其具体制定流程是"由湖南革命政府召集湖南人民宪法会议，制定湖南宪法，以建设新湖南"④。而为保障制宪工作的顺利推进，必须从六个方面用力："（一）宪法会议代表，依县之大小分配产出；（二）制宪期以三个月为限；（三）用直接选举法；（四）用普通选举法；（五）代表不得兼官吏与军职；（六）选举期限至多不得逾两个月。"毛泽东对自治和制宪前景保持乐观，认为"本以上六主要点，产出人民宪法会议，必能博采大多数之意见，制成完善之宪法，以增进湘人幸福，树立全国模范"⑤。

（3）提出法律要保障劳动人民的权益

五四运动以后，马克思主义在中国大地上广为传播。毛泽东在学习马克思主义的过程中，放弃了先前的民主主义立场，认识到只有社

---

① 毛泽东：《毛泽东早期文稿》，湖南出版社 1990 年版，第 453 页。
② 同上书，第 532 页。
③ 同上书，第 639 页。
④ 同上书，第 645 页。
⑤ 同上书，第 655、656 页。

会主义道路才是中国的出路。1921 年，他在新民学会长沙会员大会上的发言中指出："社会民主主义，借议会为改造工具，但事实上议会的立法总是保护有产阶级的。"① 从这时起，毛泽东转而以马克思主义的立场来观察中国的法制建设问题，在工农运动实践斗争的砥砺中萌生了马克思主义法律思想，明确指出法律要保障广大工农群众的利益。

法律要保障工人群众的利益。1922 年 1 月，湖南军阀赵恒惕公布《湖南省宪法》，一面规定民众享有广泛权利；一面通过各种经济条件的限制剥夺了劳工阶层的应有权益。可以说，《湖南省宪法》只是赵恒惕粉饰门面、应付舆论和巩固统治的工具。为此，毛泽东在《大公报》上专门撰文分析了《湖南省宪法》的阶级局限性："美其名曰全民政治，实际抛弃了至少百分之九十九的劳工。""自治省的湖南，以全民政治相号召的湖南，若全然撇开劳工，岂非笑话？"他要求湖南当局采取措施，保障劳工阶层的合法权利："一、劳工的生存权，二、劳工的劳动权，三、劳工的劳动全收权。"② 其中，尤以承认劳动者的罢工权利最为重要。

1924 年国共合作以后，毛泽东来到革命圣地广州工作。这一时期，坚持新三民主义的广州革命政府开展了两次东征，统一了广东革命根据地，令当地社会风气焕然一新。毛泽东对此倍感振奋，认为广东革命运动的蓬勃发展使劳动人民的权利得到了一定保障，为进一步开展法制建设创造了良好开端。1925 年 12 月，在为《政治周报》撰写的发刊词中，他对广东革命斗争业已经取得的成就进行了总结："广州市上实现了十四年来未有的太平；人民确实得到了集会、结社、言论、罢工自由；东征军不曾拉夫；废除了广州市场的赌博；全省军政统一；财政亦逐渐集中；病民苛税已有一部革除，其余部亦定下了革除的步骤；民政、司法、教育、交通机关均确立了改革政策；北

---

① 毛泽东：《毛泽东文集》第 1 卷，人民出版社 1993 年版，第 2 页。
② 同上书，第 8、9 页。

江、东江、南路反革命余孽以次肃清。"他认为广东虽然还有很多需要改进的问题，但只要继续坚持革命政策，必定能革除法制积弊，建立保障群众权益的新法制。"我们并不隐讳我们的缺陷，我们不是说广东业已改造——广东之改造确还刚在开始，还有许多扰乱治安的土匪，还有许多鱼肉人民的土豪劣绅、贪官污吏，民政、财政、司法、教育、交通诸端内幕积弊还有许多未尽除去，我们不是说这些缺陷都没有了。我们是说我们已有了一个革命的权力，已有了一个肃清土匪的机会；已有了一个与土豪劣绅、贪官污吏作战的力量，民政、财政、司法、教育、交通诸端已可开始刷新的工作。总而言之，我们已有了一个革命的基础。"[1]

如果说五四时期的毛泽东还只是笼统地论述民众权益保护问题，追求湖南的自治和全国的民治，对工农群众的权益关注不多，但到了国民大革命时期，随着革命实践斗争经验的积累和马克思主义理论素养的提升，他已开始着重关注工人阶层的应得权益，大声疾呼"劳工神圣"，并灵活运用马克思主义的相关理论来思考近代中国的法制建设问题，这种变化具有里程碑式的重要意义，标志着毛泽东法律思想开始从民主主义向马克思主义转变。

法律应保障广大农民群众的利益。随着对马克思主义学习的深入和北伐战争的兴起，毛泽东愈加重视农民群众的力量及其在中国革命中的作用，在《农民问题丛刊》序言中强调："农民问题乃国民革命的中心问题，农民不起来参加并拥护国民革命，国民革命不会成功。"[2] 1926年北伐军进兵湖南以后，湖南的农民运动蓬勃发展。毛泽东对湘潭、湘乡、衡山、醴陵、长沙等地的农民运动进行了专事考察，详细论述了湖南农村破除旧法的成就，并对农会的权力地位及其政策效力做了深入剖析，指出农会组织、农会决议和"农民诸禁"具有事实上的法律作用。

---

① 毛泽东：《毛泽东文集》第1卷，人民出版社1993年版，第22页。
② 同上书，第37页。

首先，农会对乡村地主阶层进行了猛烈打击，改变了乡村中的政治力量对比状况。伴随着农会组织的迅猛发展，乡村当中普遍开展了斗争恶霸地主的运动。毛泽东指出："农民有了组织之后，第一个行动，便是从政治上把地主阶级特别是土豪劣绅的威风打下去，即是从农村的社会地位上把地主权力打下去，把农民权力长上来。"① "农民的主要攻击目标是土豪劣绅，不法地主，旁及各种宗法的思想和制度，城里的贪官污吏，乡村的恶劣习惯。这个攻击的形势，简直是急风暴雨，顺之者存，违之者灭。"② 农会主要采取清算、罚款、游乡、驱逐、枪毙等措施，惩办乡村中的地主恶霸。"农民的眼睛，全然没有错的。谁个劣，谁个不劣，谁个最甚，谁个稍次，谁个惩办要严，谁个处罚从轻，农民都有极明白的计算，罚不当罪的极少。"③ 针对当时有人对农会举动"过分"的批评，毛泽东进行了严正批驳，说明了农会做法的合理性和必然性。他指出："这些举动，在农民运动第二时期（革命时期）是非常之需要的。在第二时期内，必须建立农民的绝对权力。必须不准人恶意地批评农会。必须把一切绅权都打倒，把绅士打在地下，甚至用脚踏上。所有一切所谓'过分'的举动，在第二时期都有革命的意义。质言之，每个农村都必须造成一个短时期的恐怖现象，非如此决不能镇压农村反革命派的活动，决不能打倒绅权。"④

其次，农会开始成为新的乡村权力机关，在基层政治体系中具有举足轻重的话语权。中国传统的乡村政权机关都由地主士绅把持，但在农民运动的激潮当中，地主阶层势力衰落，广大农民扬眉吐气，新兴的农民协会发展壮大，这就引起了乡村权力机关的重要变动，逐渐形成了"一切权力归农会"的崭新局面。毛泽东十分欣喜地指出："（农会）把几千年封建地主的特权，打得个落花流水。地主的体面

① 毛泽东：《毛泽东选集》第1卷，人民出版社1991年版，第23页。
② 同上书，第14页。
③ 同上书，第17页。
④ 同上。

威风，扫地以尽。地主权力既倒，农会便成了唯一的权力机关，真正办到了人们所谓'一切权力归农会'。连两公婆吵架的小事，也要到农民协会去解决。一切事情，农会的人不到场，便不能解决。农会在乡村简直独裁一切，真是'说得出，做得到'。外界的人只能说农会好，不能说农会坏。"① 农会不仅在乡村取得了说一不二的绝对权威，还"推翻县官老爷衙门差役的政权"，能在相当程度上影响县一级政权的决策。在湘乡、湘潭、醴陵、衡山等县，"凡事取决于县长和革命民众团体的联合会议。……出席的人，县长以外，为县农民协会、县总工会、县商民协会、县女界联合会、县教职员联合会、县学生联合会以及国民党县党部的代表们。在这样的会议里，各民众团体的意见影响县长，县长总是唯命是听。"② 农民从顺从的政策受众一跃而为主动的政策制定者，这样的巨大变化正是农会权力地位的现实反映。更值得注意的是，农会在确立自身权威的同时，还解散了地主团练武装，建立了自己的武装力量。"农民运动发展区域之中南两路，因农民起来形势甚猛，地主阶级招架不住，其武装势力大部分投降农会，站在农民利益这边。……这样由反动的地主手里拿过来的武装，将一律改为'挨户团常备队'，放在新的乡村自治机关——农民政权的乡村自治机关管理之下。这种旧武装拿过来，是建设农民武装的一方面。"③ 在接收旧武装之时，农会又建立了自己的新型武装组织——梭镖队，有力地保障了农村秩序。"凡有农民运动各县，梭镖队便迅速地发展。这种有梭镖的农民，将成为'挨户团非常备队'。这个广大的梭镖势力，大于前述旧武装势力，是使一切土豪劣绅看了打颤的一种新起的武装力量。"④

再次，农会对旧观念、旧习俗进行了猛烈冲击，引起了社会风气的明显变化。在反对地主恶霸的斗争过程中，农会对农村中原有的神

① 毛泽东:《毛泽东选集》第 1 卷，人民出版社 1991 年版，第 14 页。
② 同上书，第 30 页。
③ 同上书，第 28—29 页。
④ 同上书，第 29 页。

权、族权、夫权等束缚农民的习惯法体系和传统观念进行了有力扫荡。"地主政权既被打翻,族权、神权、夫权便一概跟着动摇起来。农会势盛地方,族长及祠款经管人不敢再压迫族下子孙,不敢再侵蚀祠款。坏的族长、经管,已被当作土豪劣绅打掉了。从前祠堂里'打屁股'、'沉潭'、'活埋'等残酷的肉刑和死刑,再也不敢拿出来了。"① 农会不仅仅向传统的习惯法和旧观念发起进攻,还开展了一系列革新活动,使农村的社会面貌和政治风气焕然一新,主要表现在四个方面。一是禁绝毒赌,破除社会恶习。"农民便把他们所不喜欢的事禁止或限制起来。最禁得严的便是牌、赌、鸦片这三件。"② 三者之外,农会还有禁唱花鼓、限制喂猪、禁绝杀牛、禁做流民等一些小禁令。二是废除苛捐杂税,减轻农民负担。"土豪劣绅把持乡政时加于农民的苛捐如亩捐等,却因农民运动的兴起、土豪劣绅的倒塌而取消,至少也减轻了。"③ 三是修整道路塘坝,加强农村基础设施建设。在农会兴起之前,农村中道路、堤坝等基础设施无人关心,只有一些有钱人在需要积累功德之时才略加修理。"农会起来了,把命令发出去,三尺、五尺、七尺、一丈,按照路径所宜,分等定出宽狭,勒令沿路地主,各修一段。号令一出,谁敢不依? 不久时间,许多好走的路都出来了。这却并非慈善事业,乃是出于强迫,但是这一点子强迫实在强迫得还可以。塘坝也是一样。无情的地主总是要从佃农身上取得东西,却不肯花几个大钱修理塘坝,让塘干旱,饿死佃农,他们却只知收租。有了农会,可以不客气地发命令强迫地主修塘坝了。"④ 四是开展政治宣传,提高农民的政治文化素养。农会"大办其夜学,名之曰农民学校。有些已经举办,有些正在筹备,平均每乡有一所。他们非常热心开办这种学校,认为这样的学校才是他们自己

---

① 毛泽东:《毛泽东选集》第1卷,人民出版社1991年版,第31页。
② 同上书,第35页。
③ 同上书,第39页。
④ 同上书,第41页。

的。……农民运动发展的结果，农民的文化程度迅速地提高了"①。
五是清除匪患，改善了地方治安。"一是农会会员漫山遍野，梭镖短
棍一呼百应，土匪无处藏踪。二是农民运动起后，谷子价廉，去春每
担六元的，去冬只二元，民食问题不如从前那样严重。三是会党加入
了农会，在农会里公开地合法地逞英雄，吐怨气，'山、堂、香、
水'的秘密组织，没有存在的必要了。杀猪宰羊，重捐重罚，对压迫
他们的土豪劣绅阶级出气也出够了。四是各军大招兵，'不逞之徒'
去了许多。因此，农运一起，匪患告绝。"②

2. 毛泽东法律思想的发展

从 1927 年土地革命战争爆发到 1949 年中华人民共和国成立，这
是毛泽东法律思想的发展时期。在国民大革命失败后，毛泽东领导了
秋收起义，创建了中国第一块农村革命根据地——井冈山革命根据
地，拉开了土地革命的序幕。1931 年，在他的领导下成立了苏维埃
共和国。在江西苏区土地革命和苏维埃政权建设的实践过程中，毛泽
东以实事求是的态度，探索了一条新的法制建设道路，制定了大量的
土地法规和宪法大纲，逐步形成了比较系统的法律体系。1935 年，
中央红军长征到达延安以后，他继续加强法制建设，完善健全了新民
主主义法制，为以后的社会主义法制建设做了必要准备。

（1）土地革命时期的法律思想

毛泽东法律思想萌发于大革命时期的工农运动，在土地革命战争
时期的斗争实践中逐渐形成，充满了阶级斗争的浓厚色彩。1927 年 9
月，毛泽东创建井冈山革命根据地以后，开始了法制创建工作，主要
编制了红军《三大纪律八项注意》《井冈山土地法》《兴国土地法》
等法规。后来，在担任中华苏维埃临时中央政府主席以后，他不仅致
力于司法机关建设，还颁布了一系列革命法令法规，强调"按法律程
序处理"案件。可以说，这一时期是毛泽东"革命法制"思想产生

---

① 毛泽东：《毛泽东选集》第 1 卷，人民出版社 1991 年版，第 40 页。
② 同上书，第 38—39 页。

和形成的重要阶段。

《井冈山土地法》。早在 1927 年 4 月 22 日，毛泽东等人就在武汉召开的国民党中央土地委员会上提出了《土地问题决议案》。他主张，凡土豪劣绅、贪官污吏、军阀及一切反革命分子在乡村的土地，由区、乡土地委员会没收，分配给土地不足的农民。在井冈山农村革命根据地创建以后，毛泽东土地法律思想在革命实践中得到长足发展。1928 年 12 月，他亲自起草的《井冈山土地法》以边界政府的名义正式颁布实行。这部土地法是党在新民主主义革命时期制定的第一部土地法，共九条十四款，以简要的文字规定了没收土地的范围和归属、分配土地的数量标准和区域标准、地税的征收和支配等一系列具体政策。

首先，规定了没收及分配土地的对象。《井冈山土地法》第一、第二条规定："没收一切土地归苏维埃政府所有"，以分配给农民个别耕种为主，遇到特殊情况或政府有利时兼用"分配农民共同耕种"和"由苏维埃政府组织模范农场耕种"两种方法；"一切土地，经苏维埃政府没收并分配后，禁止买卖"。第八、第九条还规定："乡村手工业工人，如自己愿意分田者，得分每个农民所得田的数量之一半"；"红军及赤卫队的官兵，在政府及其他一切公共机关服务的人，均得分配土地，如农民所得之数，由苏维埃政府雇人代替耕种。""分配土地给农民耕种"，这是中国历史上第一次用法律形式肯定农民享有土地的神圣权利。

其次，规定了土地分配标准。《井冈山土地法》第四条规定：分配土地的数量标准，主要是"以人口为标准，男女老幼平均分配"，有特殊情形的地方可"以劳动力为标准，能劳动者比不能劳动者多分土地一倍"；第五条规定：分配土地的区域标准主要"以乡为单位分配"，遇特殊情形时可以乡或区为单位分配。中国可耕土地少，农业人口多，落后的工业难以吸收大量存在的乡村失业人口，贫穷的国家亦无力救济众多的老弱病残等生活困难者。因此，只有按人口平分土地，才能给各种农村人口以生活依靠，这是一种简便有效的分配办法，一直为其后一系列的土地改革法规所承袭。

再次，规定了土地税的征收方法。《井冈山土地法》第七条规定，土地税以征收 15% 为主，遇特殊情形经高级苏维埃政府批准，可征收 10% 或 5%，如遇天灾可免纳土地税。"土地税由县苏维埃政府征收，交高级苏维埃政府支配。"这些条文是党依法治税的最早体现，且有免税和不同征收比例的规定，体现了区别对待的税收公平原则和尽量不增加农民负担的轻税原则，对我国今天的三农政策仍然具有很强的现实指导意义。

《井冈山土地法》是在总结边界土地革命实践经验的基础上加以制定，对井冈山根据地的革命实践产生了积极推动作用。井冈山根据地创建之初，封建土地制度占统治地位。经过土地改革，特别是《井冈山土地法》颁布实施以后，第一次改变了几千年来封建的土地关系，消灭了拥有土地总数 60% 以上的地主阶级，而富农所拥有的土地也只占土地总数的 0.82%，过去没有或很少占有土地的贫农占有了土地总数的 28.26%。封建土地关系被基本消灭，这是一个深刻的变化。农民得到土地以后，生产和革命热情空前高涨，特别是在党和政府的大力帮助下，解决了各种生产困难，促进了根据地农业生产的恢复和发展，粮食收成增加，广大农民和手工业工人的生活也得到了改善。土地斗争使农民获得实惠，从而进一步激发了他们保卫苏维埃政权、支持革命战争的积极性。广大农民热烈参军参战，积极承担各项支前任务，从各方面支援红军和工农政府。正是在广大农民群众的积极参加和支持下，红军和民主政权才能够粉碎敌人无数次的进攻，取得一次次反"围剿"的胜利。

在井冈山斗争之前，由于没有任何经验可资借鉴，加之当时党内"左"倾土地政策的影响，《井冈山土地法》也难免存在不足和缺陷。毛泽东后来指出，"没收一切土地而不是只没收地主土地"，"土地所有权属政府而不是属农民"和"禁止土地买卖"都是原则错误。关于"没收一切土地"，其错误在于触犯了富农、中农和有小块土地的贫农的利益，模糊了农民反对地主的阶级意识，致使农民以为土地革命的对象不但是地主阶级，还包括他们自己，这就脱离了我国当时的经济状况和民主革命的实际，不利于调动农民群众革命和生产的积极性。在后来的《兴国土地法》中，毛泽东就去掉了"没收一切土地"的规定，只规定"没收一切公共土地及地主阶级的土地"。关于实行"土地国有"和"禁止土地买卖"，其错误在于不适合中国当时的国情和社会生产力的发展水平。当时战争频繁，根据地的红色政权不可能用很大精力来组织和管理国有化的土地。而且，中国农民千百年来的小生产意识和土地私有观念根深蒂固，他们渴望耕者有其田。在后来的革命实践中，毛泽东也作了纠正，在1930年春确立了土地分配给农民私有并允许买卖的政策。总的而言，《井冈山土地法》虽然粗糙一些，但对土地改革的基本问题都做了规定，使土地改革有法可依，为以后各苏区制定土地法规提供了蓝本。

《兴国土地法》。1928年6月召开的中共"六大"，在《农民问题决议案》中提出"没收一切地主土地分配给无地或少地的农民"，这就纠正了1927年11月中央政治局扩大会议决定没收一切土地的错误。由于交通困难，中央"六大"的会议精神直到1929年1月才传达到井冈山。1929年4月，毛泽东率领红军到兴国以后，即根据"六大"精神，总结井冈山斗争的经验，很快制定了一部新的土地法《兴国土地法》，对《井冈山土地法》的一些条款进行了相应的修正。

首先，《兴国土地法》对没收土地的对象作了根本性调整，把"没收一切土地归苏维埃政府"改为"没收一切公共土地及地主阶级的土地归兴国工农兵代表会议政府所有，分给无田地及少田地的农民耕种使用。"这就承认了农民对原有土地的所有权，但新分得的土地则归政府所有。这一修改意义重大，考虑了农民的土地诉求。原先在井冈山土地革命初期，中间阶级（小地主、富农）的利益受到侵犯，出现了拖延分田时间、隐瞒土地，或自己占有肥田、把瘠田让给别人等现象，阻碍土地政策的执行。贫农因长期被剥削被压迫，对革命胜利又无足够的信心，往往接受中间阶级的意见，不敢积极行动，这对井冈山革命根据地的巩固和发展造成了很大的负面影响。1929年3

月 17 日，中共湘赣特委给江西省委并转湖南省委的综合报告中，曾分析井冈山失守的原因，其中一点就是"主观力量太薄弱，边界群众不能用大力扰乱敌人后方，以牵制敌人"。这说明当时边界群众革命的积极性没有充分发挥出来，而这与"没收一切土地"的规定有密切关联。

其次，《兴国土地法》对分配方法做了变动，取消了"分配农民共同耕种""由苏维埃政府组织模范农场耕种"。在《井冈山土地法》中之所以保留这两种分配方法，主要在于党在土地政策上存在急于求成的心理和空想社会主义思想。1930 年 10 月，共产国际执委致信中共中央，系统批评"立三路线"，提到"已经颁布的苏维埃政府纲领，显然带着托洛茨基主义的精神"的超越革命阶段的问题，认为"要想建立集体农庄和苏维埃农庄，要想实行有计划的经济，实行垄断制，要想在没有军事必要的地方，也去统制经济生活"等，都是些"过早的和错误的企图"。中共中央政治局根据国际指示和六届三中全会的决定，在同年 11 月做出《关于苏维埃区域目前工作计划》，详细批评了土地问题上的"左"倾错误，指出"勉强实行共耕制度"，并认为"这就可以训练小农的'共产'观念，扫除私有倾向"，是"小资产阶级的空想社会主义"。《兴国土地法》贯彻了党中央的文件精神，删除了具有"左"倾性质的土地分配条款。

再次，《兴国土地法》废除了《井冈山土地法》的第三条款："分配土地之后，除老幼疾病没有耕种能力及服务公众勤务者以外，其余的人均须强制劳动。"对一般农民实行所谓"强制劳动"，事实上剥夺了劳动者的劳动自由权，限制了农民对土地使用的自主权，必定伤害包括贫农、中农在内的广大农民的生产和革命的积极性。

《兴国土地法》对《井冈山土地法》的修正，明确了土地革命的对象是地主阶级，是消灭封建土地所有制，这使土地革命斗争的阶级阵线明朗化，是党在领导农民开展土地斗争认识上的一次飞跃。同时，这也在一定程度上克服了急于求成的心理，在很大程度上激发了贫农、中农的生产和革命热情。在这样的背景下，兴国创造了许多第一。苏区中央局、红一方面军总部、中央军委等核心机关都设在兴国，第一个红军兵工厂、第一所红军总医院、第一所苏区造币厂、第一个生产合作社都诞生在兴国。兴国获得的荣誉，如创造百万红军的先驱、节约粮食的模范、妇女工作的模范等数不胜数。毛泽东发表评论指出，"兴国的工作，可以称为模范"。

《中华苏维埃共和国宪法大纲》。到1930年，中国革命出现了从大革命失败以来未曾有过的高涨形势。在全国十多个省的三百多个县的广大地区内，中国共产党先后创建了大小革命根据地十五个，红军扩大到十万人左右，各革命根据地普遍建立了乡、区、县各级工农民主政府。为了加强对革命根据地的统一领导，适应革命形势发展的需要，成立苏区中央政府和制定统一的革命纲领成为当务之急。毛泽东明确提出，应该由党中央制定"一个整个民权革命的政纲"，"使各地有所遵循"。[①] 经过一年多的积极筹备，1931年11月，中华工农兵苏维埃第一次全国代表大会终于在江西瑞金叶坪隆重开幕。大会庄严宣告了中华苏维埃共和国临时中央政府的成立，一致通过了《中华苏维埃共和国宪法大纲》和《土地法》《劳动法》等重要法案。1934年1月，中华工农兵苏维埃第二次全国代表大会修正通过了《中华苏维埃共和国宪法大纲》，除了一些文字上的修改外，主要是在第一条内增加了"同中农巩固的联合"的条文。《宪法大纲》是中国历史上第一部真正属于劳动人民的宪法性法律文件，对国家政权的性质、基本政治制度、政权的基本任务以及公民的基本权利和义务都做了总的规定，为制定其他法律法令提供了立法依据，反映了毛泽东早期法律思想的一些特点。

首先，毛泽东早期法律思想具有鲜明的政治服务性。《中华苏维埃共和国宪法大纲》在制定之初，就有很明显的政治服务倾向。究其原因，这与当时革命的特定历史任务和具体的革命环境分不开。大纲的政治基础——苏维埃政权，建立在政治、经济、文化条件极度落后

---

① 曾宪义：《中国法制史》，中国人民大学出版社2002年版，第326页。

的井冈山地区。在地理条件方面，自然环境极端恶劣；在军事条件方面，新生的红色政权时刻面临着反革命武装的"围剿"；在群众基础方面，老百姓对新生的政权还不甚了解。在这样的革命环境下，能否进一步巩固和发展红色政权，成为制定大纲的出发点和落脚点。因此，大纲首先确认了革命政权的性质是工农民主专政，任务为反对帝国主义和封建主义、保证苏维埃区域工农民主专政的政权并实现全国革命的胜利。在具体制度上，大纲规定了劳动人民在政治、经济、文化各方面的权利。这些实实在在的利益使得红色政权的优越性得到广泛宣传，与白区人民民主权利的虚伪性、抽象性形成鲜明反差，最终实现了巩固和发展红色政权的政治目的。由于《中华苏维埃共和国宪法大纲》的母体法性质，决定了其后产生的子法性质的《中华苏维埃共和国土地法》也具有鲜明的政治性，规定没收封建地主、豪绅、军阀、官僚以及其他大私有主、反革命的组织者和积极参加者的土地，不分男女地分配给贫雇农、苦力、劳动农民、红军士兵以及乡村的独立劳动者、老弱病残和孤寡人士。这部土地法的出台调动了群众的积极性，使由于第三次反围剿而兵力不足的红军能够及时补充兵员，使红色政权有了强有力的武装力量作为继续发展的后盾。显而易见，为了政治目的而制定法律并利用法律为政治服务，这是毛泽东早期法律思想中最为重要的特点。

其次，毛泽东早期法律思想具有深刻的人民性。其一，大纲来源于人民战争的实践。检验一部法律能否适应社会、能否被大众接受，单靠奢华的外表、良好的结构、华丽的辞藻绝对不够，更重要的是其是否拥有来自实践的内容。大纲的内容来自人民战争的实践，这使其在制定之初就是一部良法。在完善过程中，毛泽东又做了以《寻乌调查》《兴国调查》《长冈调查》《才溪乡调查》为代表的大量调查工作，这些建立在实践基础上的调查报告为大纲的完善起了至关重要的作用。虽然大纲还存在着用词不够准确、内容不够完备、体例不够健全等问题，但它产生于人民战争实践的性质弥补了其形式上的不足，保证其成为人民宪政史上的"鼻祖"。其二，大纲以服务于人民为目的。从中国革命的实质来讲，是一场彻头彻尾的人民战争。在中华民族最危急的时刻，历史之所以能够选择无产阶级，人民之所以能够选择中国共产党，这与党为人民服务的宗旨以及根据毛泽东早期法律思想所制定的法律分不开。可以说，大纲的制定正是毛泽东为人民服务宗旨的真实体现。在总则部分，大纲确定中华苏维埃共和国的国体为工农民主专政，确定政体为工农兵苏维埃代表大会制度，确定以彻底实现反帝反封建的革命纲领作为政权的基本任务。在分则方面，规定了工农劳动人民在政治、经济、文化各方面的权利，凡是工农劳动者都有参政以及言论、出版、集会、结社、信仰的自由，都享有劳动、生存、受教育的权利。这些从总则到分则具体而详细的规定，深刻地反映了大纲的指导思想——毛泽东早期法律思想的为人民服务目的。其三，大纲强调依靠人民群众来保障法律的实施。依靠人民群众，才能长久保持法律的良法性质。大纲使广大劳动人民群众真正体会到了国家主人的感觉，在群众的自发保障下得以贯彻实行。而在国统区，大部分法律为大地主大资产阶级服务，也就得不到群众的保障和支持。革命根据地与国民党统治区内两种截然不同的法制状况，深刻体现了依靠群众来保障法律实施的重要性。由此可见，人民性是毛泽东早期法律思想的一根主线，贯穿于法律法令的制定实施过程当中。

再次，毛泽东早期法律思想具有相当的包容性。毛泽东是马克思主义唯物论者，认为生产力决定法律的发展程度，法律反过来通过经济基础作用于生产力。大纲从社会生活的各个层面对生产力起到了保护和推动作用，充分体现了毛泽东早期法律思想对生产力的极大包容性。在农业方面，大纲对生产力的包容性主要体现在根据其有关解放农业劳动生产力精神所制定的《中华苏维埃共和国土地法》中，它确定了没收土地财产的对象和范围，规定了土地财产的分配办法，并从原则上确立了农民的土地私有权，这些内容从根本上消除了封建制度赖以存在的地主土地私有制，使农民在法律制度的保护下取得了几千年来从未得到过的土地所有权，这就使得生产力中劳动者的因素被积极调动起来，从而促进了农业生产力的发展。在工商业方面，大纲不承认帝国主义在中国的一切特权，宣布列强与反革命政府订立的所有不平等条约无效，否认反革命政府的一切外债，规定帝国主义在苏维埃领域内的银行、海关、矿山、工厂等一律收归国有。这些条例在保证无产阶级对工业、商业领导权的基础上，最大限度地调动了小资产阶级和民族资产阶级的生产积极性，从而保障了生产力在工业、商业方面的发展。诚然，大纲更多地将注意力集中在为无产阶级夺取政权的目的上，但在客观上起到了解放生产力的作用，特别是在后来的根据地建设过程中，生产力得到了很大程度的释放，创造出大量的劳动产品，使得红军能够在经济文化落后的农村根据地站住脚跟并发展壮大。从这一意义上而言，大纲对于解放农业、工业、商业生产力的作用功不可没。

其他法制建设。在担任中华苏维埃共和国临时中央政府主席期间，毛泽东还领导红色根据地相继制定了《劳动法》《婚姻法》《中华苏维埃共和国司法程序》《惩罚反革命条例》等法规律例。这些法案具有从革命战争和红色政权实际需要出发的特点，建立在总结经验教训及纠正"左"倾错误路线的基础上，虽在某些方面还存在一些不足，但标志着毛泽东法律思想开始形成。尤其值得称道的是，新生的苏维埃政权坚决废止肉刑，这无疑是中国法制史上的一项重大变革。中国几千年奴隶社会、封建社会的历史，都以残酷的刑罚著称于世，"酷刑"可以说是古老的中华法系的一大特色。针对这种状况，毛泽东在 1934 年指出："对于已经被捕的犯人，都是禁止一切不人道的待遇。苏维埃中央政府已经明令宣布废止肉刑。这亦是历史上的绝大的改革。"[①] 土地革命战争时期，毛泽东制定的所有法律都贯穿着彻底消灭一切封建剥削制度的基本精神，有效巩固了农村革命根据地和苏维埃政权。

（2）抗日战争时期的法律思想

抗战时期，抗日革命根据地政权建设理论充分体现了毛泽东法律

---

① 叶孝信：《中国法制史》，北京大学出版社 1996 年版，第 379 页。

思想的主旨。事实上，陕甘宁边区的法制建设就是在毛泽东法律思想的指导下，在继承和改革苏区工农民主共和国法律制度的基础上发展起来，并成为各抗日革命根据地学习的典范。在党中央和毛泽东的领导下，陕甘宁边区政府设立了代表各抗日阶级、阶层、团体利益的民众参政会，政权建设坚持"三三制"原则。边区政府参政会召开过四次代表大会，制定颁布了涵盖政治、经济、文化、军事等各方面的法律、法令和条例，构成了比较完备的法律体系。边区政府主席林伯渠在《第二次参政会政府工作报告》中指出，边区的司法制度是民权主义的重要组成部分。它保护民权、政权，打击汉奸、土匪，不收诉讼费用；人民可以随时对违法公务员提出控告；公审公判，审判时重证据，禁止刑讯；对罪犯实行惩办与教育相结合的方针。在司法实践上，边区健全司法机关和检察机关，重视人民的意见，做到了法律与民意相结合。这一时期，毛泽东写出《中国共产党在民族战争中的地位》《新民主主义论》《新民主主义的宪政》《抗日根据地的政权问题》《论政策》《论联合政府》等著作和报告，比较系统地阐述了法律思想，主要是：在抗日民族统一战线和根据地的政权建设中都要有较为详尽的纲领，体现民族的意愿并有一定的物质保障；在执行法律与政策时，要坚持原则性与灵活性相结合的原则，尊重民意，加强干部教育，促使干部带头执法、守法、依法办事，接受人民群众监督；制定法律要善于抓住时机，政权建设要以民主集中制为原则，加强党的领导，尤其是加强党的政治领导。

立法要坚持马列主义的基本原则。毛泽东深刻吸取"左"倾盲动政策和王明"左"倾肃反路线的反面教训，深刻认识到盲目烧杀、从肉体上消灭地主富农、不给中间阶级以经济出路、不给富农以生活出路的政策，势必促成中间阶级的反叛和地主富农的反抗，增加革命的阻力；脱离实际的阶级估量以及对革命队伍素质的错误估计，会导致肃反扩大化；肃反工作和宗派主义纠缠在一起，往往会把思想问题当成犯罪予以残酷打击；脱离群众、脱离党委的肃反组织路线和逼供信的方式，在捕人、杀人问题上的草率做法，很容易造成冤假错案，会给革命事业造成不可弥补的损失。他确立了与"左"倾机会主义者错误的刑事法律理论及实践相对立的法律思想，针对抗战爆发后阶级矛盾和民族矛盾错综复杂的政治局面，强调革命法制的原则和肃反政策，提出相信群众、实事求是、法律面前人人平等、充分保障一切抗日民众权益的法制建设指导思想。1937年10月，边区政府根据毛泽东的这些思想，制定了比较完整的立法原则，即："马列主义为立法指导思想；党的领导，为立法核心力量；反对帝国主义，反对封建主义为立法基本内容；从实际出发，依靠群众，为立法基本路线。"①根据这些原则，边区参议会和政府起草颁布了64个类别、数量达千件以上的法律法规。这些律例集中体现了工农大众的意志和根本利益，巩固了人民群众取得的革命胜利成果，确立了新民主主义的政治经济关系，维护了革命新秩序，并为社会主义法制建设提供了丰富经验。

从1940年开始，根据实际需要，毛泽东对有关政策法令作了修改调整。在土地政策方面，中国共产党遵照毛泽东"按照实际情况决定工作方针"的要求，改变了过去没收地主土地分配给农民的办法，制定和实行了减租减息的土地政策。中央发布了一系列决定，各抗日革命根据地也制定了许多土地法规，对减租减息的土地政策作了详细规定。第一，对人民土地私有权予以保护。在已经实行土改的地区，承认农民分得的土地所有权，在未实行土改的地区则承认地主的土地所有权。第二，没收汉奸首要分子的土地，依法分给荣誉军人及其家属、贫苦抗属和贫困农民或低租额出租。第三，交租交息、保障佃权，实行"二五减租"。地主出租耕地只能收取较抗战前原租额低25%的租金，且不得从事额外的剥削和随意撤佃。第四，承租人应当按减租后的租额交租，不得减少。有能力交租而故意不交者，出租人有请求政府依法追租之权。第五，抗日军人家属及贫苦孤寡，因丧失劳动能力而出租少量土地为生者，不受减租减息条例的限制。农民交

---

① 杨永华：《陕甘宁边区法制史稿》，陕西人民出版社1992年版，第46页。

租交息、地主减租减息的土地立法不仅进一步巩固并发展了第二次国内革命战争时期的土地革命成果，而且在民族矛盾十分尖锐的情况下，调动了一切可以团结的力量共同抗击日本帝国主义的侵略，为抗日战争的彻底胜利奠定了基础。

与此同时，专政的对象也不再是整个地主阶级。"一切不主张反对抗日的地主、资本家和工人、农民具有同等的人权、财权、选举和言论、集会、结社、思想、信仰的自由权，政府仅仅干涉在我根据地内组织破坏和举行暴动的分子，其他则一律采取保护，不加干涉。"①1942年毛泽东主持制定的《陕甘宁边区保障人权财权条例》，规定了保护公民人身权利的法律措施，健全了逮捕、审问、处罚的程序。它的公布和实施，揭开了我国法制史上用法律形式保障人民权利的新篇章。各抗日根据地政府也普遍制定了一系列保障人权的条例或法规，如《晋西北保障人权条例》《冀鲁豫边区保障人权暂行规定》《晋浦路东阁县人权保障条例》等单行法规。这些在抗日民主运动实践中制定的法律，反映了广大人民的意志，调整着政治、经济、文化、教育等各方面的关系，成为巩固政权、团结抗战的有力武器。

司法要着眼于为群众服务。相信群众，依靠群众，全心全意为人民服务，是毛泽东法律思想的中心内容，是毛泽东全部思想和行为的出发点与归宿。毛泽东认为，人民群众是司法的力量源泉，强调指出："司法工作也该大家动手，不要只靠专问案子的推事、审判员。"②陇东专署专员马锡五堪称毛泽东法律思想的杰出实践者，他兼任边区高等法院陇东分庭庭长期间，经常采取巡回审判方式，携卷下乡办案，全面客观深入地调查研究，重视证据，依靠群众，实行简便利民的诉讼手续，审判不拘形式，及时审结了一批疑难错案，被群众称作"马青天"。边区政府认为，"马锡五同志的审判方式是与调

---

① 毛泽东：《毛泽东选集》第2卷，人民出版社1977年版，第768页。
② 毛泽东在延安领导中国革命纪念馆编：《毛泽东在延安的故事》，陕西人民出版社1978年版，第169页。

解结合的，这是一个为群众又倚靠群众的大原则。"① 毛泽东号召边区司法工作者向马锡五学习，并在1943年2月3日为马锡五亲笔题词"一刻也离不开群众"②。他对"马锡五审判方式"给予充分肯定和高度评价，指出："我们的机关中有些首长还不如群众，也有好的首长，如马专员会审官司，老百姓说他是'青天'。"③后来，《解放日报》以"马锡五审判方式"为题发表社论，论述并大力宣传这一司法制度的新创造。在毛泽东的支持下，马锡五审判方式迅速推广到陕甘宁边区及其他抗日根据地，对推进根据地司法民主建设、保护人民权益起到了重要作用，也为新民主主义司法制度积累了宝贵经验。据边区法院统计，"1942年全边区共发生民刑案件1832件，1943年推广马锡五审判方式后，到1944年全年案件为1244件，比1942年减少了三分之一。"④

法制建设要从具体实际出发。调查研究，实事求是，是毛泽东思想活的灵魂，也是毛泽东延安时期法律思想的基础。

首先，严禁乱抓人，提倡调查研究。毛泽东身体力行地坚持司法工作要调查研究，反对乱抓人、捆人、杀人。1940年10月，清涧县一农妇因丈夫被雷电击毙而大骂"共产党黑暗""领导官僚横行"。当地将这名妇女解送延安，准备送中央审批后就地枪决。毛泽东知道后立即制止，指示军委保卫部长钱益民将这位农妇带来亲自讯问。他了解到这位妇女家中很穷，有三个小孩和一个长年瘫痪的老娘。这次丈夫身亡，家中生活难以维持，而相关部门仍旧催要公粮。于是，毛泽东不仅指示钱益民立即放人，还要求社会调查部和边区政府进行调查研究，公粮该免则免、该减则减，务必照顾群众的情绪和意愿。⑤

其次，坚持实事求是，不计个人名辱。毛泽东总是从维护群众根

① 肖周录、马京平：《马锡五审判方式新探》，《法学家》2012年第6期，第8页。
② 杨永华、方克勤：《陕甘宁边区法制史稿·诉讼狱政篇》，法律出版社1987年版，第135页。
③ 毛泽东：《毛泽东文集》第3卷，人民出版社1996年版，第97—98页。
④ 杨永华：《陕甘宁边区法制史稿》，陕西人民出版社1992年版，第143页。
⑤ 许顺富：《毛泽东与陕北延安的父老乡亲》，《红广角》2013年第9期。

本利益的大局出发,坚持实事求是地观察、分析和处理问题,从不计较个人名利得失。1941年发生在延安的"雷公案",就充分说明了这一点。这年6月3日,边区政府在小礼堂召开各县长联席会议,讨论征粮问题。突然暴雨袭来,霹雳一声,雷击礼堂,坐在柱子旁边的延川县县长刘彩云不幸身亡。有个来延安赶集的农民为发泄对粮食负担过重的不满,趁机四处说:"老天爷不开眼,雷打死了县上的干部,为什么不打死毛泽东?"边区政府获悉后,主张立即逮捕这个农民,毛泽东却予以阻止,认为群众的怨恨一定有原因。经过调查,原来是边区政府下达的征粮任务太重,引起群众的不满。弄清事情的原委以后,毛泽东指示有关部门将当年征收公粮的任务从20万担(每担为150公斤)减为16万担。①

再次,反对逼供信,错案必须平反。1940年,毛泽东指出:"对任何犯人,应坚决废止肉刑,重证据而不轻信口供。"② 1941年,《陕甘宁边区施政纲领》将毛泽东这一指示确立为法律原则,在第七条规定:"坚决废止肉刑,重证据,不重口供。"由此,边区的审判工作建构在调查研究的科学基础之上,这成为防止错判造成冤狱的必要保证。1943年夏,在延安审干运动中,康生制造所谓"红旗党"案,大搞逼供信,使大批无辜者受到株连,严重破坏了革命法制。同年8月15日,毛泽东针对再度出现的肃反扩大化错误,在为党中央起草的《中共中央关于审查干部的决定》中,提出了著名的"九条方针",即:首长负责,自己动手,领导骨干与广大群众相结合,一般号召与个别指导相结合,调查研究,分清是非轻重,争取失足者,培养干部,教育群众。他强调"九条方针"与"逼供信"完全对立,查实的冤假错案必须平反。为了防止发生错杀错抓情况,他还要求根据地开展反特务斗争,必须坚持"一个不杀、大部不捉"的方针,逮捕的特务嫌疑分子不能超过嫌疑分子总数的百分之五。

---

① 许顺富:《毛泽东与陕北延安的父老乡亲》,《红广角》2013年第9期。
② 毛泽东:《毛泽东选集》合订本,战士出版社1964年版,第725页。

实行法律面前人人平等。中华苏维埃工农民主专政时期，法律对于阶级成分不同的犯罪者规定了同罪异罚。《中华苏维埃共和国惩治反革命条例》第三十四条规定："工农分子犯罪而不是领导的或重要的犯罪行为者，得依照本条例各该条文的规定，比较地方资产阶级分子，有同等犯罪行为者，酌量减轻其处罚。"同时，对于革命有贡献的人也予以照顾，减轻处罚。第三十五条规定："凡对苏维埃有功绩的人，其犯罪行为得按照本条例各该条文的规定，减轻处罚。"这是由于当时处于土地革命时期，国内阶级斗争极端残酷，革命法制属于初创而缺乏经验，再加上王明"左"倾教条主义影响的结果。抗日战争时期，毛泽东根据形势的发展变化，果断否定了苏维埃时期遗留的"唯成分论"和"唯功绩论"的观点，摈弃了红军犯罪、共产党员犯罪、有功绩者犯罪可享受减免刑罚的特权，明确指出必须依据被告人犯罪行为的危害大小作为定罪科刑的主要根据，实现法律面前人人平等。

首先，一切抗日人民在适用法律上一律平等，不因阶级成分、功劳大小而区别对待，这集中体现在毛泽东为黄克功枪杀刘茜一案而给审判长雷经天的复信中。1937年10月5日，抗日军政大学第六队队长黄克功要求年仅16岁的陕北公学学生刘茜与之结婚，遭到拒绝后，对刘连开两枪，致其当场死亡。此案引起强烈反响，有人认为黄克功少年参加红军，在井冈山坚持斗争，又在长征中屡建战功，应从宽处理；有人认为黄克功身为革命军人、共产党员，强迫未达婚龄少女与其结婚，已属违法，因达不到个人目的而残杀革命同志，应判处死刑以平民愤。以雷经天为审判长的边区合议庭，经过调查审讯，决定判处黄克功死刑。但黄克功向毛泽东写了申诉信，加上此案影响较大，党中央和军委在毛泽东主持下进行了慎重讨论，最后批准了边区高等法院的判决。毛泽东亲自给雷经天写了复信，强调指出："黄克功过去斗争历史是光荣的，今天处以极刑，我及党中央的同志都是为之惋惜的。但他犯了不容赦免的大罪，以一个共产党员红军干部而有如此卑鄙的、残忍的、失掉党的立场的、失掉革命立场的、失掉人的立场的行为，如为赦免，便无以教育党，无以教育红军，无以教育革命者，并无以教育做一个普通的人。因此中央与军委便不得不根据他的罪恶行为，根据党与红军的纪律，处他以极刑。""正因为黄克功不同于一个普通人，正因为他是一个多年的共产党员，是一个多年的红军，所以不能不这样办。共产党与红军，对于自己的党员与红军成员不能不执行比较一般平民更加严格的纪律。"① 毛泽东认为，党员干部只能成为严格遵守法律的模范，绝无高居法律之上或超出法律之外的特权，否则就会给那些蔑视革命法制而居功自傲的人大开方便之门，使人民的合法权益遭受损害，使革命的刑法原则受到践踏。这封复信发出后，在抗日根据地立法中，不仅不再出现类似"唯成分论""唯功绩论"的规定，而且对于党员干部提出了更加严格的要求。《陕甘宁边区施政纲领》第八条明确规定："共产党员有犯法者，从重治罪。"从此，法律面前人人平等原则在诉讼活动中得到了真正的确立和贯彻，毛泽东的这封复信也成为我国革命刑法史上具有转折性和重要理论意义及历史影响的法律文献。

其次，一切公务人员，不论职位高低，是否亲朋好友，在适用法律上与普通群众一律平等，这集中体现在毛泽东给谢觉哉的复信中。1941年8月，边区发生一起涉及一位党内重要人物的棘手案件。谢觉哉坚持依法判处，但有不少人以权相压，要他免除此人的刑事处罚。谢顶住压力，毫不让步，并把自己的观点和处理意见报告毛泽东。毛泽东坚决支持谢的主张，并于9月7日复信指出："此等原则立场，我们绝不能放松，不管犯错误者是何等样的好朋友，好同志。"② 在毛泽东的支持下，谢觉哉协同边区司法机关判了此人徒刑，维护了法律尊严。毛泽东的复信意见对于边区法制部门的工作人员是极大的鼓舞和支持，增强了他们平等执法的信心，保障了边区法制建设工作的顺利开展。

---

① 毛泽东：《毛泽东书信选集》，人民出版社2003年版，第110—111页。
② 《谢觉哉传》编写组：《谢觉哉传》，人民出版社1984年版，第93页。

再次，无论罪轻罪重，在适用法律上一律罪责自负，反对株连。毛泽东一向主张，谁犯了罪就由谁承担刑事责任，只处罚有罪的个人，不连累那些与罪人有家属、亲戚、朋友、邻居等关系而没有犯罪的人。早在中央苏区时，他就主张应明确规定反动富农的政策界限，不牵连未参加反革命活动的家属。在抗战爆发的新形势下，他从维护和加强抗日民族统一战线的立场出发，强调执行锄奸政策不得株连无辜之人。"应该坚决地镇压那些坚决的汉奸分子和坚决的反共分子，非此不足以保卫抗日的革命势力。但是决不可多杀人，决不可牵涉到任何无辜的分子。对于反动派中的动摇分子和胁从分子，应有宽大的处理。"① 正是这种平等和正义，使到延安参观的世界学联参观团团长博路德感慨："边区的司法系统中充满着平等和正义的精神。"②

充分实行民主，保障一切抗日人民的权益。民主是毛泽东持之以恒的追求，也是毛泽东法律思想的重要内容。在战火纷飞的抗战年代，毛泽东积极推进延安的民主法制建设，保障抗战军民的合法权益，赢得了广泛好评。

首先，努力营造抗日民主模范区。抗战前夜，毛泽东提出把陕甘宁边区建设成抗日民主模范区。边区军民热烈响应毛泽东的号召，努力把民主平等的精神渗透到自己的言行中，边区的民主建设迅速发展，民主氛围空前浓厚。1943 年毛泽东从杨家岭迁到枣园去住，还专门找到枣园乡乡长杨成福谈话，提出枣园乡召开乡民大会，也要通知自己参加。在毛泽东的示范作用下，国家的事由人民来议来管，人民与政府存在主仆关系而又有血肉之情。同志之间、领导与群众之间、上下级之间，只有分工的不同，没有高低贵贱的差别，所有人都为着一个共同的革命目标而奋斗。有意见，敞开思想，自由交谈，开展批评与自我批评，互相帮助。彼此之间，无话不谈，无心不交，对就照办，错就改正。大家敢想敢作敢为，人人自觉地把自己放在群体

---

① 毛泽东：《毛泽东选集》第 2 卷，人民出版社 1991 年版，第 767 页。
② 杨永华、方克勤：《陕甘宁边区法制史稿·诉讼狱政篇》，法律出版社 1987 年版，第 97 页。

之中，争做人民的勤务员。当时，国内外不仅把延安看作"革命圣地"，还称之为"民主摇篮"。

其次，一切抗日人民的权益都应受到保障。1940 年 12 月 25 日，毛泽东在《论政策》一文中明确指出："应规定一切不反对抗日的地主资本家和工人农民有同等的人权、财权、选举权和言论、集会、结社、思想、信仰的自由权，政府仅仅干涉在我根据地内组织破坏和举行暴动的分子，其他则一律加以保护，不加干涉。"① 根据这一指导思想，《陕甘宁边区施政纲领》具体规定："保证一切抗日人民（地主、资本家、农民、工人等）的人权、财权，及言论、出版、集会、结社、信仰、居住、迁徙之自由权。"1942 年，边区政府根据这一立法原则，制定了保障人权财权条例，从诉讼程序上完善了保障人权、财权的措施规定。

再次，切实保障犯人依法未剥夺的人身权利。毛泽东主张，对证据确凿的刑事分子及反革命分子，在教育改造中也要实行革命的人道主义，坚决反对打骂侮辱、刑讯体罚和不尊重人格的现象，要教育司法干部充分尊重正当的人身权利，决不允许非法剥夺人权现象的发生。1942 年晋西北绅士参观团在旁听了审判延安学生疗养院干部侵犯人权致死人命案后，向报界表示"延安的人权有了保障"。② 这不仅粉碎了国民党反动派攻击边区官官相护的无耻谰言，还反映了毛泽东法律思想指导下边区民主法制建设的喜人成就。

（3）解放战争时期的法律思想

解放战争时期是毛泽东法律思想日益成熟并获得全面发展的关键时期。这一时期，毛泽东的主要工作是领导军事斗争，但仍然没有放松解放区的政权建设，依旧注重法律和政策的执行。他写出《关于建立报告制度》《关于健全党委制》《党委会的工作方法》《新政治协商会议筹备会上的讲话》《论人民民主专政》等著作，在规划新中国蓝

---

① 毛泽东：《毛泽东选集》第 2 卷，人民出版社 1991 年版，第 768 页。

② 杨永华、方克勤：《陕甘宁边区法制史稿·诉讼狱政篇》，法律出版社 1987 年版，第 97 页。

图之时，一再强调法律、政策的重要性，论述了执行法律、政策的基本原则，说明了健全制度对于革命事业的重要性，指出有一个明确的章程并依靠章程进行活动是革命获得成功的重要条件之一，制定法律和政策必须从实际出发、立足客观的社会环境，在执行过程中要特别注意反对教条主义，注意联系实际情况，严格分清打击对象，保证人民政府依据一定的法律程序开展活动而不是凌驾于法律之上。

　　1946年，在内战即将爆发的严峻形势下，中共中央及时改变了抗战时期的土地政策。在毛泽东的授意下，同年5月4日，中共中央发出了《关于土地问题的指示》（《五四指示》）。该指示既是解放区农民从地主手中夺取土地的必然产物，又是毛泽东"耕者有其田"法律思想的具体表现，有力推动了解放区轰轰烈烈的土地改革运动。"到1947年初，各解放区约有三分之二的地方进行了土地改革，解放了农村生产力，促进了农业生产的发展。"[1] 随着解放战争的顺利进展，1947年10月，中共中央公布了经毛泽东修改的《中国土地法大纲》。大纲共16条，明确规定："废除封建性半封建性的土地制度，实行耕者有其田的制度。""分配给人民的土地，由政府发给土地所有证，并承认其自由经营、买卖及在特定条件下出租的权利。""乡村中的一切地主的土地及公地，由乡农会接收；连同乡村其他一切土地按乡村全部人口，不分男女老幼，统一平均分配，在土地数量上抽多补少，质量上抽肥补瘦，使全乡村人民均获得同等的土地，并为各人所有。"[2]《中国土地法大纲》的颁布与实施，标志着中国第一次以法律的形式承认了农民的土地所有权，也使解放区彻底废除了封建及半封建的土地制度，确立了农民的土地私人所有制。鉴于解放战争是由局部地区逐渐向全国推进，毛泽东又强调指出，实施土地法大纲不能一刀切，"应当分三种地区，采取不同战略"。对于日本投降以前的老解放区，"大体上早已分配土地，只须调整一部分土地"；对于

---

① 樊树忠：《中国封建土地关系发展史》，人民出版社1988年版，第674页。
② 蔡耀忠：《中国房地产法研究》第1卷，法律出版社2002年版，第453页。

从日本投降至解放军大反攻时所解放的地区，"完全适用土地法，普遍地彻底分配土地"。对于反攻开始后的新解放区，"群众尚未发动，国民党和地主、富农的势力还很大，我们一切尚无基础。因此，不应当企图一下实行土地法，而应当分两个阶段实行"①。

　　解放战争胜利前夕，毛泽东结合中国革命的具体实践，立足于废除国民党政府一切压迫人民的法律、法令和司法制度。1949 年初，他明确提出新生的人民政权应当在废除旧法制的前提下建设新法制，即"废除伪宪法，废除伪法统"②。他发布指示，宣布废除国民党的六法全书，人民的司法工作不能再以国民党的法案为依据，解放区的司法工作必须以新的法律为基石。但在新法律还未系统发布之前，毛泽东以实事求是的态度，指出司法机关的办事原则应该是："有纲领、法令、条例、决议者，从纲领、法律、法令、条例之规定，无纲领、法令、条例、决议者，从新民主主义政策。"③

　　1949 年 6 月 15 日，新政协会议筹备会成立，毛泽东为常务委员会主任。在《中国人民政治协商会议共同纲领》从起草到完成的过程中，他始终给予极大的关注，强调《共同纲领》是我国现时的根本大法。《共同纲领》确认了中国共产党领导全国人民进行革命斗争的成果，规定了新中国的国家性质和政权形式，为新中国的政治、经济、文化等各项事业的发展指明了方向、提供了法律依据和保障，为新中国的法制建设奠定了良好基础，成为新中国法制建设开端的标志。

　　3. 毛泽东法律思想的成熟

　　从新中国成立到社会主义改造完成是毛泽东法律思想的成熟时期。1949 年新中国成立后，毛泽东总结了解放区政权建设的经验，在法制实践方面进行了大量探索，领导党和国家积极进行立法工作，

---

①　毛泽东：《毛泽东选集》第 4 卷，人民出版社 1991 年版，第 1277—1278 页。
②　毛泽东：《毛泽东选集》合订本，人民出版社 1967 年版，第 1327 页。
③　韩延龙、常兆儒：《中国新民主主义革命时期根据地法制文献选编》第 1 卷，中国社会科学出版社 1981 年版，第 87 页。

颁布了大量的法律法规，促进和保证了中国社会政治、经济、文化生活的制度化和法律化，形成了以"五四宪法"为中心的法律体系，开创了中国社会主义法制建设的新局面。

（1）立法思想与实践

中华人民共和国成立后，毛泽东致力于通过法律手段，把人民当家做主的权力制度化、法律化。他指出："法律是上层建筑，它是维护革命秩序，保护劳动人民利益，保护生产力的。"[①] 社会主义法律应当成为打击敌人和保护人民的工具。他强调，立法必须从实际出发、实事求是，注重学习和研究国内外一切对人民有益的法制建设经验，制定出新的社会主义宪法和法律体系。他非常重视宪法的制定，要求"用宪法这样一个根本大法的形式，把人民民主和社会主义原则固定下来，使人民有一条清楚的轨道"[②]。他亲自担任新中国宪法起草委员会主席，要求大家在起草宪法时查阅各种法律文献，强调"搞宪法是搞科学，现在能实行的就写，不能实行的就不写"[③]，保证了立法的科学性和实践性。1954 年我国第一部社会主义宪法诞生，确立了中华人民共和国的立国原则和前进方向，规定了国家基本的政治、经济和司法制度，建立起社会主义的宪政体制和宪法秩序。紧接着，各种人民司法制度——公安、检察、法院和司法行政机关相继建立起来，并根据革命和建设的需要，陆续制定了一系列新的法令法规，有力支持和保障了新中国成立后各项政治运动和社会主义改造的顺利进行。1956 年 9 月，党的八大继续强调加强立法工作，明确指出："我们目前在国家工作中的迫切任务之一，是着手系统地制定比较完备的法律，健全我们国家的法制。"[④] 据统计，从 1954 年到 1957 年，仅中央国家机关颁布的各种法规就有 4000 多件。概括而言，新中国成立初期毛泽东对于立法工作主

---

① 毛泽东：《毛泽东选集》第 5 卷，人民出版社 1977 年版，第 359 页。
② 同上书，第 129 页。
③ 同上书，第 126 页。
④ 同上书，第 127 页。

要强调以下两个方面。

首先，人民法制要以维护人民的利益为根本出发点。新中国是人民民主专政的国家，人民翻身成为国家主人和社会统治阶级。因此，维护人民的利益与体现人民的意愿始终是贯穿毛泽东法律思想的一根主线。在新中国成立初期毛泽东的许多书稿著作中，这方面的观点比比皆是。针对当时错综复杂和严峻的国际国内政治、经济、军事形势，他强调："我们现在的任务是要强化人民的国家机器，这主要是指人民的军队、人民的警察和人民的法庭，借以巩固国防和保护人民利益。"① 1951 年，他在向黄炎培解释为什么必须坚决镇压反革命时，指出"对匪首、恶霸、特务（重要的）必须采取坚决镇压的政策，群众才能翻身，人民政权才能巩固"②。新中国成立初期的立法工作都是围绕着这一目标开展，先后颁布了《婚姻法》《土地改革法》《救济失业工人暂行办法》《劳动保险条例》《惩治反革命条例》《城市治安条例》《农村治安条例》等法律法规，使三亿多农民获得土地，广大工人安居乐业，千千万万青年男女从封建婚姻的束缚中解脱出来。

其次，通过制度建设保证人民的民主权利。在《论人民民主专政》中，毛泽东指出："对于人民内部，则实行民主制度，人民有言论、集会、结社等项的自由权。选举权，只给人民，不给反动派。"③他要求建立各级人民代表会议制度，并针对当时党内一些领导干部提出的"人民代表会议不起作用，可有可无"等不正确认识和在工作中出现的轻视倾向，多次进行严肃批评。在七届三中全会上，他就指出："必须认真地开好足以团结各界人民共同进行工作的各界人民代表会议。人民政府的一切重要工作都应交人民代表会议讨论，并做出决定。必须使出席人民代表会议的代表有充分的发言权，任何压制人

---

① 毛泽东：《毛泽东著作选读》下册，人民出版社 1986 年版，第 682 页。
② 毛泽东：《建国以来毛泽东文稿》第二册，中央文献出版社 1989 年版，第 124 页。
③ 毛泽东：《毛泽东著作选读》下册，人民出版社 1986 年版，第 682 页。

民代表发言的行动都是错误的。"① 在毛泽东的推动下，1950—1952年在全国范围内形成了一个以召开各界人民代表会议为主要形式的民主建政高潮，并促使 1954 年宪法将人民代表大会制度通过法律手段固定下来。

（2）司法思想与实践

毛泽东在领导人民进行社会主义革命和建设的实践中，对有关司法问题做了深刻论述，要求执法机关必须坚持"以事实为依据，以法律为准绳"的原则，主要围绕完成新民主主义革命遗留任务和关于社会主义条件下两类矛盾的处理原则，认真开展司法工作。

首先，法律的实施必须充分贯彻群众路线。马克思在《法兰西内战》中否定了法律为一个受过训练的特殊阶层所私有的做法，为巴黎公社把所有职务变成真正工人的职务而欢呼。② 毛泽东继承了这一思想，并在群众参与的广度和深度上向前大大迈进。一方面，他主张公安司法机关应直接掌握在人民手中，并通过 1952 年司法改革运动，将大量工、农、兵、学、商中的积极分子充实到司法机关，掌握了司法审判权；另一方面，他通过群众运动的方式间接推动立法、司法、执法的发展。新中国成立初，群众路线在司法领域得到了充分的贯彻执行。公安部门在确定杀、关对象时，必须在开展群众性调查研究工作的基础之上，召开农代会核对补充材料后进行；在实施逮捕时，要组织党、政、军、民力量共同进行；在法院或军法处审判时，要发动群众控诉，政府机关还需组织公审大会和群众大会公布处决决定；罪行较轻的反革命分子则直接交由群众管制，并专门发布了《管制反革命暂行办法》。

其次，以群众的意愿情感作为重要的量刑依据。毛泽东十分重视以"民愤"作为衡量罪行大小、判刑轻重的依据，在《转发西南局关于镇反问题给川东区党委的指示的批语》中指出："凡是血债或其

① 毛泽东：《毛泽东选集》第 5 卷，人民出版社 1977 年版，第 19 页。
② 马克思、恩格斯：《马克思恩格斯选集》第 2 卷，人民出版社 1972 年版，第 415 页。

他重大罪行非杀不足以平民愤者，应坚决杀掉，以平民愤利生产。凡无血债或其他引起民愤的重大罪行，但有应杀之罪，可判死刑，但缓期一年或二年执行，强迫他们劳动，以观后效。"①

再次，提出了稳、准、狠的专政原则。毛泽东认为："军队、警察、法庭等项国家机器，是阶级压迫阶级的工具。对于敌对的阶级，它是压迫的工具，它是暴力，并不是什么仁慈的东西。"② 针对新中国成立之初激烈的阶级矛盾，他提出执法要"狠"，必须再杀几批反革命。"对于真正的匪首恶霸及坚决的特务分子，必须在人民群众拥护的基础之上，坚决的处以死刑。特别是那些土匪猖獗，恶霸甚多，特务集中的地方要大杀几批。"当然，这里的"狠"并不是滥杀无辜，而是建立在稳和准的基础上。"所谓打得稳，就是要注意策略。打得准，就是不要杀错（不应杀者，坚决不杀）。"③

（3）法制建设要坚持党的领导

在民主革命时期，领导权问题是阶级斗争的焦点，要不要坚持党的领导、能不能坚持党的领导是革命成败的关键。经历了民主革命风风雨雨的毛泽东，强调新中国的各项建设都必须坚定不移、毫不动摇地坚持党的领导，法制建设尤其如此。他指出，党的性质决定了只有坚持党的领导才能保证人民民主权利得以实现。"总结我们的经验，集中到一点，就是工人阶级（经过共产党）领导的以工农联盟为基础的人民民主专政。这个专政必须和国际革命力量团结一致。这就是我们的公式，这就是我们的主要经验，这就是我们的主要纲领。"④ 他认为，人民民主专政需要工人阶级的领导。作为无产阶级先锋队的中国共产党是全国各族人民利益的忠实代表，要保证把人民的意志上升为法律，就必须牢牢掌握领导权。因此，"整个镇压反革命的工作，必须在各级党委的统一领导之下。一切公安

---

① 毛泽东：《建国以来毛泽东文稿》第二册，中央文献出版社 1989 年版，第 145 页。
② 毛泽东：《毛泽东著作选读》下册，人民出版社 1986 年版，第 682 页。
③ 毛泽东：《建国以来毛泽东文稿》第二册，中央文献出版社 1989 年版，第 36 页。
④ 毛泽东：《毛泽东选集》第 4 卷，人民出版社 1991 年版，第 1480 页。

机关和有关镇压反革命的机关的负责同志，都必须和过去一样，坚决接受党委的领导"①。

　　在如何进行领导方面，毛泽东认为应深入立法、司法各方面，使法律成为贯彻执行党的路线、方针、政策的有力武器。因此，新中国成立初期的立法全都紧密围绕党和国家的中心任务，从当时政治斗争的需要出发，带有鲜明的政治色彩。毛泽东强调由党员干部掌握人民法庭的领导权，"应在各县县委副书记、县农协主任、副县长或县公安局长等干部中，择一人兼任县人民法庭审判长，另以一得力的专职干部任副审判长"②。虽然新中国成立之初的法庭成员保留了部分旧的司法人员，但经过 1952 年开展的司法改革运动，这些人基本上被清除出司法队伍，交出了审判权，而代之以政治上可靠的工、农、兵、学、商中的积极分子。在执法方面，党的各级组织拥有最后决策权。在《转发福建省公安厅关于镇反情况报告的批语》中，毛泽东强调批捕对象需经党组织审查批准，充分肯定了实施逮捕应在党委统一领导下进行的做法。在《转发中南局传达讨论政治局扩大会议精神的报告的批语》中，他还明确要求"拘捕前由地委市委一级精细地审查名单，然后按名单进行拘捕"③。

　　4. 毛泽东法律思想的曲折发展

　　自从 1957 年反右斗争扩大化到毛泽东去世，这是毛泽东法律思想曲折发展的时期。这一时期，毛泽东在"左"倾错误思想的影响下，偏离了原有的理性，扩大了阶级斗争的范围，破坏了已有的社会主义法制，在国家治理方面出现了从"法治"向"人治"转变的趋势。在这种形势下，全国发生了许多背离法治思想的现象，如非法搜身、侮辱人格、私设公堂、刑讯逼供、乱砸公检法等。不过，毛泽东晚年在法制建设方面虽然犯了许多错误，但并没有放弃和否定法制建设。1962 年 3 月，他在听取政治工作汇报时还强调，不仅要制定刑

---

　　① 毛泽东：《毛泽东选集》第 5 卷，人民出版社 1977 年版，第 42 页。
　　② 毛泽东：《建国以来毛泽东文稿》第一册，中央文献出版社 1989 年版，第 472 页。
　　③ 毛泽东：《建国以来毛泽东文稿》第二册，中央文献出版社 1989 年版，第 268 页。

法，还要制定民法、编写案例，否则就会出现无法无天的局面。1965年，他又关切地问过有关部门刑法、民法、诉讼法的制定情况。对于"文革"中林彪、江青等反革命集团胡乱捕人的行为，他也坚决反对，要求相关部门彻查他们的野蛮行径。在生命的最后阶段，他还不忘修改宪法，将"四大"写进宪法之中，以此巩固"无产阶级文化大革命"的胜利成果。应该说，晚年的毛泽东是从一个革命家和政治家的角度来认识法制，把法制视作建立和巩固无产阶级政权、对敌专政的工具，而对于运用法律手段保护人民的各项权益及组织管理社会经济生活等作用则重视不够。他赋予法律以"工具"而非"国王"的角色，当认为这一工具束缚自己手脚之时，便发动群众破坏了自己领导创立的法律制度。毛泽东晚年法律思想的错误和局限，集中表现在以下几个方面。

（1）重"阶级斗争"而轻"经济发展"

新中国成立后，党对社会主要矛盾的认识有一个发展变化的过程。新中国成立初期，党把主要精力放在恢复和发展国民经济的工作上，特别是党的八大做出了我国主要矛盾是"人民对于建立先进工业国的要求同落后的农业国的现实之间的矛盾，已经是人民对于经济文化迅速发展的需要同当前经济文化不能满足人民需要的状况之间的矛盾"，强调党和国家的工作重心必须转移到社会主义建设上来，提出了"既反保守又反冒进，即在综合平衡中稳步前进"的正确决策，为社会主义建设奠定了良好开局。然而，当时我国刚跨入社会主义社会初级阶段，对于社会的基本矛盾、主要矛盾、人民内部矛盾等政治问题及生产力等经济问题的认识，视野有限，经验不足，包括毛泽东在内的许多领导人还没有牢固确立解放生产力、保护生产力的思想认识，仍然习惯于用阶级斗争的政治化方法来观察社会问题，用群众运动的方法处理社会矛盾。特别是1956年的波匈事件爆发后，毛泽东高度关注，认为事件的根源在于"官僚主义，脱离群众，工业方针错误，工人减薪，资本家简单地被打倒，知识分子未被改造，反革命分子没有镇压"①。他十分重视镇反的意义，认为"东欧一些国家的基本问题就是阶级斗争没有搞好，那么多反革命没有搞掉，没有在阶级斗争中训练无产阶级，分清敌我，分清是非，分清唯心论和唯物论"②。因而，当他以看待波匈事件的目光审视国内形势时，自然把中国的问题估计得过于严重，希望通过整风来防止波匈问题在中国重演。于是，随着 1957 年整风运动和反右斗争的展开，他对于社会矛盾的分析发生了很大转变，强调专政和阶级斗争的重要性。在党的八届三中全会上，他轻率地改变八大的正确论断，指出七届二中全会关于国内基本矛盾是资产阶级与无产阶级矛盾的分析，现在看来非常正确。"无产阶级和资产阶级的矛盾，社会主义道路和资本主义道路的矛盾，毫无疑问，这是当前我国社会的主要矛盾。"③ 由于毛泽东对国内形势估计得过于严峻，对社会主要矛盾的认识发生了偏差，将阶级斗争作为一切社会活动的指导思想，法律也就沦为阶级斗争的工具，法制建设限制在保卫国家政权、打击坏人坏事、改造罪犯的小圈子里，这就偏离了社会主义建设时期的中心任务，法律保护人民合法权利、促进经济发展、推动文化建设等方面的作用也就无法发挥。

（2）重"人治"而轻"法治"

毛泽东受中国传统文化影响较深，崇尚贤人政治与圣贤人格，非常看重各级领导干部的人格、品质和修养，有着强烈的"人治"情怀，而"群治"思想更是在他内心深处不断发酵。中国传统文化以儒家文化为主体，重视道德而轻视法律。法律在中国古代社会始终没有独立的地位，许多文人学士将法学视为末流之学。可以说，旧中国留下的封建专制传统比较多，而民主法制理念则很少。1986 年 7 月，《中共中央关于全党必须坚决维护社会主义法制的通知》分析指出："党内有些人缺乏法制观念，是有其复杂原因的。长期封建社会的影

---

① 薄一波：《若干重大决策与事件的回顾》下卷，中共中央党校出版社 1993 年版，第 578 页。
② 毛泽东：《毛泽东选集》第 5 卷，人民出版社 1977 年版，第 323 页。
③ 王也扬：《"两类矛盾说"理论探析》，《史学月刊》2011 年第 10 期。

响，历来只有'人治'的习惯，而缺乏'法治'的观念。"在这种思维模式下，毛泽东对民主与法制关系的认识有偏差，没有认识到二者的统一关系，而是经常把民主与"集中"联系起来，认为只有在集中前提下民主权利才能得到保障。因此，他试图用群众性的政治运动代替经济、文化、民事等方面的法律法规。在这种观念的影响下，全国法制建设工作基本停滞，出现了无法可依、有法不依、权大于法的现象。随着这种人治方式的发展和个人崇拜的盛行，最终导致了"文化大革命"的爆发，并被反革命集团所利用，严重损害了人民群众的利益。

（3）重"阶级性"而轻"社会性"

新中国成立后，毛泽东对法律、权利和权力关系的探讨不够深入，强调法的阶级性和强制力比较多，而对法律保护公民合法权益的社会功能不够重视。法律是满足统治阶级需要、实现统治阶级利益的重要途径，具有明显的政治性。同时，它又是调节社会关系、发展社会经济文化的重要工具。毛泽东错误地理解了列宁关于政治的定义——"政治就是参与国事，给国家定方向，确定国家活动的形式、任务和内容"①，片面地理解了"政治就是各阶级之间的斗争"，把政治的本质理解为阶级斗争，提出"政治，不论革命的和反革命的，都是阶级对阶级的斗争"②。由此，他混淆了政治性与阶级性之间的区别，更多地把法律看作阶级镇压和制裁反革命分子的手段，忽视了法律调节社会生活秩序的社会性功能。随着后来阶级斗争扩大化，法律被界定为对敌斗争的有力武器。党和国家侧重于法律对危害社会行为的打击和镇压，法律几乎等同于刑罚。在"法律工具主义"和个人崇拜盛行的影响下，毛泽东认为向共产主义社会过渡已经近在咫尺，国家消亡指日可待，法律的作用日渐衰微，忽视了法律的全面培育和法制的应有地位，造成了毛泽东法律思想中民法、商法等内容的缺失

① 列宁：《列宁文稿》第2卷，人民出版社1980年版，第407页。
② 毛泽东：《毛泽东选集》第3卷，人民出版社1991年版，第868页。

状态，导致了民主法制的严重破坏。

（4）重"政策"而轻"法律"

政策和法律都是统治阶级意志的体现，政策相对于法律制度更加灵活，法律则具有稳定性和权威性。在新中国成立以前，党的主要任务是领导革命战争。在形势复杂多变的情况下，只能依靠政策和决议来指导工作，法律只是一种辅助工具。随着新中国的成立和党执政地位的巩固，就需要及时调整政策和法律的关系，将党的活动限制在法律的范畴之内。但是，长期的革命战争环境使党中央和毛泽东习惯于用非法制的群众运动和政策决议等方式处理问题，毛泽东反复强调党的政策在法律之上："政策和策略是党的生命，各级领导同志务必充分注意，万万不可粗心大意。"① 与法律相比，政策的优点是灵活性较大，对社会现实反应比较灵敏，可以根据形势的需要随时调整，非常符合计划体制的需要。不过，政策的缺点也十分明显，内容比较原则概括，制定过程比较简单，缺乏详细的论证和审议程序。毛泽东注意到了政策的优势而没有认识到政策的缺点，将法律视作为党服务的辅助工具，而会议形成的政策决议才是国家意志。在 1958 年 8 月政治局扩大会议上，他指出："法律这个东西没有也不好，但我们有我们的一套，还是马青天那套，调查研究，就地解决，调解为主。……不能靠法律治多数人。多数人要靠养成习惯。民法、刑法那样多条谁记得了。宪法是我参加制定的，我也记不清。韩非子是讲法治，后来儒家是讲人治的。我们各种规章制度，多数 90% 是司法局搞的，我们基本不靠那些，主要靠决议、开会，一年搞四次，不靠民法、刑法来维持秩序。"② 显然，毛泽东囿于革命不受法律限制的思想，重政策而轻法律，认为政策高于法，始终没有形成依靠法律和崇尚法律的法治观念。在这种思维定式下，新中国虽然制定了一系列法律法规，但在实际操作过程中不易坚持和贯彻执行，很容易绕开法律

---

① 毛泽东：《毛泽东选集》第 4 卷，人民出版社 1991 年版，第 1298 页。
② 全国人大常委会办公厅编：《人民代表大会制度建设四十年》，中国民主法制出版社 1991 年版，第 102 页。

的设限，而依靠个别领导人的言论和会议决策来解决问题，导致以党代政、以党代法问题滋生蔓延，这对社会主义法制建设带来了消极影响。比如，毛泽东虽然进行过行政法思想的研究，并在行政立法方面做了一些实践，但是，"国家没有规定统一的行政诉讼法律，只有个别的、分散的特殊规定。"① 从某种意义上说，这些分散的特殊规定仍然属于政策范畴，而不是系统的行政法。

（5）重"政治立场"而轻"学习借鉴"

毛泽东主张新中国的法制建设要明确阶级立场，没有按照"洋为中用""古为今用"的原则学习借鉴国民党政府的法律制度和西方近现代法律思想。他认为，分清"谁是我们的敌人，谁是我们的朋友，这是革命的首要问题"。② 在抗战期间，他就强调："凡是敌人反对的，我们就要拥护；凡是敌人拥护的，我们就要反对。"③ 新中国成立后，在东西方两大阵营尖锐对立、意识形态全面对抗的冷战时代，他虽然主张学习西方先进的科学技术和经营管理方法，但对上层建筑领域里属于思想意识的内容，包括西方的民主法治精神，却并不认同，"法律面前人人平等"原则就被批为"敌我不分"。同时，他对于国民党政府制定的法律也不屑一顾，在新中国成立之前（1949 年 2 月）批准发布的《中共中央关于废除国民党的六法全书与确定解放区的司法原则的指示》中，就宣布必须摧毁反动的旧法统和法律体系，对旧政府和西方所有国家的法律一概采取"蔑视和批判"的全盘否定态度。"国民党全部法律只能是保护地主与买办官僚资产阶级反动统治的工具，是镇压与束缚广大人民群众的武器"，"必须彻底粉碎"。④ "毛泽东这种绝对求纯的阶级观，反映在他的法制观念上则是超历史的法文化虚无主义。它鄙弃一切非社会主义的法律制度，不

---

① 胡乔木：《中国为什么犯 20 年"左"的错误》，《中国党史研究》1992 年第 13 期。
② 毛泽东：《毛泽东选集》第 1 卷，人民出版社 1991 年版，第 3 页。
③ 毛泽东：《毛泽东选集》第 2 卷，人民出版社 1991 年版，第 590 页。
④ 《中共中央文件选集》（1949.1—9）第 18 册，中共中央档案出版社 1985 年版，第 15 页。

承认人类创造的法制文明有共同性与相互继承性，否认人权的普遍性与超阶级性（虽然人权观和某些人权法制有阶级性）。"① 他不加区别地废除了国民党政府制定的全部法律，包括反映市场经济要求的民法和商法，而主要借鉴了社会主义阵营领头者苏联在法制建设方面的一些做法，但对其中的一些消极思想却没有及时剔除，这对我国的法制建设进程产生了负面影响。在 1957 年反右斗争扩大化以后，人权、法制、司法独立、分权制衡等原则，都被当作资产阶级口径而受到批判，主张"法律至上"的人被斥为"以法抗党"，法有继承性的观点被批成"为反动法律招魂"。随后，司法部、监察部被撤销，法院、检察院和公安部门不再互相制约，而是"合署办公"。律师制度自动消亡，全国大学法律系只剩四所，而之后的"文化大革命"也就没有了法律的约束。

二 毛泽东法律思想的主要内容

毛泽东是伟大的革命实践家，也是伟大的革命理论家。在长期的革命立法实践过程中，毛泽东形成并发展了颇具中国特色的法律思想。毛泽东法律思想包含着丰富的内容，主要有宪法思想、刑法思想、行政法思想和经济法思想，为我国法制建设做出了重大贡献。本章主要总结和梳理毛泽东法律思想的内涵和要旨，以为当今法治中国建设提供重要借鉴。

（一）毛泽东法理学思想

法理学是涉及法律的本质、本源、功能及价值等问题的法学一般理论。在人类社会的各个历史时期，法学家们都对这些问题展开过讨论，以毛泽东为代表的党的第一代领导集体也对此做了详尽研究。深

---

① 郭道晖：《毛泽东邓小平治国方略与法制思想比较研究》，《法学研究》2000 年第 2 期。

入探讨毛泽东的法理学思想，有助于我们全面而深刻地把握毛泽东法律思想的科学本质。

1. 关于法的本质理论

马克思主义认为，法律是人类社会发展到一定阶段，有了阶级和阶级统治以后才出现的产物。法律是统治阶级意志的体现，但又不是统治阶级全部意志的体现，而是上升为国家意志的统治阶级意志的体现。不过，法律的内容由特定的社会物质生活条件所决定，"权利永远不能超出社会的经济结构以及由经济结构所制约的社会的文化发展"①。毛泽东继承和发展了马克思主义经典作家关于法律本质的理论，深刻揭示了法律的阶级本质及其社会经济根源。

毛泽东认为，法律总是一定的经济、政治与文化的反映并为阶级专政服务。他说："我接受马克思主义，认为它是对历史的正确解释，以后，就一直没有动摇过。"② 1921 年，他在论述法与经济的关系时，指出"法律是上层建筑"③，"资本家有'议会'以制定保护资本家并防制无产阶级的法律。有'政府'执行这些法律，以积极地实行其所保护与所禁止"④。由此可见，法律是阶级压迫工具的基本理念，是毛泽东关于法本质理论的核心。在第一次国内革命战争时期，毛泽东对湖南农民运动进行了专事考察，指出土豪劣绅与地方政府结合在一起，借助国家机器来欺压普通百姓。抗日战争时期，他深刻地指出国民政府的法律是维护国民党一党专政以及大地主大资产阶级的经济、政治、文化利益的工具。基于对国民政府法律阶级本质的认识，中共中央于1949年2月发出了著名的"二月指示"，明确指出："国民党全部法律只能是保护地主与买办官僚资产阶级反动统治的工具，是镇压与束缚广大人民群众的武器。"因此，在无产阶级取得革命政权后要对这种法律予以彻底废除，进而颁布代表广大人民意志、保护人民利益的新法律。

① 马克思、恩格斯：《马克思恩格斯选集》第2卷，人民出版社1972年版，第12页。
② 《毛泽东一九三六年同斯诺的谈话》，人民出版社1980年版，第39页。
③ 毛泽东：《毛泽东选集》第2卷，人民出版社1977年版，第12页。
④ 同上。

毛泽东进一步认为，人民民主专政是对人民实行民主和对敌人实行专政的统一。他在《论人民民主专政》一文中指出："人民是什么？在中国，在现阶段，是工人阶级、农民阶级、城市小资产阶级和民族资产阶级。"这些阶级在中国共产党的领导下，利用国家机器对地主阶级和官僚资产阶级以及其代表的国民党反动派实行专政，对人民实行民主，这就是人民民主。既然法律是建立在一定经济基础之上的上层建筑的重要组成部分，必然要随着经济基础的变化而变化，无产阶级在取得革命胜利、掌握国家政权后，就要着手创制体现本阶级意志的法律，来巩固自己的政治统治。在毛泽东看来，由于阶级在一定时期内将长期存在，因此，在人民民主专政制度下，国家法律的本质与作用仍然是一种阶级统治的工具，不同之处在于它对敌人实行专政、对人民实行民主。

2. 关于法与正义

毛泽东认为正义是法律的基本价值。正义同民主、自由一样，都是具体的价值准则。没有抽象的民主，也没有抽象的自由和抽象的正义。一种法律只有更好地维护了广大人民群众的利益，确保广大人民群众享有民主和自由，这种法律才具有正当性、正义性。因此，在正义的形式与实质上，毛泽东更重视实质正义的意义与价值。在他看来，一切剥削制度之所以虚伪，就在于其只有思维的形式正义而无实质正义的内容。在抗日战争时期，针对国民党极力宣传的所谓"宪政"，毛泽东一针见血地指出这只是口号上的宪政而无实际内容，其目的是实行国民党一党专政。从根本上看，他们是挂宪政之羊头，卖一党专政之狗肉，不是实质上的正义。毛泽东进一步强调，中国共产党为了中国人民的解放而进行的革命之所以正义，就是因为"我们是无产阶级的革命的功利主义者，我们是以占全国人口百分之九十以上的最广大群众的目前利益和将来利益的统一为出发点的，所以我们是以最广大和最远为目标的革命的功利主义者，而不是只看到局部和目前的狭隘的功利主义者"①。全心全意为人民服务，一切从人民的利

① 毛泽东：《毛泽东选集》第3卷，人民出版社1991年版，第864页。

益出发，向人民负责是中国共产党的根本宗旨和基本要求，正因为如此，中国共产党领导的无产阶级专政对人民实行民主才是具体的民主、真实的民主，体现了法律制度的正义本质。

1954 年 9 月 15 日，毛泽东在中华人民共和国第一届全国人民代表大会第一次会议开幕致辞中指出："我们的事业是正义的，正义的事业是任何敌人也攻不破的。"① 根据毛泽东的法哲学思想，中国共产党领导中国人民所从事的正义事业就是为追求民族自由平等而进行社会革命，进而建立一个民族自由平等的国家。在这个国家里，人民享有言论、出版、集会、结社、信仰的完全自由，各种才能可以完全发挥，国家机器不再是人民的对立面，而是人民利益的保护者；这个国家要重视分配领域的公正合理，实现人民利益的有效保护；这个国家要在国际上支持一切国家的正义斗争，在和平共处的原则上与其他国家建立外交关系，共同为实现世界和平与发展而奋斗。

3. 关于法与秩序

毛泽东认为，法律应当确认和保护人民的基本自由，维护社会的正常秩序。人民民主专政的政治制度和法律制度必然体现在专政与民主两个方面，无论是专政还是民主，都是为了维护稳定、有序、健康的社会秩序。1941 年 11 月 6 日，毛泽东在《在陕甘宁边区参议会的演说》中强调，中国革命的根本目的是为了民族独立与人民自由，这实际上揭示了法律的根本宗旨和目标取向。从这一意义上看，一切秩序的建立就是为了实现民族的自由与平等、社会的稳定与发展、人民的安康与幸福。毛泽东指出："就目前来说，革命的三民主义中的民族主义，就是要打倒日本帝国主义；其民权主义和民生主义，就是要为全国一切抗日的人民谋利益，而不是为了一部分人谋利益。全国人民都要有人身自由的权利，参与政治的权利和保护财产的权利。全国人民都要有说话的机会，都要有衣穿，有饭吃，有事做，有书读，总

---

① 毛泽东：《毛泽东文集》第 6 卷，人民出版社 1999 年版，第 349 页。

之要各得其所。"① 由此可见，革命的出发点和归结点就是为了民族的独立与人民的自由，而所有的法律制度也以这一目标为存在依据。

1949 年 6 月，毛泽东在《论人民民主专政》一文中阐明了法律对于维护社会秩序的作用。他指出："'你们不是要消灭国家权力吗?' 我们要，但是我们现在还不要，我们现在还不能要。为什么? 帝国主义还存在，国内反动派还存在，国内阶级还存在。我们现在的任务是要强化人民的国家机器，这主要地是指人民的军队、人民的警察和人民的法庭，借以巩固国防和保护人民利益。"② 中华人民共和国成立后，毛泽东就法律的功能和作用进行了说明："法律是上层建筑。我们的法律，是劳动人民自己制定的。它是维护革命秩序，保护劳动人民利益，保护社会主义经济基础，保护生产力的。我们要求所有的人都遵守革命法制。"③ 毛泽东特别重视宪法的制定，他认为宪法是国家根本大法，对人民的生活起到指引作用。1954 年 6 月，他在《关于中华人民共和国宪法草案》一文中指出："一个团体要有一个章程，一个国家也要有一个章程，宪法就是一个总章程，是根本大法。用宪法这样一个根本大法的形式，把人民民主和社会主义原则固定下来，使全国人民有一条清楚的轨道，使全国人民感到有一条清楚的明确的和正确的道路可走，就可以提高全国人民的积极性。"④ 宪法制定后，毛泽东提出要依据宪法健全法制，做到有法可依、有法可遵。他还强调，要实现人民监督权力法律化，以此防治政府腐败，对公权进行限制。在《实行增产节约，反对贪污、浪费和官僚主义》一文中，他指出："一切从事国家工作……的党员，利用职权实行贪污和实行浪费，都是严重的犯罪行为。"⑤ 对此不仅要揭发，而且要按照情节，依法治罪。不难看出，在毛泽东的论述中，法律就是维护

① 毛泽东:《毛泽东选集》第 3 卷，人民出版社 1991 年版，第 808 页。
② 毛泽东:《毛泽东选集》第 4 卷，人民出版社 1991 年版，第 1475—1476 页。
③ 毛泽东:《毛泽东文集》第 7 卷，人民出版社 1999 年版，第 209—210 页。
④ 毛泽东:《毛泽东文集》第 6 卷，人民出版社 1999 年版，第 328 页。
⑤ 同上书，第 208 页。

安定有序的社会秩序的手段和工具。

关于法律与秩序，中国共产党创始人之一陈独秀也做过论述，认为西洋民族自古就是个人主义的民族，法律也是维护个人自由权利与幸福的工具。后来，他的认识发生了变化，认为在缺乏人民性和正义的情况下，法律会产生反动功能和作用，损害人民的权利。李达则认为法律是实现国家目的的工具，法律首先是保障一定的财产关系，其次是巩固对统治阶级有利的政治制度，最后是保障国家顺利行使公共权力的工具。刘少奇十分注重法律的制裁、处罚和教育作用，在新中国成立后，主张制定新宪法，并要求依据宪法完善社会主义法制。周恩来对于社会主义法制建设、法律的功能与作用进行了深刻论述，主持制定了《中国人民政治协商会议共同纲领》。1954年1月，他在政务院会议上提出要不断地建立和完善社会主义法制。"我们的人民民主法制要随着经济基础的变化发展而变化发展，企图在中华人民共和国成立之时，或者在今天一下子完全建立起来，是不可能的。"① 周恩来反复强调法制建设的重要性，认为完备的法律制度是建立廉洁政府的重要基础。在"三反""五反"斗争中，他高度重视惩治腐败的法制建设，先后多次主持会议制定法律、法规和文件。

4. 关于法与自由

自由是法对于人的价值之一，也是法律存在的基本意义所在。首先，自由是人的潜能的外化。人一旦存在就拥有发展的潜能，但人的潜能能否得到发挥则取决于所处环境以及一切不利的影响因素。人如果能享有自由并能克服制约因素，其潜能就能得到充分发挥。其次，自由是人的自我意识的现实化。人都要谋求自我生存和发展，拥有生存和发展的自我意识。然而自我意识的觉醒、对象化、现实化离不开人的自由自觉的活动，因而自由对于主体人来说十分重要。最后，自由是人类发展的动力。人类对自由的追求以及社会自由程度的提高都

---

① 中共中央文献研究室编：《周恩来年谱1949—1976》上，中央文献出版社1998年版，第345—346页。

是人类发展的表征，也是人类寻求自我解放、实现自由而全面发展的基础和保证。因而，自由既是目的也是手段，更是一种强大的动力。真正的法律不是压制自由，而要明确且普遍地引导人们实现自由。

毛泽东的自由思想源于无产阶级革命实践。他认为："自由是人民争来的，不是什么人恩赐的。中国解放区的人民已经争得了自由，其他地方的人民也可能和应该争得这种自由。"① 还在抗日战争年代，毛泽东就关注法律与自由的关系，在《论联合政府》中提出人民自由是法律上的一般要求，"要求取消一切镇压人民的言论、出版、集会、结社、思想、信仰和身体等项自由的反动法令，使人民获得充分的自由权利"②。1947 年 10 月，他在《中国人民解放军宣言》中进一步宣布要废除国民党一党专政，实行人民民主（无产阶级）专政，保障人民言论、出版、集会、结社等自由，并在此基础上提出了人民自由的思想。1949 年，他在《论人民民主专政》中又明确指出："对人民内部，则实行民主制度，人民有言论集会结社等项的自由权。"③新中国成立后，他结合"五四宪法"指出，"我们的宪法规定：中华人民共和国公民有言论、出版、集会、结社、游行、示威、宗教信仰等自由"④，人民民主的社会主义政权就是人民自由的有力保障。

（二）毛泽东宪法思想

毛泽东宪法思想萌生于 1920 年的湖南自治运动，并在"五四宪法"的组织制定过程中发展成熟。在毛泽东的领导下，中共中央制定颁布了一系列具有宪法性质的法律及文件，如 1931 年的《中华苏维埃共和国宪法大纲》、抗日战争时期的《陕甘宁边区施政纲领》和《陕甘宁边区宪法原则》、新中国成立初期的《共同纲领》、1954 年的《中华人民共和国宪法》，这些文件从不同方面体现了毛泽东宪法思

---

① 毛泽东：《毛泽东选集》第 3 卷，人民出版社 1991 年版，第 1070 页。
② 同上书，第 1064 页。
③ 毛泽东：《毛泽东选集》第 4 卷，人民出版社 1991 年版，第 1475 页。
④ 毛泽东：《毛泽东著作选编》第 3 卷，中央党校出版社 2002 年版，第 431 页。

想的主要内容及其科学性、民主性、进步性的特点。

1. 系统总结了宪法的研究方法

毛泽东十分重视宪法的根本大法地位及其在社会生活中的重要作用，提出了一系列关于宪法的重要论述和意见，指导新中国建立了比较系统的宪法体系。

首先，正确总结了宪法的产生规律。毛泽东认为，所有宪政国家"都是在革命成功有了民主事实之后，颁布一个根本大法，去承认它"。① 无论是西方资产阶级的宪法，还是社会主义苏联的宪法，都是在实行宪政的阶级成为统治阶级后才得以实现。中国同样要遵循宪法产生的规律，在党领导全国人民取得民族独立和革命胜利后，顺应时代要求，及时颁布宪法。

其次，科学评价了宪法的地位。宪法是国家的根本大法，规定着国家的根本问题，具有高度的权威性。毛泽东提出："一个国家也要有一个章程，宪法就是一个总章程，是根本大法。用宪法这样一个根本大法的形式，把人民民主和社会主义原则固定下来，使全国人民有一条清楚的轨道，使全国人民感到有一条清楚的明确的和正确的道路可走，就可以提高全国人民的积极性。"② 毛泽东系统概括了宪法的作用，认为宪法在本质上就是将民主政治法律化、制度化。宪法是体现人民意愿、保障人民权益最有效的手段，规定了包括国家性质、政权组织形式等在内的国家最根本问题，为各项工作提供了一个总的行动指南，保证国家各项工作的顺利进行。

最后，用辩证的态度看待封建君主立宪和西方宪政制度。一方面，毛泽东深刻揭露了封建军阀和反动政府实行的"宪政"的虚伪本质，指出他们制定的"宪法"只是服务于自己的反动利益，并不是真正的民主。这一论断使人们充分认识到封建君主立宪的虚伪性，号召广大贫苦人民为了实现真正的民主权利奋起反抗。另一方面，毛

① 易见：《毛泽东"人民立宪"思想探源》，《中国法学》1993 年第 6 期。
② 罗时光：《继承毛泽东法制思想加速社会主义法制建设》，《西南民族学院学报》1994 年第 12 期。

泽东提出对西方资产阶级宪法秉持"取其精华，去其糟粕"的态度，不要一味地排斥拒绝。无论在宪政思想和宪政实践上，西方国家都早于中国，其宪政思想有一些先进之处。毛泽东认为，对于西方的先进事物和理念要大胆吸收，洋为中用，为我国制定和完善宪法而服务。只有吸收和借鉴西方的先进宪政经验和优秀理论，我国宪法建设才能得到长足发展。在法制实践中，毛泽东坚持这一方法，吸取了西方宪政思想中的精华，为社会主义宪法的制定和实施提供了重要保证。

2. 科学阐述了国体与政体的内涵和关系

宪法的主要内容是国体和政体，国体是国家的性质，政体是国家的组织形式。明确国体和政体的内涵，分析二者之间的关系，这是宪法最根本的任务。毛泽东详细阐述了国体与政体的科学概念及相互关系，充实了毛泽东宪法思想的内容。

在《新民主主义论》中，毛泽东说明了国体的内涵："它只是指的一个问题，就是社会各阶级在国家中的地位。"[1] 换言之，哪个阶级掌握国家政权，哪个阶级居于被统治地位，这是区分国家性质的核心问题，也是宪法的根本任务之一。毛泽东结合中国的实际情况，分析了中国各阶级之间的关系，在"五四宪法"中最终确定中国的国体是工人阶级领导的、以工农联盟为基础的人民民主国家。他以法律的形式肯定了人民当家做主的权利，为社会主义新时期宪法的制定提供了科学的指导原则。

关于政体，毛泽东认为，"那是指的政权构成的形式问题，指的一定的社会阶级取何种形式去组织反对敌人保护自己的政权机关。"[2] 在革命和建设的实践过程中，他及时总结经验，系统阐述了新民主主义和新中国的政权组织形式，提出实行人民代表大会制度，实行平等公正的选举制，即民主集中制。在《论联合政府》中，他指出："新民主主义的政权组织应该采取民主集中制，由各级人民代表大会决定

---

[1]　毛泽东：《毛泽东选集》第 2 卷，人民出版社 1991 年版，第 676 页。
[2]　同上书，第 677 页。

大政方针，选举政府。它是民主的，又是集中的，就是说，在民主基础上的集中，在集中指导下的民主。"[①] 他强调，只有民主集中制才能调动人民的积极性，才能利用一切力量来保证人民的利益。毛泽东的民主集中制思想一直传承至今，这是符合中国国情的政权组织制度，对于我国法制建设具有重大而深远的意义。

由上可见，国体与政体是内容与形式的关系。国体决定政体，政体是国体的具体体现。国体与政体相互适应，才能促进社会的发展。"没有适当形式的政权机关，就不能代表国家。"他结合中国实际情况指出，只有共和制政体才是符合大多数人利益的政权组织形式。在新民主主义革命时期，要按照民主集中制原则建立联合政府，实行革命阶级的联合专政。在革命胜利以后，要实行人民代表大会制度，实现人民民主专政。毛泽东的这些论述充分说明，政体建设决不能孤立推进，必须与国家性质相适应。

3. 提出了科学的制宪原则

毛泽东指出，制定宪法是决定国家政权成败的关键环节，必须采取严谨慎重的态度，遵循原则性与灵活性相结合的原则。在《关于中华人民共和国宪法草案》中，他提出了制定宪法的指导原则："我们的宪法草案，结合了原则性和灵活性。原则性包括两个方面：民主原则和社会主义原则。"[②] 一方面，制定宪法要坚持民主原则和社会主义原则。民主原则，就是充分发挥全体人民的集体智慧，广泛听取各民族各地区人民的意见，让全体人民参与到宪法的制定过程中。毛泽东提出了"领导和群众相结合，领导和广大积极分子相结合"[③] 的制宪方法，这充分体现了制宪的民主原则。社会主义原则，就是宪法要体现社会主义性质，服务于社会主义的政治、经济、文化发展要求。这两大原则是社会主义宪法的本质要求，保证了社会主义宪法的先进性、人民性和科学性。另一方面，制定宪法要讲究灵活性。中国幅员

---

① 毛泽东：《毛泽东选集》第3卷，人民出版社1991年版，第1057页。
② 毛泽东：《建国以来毛泽东文稿》第4册，中央文献出版社1990年版，第502页。
③ 同上书，第501页。

辽阔，各地区各民族都有一些特殊情况，这就要求制定宪法必须注意灵活性，采取实事求是的态度，立足于现实的政治、经济、文化现状，充分考虑落后地区和少数民族地区的具体情况，制定适合他们发展需要的法律制度。在社会主义改造过程中，毛泽东就强调在保证国营经济优先发展的同时，要根据实际情况采取包括国家资本主义在内的其他经济形式，在保证中央集权的情况下允许部分少数民族地区实行区域自治，这些都是毛泽东立法实践灵活性的生动体现。

（三）毛泽东刑法思想

毛泽东在与犯罪分子作斗争的实践过程中，形成了系统的刑法思想。毛泽东刑法思想是毛泽东法律思想中最全面和最具特色的部分，其中的一些内容一直是我国刑法领域的指导方针和工作原则，至今仍具有重要的理论性和现实性意义。

1. 强调刑法平等的思想

在立法、执法、守法的过程中，毛泽东严格遵循与贯彻"法律面前人人平等"的原则。在他主持制定的《苏维埃共和国大纲》中就明确规定，"苏维埃公民法律面前一律平等。"新中国成立以后，在"五四宪法"中又强调"中华人民共和国公民在法律上一律平等"。对于党内的腐败分子，毛泽东主张严加惩处，杜绝一切特权行为。对于犯罪分子，无论社会地位、贡献大小，一旦违反法律，一律进行处罚。他提倡领导干部要带头守法，反对干部凌驾于法律之上，还严格要求自己的子女遵守法律。从这些方面可以看出，毛泽东在中国革命和社会主义建设的每一时期都十分重视刑法平等。

2. 确立了刑事工作的指导方针

在《正确处理人民内部矛盾》一文中，毛泽东精辟地论述了我国社会的两大矛盾——人民内部矛盾与敌我矛盾。他认为，对人民内部矛盾应采取民主方式解决，对于敌我矛盾应使用专政方式处理。他深刻揭示了刑法的本质，指出刑法是保护人民民主权利和对敌人实行专政的工具。他提出，只要阶级斗争依然存在，就必须发挥刑法的专政功能来制裁反革命分子和犯罪分子，巩固革命胜利果实，保护人民的合法权益，使国家的经济、文化、政治工作得到顺利开展。毛泽东关于刑法专政作用的思想，为刑法界定罪与非罪的标准、深刻分析犯罪活动的规律与特点具有重要的指导意义，推动了刑事司法工作的顺利开展。

3. 创造性地提出两种刑罚种类

毛泽东在刑法实践过程中，不断解放思想，深入调查研究，创造性地提出了两种新型刑罚制度，对我国刑法制度的完善做出了杰出贡献，这在世界上独具特色，有利于罪犯的管理与改造。一是死缓制度。毛泽东对死刑判决进行了深刻思考，认为死刑作为一种重要的震慑和惩处手段，绝对不能废除，但可以根据实际情况对死刑犯采取两种处理方式。第一种情况："对于有血债或其他最严重的罪行非杀不足以平民愤者和最严重地损害国家利益者，必须坚决地判处死刑，并迅即执行。"第二种情况："对于没有血债、民愤不大和虽然严重地损害国家利益但尚未达到最严重的程度，而又罪该处死者，应当采取判决死刑、缓刑二年执行，强迫劳动，以观后效的政策。"① 这就是死缓制度的主要内容，浸透着毛泽东的少杀慎刑态度。死缓制度是毛泽东把马克思主义实事求是精神与刑罚体系相结合的产物，这使刑事司法机关对抓错人判错案的行为有了可以改正的机会和时间，也给了罪犯学习改造和重新做人的机会，充分体现了毛泽东刑法思想的科学性和公正性。二是管制制度。毛泽东认识到犯罪的复杂性和多样性，及时总结经验，将群众路线与罪犯改造相结合，强调发挥群众的监督职能，从而创建了具有中国特色的罪犯管制制度。所谓管制制度，就是对于罪行较轻的罪犯，不将其押送监狱，而是放在自己原有的社会环境中，由周围的群众进行监督，使其得到有效改造。管制的罪犯依然享有和家人相处的机会，有继续工作和获得同等报酬的权利。这种制度的优势十分明显，有利于罪犯在不影响家庭关系和正常工作的条

---

① 毛泽东：《毛泽东选集》第3卷，人民出版社1991年版，第25页。

件下接受改造教育，也减轻了国家对罪犯进行改造的成本（如关押场地）。

4. 指出了刑罚的两大功能

毛泽东及时总结和概括了刑法的惩罚和教育两大功能，并根据中国国情，提出了"惩罚与教育相结合"的方针。毛泽东认为，没有人天生是罪犯，人可以改造，通过正确的方法可以改造成自食其力的劳动者。他坚持马克思唯物主义的辩证观，认为一切矛盾都可以转化，可以把消极方面转化为积极方面。对罪犯的惩罚方式，"第一是思想改造，第二是生产"。劳动生产只是教育的手段，教育才是改造罪犯的最终目的。对待犯罪分子，必须采用科学的教育方法，使他们在经过劳动历练之后，树立正确的政治观念和价值观念，改恶从善，成为社会主义的建设者。毛泽东的这一理论体现了以人道主义对待罪犯的精神，为我国监狱工作提供了科学的指导思想，推动了罪犯改造理论和实践工作的进展。

5. 明确了刑罚适用原则

毛泽东历来主张"宽严相济、罪刑相适"的刑罚原则，既要使犯罪分子得到应有的惩罚，又要体现公平公正的原则。1947年10月，谢觉哉在佳县神泉堡向他汇报工作时表示："人命关天，不是杀鸡杀狗，地富与农民，政治上经济上是敌对阵营，但仍同是人类，因此，不能随便处死人，不管是什么人，都必须按照现有的司法程序办理，不然就乱了。"毛泽东听后立即指示："许多事情都是这样，方针定了，而且正确，以后的问题不在外部，而在内部，不在敌人方面，而在自己方面。"① 由此可见，毛泽东深知依法审理和按律量刑的重要性。新中国成立后，随着社会主义法制建设的开展，毛泽东进一步强调刑罚裁量必须严格遵循公正原则，做到罪刑法定、罪刑均衡，坚决避免重罪轻判、轻罪重判的罪罚不一情况，最大限度地发挥刑罚的教育功效。鉴于犯罪行为复杂性和多样性的特点，无法用单一方式处理

---

① 吉世霖：《谢老司法轶事》（十九），《法制周报》1983年2月22日。

罪犯，毛泽东在总结我国犯罪行为规律的基础上，又提出"惩办与宽大相结合"的政策，这实质上是"具体问题具体分析"在刑事司法实践中的灵活运用。他认为，对待不同的犯罪分子应该采取不同的态度和方法，对罪大恶极的罪犯必须严厉惩办，对于大多数犯罪分子还是要利用教育改造的方式给其改过自新的机会。毛泽东还提出少用死刑、禁用肉刑、反对刑讯逼供等多种刑罚观点，创造性地发展了马克思主义法学理论，对我国的刑法工作实践和理论创造都有着重要的指导意义。

（四）毛泽东行政法思想

无论是革命时期还是新中国成立以后，毛泽东都十分注重行政法建设。他的行政法思想散见于很多文件、会议及著作当中，对我国的行政管理起到了重要的指导意义。毛泽东行政法思想内容丰富，主要包括民主集中的行政组织原则、精兵简政政策、建立廉洁高效政府的理念、遵循实事求是的行政决策原则以及加强法制建设、依法行政等几个方面。

1. 民主集中制原则

民主集中制是执政机构的组织形式。毛泽东根据中国革命和建设的实际需要，将这一原则创造性地运用到行政工作当中，将民主与集中这两对看似矛盾的概念用恰当的方式统一起来。新民主主义革命时期，毛泽东主张新民主主义政权的组织原则要继续坚持民主集中制。在实践过程中，他用民主集中制原则正确处理中央和地方、集体与个人之间的关系，充分调动两者之间的积极性，使民主集中制的优越性充分发挥。他曾提出："一般的方针集中于上级；具体的行动按照具体情况实施之，下级有独立自主之权。……应该集中的不集中，在上者叫做失职，在下者叫做专擅，……应该分散的不分散，在上者叫做包办，在下者叫做无自动性。"① 实行民主集中制，可以优化中央与

---

① 毛泽东：《毛泽东选集》第2卷，人民出版社1991年版，第436、437页。

地方之间的权力配置，也是"原则性和灵活性"原则在行政组织中的再一次应用。抗战时期，他领导实行的三三制，就是民主集中制在政权组织中的充分体现，这种制度不仅确保了党的领导地位，而且充分发挥了人民民主作用。民主集中制原则不仅有利于中央集权，也可以让地方对复杂多变的形势有独立灵活的处理，发挥群众的主动性，使政府工作更加高效优质。

2. 精兵简政政策

行政机构的设置是行政法的重要内容之一。毛泽东深知行政机构组织是国家各项政策法令得以顺利实施的基础，接受了李鼎明建议的"精兵简政"政策，严格要求各根据地政府坚决贯彻执行。在《一个极其重要的政策》一文中，毛泽东详细阐述了精兵简政的目的：精简、统一、效能、节约和反对官僚主义。[①] 他将精兵简政视为抗日根据地渡过严重困难、争取抗战胜利的重要政策，要求精简机关，提高效能，节约人力物力，有效克服了根据地面临的财政经济困难问题，推动了抗战工作的顺利进行。1956 年社会主义改造完成后，他认识到苏联行政机构设置方面的弊端，强调把精兵简政作为行政体制改革的主要目标。事实证明，实施精兵简政政策，可以减少行政人员的数量，提高行政机构的工作效率，减少各地政府行政支出费用，有利于革命和建设的顺利进行，这对于当代中国行政法的制定仍有深远的指导意义，是我国行政机构设置的理论指南。

3. 建立廉洁政府的理念

在廉洁政府建设方面，毛泽东做了许多思考，提出了一些切实可行的操作措施。一是从思想教育方面着手，要求行政人员要树立"廉洁勤政"的职业道德。毛泽东强调行政人员必须把"全心全意为人民服务"作为工作的唯一宗旨，树立大公无私的精神，权为民所用，利为民所谋，继续保持艰苦奋斗的优良传统，同贪污腐败的官僚主义思想做斗争，为抗腐拒变打下坚固基础。他要求行政管理人员，"随

---

① 毛泽东：《毛泽东选集》第 3 卷，人民出版社 1991 年版，第 880—883 页。

时准备拿出自己的生命去殉我们的事业。"① 在他的提倡下，党员和
领导干部时常进行思想教育培训，提高自己的思想道德水平，这为建
立廉洁政府提供了良好的思想基础。二是从法制建设方面着手，建立
惩治贪污腐败分子的法律法规。毛泽东十分重视廉政的法律化和政策
化建设，强调思想道德建设和法制建设同步进行、相互促进，一手抓
思想道德建设，一手抓反腐法律及相关制度的建设。在新民主主义革
命时期，他先后领导并颁布了《关于惩治贪污浪费行为》《惩治贪污
暂行条例（草案)》《各级政府干部奖惩条例》等一系列关于反腐反
贪的法规。新中国成立以后，他又组织制定了《关于处理贪污、浪费
及克服官僚主义的若干规定》《惩治贪污条例》《五四宪法》《关于国
家行政机关工作人员的奖惩暂行规定》等法律法规。在这些律令法案
中，都涉及廉政建设的内容，为廉政政府的建立提供了必要的法律
保障。

4. 依法行政原则

依法行政是毛泽东行政法思想最核心的内容，是他在民主革命和
社会主义建设实践过程中领导政府工作和行政管理经验的总结。早在
井冈山革命斗争时期，他就主张通过健全和完善行政法规，改变过去
"人治"的行政管理模式，保证一切行政管理活动依法进行。"我们
正在制定详细的各级代表会组织法（依据中央的大纲)，把以前的错
误逐渐纠正。"② 抗战时期，他明确阐述了依法行政的必要性和具体
要求："行政权力的集中化是必要的；当人民要求的政策一经通过民
意机关交付与自己选举的政府的时候，即由政府去执行，只要执行时
不违背曾经民意通过的方针，其执行必能顺利无阻。"③ 在他看来，
只有遵循法律，行政管理活动才能有序进行；一旦悖逆法律，行政管
理活动必然会受到影响和阻碍。新中国成立后，他领导制定了《五四
宪法》，强调指出；"宪法草案通过以后，全国人民每一个人都要实

---

① 毛泽东：《毛泽东选集》第 3 卷，人民出版社 1991 年版，第 1097 页。
② 毛泽东：《毛泽东选集》第 1 卷，人民出版社 1991 年版，第 72 页。
③ 毛泽东：《毛泽东选集》第 3 卷，人民出版社 1991 年版，第 354 页。

行，特别是国家机关工作人员要带头实行。"① 由此可见，毛泽东把"依法行政"视为领导和管理政府执政活动的主要原则，并在实践中不断贯彻执行。

除此之外，毛泽东于行政法的理论贡献还有：德才兼备的干部选拔任用标准、行政法规的制定原则（注重调查、群众路线以及实事求是）、行政法规的宣传和执行思想等。毛泽东行政法思想颇具特色，创造性地发展了马克思主义关于政府管理的学说，有力推进了我国行政管理特色化和现代化的进程。

（五）毛泽东经济法思想

在新民主主义革命时期和社会主义建设初期，毛泽东领导并创建了具有中国特色的经济建设理论。在毛泽东经济法思想的指导下，党领导人民为新民主主义革命的胜利奠定了经济基础，还成功完成了社会主义三大改造，顺利过渡到了社会主义社会。

1. 新民主主义时期的经济思想和政策法规

在新民主主义革命时期，毛泽东把马克思主义经济学原理创造性地运用到中国新民主主义经济建设当中，形成了新民主主义经济理论。他结合半殖民地半封建中国的具体实际，对中国的经济形态做出了科学分析，指出中国的经济是半殖民地半封建经济，是封建经济、殖民地经济和资本主义经济的结合体。他在《目前形势和我们的任务》中，把新民主主义经济纲领明确概括为："没收封建阶级的土地归农民所有，没收蒋介石、宋子文、孔祥熙、陈立夫为首的垄断资本归新民主主义的国家所有，保护民族工商业。"② 其中，没收封建阶级的土地归农民所有是新民主主义革命的主要内容。新中国成立之初，我国处于新民主主义社会。毛泽东在对新民主主义时期经济性质科学评价的基础上，对当时的阶级关系做了深入调查研究，总结出了

---

① 毛泽东：《毛泽东选集》第3卷，人民出版社1991年版，第129页。
② 毛泽东：《毛泽东选集》第4卷，人民出版社1991年版，第253页。

当时中国经济的五大成分：国营经济、劳动者个体经济、合作经济、资本主义经济和国家资本主义经济。其中，"在无产阶级领导下的新民主主义共和国的国营经济是社会主义的性质，是整个国民经济的领导力量，但这个共和国并不没收其他资本主义的私有财产。"[①] 在新民主主义社会，仍然允许私营经济和资本主义经济的存在。

新民主主义革命时期，毛泽东还制定了许多具体的经济政策和方针。在变革土地制度方面，他先后组织颁布了《井冈山土地法》《兴国土地法》《土地暂行法》《中华苏维埃共和国土地法》《五四指示》《中国土地法大纲》等一系列土地法案，有效保护了农民的土地权益，提高了农民生产的积极性，团结了广大农民阶级，为革命胜利打下了良好的群众基础。在民族工商业问题上，他认为民族工商业力量虽然弱小，但有利于国民经济的发展。民族资产阶级既有妥协性，也有革命性。从发展壮大统一战线的角度出发，必须保护民族工商业，团结一切可以团结的力量，并采取加工订货、经销代销等多种形式将其成功地转变为国家资本主义，使其具有社会主义经济的性质。

2. 社会主义建设时期的经济思想和经济政策

经过了三年的社会主义改造，新中国从新民主主义社会顺利过渡到了社会主义社会。毛泽东对社会主义经济建设问题进行了深刻思考，提出了很多建设性的意见和观点，形成了系统的社会主义经济法理论，为全面认识社会主义经济提供了理论基础，为社会主义经济法建设实践提供了行动指南。

（1）社会主义社会的基本经济矛盾

毛泽东在对马克思唯物辩证主义进行反复验证、对中国现实中存在的阶级问题和社会矛盾进行深刻反思的基础上，逐步总结出中国社会主义社会的基本矛盾，即："在社会主义社会中，基本的矛盾仍然

---

① 毛泽东：《毛泽东选集》第2卷，人民出版社1991年版，第678页。

是生产关系和生产力之间的矛盾，上层建筑和经济基础之间的矛盾。"① 这是毛泽东在借鉴苏联经验和结合中国现状的基础上，对马克思主义的创造性发展。在《论十大关系》一文中，他进一步指出我国社会存在着十大矛盾，不仅对十大矛盾进行了充分明确的叙述，还提出了解决这些矛盾的途径和方法，构建出我国社会主义经济发展的基本框架，具有重要的理论指导意义。

（2）总结了社会主义商品经济和价值规律

毛泽东批判了斯大林关于社会主义商品经济的观点，指出了其局限性。在实践中，他进行了深入探索和思考，认为商品经济虽然被界定为资本主义经济的范畴，却可以将其作为社会经济发展的服务工具。1958年，他还分析了资本主义和社会主义商品经济的不同点，强调商品经济是经济发展的客观规律，商品经济和按劳分配应该作为社会主义经济建设和发展的指导方针。毛泽东关于商品经济的这些论述，为邓小平经济理论的形成提供了宝贵经验。

（3）进行经济体制改革

在《论十大关系》一文中，集中反映了毛泽东经济体制改革思想。一方面，毛泽东提出实行中央集权和地方自主管理相结合，正确处理二者关系，克服中央集权管理的单一性，使地方获得更多的自主权，以便应对各地区复杂独特的经济特点，推进社会经济体制改革的进程。另一方面，他积极吸收苏联经济建设经验，及时分析我国经济建设实践中的问题，提出经济体制改革必须正确处理国家、集体和个人之间的关系。国家在制定经济法规和制度时，要兼顾三者的利益，让其发挥各自优势，更好地为社会主义经济发展服务。同时，毛泽东接受了陈云"三个主体、三个补充"的经济思想，对经济体制做出了一系列重要改革，在实践中不断地健全完善我国经济体制。

（4）提出独立自主、厉行节约的经济原则

在我国经济建设当中，毛泽东一面提出吸收和借鉴国外优秀经

---

① 毛泽东：《毛泽东选集》第3卷，人民出版社1991年版，第373页。

验；一面强调实事求是，结合中国实际情况，探索中国自己的建设道路。他强调，中国的经济建设以自力更生为主，寻求外援为辅，并敏锐地发现了苏联经济建设的一些弊端，指出要走符合中国实际的工业化道路。在经济建设道路上，广大人民群众要奋发图强，共创祖国辉煌。同时，他把"勤俭节约"作为我国经济发展的基本要求和重要原则，在《正确处理人民内部矛盾的问题》中强调："我们六亿人口都要实行增产节约，反对铺张浪费。这不但在经济上具有重大意义，在政治上也有重大意义。……要使我国富强起来，需要几十年艰苦奋斗的时间，其中包括执行厉行节约、反对浪费这样一个勤俭建国的方针。"① 他还把"自力更生"和"厉行节约"两大经济原则结合起来，明确论述了两者之间的关系。在社会主义经济建设初期，要实现自力更生就必须要求广大人民做到厉行节约，厉行节约、反对浪费就是为了达到自力更生的目的。毛泽东提出的两大经济原则极大地丰富和发展了马克思主义经济理论，与当今我国实行的"科学发展观"有着异曲同工之妙。

（六）中国共产党第一代领导集体其他领导人的法律思想

毛泽东法律思想是马克思主义法学理论中国化的重大理论成果，是毛泽东及老一辈无产阶级革命家、思想家经过长期的实践探索才逐渐形成，是中国共产党集体智慧的结晶。毛泽东在总结集体智慧并加以理论概括方面确实具有主创性地位，但党的第一代领导集体中的其他领导人和理论家也在不同方面做出了重要贡献，正是他们集体智慧的合力作用才构成了毛泽东法律思想。

1. 周恩来的法律思想

周恩来是中国共产党、中华人民共和国和中国人民解放军的主要缔造者和领导人之一。他在人生观、世界观逐渐转变为马克思主义者的过程中，形成了自己的马克思主义法律思想。周恩来法律思想是毛

---

① 毛泽东：《建国以来毛泽东文稿》第 6 册，中央文献出版社 1992 年版，第 355 页。

泽东法律思想的重要组成部分，在中国革命和建设的过程中逐渐丰富和完善。

1913 年，他考入天津南开学校学习，期间接触和大量阅读了《民权报》《大公报》《民立报》等具有爱国、民主、进步思想的报刊，以及卢梭《民约论》、孟德斯鸠《论法的精神》、赫胥黎《天演论》等反映西方启蒙思想的书籍，这些都为周恩来民主法制思想的形成奠定了必要的思想基础。1920 年，周恩来赴欧洲勤工俭学，接触到了世界上最前沿的思想，其中就包括马克思主义理论。这一时期，他详细考察了英法等国的历史和社会，接触到了西方的民主、自由、平等、法制等思想，也深刻了解了马克思科学社会主义理论，并在不断学习和反复思索中，最终确立了共产主义信念，成为一名马克思主义者和中国共产党党员。1924 年回国以后，在担任黄埔军校政治部主任期间，他提出要严明军纪。1925—1926 年，在东江地区担任各署行政委员期间，他根据中国共产党的政治纲领和孙中山的"新三民主义"召开了类似于后来人民代表大会制度的各属行政大会，通过了代表群众利益和诉求的各项议案，这些具有约束力的议案成为东江地区政府机构的行为指南。而且，这些议案还赋予民众参政议政、婚姻自由和接受教育的法律权利。1931 年 6 月，周恩来起草了《中央给苏区各级党部及红军的训令——关于苏区与红军工作的指示》，要求各苏区尽快建立苏维埃政权，制定并实施苏维埃宪法，以及土地、劳动、经济政策等法令。同年 11 月，他为刚刚在瑞金成立的中华苏维埃共和国临时政府起草了《宪法大纲》。《宪法大纲》的制定为中国共产党领导人民进行革命斗争提供了行动纲领，也为新中国成立后制定社会主义宪法积累了宝贵经验。抗日战争时期，国共两党实现了第二次合作。这一时期，周恩来主要是利用国民政府的法律来进行合法斗争。从 1948 年 10 月开始，他主持新政治协商会议共同纲领草案的起草工作。从此时起，到新中国成立前《中国人民政治协商会议共同纲领》的制定，以及《新政治协商会议筹备会组织条例（草案）》《中华人民共和国政府组织大纲（草案）》和《中国人民民主革命纲领（草案）》等具有法律性质的文件的制定、修改和完善，无不凝结着周恩来的法律思想。新中国成立后，为了使国家经济尽快得到恢复和发展，使社会秩序尽快得到稳定，实现国家富强、人民幸福的夙愿，周恩来极为重视政府工作的法制化、秩序化运行，着重加强行政部门立法工作。为规范、指导和推动政府工作的有效开展，他要求各级政府和政府各部门制定组织章程和条例，以便于政府工作有法可依、有章可循。除了重视法律法规的制定和实施，他还高度重视法律的宣传教育、法制建设中的民主问题等。要而言之，周恩来法律思想主要体现在以下几个方面。

（1）关于主权在民的思想

周恩来始终认为，在我国社会主义革命和建设事业中，应以广大人民群众为国家权力的主体，即"人民当家做主人"。早在 1917 年，他就提出"人民，国家之主人也"，"共和国之统治权在国民全体"。[①]后来，十月革命的启示和五四运动的实践，使他对人民群众的历史作用有了更深刻的理解，指出中国革命首先应该使人民群众"觉悟"，认识到自己的权利和应有的地位。只要人民群众"觉悟"了，就会转化为无穷的力量，就能"'群策群力'、'众志成城'，则目的终可达到"[②]。周恩来为之献身的中国共产党，革命奋斗目的就是为了实现人民当家做主。周恩来还认为，革命成功后为了巩固胜利果实，必须从法律上确认主权在民，用宪法来确认人民是国家的主人，保证人民群众参加国家和社会事务管理的权利。他强调，人民的参与权，主要通过直接"参加国家事务的管理和监督"来实现，为此就要充分发挥人民代表的监督职能以及中央与地方的相互监督职能。

（2）关于共和的思想

从词源讲，"共和"的含义近似于公共财富或公共利益。因而，共和要解决的问题之一就是权力的渊源问题，"对于立宪者而言，与

---

① 周恩来：《周恩来早期文集》上卷，中央文献出版社、南开大学出版社 1998 年版，第 241 页。

② 同上书，第 326 页。

古罗马一样，共和意味着最高权力掌握在人民手中，权力的渊源是人民，以及政府是由人民建立的并且是向人民负责的"①。1949 年 9 月，中国人民政治协商会议通过了由周恩来亲自起草的起临时宪法作用的《中国人民政治协商会议共同纲领》，以及人民政治协商会议制度，从这些文件中透射出的精神内核就是新中国主权在民，亦即共和。人民政治协商会议是当时中国工人阶级、农民阶级、小资产阶级、民族资产阶级及其他爱国民主分子的联合，保障了中华人民共和国中各阶层、各群体的权益。政协在党的工作体制中属于统一战线工作，也是党取得革命胜利的三大"法宝"之一。从现代法治理论视角来看，政协制度蕴含着共和的宪政内涵。周恩来作为中国共产党统一战线工作的杰出典范代表，在这方面做出了巨大贡献。

（3）关于宪政的思想

作为政府总理，周恩来不仅是民主的倡导者，更是民主的实践者。他明确指出，社会主义国家的权力属于人民，社会主义的人民民主是社会主义社会的本质所在。在 1954 年 9 月第一届全国人民代表大会上所做的《政府报告》中，他强调："我们的国家机关是属于人民群众的，是为人民群众服务的，因此它同旧中国的压迫人民的国家机关在本质上根本相反。组成我们各级国家机关的是各民主阶级的活动分子。我们的一切国家机关工作的指导原则是民主集中制，集体领导制和群众路线。"由此可见，周恩来主张民主与专政是辩证统一关系，没有民主就没有社会主义，但民主作为一种国家制度，具有鲜明的阶级性，因而必须与专政结合起来。同样，民主与集中也是辩证统一的。"民主集中制是我们政治生活的基本原则。"②"没有集中就没有民主，有民主就需要集中"，我们是"在民主的基础上实行集

---

① ［美］路易斯·亨金：《宪政·民主·对外事务》，邓正来译，生活·读书·新知三联书店 1996 年版，第 12 页。

② 中共中央文献研究室编：《建国以来重要文献选编》第 10 册，中央文献出版社 1994 年版，第 344 页。

中。"① 周恩来进一步提出"宪法至上"，主张建设"有限政府"。为此，他制定了一系列法规制度并主张加强对政府的监督，认为"宪法至上"是宪政最为重要的标志，建立健全社会主义法制是宪政的前提，而依法治国则是宪政的必然表现。此外，他还积极领导并参加了中国人民争取、保障和维护人权的斗争。他既重视个人人权、国内人权，也重视集体人权、民族人权、宗教人权和国际人权。他把马列主义的基本原理与中国具体实际相结合，对人权问题做出了许多精辟的论述。1949年5月4日，他在中华全国青年第一次代表大会上，指出新中国的民主自由与资产阶级的民主自由完全不同。生存权和发展权是人权最基本的内容，中国人权问题的解决必须依靠大力发展生产力，以满足人民群众日益增长的物质文化需求。1954年，他在第一届全国人民代表大会第一次会议上指出："逐步改善人民的物质生活和文化生活，是我们的经常性和根本性的任务。"为此，"我们最主要的事情，就是人人都要关心提高我们国家的生产力。"1955年，在赫尔辛基世界和平大会上，他再次指出社会主义国家的人民民主是最大限度的民主自由，是最大多数人享有民主。在霸权主义和强权政治的时代，要争取人权，必须首先取得国家独立和民族解放。1957年在全国人民代表大会民族委员会召开的民族工作座谈会上，他强调指出，"我们反对两种民族主义，就是既反对大民族主义，也反对地方民族主义"，"我们必须强调各民族的团结"，"对妨碍我们团结的，妨碍我们共同努力的两种民族主义错误，都应当批判"。对于宗教人权，他认为："当社会还没有发展到使宗教赖以存在的条件完全消失的时候，宗教是合法存在的。"②"我们的政策，是要保护宗教信仰自由。"周恩来一生为被压迫人民的解放、被压迫民族和国家的独立而奋斗，为世界和平而呼吁，在这一过程中形成了国际人权思想，并为世界人权运动做出了卓越贡献。

----

① 周恩来：《周恩来选集》下卷，人民出版社1984年版，第358页。
② 同上书，第267页。

（4）关于民主与法制相统一的思想

为了更好地进行社会主义建设，周恩来反复强调要扩大和发展社会主义民主。1956 年，他在《专政要继续，民主要扩大》一文中提出："现在我们的人民民主专政应该是：专政要继续，民主要扩大"，"要经常注意扩大民主，这一点更带有本质的意义。"① 当然，加强社会主义法制是发扬社会主义民主的保证，发扬社会主义民主是加强社会主义法制的目的，两者是统一关系。为此，周恩来提出："为了保卫我们国家建设事业不受到破坏，必须加强国家的公安机关、检察机关和审判机关，必须加强立法工作和革命的法制。"而且，"所有我们国家机关的工作人员都必须严格遵守宪法和法律，成为守法的模范；同时还必须教育全体人民遵守宪法和法律，以保证表现人民意志的法律在全国统一施行。"② 他十分重视立法工作立足实践、循序渐进的重要性。1954 年 1 月 14 日，他主持政务院第 202 次政务会议，在讨论政法委员会《一九五四年政法工作的主要任务》时指出："经济基础变，上层建筑也就随着改变，我们的人民民主法制也就要随着经济基础的变化、发展而变化、发展。就是说，我们的法制是逐步建立起来的、不断改进的、革命的人民民主法制。企图在中华人民共和国成立之时，或者在今天一下子完全建立起来，是不可能的。旧社会不可能给我们建立人民民主法制，我们只能在人民民主革命胜利后才开始建立全国性的人民民主法制。既然现在是过渡时期即社会主义革命时期，就必然会有一些运动。通过运动，取得经验，把这些经验总结起来，就成为法制。"他主张在开展社会主义政治、经济、文化建设的同时，通过各种政治教育和文化教育，提高广大人民群众的政治思想觉悟和文化水平，增强其民主意识和法制意识，使他们能自觉遵守国家的法律法规，进而提高参政议政能力，从而推动社会主义民主制度化、法制化的进程。

---

① 周恩来：《周恩来选集》下卷，人民出版社 1984 年版，第 358 页。
② 同上书，第 86 页。

2. 刘少奇的法律思想

刘少奇是以毛泽东为核心的党的第一代中央领导集体的重要成员，在中国革命与建设时期参与制定许多法律法规，对推进我国社会主义法制建设提出了许多真知灼见。他"在年幼时，是随着母亲求神拜佛的，在读了孔孟之书以后，也深信中国的封建制度和封建道德是最好的东西。后来进了所谓洋学堂，又深受达尔文学说的影响，并深信孙中山先生所倡导的民主主义学说"①。五四运动以后，刘少奇深受马列主义影响，并于 1921 年赴莫斯科东方大学学习，"前后不到一年，但这却是他确立对马克思主义的坚定信仰和实现向共产主义人生观、世界观的根本转变的重要时期"②。1922 年回国后，他开始了领导工人运动的生涯，并在工人运动的实践中逐渐形成法律思想。譬如，1923 年的《对俱乐部过去的批评和将来的计划》，1923—1924年两次修订的《安源路矿工人俱乐部总章》，1926—1927 年期间的《工会代表会》《工会经济问题》和《工会基本组织》三篇法规，1931 年的《中华苏维埃共和国劳动法》，以及 1934 年的《苏维埃国有工厂管理条例》和《苏维埃国家工厂支部生活条例》两部法律。1937 年全面抗战爆发后，他坚持"深入敌后、发动群众、开展游击战争"的方针，先后开创并扩大华北、华中抗日根据地，出色地完成党交付的工作。与此同时，他加紧制定有关法律法规。解放战争时期，他做了《关于土地问题的指示》的报告，并在 1947 年主持全国土地会议通过了《中国土地法大纲》。新中国成立后，他又积极关注新中国的法制建设，主持制定了一大批重要法律，对新中国法律制度的形成和发展起了重要作用。综观刘少奇的法律思想，主要表现在以下几个方面。

（1）关于民主宪政的思想

刘少奇对于新中国法制建设最重要的理论贡献，就是与毛泽东共

---

① 刘少奇：《刘少奇论党的建设》，中央文献出版社 1991 年版，第 605 页。

② 赵明：《探寻法的现代精神——刘少奇的法思想与法实践》，广西师范大学出版社 1997 年版，第 17 页。

同确立了建设社会主义民主宪政、依宪治国的战略目标。新中国成立后，党的第一代领导集体就开始审慎地考虑制定新宪法问题，而《五四宪法》的制定和颁布则标志着新中国确立了社会主义依宪治国的法治目标和社会主义法制建设的根本准则。刘少奇认为，新中国宪法的第一要务就是将党领导人民走社会主义道路这一根本性问题以宪法的形式固定下来。在《关于中华人民共和国宪法草案的报告》中，他论证了新中国宪法确立社会主义制度原则的合理性与历史必然性，得出了我国必须坚定不移地走社会主义道路的结论，指出从新中国成立以后到社会主义社会改造完成是一个过渡时期，而新中国在过渡时期的总任务是逐步实现社会主义改造，因此有必要制定宪法，用法律的形式把过渡时期的总任务肯定下来。[①]他强调指出，宪法草案作为国家根本法在国家生活中发挥巨大作用，要树立宪法至上的权威和最高的法律效力，宪法面前人人平等，全体人民和一切国家机关都必须遵守宪法，国家行政机关绝不能脱离人民代表大会或者违背人民代表大会的意志而进行活动。

（2）关于法制建设的思想

由于长期领导白区和敌占区的革命运动，也出于独特的个人性格和思维方式，刘少奇对于法制与秩序的功能和意义，比其他党和国家领导人有着更为深入的理解，十分重视法制和秩序建设。早在新中国成立初期的土地改革运动中，刘少奇就强调在稳定社会秩序的基础上进行有序的改革。同时，他又强调从实际出发，在不同的历史时期采取不同的斗争方式，维护社会秩序的稳定。革命战争时期和解放初期，为了肃清残余的敌人和镇压反革命分子，扫荡反动的旧秩序，应依据党和人民政府的政策建立革命的新秩序。在社会主义建设新时期，应在法律制度化的框架内解决各类社会矛盾和冲突，而不是采用直接的群众运动和暴力斗争的形式。由此可见，在法制建设的操作方式和形式选择上，刘少奇偏好秩序的"法治"而非

---

① 刘少奇：《刘少奇选集》下卷，人民出版社1985年版，第144页。

运动式的"群治"。

完备的法律体系是实现民主宪政的前提，刘少奇十分重视新中国的立法活动。还在 1937 年，他就精辟地指出，争取民主的根本问题是立宪与国民大会的问题，除此以外，必须进行各种个别的立法运动，如工人、农民、青年、妇女的立法等。1956 年刘少奇在中共八大报告中指出，为了巩固国家政权，保卫社会主义建设的秩序，目前国家工作中的迫切任务之一就是着手系统地制定比较完备的法律，健全社会主义中国的法制。他认为，法制是人民意志的体现，必须维护人民权益。法制建设必须坚持群众路线，即贯彻"从群众中来，到群众中去"的原则。刘少奇还强调在法制建设中贯彻法律面前人人平等的原则，特别是所有党员，包括党的负责干部，都必须无例外地遵守党的纪律。司法工作要符合司法职能特殊性和运作规律性的要求，实现公安机关、检察机关和法院的分工负责与互相制约，做到维护司法权威和司法权力的统一，保障司法独立。

3. 董必武的法律思想

董必武是中华人民共和国的缔造者和卓越的领导人之一。他在长期的革命实践中，以其高尚的人格、丰富的法学素养和对法治价值的真诚确信，反复而不厌其烦地强调依法办事的重要性，为新中国法制的创立和完善做出了不懈努力。他在 1914 年远赴日本学习法律，在 1934 年担任中央苏区最高法院院长，新中国成立后任政务院政治法律委员会主任、最高人民法院院长，拥有深厚的法学理论基础与法制建设经验。他把马克思主义国家与法的理论同中国法制建设的实践相结合，提出并阐发了中国化的马克思主义法制与司法理论。董必武法律思想属于毛泽东法律思想中的"民主法制篇"，阐明了我国民主法制和社会主义法制建设的性质、方向，彰显了法制与国家、法制与民主、法制与人民、法制与社会、法制与政党的关系，坚持和丰富了马克思主义法学观，为建设中国特色社会主义法治奠定了思想理论基础。

（1）法制是人类社会文明进步的重要标志

法制是文明社会不可或缺的调整方式，它给社会以规则、秩序、公平和正义，是人类社会文明进步的重要标志。一方面，马克思主义法学认为，就法的阶级本质来看，它是上升为法律、上升为体现在人人必须遵守的行为规则中的国家意志的统治阶级意志；另一方面，马克思指出共产主义社会的理想是"自由人联合体"，而这一理想的实现则需要经过漫长的历史阶段，才能达到过程和目的的统一。董必武认为，迄今为止，在社会发展的不同形态中，法制是人类社会文明进步的重要标志。"法制有什么作用？没有它行不行？……人类进入文明社会以后，说到文明，法制要算一项，虽不是唯一的一项，但也是主要的一项。"①

（2）法律是上层建筑，为经济基础服务

1954 年，董必武明确提出："法律是一种上层建筑，这种上层建筑的形成和发展，对摧毁旧基础、巩固新基础有巨大的作用。不知道运用法律这个武器，无形中就会削弱国家权力的作用。"②毛泽东于1957 年 1 月在省、市、自治区党委书记会议上同样指出："一定要守法，不要破坏革命法制。法律是上层建筑。我们的法律，是劳动人民自己制定的。它是维护革命秩序、保护劳动人民利益、保护社会经济基础、保护生产力的。"③毛泽东同董必武的上述论述，实际上是以毛泽东为代表的第一代领导集体对马克思主义关于法律与经济基础关系基本原理的中国表述。

（3）"法律以人民为本"的"民本法律观"

董必武总是把"国以民为本""诚心诚意为人民服务"作为自己的"座右铭"，认为党和人民的利益高于一切，法律是人民的意志。他形象地解释说："人民是主人，人民代表和政府干部都是长工。"他把新中国的司法定位为"人民司法"，对司法工作路线进行了如下定位："人民司法是巩固人民民主专政的武器，人民司法工作者必须站稳人民

---

① 董必武：《董必武选集》，人民出版社 1985 年版，第 451—452 页。
② 同上书，第 350 页。
③ 毛泽东：《毛泽东选集》第 5 卷，人民出版社 1977 年版，第 358—359 页。

的立场，全心全意地运用人民司法这个武器，尽可能采取便利于人民的方法解决人民所要解决的问题。"他特别强调人民法律的人民性，明确指出："1949 年之后，新中国与旧中国的（国体与政体）本质不同，法律随之从本质上加以改变势所必然，决不能率由旧章。"① "国民党的法律，是为了保护封建地主、买办、官僚资产阶级的统治与镇压广大人民的反抗；人民的法律，则是为了保护人民大众的统治与镇压封建地主、买办、官僚资产阶级的反抗。阶级利益既然相反，因而在法律本质上也就不同。"② "人民民主法制，是真正表现人民意志的和为人民服务的法制。"③ 董必武关于人民是国家主人、人民当家做主、"国以民为本"的"民本法律观"意义重大，影响深远。

（4）发展人民民主，加强社会主义法制

董必武认为民主与法制是一个问题的两个方面，二者相辅相成，要发展人民民主就必须加强社会主义法制。早在 1945 年 6 月，他就强调保证人民民主权利以凝聚和巩固抗日民族统一战线的重要性，指出："我们坚持了民主进步。也就是说，只有在民主制度的基础上，才能把各阶级、各党派及一切抗日人民团结起来。"④ 在解放战争时期，他欣喜地表示党领导下的解放区民主法制建设取得了喜人成就。"中国共产党在解放区保证人民有民主权利，有集会、结社、言论、出版、信仰等自由……" "中国共产党在解放区保障了人权与财权。人权受到了政府的保障，非依法律由合法机关依照合法手续不能任意逮捕，并且依照法律，以合法程序予以审判和处置。财权受到保障，人民的私有财产，完全受到法律的保护。"⑤ 新中国成立以后，"我们的人民民主法制，是工人阶级领导的人民群众通过国家机构表现出来的自己的意志，是我们国家实现人民民主专政的重要工具"⑥，这就

---

① 董必武：《董必武政治法律文集》，法律出版社 1986 年版，第 89 页。
② 同上。
③ 同上书，第 479 页。
④ 董必武：《董必武选集》，人民出版社 1985 年版，第 111—112 页。
⑤ 同上。
⑥ 同上书，第 406 页。

要在新的条件下继续加强民主法制建设。董必武的这些论述为党的十一届三中全会确立的"发展社会主义民主，健全社会主义法制"的重要方针和邓小平关于民主要制度化、法律化的著名论断，奠定了必要的理论基础。

（5）党的领导是加强民主法制的根本保证

坚持和加强党对人民政法工作的领导，是法制建设的重要原则和根本保证，这是董必武论述最多的问题。1959年5月，董必武在全国公安、检察、司法先进工作者大会上对人民政法工作的优良传统作了概括："我们党从井冈山建立革命政权的时候起，就有了自己的政法工作。人民政法工作在党中央和毛主席的领导下，从民主革命到社会主义革命，逐步积累和丰富经验，形成了自己的优良传统。这就是服从党的领导、贯彻群众路线、结合生产劳动、为党和国家的中心工作服务。"① 他始终强调把"坚持党的领导"与"加强和改善党的领导"结合起来，始终坚持党政分开，党不能包办或代替国家机关的工作。早在领导陕甘宁边区政府和华北人民政府工作期间，他就指出："政府一定要真正有权""党包办政府工作是极端不利的""党和政府是两种不同的组织系统，党不能对政府下命令""党决定的事，除关于党内者外，一定要经过政府来办。"② 董必武的这些重要意见为规范党和国家行政机关的关系、加强依法行政建设，勾画出了一个大体的轮廓。

（6）依法办事

在1948年华北人民政府成立时，董必武就强调正规的政府必须建立一套正规的制度和办法，"按照新法律规章制度办事"。新中国成立前夕，他又反复强调："国家没有法制，就不能成为一个国家"，"今后，国家进入了有计划建设时期，各方面都要走上正规化，也就是要健全法制生活，按法律办事。"在党的八大上，他向党中央郑重提出："公安、检察、法院和一切国家机关，都必须依法办事"，"依

---

① 董必武：《董必武法学文集》，法律出版社2001年版，第423页。
② 同上书，第110页。

法办事，是我们进一步加强人民民主法制的中心环节"，"党员应当成为守法的模范"。① 薄一波对董必武的这些论述给予了充分肯定，指出："八大展示的探索成果，在经济领域以外，要算董必武同志关于法制建设的观点最为重要……认为加强民主和法制建设，可以使党和政府的活动做到'有法可依'、'有法必依'……他对法制建设的认识达到这样的境界，是很可贵的。"② 应该说，董必武关于"依法办事""有法可依""有法必依"的意见，不仅为党的十一届三中全会确立"有法可依、有法必依、执法必严、违法必究"的十六字方针提供了理论基础，也成为党的十五大确立"依法治国"基本方略的理论渊源。

董必武法律思想是对中国革命和建设时期法治实践的经验与教训的重要总结，丰富发展了马克思主义法学思想，超出了当时盛行中国的苏联化法学理论，也越出了一般政治家和法学家对法的认识，与我们今天的法治理论与实践相衔接。特别是其中的"国以民为本""加强党对政法工作的领导""依法办事"等法制理念，成为当代社会主义法治理念和人本法律观等法学理论的重要渊源。遗憾的是，由于中国革命和建设的历史逻辑及现实国情（包括制度、视野、传统、文化、民众法律素质）的制约，董必武法律思想在党内并没有引起足够的重视。在这种情势之下，董必武法律思想不仅未被充分纳入当时的治国方略中，反而受到歧视、抵制和冷遇。③

4. 谢觉哉的法律思想

谢觉哉是新民主主义法制的重要缔造者和新中国法学界的先驱，对中国法制建设和政权建设做出了重要贡献，被誉为 20 世纪"中国

---

① 董必武：《董必武政治法律文集》，法律出版社 1986 年版，第 489 页。

② 薄一波：《若干重大决策与事件的回顾》上，中共中央党校出版社 1991 年版，第 496 页。

③ 祝铭山、孙琬钟：《董必武法学思想研究文集》，人民法院出版社 2001 年版，第 276—306 页。

十大法学名家"之一①和"延安五老"②之一。谢觉哉的一生积极投身新民主主义革命运动和社会主义国家民主法治工作，在社会主义革命和建设时期，无论是在党的宣传、党务方面，抑或是在统战和政法工作方面，都做出了巨大贡献。谢觉哉法律思想体系宏大，内容丰富，既有对新民主主义宪政的设计和思考，也有对制定新中国宪法文本的卓有成效的探讨，更有新中国若干重大法律制度的尝试性创造，为我们全面建设社会主义法治国家建设提供了思想资源。

（1）关于宪政的思想

宪政文化本非中国传统，是主要来自西方的一种关于国家主权、政权政治框架构建的思想文化体系。中国开始尝试颁布宪法、推行宪政的历史是近代以来深受西方强势文化冲击的结果。清末新政时期始有派五大臣出洋考察各国宪政的活动，进而制定颁布《钦定宪法大纲》《十九信条》等宪法性文件。辛亥革命以后，中华民国又制定了数部宪法文件，如《临时约法》《天坛宪草》《袁记约法》《曹锟宪法》《五五宪草》《蒋记宪法》等。然而，那时的中国只有宪法而无宪政。谢觉哉认为，但凡革命，不仅仅是推翻旧的秩序，砸烂既有的法律制度，还要积极构建新的法制，为革命成功之后的法制建设做准备。基于此，他明确指出宪法是根本法，是整个国家法律体系的总纲，具有不可替代的地位和作用，制定和研究法律十分必要。他对各国宪法进行系统的学习和研究之后，认为当时世界上的主要宪法可依据国体性质分为四大类型：资本主义宪法、法西斯宪法、社会主义宪法和新民主主义宪法。其中，新民主主义宪法是一种过渡性质的宪法。"新民主主义的中国是'建立一个全国绝大多数人民为基础的统一战线的民主联盟的国家制度'，那么新民主主义的法律，应是保护并发展占人口绝大多数的农民工人和被剥

---

① 华友根：《20世纪中国十大法学名家》，上海社会科学出版社2006年版，第302—359页。

② 谢觉哉：《谢觉哉论民主与法制》，法律出版社1996年版，第1页。谢觉哉与董必武、林伯渠、徐特立、吴玉章五位德高望重的老同志被中共中央领导和全体机关干部尊称为"延安五老"。

削的小生产者所争得或正在争取的利益，同时也照顾不违反这主旨的其他阶层的利益，而和破坏这些人的利益作斗争。"① 新民主主义社会的基本原则是民主集中制，民主集中制既是组织关系，也是政治内容。就前者而言，民主集中制规范了中国共产党各级各部门之间如何处理组织与个人、上级与下级之间的关系，如何扩大党内民主、巩固和发展党组织；就后者而言，民主集中制将人民的意见通过民主的方式进行集中汇总，通过整合达成较为集中和一致的意见，然后再将这种经过民主而形成的集中意见以指导或命令的体制推行到人民群众当中去，将其与广泛的民意相互融合。

（2）关于立法的思想

谢觉哉长期从事立法活动，强调立法要以国情为本。在他看来，立法活动本身就源于实际生活，着眼于确立社会秩序、解决实际问题。既然法律的精神源于社会实际，立法工作就必须从实际出发、实事求是。当然，谢觉哉并不排斥外来法学理论和法律制度，只是要求将借鉴而来的外来制度与本国国情紧密结合，并以本国国情作为立法最主要的方针指南。他还要求立法过程体现人民的意志。"我们的法律是反映绝大多数人的意志，是绝大多数人都能够了解和掌握的，我们社会的主人是人民大众，主要是工农群众，因此我们的法律是人民大众的，人民大众也在实际上掌握了。"② "我们的政策的制定，是依据人民的意见与要求，叫做从群众中来，又到群众中去，是集中了人民的意见，是民主的，又是集中的。这样立法的群众路线，也必须贯彻到司法工作中去。"③ 他强调，法律与一般的政策不同，有其自身的稳定性，不能朝令夕改，但应在适当的范围内灵活适应具体情况而有所变通，以适应变化着的社会现实。

（3）关于司法的思想

司法是一国法制的延伸，也是法律制度得以落实的最基础最直观

---

① 谢觉哉：《谢觉哉日记》下，人民出版社 1984 年版，第 1086 页。
② 谢觉哉：《谢觉哉论民主与法制》，法律出版社 1996 年版，第 155 页。
③ 同上书，第 157 页。

的表征。可以说，司法制度的运转成为一种法律制度体系真正成立的极为重要的阶段。谢觉哉主要从司法主体、司法原则、司法制度与司法政策等方面阐述了自己的司法思想。首先，他认为"判词要剖析现微，合情合理，使败诉者不能不心服"①，要想提高审判质量，就必须重视审判人员的审判能力。但凡审判人员，一定要懂得审判技巧，善于总结经验，反对教条主义，提高审判能力。1961 年 7 月，在全国法院工作座谈会上，谢觉哉亲自做过一个报告，专门讨论讲道理这个重要的司法问题。1962 年 11 月 2 日，在全国第六次司法工作会议上的讲话中，他再次强调"合情合理的东西，没有文化的劳动人民常常一听就懂"。② 此后，在各种会议上，他都反复强调："法院的工作首先要搞好审判。'审'，是客观事实，把案件的事实审查清楚，是什么就是什么，不是凭审判员脑子想怎样就怎样。'判'，是在搞清事实的基础上，根据党的政策方针，在一定法律范围考虑怎样量刑，不是想判什么就判什么。"司法判案不仅要治标，更要治本，要深入发掘一个案件发生的社会根源和一个判决做出的社会效应。其次，他认为司法应坚持独立性、专业性和公正性原则。"司法是专门事业，要专门人才，行政官不一定又长于司法；且行政兼司法，有妨于司法的独立。"③ 司法权与其他权力不同，是一项对工作人员有极强专业要求的权力。在司法审判过程中，审判人员要严格依照法律做出独立的裁判，公正断案，敢于碰硬钉子，做到司法公正。再次，他特别关注司法制度的完善，尤其在调解制度和死刑复核制度上进行了深入思考，特别欣赏马锡五审判方式，认为"审判，是强人服从；调解，是自愿服从。审判得好，赢的输的都不能不自愿服从。审判与调节是一件事的两面"④。他关于死刑复核制度的思考源于司法实践，如"田崇山等四犯死刑案"和"电报报案问题"等司法问题。最后，他认

---

① 谢觉哉：《谢觉哉日记》上，人民出版社 1984 年版，第 397 页。
② 谢觉哉：《谢觉哉文集》，人民出版社 1989 年版，第 1126 页。
③ 谢觉哉：《谢觉哉日记》下，人民出版社 1984 年版，第 756—757 页。
④ 谢觉哉：《谢觉哉日记》上，人民出版社 1984 年版，第 621 页。

为除了要建构新式司法机关、培养新式法律人才、严格遵循和贯彻司法原则、完善司法制度之外，还要坚持正确的价值导向，尤其在执行司法政策方面要沿着正确的价值取向努力，不能滥用权力，要体现法律的基本精神。

三 毛泽东法律思想的历史地位及局限

尽管以毛泽东为核心的党的第一代领导集体并没有太多的专门论及法律的文章或系统的法学专著，但他们在思考和改造中国社会的实践中，从革命家和政治家的角度对法和法制问题确有不少研究和论述，为我国深化政治体制改革、推进依法治国、建设有中国特色的社会主义法治国家，有着十分现实的指导意义。

（一）毛泽东法律思想的基本特征

毛泽东法律思想是把马克思主义法学理论与中国实际相结合的产物，具有民族性、时代性。它反映了社会革命和过渡转型时期人们对法律的认识，保障了新民主主义革命的胜利，有力地推动了中国由新民主主义向社会主义的过渡，适应了中国革命和过渡转型期的实际需要。事实表明，毛泽东不仅是中国新民主主义革命和社会主义革命的领导人，也是中国新民主主义社会和社会主义社会法制建设的领导人。

1. 强调人民民主专政

新中国成立之初，面临多方面的巨大压力。经济凋敝，百废待兴，亟待实行大规模的经济复苏；败逃台湾的国民党集团并不甘失败，蠢蠢欲动，准备卷土重来；以美国为首的帝国主义阵营对华实行全面封锁，发动侵朝战争，严重威胁着新中国的国家安全。在这种严峻形势下，以毛泽东为首的党中央审时度势，顺应历史潮流，坚定不移地选择了社会主义道路，确立了以工农联盟为基础的人民民主专政的国家制度，并迅速展开了新中国的法制建设。夺取政权不易，巩固政权、建设和治理国家更为艰难。毛泽东明确提出："法律是上层建筑，我们的法律是劳动人民制定的，它是维护革命秩序，保护劳动人民利益，保护社会主义经济基础，保护生产力的。"① 这一论断确定了我国法制建设的基调，即维护人民民主专政，做到保护人民和打击敌人两方面相辅相成。

首先，充分利用法律的惩戒功能对敌人实行专政。毛泽东认为，军队、法庭、监狱等国家机器，虽然是一个阶级压迫另一个阶级的工具，但人民作为国家的主人，也可以运用法律武器对敌人实行专政，打击各种反革命分子和各类犯罪分子。"向着帝国主义的走狗即地主阶级和官僚资产阶级以及代表这些阶级的国民党反动派及其帮凶们实行专政，实行独裁，压迫这些人，只许他们规规矩矩，不许他们乱说乱动。""对镇压反革命分子，须注意打得稳，打得准，打得狠。""坚决地杀掉一切应杀的反动分子。对盗窃犯、诈骗犯、杀人放火犯、流氓集团和各种严重破坏社会主义秩序的坏分子"，法律必须严格制裁。②

其次，充分利用法律的保障功能，维护人民的利益。新中国建立在半殖民地半封建的废墟上，又有着数千年的封建统治历史，这种状况决定了中国民主成分极度匮乏的基本国情。为此，毛泽东强调以法律的形式保护人民的利益，赋予人民言论、出版、集会、结社、游行、示威、信仰等自由，保护人民进行生产劳动。新中国成立初期，在开展民主改革和社会主义改造运动之时，党和政府不失时机地开展了司法改革，有组织有计划地发动群众，揭露司法机关内部存在的各种问题。正是在毛泽东的亲切关怀下，全国司法部门的组织建设逐步趋于完善。经董必武提议，至 20 世纪 60 年代全国建立了 11 个铁路运输专门法院、两个水上运输专门法院，有的人民法院还设立了铁路、水上运输审判庭，各省、市、自治区法院中设立了 122 个经济建

---

① 毛泽东：《毛泽东选集》第 5 卷，人民出版社 1977 年版，第 358—359 页。
② 同上书，第 42 页。

设保护庭或组。① 毛泽东维护人民民主专政的法律思想，完全适合中国国情，为社会主义建设提供了最根本、最深远的政治保障。

2. 倡导廉洁，反对腐败

毛泽东历来注重党风建设，这一思想充分体现在新中国成立后的法制建设进程之中。在"三反五反"运动中，他明确指出："反贪污、反浪费一事，实是全党一件大事，我们已告诉你们严重地注意此事。我们认为需要来一次全党的大清理，彻底揭露一切大、中、小贪污事件，而着重打击大贪污犯，对中小贪污犯则取教育改造不使重犯的方针，才能停止很多党员被资产阶级所腐蚀的极大危险现象。"② 他还强调，处理大贪污犯必须进行一场大斗争，反贪污反浪费反官僚主义和镇压反革命同等重要，都要大张旗鼓地进行，特别是对群众所痛恨的违法乱纪分子要严肃惩办并清除出党政组织，最严重者应处以极刑。

毛泽东还深入分析了党内出现腐败的原因，将之归结为三条：一是资产阶级思想的影响；二是不注意学习和思想改造；三是政治思想工作做得不够。③ 他提出，通过发动群众进行监督，防止和消灭贪污腐败，是中国共产党跳出历史"周期率"的最好办法，也只有依靠群众监督才能够根除党内的腐败问题。在这一问题上，他身体力行，率先示范，把自己唯一的儿子毛岸英先是送到农村锻炼，后又送到朝鲜战场。值得注意的是，在当时还没有一部反腐成文法规的背景下，毛泽东意识到了舆论监督的作用，指示"要通过报纸等方式，揭露官僚主义、命令主义和违法乱纪事例"。④ 这表明，毛泽东极力推进社会主义民主建设，并且把民主进程与党风党纪建设紧紧联系在一起。今天，以习近平总书记为首的党中央高度重视反腐败和廉政建设问

---

① 曾文斌、肖丕国：《董必武法制思想探析》，《中南工业大学学报》（哲社版）2001年第3期。

② 毛泽东：《毛泽东选集》第5卷，人民出版社1977年版，第53页。

③ 王大福：《毛泽东倡廉反腐思想及其实践》，《职大学报》（包头）2001年第1期。

④ 孙志军：《论三代领导集体的法制思想的演进》，《山东社会科学》2000年第5期。

题，强调"治国必先治党，治党必须从严"，把执政党的作风问题当作首要问题来抓，这正是对毛泽东法律思想的继承和发展。

3. 重视宪法和刑法建设

在阶级社会中，统治阶级只有掌握了政权，才能通过法的形式把自己的阶级意志变为国家意志，依靠国家的强制力量维护本阶级的利益。我国自秦汉以后形成了封建主义法律体系，亦即"中华法系"。半封建半殖民地时代，中国的法律主要是抄袭日、德等国，不能自成体系。新中国成立之后，确立了人民民主专政的国家政权，社会制度发生了根本性改变，作为上层建筑的法律体系也要相应改变。在社会主义社会，民主与法制是建立社会生活秩序的基石，而完备的法律体系则是健全法制的必备前提。因此，如何在破除旧法律体系的基础上，尽快建立社会主义的法规，以适应新的社会生活需要，就成为一项十分紧迫而艰巨的基础性工程。毛泽东十分重视法制建设工程，并亲身参与立法建设。

首先，毛泽东在制宪工作中做出了创造性贡献。毛泽东对宪法的重要性有清醒认识，指出："世界上的宪政，不论是英国、美国，或者是苏联，都是在革命成功有了民主事实之后，颁布一个根本大法，去承认它，这就是宪法。"[1] 社会主义制度的建立，为我国人民提供了最广阔的民主政治基础。只有唤醒民众的民主意识，树立法的权威，法制建设才有最基本的保障。因此，在1954年制宪过程中，毛泽东组织全国各界广泛参与，将制宪工作与法制宣传教育有机结合起来，这是世界制宪史上的一项创举。刘少奇在《关于中华人民共和国宪法草案的报告》中就表示，《五四宪法》草案是我国人民利益和人民意志的产物。《五四宪法》明确规定，我国是工人阶级领导的、以工农联盟为基础的人民民主专政的国家，全国人民代表大会是国家的最高权力机构。各级人民代表大会均由选举产生，对人民负责，受人民监督。国家行政机关、审判机关、检察机关都由人民代表大会产

---

[1] 毛泽东：《毛泽东选集》第2卷，人民出版社1991年版，第693页。

生，对人大负责，受人大监督。公民对国家机关及其工作人员有批评建议之权，对其违法失职行为有检举、申诉、控告之权。这样，人民群众的基本民主权利就从法律上得到了保障。可以说，《五四宪法》的制定过程也是新中国第一次大规模的群众普法运动，人民参与到制宪过程中，既表达了自己的意志，又切切实实地受到了一次法制宣传教育。

其次，毛泽东刑法思想突破了旧的传统。毛泽东十分关注新中国的刑法制定进程，在刑法起草阶段曾亲自审阅刑法草案的第 33 稿。1962 年 3 月，他还强调刑法、民法一定要制定，不仅要有法律，还要编制案例。他注重刑法的专政功能，提出了一些具体的刑法主张，主要是：注意划清罪与非罪的界限；严格把握构成反革命罪的政策界限；倡导罪刑相适应，罚当其罪；主张宽严相济，惩办与宽大相结合；实行少杀政策，严禁乱杀，创造死缓制度；提倡惩罚与教育改造相结合。[①] 显然，毛泽东刑法思想突破了旧的刑法理论，一反把刑法作为单纯惩罚手段的传统观念，而是采用惩戒与教化相结合的手段，充分利用刑法为维护和巩固国家政权服务。应当指出的是，"文革"期间大批干部遭受打击迫害，这并不能反映毛泽东的一贯主张，不能由此推断毛泽东在刑法上主张"严刑厉治"。事实上，毛泽东一向强调"团结一切可以团结的人"，"惩前毖后，治病救人"，毛泽东刑法思想正是他一贯主张的具体体现。

（二）毛泽东法律思想的历史作用

毛泽东为中国新法制建设和构建社会主义法制做出了卓越贡献，形成了具有中国特色的法制经验。毛泽东法律思想不仅在革命和建设过程中发挥了不可替代的历史性作用，而且对邓小平法律理论的形成起了重要的奠基作用。我们必须深刻挖掘毛泽东法律思想的历史作用，积极推进中国特色社会主义法治建设进程。

---

① 陈家革：《毛泽东"慎刑"思想初探》，《毛泽东思想研究》1994 年第 4 期。

1. 丰富和发展了马克思主义法学理论

毛泽东法律思想丰富了马克思主义法学理论。马克思主义经典作家对法律的认识主要包括以下几个方面：第一，社会物质生活条件是法律产生的基础，决定着法律的发展变化；第二，法律体现统治阶级的意志，具有鲜明的阶级性；第三，法律并非永恒不变，而要历经一个产生、发展、火亡的过程；第四，法律的权威来源于国家的支持，由国家暴力机关保证它的贯彻执行，是国家制定的特殊行为规范。在马克思主义法学理论的指导下，毛泽东法律思想得以形成，并对马克思主义法学观点做了创造性的发展，烙上了时代的印记，具有独特的民族特征。

首先，毛泽东根据中国革命和建设的实际情况对马克思主义法学理论做了中国化的解读和创新，形成了具有中国特色的毛泽东法律思想。[①] 毛泽东科学论述了社会主义法制的本质，全面剖析了马列主义的"无产阶级专政"法律观，将对敌人的专政和对人民的民主有机结合起来，提出了具有中国特色的"人民民主专政"的科学论断。这是对马克思主义法律本质观在中国国情下的新解读，为我国社会主义法制建设提供了重要的理论基础。

其次，毛泽东超越了马克思主义法学的某些观点，在实践中促进了马克思主义理论在中国的创造性发展。毛泽东将马克思主义法学观点具体化、中国化，从政治、经济和思想文化等多个角度分析了中国社会主义法制存在和发展的必然性。经济上，由于中国落后的经济基础条件，要实现从农业国向工业国的转变，加大与其他国家的经济贸易，必然需要社会主义法制来提供保证；政治上，由于国内还存在一些反对势力和敌对分子，西方资本主义国家也是虎视眈眈，这必然需要人民民主专政的社会主义制度来为国家的稳定提供保障；思想文化上，受到内外反动势力的影响，国内还存在着一批破坏社会稳定的犯罪分子，人民群众适应和接受新制度也需要一个过程，这就需要提高

---

① 张永波：《毛泽东法制思想及其历史地位》，《运城学院学报》2011 年第 1 期。

人民的法律意识，营造法律至上的良好社会氛围。① 毛泽东高瞻远瞩地阐述了社会主义法制的价值，总结了社会主义法制的发展规律，这是对马克思主义的创造性发展，极大地丰富了马克思主义法学理论宝库。

2. 推进了中国特色社会主义法制建设

首先，毛泽东提出了科学的立法原则，为法律工作的顺利推进提供了保障和前提。一方面，毛泽东提出"实事求是"原则，要求立法机关和工作人员在开展立法工作时，充分考虑中国国情，认真分析阶级现状。法律只有合乎国情、实事求是，才能在社会主义建设实践中发挥应有的作用。相反，如果在立法过程中随意添加个人主观意见，脱离现实生活，必然导致法制工作的失效和混乱。另一方面，毛泽东强调立法必须坚持原则性与灵活性相结合的原则。社会主义法制是为人民民主专政政权服务，体现的是人民的意志，旨在保障人民的利益。② 在制定法律时，必须坚持群众路线，认真听取群众的意见，体现出法制的民主性。同时，要将社会主义法制的社会性和民主性原则充分结合起来，根据各地的不同情况，制定与当地相适应的政策与制度。毛泽东提出的原则性与灵活性相结合的立法思想，依然是当今立法工作的指导原则，具有持久的生命力。

其次，毛泽东执法思想为法制工作者提供了行政执法的依据，对当今执法工作具有重要指导意义。③ 一方面，毛泽东强调"重证据、轻口供"的执法原则，这为执法工作提供了现实的操作性和指导性。证据是认定犯罪法律事实的关键依据，是打击犯罪分子、处置纠纷和维护法律尊严的重要工具，"重证据"至今仍是法律工作者的工作信条。另一方面，毛泽东执法思想中充满了人道主义色彩，这对于构建和谐社会、树立人本观念具有深刻的现实意义。在改造罪犯的理论研

① 孔艳霞：《试论毛泽东的法制思想》，《西藏民族学院学报》2004 年第 5 期。

② 张巧妹、胡玉平：《毛泽东的法制思想及其现实意义》，《大同学院学报》2002 年第 4 期。

③ 刘亚玲：《毛泽东法制思想及其当代价值》，《毛泽东思想研究》2007 年第 1 期。

究和实践过程中，毛泽东始终坚持以人为本的态度，成功地创建了"挽救人，改造人，造就人"的罪犯改造理论。对待罪犯，不是采取简单的抛弃方法，而是真正的挽救，尊重其人格，不对其辱骂，不刑讯逼供。毛泽东把改造罪犯作为终极目的，关心罪犯的前途，在监狱中向罪犯传授文化知识和谋生技能，使其出狱以后也可以更好地服务社会。人道主义的执法精神给罪犯提供了重返社会的机会，也是践行以人为本观念的必然要求。

最后，毛泽东守法思想有利于营造党员干部带头守法和全体民众知法守法的社会氛围。一方面，毛泽东要求人人遵守法律，这大大提高了群众对法律的重视程度，为社会主义法制建设创造了良好的群众基础。随着社会经济的发展，人们的法律意识不断提高，认真学习毛泽东守法思想成为深入贯彻依法治国方略的题中之意。另一方面，毛泽东要求领导干部在守法方面发挥模范带头作用，对于违法的党员干部一律严惩，这保护了法律的权威，有力清除了一些领导干部的特权思想。① 当前，西方利己主义和自由主义思想传入中国，一些人思想信念发生动摇，贪污腐败现象不容忽视。重温毛泽东守法思想，有助于提高领导干部自觉守法的意识和执政为民的服务理念，加强党风廉政建设，营造人人守法的社会氛围。

3. 奠定了建设和谐社会的基础

毛泽东在法律法制方面有相当深入的研究和许多独到的观点，为我国的社会主义法制建设奠定了深厚的理论基础，为立法司法工作提供了基本的工作思路，对和谐社会和法治中国建设亦有重要的指导意义。

首先，社会主义法制的建立为经济文化的和谐发展提供了重要的法律保证。毛泽东是社会主义法制的开拓者，带领中国人民创建了社会主义法制。正是在这样的基础上，中国特色社会主义法制建设不断

---

① 陶信平：《论毛泽东法制思想对构建农村和谐社会的意义》，《理论试点》2007 年第 10 期。

完善和健全。只有以健全的法制为保证，社会各项工作才能有序进行，经济文化事业才能顺利发展。反之，如果没有健全的法制和完备的法制机关，必然导致社会秩序混乱、违法犯罪行为频仍，经济文化的发展也会受到严重阻碍。从这一角度而言，毛泽东法律思想为我国当今法制建设提供了理论基础，保证了经济文化的和谐发展。

其次，毛泽东法律思想中的"公平正义"原则与和谐社会的内涵相契合。毛泽东强调公平正义原则，这集中体现在他的平等思想当中。一方面，他追求民众在政治、经济、文化各方面的全方位平等，强调不分男女老少，权利一律对等，甚至不顾及当时的经济物质条件，企图通过公有制、人民公社和"大跃进"来实现人与人之间的绝对平等。这固然表现了毛泽东忽视物质基础急于冒进的局限性，但也体现出他对待人民权利方面的公平意识。另一方面，毛泽东主张法律面前人人平等，反对特权主义，这一原则不仅保证了人民权利与义务的对等，而且对官僚腐败分子起到警告和惩戒作用。公平正义是和谐社会的重要内涵之一，毛泽东的公平正义思想对当前和谐社会建设具有重要指导意义。面对改革开放以来出现的区域发展不平衡、贫富差距拉大等新问题，必须不断完善和健全法律制度，创造公平正义的法治环境。只有实现真正的公平正义，才能建立起长久稳定的和谐社会。

最后，毛泽东法律思想中的全心全意为人民服务观念为和谐社会的"以人为本"价值取向提供了重要的理论支持。① 无论是在革命战争时期，还是在社会主义建设时期，毛泽东一直遵循执政为民的理念，强调一切工作以人民群众的利益为出发点和落脚点。在社会主义现代化建设新时期，毛泽东的为民理念对践行科学发展观有着积极的推动作用。科学发展观的核心是"以人为本"，"人本"是社会主义和谐社会的内在属性，强调实现人的全面发展。胡锦涛在省部级干部

---

① 陶信平：《论毛泽东法制思想对构建农村和谐社会的意义》，《理论试点》2007年第10期。

研讨班开班仪式上强调："必须坚持以人为本，始终把最广大人民的根本利益作为党和国家工作的根本出发点和落脚点，在经济发展的基础上不断满足人民群众日益增长的物质文化需要，促进人的全面发展。"① 正是在毛泽东为民理念的指导下，胡锦涛提出了以人为本的科学发展观，并将两者联系起来，明确了党的执政本质和执政方式。毛泽东的执政为民理念在当今时代依然熠熠生辉，成为和谐社会建设的重要指导理论。

（三）毛泽东法律思想的启示意义

毛泽东法律思想具有丰富的科学内涵，对我国法制建设产生了积极作用。当然，由于各种因素的影响，毛泽东法律思想也存在着一定的历史局限性。对待毛泽东法律思想，我们应该采取实事求是的科学态度，认真吸收其中的科学经验，深刻总结其间的沉痛教训，更好地为当前的社会主义法治建设服务。

1. 依法治国和德法并举是中国特色法治国家建设的基本理念

"法治"和"德治"是治理国家的两种截然不同的方式，各有优缺点，不能简单和片面地认同或否定，而要将两者的优点有机结合起来，共同服务于治国理政的大局。在全面推进社会主义法治建设的今天，我们要深刻吸取毛泽东晚年"人治"管理的教训，坚持贯彻依法治国的基本方略和德法并举的基本方针。

"依法治国"是我国既定的治国方略，是社会主义现代化建设的核心所在。毛泽东时代，没有完善的法律作为制约，一切工作都依赖于党的方针、政策、决议，出现了以党代政、以政代法的现象，导致社会主义法制遭到破坏和轻视。以邓小平为核心的第二代领导集体，确立了依法治国的战略方针，提出大力发展社会主义民主法制，这是对毛泽东晚年错误进行深刻分析后做出的科学总结，有利于社会主义

---

① 胡锦涛：《在省部级主要领导干部提高构建社会主义和谐社会能力专题研讨班上的讲话》，《人民日报》2005 年 6 月 27 日第 1 版。

事业的繁荣发展。依法治国，就要不断健全政治领导体制，使政治领导活动以法律的形式进行规范和统一，这样才能保证政治经济文化活动都在法律范围内进行，不受领导人主观意识的影响。依法治国，还要不断健全社会主义法制，改变过去只注重法律惩治功能的片面认识，重视加强法律在保护公民权利和推动经济文化建设方面的作用，促使群众在健全的法律范围内管理国家事务，积极投入到经济文化建设当中，以主人翁的态度自觉遵守法律，为社会主义建设勇于奉献自己的力量。

"以德治国"是另一种国家管理方式，在社会生活当中具有不可替代的作用。毛泽东晚年，民主法制遭到破坏，"一言堂"的专断作风盛行，群众文化水平普遍不高，缺乏开展精神文明建设的稳固基础。改革开放以后，党大力提倡精神文明建设，将其和物质文明放在同等重要的地位，不仅通过多种途径提高全党的思想道德修养，还采取有效手段大力提高全民的文化水平，营造团结友爱、诚信互助的社会环境。只有全体民众的思想道德素质得到提高，深刻理解社会主义核心价值观，才能保证以德治国深入推进，建成富强、民主、文明、和谐的社会主义现代化国家。

法律是道德的政治保证，道德是法律的精神动力。与之相适应，依法治国是国家管理的主要形式，以德治国是必不可少的重要补充。只有"德法并举"，实现依法治国和以德治国的有机结合和相互促进，才能推动法治中国建设进程，实现现代化建设的宏伟目标。

2. 增强民众法律意识是依法治国的关键

回顾毛泽东时代法制建设的成就和教训，增强民众的法律意识十分重要，这是推进社会主义法制建设进程的有效手段。

无论多么完美的法律制度，如果不被人民从内心接受，就难以贯彻执行，无法发挥出应有的作用。就立法方面而言，法律意识是立法工作者的思想源泉。立法者只有具备较高的法律意识，才能规定公民享有的合法权利和应尽义务，制定出与当前的经济文化条件相适应的法律制度，并根据实际需要随时修改和补充。就执法方面而言，法律意识是执法工作者较好地贯彻执行法律的思想保证。执法工作者只有具备较高的法律意识，才能对当前的法律制度有比较全面的了解和准确的认识，才能更好地在具体工作中贯彻法治精神。就守法方面而言，法律意识是全民守法的重要推动力。建设法治社会，营造守法局面，不仅需要国家暴力机关的强大威慑力，更要依靠人民群众的自觉性。只有群众形成了自觉守法的意识，从内心真正认可法律、拥护法律，才能树立起法律至高无上的权威，为法治的实施奠定稳固基础。

我国长期处于封建专制时代，民众深受"人治"文化的影响。近代以来，广大底层民众又受到三座大山的残酷剥削，对法制有着本能的抵触和排斥。因此，国人普遍缺乏民主法治意识，偏重法律对罪犯和敌对分子的惩治功能而忽视其保护公民权益的社会作用。当自身权益受到侵犯时，人们更多的是采取逆来顺受的态度，这不仅破坏了法律的权威，而且导致人民对"人治"的重视大于"法治"，最终导致了"文化大革命"的悲剧。① 这样的悲剧在法律意识浓厚的国家很难发生，要保证社会主义法制的顺利进行，就必须增强全国人民的法律意识。

当前，我国要多管齐下、多策并举，在全社会营造法律至上氛围。一是要坚持依法治国的战略目标，不断健全和完善社会主义法制，满足人民群众的物质文化需要。二是要全面提高法律工作者的法律意识，对他们进行全方位的法律知识轮训，使其正确认识法律的职能、作用和本质，做好本职工作。三是要加大普法宣传力度，使群众知法懂法，形成人人守法的良好环境，能够用法律保护自己的合法权利。

3. 一切优秀法律文化都是社会主义法制建设的资源

对于古今中外的法律文化成果和相关法学论著，都要以科学的态度和包容的胸襟去对待和审视，取其精华，去其糟粕，为中国特色社会主义法制建设服务。

———————————

① 李刚：《中国民主法制建设的历史回顾》，《青海社会科学》2002 年第 2 期。

对于中国传统法律文化，毛泽东深受其中"人治"思想的影响，又在其他客观因素的作用下，在晚年时期犯了"人治"主义倾向的严重错误。对于西方资本主义国家的法律文化，他从阶级立场的角度出发，认为资本主义国家的法律旨在为资产阶级服务，与社会主义国家相比不具备先进性，因而采取了简单化和片面化的否定态度。对于苏联的法制建设经验，毛泽东模仿和复制较多，改进和创新偏少。中苏虽然同属社会主义阵营，但两国法制建设的物质条件和历史背景并不相同，不能简单地照搬苏联模式，而应该结合实际情况吸收有益经验。毛泽东没有以科学的扬弃态度对待国内外法律文化成果，这使我国的社会主义法制建设在 20 世纪 50 年代后期遭遇了严重挫折，民主法制建设进程十分缓慢。因此，我们必须以实事求是的科学态度对待一切法律文化成果。

首先，要认识到任何文化成果都有一定的共性和继承性，法律文化也不例外。比如，西方国家首先提出的法律面前人人平等的观点。从地域上而言，不仅适用于西方资本主义国家，也同样适用于社会主义国家。从时间上而言，当前法律的公平正义特点就是对平等观点的继承与发展，无论是近代还是当代的法制建设无不遵循这一观点。

其次，要对本国民主法制建设的实际情况做好调查和分析。了解本国国情和实际需求，这是吸收和借鉴其他优秀法律文化成果的前提。只有正确分析国内的政治经济文化条件和法制建设需要，才能明确哪些法律成果可以为我国社会主义法制建设服务。

最后，要将国内外优秀法律文化成果与我国社会主义民主法制相结合。在将国外法制建设经验运用于我国法制建设的过程中，必须注意"外国"法律体和"本国"法律体的兼容性，根据情况的不同做出适时和恰当的调整，坚决避免全盘复制，真正做到"洋为中用"，为中国特色社会主义法制建设做出应有贡献。

（四）毛泽东法律思想局限性的根源

毛泽东法律思想是一定历史时期的产物，是毛泽东领导中国人民进行民主革命和社会主义建设的经验总结。由于历史条件的限制和个人因素的作用，毛泽东法律思想具有进步性和局限性的双重性质。从20世纪50年代后期开始，毛泽东在社会主义法制建设的探索过程中出现了严重失误，没能客观认识法律的本质作用，将其视为可有可无的工具，最终践踏了自己一手创制的包括宪法在内的全部法律。我们要历史地全面地认识毛泽东法律思想，不能以偏概全地只讲理论贡献或是全盘否定，而要深入分析毛泽东法律思想局限性的根源，深刻吸取其中的历史教训，这对于法治中国建设具有深远的启示意义。

1. 政治原因

毛泽东时代缺乏厉行法治的政治基础。新中国成立后，我国实行高度集权的政治体制，又受到"左"倾错误的影响，始终没有形成依法治国的政治基础，这是毛泽东法律思想局限性产生的重要原因。[①] 社会主义改造完成后，为了巩固革命的胜利果实，保持党对国家的绝对领导，我国实行高度集中的中央集权制度。国家的一切工作不是依法开展，而是以政策作为工作指南。现代法治的政治基础是民主政治，而建立了先进的社会主义制度的中国却没有形成相应的民主政治体制。虽然毛泽东强调人民民主专政，但他对民主缺乏全面的认识，主要将民主理解为民主的方式和民主的方法，忽视人民管理公共事务的权利。由于认识上的片面性，中央集权体制下的"人治"就成为主要的治国方式。除此之外，毛泽东法律思想的局限性也与政治上的"左"倾错误有密切联系。毛泽东晚年，国内外形势都比较严峻。就国内而言，1957年整风运动开展以后，一些"右"倾主义分子企图篡夺党的领导权。就国际形势来看，不仅以美国为首的帝国主义阵营仍旧对中国实行包围封锁政策，苏联也与中国发生了矛盾冲突，还支持印度在中印边境制造冲突。由于国内和国际因素的影响，毛泽东在政治上有着高度的警觉和压力，对国内政治形势的判断出现了严重失

---

① 高文盛、熊金蝶：《毛泽东法制思想的时代特征及其局限》，《河北法学》2002年第3期。

误，在政治上犯了"左"倾主义错误，并受此影响而把法律作为政治斗争的工具和巩固胜利成果的手段，较多地关注法律的专政职能，对于人民民主则关注不够。

2. 经济原因

毛泽东时代缺乏厉行法治的经济基础。法治的实行离不开商品经济的土壤，现代法治必须以商品经济的最高形式——市场经济为基础。近代中国，自足自给的小农经济始终是经济的主体，商品经济的成分比较弱小。① 新中国成立后，毛泽东没有认识到计划经济和市场经济不过是资源配置的两种形式，过于追求社会主义公有化的程度，实行了高度集中的计划经济体制，将市场经济划入资本主义范畴，一味地批判打击。计划经济体制下的经济活动主要以行政命令为依据，本质上是一种权利垄断经济，政治与经济的职能混为一体。以行政命令为主要活动依据的计划经济体制对法律没有强烈的现实需要，本能地要求实行"人治"，自然不可能产生对法律的普遍诉求。由此可见，中国民主法制建设的落后与当时高度集中的计划经济体制有着不可分割的联系。由于毛泽东等党的领导人在经济认识上的片面性和偏见性，导致市场经济无法发展，现代法制也就缺乏赖以生存的土壤。

3. 文化原因

毛泽东时代缺乏厉行法治的文化传统。我国社会具有悠久的"人治"传统，近代以来一直没有摆脱"人治"模式的影响，没有形成依法治国的文化基础。我国传统法律文化着眼于维护统治阶级的利益，主要强调人民的义务，并不重视民众的权利。尽管传统文化也有"民本"思想，但"仁爱"只是统治者用来维护统治秩序的手段，并不是最终的目的。在封建专制社会，帝王贵族拥有国家的一切资源，人民根本不可能成为权利主体。而在现代民主法制当中，人民在经济、文化和国家事务管理方面则居于主体地位。从某种意义上说，传

① 陈首崔、付云鹏：《论析毛泽东法制成就有限之因》，《宁波广播电视大学学报》2007 年第 4 期。

统法律文化和现代法律思想存在着天壤之别。而且，在半殖民地半封建社会的法律制度下，广大人民长期生活在水深火热之中，更是在心理层面产生了对法的痛恨和厌恶，没有形成尊崇法律的社会氛围。毛泽东生活在封建社会刚刚结束的时代，几千年的德政和人治模式对他产生了深刻影响，在思维习惯上自然不会亲善法治。而且，党领导人民推翻半殖民地半封建社会的法制，正好适应了人们的心理要求，使他们对党存在着更多的政策期盼。因而，毛泽东虽然带领人民实现了民族独立和革命胜利，但在取得政权后，依靠政策和指示来推动工作的习惯性思维很难骤然改变，过于强调法的政治属性，重视刑法的研究和实践，而对法制建设的其他领域则关注不多。由于缺乏崇尚法治的社会文化氛围，毛泽东晚年犯了轻视法制的错误，造成了中国社会无法无天的现象。

4. 国际原因

毛泽东时代缺乏厉行法治的国际环境。当时，社会主义与资本主义两大营垒紧张对峙，两种意识形态全面对抗，苏联和西方法制建设又都出现了混乱状态。在这样的国际环境下，毛泽东很难冷静思考和借鉴国外法治经验。一方面，毛泽东对属于资本主义意识形态的西方近现代法律文化具有本能的排斥心理。在 1968 年民权运动和学生运动的猛烈冲击下，西方法制建设一度出现无序状态，人们毫无顾忌地违法，民法、商法、社会福利制度被破坏殆尽。目睹西方国家法治的混乱状态，毛泽东更加严厉地批判西方法律文化，其中的一些精华内容也被一概抛弃和否定。另一方面，毛泽东对苏联法制建设经验采取了简单化的处理方式。在 20 世纪 50 年代前期，他对于苏联经验采取了近乎照抄照搬的态度。在 20 世纪 50 年代后期，又对苏联经验采取了否定质疑的态度。在 1956 年苏共二十大召开以后，斯大林时代社会主义法制遭到严重破坏的情况逐步浮出水面，这使毛泽东对苏联和我国的法制建设产生了深深的质疑，依靠政策的人治观念更加强烈。

5. 个人原因

中国的社会主义法制建设是中国历史的崭新篇章，并没有多少现成经验可资毛泽东学习借鉴。毛泽东只能在法制建设的实践中不断地摸索总结，使社会主义法制从"幼稚"走向"成熟"，其间难免要遇到一些挫折和阻碍。从个人主观因素来看，毛泽东法律思想的局限性主要在于以下两个方面。

首先，毛泽东对于马克思主义理论缺乏深刻的理解。在马克思主义经典作家看来，社会主义国家应该是真正民主的国家和实行依法治理的国家。它不仅要继承人类文明的一切优秀成果，包括资产阶级法治原则中合理的科学成就，还要通过制度上的优越性弥补以往社会的历史局限性。马克思和恩格斯曾对法的起源和本质、法与经济基础的关系、资产阶级法制的局限性以及法律在无产阶级革命中的重要性做了大量论述，列宁在建设苏维埃政权的过程中又对社会主义民主与法制建设理论作过深刻阐述。遗憾的是，毛泽东对这些原则性的论述缺乏深刻理解，在相当长的时期内否认社会主义存在商品经济、市场经济，强调暴力斗争和阶级斗争的作用，忽视了法律在治国中的地位。

其次，毛泽东未能保持谦虚谨慎的态度，助长了与"法治"背道而驰的个人崇拜之风。毛泽东的崇高威望与他对革命的巨大贡献密不可分，早在中共七大将毛泽东思想作为党的指导思想之际，就有了一些个人崇拜的苗头。不过，这时的毛泽东明确反对个人崇拜。中共八大召开后，他主张以后不提毛泽东思想。后来，随着国内外形势的发展，特别是受苏东政局变化的影响，国内也出现了群众闹事的现象，这引起了他的警觉和不安。他认为这是赫鲁晓夫反对斯大林个人崇拜造成的结果，加上他认为自己就是"中国的斯大林"[1]，担心中共内部也会有人效法赫鲁晓夫。从这时起，他对于个人崇拜的认识逐渐发生了变化。1956 年 12 月 29 日，《人民日报》发表《再论无产阶级专政历史经验》一文，开始淡化斯大林的错误，不再提反对个人崇拜的问题。1958 年 3 月，毛泽东在成都会议上提出正确看待个人崇拜，指出："赫鲁晓夫一棍子打死斯大林也是一种压力，中国党内多数人

---

[1]　胡乔木：《胡乔木文集》第 2 卷，人民出版社 1992 年版，第 147 页。

是不同意的，但也有一些人屈服于这个压力，要学打倒个人崇拜。有些人对反个人崇拜很感兴趣。个人崇拜有两种，一种是正确的崇拜，如对马克思、恩格斯、列宁、斯大林正确的东西，我们必须崇拜，永远崇拜，不崇拜不得了。真理在他们手里，为什么不崇拜呢？我们相信真理，真理是客观存在的反映。另外一种是不正确的崇拜，不加分析，盲目服从，这就不对了。反对个人崇拜的目的也有两种：一种是反对不正确的崇拜，一种是反对崇拜别人，要求崇拜自己。"① 会上，中共中央中南局第一书记陶铸直接表示对主席就是要迷信，而中共上海市委第一书记柯庆施更是提出，相信主席要相信到迷信的程度，服从主席要服从到盲从的程度。中央领导人尚且如此认识，下层干部群众自然有过之而无不及。此后，随着党内政治生活的畸形发展，个人崇拜这一反马克思主义的思潮充斥全党全国，党内民主集中制徒具形式。特别是 1959 年的庐山会议以后，几乎无人再向毛泽东提出反对意见，这又导致毛泽东思想的僵化和个人崇拜的高涨。随着毛泽东威望越来越高，个人专断也越来越厉害，个人权力凌驾于法律之上，自然严重地破坏了社会主义民主法制。② 在毛泽东享有崇高威望的情况下，提倡正确的个人崇拜，必然会助长人们对领袖的盲目崇拜，法制就会因此淡化削弱，法律也就被毛泽东"最最英明的决断"所取代，显得可有可无、无足轻重。

总之，马克思列宁主义法律思想与中国具体法制实践的结合，经历了一个曲折的过程。毛泽东领导中国新民主主义革命并使这一革命向社会主义转变，在这种历史条件下产生的毛泽东法律思想必然带有历史的印记。因此，毛泽东法律思想的根本特征是维护革命秩序，强化对敌专政职能，这种应中国革命运动而生的法律思想实际上是一种为革命服务、以"阶级斗争"为中心的法律工具论思想。当 1956 年社会主义改造完成以后，毛泽东法律思想巨大的传统力量抑制了社会

---

① 毛泽东：《毛泽东选集》第 5 卷，人民出版社 1977 年版，第 369 页。
② 李锐：《毛泽东的早年与晚年》，贵州人民出版社 1999 年版，第 288 页。

主义建设时期法制的发展进程，逐渐排斥法律在经济建设和社会生活中的功能。毛泽东法律思想作为特定历史背景下的产物，必须用历史唯物主义的观点进行评价。首先，毛泽东法律思想与毛泽东思想体系相统一。毛泽东根据中国国情，从中国革命和中国社会主义建设的实际出发，将马克思主义基本原理具体运用于中国的法制建设之中，形成了中国化的马克思主义法律理论——毛泽东法律思想。在我国法制建设进程中，处处体现了毛泽东的一贯主张。对于一个有着数千年封建历史，刚从半殖民地半封建的旧中国脱胎过来，又面临国内外反动势力巨大压力的国家而言，面临的首要问题是生存与稳定。毛泽东从捍卫和巩固人民民主专政的国家政权、保障社会主义建设的顺利进行、维护社会稳定出发，着手社会主义法制建设，取得了卓著成就。毛泽东法律思想是毛泽东思想的有机组成部分，这应予以充分肯定。其次，坚持用完整准确的观点理解毛泽东法律思想。邓小平指出，毛泽东晚年所犯错误的根本原因在于我国政治制度方面存在的某些严重弊端。"我们过去发生的各种错误，固然与某些领导人的思想、作风有关，但是组织制度、工作制度方面的问题更重要。这些方面的制度好可以使坏人无法任意横行，制度不好可以使好人无法充分做好事，甚至会走向反面。即使像毛泽东同志这样伟大的人物，也受到一些不好制度的影响，以致对党对国家对他人都造成了很大的不幸。"[①] 毛泽东法律思想中存在的某些缺陷，主要集中表现在晚年时期，但这些问题不完全是他的个人原因造成的，也不能反映毛泽东法律思想体系中最本质的内容。最后，用发展的眼光看待毛泽东法律思想。法律属于上层建筑，由一定的经济基础所决定，又为一定的经济基础服务。法制作为社会的产物，总是与一定的经济发展水平相关联，与一定的社会道德水准相适应。既然社会在进步，我国的法制建设也必然向前发展。无论社会怎样发展，都无法割断与历史的渊源关系，而这种历

---

① 秦立海：《邓小平论毛泽东与毛泽东思想》，《哈尔滨市委党校学报》2001 年第 4 期。

史的连续性恰好反映了社会对某种更高层次的社会秩序状态的要求与接纳程度。因而，评判毛泽东法律思想，不仅要领悟其精髓所在，更要用发展的眼光审视现实与未来，服务于当代中国的政治体制改革和依法治国实践。

第十一章

建设中国特色社会主义法律思想的形成

1978 年 12 月中国共产党十一届三中全会的召开，标志着中国进入了改革开放的新时期，中国的法制建设也迎来了发展和完善的新时代。这一时期，以邓小平为主要代表的中国共产党人，带着对历史的沉思与总结，深刻认识到没有法制的危害性和健全法制的必要性，认真总结了我国 20 年来法制建设的经验和教训，第一次把法制建设作为一项重要战略任务提了出来，从理论上揭示了在中国这样一个经济文化比较落后、缺乏民主和法制传统、盛行人治与独裁的东方大国如何建设社会主义法制的基本规律，阐明了中国民主和法制建设的基本问题，从而开启了马克思主义法学理论中国化的第二次历史性飞跃进程。邓小平法律思想在总结国际共产主义运动和中国社会主义建设历史经验教训的基础上，结合当时中国社会发展实际提出并发展起来，是中国特色社会主义法律体系的重要组成部分。新时期研究邓小平法律思想对全面建设法治中国具有重大的理论意义和实践指导意义。

一 邓小平法律思想的形成及历史演进

（一）邓小平法律思想的形成基础

党的十一届三中全会以后，面对国际共产主义运动遇到的严重挫折和我国社会主义建设面临的严峻考验，邓小平等党的第二代领导集体创造性地把马列主义基本原理与当代中国实际相结合，科学把握社会主义的本质，第一次比较系统地回答了如何建设社会主义、如何巩固和发展社会主义这一具有重大现实意义的历史性课题，从而丰富并发展了马列主义、毛泽东思想，创立了邓小平理论。邓小平法律思想是邓小平理论的重要组成部分，是党的第二代领导集体运用马克思主义的法律观和法学理论，认真思考并初步回答在中国这个经济政治文化相对落后的国度，如何建设中国特色社会主义法制的一系列问题的理论创新和经验总结，是当代中国法制建设的重要指导。只有充分了解邓小平法律思想形成的理论基础、实践经验以及特殊的社会背景，才能深刻认识邓小平法律思想及其地位和意义。

1. 邓小平法律思想形成的理论基础

以邓小平为核心的党的第二代领导集体在深刻把握中国国情的基础上，站在历史和时代的高度，对前人优秀法律思想继承、发展和创新，形成邓小平法律思想。其中，马克思列宁主义法学理论、毛泽东法律思想、中国传统法律文化是其主要理论来源。

（1）马克思列宁主义法学理论是邓小平法律思想的理论基石

在理论层面，马克思、恩格斯为社会主义法学理论奠定了牢固的历史唯物主义基石，解决了关于法的最基本问题，对于法的本质属性、法的职能等法理学问题进行了深入剖析，肯定了法体现的阶级意志性，论证了法与生产力发展到一定阶段与之相适应的经济的辩证关系，为邓小平法律思想确定了无产阶级法制方向；在实践层面，马克思、恩格斯将革命理想提升到实现共产主义的高度，从国家形式和形态的层面提出了"人民当权"理论，对封建专制和君主立宪进行了彻底批判，并在深入地分析欧洲无产阶级革命运动和巴黎公社的经验基础上，进一步详细阐述了无产阶级专政的实质，为世界无产阶级革命运动和新社会的法权建设提供了理论指导。列宁把马克思主义法学创造性地运用于俄国社会主义革命和建设的实践中，初步创立了为无产阶级服务的社会主义法律体系，深刻地阐明了法与无产阶级专政的关系，指出"在任何社会主义革命中，当无产阶级夺取政权的任务解决以后，随着剥夺及镇压他们反抗的任务大体上和基本上解决，必然要把创造高于资本主义的社会结构的根本任务提到首要地位"①，深刻地阐明了社会主义民主和资本主义民主的关系，指出社会主义民主是大家共享的新型的民主，是人类社会发展中更高级的民主；深刻地阐明了社会主义法制与经济的关系，指出"工人阶级夺取政权之后，像任何阶级一样，要通过改变同所有制的关系和实现新宪法来掌握和保持政权、巩固政权"②；深刻地阐明了社会主义法制与法治的关系，指出制定完备的法律是实行社会主义法制的前提，强调加强社会主义法律的执法与遵守的重要性。这为以邓小平为核心的党的第二代领导集体进行社会主义法制建设探索奠定了坚实的理论基础。

（2）毛泽东法律思想是邓小平法律思想的直接理论来源

相同的文化背景赋予毛泽东和邓小平相同的民本法律思想和东方法律思维，相同的国情使他们的法律思想更为接近、联系更为紧密。产生于中国土壤上的毛泽东法律思想和邓小平法律思想之间有着内在的传承和创新关系。其中，毛泽东关于"社会主义民主政治"的理论，为邓小平民主法制建设提供了直接理论来源。毛泽东作为新中国第一代领导集体的核心人物，将马克思主义政治理论和国家理论应用到我国社会主义建设中，并在总结我国革命经验的基础上提出了人民民主专政的命题和理论，提升和拓展了我国的社会主义民主建设的高度和范围，指明了新时期我国法制建设的方向，构成了邓小平法律思想的理论基础。

（3）中国传统法律文化是邓小平法律思想的内在要素

任何一个国家和民族法律文化的发展脉络，都是批判地继承本国和本民族过往法律文化遗产的过程。中国传统法律文化中的一些法制观点，在新的历史时期又焕发出新的时代光辉，增添了邓小平法律思想的中国特色。例如，中国传统法律文化中"以法为本"的法制观蕴含了对法制的重视，"赏罚以公"体现了对法律平等和司法公正的

---

① 《列宁全集》第 38 卷，人民出版社 1986 年版，第 168 页。
② 同上书，第 299—300 页。

要求，"明主治吏不治民"表明我国历来重视对官员的法律教育，"道之以政，齐之以礼，民免而无耻；道之以德，齐之以礼，有耻且格"则强调法制教育能有效抑制犯罪。这些传统法律思想植根于中国特有的文化背景之下，邓小平将这些观点运用到法制建设实践当中，使之焕发出新的活力。

2. 邓小平法律思想形成的实践基础

历史是现实的基础，社会实践是思想理论的重要依据。邓小平创造性地把马克思列宁主义基本原理同我国具体实际相结合，在批判地吸纳国内外社会主义法制建设宝贵经验和惨痛教训的基础上，不断发展而最终形成了邓小平法律思想。

（1）建国以来法制建设的经验

新中国成立以来，以毛泽东为领导核心的第一代领导集体，积极探索社会主义法制建设道路，取得了一系列具有划时代意义的成就。1950 年 4 月 30 日，颁布了中华人民共和国第一部法律——《中华人民共和国婚姻法》；1954 年 9 月 20 日，第一届全国人民代表大会上通过了中华人民共和国第一部宪法——《中华人民共和国宪法》，从此开启了新中国法制建设的新篇章。《中华人民共和国宪法》为社会主义改造和第一个五年计划的顺利完成提供了重要法律保障，使我国头七年，基本完成社会主义改造，胜利地完成第一个五年计划。"我们的社会主义改造是搞得成功的，很了不起。"[①] 据统计，从 1953 年到 1956 年，全国工业总产值平均每年递增 19.6%，农业总产值平均每年递增 4.8%，市场繁荣，物价稳定，人民生活显著改善。作为党的第一代领导集体成员之一——邓小平对法制建设的重要性也有充分认识，在 1975 年全面主持党政日常工作后，便从铁路系统开始整顿，建立健全各种规章制度，加强组织纪律，国家各项事业开始得到恢复和发展，人民生活水平逐渐提高。"文化大革命"结束后，他认真回顾了我国几十年的法制建设历程，特别针对法制建设有序则社会主义

---

① 《邓小平文选》第 2 卷，人民出版社 1983 年版，第 302 页。

各项事业顺利推进、法制建设遭到破坏则各项事业也遭受挫折的事实，陆续提出了许多重要意见，如：实行法治，反对人治，通过改革处理好人治和法治之间的关系；坚持"一手抓建设，一手抓法制"，充分发扬社会主义民主，加强社会主义法制；加强纪律教育和法制教育，将教育视为法制建设的根本问题。到1978年党的十一届三中全会召开前，完整而系统地提出了"有法可依、有法必依、执法必严、违法必究"的法制建设方针，标志着邓小平法律思想初步形成。

（2）五十年代以后民主与法制被破坏的教训

从20世纪50年代后期开始，由于党和毛泽东对国际国内形势的错误估计，加之对社会主义建设的理论准备不足等原因，党的指导思想逐渐陷入"左"倾并走向极端。1957年反右斗争扩大化后，以法治国的方式和理念受到冷落，阶级斗争被盲目扩大化，社会上个人崇拜、个人专断之风盛行，法律虚无主义日益抬头。在"大跃进"时期，轻视法律的思想在党内开始泛滥。1958年8月，毛泽东谈到上层建筑问题时就说："法律这个东西没有也不行，但我们有我们一套，大跃进以来，都搞生产，大鸣大放大字报，就没有时间犯法了，对付盗窃犯不靠群众不行，不能靠法律治多数人。"[1] 到1959年4月，还撤销了司法部和监察部。1966年至1976年的"文化大革命"，更"使党、国家和人民遭到新中国成立以来最严重的挫折和损失"。[2] 当时，所谓的革命派"在革命无罪，造反有理"口号的鼓动下，以"大鸣、大放、大辩论、大字报"为形式进行"反修防修"，砸烂公、检、法，踢开党委闹革命，社会上出现了无法无天的局面。1975年《宪法》还去掉检察院设置，使我国的司法机构很不完备。正如《关于建国以来党的若干历史问题的决议》总结的那样："党在面临着工作重心转向社会主义建设这一新任务因而需要特别谨慎的时候，毛泽

① 全国人大常委会办公厅研究室编：《人民代表大会制度四十年》，中国民主法制出版社1991年版，第10页。
② 中共中央文献研究室编：《关于建国以来党的若干历史问题的决议注释本》，人民出版社1983年版，第27页。

东同志的威望也达到高峰。他逐渐骄傲起来，逐渐脱离实际和脱离群众，主观主义和个人专断作风日益严重，日益凌驾于党中央之上，……中国是一个封建历史很长的国家，我们党……在反封建斗争中养成了优良的民主传统；但……种种历史原因又使我们没有能把党内民主和国家政治社会生活的民主加以制度化，法律化，或者虽然制定了法律，却没有应有的权威。……使党的权力过分集中于个人，党内个人专断和个人崇拜现象滋长起来，也就使党和国家难于防止和制止'文化大革命'的发动和发展。"① 更为严重的是，"文化大革命"后期，无尽无休的阶级斗争使人和人的关系失去了往日的信任和温馨，大批好人受到严重的精神摧残，有些甚至遭受了法西斯式的迫害和封建式的株连，这就使人民对党是否真正代表最广大人民根本利益产生了怀疑，中国共产党出现了党群关系的严重危机。邓小平亲身经历了那段民主和法制遭受严重摧残的岁月，在"文革"中先后两次受到非法的不公正待遇，对没有法制的社会秩序有着比常人深入骨髓的理解。他从自身的切肤之痛感受到，由于没有健全的法制，党中央未能及时纠正五十年代后期开始的一系列错误。要维护人民的权利，实现国家的长治久安，没有法制来保证，根本就不可能得以实现。可以说，依法治国是出于邓小平内心对历史总结后的强烈要求。因此，党的十一届三中全会后，以邓小平为核心的中共第二代领导集体科学地总结了法制建设的教训，这也成为邓小平法律思想形成的历史依据。

（3）苏联法制建设的经验借鉴

苏联是世界上第一个社会主义国家，苏联模式曾是许多社会主义国家学习的榜样，给各国的社会主义建设提供了宝贵经验，也带来了惨痛教训。列宁直接领导了俄国苏维埃政权的法制建设，在六年多时间内初步创建了社会主义法律体系。后来，随着国内经济、社会、政

---

① 中共中央文献研究室编：《关于建国以来党的若干历史问题的决议注释本》，人民出版社1983年版，第38—39页。

治、文化等方面步入正轨，苏联法学家不断通过关于法律的定义、法律的本质、法律的作用以及社会主义法律与资本主义法律的区别等问题上的激烈争论，建立了完整、精致的法和国家理论，形成了社会主义法律体系，在理论上为新生的苏维埃政权建构起法理上的正当性和合法性的法学理论。列宁逝世以后，斯大林成为苏联党和国家最高领导人，领导苏联完成了社会主义改造，取得了国家工业化、农村集体化的伟大成就。但在 20 世纪 30 年代发动的肃反"大清洗"运动中，斯大林认为逮捕、审讯与处决一个所谓的有罪之人不需要必备的手续，也不需要必要的证据，只要当事人自己承认就可定罪，也可使用残酷的体罚和肉刑，严刑逼供，殃及亲友，造成了无数的冤假错案，整个社会人人自危，极大破坏了苏联本就相当薄弱的法制基础。在肃反运动中，党、政、军、文化、科学等方面被逮捕的人数总计大约 400 万到 500 万，其中大约 50 万人被杀。后来的苏联解体、苏共垮台，不能说与目无法制的"大清洗"后遗症无关。可以说，苏共党群关系的巨大裂痕，开始于严重破坏法制的斯大林时代。而且，斯大林晚年又大搞个人崇拜，从权力高度集中走向个人专断，这就进一步加剧了社会主义法制体系的破坏。苏联的这些做法严重窒息了民主空气，损害了人民当家做主的权利，不仅给自身的革命和建设事业造成巨大危害，而且产生了社会上、道义上和心理上的严重后果。在一定意义上，正是由于斯大林时期对民主和法制的轻视与破坏，才造成了苏联人民对社会主义前途的怀疑，这为后来的苏联解体和苏共亡党埋下了祸根。正是鉴于苏联社会主义建设的惨痛教训，邓小平强烈要求在中国实现依法治国。

（二）邓小平法律思想的形成背景

邓小平精辟地分析了和平与发展成为时代主题后的世界新形势，阐明了争得较长时间的和平环境进行国内建设的必要性和可能性，指出当今的世界是开放的世界，任何国家的发展都离不开时代总趋势。因此，中国要自强于世界民族之林，必须打破闭关自守，既要立足中国大地，又要勇于面向世界，大胆吸收和借鉴人类社会，包括资本主义发达国家在内的一切文明成果，抓住机遇，赢得主动，一心一意地把自己的事情办好，把包括法制在内的现代化建设搞上去。只有这样，才能站在面向世界、面向未来的时代高度，提出和解决中国的法制问题。总之，邓小平法律思想跟上了时代发展的潮流，站在了时代的前列，具有鲜明的时代特征。

1. 邓小平法律思想形成的国际背景

从国际背景来看，邓小平法律思想植根于他对其他社会主义国家兴衰成败经验教训的总结和国际形势的重大变化。邓小平对苏联法制建设的弊端有着清醒的认识，在《党和国家领导制度的改革》讲话中指出："斯大林严重破坏社会主义法制，毛泽东同志就说过，这样的事件在英、法、美这样的西方国家不可能发生。"苏联在社会主义民主的形式方面，实行了以苏维埃作为人民代表机关的国家制度，这反映出苏联的政治制度包含着民主和法制的一面。但另一方面，苏联实行的又是共产党中央高度集权的领导体制。当时，列宁要求："党的代表大会所通过的决定，对于整个共和国都是必须遵守的。""任何一个国家机关没有党中央的指示，都不得决定任何一个重大的政治问题或组织问题。"这一高度集权的领导体制一直延续下来，阻碍了苏联民主和法制的进一步发展，主要表现在以下几个方面：一是人民代表机关苏维埃的权力不实；二是国家权力过度集中在共产党决策机构及其主要负责人手中；三是共产党的决策机构在很大程度上代行了人民代表大会的国家权力机关的职能；四是党和国家的组织原则是民主集中制，但实际上集中往往多于民主，国家的最高权力过度集中在共产党的决策机构手中，党的领导人掌握着几乎不受制约的权力。在高度集权的领导体制下，苏联民主制度对于党的决策机构和党的领袖缺乏必要的制约，这就使得苏联出现了斯大林时代严重的个人专权、个人崇拜情况，造成了肃反扩大化等一系列严重错误，给苏联党和人民带来了巨大灾难，给苏联人民心理上造成了长期抹不去的阴影。随着时代的发展，苏联高度集权的经济体制和政治体制越来越不适应社会生产力发展的需要。到了 20 世纪 80 年代中期，社会各界普遍要求

404

改革，但苏联的经济体制改革进展缓慢，政治体制改革又迷失了方向。在短短的几年里，苏共就从实行"公开化"、放开舆论开始，发展到实行政治多元化和多党制。这种改革的结果，搞乱了人民的思想，使苏共组织陷于瓦解，最后导致苏联共产党在1991年被迫下台、苏联国家宣告解体的悲惨结局。由于斯大林在相当长时期内是国际共产主义运动的公认领袖，再加上新中国成立初期实行"一边倒"的政策，以致斯大林在法学领域中的一些错误和有害观点及苏联高度集权的政治体制和管理模式，不仅传入我国，而且还被全盘接受，给我国民主法制建设造成了不容忽视的消极影响。在苏联社会主义法制建设出现重大挫折和失误之时，世界政治多极化和经济一体化的趋势日益明朗，世界各国在大力发展经济的同时，逐渐认识到法制对经济发展的重要保障作用，掀起了法制建设的热潮，把社会生活逐步纳入法制轨道。苏联法制建设的教训和国际形势的新变化，不能不引起邓小平深深的思考，构成了邓小平法律思想形成的国际背景。

2. 邓小平法律思想形成的国内背景

从国内背景来看，新中国成立后建立了人民民主制度，制定和实施了1954年宪法及其他法律制度，对社会主义建设曾经起过重要的保障作用。但是，由于经济与政治体制上权力的过分集中，以及后来"以阶级斗争为纲"的政治运动的冲击，我国没有认识到依法治国的重要意义，法治思想削弱，人治思想上升。特别是从20世纪50年代后期开始，由于"左"倾思潮泛滥，法律虚无主义开始盛行，广大干部和群众法制观念淡薄，习惯于只按政策办事，按领导人的意志办事，"往往把领导人说的话当作'法'，不赞成领导人说的话就叫作'违法'，领导人的话改变了，'法'也就跟着改变。"① 这使我国的法治建设遭到重大挫折，并带来了十年"文化大革命"的灾难。"文革"期间，宪法和法律不宣而废，公检法机关被彻底砸烂，公民的权利遭到肆意践踏，人民代表大会制度及立法工作遭到彻底破坏。"文

① 《邓小平文选》第2卷，人民出版社1994年版，第146页。

革"结束后，广大民众深感加强社会主义民主和法制建设的重要性，建立法治社会成为人们所期望的社会发展目标。正是在这样的历史背景下，邓小平总结历史经验教训，明确指出："没有文化大革命的教训，就不可能制定十一届三中全会以来的思想、政治、组织路线和一系列政策。"① 在1978年12的中共中央工作会议上，邓小平作了题为《解放思想，实事求是，团结一致向前看》的重要讲话，提出了一系列加强社会主义民主和法制建设的主张和思想。在党的十一届三中全会召开以后，党和国家的工作重心转移到经济建设上来，实行了改革开放。此后，党以经济建设为中心，大力发展社会主义市场经济，建立社会主义市场经济体制。伴随着我国市场经济的发展，对于法制建设的要求愈来愈高，只有健全的法律制度才能保障社会各领域改革的有序进行，才能为经济发展创造良好的社会环境。同时，由于改革开放的不断推进，我国不断参与世界范围内经济、技术、贸易的交流和竞争，与世界的经济联系逐步增加，这就要求我们在加强自身法制建设之际，努力实现法律与国际接轨，参照国际法规和国际惯例不断修正和调适我国法律体系，使其适应国际贸易和国际形势发展的需要。为此，我国法制建设的任务越发显得艰巨，这就需要一个系统而完善的法制建设理论对我国法制建设加以指导，避免法制建设与经济发展中的矛盾和冲突。以邓小平为核心的党的第二代领导集体不断在实践中探索、创新，逐步形成了富有中国特色的社会主义法制建设思想，为我国社会各方面的发展提供了法律依据。

（三）邓小平法律思想的历史演进

邓小平法律思想在实践、认识、再实践、再认识的基础上达到了系统完善和成熟。邓小平法律思想作为中国革命与建设的产物，根植于中国社会实际，在半个多世纪的发展过程中，经历了从萌芽到成熟的嬗变过程。早在新民主主义革命时期，邓小平就在农村革命根据地政权建设过程中对法制问题予以充分关注与思考。新中国成立以后，

---

① 《邓小平文选》第3卷，人民出版社1993年版，第272页。

他又对法制建设进行了积极探索，逐步形成了社会主义法制理念和法制精神。20世纪70年代末，邓小平从总结历史经验，适应拨乱反正和保证国家长治久安的需要来谈法制；80年代初，从保证改革开放、保证四化建设的角度谈法制；80年代中后期，则更多地围绕政治体制改革和维护社会稳定的角度谈法制；90年代初，又从社会主义市场经济的新高度来谈法制。在中国现代化建设过程中，最终形成了以邓小平为核心的中共第二代领导集体的法律思想，为新时期的法治中国建设奠定了理论基础。

1. 早期马克思主义民主思想的奠基时期

早在少年时期，邓小平就树立了共产主义信念。从青少年时期参加学潮运动到法国的勤工俭学运动，再到后来的旅苏学习，是邓小平马克思主义民主思想的奠基时期。

1904年8月2日，邓小平生于四川省广安县协兴乡牌坊村。时值中国的大变革、大动乱年代，四川和全国其他地区一样，受帝国主义、封建主义和官僚资本主义三座大山的压迫，民不聊生，救国图存运动此起彼伏。如1911年的"保路运动"引发了全川的罢工、罢课，也涉及邓小平就读的小学。1918年，进入中学的邓小平越来越对时局变化感兴趣，经常参加学校的进步活动，开始对国内发生的一些重大事件进行反思，并与其他进步的师生一同讨论人生的未来。五四运动爆发后，广安县立中学堂积极响应并成立了广安学生爱国分会，邓小平参加了爱国分会组织的游行、罢课活动，深受"五四"精神的鼓励。1920年，16岁的邓小平远渡海外，到经济较发达、思想较先进的法国勤工俭学。现实生活使他亲眼看到了资本主义社会的黑暗，与一些具有先进思想的学生交往，使他逐渐地接受马克思主义和共产主义思想，同时也积极参加一些进步的革命活动。1922年6月，"旅欧中国少年共产党"（后改名为"旅欧中国共产主义青年团"）正式成立。不久，邓小平也加入了组织，并与其他成员一起学习"共产主义原理""共产主义制度"等理论，通过学习坚定了自己的社会理想。同年7月，在周恩来等共产党人的帮助下，加入中国共产党，并担任中国共产主义青年团旅欧总支部的领导工作，负责旅欧团的日常行政工作。"旅欧中国少年共产党"与中共旅欧支部共同成为留法学生和华人开展政治活动的领导核心，大批优秀的旅欧青年聚集在党团组织的周围，宣传马克思主义和共产主义。同年 8 月，该组织创办了机关刊物《少年》（后改名为《赤光》），邓小平任编辑，以旅欧团和《赤光》为阵地刊登大量的马克思主义、列宁的著作，传播共产主义学理，宣传共产党的性质、地位和作用。期间，邓小平阅读了《共产党宣言》《共产主义 ABC》《中国工人》等报刊和书籍，开始运用马克思主义的世界观、方法论来分析中国革命和世界无产阶级解放运动的若干问题，运用马克思主义的阶级分析观点分析中国的社会现状，并在《赤光》上发表《革命救国论》《救国运动与爱国主义》等一系列政论文章，积极倡导青年投身中华民族的救国救亡运动，同时还积极参加领导了旅欧支部一系列反帝爱国运动。如，与旅欧支部其他成员一道组织领导了旅法勤工俭学学生、华工和各界华人声援国内的"五卅"反帝运动，以及巴黎召开的由中共旅欧支部等团体联合发起的有 28 个团体代表参加的旅法华人声讨帝国主义屠杀中国人民的大会和游行。理论工作和实践斗争促成邓小平的政治立场和世界观的转变。1926 年上半年，受中共旅欧支部和中国共产主义青年团旅欧支部的派遣，邓小平到革命圣地苏联学习。在这里，邓小平首先进入中山劳动大学学习，全面地接受马克思主义的系统教育，学习了中国革命运动史、马克思主义哲学、政治经济学、列宁主义，大大提高了理论水平和思想觉悟，为其以后的革命斗争奠定了坚实的理论基础。旅苏学习期间，邓小平还积极参加了党组织的各项活动，在政治上、思想上、组织上都得到了很好的锻炼。同时也了解了许多国际共产主义运动、苏共党内和中国国内的基本情况，为今后领导中国革命和社会建设奠定了理论基础。总之，这一时期是邓小平系统地学习马克思主义理论，初步确立了马克思主义信念的马克思主义民主思想奠基时期，为后来在中国革命和政治生涯中克服重重困难、奋勇前行提供了强大精神支撑。

2. 从新民主主义革命到 1977 年时期的法律思想

从 1927 年到 1977 年邓小平第三次复出，是邓小平法律思想的初步形成时期。前期，中国共产党领导中国人民经历了土地革命战争、抗日战争和解放战争，新民主主义的民主与法制建设也经历了工农民主政权、抗日民主政权和解放区民主政权三个时期。在此期间，邓小平也曾参与并领导了中国社会革命与社会建设工作，并通过不同场合、不同层次就民主与法制建设提出了自己的理论主张。后期，即新中国成立后，为了巩固新生的政权，在中国共产党的领导下，全国范围内废除了国民党政权的一切法律、法规和司法体制，制定了具有临时宪法作用的《中国人民政治协商会议共同纲领》及一系列法律、法令和法规，使社会主义法制体系初具规模。在此期间，邓小平主持西南局工作，也发表了一些关于民主法制建设的讲话。特别是在1956 年召开的中国共产党的八大上，邓小平做了《关于修改党的章程的报告》，提出了健全党的民主集中制、"党员要遵章守法"等重要观点。① 此后，随着反右斗争的扩大化和"文化大革命"的影响，全国陷入民主虚无、思想混乱的状态中，致使我国的民主法制建设严重受挫，邓小平也无法正常开展工作。从总体看，这一时期的邓小平，其主要精力集中在军事和政治方面，法律思想还不够系统化，除法纪建设方面的系统认识外，零散地附随于有关政权建设、根据地建设、群众运动、党的建设、经济建设等论述之中。

（1）关于地方政府民主与法纪建设的思想

邓小平认为，必须加强地方政权的民主与法纪建设，以巩固地方革命政权、调动群众的革命积极性。抗日战争时期，中国共产党人为了团结一切可以团结的力量以争取抗日战争的胜利，创设了"三三制"的民主政权形式。在根据地政权中，中共党员、"左派"进步人士、中间人士各占三分之一。邓小平认为作为抗日民主政权的原则

---

① 参见吕世伦、李瑞强、张学超《毛泽东邓小平法律思想史》，武汉大学出版社 2014年版，第 185 页。

"三三制"之所以取得广大群众的拥护，是因为它是由"几个革命阶级对汉奸、亲日派、反动派的联合专政"①，"三三制"政权的实质就是民主。针对这项制度实行后，许多共产党员由于缺乏民主习惯和民主意识，出现了不尊重民主、轻视法制、以党代法的现象。邓小平明确指出"党在领导政权工作时，必须贯彻民主的精神"②，以党代法、以党治国的观念和做法危害无穷，反对把党的优势建筑在权力上，把党的领导责任放在政治原则上，包办一切，把党的领导解释为"党权高于一切"，甚至"党员高于一切"，胡作非为。他认为"党没有任何权力去命令政权工作同志不执行上级政令，或者自己来一套"；政权工作的同志也应"遵守政权的纪律和秩序"，③ 严格按照法律的规定进行行政活动；地方政府更应依法行事，在领导群众运动时"加强政府法令的解释工作"，且要"坚持法令秉公办理的态度"；④ 对于政权中的反革命分子，"必须经过民主斗争或合法手续，才能加以逮捕与处理"⑤。解放战争时期，邓小平担任中共中央晋冀鲁豫中央局书记和野战区政治委员，更加强调利用法制加强解放区的政权建设。他特别指出，要"注意建立人民法庭，以便接收审理案件，维持社会秩序，避免乱打人，乱捉人，乱杀人的现象。""对于必须处决的首恶分子，应当经过法庭判决予以枪毙，不得采用乱棍打死等非法的丧失社会同情的处死办法。"⑥ 新中国成立后，以毛泽东为代表的党中央，创造性地建立了以民主集中制为基础的社会主义根本政治制度，邓小平作为第一代领导集体的重要成员，对民主集中制的坚持和发展做出了重要贡献。特别是在党的八大上所做的《关于修改党章的报告》中，集中阐述了作为党的组织原则——民主集中制的思想，提出了民主集中制是党的群众路线在党的生活中的具体运用，是国家的根本政

---

① 《邓小平文选》第 1 卷，人民出版社 1994 年版，第 8 页。
② 同上。
③ 同上书，第 13、15 页。
④ 同上书，第 75 页。
⑤ 同上书，第 15 页。
⑥ 同上书，第 122 页。

治制度等观点。1962 年 1 月 11 日至 2 月 7 日，在中央召开的七千人大会上，邓小平提出坚持民主集中制根本目的就是毛泽东同志提出的，要造成又有集中又有民主，又有纪律又有自由，又有统一意志、又有个人心情舒畅、生动活泼的政治局面。他指出坚持和完善民主集中制关系着党和国家的命运，因此要不断完善党的领导方式，正确认识和处理党的领袖与群众、中央和地方、上级和下级、民主与集中、集体领导和个人负责，以及民主集中与利益的关系，要以小民主等形式来实现这一目标。

（2）关于执政党建设的思想论述

关于党的制度建设。新中国成立以后，党十分注重加强自身制度建设，认为制度建设是党建的根本。邓小平指出，党的制度建设——制度问题、体制问题，比个人作风、个人品质问题更重要、更关键、更根本。① 在党的八大上，他就强调良好的作风是执政党的必备条件，但作风建设与制度建设相比，制度建设更关键。1962 年又指出：我们还有一个传统，就是有一套健全的党的生活制度。② 进入社会主义建设时期，全党一致认为党的制度已经有了，接下来的关键问题就是如何正确地运用这套制度。其实，党的制度建设任务是随着历史使命、社会发展等状况的变化而不断健全的。反右斗争、"文化大革命"时期，"人治"在党内的泛滥与党的制度没有及时更新和完善是分不开的。

关于党员的守法问题。邓小平论述了党员守法问题，对党与法的关系做了明晰的界定。抗日战争时期，许多党员随意改变上级政府的法令，看不起非党人员，没有自觉守法的意识。邓小平在 1941 年 4月发表的《党与抗日民主政权》一文中，明确指出把"党权高于一切"解读为"党员高于一切"是极其危险的认识，具有深远危害，必须坚决反对"党员犯法可以宽恕"的观点。③ 为了严明党的纪律，

① 参见王东《中华腾飞论》，中国人民大学出版社 2001 年版，第 88 页。
② 《邓小平文选》第 1 卷，人民出版社 1994 年版，第 300 页。
③ 同上书，第 11 页。

树立党的良好形象，他提出："党员在政权中要奉公守法，遵守法纪。如果发现党员有犯法舞弊等行为，除了行政上应依法惩治外，党内还应给以处分。"①"各级党部必须研究上级政府，特别上一个战略区的高级政府（如本区的联办）的法令指示，并根据这些法令去指导同级政府党团的工作。"② 在 1951 年，他针对在镇反和惩治不法地主运动后期出现的"事前不请示，事后不报告，不按章程办事的无政府无纪律的风气"，指出必须"坚决执行请示报告制度"。在 1956 年《关于修改党的章程的报告》一文中，他要求党员严守国法，"每一个党员严格地遵守党章和国家的法律，没有例外。任何功劳、任何职位的党员，都不允许例外地违反党章、违反法律、违反共产主义道德"。③"文化大革命"结束后，在总结正反两个方面的教训时，邓小平提出了恢复和健全党的规章制度、严格执行规章制度的要求，认为国有国法、党有党规党纪，共产党员，尤其是高级干部要以身作则，严格守法、廉洁奉公，特别是要严格遵守财经纪律。总之，全党同志都必须牢记党的全心全意为人民服务的宗旨，"确认党没有超乎人民群众之上的权力"。④

　　关于党政关系的思考。邓小平坚定地认为中国的法制建设必须坚持党的领导。1956 年在明确党与国家机关的工作界限时，邓小平指出，国家机关工作中的党员首先要由担任负责工作的党员组成党组并服从党的统一领导，国家机关的党组必须在同党外人士完美合作下，讨论和决定国家机关中的各种方针政策问题和重要组织问题，党必须认真系统地研究国家机关工作的情况和问题，以便对国家机关工作提出正确的、切实的和具体的主张，并对国家机关的工作进行经常性的监督。⑤ 在 1957 年发表的《今后的主要任务是建设》一文中，他在谈

---

① 《邓小平文选》第 1 卷，人民出版社 1994 年版，第 20 页。
② 同上书，第 13 页。
③ 同上书，第 243 页。
④ 同上书，第 218 页。
⑤ 同上书，第 237 页。.

到党和法制建设之间的关系时，指出"过去的革命问题解决得好不好，关键在于党的领导，现在的建设问题解决得好不好，关键也在于党的领导"。加强党的领导，就必须加强对党和党员的监督，扩大党和国家的民主生活，密切联系群众。在1978年的中央工作会议上，他明确指出："国要有国法，党要有党规党法。……没有党规党法，国法就没有保障。"① 因此，必须加强党的纪律建设，以提高党在人民中的形象和凝聚力。在此基础上，邓小平初步阐述了法与党的政策之间的关系，强调法律要符合党的政策，而党的政策只有经过法定机关和法定程序上升为"法"或"法令"以后才能由政府及其相关部门去贯彻执行。政府必须接受党的领导，以保证制定出符合人民利益的法令。"党要细心地研究政策，正确地决定政策，并经过行政机关或民意机关中的党团，使党决定的政策成为政府的法令和政策方针。"② 邓小平关于"法"与"党的政策"关系的论述是马克思主义法学理论与中国国情结合的重要理论成果，既为以后党领导人民依法治国和建立健全社会主义法律体系奠定了理论基础，又为党必须在宪法和法律范围内活动理论的最终形成与确立准备了思想条件。

（3）关于军队纪律建设的思想

邓小平关于军队要整顿和从严治军的思想，是他敏锐把握国际国内形势，适应军队战略指导思想转变的需要，所作出的一个积极的战略决策。③ 邓小平从服务革命的目标出发，提出通过加强军队纪律来提高军队战斗力和在人民心中的地位。针对有些地方的群众对部队印象不好、不愿意参加军队的情况，他要求这些地方向那些动员较好的区域学习，因为动员较好的区域"军队本身有了模范的纪律"④。他强调，军队自身要保持良好的纪律，"我们不同意这样的观点，以为

---

① 《邓小平文选》第2卷，人民出版社1994年版，第147页。

② 《邓小平文选》第1卷，人民出版社1994年版，第243页。

③ 吕世伦、李瑞强、张学超：《毛泽东邓小平法律思想史》，武汉大学出版社2014年版，第203页。

④ 《邓小平文选》第1卷，人民出版社1994年版，第4页。

完全用长官的严厉统制办法，就可以达到……目的"①，"武装力量的责任是……建立革命政权而又服从政府的革命法令"②。

正规化是我军的优良传统。早在土地革命时期，我军就开始重视军队的正规化建设，颁布了《中国人民解放军党委会条例》《关于革命军人委员会条例（草案）》《关于统一全军组织及部队番号的规定》等制度，保障了军队的正规化建设。新中国成立后，尤其是粉碎了"四人帮"以后，我军正规化建设发展到了一个新的水平。特别是为了适应国际国内形势的变化，现代化建设成为军队建设的重点。对此，邓小平认为，军队的现代化水平决定了军队的正规化建设，因此要把军队建设纳入法制的轨道，建立健全军事法律体系，严格管理军队、严格执行法规，不断提高依法治军的水平。他指出：从严并不是讲科学态度和方法，不讲民主风气，而是要制定一系列的法律、法规和条例，既要严格要求，大胆管理，又要根据新情况和新问题，善于管理；既要讲民主，又要讲法治。他还特别强调，加强对领导干部的管理是治军的关键。

（4）关于社会主义法制建设一般过程的初步论述

邓小平对社会主义法制建设的一般过程进行了比较全面的研究，明确指出我国社会主义法制建设的一般过程包括立法、守法、执法、违法处理等既相互联系又彼此制约的四个环节。关于立法问题，他要求立法从实际出发，做到"有法可依"。早在抗日战争时期，他就强调指出，"当某一地区还没有实行减租减息、合理负担等法令时，应派人下乡去解释政府法令。"③ 解放战争时期，他明确要求"制定统一简明的减租减息及合理负担的法令"④。关于守法问题，他要求令出必行，党员要成为"遵守法纪的模范"，党和政府要"引导群众执

---

① 《邓小平文选》第 1 卷，人民出版社 1994 年版，第 5 页。
② 同上书，第 66 页。
③ 同上书，第 54、74 页。
④ 同上书，第 74 页。

行政府的革命法令"。① 关于执法问题，他强调要"依法办事"。在抗战时期，他曾明确指出："过去个别地方执行减租清债等法令时，有些过分的地方，应该纠正。"关于违法处理问题，他强调对于违法情况要严肃处理，尤其对违法的党员务必从严从快处理。面对新中国成立之初的复杂形势，邓小平认为，应"加强公安工作，加强对帝国主义、国民党残余匪特的斗争，巩固革命秩序。同时要加强清除帝国主义、国民党残余匪特影响的思想斗争，及配合农村的反封建斗争"。在1951年5月写给中央和毛泽东的报告中，邓小平指出"经验证明，不镇压反革命，封建势力不会低头的，贫雇农不敢起来，退押、土改也不会这样顺利完成"。除此之外，他还强调法律在社会管理方面的职能和作用，主张用法制建立健全我国的经济制度和其他社会制度。针对1958年"大跃进"带来的经济管理混乱局面，他在中央和地方会议上多次强调整顿治乱的重要性。"文化大革命"期间，我国经济建设和法制建设遭受了严重破坏，"以权代法""以言代法"以及法律虚无现象相当普遍，大批党和国家领导人都受到了非人的迫害和摧残，邓小平也未能幸免。1973年恢复领导职务以后，他从江西返回北京主持党和国家的日常工作，决心进行全面整顿，提出加强法纪法规建设以重建安定团结的政治经济秩序。总之，邓小平对社会主义法制建设的论述是邓小平法律思想的重要内容。

（5）关于社会主义民法与刑法的思想

在对法制建设进行初步探讨的过程中，邓小平开始关注人民调解制度的建设。抗战时期，他提出要对"一般的民事案件加以调解"。② "当敌占区人民向抗日政府提起民事诉讼时，应乐于接受，秉公办理，以调解方式为主，而适当照顾基本群众利益。"③ 实际上，这些关于人民调解制度的论述正是我国现行人民调解制度的雏形。邓小平还对死刑问题进行了初步探讨，提出对党内严重贪污腐败分子适用死刑：

---

① 《邓小平文选》第1卷，人民出版社1994年版，第116页。
② 同上书，第118页。
③ 同上书，第56页。

"要严惩贪污，对于贪污五百元以上的处死刑。"① 解放战争时期，他又探讨了死刑与附加刑的问题，强调"只对个别已判处死刑的反革命分子的本人的财产实行政治的没收，分给群众"②。从他强调的内容不难看出，邓小平既明确了适用死刑的主体，又说明了适用附加刑的具体情况，这些对社会主义刑法建设的初步探讨迄今依然具有借鉴意义。

3. 从 1978 年中共十一届三中全会到 1982 年中共十二大时期的法律思想

从 1977 年邓小平第三次复出至 1982 年《中华人民共和国宪法》颁布实施，是邓小平法律思想不断成熟的历史时期。1977 年邓小平恢复领导职务后，针对"文革"造成的混乱局面和"两个凡是"错误思想对人们的错误引导，提出要在思想上拨乱反正。可是，历经十年浩劫的中国如何推进社会主义民主，如何健全社会主义法制呢？邓小平深刻地认识到，正是由于"我们这个国家有几千年封建社会的历史，缺乏社会主义的民主和社会主义的法制"，③ 才导致了党、国家和人民遭受巨大损失。反思历史，吸取教训，邓小平明确提出"为了保障人民民主，必须加强社会主义法制"④。事实上，邓小平在治国安邦的社会实践中，始终将马克思主义法律思想与中国社会主义建设伟大实践相结合，探索符合中国国情的社会主义法治道路，并在 1978 年党的十一届三中全会公报中得以确认和明晰，这也标志着以邓小平为核心的中共第二代领导集体法律思想的形成。

（1）提出解放思想，为新时期的法制建设扫清障碍

由于"文革"时期对法律的践踏，使得中国陷入法律虚无主义，法制领域无人涉足，这不仅禁锢了人们的思想，而且阻碍了法制建设

---

① 《邓小平文选》第 1 卷，人民出版社 1994 年版，第 71 页。
② 同上书，第 82 页。
③ 同上书，第 57—78 页。
④ 同上书，第 348 页。

和社会建设的步伐。针对这种局面，邓小平提出要在思想路线上拨乱反正，解放思想，为法制建设铺平道路。

一个党、一个国家、一个民族，如果一切从本本出发，思想僵化，迷信盛行，那就不能前进，就要亡党亡国。只有解放思想，坚持实事求是，一切从实际出发，理论联系实际，我们的社会主义现代化建设才能顺利进行。粉碎"四人帮"后的最初两年，中国正处在一个转型时期，一面要拨乱反正，一面又是百废待兴，而这都要求解放思想。1977 年 7 月，在中共十一届三中全会上，邓小平作了题为《完整地准确地理解毛泽东思想》的讲话，指出实事求是才是毛泽东思想的精髓。在这里，邓小平敏锐地抓住实事求是这一基本点，旗帜鲜明地将实事求是与解放思想并列起来，既获得了来自毛泽东思想的权威性，又有效地打破了既有的思想封闭，为改革开放和新时期的法制建设解除了思想禁锢。30 多年来，改革从农村到城市，从经济领域到政治、文化和社会等各个领域；对外开放从沿海到沿江沿边，从东部到中西部。这场历史上从未有过的大变革，极大地调动了亿万人民的积极性，使我国成功实现了从高度集中的计划经济体制到充满活力的社会主义市场经济体制、从封闭半封闭到全方位开放的伟大历史转折。在这一历史进程中，解放思想的主旋律从未停止。20 世纪 80年代，发生过关于农村家庭联产承包责任制和"雇工问题"的争论，有过关于企业承包制还是股份制的争论，出现过深圳蛇口工业区的"租界风波"和海南特区的"洋浦风波"；20 世纪 90 年代，发生了姓"社"姓"资"、姓"公"姓"私"两次大争论；进入 21 世纪以来，国有企业改革、国有资产流失、保护私有财产等问题，又引发了对改革方向的质疑和争论。每一次提出问题、争论问题和解决问题的过程，都成为思想解放的过程，而思想的解放正是在这种"破"与"立"的交替中不断进行。伴随着我国社会经济、政治、文化等各领域的发展，法制建设也取得了辉煌成就，解放思想功不可没。

（2）关于社会主义民主与社会主义法制关系的论述

社会主义民主与社会主义法制的关系问题是马克思主义法学理论

的重要内容，邓小平把马克思主义法学理论中关于民主与法制的思想与中国特色社会主义实际情况相结合，科学地分析了二者之间的辩证统一关系，指出在社会主义初级阶段，"发扬社会主义民主，健全社会主义法制，两方面是统一的"①。民主是法制下的民主，法制是在民主基础上的法制，治理国家要依靠制度化的法律，社会主义法律体系既包括实体法也包括程序法，要体现人民的要求和利益。在1978年中共中央工作会议闭幕会上，他发表了《解放思想，实事求是，团结一致向前看》的讲话，强调"为了保障人民民主，必须加强法制。必须使民主制度化、法律化，使这种制度和法律不因领导人的改变而改变，不因领导人的看法和注意力的改变而改变"。针对"文革"期间我国社会经济遭受的历史性重创，他指出问题的根源之一就在于"法律很不完备，很多法律还没有制定出来。往往把领导人说的话当作'法'，不赞成领导人说的话就叫作'违法'，领导人的话改变了，'法'也就跟着改变"。要保证历史不再重演，要保障人民的利益，就"应该集中力量制定刑法、民法、诉讼法和其他各种必要的法律，例如工厂法……森林法、草原法、环境保护法、劳动法、外国人投资法等等，经过一定的民主程序讨论通过，并且加强检察机关和司法机关，做到有法可依，有法必依，执法必严，违法必究。国家和企业、企业和企业、企业和个人等等之间的关系，也要用法律的形式来确定"。在具体的立法工作中，不可等待观望，而要"摸着石头过河"，注意国内法与国际法的对接，勇于探索，逐步推进。"现在立法的工作量很大，人力很不够，因此法律条文可以粗一点，逐步完善。有的法规地方可以先试搞，然后经过总结提高，制定全国通行的法律。修改补充法律，成熟一条就修改补充一条，不要等待'成套设备'。总之，有比没有好，快搞比慢搞好。此外，我们还要大力加强对国际法的研究。"②在改革开放的新时期，发扬与发展社会主义民主是建立

① 《邓小平文选》第1卷，人民出版社1994年版，第332页。
② 《邓小平文选》第2卷，人民出版社1994年版，第146—147页。

健全社会主义法制的坚实基础，而建立健全社会主义法制是发扬与发展社会主义民主的有力保障。宪法必须体现不允许权力过分集中的原则。也就是说，"宪法和党章规定的公民权利、党员权利、党委委员的权利，必须坚决保障，任何人不得侵犯。"① 由此可见，邓小平主张无论是在党内还是在人民群众中间都要发扬民主，但民主必须是法制下的民主，法制建设的重要目的之一就是保障人民民主。

（3）明确提出"有法可依、有法必依、执法必严、违法必究"的"十六字"方针

1978 年党的十一届三中全会公报完整提出了我国新时期法制建设的基本方针——"有法可依、有法必依、执法必严、违法必究"。关于立法问题，邓小平强调务必做到"有法可依"。1975 年他全面主持中央工作后，针对国家生活的混乱局面，提出"建立必要的规章制度，增强组织纪律性"，"执行规章制度宁可要求严一些，不严就建立不起来"。针对"文革"期间经济社会发展遭受的历史性重创，他明确指出，问题的重要根源之一就在于"法律很不完备，很多法律还没有制定出来"②。为了悲剧不再重演，为了新中国的健康发展，他特别强调："应该集中力量制定刑法、民法、诉讼法和其他各种必要的法律。"③ 而对于有可能破坏安定团结政治局面以致危及经济社会稳定与健康发展的各类刑事活动或治安案件，他"建议国家机关通过适当的法律法令"④，通过法定程序做出明确的法律规定，以此建立健全社会主义法律体系。正是在这一立法思想的指导下，促成了1982 年《中华人民共和国宪法》的制定与颁布实施，以及一系列刑事、民事方面的法律法规的制定。在守法问题上，邓小平在党的十二大上明确提出了党必须在宪法和法律范围内活动的基本原则，特别强

---

① 《邓小平文选》第 1 卷，人民出版社 1994 年版，第 359 页。
② 《邓小平文选》第 2 卷，人民出版社 1994 年版，第 146 页。
③ 同上。
④ 同上书，第 321 页。

调："全党同志和全体干部都要按照宪法、法律、法令依法办事。"①
在执法问题上，邓小平提出在严格依法办事的基础上，"要按照法律，
对这些反革命分子、坏分子进行严肃的处理"②。在违法处理问题上，
邓小平强调："不管谁犯了法，都要由公安机关依法侦查，司法机关
依法办理，任何人都不许干扰法律的实施，任何犯了法的人都不能逍
遥法外。"③"有法可依，有法必依，执法必严，违法必究"方针的提
出，标志着以邓小平为核心的中国共产党人对法律地位与作用的认识
发生了质的飞跃，标志着指导我国社会主义法制建设的邓小平法律思
想已经形成。④

（4）深化了对法与经济关系的认识

改革开放以后，以邓小平为核心的第二代中央领导集体明确提出
我国在社会主义初级阶段的基本路线，强调党和国家的工作要以经济
建设为中心。邓小平指出："经济与政治、法律等等，都有相互依存
的关系，不能顾此失彼。"⑤而针对进入改革开放后出现的影响经济
社会发展的新情况、新问题，尤其是在经济领域出现的重特大刑事案
件，邓小平提出了一系列富有见地的新论断和新观点。

一方面，邓小平对刑事法与经济关系进行了界定和论述。邓小平
在不同时期、不同场合，针对不同领域如何打击各类破坏经济社会发
展和安定团结的犯罪行为阐述了自己的主张和观点，《严厉打击刑事
犯罪活动》和《坚决打击经济犯罪》是体现邓小平刑事法思想的主
要代表作。他要求建立健全社会主义刑法体系，指出改革开放也好，
社会主义现代化建设也罢，都要靠制度和法制。刑法体系是建立健全
社会主义法制的重要组成部分，是推进社会主义民主制度化与法律化
的关键环节，是经济社会有序发展和安定团结的重要法律保障。在改

---

① 《邓小平文选》第2卷，人民出版社1994年版，第371页。
② 同上书，第368页。
③ 同上书，第371页。
④ 陆云泉：《邓小平法制思想研究》，江苏人民出版社1998年版，第54页。
⑤ 《邓小平文选》第2卷，人民出版社1994年版，第339页。

革开放初期，我国还没有真正意义上的刑法，更谈不上刑法体系。正是基于这样的综合考量，邓小平指出："现在的问题是法律很不完备，很多法律还没有制定出来，所以应该集中力量制定刑法、民法、诉讼法和其他各种各样的法律。"① 正是在这一思想的指导下，《中华人民共和国刑法》和《中华人民共和国刑事诉讼法》才得以在 20 世纪 80 年代初期先后颁布和实施。同时，他提出对经济领域的犯罪活动和各种刑事犯罪活动依法进行严厉打击与惩治，阐述了进行"严打"的理论意义与现实价值，认为"严打"能够巩固人民民主专政政权，维护社会稳定。他强调，要"坚持打击和防范制止各种刑事犯罪活动"②，不失时机，除恶务尽。他还清醒地认识到经济犯罪和严重刑事犯罪具有长期性，与这两种犯罪进行斗争也必然具有长期性。在社会主义初级阶段，阶级斗争还将在一定范围内存在，甚至在某种条件下还有可能激化。从这一特殊的国情来看，对经济领域的犯罪活动和各种刑事犯罪活动依法进行严厉打击与惩治任重而道远。值得注意的是，邓小平主张把严厉打击与说服教育相结合，对严重破坏经济社会发展与安定团结的刑事犯罪给予从重从快的打击，"对于绝大多数破坏秩序的人应该采取教育的办法，凡能教育的都要教育，但凡不能教育或教育无效的时候就应该对各种犯罪坚决采取法律措施。"③ 他认为，死刑主要是针对那些严重破坏经济社会发展和安定团结的罪大恶极的犯罪分子，要慎用而不能废除，"有些罪犯就是要判死刑"④。

　　另一方面，邓小平阐述了经济立法思想。经济立法思想是邓小平法律思想的核心内容。邓小平认为："国家和企业、企业和企业、企业和个人等等之间的关系，也要用法律的形式来确定；它们之间的矛盾，也有不少要通过法律来解决"，"我们要有两手，一手就是坚持

① 《邓小平文选》第 2 卷，人民出版社 1994 年版，第 146—147 页。
② 同上书，第 370—371 页。
③ 同上书，第 253 页。
④ 《邓小平文选》第 3 卷，人民出版社 1993 年版，第 153 页。

对外开放和对内搞活经济的政策，一手就是坚决打击经济犯罪活动。"① 为此，必须从四个方面着手。一是要实现经济活动法制化。党的十一届三中全会之前，我国经济管理主要采用行政手段而忽视经济和法律手段，国家、集体、企业、个人之间的经济关系缺乏法律规范，由此造成的巨大浪费很少受到法律追究，往往冠之以"交学费"而不了了之。在深入总结历史经验教训的基础上，邓小平高瞻远瞩地提出在社会主义初级阶段发展经济，必须通过法律和经济手段来规范与管理社会主义经济。"建立和健全适应社会主义市场经济的法律体系，包括规范市场主体资格的法律制度、规范市场主体行为的法律制度、规范市场经济秩序的法律制度、规范政府宏观调控的法律制度和规范劳动及社会保障的法律制度等。"② 他主张通过经济立法来协调整合各种类型的经济主体利益，保障社会主义经济健康有序的运行，为我国经济体制改革指明了方向。二是要实现经济立法充分体现社会主义本质。邓小平明确指出，在中国社会主义现代化建设过程中必须坚持"一个中心、两个基本点"的基本路线。无论是"一个中心"，还是"两个基本点"，无论是发展社会主义民主，还是健全社会主义法制，根本目的都是在"改革、发展与稳定"的前提下逐步实现全国人民的共同富裕。因而，在社会主义初级阶段通过经济立法来规范与管理社会主义经济，自然也要充分体现社会主义的本质。三是要肯定非公有制经济的法律地位。邓小平在所有制观念问题上进行创新，为我国坚持以公有制经济为主导、以私有经济为补充的做法提供了理论依据。由于历史与现实诸多因素的限制，新中国成立后，党和国家对非公有制经济的认识并不成熟，并未将其视为社会主义公有制经济有益而必要的补充。随着改革开放的不断深入，邓小平在总结以往经验与教训的基础上，明确提出对现行的所有制结构与分配制度进行改革，以便进一步解放和发展生产力。正是在这一思想的指导下，党的

① 《邓小平文选》第 2 卷，人民出版社 1994 年版，第 404 页。
② 沈洁、文超：《论邓小平法制思想的内容与特征》，载于《山东科技大学学报》（社会科学版）2001 年第 4 期，第 13 页。

十五大对非公有制经济予以新的定位，提出非公有制经济是社会主义市场经济的重要组成部分，而且这一主张还写入了 1999 年全国人大九届二次会议通过的宪法（修正案）。由此，邓小平对非公有制经济地位的论述与预见不仅转化为党的十五大报告的重要组成部分，还得到宪法的确认和肯定。以此为起点，我国社会主义初级阶段的经济法律体系得到了进一步的改进与完善。四是要通过经济立法来提高外资利用与管理水平。邓小平指出，我国在改革开放过程中要特别注重信用，按照国际惯例办事。在吸收和利用外资的过程中，要建立健全社会主义经济法律体系，改进对外资的利用与管理水平，加强对本国政府、企业和个人的规范与管理，为吸收和利用外资创造良好的政治环境、政策环境和优良的法制环境。

4. 中共十二大以来的法律思想

从 1982 年《中华人民共和国宪法》颁布实施到 1992 年发表"南巡讲话"，邓小平法律思想有了较大的发展，进入了成熟时期。这一时期，以市场经济为主导的改革开放使当代中国日益进入利益分化时代，经济社会发展面临着诸多挑战。邓小平明确回答了长期困扰和束缚人们思想认识的许多重大问题，冲破了姓"社"姓"资"的"左"的束缚，为法学界分辨与澄清一些模糊认识提供了思想理论武器。

（1）明确提出了"两手抓，两手都要硬"的法制建设思想

邓小平结合改革开放以来我国经济社会发展的实际情况，在全面深入总结经验教训的基础上，明确提出了"两手抓，两手都要硬"的法制建设思想。在 1986 年中央政治局常委会上，邓小平指出："搞四个现代化一定要有两手，只有一手是不行的。所谓两手，即一手抓建设，一手抓法制。"[①]他特别强调，有的地方和有的领域存在的"一手软、一手硬"不合时宜，对经济社会健康发展极其有害，必须做到"两手抓，两手都要硬"。作为邓小平法律思想成熟标志之一的

---

① 《邓小平文选》第 2 卷，人民出版社 1994 年版，第 403 页。

"两手抓、两手都要硬"主张，充分体现了马克思主义唯物辩证法思想，开拓了马克思主义法律思想的新境界。

（2）全面阐述了三个"两手论"的重要论断

邓小平结合中国法制建设实际，提出了三个"两手论"，即民主法制"两手论"、经济法制"两手论"和教育法制"两手论"。首先，邓小平科学分析了社会主义民主与社会主义法制的关系，提出了民主法制"两手论"。社会主义民主与社会主义法制的关系问题是马克思主义法学理论的重要内容，邓小平认为在社会主义初级阶段，"民主和法制，这两个方面都应该加强，过去我们都不足。要加强民主就要加强法制。没有广泛的民主是不行的，没有健全的法制也是不行的。……民主要坚持下去，法制要坚持下去。这好像两只手，任何一只手削弱都不行。""发扬社会主义民主，健全社会主义法制，两方面是统一的。"① 也就是说，发扬与发展社会主义民主是建立健全社会主义法制的坚实基础，而建立健全社会主义法制是发扬与发展社会主义民主的有力保障。在改革开放初期，为了巩固来之不易的安定团结的政治局面，他把坚持四项基本原则与加强社会主义民主法制联系起来，明确指出："在坚持四项基本原则的指引下，充分发扬社会主义民主，加强社会主义法制。"② 他特别强调，法律要保障人民群众的根本利益。"宪法和党章规定的公民权利、党员权利、党委委员的权利，必须坚决保障，任何人不得侵犯。"③ 其次，邓小平深化了对法与经济关系的认识，提出了经济法制"两手论"。他强调党和国家的工作要以经济建设为中心，转变党员领导干部的陈旧思想，使广大人民群众全身心地投入社会主义现代化建设的进程中。"经济与政治、法律等等，都有相互依存的关系，不能顾此失彼。"④ 针对改革开放以来影响经济社会发展的新情况、新问题，尤其是在经济领域出现的

① 《邓小平文选》第2卷，人民出版社1994年版，第189、332页。
② 同上书，第205页。
③ 同上书，第359页。
④ 同上书，第339页。

重特大刑事案件，他认为这些"犯罪的严重情况，不是过去'三反'、'五反'那个时候能比"，"如果我们党不严重注意，不坚决刹住这股风，那么，我们的党和国家确实要发生会不会'改变面貌'的问题。这决不是危言耸听。"① 他不仅提出对严重破坏经济社会发展和安定团结政治局面的罪犯，要依法从重处罚，还把法制建设提高到社会主义建设的战略高度，强调"搞四个现代化一定要有两手，只有一只手是不行的。所谓两手，即一手抓建设，一手抓法制"②。再次，邓小平要求加强法制教育，提出了教育法制"两手论"。在改革开放的历史条件下，他反复强调反腐必须完善社会主义法制，廉政建设需要教育与法制并重。"我们主要通过两个手段来解决，一个是教育，一个是法律。"③ 他要求在全社会和全体公民中开展法制教育，以此提高广大人民群众的民主与法制观念，形成全社会知法、懂法、守法的良好氛围。"加强法制重要的是进行教育，根本问题是教育人。法制教育要从娃娃开始，小学、中学都要进行这个教育，社会上也要进行这个教育。"④

（3）提出了"基本法"为基础的"一国两制"思想

为了香港、澳门和台湾早日回归祖国怀抱，以邓小平为核心的第二代中央领导集体尊重历史，立足国情，放眼未来，提出了"一国两制"的战略构想。"一国两制"的提出和实现，是以邓小平为代表的中国共产党人的伟大创举。"一国两制"思想建立在"基本法"之上，而"基本法"也是一个新事物。正如邓小平所说："世界历史上没有这样一个法，这是个新事物。"⑤ 在起草"基本法"时，邓小平作了重要指示，指出："基本法是个重要的文件，要非常认真地从实

---

① 《邓小平文选》第 2 卷，人民出版社 1994 年版，第 144、250 页。

② 《邓小平文选》第 3 卷，人民出版社 1993 年版，第 154 页。

③ 同上书，第 148 页。

④ 同上书，第 163 页。

⑤ 《邓小平文选》第 2 卷，人民出版社 1994 年版，第 218 页。

际出发来制定"①，"基本法不宜太细"②。在"一国两制"的战略构想中，香港、澳门和台湾地区要遵守《中华人民共和国宪法》，属于统一的中华人民共和国不可分割的一部分，但又作为特别行政区而享有高度的自治权，具有立法权、独立的司法权和终审权，现行"大部分法律可以保留"。③ 正是在邓小平这种高屋建瓴的战略构建指导下，《香港特别行政区基本法》和《澳门特别行政区基本法》相继在全国人大七届三次会议和全国人大八届一次会议上顺利通过，这两部"基本法"为香港和澳门实行"一国两制"提供了及时而有力的法律保障，堪称具有历史意义和国际意义的法律，是马克思主义法学理论与中国实际相结合的光辉典范，也成为邓小平法律思想成熟的重要标志之一。

（4）提出建立健全社会主义法律体系

邓小平把法制建设视为政治体制改革的题中之意，要求从立法建设入手，建立健全社会主义法律体系，强调建设社会主义"还是要靠法制，搞法制靠得住些"。④ 在立法问题上，他"建议国家机关通过适当的法律法令"⑤，对各类犯罪活动或治安案件做出明确的法律规定，从而保障经济社会的健康发展。正是在这一立法思想的指导下，改革开放以后我国制定了一系列有关刑法、刑事诉讼法和民法、民事诉讼法的法律法规，并最终促成了1982年《中华人民共和国宪法》的制定与颁布。在守法问题上，邓小平强调全体党员干部都要按照宪法、法律、法令依法办事，处理好党与政府之间的关系、法治和人治的关系。1986年，他在题为《在全体人民中树立法制观念》的讲话中明确指出属于法律范畴的事务一定要依法处置。"纠正不正之风、打击犯罪活动中属于法律范围的问题，要用法律来解决，由党直接管

---

① 《邓小平文选》第2卷，人民出版社1994年版，第67页。
② 同上书，第215页。
③ 同上书，第221—222页。
④ 《邓小平文选》第3卷，人民出版社1993年版，第379页。
⑤ 《邓小平文选》第2卷，人民出版社1994年版，第321页。

不合适。党要管党内纪律的问题，法律范围的问题应该由国家和政府管。党干预太多，不利于在全体人民中树立法制观念。这是一个党和政府的关系问题，是一个政治体制的问题。"① 在执法问题上，他要求依法处理犯罪分子。"要按照法律，对这些反革命分子、坏分子进行严肃的处理。"② 在违法处理问题上，他强调："不管谁犯了法，都要由公安机关依法侦查，司法机关依法办理，任何人都不许干扰法律的实施，任何犯了法的人都不能逍遥法外。"③

综上所述，邓小平法律思想历经半个世纪的发展，在实践、认识、再实践、再认识中不断发展与完善。其中，中共十一届三中全会是邓小平法律思想形成的逻辑起点。到 1992 年 "南巡讲话" 及党的十四大上，邓小平明确提出建立社会主义市场经济体制，并从市场经济的要求出发阐述了加强社会主义法制建设对于市场经济的重要性，明确了市场经济与法制建设的关系，这标志着邓小平法律思想发展成为比较完整的科学理论体系。

二　邓小平法律思想的主要内容

邓小平既是中国改革开放的总设计师，也是新时期社会主义法制建设的总设计师。邓小平法律思想涉及立法、执法、司法、守法、法律监督、法制教育、法律人才培养等诸多方面，内容丰富而深刻。据统计，在《邓小平文选》中，论及民主法制内容的文章就有 100 多篇，涵盖当代中国民主法制建设的各个领域，科学地回答了我国社会主义法制建设和法学研究领域中的一系列根本问题，如法的本质问题、民主与法制的关系问题、依法治国问题、法的功能与价值问题、市场经济法制建设等问题，开启了马克思主义法学思想与中国社会主义建设实际相结合的第二次理论飞跃的历史进程，最终形成邓小平法

① 《邓小平文选》第 3 卷，人民出版社 1993 年版，第 163 页。
② 《邓小平文选》第 2 卷，人民出版社 1994 年版，第 371 页。
③ 同上书，第 368 页。

律思想。本章主要从政改、法制、法治、廉政、人权、"一国两制"等方面论述邓小平的法律思想。

（一）关于改革和完善政治体制的思想

中共十一届三中全会以来，伴随着经济体制改革的深入，积极稳妥地推进政治体制改革，是我国继续解放思想、进一步深化改革的重要目标。在邓小平看来，政治体制改革是改革深化的重要标志和必然选择。政治体制改革是我国全面改革的重要组成部分，是随着经济社会发展而不断深化，并与人民政治参与积极性不断提高相适应的。政治体制改革的内容同民主法制建设、建立和完善依法治国的领导机制紧密结合在一起。我国要建立法治社会，其核心就是改革和完善现行政治体制。邓小平在开拓建设中国特色社会主义道路的过程中，不仅领导中国人民成功地进行了经济体制改革，而且倡导并精心设计了政治体制改革的蓝图。

1. 政治体制改革的提出是对历史反思的结果

新中国成立初期，鉴于一些社会主义国家的社会主义民主与法制遭到严重破坏的沉痛教训，党和国家对于扩大我国社会主义民主、健全社会主义法制，提出了许多重大决策。但是，从20世纪50年代后期开始，政治上的"左"倾思潮逐渐膨胀，伴随着1957年的反右派斗争而出现了把阶级斗争扩大化的严重错误。1959年庐山会议上对彭德怀等人的错误批判，又对党内民主生活造成了严重损害。往后的十年"文化大革命"，更使我国社会主义民主和法制遭到了空前浩劫。政治上的动荡给经济建设带来了沉重灾难，到"文革"末期，国民经济处于崩溃的边缘，党、国家和人民遭到了新中国成立以来最严重的挫折和损失。为什么优越的社会主义制度建立后，还会发生"文革"这样的空前浩劫？党和全国人民都在思考，邓小平也对历史的教训作了深刻反思。在1980年8月中共中央政治局扩大会议上，邓小平发表了题为《党和国家领导制度的改革》的重要讲话，这也是指导我国政治体制改革的纲领性文件。他指出，我们过去发生的各种错误，固然与某些领导人的思想、作风有关，但如果把原因仅仅归咎于某个人或若干人，就不能使全党得到深刻教训，并找出切实有效的改革措施。党和国家领导制度中存在着种种弊端，必须进行政治体制改革以消除这些弊端，防止类似"文革"的悲剧重演。后来，在经济体制改革取得巨大成就之时，他又对政治体制改革的一系列问题做了系统阐述，为政治体制改革奠定了理论基础。

2. 政治体制改革是经济体制改革的需要

改革开放以来，我国经济体制改革从广度和深度上都取得了举世瞩目的成就。但随着经济体制改革的不断深化，作为建立在一定经济基础之上的上层建筑组成部分的政治体制，其改革的必要性和迫切性日益显露出来。邓小平充分认识到政治体制改革的必要性和重要性，在1986年6月10日的《在听取经济情况汇报时的谈话》中提出："现在看，不搞政治体制改革不能适应形势。改革，应该包括政治体制的改革，而且应该把它作为改革向前推进的一个标志……一九八〇年就提出政治体制改革，但没有具体化，现在应该提到日程上来。不然的话，机构庞大，人浮于事，官僚主义，拖拖拉拉，互相扯皮，你这边往下放权，他那边往上收权，必然会阻碍经济体制改革，拖经济发展的后腿。"[1] 同年6月28日，他又强调："政治体制改革同经济体制改革应该相互依赖，相互配合。只搞经济体制改革，不搞政治体制改革，经济体制改革也搞不通，因为首先遇到人的障碍。事情要人来做，你提倡放权，他那里收权，你有什么办法？从这个角度来讲，我们所有的改革最终能不能成功，还是决定于政治体制的改革。"[2] 9月至11月，他在关于政治体制改革问题的几次谈话中，又反复指出："我们提出改革时，就包括政治体制改革。现在经济体制改革每前进一步，都深深感到政治体制改革的必要性。不改革政治体制，就不能保障经济体制改革的成果，不能使经济体制改革继续前进，就会阻碍

---

[1] 《邓小平文选》第3卷，人民出版社1993年版，第160页。

[2] 同上书，第164页。

生产力的发展，阻碍四个现代化的实现。"① "不搞政治体制改革，经济体制改革难于贯彻。"② 因此，改革包括经济体制改革、政治体制改革和相应的其他各个领域的改革。邓小平的一系列论述深刻揭示了经济体制改革与政治体制改革的辩证关系，强调只有二者协调发展，才能保障现代化建设的顺利进行。

（二）关于社会主义法制建设的思想

邓小平认为，为了保障社会主义民主政治建设的顺利进行，为社会主义经济建设和改革开放创造良好的外部环境，必须严格执行社会主义法制建设的"十六字"方针，加强立法工作，严格执法，公正司法，不断健全和完善社会主义法制体系。

1. 社会主义法制建设的基本原则

法制建设应遵循"法律面前人人平等"原则和"司法独立"的原则。党的十一届三中全会提出了两大原则：一是司法独立原则，即"检察机关和司法机关要保持应有的独立性；要忠实于法律和制度，忠实于人民利益，忠实于事实真相。"二是法律面前人人平等原则，即"要保证人民在自己的法律面前人人平等，不允许任何人有超越法律之上的特权。"党的十一届五中全会通过的《关于党内政治生活的若干准则》，提出要"坚持在党纪国法面前人人平等的原则"。"党内决不容许有不受党纪国法约束或凌驾于党组织之上的特殊党员。"党的十二届六中全会将"法纪面前人人平等"作为我国政治和社会生活中不可动摇的准则，提出"不允许有任何超越法律和纪律的特殊人物"。党的十三届四中全会提出了法制建设要坚持社会主义方向。

2. 社会主义法制建设的基本要求

邓小平提出了"有法可依，有法必依，执法必严，违法必究"的法制建设方针，涉及社会主义法制立法、守法、执法、司法等领域，

---

① 《邓小平文选》第3卷，人民出版社1993年版，第176页。
② 同上书，第177页。

系统完整地阐述了社会主义法制建设的基本规律和内在客观要求，成为党的十一届三中全会以来始终强调和坚持的社会主义法制建设基本原则。

有法可依，是对立法工作的基本要求。建设法治国家，必须做到有法可依，这也是执法、司法和守法的前提条件。法律制度不完备、不健全，是我国社会主义法制建设的重要教训，也是导致"文革"发生的原因之一。"文革"结束后，邓小平总结指出："我们好多年实际上没有法，没有可遵循的东西。"因此"要接着制定一系列的法律。我们的民法还没有，要制定；经济方面的很多法律，比如工厂法等，也要制定。我们的法律是太少了，成百个法律总要有的，这方面有很多工作要做，现在只是开端。"① 只有制定出符合中国国情的法律法规，才能为实现依法治国打下基础。针对中国的具体情况，他对立法方式提出了具体要求："现在立法的工作量很大，人力很不够，因此法律条文开始可以粗一点，逐步完善""修改补充法律，成熟一条就修改补充一条，不要等待成套设备""有的法规地方可以先试搞，然后经过总结提高，制定全国通行的法律。"② 在邓小平立法思想的指引下，我国立法工作取得了长足发展，目前基本上做到了"有法可依"，初步建成了中国特色社会主义法律体系。

有法必依，是对守法的基本要求。无产阶级建立政权后，必须严格遵守自己制定的法律，这是马克思主义法学的基本原理。早在抗日战争和国内革命战争时期，邓小平就强调严格遵纪守法。"文革"十年期间，目睹法律虚无主义给国家和人民带来的灾难，他深受触动，不仅强调要有法可依，更加强调有法必依，要在全体人民中树立法制观念。邓小平明确指出："现在从党的工作来说，重点是端正党风，但从全局来说，是加强法制。我们国家缺少执法和守法的传统。"③ 因此，"全党同志和全体干部都要按照宪法、法律、法令办事，学会

---

① 《邓小平文选》第 2 卷，人民出版社 1994 年版，第 189 页。
② 同上书，第 147 页。
③ 《邓小平文选》第 3 卷，人民出版社 1993 年版，第 163 页。

使用法律武器。"① 他还指出，一切国家机关、社会组织和公民，都要严格遵守和执行国家法律，严格依法办事，决不允许权大于法，不能把领导言论当作法。

执法必严，违法必究，是对执法工作的基本要求。邓小平对执法工作一直非常重视，早在抗战时期就指出："党员在政权中要奉公守法，遵守纪律。如果发生党员有犯法舞弊等行为，除了行政上应依法惩治外，党内还应给以处分。"② 新中国成立后，他又一次强调："执行规章制度宁可要求严一些，不严就建立不起来。"③ 否则"党员'因党而骄'，在政权中工作的党员自高自大，盛气凌人，自以为是，看不起非党员，自己可以不守法，不遵守政权的纪律和秩序。"④ 执法从严并不是专门针对平民，而是法律面前人人平等，"不管谁犯了法，都要由公安机关依法侦查，司法机关依法办理，任何人都不允许干扰法律的实施，任何犯了法的人都不能逍遥法外。"⑤ 邓小平认为，执法必严、违法必究就必须反对特权。什么是特权？按照他的理解，特权"就是政治上经济上在法律和制度之外的权利"⑥。只有消除特权，才能真正做到执法必严、违法必究。在执法过程中，还应及时纠正各种冤、假、错案，维护法制的公正形象。"我们的原则是'有错必纠'。凡是过去搞错了的东西，统统应该改正。"⑦ 一切政党、一切权力都必须规范在宪法和法律的范围内，法律享有至高无上的权威，要杜绝"以言代法""以权代法""以情代法"。

3. 建立健全社会主义法制

"文化大革命"结束以后，进行拨乱反正，工作千头万绪，邓小

---

① 中共中央文献研究室编辑：《邓小平同志论民主与法制》，法律出版社 1990 年版，第 45 页。

② 《邓小平文选》第 1 卷，人民出版社 1994 年版，第 20 页。

③ 《邓小平文选》第 2 卷，人民出版社 1994 年版，第 11 页。

④ 《邓小平文选》第 1 卷，人民出版社 1994 年版，第 11 页。

⑤ 《邓小平文选》第 2 卷，人民出版社 1994 年版，第 332 页。

⑥ 同上。

⑦ 同上书，第 147 页。

平认为当务之急是做好两件事，一是进行经济调整，加快四个现代化建设步伐；二是加强民主法制建设，建立完善的法律制度。当时，由于各种原因，有的法律制定出来但还不完备，有的尚不具备制定全国性法律的条件。邓小平认为，社会主义法制建设的当务之急是加强立法，而不断完善立法是健全社会主义法制的前提，并明确提出了立法工作应遵循的基本原则。

首先，立法步伐要加快。由于"文革"期间对法制的轻视，"文革"结束后的中国没有一部比较完善的部门法，司法机关也形同虚设。针对这种特殊情况，邓小平认识到，在建设中国特色社会主义伟大事业的历史进程中，经济建设和政治体制改革都需要法律的维护，这就必须推进社会主义民主建设与社会主义法制建设的良性互动。他强调，立法工作既要有紧迫感，又要从实际出发，实事求是，循序渐进，根据政治、经济发展的客观要求，逐步地由简而繁地发展和完备起来。作为立法机关的全国人大及其常委会要加快立法进程，"集中力量制定刑法、民法、诉讼法和其他各种必要的法律"①。他还提出，要把我国实行的民族区域自治制度以法律形式规定下来，制定专门的民族区域自治法。

其次，立法质量要保证。邓小平主张，我国立法工作既要坚持从基本国情出发，又要积极大胆地借鉴和吸纳国际上发达国家的先进经验与有效做法，真正做到切合实际制定自己的制度和管理方式。同时，法律条文必须清晰明了，不能模糊不清、晦涩难懂。他还强调，虽然随着社会的发展，法律要进行适当的修改或重新制定，不可能永久地一成不变，但必须保证新制定的法律在一段较长的时间内保持相对稳定。鉴于宪法是国家的根本大法和法治建设的基础，邓小平亲自指导了宪法的修改工作，提出宪法必须更加完备、周密、准确，切实保证人民真正享有管理国家各级组织和各项企业事业的权力，享有充分的公民权利。宪法修改中的许多重大问题，都在他亲自主持下研究

---

① 《邓小平文选》第 2 卷，人民出版社 1994 年版，第 146 页。

确定，主要有：修改宪法要以 1954 年宪法为基础，要把四项基本原则写进宪法，设立国家主席、中央军委，人大的监督同政协的监督相区别，坚持民族区域自治制度，取消宪法中的"四大"（即大鸣、大放、大字报、大辩论）规定等。邓小平的这些意见对制定一部科学和完善的宪法以及民主法制建设具有重要的指导意义，对我国政治体制的建构具有深远影响。

再次，立法方式要灵活。邓小平认为，立法虽然是一件极具严肃性的工作，但也不应墨守成规，要结合新形式、新政策而灵活调整。改革开放之初，由于法律极不完善，国家各项工作的开展急需法律的配合和保障，他提出"宜粗不宜细""成熟一条就修改补充一条"的立法原则，指出地方立法要敢于先行一步、先行实验，这符合当时的国情。从立法技术上看，制定一部全国通行的法律较为困难，而对地方来讲，法的适用范围要小得多，立法就相对容易得多。在国家还不能统一制定某些法律的情况下，地方立法大胆地先行一步，既有利于解决地方性特殊问题，又能为全国性立法积累经验、提供参考。邓小平还对部门法和行政法规的制定工作给予了相当关注，认为滋生官僚主义的原因之一就是缺少严格的从上而下的行政法规和个人负责制，为此必须尽快制定和完善行政法规。

最后，立法过程要民主。法律作为统治阶级意志的体现，在人民当家做主的中国必然要反映全体人民的利益和意志。只有在立法中充分发扬民主，才能使人民的利益和意志得到充分体现。早在抗日战争时期，邓小平就在《党与抗日民主政权》一文中指出，任何意见或提案都应广泛征求意见，吸收非党干部参加政策法令研究。1985 年 6 月，在同彭真就立法问题和立法力量的组织问题交换意见时，他再次提出建立相应的立法咨询机构，吸收全国各方面的专家、教授、学生参加立法工作。实际上，在邓小平看来，立法的实质就是人民参与立法，包括宪法在内的所有法律，都应该体现民主和民意。

邓小平所阐述的这些立法原则对我国制定和完善社会主义法律法

规、建立中国特色社会主义法律体系，具有重要的现实指导意义。中共十一届三中全会采纳了邓小平对立法工作的建议，决定把立法工作摆到全国人民代表大会及其常务委员会的重要议事日程上来。1979年，第五届全国人大第二次会议就制定并公布了包括刑法、刑事诉讼法等在内的七个重要法律。在邓小平立法思想的指引下，新时期的中国开展了大规模的立法活动。从1982年到1993年期间，全国人大制定了我国现行的宪法，并通过了两个宪法修正案。至1995年底，为适应政治、经济、文化等方面发展的需要，全国人大及其常委会制定了280多个法律和700多个行政法规。与此同时，各地方人大及其常委会制定的地方性法规更多达4000多个。这一时期，制定了一系列关于市场经济方面的法律，如银行法、公司法、反不正当竞争法、预算法、劳动法、对外贸易法等，弥补了中国经济法的空白，为社会主义市场经济走向法治化作了充分准备，初步形成了中国特色社会主义法律体系的基本框架。

4. 重视法学基础理论研究

邓小平对法学基础理论研究工作给予了相当关注，认为哲学社会科学同自然科学一样，都是不容忽视的基础理论研究。为了使理论研究能有宽松的社会环境，他强调："思想理论问题的研究和讨论，一定要坚决执行百花齐放、百家争鸣的方针，一定要坚决执行不抓辫子、不戴帽子、不打棍子的'三不主义'的方针，一定要坚决执行解放思想、破除迷信、一切从实际出发的方针。"① 他亲自参与新宪法的研究讨论，要求新宪法给人面貌一新的感觉，同意在章节设置上把"权利与义务"放在"国家机构"前面的意见，提出宪法要包括保护国家名誉、保守国家机密的内容。他还根据改革开放以来中外政治、经济、文化交往日益增多的客观情况，对国际法的研究极为重视，强调"大力加强对国际法的研究"。邓小平的这些观点为法学研究的繁荣与发展提供了理论指导，直接促成了我国法学界在1979年

① 《邓小平文选》第2卷，人民出版社1994年版，第183页。

至 1982 年开展的关于法治与人治问题的学术争鸣，对于我国法学研究具有长期重要的指导意义。

5. 坚持党在法制建设中的领导地位

党的领导是我国社会主义法制建设的本质体现。当然，这并不意味着党的组织和党员可以不受宪法和法律约束。相反，党员和领导干部应该成为知法守法的模范，自觉在宪法和法律规定的范围内活动。1980 年 2 月，党的十一届五中全会通过的《关于党内政治生活的若干准则》要求：共产党员特别是各级领导干部必须成为遵守国家法律的模范。1981 年 6 月，党的十一届六中全会通过《关于建国以来若干历史问题的决议》指出："党的各级组织同其他社会组织一样，都必须在宪法和法律的范围内活动。"党的十二大报告再次指出："新党章关于'党必须在宪法和法律的范围内活动'的规定"是一项极其重要的原则。从中央到基层，一切党组织和党员的活动都不能同国家的宪法和法律相抵触。党是人民的一部分，党领导人民制定宪法和法律，一经国家权力机关通过，全党必须严格遵守。1983 年党的十二届二中全会审议通过的《中共中央关于整党的决定》提出，对于在中央公布《关于党内政治生活的若干准则》以后利用职权和其他条件谋取私利的党员和党员干部，"要责令他们作出检讨，错误严重的，要给以党纪政纪处分，触犯刑律的要依法惩处"。"违犯国法的党员，必须由司法机关依据法律给以处分。"党的十三大报告指出："党领导人民制定了宪法和法律，党应当在宪法和法律的范围内活动。"党的十三届六中全会审议通过的《中共中央关于加强党同人民群众联系的决定》要求"党组织和党员都要严格依法办事"，"从中央到地方各级党委都要在深化政治体制改革中推进社会主义民主和法制建设。"

6. 重视社会主义法制宣传与普及教育

法制宣传和普及是法律发挥效力的必备环节，邓小平十分重视社会主义法制的宣传与教育。邓小平认为，新中国成立以来家长制作风盛行、人民法制观念淡漠，既有两千多年封建人治传统的历史因素，也有党和国家长期实行高度中央集权管理体制的现实原因。在改革开放的新时期，要尽快颁布有关法律条例、健全必要的法律设施、做好法制宣传教育工作。他专门论述了普法工作的重要性和紧迫性，指出树立法制观念的关键在于教育，要使人人懂得法律、积极维护法律。

首先，重视全体公民的法制教育。邓小平充分肯定了法制教育的重要地位，明确指出："在党政机关、军队、企业、学校和全体人民中，都必须加强纪律教育和法制教育。……大中小学生从入学起，工人从入厂起，战士从入伍起，工作人员从到职起，就要学习和服从各自所必须遵守的法律。"① 在这里，他一面强调全体公民都必须学习和遵守法纪，一面指出纪律和法制教育是守法、执法、司法的思想基础。在这一论断的指导下，全国上下开展了史无前例的"一五""二五"和"三五"普法活动，极大丰富了全国民众的法律知识，促使他们树立了基本的法律意识和守法观念，在全社会形成了良好的法治氛围，有力促进了社会主义法制建设。

其次，重视党员干部的法制教育。由于党政机关和党员干部在社会主义现代化建设中具有特别重要的地位，领导干部必然成为法制教育的重点对象。邓小平在谈及法制教育工作时，首先就提到"党政机关"，要求"全党同志和全体干部都要按照宪法、法律、法令办事，学会使用法律武器（包括罚款、重税一类的经济武器）同反党反社会主义的势力和各种刑事犯罪分子进行斗争，这是现在和今后发展社会主义民主、健全社会主义法制过程中要求我们尽快面对的新课题。"② 党政机关和各级领导干部不仅要认真学习法律知识，熟练掌握并不断提高运用法律手段管理社会事务的能力，还要通过自身的标杆行为带动全社会形成学法用法的良好风气。

最后，重视青少年的法制教育。青少年是中国特色社会主义事业的接班人，其主流积极向上，但违法犯罪现象也不容忽视。邓小平十

---

① 《邓小平文选》第 2 卷，人民出版社 1994 年版，第 360 页。
② 同上书，第 371 页。

分重视青少年的法制教育工作，指出："加强法制重要的是要进行教育，根本问题是教育人。法制教育要从娃娃开始，小学、中学都要进行这个教育，社会也要进行这个教育。"① 在他看来，只有赢得青年，才能赢得未来。因此，党和国家必须着眼未来，加强青少年法制教育的力度，从整体上提高他们的法律素养，使他们能够担负起时代赋予的重任。

（三）关于法治的思想

邓小平的法治思想是我党"依法治国"方略的理论基础，其思想源流可以直接追溯到 1975 年第二次复出后的整顿时期，更早还可以上溯到抗日战争和解放战争时期。抗日战争时期，在发动群众与巩固统一战线的关系上，存在着"如何把群众斗争约束于统一战线范围之内""既能发动群众又能巩固各阶层团结"的问题。邓小平认为，抗日民主政权的实质是民主，在政策上"必须照顾一切抗日阶级和阶层的利益，即照顾这一阶级，还要照顾那一阶级，必须放在争取多数反对少数的基础上。对各个抗日党派都要保障其合法存在的自由权利"②，抗日民族统一战线"是削弱封建，而不是消灭封建。我们的方针是既要改善群众的生活，也要使地主保有一定的经济地位"。为了团结地主抗日，就要在执行减租清债等法令时，注意到"政府的法令是一般的原则，在执行中必须依据上述方针，加以恰当的执行"③，纠正过分偏激之处。实际上，邓小平的这段论述强调了执行法律必须做到原则性与灵活性相结合。

解放战争时期，为了孤立和打击国民党反动力量，联合一切可能联合的社会力量，邓小平强调新解放区的土地政策依法办事，避免"左"倾幼稚病的错误。他认为之所以会犯这种"左"倾幼稚病就是在于"忘记了毛主席'利用矛盾，争取多数，反对少数，各个击破'

---

① 《邓小平文选》第 3 卷，人民出版社 1993 年版，第 163 页。
② 《邓小平文选》第 1 卷，人民出版社 1994 年版，第 9 页。
③ 同上书，第 71 页。

的策略原则指示，忘记了抗日时期的宝贵经验"。"其结果打击面大，树敌多，不是孤立了敌人，而是孤立了自己。"① 因此，"在社会政策上，不打土豪，不分浮财，不作经济上的没收，只对个别业已判处死刑的最反革命的分子的本人财产实行政治的没收，并分给群众。而在执行双减政策时，也应经过宣传组织、政府颁布正式法令等步骤，不可毫无准备地贸然进行。"② 鉴于一些地区存在的"杀人过多""不经过法庭的审判"，引起人民的怀疑、不满与恐惧，邓小平认为"应以政治瓦解为主，辅之军事打击"③，充分重视建立政权并发挥政权的作用，建立人民法庭以维持社会秩序方面，惩办或者处决土匪等首恶分子也要经过必要的法律程序。

在 1975 年主持中央党政军日常工作期间，邓小平强调"敢"字当头，对"文化大革命"所造成的严重混乱局面，大刀阔斧地进行了全面整顿。这次整顿不仅使全国的政治、经济形势明显好转，而且开拨乱反正之先河，成为邓小平后来领导的全面改革的试验。邓小平曾表示："说到改革，其实在一九七四年到一九七五年我们已经试验过一段。……那时的改革，用的名称是整顿，强调把经济搞上去，首先是恢复生产秩序。"④ 其实，在从 1975 年开始的拨乱反正期间，邓小平在不同场合发表了一系列讲话，强调为了恢复生产秩序，要"建立必要的规章制度，增强组织性纪律性"，"有些规章制度要重申"，"必须建立必要的规章制度……发动群众把必要的规章制度建立、健全起来"，"关键是建立责任制……执行规章制度要严一点"；军队要消肿，必须要严格编制，"编制就是法律"。在这些讲话中，尽管邓小平没有明确讲到建立健全法律制度、依法办事，但对建立健全规章制度、严格按制度办事反复强调，体现了其依法治国思想的萌芽。

改革开放的最初两年，党和国家面临着严峻考验。一方面，个别

① 《邓小平文选》第 1 卷，人民出版社 1994 年版，第 111 页。
② 同上书，第 118 页。
③ 参见《邓小平文选》第 1 卷，人民出版社 1994 年版，第 112—113 页。
④ 《邓小平文选》第 3 卷，人民出版社 1993 年版，第 255 页。

干部被腐蚀，搞特殊化，甚至也有不少人卷进了经济犯罪活动。如果刹不住这股风气，党和国家可能面临社会主义制度被颠覆的问题。另一方面，对于经济犯罪的制裁，到底是运用法律方式，还是运用过去常用的群众运动手段，这也是需要澄清的关键问题。经过"文革"的教训，邓小平深知群众运动带来的社会危害。"因为群众运动是不完全依靠法律的，甚至对他们自己创造的表现自己意志的法律有时也不大尊重。"①"文革"的发生虽然有人为因素的影响，但更主要的还是制度不健全。制度同思想作风相比，更带有根本性、全局性、稳定性和长期性。如果不坚决改革现行制度中的种种弊端，过去出现过的一些严重问题就有可能重演。1980年，他在中央政治局扩大会议上做了题为《党和国家领导制度的改革》的讲话，明确提出了社会主义制度的好坏问题，指出制度好可以防止坏人任意而为，制度不好可以使好人走向反面，再伟大的人物也会因为受到不好的制度的影响而给国家和人民带来很大不幸，在一定情形下不好的制度会把好人改变成坏人。② 要建立好的社会制度，就要发展民主法制，实现民主的法制化和法制的民主化。为此，他要求树立法律权威，把法律作为治国的重要手段，坚持运用法律手段解决现代化进程中遇到的问题，从而为我党的依法治国方略奠定了较好的理论基础。

1. 强调民主和法制的重要性

邓小平认为建设社会主义和实现社会主义现代化，"民主和法制，这两个方面都应该加强，过去我们都不足。要加强民主就要加强法制。没有广泛的民主是不行的，没有健全的法制也是不行的。"③1978年，邓小平在《解放思想，实事求是，团结一致向前看》一文中指出，民主与法制建设可以保证党和国家决策的正确性。1979年，在《坚持四项基本原则》一文中，邓小平依据我国社会主义建设面临的实际困难，指出民主与社会主义发展直接相关，我国现代化的两

① 董必武：《董必武政治法律文集》，法律出版社1986年版，第332—333页。
② 参见《邓小平文选》第2卷，人民出版社1994年版，第333页。
③ 《邓小平文选》第2卷，人民出版社1994年版，第189页。

大基本任务是经济现代化建设和政治民主化建设，民主对于保障社会主义现代化建设具有重要意义，民主建设需要一步步推进。而且，社会主义民主不同于资产阶级民主，更不同于个人主义民主，必须将三者严格区别。社会主义民主是将民主与集中、法治、纪律和党的领导有机结合的新型民主。邓小平还反复强调法制建设的重要性。他认为无论是解决人民内部矛盾，还是解决敌我矛盾，都要遵循法制。因为，人民对大规模的运动厌烦了。中国要发展起来，要实现四个现代化，必须发扬社会主义民主和加强社会主义法制。

2. 明确了民主与法制的关系

民主与法制的关系构成了邓小平法治思想的核心。邓小平认为，社会主义民主与法制是辩证统一关系。"发扬社会主义民主，健全社会主义法制，两方面是统一的。"[1] "不要社会主义法制的民主，不要党的领导的民主，不要纪律和秩序的民主，决不是社会主义民主。"[2] "要继续发展社会主义民主，健全社会主义法制。这是三中全会以来中央坚定不移的基本方针，今后也决不允许有任何动摇。"[3] 建设社会主义法治国家，"民主和法制，这两个方面都应该加强……民主要坚持下去，法制要坚持下去。这好像两只手，任何一只手削弱都不行。"[4] 其实，邓小平关于民主与法制的观点归纳起来就是"民主法制化"和"法制民主化"，也即民主应通过法制体现和保障，并纳入法制的轨道，法律的制定和运行也要体现民主的精神和原则。

首先，社会主义民主是社会主义法制的基本原则。社会主义从本质上讲就是人民当家做主的社会制度，没有民主就没有社会主义和社会主义现代化。只有人民取得了国家政权，得到了民主，才能把自己的意愿上升为国家的意志，建立自己的法律制度，并保证这种法制的社会主义方向和本质。同时，只有发展社会主义民主，才能健全社会

---

[1] 《邓小平文选》第 2 卷，人民出版社 1994 年版，第 276 页。

[2] 同上书，第 359 页。

[3] 同上。

[4] 同上书，第 189 页。

主义法制。社会主义法制的完善，依赖于社会主义民主的发展，民主愈发展则法制愈健全。社会主义民主可以提高人民的自由意识、权利意识和守法意识，有利于人民监督国家权利的行使，促进政府依法办事，维护法律的公正性。邓小平也反复强调"法律面前人人平等"这一社会主义法制的基本原则，指出："公民在法律和制度面前人人平等，党员在党章和党纪面前人人平等，人人有依法规定的平等权利和义务，谁也不能占便宜，谁也不能犯法。不管谁犯了法，都要由公安机关依法侦查，司法机关依法处理，任何人都不许干扰法律的实施，任何犯了法的人都不能逍遥法外。"①

其次，社会主义法制是社会主义民主的体现和保障。在党的十一届三中全会上，邓小平指出"为了保障人民民主，必须加强法制"，并"使这种制度和法律不因领导人的改变而改变，不因领导人的看法和注意力的改变而改变。"②他认为制度问题是带有根本性、稳定性、长期性的问题，"要制定一系列的法律、法令和条例，使民主制度化、法律化"③，尤其"要使我们的宪法更加完备、周密、准确，能够切实保障人民真正享有管理国家各级组织和各项企业事业的权力，享有充分的公民权利"④。社会主义法制应确立人民的主人翁地位，确认人民当家做主的基本权利，保障人民的各项民主权利。

第三，社会主义民主与法制相互依赖、相互促进。社会主义民主与法制之间密不可分，社会主义民主必须是法制的民主、党指导的民主、有纪律的民主以及有秩序的民主，健全的法制是加强社会主义民主的前提。要使"民主制度化、法律化"，就要把社会主义民主的各个方面用法律法规的形式全面具体地确定下来，依靠法制来保障社会主义民主。一是在国家根本大法上对人民民主制度加以明确界定。宪法是对人民民主最基本和最权威的保证，确保人民真正享有管理国家

---

① 《邓小平文选》第 2 卷，人民出版社 1994 年版，第 332 页。

② 同上书，第 146 页。

③ 同上书，第 359 页。

④ 同上书，第 339 页。

各级组织和各项企业事业的权利，享有充分的公民权利，以及各民族真正实行民族区域自治。二是对公民的各项民主权利做出法律上的规定。要切实保障全体人民的民主权利，包括民主选举、民主管理和民主监督，"保证全体人民真正享有通过各种有效形式管理国家、特别是管理基层地方政权和各项企业事业的权利，享有各项公民权利"。①三是建立监督机制以确保人民民主权利不受侵犯。为了使人民充分行使民主权利，邓小平提出建立群众监督制度，使广大群众和党员监督干部，特别是监督领导干部。不过，民主自由权利必须依法行使，要坚决反对不受法律约束的无政府主义和极端民主化思想。

　　3. 提出了社会主义法治的基本要求

　　邓小平明确提出了法制建设的"十六字"方针，即"有法可依、有法必依、执法必严、违法必究"。1978 年 2 月，在中央工作会议上，邓小平指出为了保障人民民主，必须加强法制。"现在的问题是法律很不完备，很多法律还没有制定出来。""应该集中力量制定刑法、民法、诉讼法和其他各种必要的法律，例如工厂法、人民公社法、森林法、草原法、环境保护法、劳动法、外国人投资法，等等。"同时要"加强检察机关和司法机关，做到有法可依，有法必依，执法必严，违法必究。"② 1980 年 1 月，他再次强调："要讲法制，真正使人人懂得法律，使越来越多的人不仅不犯法，而且能积极维护法律。……我们要在全国坚决实行这样一些原则：有法必依，执法必严，违法必究，在法律面前人人平等。"③ 他要求加快立法、全面普法、从严执法，以树立社会主义法制的权威，保障人民的民主权利。邓小平还要求全体公民都要"学会使用和用好法律武器"，认为法制建设的根本问题是教育人，而法制教育应从娃娃抓起。在执法方面，邓小平认为："越是高级干部子弟，越是高级干部，越是名人，他们的违法事件越要抓紧查处，因为这些人犯罪危害大。抓住典型，处理

---

①　《邓小平文选》第 2 卷，人民出版社 1994 年版，第 322 页。

②　同上书，第 146—147 页。

③　同上书，第 254 页。

了，效果也大，表明我们下决心克服一切阻力抓法制建设和精神文明建设。"①党的十二大通过的新党章就明确要求党员、党组织和党领导必须模范遵法守宪，保证党的领导要受到法律约束。

（四）关于着力加强廉政建设的思想

实行改革开放以来，党风廉政建设方面出现了不少新问题，党和政府机关内部出现了一些腐败现象，这些问题不仅影响党的方针、政策的贯彻执行，还严重败坏党的形象，造成人民群众的不满和失望。而人民群众的不满情绪一旦被一些别有用心之人利用，就容易引起社会动乱，造成严重后果。对此，邓小平告诫全党高度重视腐败的危害性，建立健全监督制度，依靠法律机制来加强和推进廉政建设。

1. 彻底破除特权思想

我国两千多年封建专制社会形成的特权思想和等级观念，会直接或间接地滋生"官本位"的特权思维模式，进而引发贪污腐败现象。特权思维不仅与社会主义制度的本质背道而驰，还会严重破坏党群关系和干群关系，损害广大人民群众的利益。为此，邓小平多次强调法的平等性原则，申明法律面前人人平等，既不允许有逍遥于法律之外的特权，更不允许有凌驾于法律之上的特权。搞特权是封建残余未肃清的表现，"我们今天所反对的特权，就是政治上经济上在法律和制度之外的权利。"②在1986年1月17日的中央政治局常务委员会上，他有针对性地指出："越是高级干部子弟，越是高级干部，越是名人，他们的违法事件越要抓紧查处，因为这些人影响大，犯罪危害大，抓住典型，处治了，效果也大。"③

2. 充分依靠群众力量

邓小平认为，只有使广大人民成为廉政建设与法制监督的主体，才能在社会主义制度设计与实践过程中做到"人民当家做主"，真正

---

① 《邓小平文选》第3卷，人民出版社1993年版，第152页。
② 《邓小平文选》第2卷，人民出版社1994年版，第332页。
③ 《邓小平文选》第3卷，人民出版社1994年版，第152页。

实现"中华人民共和国的一切权力属于人民"。为此，就要积极发展社会主义民主，健全社会主义法制，实现人民对党和政府及国家公职人员权力的监督，这也是防止腐败滋生蔓延的有效途径。他专门指出，社会主义监督制度就是既注重党内监督，又注重党外监督；既要解放思想以加强理论研究，又要注重法制与制度建设。1989 年 5 月31 日，他在《组成一个实行改革的有希望的领导集体》的谈话中指出："腐败、贪污、受贿，抓个一二十件，要雷厉风行地抓，要公布于众，要按照法律办事。该受处罚的，不管是谁，一律受处罚。"①

3. 增强司法队伍建设

司法是法制建设的重要环节，司法机关在法律实施过程中担负着重要使命。由于毛泽东时代对法制建设重视不够，导致我国司法队伍人员素质不高、整体数量不足，无法满足改革开放新时期法制建设的各种需要。为此，邓小平明确提出加强司法队伍建设。一方面，要提高司法人员的政治素养和业务素质。司法工作人员是法律的具体实施者和执行者，一举一动和一言一行都代表了国家的形象，体现了法律的威严，这就要求他们不但要谙熟法律基本常识，还要具备坚定的政治立场和良好的职业道德。另一方面，要加强各级各类政法院校的建设，培养大量具有丰富法学理论知识和较强工作能力的专业人才，充实司法工作队伍。邓小平指出："我们需要建立一支坚持社会主义道路的，具有专业知识和能力的干部队伍，而且是一支宏大的队伍。"②

（五）关于"两手抓，两手都要硬"的思想

党的十一届三中全会以来，邓小平做出了一系列"两手抓、两手都要硬"的论述，这些"两手抓、两手都要硬"的思想是马克思主义法学理论中国化的新发展和新观点，是邓小平理论体系中不可或缺的重要内容。

---

① 《邓小平文选》第 3 卷，人民出版社 1994 年版，第 297 页。
② 《邓小平文选》第 2 卷，人民出版社 1994 年版，第 264 页。

1. 一手抓物质文明建设，一手抓精神文明建设

1979 年 10 月，邓小平在第四次文代会上指出："我们的国家已经进入社会主义现代化建设的新时期。我们要在建设高度物质文明的同时，提高全民族的科学文化水平，发展高尚的丰富多彩的文化生活，建设高度的社会主义精神文明。"① 他还指出："没有这种精神文明，没有共产主义思想，没有共产主义道德，怎么能建设社会主义？党和政府愈是实行各项经济改革和对外开放政策，党员尤其是党的高级负责干部，就愈要高度重视、愈要身体力行共产主义思想和共产主义道德。否则，我们自己在精神上解除了武装，怎么能教育青年，还怎么能领导国家和人民建设社会主义！"② 经过邓小平的一系列论述，党的十二大进一步确认"社会主义精神文明是社会主义的重要保证"，并把"两个文明一起抓"确定为建设社会主义基本战略方针。1992 年邓小平在南巡谈话中再次强调，只有坚持"两手抓"，把物质文明建设和精神文明建设都搞上去，这才是有中国特色的社会主义。

2. 一手抓改革开放，一手抓打击犯罪活动

随着改革开放的不断深入，我国国民经济迅速发展。与此同时，一些不法分子利用新旧体制转换中某些具体政策和具体措施的不完善，钻改革的空子，发"改革"的横财，导致各种经济犯罪和刑事犯罪活动有所抬头，侵袭社会的机体，严重干扰了社会治安和正常的社会经济秩序。对此，邓小平郑重提出："我们要有两手，一手就是坚持对外开放和对内搞活经济的政策，一手就是坚持打击经济犯罪活动。没有打击经济犯罪活动这一手，不但对外开放政策肯定要失败，对内搞活经济的政策也肯定要失败。有了打击经济犯罪活动这一手，对外开放、对内搞活经济就可以沿着正确的方向走。"③ 邓小平在论述"两手抓"时，一直对惩治以职务性经济犯罪活动为主要内容的腐败问题予以特别关注。他强调，在整个改革开放过程中都要反对腐

---

① 《邓小平文选》第 2 卷，人民出版社 1994 年版，第 208 页。
② 同上书，第 367 页。
③ 同上书，第 404 页。

败，全体干部和共产党员要把廉政建设作为大事来抓。也就是说，打击各种犯罪活动，不仅是深化改革开放的保证，也是充分发挥人民民主专政的需要，是实现社会稳定、保证社会主义现代化建设能够在安定团结的社会环境中顺利进行的必要前提。

3. 一手抓经济建设，一手抓民主法制建设

党的十一届三中全会以后，针对我国经济建设和法制建设严重滞后的现状，邓小平一面反复强调，经济建设是中心问题，认为我们党在现阶段的政治路线就是一心一意地搞四个现代化，发展国民经济，增加国民收入，提高人民生活水平。为此，民主和法制是关系现代化全局的战略问题，"我们坚持发展民主和法制，这是我们党的坚定不移的方针。"① 1980 年 12 月，他在中央工作会议上强调："要继续发展社会主义民主，健全社会主义法制。这是三中全会以来中央坚定不移的基本方针，今后也决不允许有任何动摇。"② 1981 年 12 月，他在中央工作会议讲话中又指出，要继续发展社会主义民主，健全社会主义法制，任何人不得侵犯宪法规定的公民权利。"对一切无纪律、无政府、违反法制的现象，都必须坚决反对和纠正。否则我们就决不能建设社会主义，也决不能实现现代化。"③ 邓小平在总结过去坚持"以阶级斗争为纲"、以"抓革命"方式"促生产"的惨痛教训后，在强调经济建设重要性的同时，认识到法制对经济基础的保障和促进作用，强调经济建设与法制建设二者并重。1986 年 1 月，他在中央政治局常委会上明确提出了"一手抓建设，一手抓法制"的著名论断，表示："搞四个现代化，一定要有两手，只有一手是不行的。所谓两手，即一手抓建设，一手抓法制。"④ 他反复告诫人们两手都要硬。"两手抓"论述是对经济建设与法制建设关系的精确界定与高度概括，是对马克思主义法律思想的理论创新，对我国法制建设乃至整

---

① 《邓小平文选》第 2 卷，人民出版社 1994 年版，第 256—257 页。
② 同上书，第 359 页。
③ 同上书，第 360 页。
④ 《邓小平文选》第 3 卷，人民出版社 1993 年版，第 154 页。

个现代化建设都起到了不可估量的促进作用。

（六）关于人权的思想

人权是民主政治建设中的重大问题。在以"人权卫士"自居的西方国家大搞"人权外交"、粗暴干涉别国内政的情况下，人权问题也已成为国际政治、经济、文化和意识形态领域斗争的一个焦点问题。人权不单纯是一个法律概念，也是一个政治概念。邓小平人权思想是邓小平理论的重要组成部分，也是邓小平法律思想的重要内容。邓小平一直重视人权问题，特别是 20 世纪 80 年代末以来，针对西方国家利用人权问题干涉中国内政、侵犯中国主权的种种霸权主义行为，发表了一系列论述。邓小平将马克思主义人权理论与中国社会主义人权建设实际相结合，在继承和坚持马克思主义人权理论的同时，适应当代国际国内人权斗争形势的需要，形成和创立了当代中国马克思主义人权理论，对马克思主义人权理论做出了重要贡献。

1. 人权的首要内容是生存权和发展权

生存和发展是人的基本权利，生存权是一切人权的首要内容和前提保障。旧中国是一个半殖民地半封建的国家，广大劳动人民的基本生存权无法得到保障。在中国共产党的领导下，中国人民赢得了生存权和发展权。党的十一届三中全会以后，党的工作重心转移到现代化建设上来。邓小平强调："我们坚持社会主义，要建设对资本主义具有优越性的社会主义，首先必须摆脱贫穷。"[1] "贫穷不是社会主义，更不是共产主义。"[2] 党从中国国情出发，提出了社会主义初级阶段的基本理论，制定了"一个中心，两个基本点"的基本路线，致力于发展经济、提高人民生活水平。在邓小平理论的指导下，我国始终以经济建设为中心，大力发展生产力，不断提高综合国力，基本建成了小康社会，中国人民的生存权得到了可靠保证。

---

① 《邓小平文选》第 3 卷，人民出版社 1993 年版，第 225 页。
② 同上书，第 64 页。

发展权同生存权一样，也是一项不可剥夺的人权，是人在经济、社会、文化、教育、卫生、社会福利等方面全面发展的权利。1986年12月4日，第41届联合国大会通过的《发展权利宣言》提出："由于这种权利（发展权），每个人和所有各国人民均有权参与、促进并享受经济、文化和政治发展，在这种发展中，所有人权和基本自由都能获得充分实现。"社会主义中国在保障人民生存权的基础上，还要努力推动人民在经济、文化各方面的全面发展。马克思主义认为，每个人的自由发展是一切人的自由发展的前提。邓小平对人的发展权问题给予高度重视，提出："社会主义制度优越性的根本表现，就是能够允许社会生产力以旧社会所没有的速度迅速发展，使人民不断增长的物质文化生活需要能够逐步得到满足。"[①] 改革开放30多年来，我国已经完成了第一步和第二步经济发展的战略目标，为个人的全面发展创造了优越条件。

2. 人权应是多数人的人权、全国人民的人权

关于人权的具体概念，迄今还没有统一的学术界定，或曰人权是普遍的道德权利，或曰人权是法定的公民权利，或曰人权是作为人所应当享有和实际享有的权利。这些解释从不同角度、不同侧面、不同层次上说明了人权的内涵，都具有某种合理性。应当说，人权是一个综合性的概念，与我们日常所说的法律权利、公民基本权利等概念并不完全等同，其所包含的内容更加宽泛，既包括法定的权利，又包括法律之外的权利，如道德权利、习惯权利等。而且，人权与公民权利不同，涵盖了个体人权、集体人权和国家权力。一般而言，人权是在一定的社会历史条件下，每个人按其本质和尊严享有或应该享有的基本权利。邓小平没有给人权下过明确定义，但在1985年对人权的本质属性作了非常精辟的阐释："什么是人权？首先一条，是多少人的人权？是少数人的人权，还是多数人的人权，全国人民的人权？西方世界的所谓'人权'和我们讲的人权，本质上是两回事，观点不

---

① 《邓小平文选》第2卷，人民出版社1994年版，第128页。

同。"邓小平的这一论述为我们理解人权的本质和两种不同的人权观，提供了判断是非正误的标准。

保护最大多数人的人权，是邓小平的一贯主张。早在抗日战争时期，为了巩固抗日民族统一战线，团结一切抗日力量，邓小平在《根据地建设与群众运动》一文中提出，对群众和地主的人权及其他权利都要予以保护。削弱封建不只是在经济上，而且表现在政治上、思想上。"在政治上打坍地主阶级的统治，实行'三三制'民主政治，其本身就是削弱封建阶级在政治上的地位，但绝不能解释为消灭封建阶级的政治地位。地主阶级只要它是抗日的，不反对民主政治的，它就有参加'三三制'民主政权的权利。所以我们在政治上，不仅要保障群众的人权、政权、财权、地权，还要保障地主的人权、政权、财权、地权。在群众运动中不能提倡侮辱地主人格的行为，如打人、唾口水等。"① 如果不注意保障地主人权及其他权利，就会失去社会同情，既不利于团结地主抗日，也不利于争取落后群众共同开展抗日斗争。因此，"团结地主抗日，只靠方式上的讲究是非常不够的，主要应使之能够生活，能够保有一定的经济地位，保障其合法的财权"。② 党的十一届三中全会以后，邓小平反复强调维护和保障公民人权。他重申"三不主义"，即不抓辫子、不扣帽子、不打棍子。"在党内和人民内部的政治生活中，只能采取民主手段，不能采取压制、打击的手段。宪法和党章规定的公民权利、党员权利、党委委员的权利，必须坚决保障，任何人不得侵犯。"③

进行社会主义现代化建设，就要充分调动广大人民群众的积极性和创造性，使他们以高度的责任感投身社会主义建设事业，这就需要发扬社会主义民主，切实保障人民的各种政治经济文化的权利。邓小平强调，发展社会主义经济，要重视物质利益原则，也要"切实保障工人农民个人的民主权利，包括民主选举、民主管理和民主监督"，

---

① 《邓小平文选》第1卷，人民出版社1994年版，第71页。
② 同上书，第71—72页。
③ 《邓小平文选》第2卷，人民出版社1994年版，第144页。

以调动他们的积极性，增强他们的主人翁意识。1987年3月，他在会见外宾时强调，推进社会主义现代化建设，除了要进一步改革开放，"还要使人民有更多的民主权利，特别是要给基层、企业、乡村中的农民和其他居民以更多的自主权。"由此可见，邓小平主张的人权，是最广泛的人权和全国人民的人权。1983年他在《严厉打击刑事犯罪活动》中指出："要讲人道主义，我们保护最大多数人的安全，这就是最大的人道主义!"① 一方面，要使最广泛的包括占全国人口绝大多数的工人、农民、知识分子、社会主义事业的建设者、拥护社会主义的爱国者、拥护祖国统一的爱国者，以及海外爱国华侨等关心祖国命运的人成为享受人权的主体。即使对极少数被剥夺政治权利的公民而言，他们仍然享有与其身份相适应的公民权利。另一方面，要使公民所享受的人权范围更为广泛。根据我国宪法，公民享受的人权不仅包括生存权、人身权和政治权，还包括经济、社会、文化等方面的权利。公民不仅享有人身自由、人格尊严、生命、健康、合法的财产权，而且享有广泛的政治权利和自由、社会经济权利和文化教育权利。2004年十届全国人大二次会议通过的宪法修正案，在宪法第二章"公民的基本权利和义务"部分，首次将"人权"概念引入宪法，明确规定"国家尊重和保障人权"。人权写入宪法，是社会主义人权发展的重大突破，也是中国民主宪政和政治文明建设的一件大事，是中国人权发展的一个重要里程碑。

　　3. 人权是普遍性与特殊性的统一

　　西方国家把自己的人权观作为普遍人权强加于其他国家，认为衡量人权的标准只有一个，就是建立在西方价值观念和社会制度基础上的人权观。这种把人权标准绝对化的观点在理论上站不住脚，在实践中也行不通。马克思指出："权利永远不能超出社会的经济结构以及由经济结构所制约的社会的文化发展。"② 世界各国的民主、自由、

---

① 《邓小平文选》第3卷，人民出版社1994年版，第34页。
② 《马克思恩格斯选集》第3卷，人民出版社1995年版，第305页。

人权建设，都离不开特定的历史文化传统、经济发展状况和社会制度。人权固然是普遍性的权利，但不同国家和民族对其之理解和实践存在着相当的差异性，使得各国人权在具体内容和形式方面各有特点。由此可见，现实的人权总是普遍性与特殊性的统一。1988 年 5 月邓小平在会见莫桑比克总统希萨诺时指出："世界上的问题不可能都用一个模式来解决"，"要求全世界所有国家都照搬美、英、法的模式是办不到的。"衡量一个国家的人权发展状况，不能按一种模式来套和只采取一个标准，更不能把某种特定的模式作为样板在全世界推广。

4. 国家主权高于人权

国家主权与人权的关系问题，是邓小平人权思想中占主导地位的重要内容。邓小平提出"国权比人权重要"的论断，始终把国家主权放在首位，这是对西方国家所谓"人权高于主权"论调的否定，也是对人权与主权关系的正确阐释。西方"人权外交"的一个理论依据就是"人权高于主权"。该理论认为，人权原则已载入联合国宪章而成为国际法准则，人权问题也就不再是国内问题，而应由国际社会来过问。西方国家宣扬"人权高于主权"，实质上是借人权来否定发展中国家的主权，确立西方国家的霸权。邓小平一针见血地指出："西方国家拿什么人权、什么社会主义制度不合理不合法等幌子，实际上是要损害我们的国权。"① "他们那一套人权、自由、民主是维护恃强凌弱的强国、富国的利益，维护霸权主义者、强权主义者利益的。"② 当然，邓小平强调"国权比人权重要"，不是不重视发展人权，也不是用国家主权来否定人权，而是对主权与人权辩证关系的精辟阐释。一方面，国家主权是人权实现的前提和基础。人民的生存权、发展权、自由平等权的实现，都依赖于各个主权国家实施的各项具体政策，没有主权也就无法实现和保护人权。邓小平指出："人们

---

① 《邓小平文选》第 3 卷，人民出版社 1993 年版，第 348 页。
② 同上书，第 345 页。

支持人权，但不要忘记还有一个国权。谈到人格，但不要忘记还有一个国格。特别是像我们这样第三世界的发展中国家，没有民族自尊心，不珍惜自己民族的独立，国家是立不起来的。"① 另一方面，人权从属于国家主权，是国家主权的具体体现。主权是一个国家处理国际国内事务而不受他国干涉或限制的最高权力，人权就是其处理国内事务、行使国家主权的具体体现，属于内政范畴。国际上签署的一系列人权保护条约，并不能改变人权属国内管辖的根本属性。人权问题在本质上是属于一国内部管辖的问题，对人权问题的处理关系到一国主权的独立和民族的尊严。邓小平坚决反对西方国家利用人权问题干涉中国内政，损害国家的独立和尊严。他指出："中国永远不会接受别人干涉内政"②"中国要维护自己国家的利益、主权和领土完整"③"国家的主权、国家的安全要始终放在第一位，对这一点我们比过去更清楚了。"④

（七）关于"一国两制"的思想

"一国两制"构想是实现祖国统一方式的新创造，是邓小平法律思想中最具有创新意义的内容之一。邓小平在继承毛泽东、周恩来关于和平解决台港澳问题思想的基础上，本着尊重历史、尊重现实、实事求是、照顾各方利益的原则，集中全党智慧提出了"一国两制"的伟大构想。1984 年 5 月，第六届全国人民代表大会第二次会议确认了"一国两制"构想，使之成为一种具有法律效力的基本国策，成为党和国家解决台港澳问题的基本方针。邓小平明确表示："我们的社会主义制度是有中国特色的社会主义制度，这个特色，很重要的一个内容就是对香港、澳门、台湾问题的处理，就是'一国两制'。

① 《邓小平文选》第 3 卷，人民出版社 1993 年版，第 331 页。
② 同上书，第 359 页
③ 同上书，第 328 页
④ 同上书，第 348 页。

这是个新事物。"①

1. "一国两制"构想的孕育

从 20 世纪 50 年代中期起，毛泽东、周恩来等党和国家领导人就开始积极思考和平解决台湾问题的可能性，形成了一个国家实行两种制度的初步设想。1955 年 5 月，周恩来在全国人大常委会第十五次会议上首次明确表示愿意以和平方式解决台湾问题。随着社会主义改造的基本完成，我国即将进入全面开展社会主义建设时期，需要和平安定的外部环境。在这种形势下，党的第一代领导人同蒋介石进行第三次国共合作的愿望和主张更加明确。1956 年 10 月，毛泽东表示，如果台湾和平统一，"一切可以照旧"，台湾实行三民主义，可以同大陆通商，双方互不派遣特务。周恩来还具体指出，蒋介石、蒋经国都可以在中央政府、人大或政协中安排职位。1957 年春，我国有关方面提出，国共两党通过对等谈判的方式实现和平统一；台湾成为中国政府统辖下的自治区，实行高度自治，台湾地区政务仍旧归蒋介石领导，大陆不派人前往干预，国民党可派人到北京参加对全国政务的领导；外国军事力量必须撤离台湾海峡。至此，毛泽东、周恩来关于和平解决台湾问题的思想已具雏形。

1958 年的炮击金门是我国围绕台湾问题处理对外关系的一项重大决策。毛泽东审时度势，及时调整斗争对策，实行联蒋抗美、维护"一个中国"的方针，对海峡两岸关系产生了重大影响。10 月 6 日和 25 日，由毛泽东起草、以国防部部长彭德怀名义发表的《告台湾同胞书》和《中华人民共和国国防部再告台湾同胞书》，对美国的侵略立场和分裂图谋进行了谴责，强调"世界上只有一个中国，没有两个中国""我们都是中国人。三十六计，和为上计""建议举行谈判，实行和平解决。"② 毛泽东还请人转告台方，两岸统一后，台湾的军队可以保存，可以继续坚持三民主义。1963 年初，周恩来进一步将

① 《邓小平文选》第 3 卷，人民出版社 1993 年版，第 218 页。
② 《建国以来毛泽东文稿》第 7 册，中央文献出版社 1992 年版，第 439—440 页。

毛泽东的对台思想概括为"一纲四目"。"一纲"是台湾必须回归祖国。"四目"是：台湾回归祖国后，除外交必须统一于中央外，所有军政大权人事安排由蒋介石决定；所有军政及建设经费不足之数，由中央拨付；台湾的社会改革可以从缓，协商解决；双方互约不派人进行破坏对方团结之事。遗憾的是，在这以后，国际国内形势都发生了变化，和平统一台湾的工作未能推进。

2. "一国两制"构想的形成

党的十一届三中全会前后，国际国内形势的发展变化为"一国两制"构想的形成提供了现实可能性。一方面，和平解决台湾问题能为社会主义现代化建设创造和平稳定的内外环境，有利于世界的和平与发展。另一方面，1978 年中美两国正式建交以后，和平统一问题列入党和国家的具体日程。在这样的背景下，邓小平集中全党智慧，从港澳台地区和大陆的实际状况出发，形成了"一国两制"构想。

1978 年 11 月 14 日，邓小平会见缅甸总统吴奈温时指出："在解决台湾问题时，我们会尊重台湾的现实。台湾的某些制度可以不动，美日在台湾的投资可以不动，那边的生活方式可以不动。"① 1979 年1 月，他访问美国时又表示不再使用"解放台湾"的提法，只要台湾回归祖国，大陆就会尊重台湾的现行制度和台湾人民的意见，实行合情合理的对台政策。同年 3 月，他在会见香港总督麦里浩时进一步指出，台湾可以拥有广泛的自治权和自卫武装力量，但只能作为拥有特殊地位的地方政府，而不能出现"两个中国"或"一个半中国"。12月 6 日，他在会见日本首相大平正芳时又指出："我们提出了台湾回归祖国，实现祖国统一的目标。实现这个目标，要从现实情况出发。对台湾，我们的条件是很简单的，那就是，台湾的制度不变，生活方式不变，台湾与外国的民间关系不变，包括外国在台湾的投资、民间交往照旧。这就是说，外国可以照旧对台湾投资。即使台湾与祖国统

---

① 《邓小平建设有中国特色社会主义论述专题摘编》新编本，中央文献出版社 1992年版，第 422—423 页。

一起来后，外国投资也不受任何影响，我们尊重投资者的利益。台湾作为一个地方政府，可以拥有自己的自卫力量，军事力量。条件只有一条，那就是，台湾要作为中国不可分的一部分。它作为中国的一个地方政府，拥有充分的自治权。"① 在这些谈话和文件中，邓小平虽然没有使用"一国两制"的概念，但这一构想已清晰可见。

根据邓小平解决台湾问题的主张，叶剑英于 1981 年 9 月 30 日以全国人大常委会委员长的名义向新华社记者发表谈话，提出了和平统一的政策方针，即："国家实现统一后，台湾可作为特别行政区，享有高度的自治权，并可保留军队"，"台湾现行社会，经济制度不变，生活方式不变，同外国的经济、文化关系不变。私人财产、房屋、土地、企业所有权、合法继承权和外国投资不受侵犯。"② "叶九条"的提出，标志着"一国两制"构想的具体化和明晰化。在此基础上，邓小平在 1982 年 1 月 11 日接见海外朋友李耀基时，第一次把实现祖国和平统一的构想概括为"一国两制"（"一个国家，两种制度"），并把这一构想的适用范围扩大到解决香港问题。"他们不要破坏大陆的制度，我们也不破坏他们那个制度。不只是台湾问题，还有香港问题，大体也是这几条。"③ 1983 年 6 月 26 日，邓小平在会见美籍华人学者杨立宇时，将叶剑英的"九条方针"归纳为"六点办法"，即："祖国统一后台湾特别行政区可以有自己的独立性，可以实行同大陆不同的制度。司法独立，终审权不须到北京。台湾还可以有自己的军队，只是不能构成对大陆的威胁。大陆不派人驻台，不仅军队不去，行政人员也不去。台湾的党、政、军等系统，都由台湾自己来管。中央政府还要给台湾留出名额。"④ 从"叶九条"到"邓六条"，"一国两制"构想的内容更加完备、明确和系统化，"一国两制"方针的大

---

① 《邓小平建设有中国特色社会主义论述专题摘编》新编本，中央文献出版社 1992 年版，第 424 页。

② 《三中全会以来重要文献选编》下册，人民出版社 1982 年版，第 965—966 页。

③ 王叔文：《香港特别行政区基本法导论》，中共中央党校出版社 1990 年版，第 2 页。

④ 《邓小平文选》第 3 卷，人民出版社 1993 年版，第 30 页。

体框架基本形成。

1984 年，邓小平又先后提出了有关"一国两制"的许多重要思想，强调"一国两制"的主体是社会主义，"一国两制"方针长期不变，用"一国两制"办法解决中国统一问题也是一种和平共处。他在会见美国乔治城大学战略与国际问题研究中心代表团时指出："世界上有许多争端，总要找个解决问题的出路。我多年来一直在想，找个什么办法，不用战争手段而用和平方式，来解决这种问题。我们提出的大陆与台湾统一的方式是合情合理的。统一后，台湾仍搞它的资本主义，大陆搞社会主义，但是是一个统一的中国。一个中国，两种制度。香港问题也是这样，一个中国，两种制度。"[①] 在这里，他将"一国两制"构想的适用范围扩展到解决世界上的一些争端，使这一构想具有了国际意义。1985 年 3 月，第六届全国人大三次会议正式把"一国两制"确定为一项基本国策。至此，党和政府用"一国两制"作为解决台港澳问题、实现国家统一的基本方针正式确立。

3. "一国两制"构想的内涵

"一国两制"构想语言简明，内涵深刻，包括三个层次。第一，"一个中国"是实行"一国两制"的根本基础。所谓"一个中国"，就是中华人民共和国。中国的主权和领土必须完整而不容分割，中华人民共和国是中国的唯一合法代表。在承认"一国"的大前提下，完成祖国统一，实行两种制度。第二，"两制"在"一国"中的地位和作用并不均衡对等，国家的主体实行社会主义制度。邓小平反复强调，中国的主体部分必须坚持社会主义制度，这是"一国两制"的基本前提。1984 年 12 月，他向前来签署关于香港问题联合声明的英国首相撒切尔夫人表示，在"一国两制"下，社会主义是中国的主体，在拥有十亿人口的地区还将坚定不移地实行社会主义。"主体是很大的主体，社会主义是在十亿人口地区的社会主义，这是个前提，

---

① 《邓小平文选》第 3 卷，人民出版社 1993 年版，第 49 页。

没有这个前提不行。在这个前提下，可以容许在自己身边，在小地区和小范围内实行资本主义。"① 1987年4月，他在会见香港特别行政区基本法起草委员会委员时进一步指出，中央是在国家主体坚持四项基本原则的基础上确定对香港、澳门、台湾的政策，党的领导和社会主义制度不容动摇。"中国要是改变了社会主义制度，改变了中国共产党领导下的具有中国特色的社会主义制度，香港会是怎样？香港的繁荣和稳定也会吹的。要真正能做到五十年不变，五十年以后也不变，就要大陆这个社会主义制度不变。"② 第三，港澳台地区实行资本主义制度。邓小平指出："社会主义国家里允许一些特殊地区搞资本主义，不是搞一段时间，而是搞几十年、成百年。"③ 就全国范围来看，港澳台地区的资本主义是"小范围的资本主义"，作用虽然有限，但将长期存在。

根据两个《联合声明》和两个《基本法》的规定，回归祖国后的香港、澳门成立特别行政区，作为中华人民共和国不可分离的一部分，享有高度的自治权，包括行政管理权、立法权、独立的司法权和终审权，即：中央政府在负责管理与特别行政区有关的外交事务时，授权特别行政区依照基本法自行处理有关对外事务；中央政府负责管理特别行政区的防务，特别行政区政府负责维持特别行政区的社会治安；特别行政区的行政长官在当地通过选举或协商产生，由中央政府任命；特别行政区享有行政管理权，依照特别行政区基本法的有关规定自行处理特别行政区的行政事务；特别行政区享有立法权、独立的司法权和终审权；特别行政区保持财政独立，可自行制定适用于本地区的经济、贸易、文化、教育等方面的政策；在特别行政区内，现行的社会、经济制度和生活方式不变，法律基本不变，私人财产、企业所有权、合法继承权、投资以及居民享有的各种权利和自由均受法律保护；特别行政区的法定货币继续流通，自由兑换，保留原有的货币

---

① 《邓小平文选》第3卷，人民出版社1993年版，第103页。
② 同上书，第218页。
③ 同上书，第219页。

金融制度；特别行政区的自由港和单独的关税地区地位保持不变；照顾英国、葡萄牙及其他国家在特别行政区范围的利益；特别行政区除悬挂中华人民共和国国旗和国徽外，还可使用区旗和区徽，除使用中文外还可使用其他本地正式语言。

对于香港而言，高度自治权还包括实行"港人治港"。当然，"港人"指热爱祖国和香港的香港人。邓小平对于香港爱国者的标准作了明确说明：即"尊重自己民族、诚心诚意拥护祖国恢复行使对香港的主权，不损害香港的繁荣和稳定，只要具备这些条件，不管他们相信资本主义，还是相信封建主义，甚至相信奴隶主义，都是爱国者。"① 香港虽然享有高度的自治权，但绝不是也不可能成为独立的政治实体，只能在中央政府的直接管辖下实行高度自治。香港的政治体制和管理方式虽然保留资本主义，但不能完全西化，不能照搬西方做法。"一定要切合实际，要根据自己的特点来决定自己的制度和管理方式。"② 邓小平还强调，切不要以为香港的事情全由港人来管，中央毫不过问，就会万事大吉。中央确实不干预特别行政区的具体事务，但如果香港发生了危害国家根本利益或者损害自身根本利益的事情，那时中央就不能不过问。事实上，"如果中央把什么权力都放弃了，就可能会出现一些混乱，损害香港的利益，所以，保持中央的某些权力，对香港有利无害。"③

在港澳地区实行"一国两制"，是为了结束外国殖民统治，实现平稳顺利过渡，保持该地区的繁荣稳定，这涉及中外关系问题。在台湾地区实行"一国两制"，则属于中国的内政问题。邓小平反复指出，在台湾问题上我们不能承诺放弃使用武力，这是一种战略考虑，是为了不让外国干涉有机可乘。台湾享有的自治权要比香港、澳门更加宽泛，可以保留自己的军队。但是，这种以"一国"为前提的高度自治权不同于台湾当局鼓吹的"完全自治"。邓小平指出："我们

---

① 《邓小平文选》第 3 卷，人民出版社 1993 年版，第 61 页。
② 同上书，第 221 页。
③ 同上。

不赞成台湾'完全自治'的提法。自治不能没有限度，既有限度就不能'完全'。'完全自治'就是'两个中国'，而不是一个中国。"①他衷心希望台湾从现实情况出发，实现"和平统一，一国两制"，既不是大陆把台湾吃掉，也不是台湾把大陆吃掉，而是两岸共同为完成民族统一大业做出贡献。

邓小平"一国两制"理论具有鲜明的中国特色，可以从国家结构和法律体系两个方面来具体认识和深刻把握。从国家结构上看，中华人民共和国是统一的多民族单一制国家，实行一国两制。在中国单一制国家范围内，香港、澳门、台湾实行特别行政区的高度自治即实行资本主义制度。这样就使得中华人民共和国的中央与地方关系，具有了一般行政区、民族自治区、港澳台特别行政区两类三种具体实现形式。以一个国家为前提，以大陆社会主义和单一制国家结构为主体，局部地方具有复合制国家结构的特点。这是邓小平理论在马克思主义国家学说史上的新创举，充分体现了邓小平理论坚持解放思想，实事求是的精神实质。从法律体系上看，"一国两制"实际上是在一个国家内，实行两种性质不同的法律制度。"一国两制"逐步实现后，在中国并存、兼容着社会主义法制和资本主义法制两种法律制度，这在中国法制史上是一个创举，在世界法制史上也是前所未有。但是，这两种制度类型并不是平行分立运行，而是以大陆社会主义法制为主体，高度自治也是要在全国人民代表大会制定的特别行政区基本法框架内实行。

4. "一国两制"构想的实践

邓小平创立的"一国两制"伟大构想，是对中华民族完成祖国统一大业做出的重大贡献，是对马克思主义国家学说的重大发展，是马克思主义法学理论在新时代的伟大创举，并在解决香港澳门问题的过程中获得了实践性。

1982年9月，中英两国开始就解决香港问题举行谈判。邓小平会

---

① 《邓小平文选》第3卷，人民出版社1993年版，第30页。

见前来参加谈判的英国首相撒切尔夫人时，指出中国准备用解决台湾问题的办法来解决香港问题。他指出："香港继续保持繁荣，根本上取决于中国收回香港后，在中国的管辖之下，实行适合于香港的政策。香港现行的政治、经济制度，甚至大部分法律都可以保留，当然，有些要加以改革。香港仍将实行资本主义，现行的许多适合的制度要保持。"① 此后，中英两国政府就香港问题举行了多轮谈判。1984 年 6 月，邓小平向来访的香港知名人士阐释了"一国两制"构想和对香港问题的基本立场："我们的政策是实行'一个国家，两种制度'，具体说，就是在中华人民共和国内，十亿人口的大陆实行社会主义制度，香港、台湾实行资本主义制度。"谈到如何在香港具体运用这一构想时，他表示："我们多次讲过，我国政府在一九九七年恢复行使对香港的主权后，香港现行的社会、经济制度不变，法律基本不变，生活方式不变，香港自由港的地位和国际贸易、金融中心的地位也不变，香港可以继续同其他国家和地区保持和发展经济关系。我们还多次讲过，北京除了派军队以外，不向香港特区政府派出干部，这也是不会改变的。我们派军队是为了维护国家的安全，而不是去干预香港的内部事务。""我们采取'一个国家，两种制度'的办法解决香港问题，不是一时的感情冲动，也不是玩弄手法，完全是从实际出发的，是充分照顾到香港的历史和现实情况的。"② 一个月后，在会见英国外交大臣杰弗里·豪时，他进一步指出，根据香港和台湾的历史与现实，不保证港台继续实行资本主义制度，就不能保持它们的繁荣和稳定，也不能和平解决祖国统一问题。因此，"我们在香港问题上，首先提出要保证其现行的资本主义制度和生活方式，在一九九七年后五十年不变。"③

　　邓小平反复阐明中国政府对香港问题的立场，并直接指导关于香港问题的中英谈判，至 1984 年 9 月双方就全部问题达成协议。1984

---

① 《邓小平文选》第 3 卷，人民出版社 1993 年版，第 13 页。
② 同上书，第 58—60 页。
③ 同上书，第 67 页。

年 12 月，中英两国政府在北京正式签署了关于香港问题的联合声明。1987 年 4 月，中葡两国政府签署了关于澳门问题的联合声明。1990 年和 1993 年，全国人民代表大会相继通过了《中华人民共和国香港特别行政区基本法》和《中华人民共和国澳门特别行政区基本法》，"一国两制"构想具有了法律效力，迈出了从理论转化为实践的关键性一步。1997 年 7 月 1 日，中国政府正式恢复行使对香港的主权，"一国两制"构想从理论成为现实。1999 年 12 月 20 日，中国政府恢复行使对澳门的主权，这是"一国两制"构想的又一成功实践。

三　邓小平法律思想的基本特征及意义

邓小平法律思想形成于我国从计划经济条件下的人治向社会主义市场经济条件下的法治过渡时期，在中国化的马克思主义法律思想发展史上起着承前启后、继往开来的重大指导作用。党的十一届三中全会以来，依法治国、建设社会主义法治国家是我国法制建设的主线。以邓小平为核心的党的第二代领导集体紧紧抓住这一主线，大力推进社会主义法制建设，稳定了国内局势，促进了社会发展。本章主要从邓小平法律思想的基本特征、理论价值、实践意义等方面论述其历史地位。

（一）邓小平法律思想的基本特征

邓小平法律思想具有鲜明的人民性、实践性、时代性、科学性、创新性和全局性，为我国传统法制的转型和实现法制现代化奠定了理论基础，成为我国社会主义法制建设的指导思想，具有持久的生命力和永恒的光芒。

1. 邓小平法律思想的人民性

在社会主义中国，人民是国家的主人，国家的一切权力属于人民。从法的本质、目的、原则和作用来看，社会主义国家的法律就是通过国家意志形式表现出来的广大人民的意志，就在于确认、保护和发展以人民民主自由为核心的社会关系和社会秩序。邓小平法律思想的出发点和归宿，无处不是为了人民利益。他曾满怀深情地写道："我是中国人民的儿子。我深情地爱着我的祖国和人民。"在十一届三中全会上，他强调加强社会主义法制建设，使民主制度化、法律化，使这种制度和法律具有稳定性、连续性和极大的权威性。"过去我们已经吃了十来年的苦头，再乱，人民吃不消，人民也不答应。"①在他的倡导下，司法阵线进行了拨乱反正，法制建设开始步入正轨，我国迎来了法制建设的春天。在领导改革开放和社会主义现代化建设的实践中，邓小平立足国情，以广大人民的根本利益为重，逐步形成了社会主义法制思想体系，为最终确立"依法治国"这一基本治国方略奠定了坚实的理论基础。江泽民在学习《邓小平文选》第三卷报告会上指出，邓小平尊重群众，热爱人民，总是时刻关注最广大人民的利益和愿望，把人民拥护不拥护、人民赞成不赞成、人民高兴不高兴、人民答应不答应作为制定各项方针政策的出发点和归宿。历史证明，邓小平法律思想是国家、历史和人民的需要，代表着最广大人民群众的根本利益和要求，体现着坚实的人民性。

2. 邓小平法律思想的务实性

"实事求是，是无产阶级世界观的基础，是马克思主义的思想基础。"②一切从实际出发，实事求是，是邓小平一贯坚持的原则。他认为过去我们搞革命所取得的一切胜利，靠的就是实事求是，现在我们要实现四个现代化，同样也要靠实事求是。邓小平法律思想之所以对我国现代化建设具有极强的指导性，就在于它将马克思主义法学理论与中国实践相结合。在邓小平法律思想的萌芽时期，他主要结合根据地的政权建设实践，宣传法纪的权威，强调严格守法的必要性。新中国成立以后，他根据巩固政权的需要，强调法律的政治职能，并开始注意到法律对经济建设的重要作用。20世纪70年代末，适应全面

---

① 《邓小平文选》第2卷，人民出版社1994年版，第252页。

② 同上书，第143页。

整顿和拨乱反正的实践需要，他从宏观上论证并强调了实行法制的必要性和紧迫性。20世纪80年代初，他从改革开放的需要出发，提出运用法律手段打击经济犯罪、刑事犯罪的法制建设问题。20世纪80年代中期，他从政治体制改革的需要出发，阐述了法制建设思想。1990年前后，他又特别强调维护稳定的意义，从稳定是压倒一切大局的角度来论述和指导法制建设，并将"三个有利于"判断标准运用于法制问题，指出衡量新时期一切工作（包括法制工作）是非得失的标准，应该主要看是否有利于发展社会主义社会的生产力，是否有利于增强社会主义国家的综合国力，是否有利于提高人民的生活水平。"三个有利于"的重点是坚持生产力标准，是紧扣解放和发展生产力这一根本任务来认识法律问题。邓小平在有关法制的论述中，始终强调社会主义法律要为保证改革开放的顺利推进而保驾护航，要为进一步解放和发展社会生产力服务，这充分体现了其务实性特征。

3. 邓小平法律思想的时代性

邓小平站在时代的高度，从中国现代化建设的内在需要出发，思考和规划法制建设问题。新中国成立之初，党未能从根本上认识依法治国的重要性，未能把民主和法律制度化，导致法律虚无主义思想泛滥，领导人以言代法、以言废法现象极为普遍，人民的民主权利无法被保障。1975年邓小平重新出来主持工作后，针对当时的混乱局面，进行了一系列整顿，建立和恢复了一系列规章制度，要求"执行规章制度宁可要求严一些，不严就建立不起来"。① "文化大革命"结束后，他认真总结了我国二十年来法制建设方面的经验教训，顺应时代要求，坚决否定了"人治"思想，主张依法治国，实现民主制度化、法律化。针对法律很不完备和执法守法中存在的有法不依、执法不严问题，提出了"有法可依、有法必依、执法必严、违法必究"的基本方针，强调处理好"人治"和"法治"之间的关系。随着改革开放的进一步扩大和深入，为了适应经济体制改革、维护社会稳定的需

① 《邓小平文选》第2卷，人民出版社1994年版，第11页。

要，他提出一手抓建设，一手抓法制，认为"充分发扬社会主义民主，加强社会主义法制，对于增强和维护安定团结，共同搞好国家大事，是十分重要的"①。针对20世纪80年代刑事犯罪猖獗的情况，他提出"严打"的指导思想，指出在非常状态下，"必须从重从快集中打击，严才能治住。"②针对资产阶级自由化对青年学生造成的不良影响和后果，他指出加强法制的根本问题是教育，必须大力开展普法教育。针对建立在法制基础上的市场经济蓬勃发展的局面，他得出了"还是要靠法制"的结论。可以说，邓小平法律思想是时代的产物，具有与时俱进的理论品格。邓小平提出的每一个法律方面的重要论断，都和当时的时代特征密切相关，并在实践中丰富和发展。

4. 邓小平法律思想的开放性

在社会主义市场经济体制下，法制必须以保障市场经济健康发展为价值取向，但在这方面我国的立法和执法经验还比较少。为此，学习西方各国的成功经验，面向世界和未来开展社会主义法制建设，就成为一个比较紧迫的课题。邓小平指出："现在的世界是开放的世界"，历史经验证明，"关起门来搞建设是不能成功的""中国长期处于停滞和落后状态的一个重要原因就是闭关自守。""中国的发展离不开世界"③，尤其在现代化建设的新时期，技术革命蓬勃发展，如果关起门，脱离世界，我们的信息就不灵。④他精辟地分析了时代主题，支持中央建立健全市场经济法律体系，实施同国际接轨等全方位的开放战略，要求我国法制建设尊重国际惯例，借鉴和吸收外国先进经验。"社会主义要赢得与资本主义相比较的优势，就必须大胆吸收和借鉴当今世界各国包括资本主义发达国家的一切反映现代化生产规律的先进经营方法、管理方法。"⑤在邓小平的指导下，我国积极构

---

① 《邓小平文选》第2卷，人民出版社1994年版，第205页。
② 《邓小平文选》第3卷，人民出版社1993年版，第34页。
③ 同上书，第64、78页。
④ 参见《邓小平文选》第3卷，人民出版社1993年版，第290页。
⑤ 《邓小平文选》第3卷，人民出版社1993年版，第373页。

建与市场经济相适应的法律体系，尊重国际通用的贸易规则，实现了经济法律法规与国际接轨。

5. 邓小平法律思想的科学性

邓小平法律思想被实践证明是科学的理论，闪烁着唯物辩证法的光辉。一方面，邓小平坚持用马克思主义的观点和方法观察思考问题，认真汲取了马克思主义法律思想的精髓，并与中国国情相结合，对中国当代法制建设做出了合乎实际规律的判断，因而是科学的。特别是他将马克思主义国家学说和中国实际相结合，在 1982 年《宪法》中提出"国家在必要时得设立特别行政区"的重要论断，并以其指导实践，不仅解决了香港问题和澳门问题，还将其用于解决台湾问题。除此之外，他还根据中国社会主义建设实际提出了对社会主义初级阶段的判断以及与社会主义初级阶段相关的政治、经济、文化和法律等方面的制度、规则的构思。另一方面，邓小平法律思想富有深邃的哲学内涵，其中的"两手抓"观点可谓矛盾统一规律的具体运用。邓小平主张民主与法制两手抓、教育与法制两手抓、建设与法制两手抓、改革开放与严厉打击经济犯罪两手抓，而且两手都要硬的思想。同时，又强调抓主要矛盾和矛盾的主要方面，指出法制建设必须围绕经济建设中心进行，等等，无不体现出对立统一的思想和实事求是的科学态度。

6. 邓小平法律思想的创新性

邓小平法律思想不仅继承了马克思主义法学理论和毛泽东法律思想，还根据中国国情大胆创新。在马克思、恩格斯、列宁所处的时代，法律主要用以说明阶级冲突问题，马克思就将法律用于解释阶级压迫现象。[①] 到了我国改革开放的新时期，国情世情都发生了很大变化，国家与社会生活的各领域都需要法律来调整。邓小平针对中国的实际情况，创造性地提出用"一国两制"构想解决国家和平统一问题，发展了马克思主义法学理论中的国家学说；创造性地提出社会主

---

① 陆云泉：《邓小平法制思想研究》，江苏人民出版社 1998 年版，第 86 页。

义本质是解放生产力，发展生产力，消灭剥削，消除两极分化，实现共同富裕，丰富了社会主义法律的本质理论；创造性地把完善社会主义民主和加强社会主义法制紧密结合起来，提出发展民主和法制是党和国家坚定不移的基本方针，确定了法制在社会主义现代化建设中的重要地位和作用；创造性地提出民主必须制度化、法律化，主张以法律的形式对民主加以规范，将实现依法治国确定为我国政治体制改革的目标之一；创造性地提出"一手抓建设，一手抓法制"的重要思想，指明了建设与法制的辩证关系，要求法制与建设同步发展，法制要服务于经济建设；明确论证了社会主义法与党的政策的关系，肯定了党在社会主义法制建设事业中的领导地位，完整地提出了社会主义法制建设的十六字方针。可以说，创新是邓小平法律思想的根本思维。中国社会主义法制建设作为亘古未有的事业，只有创新变革，才能充满希望。

7. 邓小平法律思想的全局性

邓小平法律思想之所以具有强大的生命力，一个重要原因在于它总是同中国社会发展的全局性问题紧密相连。邓小平一直认为，考虑任何问题都要着眼于长远和大局。"文革"结束后，他重新走上国家领导岗位，深刻感受到了涵盖经济和政治层面的深层次危机，认识到这种危机会动摇党和政府的合法性基础。"世界上一些国家发生问题，从根本上说，都是因为经济上不去，没有饭吃，没有衣穿，工资增长被通货膨胀抵消，生活水平下降，长期过紧日子。……假设我们有五年不发展，或者是低速度发展，例如百分之四、百分之五，甚至百分之二、百分之三，会发生什么影响？这不只是经济问题，实际上是个政治问题。"[1] 正是基于这种全局性的考虑，他痛定思痛，响应民众的呼声，率先提出"加强社会主义民主，必须加强社会主义法制"的指导思想，一边积极改进经济和政治管理体制，一边运用法律手段建构适宜经济发展和政治进步的制度框架。他明确指出："现在从党

---

① 《邓小平文选》第3卷，人民出版社1993年版，第354页。

的工作来说，重点是端正党风，但从全局来说，是加强法制。"① 在现代化建设新时期，邓小平从国家危亡的全局高度和建设中国特色社会主义的战略高度来思考法制问题，从社会主义现代化的内在要求、民主建设、经济建设、社会稳定等多种角度论述了法制建设的作用和意义，强调法制建设要服务于社会主义全局建设，坚持以经济建设为中心的法制建设原则，从而把社会主义法制建设提高到前所未有的重要地位，也使邓小平法律思想融入建设中国特色社会主义的宏伟蓝图当中。

（二）邓小平法律思想的理论意义

邓小平深刻总结了新中国成立以来正反两方面的历史经验教训，从当代中国的实际出发，创造性地运用马克思主义法律理论的基本观点、立场和方法，提出并解决了社会主义法制建设中的一系列重大理论和现实问题，深刻阐述了社会主义法律在我国现代化建设中的地位和作用，形成了一整套比较系统全面的社会主义法制理论，开创了马克思主义法律思想发展的新阶段。可以说，在社会主义法制建设的实践中，邓小平法律思想对马克思主义法学做出了最重要最具创造性的丰富和发展。

1. 发展了马克思主义关于法对巩固政权作用的理论

根据马克思主义法学理论，法归根到底是统治阶级用来巩固本阶级统治、反对其他阶级的有力武器。列宁领导创建了第一个社会主义国家，并在实践中证明了法对巩固新政权的重要性。毛泽东以较为通俗的中国语言表达了第一代领导集体对法律阶级性的理解，明确指出法律要体现劳动人民的意志，由劳动人民自己制定。在对前人成果进行深刻总结的基础上，邓小平成为中国社会主义法制建设史上承上启下的转折性人物，将法律提到治国方略的高度，从保障人民民主、加强党的领导、健全社会主义等多个方面，重申和论述了法对巩固政权

---

① 《邓小平文选》第 3 卷，人民出版社 1993 年版，第 163 页。

的巨大作用，创造性地继承了马克思主义法学理论中的"原则性和灵活性相结合"的法制建设原则，要求全体民众高度重视法制建设。

2. 发展了马克思主义关于法对经济推动作用的理论

根据唯物史观，法由一定的物质生活条件决定，对经济具有相当大的反作用。法与经济的关系如此密切，使马克思主义经典作家十分注重法对发展社会主义的保障和促进作用。列宁主持制定了具有法律效力的苏俄国民经济计划，通过了工人监督法令。毛泽东也肯定了法对经济的保护作用："法律是上层建筑。我们的法律，是劳动人民自己制定的。它是维护革命秩序，维护劳动人民经济利益，保护社会主义经济基础，保护生产力的。"[①] 董必武多次强调法制对经济建设的保障意义，提出"司法工作要对人民恢复和发展生产给以适当配合"，"司法工作必须为经济建设服务"。[②] 在社会主义现代化建设新时期，邓小平科学分析了法制与经济建设的辩证关系，明确提出"以经济建设为中心"的总路线和"一手抓建设，一手抓法制"的著名论断，强调只有健全的社会主义法制才能确保社会主义经济健康有序的发展。

3. 发展了马克思主义关于法制建设环节理论

列宁认为制定完备的法律是实行社会主义法制的前提，严格的执法和守法是实行社会主义法制的关键，领导干部要以身作则，对破坏法制的行为绝不姑息。新中国成立后，毛泽东把立法当作法制建设的重要环节，领导党和国家先后制定了《中华人民共和国宪法》《中华人民共和国镇压反革命条例》《中华人民共和国土地法》《中华人民共和国婚姻法》等一系列法律法规，形成了一套独具特色的人民司法制度。在 1956 年党的八大会议上，董必武还提出了有法可依、有法必依、以依法办事为中心环节的法制建设方针，以精辟的语言高度概括了对人民民主法制基本环节的要求。邓小平发展了社会主义法制理

---

① 《毛泽东文集》第 7 卷，人民出版社 1999 年版，第 197 页。
② 《董必武政治法律文集》，法律出版社 1986 年版，第 388 页。

论，在十一届三中全会前夕召开的中央工作会议上提出了"有法可依、有法必依、执法必严、违法必究"的法制建设方针，并将其写入党的十一届三中全会公报和十三大报告等重要文献，使其成为我国加强社会主义法制建设的基本原则。十六字方针全面、准确、完整地表述了社会主义法制的基本内容和基本要求，指出法制建设是立法、守法、执法、司法等环节构成的有机整体，四者相互补充、相互依赖、相互促进。

4. 发展了马克思主义关于法制教育重要性理论

在我国的法制建设过程中，邓小平发现仅仅依靠法律制裁，并不能标本兼治，要从根本上扭转社会风气，就必须开展普法教育，增强全体人民的法律意识。"在党政机关、军队、企业、学校和全体人民中，都必须加强纪律教育和法制教育。……对一切无纪律，无政府，违反法制的现象，都必须反对和纠正，否则我们就决不能建设社会主义，也决不能实现现代化。"[1] 邓小平提出建立符合我国国情的法律教育体制，对司法工作者和领导干部的法制教育要比普通民众更加专业和重视。法律工作者和领导干部作为法制建设的具体实施、管理者，一举一动、一言一行都代表了国家的形象，体现了法律的威严，只有发挥以身作则的示范作用，中国的法制建设实践才能顺利推进。

5. 发展了马克思主义关于民主与法制关系的认识

首先，邓小平以战略论突破了毛泽东的"工具论"，提出并论证了"没有民主就没有社会主义，就没有社会主义的现代化"[2] 的著名论断，科学地说明了民主和社会主义、民主和社会主义现代化的关系，把加强民主与法制建设作为基本国策。党的十一届三中全会以前，在以阶级斗争为纲的错误思想支配下，"对民主宣传得不够，实行得不够，制度上有许多不完善。"[3] 十一届三中全会从社会主义现代化建设的战略高度，赋予民主应有的地位。邓小平反复强调，民主

---

① 《邓小平文选》第 2 卷，人民出版社 1994 年版，第 360 页。
② 同上书，第 168 页。
③ 同上书，第 176 页。

法制建设是党和国家坚定不移的方针，什么时候都不能动摇。他要求保持党的政策的连续，诸如在独立自主、民主法制、对外开放、对内搞活等内外政策方面都应保持连续性。[①] 邓小平的这些论述突破了毛泽东仅把民主和法制当作工具和手段而非治国的基本方略与行为准则的局限，不仅把民主法制作为现代化建设的手段，还把民主法制作为建设中国特色社会主义的内在目标和基本内容。其次，以统一论纠正了毛泽东的片面论，强调民主与法制是不可分割的统一整体，必须把发展社会主义民主与健全社会主义法制结合起来。"为了保障人民民主，必须加强法制。"没有广泛的民主不行，没有健全的法制也不行。"民主要坚持下去，法制要坚持下去，这好像两只手，任何一只手削弱都不行。"[②] 社会主义民主与法制都以生产资料公有制为基础，共同体现和维护广大人民的正当权益，二者相互依存、相互保障、相互促进，相辅相成而不可分割。再次，以制度论取代毛泽东的大民主观，认为中国需要的是与法制密切结合在一起的"小民主"。早在1950 年邓小平就提出，"我们是不赞成搞大民主的，大民主是可以避免的，这就要小民主……大民主我们并不提倡，搞大民主并不好。"[③] 1978 年12 月，他又明确指出，必须使民主制度化、法律化，要将社会主义民主的内容以既定的法律制度形式加以确认，使我国的社会主义民主更加广泛、更加具体、更加真实。同时要依法保障社会主义民主，使公民的各种民主权利不致遭到侵犯。这些思想构成了十五大报告中"依法治国"含义的重要组成部分。最后，邓小平对未来中国的民主法制建设提出了一些初步设想。一是强调从中国实际出发来看待西方的民主形式。二是主张在发挥我国现有制度优势的基础上，经过一定时间的发展，才能逐步向其他的民主形式过渡。三是并不排斥任何进步的民主制度，认为"我们的制度将一天天完善起来，它将吸

---

① 参见《邓小平文选》第 3 卷，人民出版社 1993 年版，第 146 页。
② 《邓小平文选》第 2 卷，人民出版社 1994 年版，第 189 页。
③ 《邓小平文选》第 1 卷，人民出版社 1994 年版，第 273 页。

收我们可以从世界各国吸收的进步因素，成为世界上最好的制度"①。邓小平的这些认识使其民主法制观具有高度的开放性和适应性，为我们展望和规划中国未来的民主与法制框架指明了方向。

6. 发展了马克思主义关于国体与政体理论

国体、政体是国家制度的基本内容，制约并规定了法律制度的各个方面。毛泽东认为，国体就是社会各阶级在国家中的地位，新中国的国体是工人阶级（经过共产党）领导的以工农联盟为基础的人民民主专政。他的人民民主专政理论是"沿着如下基本线索演进的：由民众共和国—工农民主共和国—人民共和国—民主共和国—新民主主义共和国—人民民主专政国家（即中华人民共和国）"②，认为人民民主专政就是"工人阶级（经过共产党）领导的以工农联盟为基础的人民民主专政"③ 或"对人民的内部的民主方面和对反动派的专政方面，互相结合起来，就是人民民主专政"。④ 1954 年，人民民主专政被以宪法的形式确定为新中国的国体。邓小平继承和发展了毛泽东的国体理论，将坚持人民民主专政作为四项基本原则之一。"如果动摇了这四项基本原则中的任何一项，那就动摇了整个社会主义事业，整个现代化建设事业。"⑤ 他还把人民民主专政与法制建设相结合，强调对人民民主专政要用适当的法律形式加以确定。人民民主专政就是依照宪法和法律的规定，在人民民主的基础上，由国家机构来行使专政的职能。他指出，坚持人民民主专政是建设社会主义的有力保障。"没有无产阶级专政，我们就不能保卫从而也不可能建设社会主义。"⑥

政体是"政权构成的形式问题，指的是一定的社会阶级采取何种

---

① 《邓小平文选》第 2 卷，人民出版社 1994 年版，第 337 页。

② 刘德厚：《毛泽东人民民主国家思想的历史发展》，武汉大学出版社 2001 年版，第 4 页。

③ 《毛泽东选集》第 4 卷，人民出版社 1991 年版，第 1480 页。

④ 同上书，第 1475 页。

⑤ 《邓小平文选》第 2 卷，人民出版社 1994 年版，第 173 页。

⑥ 同上书，第 169 页。

形式去组织反对敌人保护自己的政权机关。没有适当形式的政权机关，就不能代表国家"。① 中国革命胜利后所要建立的人民政权，到底采取哪种政体形式，用什么样的组织形式来体现？对于这一问题，毛泽东在《新民主主义论》中认为，"可以采取全国人民代表大会，省人民代表大会，县人民代表大会，区人民代表大会直到乡人民代表大会的系统，并由各级代表大会选举政府。"在《论联合政府》报告中又指出：新中国的政权组织应由各级人民代表大会决定大政方针，选举政府；各级政府来处理被各级人民代表大会所委托的一切事务。1954 年 9 月 15 日，中华人民共和国第一届全国人民代表大会第一次会议隆重召开，人民代表大会的政治制度在我国确立起来，毛泽东关于新中国政权组织形式的设计变为现实。邓小平继承了毛泽东政体理论，又根据时代主题的变化和开放的世界环境进行了丰富和发展，提出人民代表大会的政体最符合我国实际，人民代表大会制度具有充分的优越性，有助于国家的兴旺发达。1987 年，邓小平指出："我们实行的就是全国人民代表大会一院制，这最符合中国实际。"② 同年 6 月，他又一次强调："资本主义社会讲的民主是资产阶级的民主，实际上是垄断资本的民主，无非是多党竞选，三权鼎立，两院制。我们的制度是人民代表大会制度，共产党领导下的人民民主制度，不能搞西方那一套。"三权鼎立制度不适合中国，"社会主义国家有个最大的优越性，就是干一件事情，一下决心，一做出决议，就立即执行不受牵扯……就这个范围内说，我们的效率是高的。"③ 因此，必须坚持人民代表大会制度。

7. 发展了马克思主义关于民族区域自治思想

毛泽东运用马克思主义国家观和民族观分析中国的民族问题，得出了具有独创性的科学结论。一是我国境内各少数民族拥有与汉族对等的权利，有自己管理自己事务之权；二是在各少数民族与汉族杂居

---

① 《毛泽东选集》第 2 卷，人民出版社 1991 年版，第 677 页。
② 《邓小平文选》第 3 卷，人民出版社 1993 年版，第 220 页。
③ 同上书，第 240 页。

之处，当地政府须设置由少数民族人员组成的委员会，作为省、县政府的管理部门，处理和他们自身有关的事务，调节各民族间的关系。在毛泽东思想的指导下，中国在民族问题上取得了一系列丰硕成果。1954 年，第一次将民族区域自治作为一种基本国策和政治制度载入国家的正式宪法。邓小平继承和发展了毛泽东思想，十分重视落实民族区域自治制度，开展相应的法制建设。早在担任中共中央西南局第一书记兼西南军区政治委员期间，他就强调贯彻落实《共同纲领》规定的民族区域自治政策，提出："在世界上，马列主义是能够解决民族问题的。在中国，马列主义与中国革命实践相结合的毛泽东思想，也能够解决这个问题的。只要我们真正按照共同纲领去做，只要我们从政治上、经济上、文化上诚心诚意地帮助他们，就会把事情办好，只要抛弃大民族主义，就可以换得少数民族抛弃狭隘的民族主义……两个主义一取消，团结就出现了。"[1] 1950 年，他在《关于西南少数民族问题》中指出，"少数民族问题，在西南来说是很重要的。""各少数民族聚居地区，应实行民族区域自治。""在西南地区实行民族区域自治，首先开步走的应是康东。""如果解决得好，可以直接影响西藏。"[2] 对于暂不具备民族区域自治条件的地区，他要求积极创造条件，不能停留在口号上，如彝族聚居的大小凉山虽然应该实行民族区域自治，但条件还不成熟，可先成立地方民族民主联合政府，待到主客观条件具备之后，再改为自治州。尽管西南地区少数民族众多，民族关系复杂，情况多种多样，但在邓小平为首的西南局精心指导下，成功实施了民族区域自治制度。邓小平在西南地区艰苦卓绝的工作，为党和国家依法实行民族区域自治积累了宝贵的思想财富和实践经验。

进入改革开放新时期，邓小平根据现代化建设和民主政治建设的需要，强调加强民族区域自治的法制建设，通过健全法制来坚持和完

---

① 《邓小平文选》第 1 卷，人民出版社 1994 年版，第 163 页。
② 同上书，第 161—166 页。

善民族区域自治制度。他领导制定的 1982 年宪法恢复了 1954 年宪法中有关民族区域自治机关行使自治权力的规定，并在总结经验的基础上做了一系列修改和补充，规范了国家的集中统一领导和聚居区少数民族充分行使自治权之间的正确关系，规定了加强民族区域自治、扩大自治权力等内容。邓小平指出："解决民族问题，中国采取的不是民主共和国联邦的制度，而是民族区域自治的制度。我们认为这个制度比较好，适合中国的情况。"① 1981 年 8 月视察新疆时，他又强调："要把我国实行的民族区域自治制度用法律形式规定下来，要从法律上解决这个问题，要有民族区域自治法。"② 1984 年 5 月通过并在 2001 年 2 月作了修改补充的《中华人民共和国区域自治法》，标志着我国民族工作走上了法制化轨道。

（三）邓小平法律思想的实践意义

邓小平从当代中国的实际出发，创造性地运用马克思主义法律理论的基本观点、立场和方法，提出并解决了我国社会主义法制建设中的一系列重大理论和现实问题，深刻阐述了社会主义法律在我国现代化建设中的地位和作用，形成了一整套比较系统全面的社会主义法制理论，为实施依法治国基本方略奠定了坚实的理论基础。

1. 对社会主义法制建设的理论贡献

（1）确立了社会主义法制的战略地位

从某种意义上讲，中国的改革实际上是一场伟大的"变法"运动。邓小平确立了法制在中国特色社会主义建设中的战略地位，明确指出："我们的国家已经进入社会主义现代化建设的新时期。我们要在大幅度提高社会生产力的同时，改革和完善社会主义的经济制度和政治制度，发展高度的社会主义民主和完备的社会主义法制。"③ 他

---

① 《邓小平文选》第 3 卷，人民出版社 1993 年版，第 257 页。

② 中央文献研究室编：《邓小平年谱》（1975—1997），中央文献出版社 1998 年版，第 199 页。

③ 《邓小平文选》第 2 卷，人民出版社 1994 年版，第 208 页。

认为，社会主义法制已经成为实现社会主义现代化的必要环节与重要手段，是建设中国特色社会主义的应有之义与合理内核。以江泽民为核心的中央领导集体根据邓小平提出的这一指导思想，提出建立与健全社会主义法制要从我国社会主义初级阶段的基本国情出发，吸收与借鉴世界一切人类政治文明成果，解放思想，大胆创新，实现中国特色社会主义法制建设的跨越式发展。由此可见，邓小平把建立健全社会主义法制的地位与价值提升到战略意义的高度，突显出法制建设在中国特色社会主义建设全局中的独到价值，为社会主义法制的健全与发展注入了新的生机与活力。

（2）指明了社会主义法制建设的根本方针

邓小平全面阐述了社会主义法制建设的基本要求，提出"有法可依，有法必依，执法必严，违法必究"的"十六字方针"，将社会主义的立法、司法、执法和守法视为整体进行把握与权衡。有法可依，即加快制定出各方面的法律，保证社会生活的各个方面都有章可循，这是完备法制的基本前提，也是守法、执法和司法的依据。有法必依，即严格依照法律办事，一切国家机关、政党、武装力量、社会团体、企业事业单位和全体公民都必须依法办事，在宪法和法律所允许的范围内活动，这是健全社会主义法制建设的中心环节，是对守法提出的基本要求。执法必严，即树立法律权威、维护法制尊严，这是加强法制建设的内在要求，有助于提高公民的法律意识，维护良好的社会秩序，保障安定团结的政治局面和人民的生命财产安全。违法必究，即只要违法犯罪就要受到法律的追究和制裁，任何人不得享有特权，公民在法律和制度面前人人平等，这是关系到人民权利能否得到保障、社会安定团结能否得到巩固和发展的重要原则，是加强法制建设的必然结果。"有法可依、有法必依、执法必严、违法必究"是相互联系、相互依存的有机整体，有法可依是前提，有法必依是关键，执法必严和违法必究是保障，共同构成了我国社会主义法制建设的基本方针。

（3）确立了社会主义法制建设的基本原则

邓小平确立了以经济建设为中心的法制建设原则，最先提出将党的工作重心转移到以经济建设为中心的现代化建设上来，确立了改革开放的总方针。同时，他认识到法制建设与经济建设的密切关系，始终坚持和反复强调"两手抓，两手都要硬"方针。1982年，他明确提出："我们要有两手，一手就是坚持对外开放和对内搞活经济的政策，一手就是坚决打击经济犯罪活动。"① 在1986年1月的中央政治局常委会上的讲话中，他又一次指出："搞四个现代化一定要有两手，只有一手是不行的。所谓两手，即一手抓建设，一手抓法制。"② "两手抓"思想精辟论述了社会主义条件下加强法制建设的重要性，揭示了经济建设同法制建设之间相互影响、相互促进的辩证关系，强调安定团结是基本前提，法制建设有助于建立和保持经济建设所必需的安定团结局面，经济法建设更可以直接促进经济发展。

（4）对部门法的理论贡献

对立法学的理论贡献。关于社会主义法制的基本要求，邓小平提出了"有法可依，有法必依，执法必严，违法必究"的"十六字"方针，对社会主义的立法、司法、执法和守法进行了整体把握与权衡，明确提出了立法工作所应遵循的基本原则。一是加快立法进程，推进社会主义民主建设与社会主义法制建设的良性互动与共同发展，尤其是全国人大及其常委会要"集中力量制定刑法、民法、诉讼法和其他各种必要的法律"③。二是立法要尊重国情和现实，坚持从我国基本国情出发，并积极借鉴和吸纳发达国家的先进经验与先进做法。邓小平明确指出："我们一定要切合实际，要根据自己的特点来决定自己的制度和管理方式。"④ 同时，借鉴西方先进技术和有益的东西。三是立法要经过民主程序。邓小平强调，立法的实质就是人民参与立法，所有法律非经法定程序不得制定、修改和废止。以邓小平确立的

---

① 《邓小平文选》第3卷，人民出版社1993年版，第404页。
② 同上书，第154页。
③ 《邓小平文选》第2卷，人民出版社1994年版，第146页。
④ 《邓小平文选》第3卷，人民出版社1993年版，第221页。

立法原则为指导思想，中国特色社会主义法制体系逐步走向成熟与完善。

对宪法学的理论贡献。首先，阐明了中华人民共和国国体。邓小平将马克思主义国家学说与中国国情相结合，用"人民民主专政"取代"无产阶级专政"的提法。他特别指出，"人民民主专政"的新提法更科学、更实际地反映了现阶段我国民主与专政的辩证统一关系。他还强调，要在四项基本原则中把坚持人民民主专政放在更重要的地位，充分重视新时期人民民主专政的重要作用，在社会主义初级阶段坚持人民民主专政的国体毫不动摇。其次，明确了中华人民共和国政体。邓小平从我国处于并将长期处于社会主义初级阶段的基本国情出发，对人民代表大会制度做了富有建设性与开创性的论述。他强调，在推进人民代表大会制度改革进程中，要提高各级人民代表大会的地位和作用，健全与完善立法、监督职能；逐步实现党政分开；改善和创造条件以建立健全人民代表大会制度下的选举制度。第三，阐述公民基本权利。邓小平在总结新中国成立以来历史经验的基础上，特别赞成"一切权力属于人民"，明确提出要通过宪法保障公民的基本权利，始终强调宪法作为国家的根本大法，必须坚决保障公民基本权利不受侵犯。要做到这一点，就"要使我们的宪法更加完备、周密、准确，能够切实保障人民真正享有管理国家各级组织和各项企业事业的权力，享有充分的公民权利"[1]。第四，主张法律面前人人平等。"法律面前人人平等"要求任何人在法律面前没有特权和例外，更不能凌驾于宪法与法律之上。尽管1954年宪法早已提出了"法律面前人人平等"的原则，但由于种种原因，尤其是"文革"期间对这一原则的严重破坏，促使邓小平在反思新中国成立以来深刻教训的基础上，重新确立了"法律面前人人平等"的原则。他针对我国民主与法制的建设问题，明确提出克服特权思想对"法律面前人人平等"原则的影响与挑战，反对一切特权。邓小平重新确立与不断强调

---

① 《邓小平文选》第2卷，人民出版社1994年版，第339页。

478

"法律面前人人平等"原则的根本用意，就在于使法律成为具有普通约束力与强制力的社会行为规范，从而有效维护和保障每个社会成员的合法权益。第五，坚持宪法和法律至上的原则。坚持法律至上是邓小平法律思想的基本原则之一。"文革"对社会主义法律权威的疯狂破坏与粗暴践踏，使邓小平在改革开放初期充分认识到尽快恢复和牢固坚持法律至上的紧迫性与必要性。他明确指出："如果一个党、一个国家把希望寄托在一两个人的威望上，并不很健康，那样，只要这个人一有变动就会出现不稳定。"① 为此，必须加强法制，使民主制度化、法律化。"制度好可以使坏人无法任意横行，制度不好可以使好人无法充分做好事，甚至走向反面。"② 邓小平这里所强调的"制度"主要还是社会主义法制。为了真正贯彻执行法律至上的基本原则，他特别指出每一名共产党员必须在宪法与法律范围内活动，"全党同志和全体干部都要按照宪法、法律、法令办事"③。

对经济法学的理论贡献。邓小平始终强调，在社会主义初级阶段主要通过法律和经济手段来规范与管理社会主义经济，依托经济立法来协调与整合我国在经济领域内各种类型经济主体的利益关系，保障社会主义经济的健康有序运行。为此，经济立法要充分体现社会主义本质，以确保我国经济体制顺利实现由计划向市场转轨。随着改革开放的不断深入，邓小平在总结以往我国社会主义所有制结构与分配制度等改革实践经验与教训的基础上，明确提出为了进一步解放和发展生产力，大力发展社会主义经济，早日实现共同富裕，推进建设中国特色社会主义的历史进程，必须对现行的所有制结构与分配制度进行改革。他肯定了非公有制经济的法律地位，这是在所有制观念问题上的重要创新，为我国坚持以公有制经济为主体、适度发展私有经济提供了理论依据。邓小平对非公有制经济地位的论述与预见转化为党的十五大报告的重要组成部分，党的十五大明确提出非公有制经济是社

---

① 《邓小平文选》第 3 卷，人民出版社 1993 年版，第 272 页。
② 《邓小平文选》第 2 卷，人民出版社 1994 年版，第 333 页。
③ 同上书，第 371 页。

会主义市场经济的重要组成部分，对非公有制经济做出了新的定位。

对刑法学的理论贡献。在邓小平法律思想中，刑事法律思想占有相当大的比重。在《邓小平文选》中专门论述刑事法律问题的文章，有《严厉打击刑事犯罪活动》和《坚决打击经济犯罪》。他还在不同时期、不同场合，针对不同领域如何打击各类破坏经济社会发展和安定团结的犯罪行为，阐述了自己的主张和观点。他始终强调，改革开放和社会主义现代化建设必须依靠法制，而刑法体系是建立健全社会主义法制的重要组成部分，是推进社会主义民主制度化与法律化的关键环节，是经济社会有序发展和安定团结的重要法律保障。鉴于改革开放初期我国还没有真正意义上的刑法，他特别强调法制的完备性，要求集中力量制定刑法、民法、诉讼法和其他各种各样的法律。正是在邓小平的指导下，《中华人民共和国刑法》和《中华人民共和国刑事诉讼法》在20世纪80年代初期先后颁布和实施，邓小平明确提出了"严打"的思想，并对"严打"的理论意义与现实价值进行了阐明，主张"严打"做到"有法可依"，在法制的基础上对"罪行"进行科学的定性和量刑，要慎用死刑但不能废除死刑等。改革开放初期，邓小平的"严打"思想在客观上推进了我国刑事理论研究与刑事司法实践的良性互动，既推动了我国刑事立法的加速发展，也推进了我国刑事法学理论研究的发展，既促进了刑事司法实践水平的提高，也有力维护了社会的稳定与发展。

对环境保护法学的理论贡献。环境保护法律法规是环境保护工作的重要保障，邓小平多次强调制定一些法律法规来确保环境保护工作的顺利开展。早在20世纪70年代，邓小平在论述社会主义民主和法制关系之时，就提出积极制定工厂法、人民公社法、森林法、草原法、环境保护法等法律法规，体现了他对环境保护立法的高度重视。在1978年宪法修正案上，明确规定"国家保护环境和自然资源，防治污染和其他公害"，首次以根本大法的形式确定了环境保护的地位，使环境保护上升为宪法规范，为制定环境保护基本法律法规提供了宪法依据。根据邓小平环境保护立法思想，1979年颁布了《中华人民共和国环境保护法（试行）》，标志着我国环境保护工作进入了法制阶段，这也是我国环境保护法制体系开始建立的标志；1982 年，国务院为了解决经济发展与环境保护比例严重失调的问题，颁布了《关于在国民经济调整时期加强环境保护工作的决定》，这是有关环境保护工作的综合性法规，也是对 1979 年《中华人民共和国环境保护法（试行）》的补充和具体化，规定了加强环境保护的具体工作和程序。进入 20 世纪 80 年代，我国环境立法发展十分迅速，十年间相继颁布了《中华人民共和国森林法》《中华人民共和国水污染防治法》《中华人民共和国草原法》《中华人民共和国土地管理法》《中华人民共和国矿产资源法》《中华人民共和国大气污染防治法》《中华人民共和国水土保持法》等一系列环境保护法律法规，国务院也制定了一些有关环境保护的规章制度。到 20 世纪 90 年代，我国关于环境保护的法律法规已经初具规模，基本形成了以宪法为核心、以环境保护基本法为主体，由各类环境保护法规构成的社会主义环境保护法律体系，对防治环境污染、制裁环境保护犯罪、保护环境起到了重要作用。

2. 对法治中国建设的理论指导

（1）解决了人治与法治的关系问题

实行人治还是实行法治，在我国争论了几千年。邓小平在总结国内外历史经验的基础上，对人治的危害性进行了深刻的分析。1986年他首次提出了"要通过改革，处理好法治和人治的关系，处理好党和政府的关系"[①]。明确提出了依靠法治治理国家的方针，彻底否定了人治这一旧制度。因为实行人治意味着国家的一切依最高掌权者的个人意志乃至个人的喜怒哀乐为转移，国家的安危、盛衰完全取决于掌权者。其随意性、易变性很大，对于国家稳定、发展很不利。而法治强调法律具有至上的权威，任何组织和个人都不能凌驾于法律之上，都要严格依法办事，而且还强调国家权力应受到一定程度的制约，这样才有利于国家的长治久安和兴旺发达。所以要摒弃人治，厉

---

① 《邓小平文选》第 3 卷，人民出版社 1993 年版，第 177 页。

行法治。提出要加强社会主义民主和法制建设，并将其贯穿于改革开放和中国特色社会主义事业建设的始终。从而逐渐杜绝凭领导人的主观意志来决定一切的人治观念，取而代之地将国家的运行与管理制度化、法律化、规范化。同时，邓小平明确指出："中国的政治体制改革，既要讲社会主义民主，也要讲社会主义法制。"指出我国的政治体制改革必须遵循法制，有序进行，在充分保障社会主义民主自由的基础上，要不断完善社会主义法制体系，推进由人治向法治的彻底转变，为我国中国特色社会主义各项事业的蓬勃发展创造良好的环境。"依法治国"最基本的就是必须依照法律，在法律的范围内开展国家各项工作，一切要依法办事。

（2）开启了社会主义法治国家建设工程

毛泽东晚年轻视法制建设，以致最终酿成了"文化大革命"那样无法无天的混乱局面。正是在这样的历史背景下，邓小平重视"从制度方面解决问题"，强调开展"制度建设"和加强民主法制，避免类似"文革"那样的错误重演，防止贪污腐化和滥用权力的情况，保护绝大多数人的安全和权利，保持政治稳定和政策的连续性，显示社会主义制度的优越性。在邓小平重视"制度建设"思想的指引下，自1978年党的十一届三中全会以来，对民主和法制问题进行了认真讨论，提出加强立法工作，我国立法体系建设取得了举世瞩目的伟大成就。据统计，从1979年到2000年12月底。我国的立法工作取得巨大成就。从中央层次立法来看，除现行宪法和三个宪法修正案外，全国人大及其常委会制定法律271个、通过有关法律问题的决定115个，国务院制定行政法规871个。① 目前，我国已经初步形成了符合基本国情、体现人民意愿、反映先进生产力发展要求与社会发展规律、吸取人类先进法律文化、合乎时代精神的中国特色社会主义法律体系，这为社会主义现代化建设提供了法律支持与重要保障。

---

① 李明征：《我国法制建设重大成就回顾》，载于《政府法制》2001年第4期，第24页。

（3）确立了社会主义法治国家的正确路径

毛泽东从中国实际出发建立了人民民主专政的国体、人民代表大会制度的政体、中国共产党领导下的多党合作政党制度及民族区域自治制度。邓小平坚持了这些制度，强调要"走自己的路"，提出了具有中国特色的社会主义建设理论。他指出："在革命成功后，各国必须根据自己的条件建设社会主义。固定的模式是没有的，也不可能有。"① 我国的法制建设不能完全照搬西方发达国家的老套路，必须走中国特色社会主义法治道路。

首先，立足中国实际，坚持中国特色，从社会主义初级阶段的国情出发设计和建构中国特色的法治社会框架。自党的十一届三中全会确立了加强民主法制建设的目标后，邓小平一直强调当代中国民主法制建设的社会主义性质。他指出："人们说，你们搞什么社会主义！我们说，中国搞资本主义不行，必须搞社会主义。如果不搞社会主义，而走资本主义道路，中国的混乱状态就不能结束，贫困落后的状态就不能改变。"② "中国只有坚持搞社会主义才有出路，搞资本主义没有出路""中国的社会主义是变不了的。中国肯定要沿着自己选择的社会主义道路走到底。"③ 改革开放以来，"我们一直强调坚持四项基本原则，其中最重要的一条是坚持社会主义制度。"④ 中国特色的法治社会是社会主义性质的法治社会，这与资本主义国家的法治社会在本质上截然不同。社会主义制度是中国历史发展的必然选择，社会主义道路是中华民族繁荣富强的必由之路，社会主义依法治国的理论与实践在党领导全国人民建设中国特色社会主义伟大事业的历史过程中不断发展和完善。依法治国既以社会主义制度为根本前提，又是对社会主义制度的完善。当代中国的依法治国就要以经济建设为中心，以解放和发展生产力，消灭剥削、消除两极分化与实现共同富裕为目

---

① 《邓小平文选》第 3 卷，人民出版社 1993 年版，第 292 页。
② 同上书，第 63 页。
③ 同上书，第 320—321 页。
④ 同上书，第 149 页。

标，以"有法可依，有法必依，执法必严，违法必究"为基本要求，在社会主义的方向上不断奋进。

其次，坚持人民代表大会制度和中国共产党领导的多党合作与政治协商制度。建设法治国家，必须有与之相适应的政治体制，这是实行法治的核心。建设当代中国的法治社会，西方的多党制和三权分立等模式确有值得学习借鉴之处，但绝不可以一味照搬。邓小平指出，加强社会主义民主法制建设，必须进行政治体制改革，但这种改革不能搬用西方的多党竞选、三权分立、两院制，而要实行符合中国实际的全国人民代表大会一院制。改革开放以来，各级人大、政协在参政议政和履行监督职能方面取得了长足进步，但由于社会主义初级阶段政治、经济、文化等条件的制约，在一些具体的民主制度、民主程序和工作方式上还存在着不同程度的缺陷，这与形势的发展和法治国家的要求还有一定的差距。因此，我国进行政治体制改革，建立与法治国家相适应的政治体制，就必须在完善人民代表大会制度和政协制度方面下功夫，要优化各级人大常委会组成人员的结构，充分发挥人大在重大决策中的作用；要完善人大的监督职能，充分发挥各级人大相应的制约和监督职能；要进一步完善中国共产党领导的多党合作和政治协商制度，充分发挥政治协商、民主监督和参政议政的作用，巩固和发展最广泛的爱国统一战线，发挥我国政党制度的特点和优势。

最后，坚持依法治国与以德治国相结合。建设社会主义法治中国，必须从国情出发，坚持依法治国与以德治国相结合的建设道路。"德刑并用"是中国传统文化和治国方略的重要价值取向。孔子虽然认可刑罚在约束人们行为中的重要作用，但更重视人们的羞耻之心，将德治视为消除犯罪和维护社会安定的根本手段。邓小平反复强调思想道德建设的重要性，要求坚持经济建设和法制建设两手抓、物质文明和精神文明两手抓。以江泽民为核心的第三代领导集体在继承邓小平理论的基础上，明确提出把依法治国与以德治国紧密结合起来的治国方略，论述了法治与德治的实质和二者之间的辩证关系，认为依法治国不是全盘西化，绝不能照搬西方政治制度的模式，而以德治国也不是复古主义，不能全盘照搬古代儒家学说。坚持依法治国与以德治国相结合，就要坚持与时俱进、推陈出新，赋予法治和德治新的内涵，在实践中不断完善和发展，防止把依法治国和以德治国割裂开来甚至对立起来的错误倾向。民主法制建设并不排斥思想道德建设，思想道德建设亦不反对民主法制建设，二者要协调配合，共同发展，有机统一于调整社会关系的实践。

（4）正确处理了党的领导和法治建设的关系

历史证明，没有党的领导就没有现代中国的一切和社会主义法治建设的成就。在中国革命和建设的实践中，邓小平十分重视党的领导权问题，明确指出"我们必须坚持中国共产党领导。"①"中国的社会主义现代化建设事业是由共产党领导，这个原则是不能动摇的"。强调"坚持四项基本原则的核心是坚持共产党的领导。"②首先，建设社会主义法治国家必须坚持党的领导。20世纪80年代以来，许多社会主义国家都开始探索科学的治国方略、执政方式，但结果迥然不同。中国共产党领导人民从中国国情出发，循序渐进、扎扎实实地推进依法治国进程，取得了举世公认的成就。反之，苏联和东欧社会主义国家则在一片政治多元化的喧闹声中矫枉过正，丧失了政权，演出了一幕幕搬起石头砸自己脚的悲剧。建设法治中国，就必须吸取苏联和东欧各国的经验教训，确保党总揽全局、协调各方的领导作用。其次，加强和改进党的领导是坚持党的领导的必然要求。依法治国不但要坚持党的领导，而且要积极改善党的领导。中国共产党是中国特色社会主义事业的领导核心，必须不断提高领导水平和执政能力，将依法执政作为改革和完善党的领导方式和执政方式的重要内容，从制度和法律上加强和巩固党的领导，推进依法治国进程。随着改革开放的不断推进，中国共产党从革命党变为执政党，从受到外部封锁和实行计划经济条件下领导国家建设的党转变为对外开放和发展社会主义市

---

① 《邓小平文选》第2卷，人民出版社1994年版，第169页。
② 同上书，第391页。

场经济条件下领导国家建设的党，面临着历史性挑战，即提高领导水平、执政能力和拒腐防变的能力。最后，加强和改进党的领导是建立法治国家的必然要求。中华人民共和国成立后，中国共产党从领导人民为夺取全国革命胜利而奋斗的党，转变为领导人民掌握全国政权的执政党。党在国家中的地位，党和国家政权的关系，都发生了根本性的变化。党的领导的内涵、要求和方式，也要随之变化。遗憾的是，党仍然习惯于直接发动群众力量的领导方式，没有及时完成领导方式的转型和发展。经历十年动乱以后，邓小平明确提出坚持和改善党的领导的任务，强调"党要管党内纪律的问题，法律范围的问题应该由国家和政府管。党干预太多，不利于在全体人民中树立法制观念。"①要求全党和全体干部牢固树立法制观念，要按照宪法、法律办事。根据邓小平的这一思想，中共十二大通过的新党章做出了一条新的规定："党必须在宪法和法律的范围内活动。"1982 年宪法第五条也明确规定："国家维护社会主义法制的统一和尊严。一切国家机关和武装力量、各政党和各社会团体、各企业事业组织都必须遵守宪法和法律。一切违反宪法和法律的行为，必须予以追究。任何组织或者个人都不得有超越宪法和法律的特权。"避免出现以党代政，以言代法的现象，本身也要服从宪法和法律，保证法律的权威。就需要我们党转变自己的领导方式，不断提高党的执政能力。

总之，社会主义市场经济发展带来的社会经济成分、社会组织形式和社会利益结构的多样化，国家与社会关系、政府与市场关系的规范化、法治化，都要求执政党坚持执政为民、依法执政，最广泛地动员和组织人民群众依法管理国家和社会事务、经济和文化事业，维护和实现人民群众的根本利益。邓小平的法律思想始终坚持依法执政是党执政性质和宗旨的必然要求，是在准确把握时代特点、党的任务和新的执政条件下对加强和完善党的领导所做的正确论述，这对于推进社会主义民主政治建设、建设社会主义政治文明具有全局性的重要

---

① 《邓小平文选》第 3 卷，人民出版社 1993 年版，第 163 页。

意义。

（5）推进了司法工作队伍建设和法律人才培养工程

1980年1月，邓小平在《目前的形势和任务》一文中指出："现在我们能担任司法工作的干部，包括法官、律师、审判官、检察官、专业警察，起码缺少有一百万。能够当律师的、当法官的、学过法律、懂得法律，而且执法公正、品德合格的专业干部很少。"[①] 他要求大力加强政法和公安部门建设，加强法律人才的培养工作，造就一支高素质的执法队伍和政法队伍。正是在邓小平的提倡和支持下，我国法律职业队伍迅速发展壮大，活跃在各条法律战线上，为法律事业做出了重大贡献。

邓小平提倡发展法学教育，指出"政治学、法学、社会学以及世界政治的研究，我们过去多年忽视了，现在也需要赶快补课"[②]。他与彭真曾就法制教育问题做过深入探讨，认为新中国成立以来对建设法律专业学校不够重视。在经济发达、法制完善的国家，大学法律专业教育很受重视，从事法律职业要经过长期艰苦的理论实践学习和严格的程序筛选。系统的法律专业教育不但可以培养优秀的法律职业工作者，还可以培养出具有较高政治素养的人才，一些国家的领导人就是法学专业出身。改革开放之初，面对警察、法官、律师、检察官、审判员等政法干部十分缺乏的局面。邓小平指出，我国严重缺乏系统学过法律、善于运用法律工具的司法干部，缺乏具有较高执法经验和过硬政治素养的专业干部。面临法制建设迅速发展与法律人才严重匮乏之间的矛盾，他一面强调大力发展法学教育、为专门机关培养后备人才，一面要求尽快从基层队伍和转业军人中挑选一批优秀人才，在经过法学专业训练之后，使其具备一定的执法水平，充实到政法干部队伍中去，扩大和加强政法公安干警队伍建设，满足目前司法实践的需要。邓小平认为，政法干部的专业素质要不断提高，必须具有依法

---

① 《邓小平文选》第2卷，人民出版社1994年版，第263页。

② 同上书，第167页。

执法的信念和公正执法的能力。强调法制健全国家的法官和警察，不但通晓各项法律、政策、程序、案例和有关的社会知识，还有良好的道德素养和大公无私的执法信念。党和国家要把教育好政法机构的工作人员作为法制建设的重点工程，采取公开、公平、科学的制度设计，通过公开招考选拔优秀人才，消除任人唯亲现象，使有学识、有能力的人走上工作岗位，为人民和国家服务。在邓小平的提倡和各级领导人的高度重视下，党和国家对政法队伍建设的投入每年都在增加，政法干部队伍得到快速发展，不但人数逐年递增，而且人员都是经过精挑细选的专业人才，能够基本满足社会发展的需要。不过，从社会未来发展趋势和法制日益受重视的程度来看，政法干部队伍仍然需要继续增人增编。

总之，邓小平法律思想产生于法制很不健全而各项事业急需发展的年代，对于稳定国内局势、促进社会发展起了巨大指导意义。事实证明，党的十一届三中全会以来，在邓小平法律思想的指引下，我国确立了依法治国的基本方向，民主法制建设取得了显著进步，社会主义各项事业稳步发展。

第十二章

建设中国特色社会主义法律思想的发展

以江泽民为核心的党的第三代领导集体高举邓小平理论伟大旗帜，在建设中国特色社会主义伟大事业中，脚踏实地，勇于创新，继承和发展了邓小平法律思想，明确提出依法治国的宏伟目标和建设社会主义法治国家的基本方略，把邓小平法律思想发展到了新的境界，这是马克思主义法律思想中国化的重要创新。

一 依法治国思想的提出及内容

（一）依法治国思想提出的历史依据

法治，是人类社会文明进步的重要标志。实行依法治国，建设社会主义法治国家，体现了全国各族人民的共同愿望，是几代中国共产党人为之努力奋斗的目标。新民主主义革命时期，党领导人民在武装斗争过程中制定了大量的新民主主义法律，建立了新民主主义司法制度。新中国成立后，毛泽东领导制定了包括新中国首部宪法在内的一些重要法律。党的十一届三中全会后，邓小平提出了法制建设的十六字方针和坚持发展社会主义民主与法制的思想，开创了我国社会主义法制建设的新时期。在党的十五次全国代表大会上，江泽民首次提出了依法治国的基本思想。应该说，依法治国方略的正式提出有着深厚的理论渊源与现实背景，是规范社会主义市场经济、健全社会主义民主政治和繁荣社会主义法治文化的客观需要。

1. 依法治国是规范社会主义市场经济的法治保障

法律伴随着经济的市场化而产生，法治伴随着经济的高度市场化而逐步形成，市场经济是法治得以形成的经济基础。江泽民指出："在我国建立社会主义市场经济体制，是十一届三中全会以来我们总结国内外社会主义建设的经验教训，经过艰辛探索而取得的一个极为重要的改革成果，多年来争论不清的关于计划与市场的关系，从此在认识和实践上取得了重大的突破性进展。"① 社会主义法制建设和社会主义市场经济建设的关系密不可分，社会主义市场经济的发展需要法制的健全完善，反过来健全完善的法制也会促进社会主义市场经济的繁荣。市场经济是法治国家的经济基础，我国社会主义市场经济的健康发展需要依法治国的保障。"建设符合本国国情的完备的法制，是一个国家繁荣昌盛的重要保证"②，"奠定了社会主义法治国家的经济基础，是建设社会主义法治国家的必由之路"。③

在原始社会发展初期，社会财产实行公有制，人们共同劳动，平均分配劳动成果，相互之间没有交易，也没有市场。随着社会的发展，出现了简单的商品交换。作为交换媒介的货币出现，又进一步便利了商品流通。人们交换行为的复杂化和多样化，为法律的产生提供了现实的可能性与必要性，法律有了产生的经济土壤。马克思指出："经济交易作为当事人的意志行为，作为他们的共同意志的表示，作为可以由国家强加给立约双方的契约，表现在法律形式上，这些法律形式作为单纯的形式，是不能决定这个内容本身的。"④ "规则首先表现为习惯，后来便成了法律"。⑤ 法律的起源有着多方面的原因，是

---

① 《十五大以来重要文献选编》上册，人民出版社 2000 年版，第 686 页。

② 江泽民：《在第十四届亚太法协大会开幕式上的讲话》，《人民日报》1995 年第 1 版。

③ 张清：《传承与发展：马克思主义法学在中国》，载于《法制与社会发展》2004 年第 1 期，第 104 页。

④ 《马克思恩格斯全集》第 25 卷，人民出版社 1974 年版，第 379 页。

⑤ 《马克思恩格斯选集》第 2 卷，人民出版社 1972 年版，第 538—539 页。

多种力量共同作用的结果。在这些众多的力量中，财产从原始的集体公有转变为家庭私有，生产从简单的"计划"转变为"市场"，是一个极其重要的原因。从原始公有制向家庭私有制的转变过程来看，经济由氏族集体为单位走向市场的过程是简单商品经济形成的过程。也就是说，市场经济的逐步发展催生了以市场为基础的经济体制和与之相配套的法律制度。

社会主义市场经济的发展和社会主义市场经济体制的建立为依法治国思想的提出奠定了牢固的经济基础，依法治国则是规范和繁荣社会主义市场经济的法治保障。"法治与市场经济之间存在着必然的联系，市场化和法治互为因果和动力"。[①] 市场经济的内在要求是自由与平等的竞争，法治能够为市场经济的发展提供自由与平等的法律机制和外在保证。我国市场经济建设自上而下由国家直接启动，法律首要的经济职能是安排改革开放的进程并重构社会秩序。市场经济在现代各国的发展历史表明，它与法律的发展几乎同步进行。"法律手段是作为对经济的运行实行微观调节和宏观调控的最主要手段。"[②] 市场经济发展的速度和规模要受到一定社会法治状况的制约和约束，健全良好的民主政治可以为市场经济的发展提供优良的政治发展环境，发达的教育科技事业可以为市场经济的发展提供智力支持和人才支撑，和谐的社会环境可以为市场经济的发展提供良好的社会基础条件。法治经济功能的实现离不开法的政治功能和公共职能的发挥，江泽民在十四大报告中阐明了民主法制建设对社会主义市场经济的意义："加强立法工作，特别是抓紧制定与完善保障改革开放、加强宏观经济管理、规范微观经济行为的法律和法规，是建立社会主义市场经济体制的迫切要求。"[③] 建设社会主义市场经济和加强社会主义民主法制建设是我国社会主义建设的重要任务，二者相互促进。社会主

---

① 安群、李浩：《五十年法治建设的教训与经验》，载于《法学评论》2000 年第 1 期，第 47 页。

② 文正邦：《论法治文明》，载于《现代法学》1998 年第 2 期，第 14 页。

③ 《江泽民文选》第 1 卷，人民出版社 2006 年版，第 236 页。

义市场经济对资源配置基础性作用的发挥，需要法治的规范与指引。只有坚持依法治国，建设社会主义法治国家，才能最大程度地调动广大人民群众创造财富的内在积极性，才能最大程度地发挥社会主义市场经济的巨大优势。

2. 依法治国是健全社会主义民主政治的法治保障

党的十五大报告提出了依法治国的基本方略，进一步明确了发展社会主义民主政治的基本目标，把"发展民主，健全法制"写进了党在社会主义初级阶段的基本纲领。江泽民指出："依法治国，要贯彻两个原则：一是必须坚持党的领导和社会主义方向；二是必须保证广大人民群众充分行使民主权利。"[①]"历史经验也已经表明，没有一种完备的法律对这种民主制度的方面加以规范，用法律的权威加以保障，这个民主是靠不住的。"[②] 胡锦涛在十七大报告中强调："依法治国是发展社会主义民主政治的基本要求"，要"进一步健全民主制度，丰富民主形式，扩大公民有序的政治参与，不断推进社会主义民主政治的制度化、规范化、程序化"[③]。

民主政治与依法治国紧密相连，民主政治是依法治国的政治基础，依法治国又为民主政治的实现提供有力的法律保障。首先，民主政治本身是依法治国的内容。党的十五大报告详细阐述了依法治国思想的科学内涵[④]，指出依法治国的主体是党领导下的广大人民群众，而不只是国家机关及其工作人员；依法治国的客体是国家事务、经济文化事业和其他社会事务，而民主政治所体现的价值就是广大人民群众在国家事务中当家做主的主人翁地位；依法治国的价值目标是逐步实现社会主义民主的法律化、制度化和规范化。归根到底，依法治国

---

① 《江泽民论有中国特色社会主义（专题摘编）》，中央文献出版社2002年版，第334页。

② 李步云：《依法治国历史进程的回顾与展望》，载于《法学论坛》2008年第4期，第9页。

③ 胡锦涛：《在省部级主要领导干部提高构建社会主义和谐社会能力专题研讨班上的讲话》，学习出版社2005年版，第17页。

④ 《江泽民文选》第1卷，人民出版社2006年版，第210—254页。

是发扬人民民主与依法办事的统一、是通过法律形式和法律制度来确认和保障人民民主权利的实现，从而体现和实现社会主义民主政治的要求——人民当家做主。其次，民主政治是依法治国的制度环境。社会主义法律制度随着社会主义民主的产生而产生，民主与法治紧密相连。马克思主义认为，民主本质上是一种国家制度，社会主义民主就是社会主义国家政权。江泽民指出，"我国的社会主义民主的本质就是人民当家做主"。① 人民只有建立了自己的国家政权即取得社会主义民主，才能运用人民民主的国家制度将全体人民的共同意志上升为法律规范，才能运用国家政权的力量在全国范围内贯彻和实施法律，并依据国家的经济、政治、社会和文化的发展来修订与废除法律。从这个意义上说，如果没有社会主义民主政治，社会主义法律制度就没有产生的土壤，依法治国也会因无"法"可依而根本无从谈起。最后，民主政治塑造了依法治国的重要特征。古希腊思想家亚里士多德认为："法治应包含两重意义，已成立的法律获得普遍的服从，而大家所从的法律又应该本身是制定得良好的法律。"② 可见，依法治国有两个重要特征：良好法律之治和法律最高权威的确立。其一，民主政治确立了良法之治。在社会主义国家，主权属于全体人民，国家制度规定就是人民的自我规定，权力的主体是广大人民群众，依法治国的主体也是广大人民群众，人民完全有理由使自身的自由和权利得到充分实现。因此，依法治国中的"法"，必须将民主政治的灵魂、精神内蕴其中，以民主政治作为其出发点和最终归宿。其二，民主政治保证法律最高权威性的确立。法律经制定颁布，就获得了社会民众的认可和遵循，便具有了权威性，任何常规政治下的国家都是如此。在人民民主的制度环境下，人民是国家的主权者，法律被看作人民共同利益和共同意志的集中体现与表达。任何组织和个人都不可能享有超越法律之上的特殊权利，只有这样，法律的最高权威才能实现。

---

① 《十五大以来重要文献选编》上册，人民出版社2000年版，第687页。
② ［古希腊］亚里士多德：《政治学》，吴寿彭译，商务印书馆1965年版，第199页。

依法治国是健全社会主义民主政治的法治保障。我国宪法规定国家一切权力属于人民，规定了人民的选举权、劳动权、受教育权等一系列民主权利和应当承担的义务，为人民行使民主权利指明了方向。社会主义民主政治是人民当家做主的政治，民主政治目标是切实实现人民当家做主。社会主义法治规定了人民民主权利的具体范围，充分体现了社会主义民主政治的本质要求，为人民行使民主权利奠定了政治与法律基础。

3. 依法治国是繁荣社会主义文化的法治保障

文化建设是中国特色社会主义"五位一体"总布局的重要目标，法律文化是我国社会主义文化的内在组成部分。法律文化是与法律现象有关的各种制度、意识和学说的总体，是建设法治中国必须关注和培育的重要内容。一方面，法律文化是建设社会主义法治国家的重要支柱。文化不仅是民族凝聚力和创造力的重要源泉之一，也是经济社会发展的重要支撑力量。法律文化规范着我国法治建设的价值取向，能够为社会经济发展和社会道德秩序构建提供相应的精神支撑和文化资源。另一方面，法律文化是规范公民行为、提高公民素养的重要依据。法律对人们的日常行为和道德导向具有指引作用，社会大众总是将一定时期的法律文化作为自己的行为准则依据，他们对于法律的理解更多地体现在法律文化意义上。从法治与文化的关系来看，法律本身就是一种文化现象。"大多数人的行为标准不是法律，而是一种文化，因为他们并不知道法律的具体规定"。[1] 实施依法治国，可以进一步提高全体民众的法律素养，丰富社会主义法律文化的内涵与外延，为社会主义文化的大发展大繁荣提供法治保障。

（二）依法治国思想的提出及内涵

党的第三代领导集体依法治国思想的形成，源于邓小平法律思

---

① ［俄］В. В. 拉扎列夫主编：《法与国家的一般理论》，王哲等译，法律出版社1999年版，第404页。

想。虽然邓小平没有直接使用"依法治国"这一概念，但以江泽民为核心的中央领导集体，以邓小平法律思想为指导，结合我国改革开放以来的经验，适应社会主义现代化建设的发展形势，集中全党、全国人民的智慧而提出了"依法治国"的治国方略。

1. 依法治国思想的提出

（1）"依法治国"概念的提出

1989 年 9 月 26 日，江泽民在中外记者招待会上郑重宣布，我们绝不能以党代政，也绝不能以党代法，我们一定要遵循法治方针，这表明了党的第三代中央领导集体对第二代领导集体法治方针的全面继承。1990 年的全国"二五"普法规划和 1991 年 3 月 2 日全国人大常委会关于普法工作的决议，都继续重申了"一五"普法规划中关于"依法治国"的命题，并将依法治国的要求进一步细化，提出了全面推进各项事业依法治理的目标，决定进一步推动依法治乡、依法治县、依法治市和省、自治区、直辖市的依法治理以及行业依法治理的试点工作。由此可见，党中央已将依法治国观念推向依法治理、依法行政的实践。

1992 年 10 月 12 日，江泽民在党的十四大报告中指出，没有民主和法制就没有社会主义现代化，必须在发展社会主义民主、健全社会主义发展方面取得明显进展，以巩固和发展稳定的社会政治环境，保证经济建设和改革开放的顺利进行。他强调加强立法工作，特别是根据建立社会主义市场经济体制的迫切要求，抓紧制定与完善保障改革开放、加强宏观经济管理、规范微观经济行为的法律和法规。1993 年 11 月，党的十四届三中全会通过了《中共中央关于建立社会主义市场经济体制若干问题的决定》，把十四大提出的建立社会主义市场经济体制的原则和目标具体化，并专门论述了加强法律制度建设问题，提出实现改革开放与法制建设的统一，在"20 世纪末初步建立适应社会主义市场经济的法律体系"。同时，八届全国人大提出要力争在本届人大任期内，初步形成社会主义市场经济法律体系。

1994 年 1 月，党中央把"抓住机遇，深化改革，扩大开放，促进发展，保持稳定"的 20 字方针作为总揽全局的长期指导方针。党中央紧紧抓住改革、发展、稳定三个具有根本性的问题，在充分强调社会主义精神文明建设的同时大力推进民主法制建设。

1995 年 8 月，江泽民在第十四届亚太法协大会开幕式上的讲话中明确表示"我国人民在邓小平同志建设有中国特色社会主义理论的指引下，坚持一手抓经济建设，一手抓法制建设，把完善社会主义法制，作为建设富强、民主、文明的社会主义国家的重要目标"。

1996 年 2 月 8 日，江泽民在中共中央举办的"中央领导同志法制讲座"上，发表了重要讲话，第一次正式提出"依法治国"是"我们党和政府管理国家和法律事务的重要方针"。同年 3 月 17 日，八届全国人大四次会议根据党中央的建议，把"依法治国、建设社会主义法治国家"作为一条基本方针，明确载入我国《国民经济和社会发展"九五"计划和 2010 年远景目标纲要》。1997 年 1 月 21 日，江泽民在会见出席中国法学会第四次会员代表大会代表时，再一次强调"依法治国"是"社会文明和社会进步的重要标志"，是"国家长治久安的重要保障"。

（2）"依法治国，建设社会主义法治国家"科学命题的提出

1997 年 9 月 12 日，江泽民在党的十五大上作了《高举邓小平理论的伟大旗帜，把建设有中国特色社会主义事业全面推向 21 世纪》的报告，首次将"依法治国，建设社会主义法治国家"确定为党领导人民治理国家的基本方略。在十五大报告中，江泽民特别将政治体制改革和民主法制建设作为一部分进行论述，强调："我国经济体制改革的深入和社会主义现代化建设跨越世纪的发展，要求我们在坚持四项基本原则的前提下，继续推进政治体制改革，进一步扩大社会主义民主，健全社会主义法制，依法治国，建设社会主义法治国家。""依法治国，是党领导人民治理国家的基本方略，是发展社会主义市场经济的客观需要，是社会文明进步的重要标志，是国家长治久安的重要保障"。他对依法治国的含义做了全面界定，认为："依法治国，就是广大人民群众在党的领导下，依照宪法和法律规定，通过各种途

径和形式管理国家事务，管理经济文化事业，管理社会事务，保证国家各项工作都依法进行，逐步实现社会主义民主的制度化、法律化，使这种制度和法律不因领导人的改变而改变，不因领导人看法和注意力的改变而改变。"① 这样完整的表述，在党的全国代表大会上是第一次，也是第一次写入党的纲领性文件，标志着党的领导方式和执政方式的重大完善和发展，具有十分重要的现实意义和历史意义。党的十五大正式把"依法治国，建设社会主义法治国家"作为中国特色社会主义民主政治的战略目标和治国方略，取代了"建设社会主义法制国家"的提法。"依法治国，建设社会主义法治国家"这一完整的提法，把手段和目的、过程与目标融于一体，从根本上摒弃了法制手段论，把法治上升为治国方略和治国目标的高度，这是中国法治化道路上的一个重要里程碑。

2. 依法治国的内涵

关于依法治国的内涵，江泽民早在 1996 年 2 月就曾指出："实行和坚持依法治国，就是使国家各项工作逐步走上法制化的轨道，实现国家政治生活、经济生活、社会生活的法制化、规范化；就是广大人民群众在党的领导下，依照宪法和法律的规定，通过各种途径和形式，管理国家事务，管理经济和文化事业，管理社会事务；就是逐步实现社会主义民主的制度化、法律化。"② 可见，依法治国的内涵应包括国家生活的法制化、民主政治的法制化、社会管理的法制化三方面内容。后来，江泽民在党的十五大报告里对依法治国进行了高度概括。所谓依法治国，"就是广大人民群众在党的领导下，依照宪法和法律规定，通过各种途径和形式管理国家事务、经济文化事业与社会事务，保证国家各项工作都能够依法进行，逐步实现社会主义民主的制度化与法律化，使这种制度和法律不因领导人的改变而改变，不因领导人看法和注意力的改变而改变。依法治国，是国家长治久安的重

---

① 《江泽民文选》第 2 卷，人民出版社 2006 年版，第 28—29 页。
② 《江泽民文选》第 1 卷，人民出版社 2006 年版，第 511 页。

要保障。党领导人民制定宪法和法律，应在宪法和法律内活动。依法治国把坚持党的领导，发扬人民民主和严格依法办事统一起来，从制度和法律上保证党的基本路线和基本方针的贯彻实施，保证党始终发挥总揽全局，协调各方面的领导核心作用"。①

根据江泽民关于依法治国的概括，依法治国的基本内涵至少应包括以下几个方面。

依法治国的政治核心是党的领导。"党的领导是人民当家做主和依法治国的根本保证，人民当家做主是社会主义民主政治的本质要求，依法治国是党领导人民治理国家的基本方略。"② 共产党作为执政党，肩负着领导我国政治、经济、文化及社会各领域事业的重任。党领导人民制定宪法和法律，党又要带领人民遵守和实施宪法与法律，应做遵守与实施宪法与法律的先进与模范。因此，依法治国，建设社会主义法治国家一定不能脱离党的领导，更不能削弱党的领导。相反，党作为中国特色社会主义事业的领导核心，是依法治国的组织者、领导者和推动者。建设社会主义法治国家是一项长期而艰巨的历史任务，需要在党的领导下循序渐进。当然，坚持和完善党的领导也需要实行依法治国。党的政策与主张只有通过法定程序上升为国家的法律，才能拥有国家强制力，才能要求全体公民普遍遵守，才能形成党和人民所要求的良好社会关系和有序社会秩序。因此，只有实行依法治国，才能够在法律与制度上最大限度地发挥党协调各方、统揽全局的核心作用。

依法治国的主体是广大人民群众。社会主义民主是广大人民享有的民主，其核心是确立和保障人民群众当家做主的权利。依法治国就是党领导人民治理国家，保证人民依法实行民主选举、民主决策、民主管理和民主监督，维护广大人民群众的根本利益。③ 正如江泽民所指出的，"在中国共产党的领导下，工人、农民、知识分子和全体人

①《江泽民文选》第2卷，人民出版社2006年版，第28—29页。
②《江泽民文选》第3卷，人民出版社2006年版，第553页。
③《十三大以来重要文献选编》（下），中央文献出版社2002年版，第329页。

民作为主人管理自己的国家，享受广泛的民主权利，这是我国社会主义民主的核心，也是同资本主义的本质区别。"因此，我国民主的社会主义性质，决定了依法治国的主体只能是广大人民群众，而非别的人或机构。一切国家机关和公职人员所拥有的权利都来自人民，他们必须在人民的授权范围内、按照人民的要求行使权力，否则，以言代法，以权代法，就不是真正的社会主义法治。

依法治国的客体是国家事务、经济文化事业和社会事务。依法治国的内容范围涉及国家和社会生活的各个方面，首先是国家事务，其次是经济文化事业和社会事务。依法治国不仅仅是惩治违法犯罪、维护社会治安的问题，它还意味着用法律去确认和调整政治、经济、文化和社会生活领域的各种关系。

依法治国的依据是国家的宪法和法律。在国家治理过程中，最终崇尚的是个人权威还是宪法和法律，是区分"人治"还是"法治"的标志。依法治国的本质是依法治"权"、依法治"官"、依法治"吏"，而不是依法治民。因此，国家事务、社会事务和经济文化事业等所涉及的国家党政机关及其公职人员，都应成为依法治国的重点，做到科学立法、严格执法、公正司法。为防止权力滥用，必须对权力进行监督和制约。

宪法和法律是依法治国的依据。宪法是国家的根本大法、是公民权利的保障书、是治国安邦的总章程，具有最高的法律效力，其他任何法律、法规与规章等规范性文件，都不能与之相抵触，更不允许以权压法、以言代法、滥用权力，任何组织或个人都没有凌驾于宪法与法律之上的特权。社会主义国家的宪法和法律是人民制定的，是人民共同意志和根本利益的集中体现。因此，依据宪法和法律来治理国家是社会主义国家依法治国的本质要求。

依法治国的目标是发展社会主义民主政治，建设社会主义政治文明。建设社会主义政治文明，就是要扩大社会主义民主、健全社会主义法制、建设社会主义法治国家，使民主制度化、法律化。法治是与人治相对立的治国理论和治国原则，依法治国是人类历史发展过程中带有普遍规律性的文明成果之一，是社会主义民主政治建设的题中之意。

3. 依法治国的基本要求

首先，要加强立法工作。有法可依是社会主义法制建设的首要环节，因此必须加强立法工作。江泽民高度重视立法工作，指出："有了新情况、新问题、新经验，经过研究和总结，就要适时地制定新的有关法律法规""为了保障各种基本法律法规顺利实施，必须在积累实践经验的基础上，搞出实施的具体条例来。没有这种条例，基本法律法规的贯彻落实就会遇到许多困难。"① 其次，要切实提高广大干部群众的法制观念。观念是行为的先导，法制观念是依法治国的观念前提。江泽民非常重视干部群众的法律素质与法制观念问题，强调指出："公民自觉守法、依法维护国家利益和自身权益是依法治国的重要基础。广大干部群众法律水平的高低，直接影响着依法治国的进程。"② 为此，他还有针对性地指出："加强社会主义法制建设必须同时从两个方面着手，既要加强立法工作，不断健全和完善法制；又要加强普法教育，不断提高干部群众遵守法律、依法办事的素质和自觉性。"③ 再次，要强化道德建设，维护法制统一。在"加强社会主义民主法制建设"的重要讲话中，江泽民明确指出："加强社会主义法制建设，要同加强思想道德文化建设紧密结合起来，要始终注意维护国家法制的统一性和严肃性。"④ 江泽民高度重视道德规范的作用，主张依法治国与以德治国相结合。最后，要坚持党的领导。我国是中国共产党领导的社会主义国家，共产党是各项事业的核心力量。因此，坚持党对依法治国的领导至为关键。党的领导既是依法治国的政治核心，也是依法治国必须遵守的根本原则。江泽民曾明确指出，"依法治国是在党的领导下进行的。坚持党的领导同发扬人民民主、

---

① 《江泽民文选》第 1 卷，人民出版社 2006 年版，第 512 页。
② 同上。
③ 同上书，第 513 页。
④ 同上书，第 643—644 页。

严格依法办事是统一的。一切工作、一切战线，任何时候都要从思想上、政治上、组织上和制度上，保证党的基本路线和方针政策的贯彻实施，保证党始终发挥领导核心作用。这是一个根本的原则。"① 要推进依法治国，必须坚持党的领导。

总之，依法治国作为我们党领导人民治理国家的基本方略，它突破了以往治国方式的局限性、片面性，是对新世纪、新情况、新问题的正确应答，是对传统治国方式的突破，是一次伟大的创新和理性选择。

（三）依法治国思想的主要内容

在如何正确治理国家的问题上，不同的政治家以及各个学派历来都有原则分歧。中国共产党提出的"依法治国"新方略，正是基于对中国传统文化精华的秉承、对世界先进文明成果的借鉴、对马克思主义理论的发展，对党 80 多年特别是 50 多年执政兴国历史的总结，是对人类文明成果现代综合的智慧结晶。

1. 依法治国与以德治国相结合

以江泽民为核心的党的第三代领导集体确立了具有"德法兼治"二元结构特征的治国方略，"依法治国"与"以德治国"相结合，并行不悖且相得益彰。这一治国方略是党的第三代中央领导集体对邓小平法律思想的继承和超越，是社会主义国家治国方略的重大突破，是对马克思主义面向新世纪的理论创新。

（1）"德法兼治"治国方略提出的时代背景

在人民物质生活水平不断提高而精神需求日益突出、国家实力和世界影响力逐渐增强、人们重新审视和发现传统文化价值而民族自信心日盛之时，党和国家提出了"德法兼治"方略。是时，改革开放事业取得了辉煌成果，但各种问题也不可避免地暴露出来，如贫富差距迅速拉大、反腐形势严峻、社会风气令人担忧等。以江泽

_____

① 《江泽民论加强和改进执政党的建设》，中央文献出版社 2004 年版，第 189 页。

民为核心的第三代中央领导集体意识到，要解决这些问题，使社会主义市场经济稳步推进，不能仅仅依赖经济手段和法律手段。2000年6月，江泽民在中央思想政治工作会议上的讲话中指出："法律与道德作为上层建筑的组成部分，都是维护社会秩序、规范人们思想和行为的重要手段，它们互相联系、互相补充。法治以其权威性和强制手段规范社会成员的行为。德治以其说服力和劝道力提高社会成员的思想认识和道德觉悟。道德规范与法律规范应当相互结合，统一发挥作用。"2001年1月，他在全国宣传部长会议的讲话中进一步明确指出："我们建设有中国特色的社会主义社会，发展社会主义市场经济的过程中，要坚持不懈地加强社会主义法制建设，依法治国。同时也要坚持不懈地加强社会主义道德建设，以德治国。对一个国家的治理来说，法治和德治，从来都是相辅相成、相互促进的。二者缺一不可，也不可偏废。我们要把法制建设与道德建设紧密结合起来，把依法治国与以德治国紧密结合起来。"① "德法兼治"是党对治国基本方略的完善和创新，是对马克思主义国家学说的发展。这一重要思想的提出，进一步丰富和发展了邓小平"两手抓，两手都要硬"的战略思想。

（2）正确处理"依法治国"与"以德治国"的关系

"以德治国"概念从未单独出现过，总是与"依法治国"相依相伴，往往被视为法治国家在精神形态上的标志。法律和道德都是规范人们的社会行为的重要方式，二者既有差异性，也有同质性。

首先，道德与法律具有相异性。二者都以对方作为自己的参照系，各有特点，不可代替、混为一谈。抛开具体的社会历史条件作抽象的逻辑分析，道德与法律确有区别。其一，道德与法律分别反映着主体对客体的不同关系。其二，道德与法律的评价基础不同。其三，道德行为和法律行为遵循的原则不同。法律与道德都是对人的行为的限定，但法律行为体现的是自觉原则，道德行为体现的是自愿原则。

---

① 《江泽民文选》第3卷，人民出版社2006年版，第196—202页。

其四，作为人类社会的一般机制，道德与法律具有重要的社会功能。在诸多社会功能系统中，调节功能、导向功能和评价功能最能体现法律与道德的价值特性，这是二者结合的重要基础。从调节角度和范围来看，法律规范着从权利及相应义务的角度去调节对特定社会生活秩序具有较高价值的社会关系，特别是触犯了统治阶级的利益和严重破坏社会秩序时，法律规范才去干涉；道德规范则是从现实利益关系的角度，特别是现实生活中个人对待社会整体利益和其他利益态度的角度，去调节人们的各种社会活动和社会关系，它干预人际关系的一切行为。因此，道德的调节范围远甚于法律。从调节方式上看，法律以权力机构的力量为基础，恃政治制裁发生功用；道德则更明显地表现出一种内在的主体和自律的性质，恃社会制裁发生功用。在时间效力上，道德规范要比法律规范更持久。从导向功能上看，法律与道德所禁止、排斥的行为，就是人们应当放弃的行为。二者所肯定和提倡的行为，也就是人们应当选择的行为。由于两种行为贯穿原则不同，法律引导社会朝着符合统治阶级意志和利益的方向发展，使人们自觉接受现有的经济、政治和法律秩序；道德则通过影响人们的观念意识来引导人们的外在行为。从评价功能上看，法律规范一旦被制定，就成为判定人们行为是否违反法律的标准；道德规范则不然，它以观念的形式存在于人们心中，形成特有信念与情感，其存在形式多种多样。

其次，道德与法律具有内在同质性、相容性、互补性。其一，道德与法律具有内在同质性，这就决定了法律有可能介入道德领域，并对人们的道德行为加以强制性规范，使社会结构日趋稳定，这一相同的本质作用决定了二者在具体内容上的一致性。其二，道德与法律具有相容性，即相互渗透。法律中渗透着善恶评判性，即法律具有道德；道德具有法律性，即道德存在于社会基本结构并通行于社会法律如政治制度、经济法律、法律制度当中。我国古代的"三纲五常""忠孝节义"，既是人们日常生活的道德原则和道德规范，也是社会政治法律的精神核心，是贯穿于全部政治法律、政府组织机构以及政治活动中的道德原则和道德规范。其三，道德与法律相互补充、支持、依赖、推动，这是道德与法律能够实现结合的内在基础。道德对法律的创制、法律的实施具有重要参考意义，而法律对道德也有重要作用。法律具有道德教育作用，法律监督是道德监督的社会保障机制，道德建设也需要法律建设来保驾护航。

从法律与道德的关系看，实行依法治国实质上就体现了以德治国的基本要求。依法治国和以德治国的关系，实质上是法律与道德、法治与德治的关系。在法理学和伦理哲学看来，法律与道德之间存在三种基本关系。一是道德的法律化。即通过立法把国家中大多数的政治道德、经济道德、社会道德和家庭伦理道德的普遍要求法律化，使之转变为国家意志，成为国家强制力保证实施的具有普遍拘束力的社会行为规范。一般来讲，道德是法律正当性、合理性的基础，道德所要求或者禁止的许多行为，往往是法律做出相关规定的重要依据，因此大多数调整社会关系和规范社会行为的立法，都是道德法律化的结果。在中国，社会主义道德是法律的源泉，是制定法律的指导思想、内在要求和评价法律善恶的重要标准。二是道德的非法律化。道德与法律毕竟是两种不同的社会行为规范，在一个国家或者一个社会的大多数道德已经或可以法律化之时，必须承认少数或者某些道德不能法律化。三是某些道德要求既可以法律化也可以非法律化。如中国关于"第三者"的刑事处罚、"见义勇为"入法、取消反革命罪、减少和废除死刑、无过错责任原则、沉默权等，都取决于时代观念、情势变迁和立法者的选择。立法对道德的促进和保障作用，主要是通过立法方式来实现某些道德的法律化，通过法律来确认和强化社会主义道德的价值诉求和规范实施。对于需要法律禁止和惩罚的败德无德行为，对于需要法律褒奖和支持的美德善德行为，都应当通过立法予以必要体现。总之，道德的后盾在法律，道德的底线在法律。市场经济需要德治，更需要法治。①

---

① 翁淮南、刘文韬、胡鹏、冯静、武淳：《以思想道德建设为重点建设社会主义核心价值体系》，载于《党建》2012年第6期，第24页。

从法律与道德作为社会行为准则来看，依法治国应当居于主导地位。法律和道德都是社会行为规范和行为准则，但就整体而言，法律和道德对人们社会行为要求的标准或尺度不同。社会主义道德追求的是真、善、美等价值，这是一种崇高的境界，一种高度的行为标准；法治追求的是公平、正义和利益等价值，这是一种普通而实在的境界，是大多数人可以做到的低度的行为标准。社会主义道德主要靠教育和自律，或通过教育感化和社会舆论的压力来实现，是一种内在的"软性"约束；法治的实现固然要靠教育和培养，但主要靠外在的他律，表现为以国家强制力为后盾对违法者予以"硬性"约束，对犯罪者施以惩治，直至剥夺生命，具有"刚性"特点。

从法治与德治的区别来看，法治应当发挥主要作用。大量研究成果表明，法治与德治作为治国理政的方式方法，有着明显区别。从治理的主体来看，法治是多数人的民主之治，德治是少数人的精英之治；从治理的过程来看，法治是程序之治，德治是人情之治；从治理的角度来看，法治是外在控制之治，德治是内在约束之治；从治理的标准来看，法治是低度行为规范之治，德治是高度行为要求之治；从治理的手段来看，法治是国家强制之治，德治是社会教化之治；从治理的重点来看，法治重在治官，德治重在治民。

法治与道德相互补充、相互作用、有机统一。法治是社会主义道德的底线和后盾，凡是法治禁止之事，通常也为社会主义道德所反对；凡是法治鼓励之事，通常也为社会主义道德所支持。社会主义道德是法治的高线和基础，是法治具有合理性、正当性与合法性的内在依据，法治的价值、精神、原则、法理等大多建立在社会主义道德的基础上，法治的诸多制度和规范本身就是社会主义道德的制度化和法律化。全面建设社会主义法治，就要正确处理依法治国与以德治国的关系。依法治国属于政治建设和政治文明，以德治国属于思想建设和精神文明。二者范畴不同，但地位和功能都非常重要。依法治国是一种治国方略或社会调控方式，是保持社会稳定和长治久安的基础，也是维系社会进步、保障人民幸福、促进经济繁荣的关键所在。以德治国根植于中华民族几千年的优良道德传统之中，继承和发扬了党的思想政治工作和精神文明建设优良成果，是加强社会主义道德建设的关键所在。法治和德治并举是建立健全社会经济秩序的重要手段。在社会主义市场经济条件下，我们不仅必须建立与之相适应的社会主义法律体系，实施依法治国，还必须建立与之相适应的社会主义思想道德体系，坚持以德治国。有了良好的道德素质，人们才能自觉扶正祛邪，扬善惩恶，形成追求高尚、激励先进的良好社会风气，从而更有力地促进经济发展，维护国家的长治久安，实现社会的全面进步。

（3）"德法兼治"治国方略的确立

在科学社会主义和国际共产主义运动发展史上，关于社会主义国家建立之后，应当采取何种治国方略来治理国家，是一个长期没有得到科学回答的历史性课题。马克思、恩格斯提出了工人阶级在共产党领导下彻底打碎资产阶级的国家机器，建立无产阶级专政的历史任务，为社会主义国家建设指明了方向。但受社会历史条件的限制，马克思和恩格斯从来没有、也不可能具体回答已经建立的社会主义国家，应当采取什么样的治国方略来进行治理的问题。在他们的著作中，虽然对未来社会的生产形态、劳动组合、财产状况、分配形式以及政权组织形式都做了许多科学预见，唯独没有谈及社会主义法制问题。在他们看来，法制是私有制和商品生产、商品交换的产物，而在未来社会，私有制消灭了，整个社会以共同占有生产资料为基础，个人劳动直接变成了社会劳动，劳动的社会性无须通过商品货币交换就能实现，商品生产和商品交换已然不复存在，法律也就失去了存在和发展的前提条件。因而，马恩认为社会主义社会不再需要法律。对于资产阶级提出的依法治国方略，马恩虽然肯定了其之历史进步性，但出于唤起无产阶级和广大人民推翻资产阶级统治的需要，他们更多地揭露和抨击了资产阶级法治的虚伪、腐朽和反动，从未阐述过社会主义国家的法治问题。

列宁在领导俄国取得社会主义革命胜利之后，鉴于新生政权面对的反革命压力，曾经提出无产阶级专政不受任何法律约束。后来，随着苏俄国家政权的巩固和社会主义经济文化建设的展开，列宁开始对社会主义法制建设给予高度重视，提出社会主义需要法制的观点。他明确指出："我们的政权愈巩固……就愈需要提出革命法制这个坚定不移的口号。"他最先使用了"社会主义法制"的概念，并亲自领导了苏联宪法和一些法律的制定。不过，列宁没有从治国方略的高度来论述法制，仅仅把法律看作维护国家政权、为国家服务的工具，没有脱离"法律工具论"的范畴，并未深入分析领袖个人权威与法律权威之间的关系，没有正确解决国家政权与法制的关系。

斯大林对苏联的巩固和发展做出过重要贡献，在社会主义要不要法律的问题上坚持了列宁的正确观点，但在工具论上却走得更远。他把法律仅仅视作集中和强化权力的一种手段以及对敌专政的暴力工具，在治国方略上有重大失误，采取了高度中央集权制的治国策略。在斯大林时代，法制与国家政权的关系问题没有得到解决。

在"马克思主义中国化"的第一次历史性飞跃中，以毛泽东为代表的中国共产党人把马克思主义基本原理同中国实践相结合，对如何在经济文化落后的半殖民地半封建社会中国建立社会主义国家，进行了艰辛的思考和探索。早在1945年，毛泽东在延安回答民主人士黄炎培提出的共产党在成为执政党后怎样才能跳出历史"周期率"问题时，就主张民主的法治，反对人治。新中国成立头七年，他主持制定了"五四宪法"及其他一些法律，并强调维护宪法的权威，我国民主和法制建设呈现出初步繁荣局面。但由于国内外主客观因素的影响，尤其受"左"倾思想观念的影响，毛泽东对于符合社会发展规律的"民主""法治"和"依法治国"的认识和重视程度不够，并没有把法治当作基本的治国方略和价值目标而孜孜以求。

邓小平作为党的第一代领导集体的成员和第二代领导集体的核心，对党、国家和社会政治生活的非民主化、非法制化、无序化的"人治"现象深有感悟，"靠制度治国"是他一生中思考最深、关注最多的主题。早在抗战时期，他就尖锐地批评了"以党代国"的观念。新中国成立以后，他提出制度建设问题，在党的八大上提出从国家制度和党的制度上做出适当的规定。"文化大革命"期间，他力挽狂澜，大刀阔斧地进行整顿，为促进国家向法制化和有序化转变饱尝艰辛。"文化大革命"结束以后，他以史为鉴，深刻领悟到从制度上清除领袖个人崇拜的必要性，坚定不移地向法理型权威转变，强调"从制度方面解决问题"。事实上，权威的理性化，亦即实现传统的人治权威向现代的法理型权威的转变，是国家政治转型的根本标志。对于正处于从传统计划经济体制社会向现代市场经济体制社会转型的中国，建设法治国家，树立法理型权威，是党领导广大人民群众推动当代中国政治发展，实现国家和社会良性运行和顺利转型的一个重要目标。邓小平关于法制的论述已经超越了过去把民主法制作为手段的旧束缚，而确定了将发展民主、健全法制既作为手段又作为目的的坚定不移的基本国策，为确立"依法治国，建设社会主义法治国家"的治国方略奠定了思想理论基础，为中国从人治走向法治开辟了道路。不过，由于中国政治体制上的积弊深重以及其他国内外主客观原因，邓小平所洞察的制度上的缺陷和观念上的成见，在他有生之年并未全面解决。邓小平法律思想包含了建设社会主义法治国家的蕴意，但究竟如何建设，他的论述并不多。例如：用法律约束领导人，如何约束？依法治国与依章治党的关系如何？党员应该在宪法、法律和党章范围内从事活动，不遵守怎么办？如何确保权威的理性化，即实现传统的人治权威向现代的法理型权威转变？如何确保司法公正与独立？他对这些问题均未提出切实有效的对策，这给他的后继者遗留了继往开来的艰巨任务和革故鼎新、激浊扬清的超越空间。

在人类新旧世纪交汇之际，在中国由传统的计划经济体制向现代社会主义市场经济体制转换之时，以江泽民为核心的党的第三代领导集体继承和发展了邓小平的民主法制思想，在系统总结以往实践经验和展望今后中国社会发展大势的基础上，逐步把"依法治国，建设社会主义法治国家"确定为治国方略。"依法治国"的治国方略的提出，是党中央第三代领导集体对邓小平理论忠实的继承和重大的发展，是党的十五大对中华民族的杰出贡献。

（4）"德法兼治"治国方略是党的第三代领导集体面向新世纪的

理论创新

　　随着我国社会主义现代化建设实践的不断发展，随着理论探索和思考的不断深入，以江泽民为核心的第三代领导集体形成并做出了"以德治国"的重大决策。早在党的十三届四中全会上，江泽民就指出，在抓紧社会主义物质文明建设的同时，必须抓紧社会主义精神文明建设，坚决纠正一手硬、一手软的状况。在党的十四大报告中，江泽民强调精神文明重在建设，要在全国各族人民中树立正确的理想、信念和价值观，加强社会公德教育，各行各业都要重视职业道德建设，逐步形成适合自身特点的职业道德规范，坚持纠正利用职权谋取私利的行业不正之风。在改革开放的整个过程中，都要反腐败，把端正党风和加强廉政建设作为一件大事，下决心抓出成效，取信于民。以江泽民为核心的党中央坚持"两手抓，两手都要硬"的方针，从多方面加强社会主义精神文明建设，取得了积极的进展和明显的成效，对促进改革、发展和稳定起了重要作用。党的十四届六中全会专门做出了《关于加强社会主义精神文明建设若干重要问题的决议》，详细阐述了努力开创社会主义精神文明建设新局面的重大课题，基本上形成了"以德治国"的设想。在党的十五大报告中，江泽民再次指出，建设有中国特色的社会主义，必须着力提高全民族的思想道德素质，培育适应社会主义现代化要求的一代又一代的有理想、有道德、有文化、有纪律的"四有"公民。在 2000 年 6 月召开的中央思想政治工作会议上，他第一次明确使用"德治"概念。2001 年初，他在全国宣传部长会议上的讲话中指出："我们在建设有中国特色的社会主义，发展社会主义市场经济的过程中，要坚持不懈地加强社会主义法制建设，依法治国，同时要坚持不懈地加强社会主义道德建设，以德治国。"① 这一观点的提出，表明党在治国方略上走向成熟。

　　首先，突出公民道德建设是实践"以德治国"的基础，提倡施德教而化民。随着改革的深化，各种深层次的社会矛盾日渐显现出来，

---

　　① 王伟：《论"以德治国"》，《光明日报》2001 年 2 月 9 日第 1 版。

加强社会主义道德建设成为一个至关重要的问题。以江泽民为代表的党中央充分相信人民群众，在道德建设方面突出人民群众的道德建设。党致力于用马克思列宁主义、毛泽东思想、邓小平理论教育人民，弘扬爱国主义、集体主义，使亿万人民树立正确的新型的社会主义道德观、价值观和人生观，这正是施德教而化民的基本内容。

其次，强调公民道德建设是"以德治国"的关键。一个国家、一个民族要发展，必须从严治国、从严治党，重视国家管理人员的德政建设。对于执政的中国共产党来说，行德政就是要坚持党的全心全意为人民服务的宗旨，以人民群众的根本利益为基本出发点，一切为了群众，一切依靠群众，从群众中来，到群众中去，制定正确的路线、方针和政策，领导全国人民为实现党的路线、方针、政策而努力奋斗。对于自己队伍中一切违反人民群众根本利益的行为，要进行针锋相对的斗争，忠诚地维护人民群众的根本利益。

总之，行德政与施德教相结合，道德建设与民德建设相结合，是以江泽民为代表的党的第三代领导集体在中国特色社会主义伦理道德建设方面做出的创造性贡献。

2. 关于加强立法的思想

确立和实行以法律作为治国的标准和权威，是依法治国的核心。无法可依就谈不上依法治国，立法在依法治国中居于前提和基础的地位。加强立法工作，提高立法质量，建立有中国特色社会主义的法律体系是实现法治的前提和基础。

（1）建立完备的法律体系

立法是依法治国的首要环节。江泽民极为重视法制建设，多次强调加强立法工作，在党的十五大和十六大上都提出："坚持有法可依，有法必依，执法必严，违法必究，是党和国家事业顺利发展的必然要求。加强立法工作，提高立法质量，到 2010 年形成有中国特色社会主义法律体系。"① 他强调："有了新情况、新问题、新经验，经过研

---

① 《十五大以来重要文献选编》上，人民出版社 2000 年版，第 33 页。

究和总结，就要适时地制定新的有关法律和法规。这样才能避免新问题出来了而仍然陷于用老的办法去处理问题的很不规范也很难从容行事的被动局面。"① 他指出，建立完备的法律体系是依法治国的基础，要从国情出发，在宪法的基础上，形成体系统一、逻辑严谨、法律部门齐全、体例安排科学的社会主义法律体系，使国家的各项工作和社会各方面都有法可依。经过十余年的努力，我国立法工作取得很大成绩，国家的政治生活、经济生活和社会生活的主要方面已经基本上有法可依。但是，法律还不够完备，立法任务仍很繁重。因此，"当前抓紧制定和完善保障公民权利，维护社会安定和人民正常生活的法律，抓紧制定保障改革开放和经济宏观调控方面的法律，以及有关发展农业、交通、能源、教育、科技方面的法律，还要抓紧制定和修改有关惩治犯罪和促进廉政建设方面的法律。"② 江泽民特别关注社会主义市场经济方面的立法，认为国内市场体制建设和国际经济交往的新情况，迫切要求国家加快经济立法。"世界经济的实践表明，一个比较成熟的市场经济，必然要求并具有比较完备的法制……我们要实现经济体制和经济增长方式的根本改变，也必须按照市场的一般规则和我们的国情，健全和完善各种法制，全面建立起社会主义市场经济和集约型经济所必需的法律体系。"③ 这些论断既阐述了成熟的市场经济和完备的法制体系之间的内在联系，又阐明了完备的社会主义法制对社会主义市场经济发展的重要作用。他指出："全国人大及其委员会要把加强经济立法作为第一位的任务，放在最重要的位置，尽快出台一批重要的经济法律。国务院和省级人大及其常委会也要抓紧制定经济方面的行政法规和地方性法规。在 20 世纪内，努力把适应社会主义市场经济的经济法律体系建立起来。同时，还要对过去制定的已不适应深化改革开放的法律、法规，抓紧进行清理。立法工作要很

---

① 《江泽民文选》第 1 卷，人民出版社 2006 年版，第 512 页。

② 同上书，第 114 页。

③ 《江泽民论有中国特色社会主义（专题摘编）》，中央文献出版社 2002 年版，第331 页。

好总结我们自己的经验，同时还要大胆借鉴国外的立法成果和经验。"①

（2）推进立法的民主化和规范化

法律是统治阶级意志的集中体现。我国是人民民主专政的社会主义国家，人民是国家和社会的主人。法律法规都应该也必须体现广大人民的共同意志，维护人民的根本利益，保障人民当家做主。立法必须坚持全心全意为人民服务的宗旨，把维护最广大人民的根本利益作为出发点和落脚点，正确处理不同主体的各种利益关系。在中国特色社会主义法制体系下，人民群众不应该是法律、法规、规章的被动接受者，而应该是立法的积极参与者。立法不是部门之间权力和利益的分配与再分配，而应当反映人民的共同意志和根本利益。立法的民主化，是提高立法质量的一个重要措施。江泽民强调，立法必须十分严肃慎重，立法过程必须贯彻群众路线，广泛听取群众意见，重视基层群众心声，充分发扬民主，按程序办事，保障人民群众通过多种途径参与立法活动。在我国立法实践中，民主化逐步得到了全面贯彻，在法律草案起草过程中，不仅要求立法机关广泛征求专家、学者和司法机关的意见建议，而且将草案公开刊登在相关报刊上，向全社会广泛征求意见和建议。

党的第三代领导集体还非常重视立法的规范化问题。2000年，全国人大通过了《立法法》。《立法法》是关于国家立法制度的重要法律，对法律、法规以及规章的制定做出了统一规定，使其更加规范化和制度化，这对推进依法治国、建设社会主义法治国家，有着十分重要的意义。

（3）立法成果丰硕

在江泽民法治思想指导下，我国立法工作取得了显著成绩，制定了一系列重要的法律法规。全国人大及其常委会先后出台和修改了

---

① 《江泽民论有中国特色社会主义（专题摘编）》，中央文献出版社2002年版，第330页。

《公司法》《合伙企业法》《中外合资经营企业法》《中外合作经营企业法》《外资企业法》《票据法》《担保法》《证券法》《合同法》《价格法》《拍卖法》《反不正当竞争法》《产品质量法》《消费者权益保护法》《个人所得税法》《中国人民银行法》等市场经济相关法律。同时，还制定和完善了有关刑事、民事、行政等方面的法律以及大量的法规。据统计，全国人大及其常委会通过了400多件法律，国务院制定了800多件行政法规，地方性法规有8000多件。到目前为止，在我国社会、政治、经济和其他主要领域，已经做到有法可依，一个以宪法为核心的社会主义法律体系框架已经初步形成，为依法治国提供了坚实的法律依据。

3. 关于依法执政的思想

依法执政是指一个政党依照法律程序进入国家政权并在其中处于主导的地位，且依照法律规定从事管理活动，正确处理党的领导和法制建设的关系。新中国成立后的30多年内，行政管理中的许多领域无法可依，行政管理的许多环节只能依据党和政府的方针政策，这些方针政策并不能即刻上升为法律，导致我国在行政管理上主要依政策办事，依法行政处于从属地位。由于历史传统的影响，以及民主进程、法制建设、行政机关工作人员的观念、执法水平和工作作风等多方面因素的制约，我国推进依法行政的进程比较艰难。

（1）依法执政思想的理论渊源

中国共产党是社会主义中国的执政党，正确处理好党的领导和法制建设的关系是社会主义法治国家建设的关键所在。邓小平指出，要确保社会主义法制建设在党的领导下进行，也要坚持党在宪法和法律规定的范围内进行活动。党的十六届四中全会第一次提出，党要坚持"民主执政、科学执政、依法执政"。在中共中央举办的第一次法制讲座上，江泽民要求各级领导学习和掌握必要的法律知识，努力提高运用法律手段管理经济、管理社会的本领，更好地领导社会主义市场经济建设，保证社会主义市场经济的健康良性发展。在中共中央举办的第二次法制讲座上，江泽民首次对依法治国基本方略进行了较为全面的论述，指出实行和坚持依法治国，就是使国家各项工作逐步走上法制化的轨道，实现国家政治生活、经济生活、社会生活的法制化、规范化，实现社会主义民主的制度化、法律化。在这里，他突出强调了依法治国的科学内涵，强调法治的重要意义不仅在于党领导人民进行社会主义市场经济建设，更在于党领导下的各项工作都要实现法制化。后来，在中央政治局举办的第三十二次集体学习活动期间，胡锦涛进一步指出，坚持依法治国、建设社会主义法治国家，就要坚持依法执政，党要领导立法、带头守法、保证执法，不断推进国家经济、政治、文化、社会生活的法制化、规范化，以法治的理念、法治的体制、法治的程序保证党领导人民有效治理国家。党的十七大报告指出，要提高党的科学执政、民主执政、依法执政的能力水平，以保证党领导人民有效治理国家。由此可见，依法执政是党在新的历史条件下执政方式和领导方式的重大转变，是实行依法治国基本方略、发展社会主义民主政治的必然要求。

（2）依法执政思想的具体要求

党正在从依法治国、建设社会主义法治国家的战略高度，从制度创新和法制建设两个层面上来加强和改进党的领导方式和执政方式。首先，完善民主政治，建立健全科学民主的决策机制。民主政治是依法治国、建设社会主义法治国家的本质要求，是社会主义政治制度的基石，民主政治制度的建立和完善对于依法治国有着重要的影响和深远的意义。党的十七大报告指出："推进决策科学化、民主化，完善决策信息和智力支持系统，增加决策透明度和公众参与度，制定与群众利益密切相关的法律法规和公共政策原则上要公开听取意见。"①一是健全行政决策的机制，科学合理地界定各级政府与政府各部门之间的行政决策权，完善政府内部的决策规则，严格实行依法决策、民主决策和科学决策的决策机制，在决策过程中充分听取公众的意见、专家论证的建议。二是完善行政决策的程序。决策的事项、依据和结

① 《〈十七大报告〉辅导读本》上册，人民出版社 2007 年版，第 29 页。

果除依法应当保密的部分外，其余部分都应当向社会公众公开。在涉及全国或地区性区域经济社会发展的重大决策事项及专业性较强的决策事项时，应当组织专家进行必要性与可行性的深入论证，以提高决策的质量。做出与人民群众利益密切相关的决策事项前，应当向社会公开公布，通过举行听证会、座谈会、论证会等形式公开听取民众的意见。三是建立健全决策责任跟踪追究制度。行政机关应当确定专门的机构和人员，定期对决策的执行情况进行跟踪监督，按照"谁决策、谁负责"的原则，完善决策责任的追究制度，以实现决策权和决策责任的统一。同时，各级政府要更加自觉地接受人大监督、政协监督、司法监督、社会监督及舆论监督，做到行政复议工作不断加强，法规、规章备案的审查力度不断提高。

其次，转变政府职能，不断深化行政管理体制改革。转变政府职能，深化行政体制改革对于提高政府效能效率具有重要意义。江泽民指出："转变职能、理顺关系、精兵简政、提高效率是政府机构改革的目标，它们是紧密相连的整体，其中转变职能是第一位的。"① 一是明确界定和规范政府的经济调节、社会管理、市场监管和公共服务等职能，推进政企分开、政事分开、政资分开，政府与市场中介的组织相分开，充分发挥市场在资源配置中的基础性作用。加强政府公共服务职能和社会管理职能，进一步完善教育、医疗、就业等各种社会基本保障制度，建立健全各种预警应急机制。二是合理规划和依法规范各级行政机关的行政职能和行政权限，进一步优化政府组织机构。三是加强党的执政能力建设，打造高素质的领导班子。高素质的领导班子才能更好地统领社会发展，提高政府依法执政的水平和能力。为此，要不断改进领导班子的思想作风，改善领导班子的执政方式和领导方式，提高领导干部执政为民的本领。

最后，坚持党的领导，实现人民当家做主和法制建设的统一。发展社会主义民主政治，最根本的要求就是把坚持党的领导、人民当家

---

① 《江泽民论有中国特色社会主义（专题摘编）》，中央文献出版社2002年版，第317页。

做主和依法治国有机结合起来。要实现三者的有机统一，必须加强对权力运行的有效制约和有效监督。一是加强党内监督，重点强化党内各级领导干部的监督意识，进一步完善党内权力结构，建立健全依法行使权力的监督制约机制，"落实党内监督条例，加强民主监督，发挥好舆论监督作用，增强监督合力和实效。"① 同时，党的各级领导干部和广大党员要自觉接受党组织和广大人民群众及新闻舆论的监督，以保证权力的正规行使。二是改革和完善党的领导方式和执政方式，理顺执政党与国家立法机关、司法机关、行政机关之间的关系，这是提高党依法执政能力和执政水平的具体要求。三是提高政府的依法执政能力，吸收和借鉴国外优秀的行政管理经验与成果，进一步推动社会主义行政管理文明建设。

（3）以江泽民为核心的第三代中央领导集体的依法执政思想

以江泽民为核心的第三代中央领导集体坚持不懈地推进依法行政，江泽民在党的十四大上强调："严格执行宪法和法律，加强执法监督，坚决纠正以言代法、以罚代法等现象，保证人民法院和检察院依法独立进行审判和检察。加强政法部门自身建设，提高人员素质和执法水平。"② 1994 年，第八届全国人大常委会第七次会议通过了《中华人民共和国国家赔偿法》，明确规定公民可以对行政机关、司法机关及其工作人员的行政侵权行为造成的损害请求国家赔偿。1997年 9 月，江泽民在党的十五大报告中提出"依法治国，建立社会主义法治国家"的治国方略，将依法行政原则提到更为突出的地位，进一步升华为"法治行政"的目标。"教育是基础，法制是保证，监督是关键。"③ 按照江泽民的指示，行政和执法人员必须做到以下几点：一是提高行政和执法人员的政治思想素质；二是加强监督，特别是加强党内监督、法律监督、群众监督和舆论监督，把行政活动置于强有力的社会监督体系之中；三是严肃查处行政执法违法行为。在党的十

---

① 《〈十七大报告〉辅导读本》上册，人民出版社 2007 年版，第 32 页。
② 《江泽民文选》第 1 卷，人民出版社 2006 年版，第 236 页。
③ 《江泽民文选》第 2 卷，人民出版社 2006 年版，第 46 页。

六大报告中，江泽民又进一步重申了依法行政原则，对推进依法行政提出了一系列具体要求："加强对执法活动的监督，推进依法行政，维护司法公正，提高执法水平，确保法律的严格实施。维护法制的统一和尊严，防止和克服地方和部门的保护主义。"①

4. 关于司法体制改革的思想

在党的十六大报告中，江泽民鲜明地提出"社会主义司法制度必须保障全社会实现公平正义"②的重要思想，为我国建设公正、高效、权威的社会主义司法制度指明了正确方向。他强调，要按照公正司法和严格执法的要求，完善司法机关的机构设置、职权划分和管理制度，进一步健全权责明确、相互配合、相互制约、高效运行的司法体制，从制度上保证审判机关和检察机关依法独立公正地行使审判权和检察权。同时，要完善诉讼程序，保障公民和法人的合法权益，切实解决执行难问题，改革司法机关工作机制和人财物管理体制，逐步实现司法审判、检察与司法行政事务相分离。江泽民还强调，加强司法工作监督，惩治司法领域中的腐败，"要支持法院、检察院依法独立行使职权，坚持秉公执法。"③

5. 关于强化法律监督的思想

法律监督是法制建设不可缺少的组成部分，是宪法和法律贯彻实施的保证，在江泽民法治思想中占有重要位置。江泽民强调："对于法律的实施，要加强监督""人大及其常委会要理直气壮地把法律监督抓起来。"④ 在党的十五大报告中，他强调加强法律监督："完善民主监督制度。我们的权力是人民赋予的，一切干部都是人民的公仆，必须受到人民和法律的监督。要深化改革，完善监督法制，建立健全依法行使权力的制约机制。坚持公平、公正、公开的原则，直接涉及群众切身利益的部门要实行公开办事制度。把党内监督、法律监督、

---

① 《江泽民文选》第 3 卷，人民出版社 2006 年版，第 555 页。
② 同上书，第 556 页。
③ 《江泽民论有中国特色社会主义（专题摘编）》，中央文献出版社 2002 年版，第 332 页。
④ 《江泽民文选》第 3 卷，人民出版社 2006 年版，第 114 页。

群众监督结合起来，发挥舆论监督的作用。加强对宪法和法律实施的监督，维护国家法制统一。加强对各级干部特别是领导干部的监督，防止滥用权力，严惩知法犯法、贪赃枉法。"① 在党的十六大上，他继续提出："要建立结构合理、配置科学、程序严密、制约有效的权力运行机制，从决策和执行等环节加强对权力的监督，保证把人民赋予的权力真正用来为人民谋利益。"②

6. 关于依法治军的思想

在邓小平民主法制理论的指导下，在以江泽民为核心的中央军委的高度重视和倡导下，党和国家逐渐形成了依法治军方针。党的十一届三中全会以来，邓小平结合军队建设中的一些重大问题，多次阐述了国家法制建设与军队建设的辩证关系。江泽民在大力倡导依法治国之时，对军队的法制建设倾注了大量心血。1999 年 3 月 12 日，江泽民在出席九届全国人大二次会议解放军代表团全体会议时的发言中，全面系统地阐述了依法治军方针的内涵，提出坚持依法治军，保障我军建设更好更快地发展。党的十五大明确提出，依法治国是党领导人民治理国家的基本方略，全军同志要适应社会主义民主法制建设的重要任务，更加自觉地贯彻依法治军方针，把国防和军队建设事业纳入法制轨道，做到有法可依、有法必依、执法必严、违法必究。依法治军，就是把党关于国防建设和武装力量建设的主张，通过法定程序上升为国家意志，使党的领导同依法办事统一起来，从制度上和法律上保证党对军队的绝对领导，保持人民军队的性质，推动军队现代化建设。法制作为一种规范化的强制方式，可以成为发扬我党治军的优良传统、巩固治军成功经验的有力保障。"我们要继续抓紧军事立法工作，逐步建立适应社会主义市场经济发展要求，符合现代军事发展规律，能够体现我军性质和优良传统的军事法规体系，使军队的各项建设工作都有章可循、有法可依。" 这一要求对于加强军事法制建设，

① 《江泽民论有中国特色社会主义（专题摘编）》，中央文献出版社 2002 年版，第 300 页。
② 同上书，第 311 页。

全面贯彻依法治军方针，具有重要指导意义。

7. 关于普法教育的思想

开展普法教育，增强全民法律意识，是依法治国的基础。江泽民指出，坚持依法治国的一项重要任务就是不断提高广大干部、群众的法律意识和法制观念。一种观念的树立，一种意识的培养，需要一个相当长的过程，必须充分认识法制宣传教育的长期性和艰巨性，并逐步使之制度化、规范化。各级领导干部必须加强法律知识的学习，努力掌握和提高运用法律手段管理经济和社会事务的本领。因此，"加强法制宣传教育，提高全民的法律素质，尤其是要增强公职人员的法制观念和依法办事的能力。党员和干部特别是领导干部要成为遵守宪法和法律的模范。"[①]

首先，普法是社会主义法制建设的基础工程。邓小平具体分析了我国加强普法教育的原因，指出我国缺少执法和守法传统。从历史因素看，我国经历了两千多年的封建制度，缺少法制传统；从现实情况看，公民文化素质偏低，缺少法律意识。江泽民指出，党的十一届三中全会以后我国就开始抓法制建设，但法制观念与人们的文化素质有关，加强法制建设的重点是进行教育，依法治国的一大任务是不断提高广大干部、群众的法律意识和法制观念。

其次，普法的重点是各级领导干部。江泽民主张抓住重点对象进行普法和法制教育，反复强调领导干部带头学习法律知识的重要意义，提出："我历来主张，抓普法，既要重视增强广大群众的法律意识，更要重视提高广大干部特别是领导干部的法制观念和依法办事能力""加强法制宣传，提高全民法律素质，尤其要增强公职人员的法制观念和依法办事能力。党员和干部特别是领导干部要成为遵守宪法和法律的模范。"[②] 在他看来，领导干部肩负着组织和领导人民群众进行现代化建设的历史使命，肩负着管理经济、管理社会事务的重大

---

① 《江泽民文选》第 3 卷，人民出版社 2006 年版，第 555 页。
② 同上。

责任，进行普法的重点自然是提高广大干部尤其是领导干部的法律素质。

最后，普法活动是法制教育的重要途径。从 1985 年起，我国有计划有步骤地在全国范围内开展以"五年普法规划"为形式的普法活动。通过普法活动，广大公民依法行使权利、参与民主管理、履行法定义务、维护自身合法权益的意识逐步树立，全社会初步呈现出学法、守法、用法、护法的良好风气。普法教育工作的开展，为依法治国奠定了坚实基础。

（四）依法治国思想的理论价值和现实意义

党的第三代领导集体站在治国理政的战略高度，着眼中国特色社会主义建设的战略目标，围绕依法治国提出了一系列新理念、新思想、新战略，为在历史新起点上推进社会主义民主和法制建设提供了重要的思想指导、理论依据和实践遵循，是马克思主义法学理论中国化的重要理论成果。

1. 依法治国思想的理论价值

（1）丰富和发展了马克思主义法律思想

马克思、恩格斯在创立科学社会主义的同时，也创立了唯物主义的为无产阶级和劳动人民服务的马克思主义法学，实现了法学史上的伟大革命。我国在创建人民法制的过程中，毛泽东和党的第一代中央领导集体对社会主义法制建设提出了许多有益的创见，对马克思主义法学做出了一定贡献。邓小平法律思想为建立适应社会主义市场经济要求而又具有中国特色的社会主义法律模式，指明了根本方向。江泽民法治思想在继承和发展马克思主义、毛泽东与邓小平法律思想的基础上，面对社会主义全面改革开放和现代化建设的新形势，在没有现实法律思想和法制模式可以套用的情况下，开创性地提出一系列新的法治思想和法治理念，为中国特色社会主义现代化建设的健康发展提供了法治保障，也在新的历史条件下进一步丰富和发展了马克思主义法律思想。

（2）为我党治理国家提供了法治思维

治理中国这样的社会主义大国具有相当大的难度，既没有历史经验可供借鉴，也没有现成模式可供仿效。中国长期的自然经济状态决定历代王朝推崇"人治"的治国模式，虽然某些君王也曾注重法律的颁布和实施，但法律一直是作为统治的工具，始终为维护王权和官权而服务，人治文化在封建社会根深蒂固。新中国成立初期，尽管社会主义法制建设取得巨大成就，但由于实行高度集中的计划经济体制，缺乏法治的经济基础，法治观念并没有建立起来。中国长期的人治困境，要求党必须确立新的治国思维。这种新的思维既要告别人治传统，又不能照搬西方法治模式；既要体现中国特殊的社会、文化背景，又要体现市场经济的时代要求。江泽民法治思想适应了这种要求，较好地解决了党领导下的国家法治化问题，对党的治国理论有所突破和创新，为党长期执政奠定了坚实的理论基础，并解决了国际共运史上社会主义国家的治理方式问题，为科学社会主义发展做出了重大贡献。

（3）为社会主义政治文明建设奠定了基础、指明了方向

党的十六大提出建设社会主义政治文明的历史任务。依法治国是社会进步、社会文明的重要标志，是社会主义政治文明的重要内容。人类社会从专制、人治到资本主义法制再到社会主义民主法治，本身就是不断由落后走向文明进步的过程。江泽民强调，"没有民主就没有社会主义"，"没有法制也没有社会主义"。建设社会主义政治文明必然要求加强社会主义法治，社会主义政治文明是实行社会主义法治必不可少的前提和基础，而社会主义法治则是社会主义政治文明建设必不可少的保障和内容。只有将人民的民主权利以及国家在政治、经济、文化、社会等方面的民主生活、民主结构、民主形式、民主程序，用系统的法律制度固定下来、明确下来，使之具有制度上、法律上的完备形态，保障国家政治生活的民主性和人民的民主权利不受破坏和侵害，才能实现社会主义民主的制度化、法律化。因此，江泽民法治思想的形成既是社会主义政治文明不断发展的结果，也必将极大

地促进社会主义政治文明的发展。

（4）为社会主义市场经济的健康发展提供理论指导

随着社会主义市场经济体制的确立和发展，国家经济生活对法治的要求日益迫切。市场主体的活动、市场秩序的维护，国家对市场的宏观调控，以公有制经济为主体、多种所有制经济共同发展的基本经济制度的巩固和完善，按劳分配为主体的多种分配方式的有效运作，市场对资源配置基础性作用的发挥，都需要法律的规范、引导、制约和保障。在国际经济交往中，也需要按国与国之间约定的规则和国际惯例办事。面对市场经济的这些内在要求，只有依法治国、建设社会主义法治国家，才能充分发挥社会主义市场经济的优势，最大限度地调动人民群众创造财富的积极性，推动生产力不断发展。社会主义市场经济的发展离不开法治的发展，而法治的发展离不开科学的法治思想指导，江泽民法治思想是社会主义市场经济健康发展的根本指导理论。

2. 依法治国思想的现实意义

依法治国基本方略确立以来，在中国共产党的带领下，我国的法制建设取得了巨大的成就。首先，确立了 2010 年形成中国特色社会主义法律体系这一新时期的立法目标。立法是关系到广大人民群众切身利益和自由权利的大事，也关系到整个党的依法执政的能力不断提高。截至 2008 年，我国基本建成了以宪法为统帅，以民商法、行政法、经济法、社会法、刑法、诉讼与非诉讼法等部门法为主要内容的法律体系，内容涵盖了社会生活的方方面面，为有法可依的实现打好了基础。其次，在司法建设方面，人民法院按照依法治国基本方略的要求，按照党中央确定的司法体制改革的总体目标，坚持把握司法的客观规律，把握我国的基本国情，针对人民群众日益增长的司法需求与人民法院司法能力相对不足的矛盾，进一步推进司法体制和工作机制改革，更好地维护了人民群众的合法权益。最后，普法工作继续深化，"三五"普法开展期间，各级领导干部学法形成热潮，各地相继建立起了领导干部学法制度，法制宣传工作取得了突破性进展。"四五"普法在"三五"普法宣传的基础上，提出要宣传保障和促进国家西部大开发、加入世界贸易组织、维护社会稳定等社会发展迫切要求的各项法律法规。"四五"普法期间，我国坚持法制教育与法制实践相结合，继续推进了依法治理工作。同时，把法制教育和思想道德教育紧密结合，认真贯彻依法治国与以德治国的紧密结合，有力地促进了民主法制建设和精神文明建设。"五五"普法的工作实践推进了法制宣传教育工作的法制化、制度化、规范化建设，形成了依法、科学、高效的工作体系和机制，保障了普法工作在法治进程中长期发挥作用。通过这几项普法工作的开展，我国公民的法律意识整体上有了明显提高，依法行政的思想也日益得到重视。为了保证依法行政的实现，1999 年，全国人大常委会专门颁布了《行政复议法》。此法的颁布和施行，意味着人民对于政府部门的行为有了判断的标准。随后，各级人民法院受理的行政诉讼案件越来越多，案件涉及的范围也越来越广。依法行政的推进，不仅丰富了依法治国的内涵，还维护了司法的公正。之后党中央又提出依法执政、建设法治政府的重要思想，向建设法治中国迈出了实质性的一步。

二　科学发展观法学思想的提出及内容

理论源于实践并随着社会实践的变化而发展。因此，离开了时代需要、历史依据和实践基础，任何理论创造都是不可能的。党的十六大以来，中国共产党所形成的科学发展观法治思想也绝非凭空出现，而是有着一定的社会历史条件，并经历了长期的历史过程。

（一）科学发展观法学思想形成的社会历史条件

党的十六大以来，以胡锦涛为总书记的党中央立足我国社会主义初级阶段的基本国情，坚持我党的法治传统，在总结我国社会主义法治经验的基础上，适应新阶段的发展要求，创造性地提出了科学发展观的法学思想。

1. 理论基础：改革开放以来党的法治思想

从党的十一届三中全会到十六大期间，邓小平、江泽民等党的领导人结合社会主义法治建设过程中出现的新情况和新问题，对社会主义法治建设的基本问题作了一系列重要而精辟的论述，形成了完整的具有中国特色的社会主义法治思想，为十六大以后党的法治思想的深入发展奠定了坚实的理论基础。

首先，邓小平法律思想为我国实现从人治到法制再到法治的历史性飞跃奠定了理论前提。邓小平总结"文化大革命"经验教训，强调凭借制度、依靠法制来治理国家，要求认真解决"制度"问题，将法制建设作为"制度"建设的核心内容。他明确提出"有法可依，有法必依，执法必严，违法必究"的法制建设"十六字"方针，指出国家发展要杜绝个人崇拜，不能依靠个人权威，用"非理性"的政策行为即"人治"来治国只会影响我国社会经济发展的良好形势。他在不同场合的讲话，都从不同角度批评了"人治"思想，强调不能把党和国家的稳定与发展寄托于个人权威上，国家的发展还是要靠管理，靠权威的政府，用民主和法制来保障政府的权威性。

其次，以江泽民为核心的党中央领导集体依据建设社会主义市场经济体制的目标，深化和扩大改革开放，逐步形成新的理论观点，深化并发展了邓小平民主法制思想。江泽民进一步发展了邓小平提出的"没有民主就没有社会主义"的论断，强调没有民主和法制就没有社会主义，提出了依法治国思想，指出实行和坚持依法治国，就必须通过各种途径和形式参与管理各项事务，真正做到有法可依、有法必依、执法必严、违法必究。这些论述将法制和社会主义紧密关联起来，重在强调法制是社会主义建设的基本内容和本质属性。以江泽民为核心的党中央对"依法治国，建设社会主义法治国家"给予充分肯定，将其作为一项基本方针进而载入《国民经济和社会发展"九五"计划和 2010 年远景目标纲要》中。江泽民认为："依法治国是社会和文明进步的一个重要标志，是我们建设社会主义现代化国家的必然要求。""经济的发展，社会的进步，都离不开法制的健全。"①

2. 历史根据：改革开放以来社会主义法治建设的基本经验

历史是一面镜子，是由过去、现实、未来构成的"时间之箭"。恩格斯指出，从自己所犯的错误和挫折中学习，是一个民族、一个党进步的途径。反思和总结历史的经验教训，才可以更好地指导现实、开辟未来。几代中国共产党人根据不同时期的历史条件，不断探索我国的法治道路，历经了人治、法制和法治三个阶段。1978 年党的十一届三中全会后，我国开始进入法治建设的探索与发展阶段，经过十多年的努力，逐步形成了具有中国特色的社会主义法治思想。从此，我国法治建设逐渐恢复和发展，取得了一些成就，为推动新世纪以来中国的经济发展起了重要作用。1992—1997 年是中国共产党人"法治"理念真正形成时期，社会主义立法工作、司法工作能够更好地为社会主义市场经济体制服务，不仅出台了一系列与建立和完善社会主义市场经济体制相关的法律法规，还出台了有关司法机关制度建设的法律，如 1995 年 2 月通过的《中华人民共和国法官法》《中华人民共和国检察官法》，1996 年通过的《中华人民共和国律师法》等，司法工作成绩显著。1997 年党的十五大提出"建设社会主义法治国家"的目标，标志着我国进入社会主义初级法治建设时期。纵观中国共产党法治思想，可以看出几代领导集体在法律思想上一脉相承而又探索创新，经历了由法制向法治的重要转变，最终形成了中国特色的社会主义法治思想，为科学发展观法学思想的形成提供了历史根据。

3. 现实要求：社会主义法治建设面临的新形势新任务

党的十六大以来，中国处在历史性的大变革之中。虽然和平与发展的时代主题未发生根本变化，但我国社会主义建设所处的历史环境却发生了巨大变化。世界格局由两极走向多极，经济全球化趋势不断加强，这种时代背景迫切要求我国法治建设与国际接轨。就国际环境

① 袁木：《迈向 21 世纪的行动纲领：学习党的十四大报告》，新华出版社 1992 年版，第 26 页。

而言，面对 2008 年金融海啸席卷全球的新变化，我国在沉着应对金融危机之时，实施了有力的宏观经济政策，保持经济平稳较快发展的总体态势，并采取措施促成经济发展方式的转变，逐渐提高了我国经济的国际竞争力和抗风险能力。就国内环境而言，我国逐渐将视野由重视经济发展转向以改善民生为重点的社会建设，对于新世纪新阶段急需解决的住房、医疗、教育、分配等问题进行调整改革，不断完善社会保障体系。由于我国法治建设面临艰巨任务，这就需要一套系统和完善的法治思想来对指导我国的法治建设，以科学发展观为指导的法治思想也就应运而生。

（二）科学发展观法学思想的形成与发展

新世纪的科学发展观法治思想是马克思主义法学理论与中国国情和法治发展实践相结合的产物，是在继承毛泽东法律思想、邓小平民主法制思想、江泽民法治思想的基础上形成的理论成果。

1. 党的十六大至十六届三中全会时期

2002 年 11 月党的十六届一中全会召开以后，以胡锦涛为总书记的新一代党中央领导集体把进一步贯彻落实依法治国基本方略和建设社会主义法治国家作为主要工作方向。胡锦涛在宪法实行 20 周年大会上明确指出，要坚持走依法治国的道路，完善和实施宪法内容是关键，也是建设社会文明的重要基础。[①] 2003 年 10 月，中共十六届三中全会通过的《中共中央关于完善社会主义市场经济体制若干问题的决定》和《中共中央关于修改宪法部分内容的建议》，首次提出科学发展观，即坚持以人为本，树立全面、协调、可持续发展观，促进经济社会和人的全面发展。胡锦涛强调，发展是科学发展观的第一要义，以人为本是核心，全面协调可持续发展是基本要求，统筹兼顾是基本方法。科学发展观以人本问题为核心，更加关注最广大人民群众

---

① 胡锦涛：《在首都各界纪念中华人民共和国宪法公布施行二十周年大会上的讲话》，《人民日报》2002 年 12 月 5 日第 1 版。

的根本利益，着眼于实现人的全面发展。科学发展观是实现了新飞跃的发展观，将人民群众的主体地位提升到一个新的高度，维护和发展了人民群众的根本利益。2003 年 10 月 10 日，胡锦涛在《树立和落实科学发展观》中进一步指出：“树立和落实全面发展、协调发展、可持续发展的科学发展观，对于我们更好地坚持发展是硬道理的战略思想具有重大意义。”为了实现全面建设小康社会宏伟目标，“必须促进社会主义物质文明、政治文明、精神文明协调发展，坚持在经济发展的基础上促进社会全面进步和人的全面发展，坚持在开发利用自然中实现人与自然和谐相处，实现经济社会的可持续发展。”① 同时，他也强调指出正确处理好增长数量和质量、速度与效益是树立和落实科学发展观十分重要的环节，“如果单纯扩大数量，单纯追求速度，而不重视质量和效益，不重视经济、政治、文化协调发展，不重视人与自然的和谐，就会出现增长失调，从而最终制约发展的局面。”同样，“忽视社会主义民主法制建设，忽视社会主义精神文明建设，忽视各项社会事业发展，忽视资源环境保护，经济建设是难以搞上去的，即使一时搞上去了最终好可能要付出沉重代价。”②

2. 党的十六届三中全会至十七大时期

2004 年 3 月 10 日，胡锦涛在《准确把握科学发展观的深刻内涵和基本要求》中指出：“坚持以人为本，全面协调和可持续的发展观，是我们以邓小平理论和‘三个代表’重要思想为指导，从新世纪新阶段党和国家事业发展全局出发提出的重大战略思想。”③ 其中，“坚持以人为本，就是要以实现人的全面发展为目标，从人民群众根本利益出发谋发展、促发展，不断满足人民群众日益增长的物质文化需要，切实保障人民群众经济、政治、文化权益，让发展成果惠及全体人民。”④ 2004 年 3 月 14 日，第十届全国人民代表大会第二次会议

① 《胡锦涛文选》第 2 卷，人民出版社 2016 年版，第 104 页。
② 同上书，第 105 页。
③ 同上书，第 166 页。
④ 同上书，第 166—167 页。

通过了《宪法修正案（2004年）》，将"国家尊重和保障人权"载入宪法，标志着我国社会主义民主和法治建设达到了新的水平，也标志着胡锦涛人本法治思想的确立。3月18日，胡锦涛主持召开中央政治局常委会议，第一次以中共中央的名义发出进一步学习贯彻实施宪法的通知，要求以修改宪法为契机，在全国范围内集中开展学习和贯彻实施宪法的活动。9月15日，胡锦涛在北京各界纪念全国人民代表大会成立50周年大会上又一次指出，依法治国首先要依宪治国，依法执政首先要依宪执政。在认真学习宪法的基础上，要更加扎实地遵守和维护，保证其在全社会贯彻实施。党的十六届四中全会做出了《关于加强党的执政能力建设的决定》，提出新的历史条件下党的执政基本方式是依法执政。在《加强党的执政能力建设》一文中，进一步强调"不断认识和把握共产党执政规律、社会主义建设规律、人类社会发展规律，坚持科学执政、民主执政、依法执政"。"坚持依法执政，就要始终坚持依法治国的基本方略，坚持依法执政的基本方式，完善社会主义法制，建设社会主义法治国家，增强法制观念，严格依法办事，不断推进各项治国理政活动制度化、法律化。"① 2005年2月，在省部级主要领导干部提高构建和谐社会能力班上的讲话中，胡锦涛将民主法治放在和谐社会六大基本特征之首，指出社会主义和谐社会就是"民主法治、公平正义、诚信友爱、充满活力、安定有序、人与自然和谐相处的社会"②"构建社会主义和谐社会，必须健全社会主义法制，建设社会主义法治国家，充分发挥法治在促进、实现、保障社会和谐方面的重要作用。"③ 胡锦涛的这些思想标志着和谐发展法治观的确立。他在学习《江泽民文选》报告会上提出党的领导、人民当家做主和依法治国的有机统一，在党的十七大报告中进一步指出人民民主是社会主义的生命，要扩大社会主义民主，更好地保障人民权益和社会公平正义，进一步使"依法治国方略深入落

① 《胡锦涛文选》第2卷，人民出版社2016年版，第243、244页。
② 同上书，第285页。
③ 同上书，第289页。

实，全面法制观念进一步增强，法治政府建设取得新成效"。①

3. 党的十七大至十八大时期

党的十七大以后，以胡锦涛为总书记的党中央着力解决民生问题，注重把立法和监督结合起来，制定和完善法律，并在加强立法之时强化执法检查和工作监督，重视党内民主，进一步完善和发展了中国特色社会主义法治思想。2007 年 12 月 25 日，胡锦涛在《准确把握政法工作的性质和职责》一文中指出：政法战线首要政治任务就是切实维护党的执政地位，切实维护人民权益，确保社会大局稳定。因为，"做好政法工作，事关党的执政地位的巩固，事关人民安居乐业，事关社会和谐稳定，事关国家长治久安。"② 为此，要坚持正确方向、保障国家安全、维护人民权益、深化体制改革、推进政法队伍建设。2008 年 2 月 27 日，胡锦涛在谈到发展社会主义民主政治的战略思想时指出："发展社会主义民主政治是党始终不渝的奋斗目标。"新中国成立后，我们党领导人民大力发展社会主义民主，使我国人民民主权利得到了有力保障；改革开放以来，人民民主不断扩大，人民权益得到保障，人民积极性、主动性、创造性得到极大发挥。但也要看到，"我国社会主义民主法制建设与扩大人民民主和经济社会发展的要求还不完全适应，社会主义民主政治的体制、机制、程序、规范以及具体运行上还存在不完善的地方，在保障人民民主权利、发挥人民创造精神方面也还存在一些不足，必须继续加以完善。"③ 同年 9 月 9日，胡锦涛进一步强调指出："我们党的一切奋斗和工作都是为了造福人民。"因此，要"进一步实现好、维护好、发展好最广大人民根本利益"。④ 2009 年，十一届全国人大常委会第七次会议通过了《食品安全法和刑法修正案（七）》，说明党和国家高度重视关系到人民群众身体健康和生命安全的食品安全问题。中共十七届四中全会指

---

① 《胡锦涛文选》第 2 卷，人民出版社 2016 年版，第 627 页。
② 《胡锦涛文选》第 3 卷，人民出版社 2016 年版，第 27 页。
③ 同上书，第 72、73 页。
④ 同上书，第 96 页。

出，必须以保障党员民主权利为根本，以加强党内基层民主建设为基础，充分发挥各级党组织和广大党员的积极性、主动性、创造性，坚决维护党中央的集中统一。民主和法治相辅相成，党对民主的重视也说明了党对依法治国的重视。中共十七届五中全会进一步提出，党的领导、人民当家做主、依法治国是辩证统一关系，必须加强社会主义民主法治建设。2012 年 11 月，胡锦涛在党的十八大上又指出政治体制改革是我国全面改革的重要组成部分，必须继续积极稳妥地推进政治体制改革，发展更加广泛、更加充分、更加健全的人民民主，全面推进依法治国。

（三）科学发展观法学思想的主要内容

科学发展观包含以人为本的理念、可持续发展观、协调发展观三个基本要点，其间蕴含着十分丰富的法学内涵和法律价值论意义，对新世纪的我国民主法治建设具有重要推动作用，将进一步促进当代中国法律价值观念的更新和发展。

1. 社会主义法治理念

社会主义法治理念是马列主义关于国家与法的理论同中国国情和现代化建设实际相结合的产物，是体现社会主义法治内在要求的一系列观念、信念、理想和价值的集合体，是指导和调整社会主义立法、执法、司法、守法和法律监督的方针与原则。把握社会主义法治理念，必须从中国社会主义的国体和政体出发，立足于社会主义市场经济和民主政治发展的时代要求，以科学发展观与和谐社会思想为指导，深刻认识社会主义法治的内在要求、精神实质和基本规律，系统反映符合中国国情和人类法治文明发展方向的核心观念、基本信念和价值取向。2006 年 3 月，胡锦涛提出"依法治国、执法为民、公平正义、服务大局、党的领导"[①] 的社会主义法治理念，构建了一个相辅相成、不可分割的法治总框架，形成了社会主义法治理念的完整理

---

① 《胡锦涛文选》第 2 卷，人民出版社 2016 年版，第 428 页。

论体系。

（1）社会主义法治理念的内涵

依法治国是社会主义法治的核心内容。依法治国是党总结执政经验教训做出的必然选择，是实现国家长治久安的根本保证，是发展社会主义民主政治的必然要求，它的基本内涵包括以下三点。一是法律面前人人平等，公民的法律地位一律平等，任何组织和个人都没有超越宪法和法律的特权，任何违法行为都要依法追究；二是树立和维护法律的权威，既要维护宪法的权威、社会主义法制的统一和尊严，还要树立执法部门的公信力；三是依法办事，做到"有法必依、执法必严、违法必究"。

执法为民是社会主义法治的本质要求。要做到执法为民，就要坚持以人为本、保障人权、文明执法。要以邓小平理论和"三个代表"重要思想为指导，把维护人民利益作为政法工作的根本宗旨，把实现好、维护好、发展好最广大人民的根本利益，满足人民群众最关心、最直接、最现实的切身利益，作为政法工作的根本出发点和落脚点，在各项政法工作中真正做到以人为本、执法为民，切实保障人民群众的合法权益。当然，强调执法为民，必须坚持以人为本，尊重和保障人权。

公平正义是社会主义法治理念的价值追求。胡锦涛指出："维护和实现社会公平和正义，涉及最广大人民的根本利益，是我们党坚持立党为公、执政为民的必然要求，也是我国社会主义制度的本质要求。只有切实维护和实现社会公平和正义，人们的心情才能舒畅，各方面的关系才能和谐，人们的积极性、主动性、创造性才能充分发挥出来。"[1] 法律面前人人平等，这是公平正义的首要内涵；合法合理，这是公平正义的内在品质；程序正当是实现公平正义的方式和载体；及时高效是衡量公平正义的重要尺度。公平正义是政法工作的生命线，是和谐社会的首要任务，是社会主义法治的首要目标。政法干警

---

[1] 《胡锦涛文选》第 2 卷，人民出版社 2016 年版，第 291 页。

必须秉公执法、维护公益、摒弃邪恶、弘扬正气、克服己欲、排除私利，坚持合法合理原则、平等对待原则、及时高效原则、程序公正原则，维护社会的公平正义。

服务大局是社会主义法治的重要使命。大局是历史的、发展的、具体的，服务大局的目标任务和基本内容也随着本身的发展变化而变化。各级政法机关和政法干警，必须紧紧围绕党和国家大局开展工作，立足本职，全面正确履行职责，致力于推进全面建设小康社会进程，努力创造和谐稳定的社会环境和公正高效的法治环境。

党的领导是社会主义法治的根本保证。坚持党的领导，就要坚持党的政治领导、思想领导、组织领导，深刻认识党的领导和社会主义法治的一致性。一方面，党的领导是建设社会主义法治国家的根本保证；另一方面，依法治国是党领导人民治理国家的基本方略。党既领导人民制定宪法和法律，也领导人民实施宪法和法律。在实际工作中，要自觉地把坚持党的领导、巩固党的执政地位和维护社会主义法治统一起来，把贯彻落实党的路线方针政策和严格执法统一起来，把加强和改进党对政法工作的领导与保障司法机关依法独立行使职权统一起来，始终坚持正确的政治立场，忠实履行党和人民赋予的神圣使命。

（2）社会主义法治理念的基本特征

社会主义法治理念具有鲜明的政治性。法治的实现需要相应的政策、组织和权力基础，其实现程度受制于政治文明的发展程度，又为政治建设提供权力运行的规则与依据。社会主义法治建立在社会主义民主基础之上，确认和保障社会主义民主政治。社会主义法治理念将服务大局作为社会主义法治的重要使命，将党的领导作为社会主义法治的根本保证，要求全面服务社会主义政治、经济、文化、社会及生态文明建设，不断增强党的科学执政、民主执政与依法执政能力，实现了讲法治与讲政治的统一。

社会主义法治理念具有彻底的人民性。社会主义法治反映最广大人民的根本利益和共同意志，是党领导人民制定和实施法律，有效治理社会的方式、过程和状态。社会主义法治建设的根本目的，就是要实现好、维护好、发展好最广大人民的利益。社会主义法治与全体公民的生产生活息息相关，人民是法治的主体，是法治建设的重要参与者和推动力。社会主义法治理念将执法为民作为社会主义法治的本质属性，体现了人民民主专政国体的性质和人民主权的原则，确认了人民的主体地位，规定了法治建设的根本目的，内在地要求全体公民自觉树立和实践社会主义法治理念，成为社会主义法治理念的承载者，自觉受其引导，遵守法律，维护法治的基本原则和精神。

社会主义法治理念具有系统的科学性。社会主义法治理念以马克思主义为指导，吸收借鉴国内外法治的思想精髓和人类法治文明的优秀成果，总结我国法治建设经验教训，从现阶段基本国情出发，科学回答了"什么是社会主义法治国家"和"怎么样建设社会主义法治国家"等重大理论和实践问题，体现了民族性与时代性的现实结合，是科学、先进的理念。在内容构成上，社会主义法治理念是一个科学的有机统一体。"依法治国、执法为民、公平正义、服务大局和党的领导"五大内容，从不同方面反映和规定了社会主义法治，明确了社会主义法治的核心内容、本质要求、价值追求、重要使命和根本保证。五个方面环环相扣、相辅相成，构成一个科学有机的整体。

社会主义法治理念具有充分的开放性。社会主义法治理念既不是一个孤立的存在，也不是一个封闭静止的思想体系，它的形成、发展与实践都具有充分的开放性。在中国这个有着两千年封建历史的古老国度，人治传统源远流长，人治意识根深蒂固，制度和心理的巨大惯性决定了中国的法治化进程只能是一个不断排除错误的、落后的、模糊的法治思想影响的艰难而长期的过程，这就决定了社会主义法治理念不可能静止不变，必须渐进发展。随着社会主义法治的不断完善，社会主义法治理念的内涵也将更有时代性，更具规律性，更富创造性，不断借鉴与吸收人类法治文明的优秀成果。可以说，正是这种广泛吸收、兼容并蓄、与时俱进的特性，才使社会主义法治理念能够始终指导中国的法治实践，始终保持旺盛的生命力。

（3）社会主义法治理念的基本内容

坚持党的领导、人民当家做主和依法治国的有机统一，是社会主义法治理念的核心与精髓。胡锦涛在首都各界纪念宪法公布施行二十周年大会上的讲话中指出，党的领导是人民当家做主和依法治国的根本保证，人民当家做主是社会主义民主政治的本质要求，依法治国是党领导人民治理国家的基本方略。这一论断是党在总结社会主义国家兴衰成败的经验，特别是中国社会主义民主建设、法制建设的经验，借鉴现代法治理论合理成分的基础上而形成的基本理念。党的领导、人民当家做主和依法治国的有机统一，反映了我国社会主义国体和政体的特点和要求。只有全面把握这一核心理念，才能理解社会主义法治的本质内涵。

公平正义是社会主义法治的基本价值取向。法治有两项最基本的要求，一是要制定良好的法律；二是这种法律得到普遍的服从。所谓"良好的法律"，就是体现社会公平和正义的法律。所谓"普遍的服从"，就是法律的实体正义和程序正义都得到全面实现。现代法治既是公平正义的重要载体，也是保障公平正义的重要机制。公平正义，就是社会各方面的利益关系得到妥善协调，人民内部矛盾和其他社会矛盾得到正确处理，社会公平和正义得到切实维护与实现。公平正义是人类社会文明进步的重要标志，是社会主义和谐社会的关键环节。随着市场经济的发展、社会结构的变动、利益关系的多元化，社会公平问题日益凸显出来。高度重视、科学分析、正确解决这些问题，对于保持社会的稳定与和谐、减少社会风险和动荡，至关重要。解决公正问题要综合运用政策、法律、经济、行政等手段，坚持依法、及时、合理解决的原则，采用教育、协商、调解、司法等方法。最重要的是要通过推进社会主义法治进程，逐步建立并从法律上保障公平的机制、公平的规则、公平的环境、公平的条件和公平发展的机会。社会主义立法要体现全社会对公平正义的要求和愿望，使正义的要求法律化、制度化，使实现正义的途径程序化、公开化。社会主义司法制度的根本任务就是要保障在全社会实现公平正义。由于我国封建传统的影响，人们在思想上不同程度地存在重实体公正、轻程序公正的观念，特别是在执法环节，一些执法人员片面追求事实真相，重口供、轻证据，违反法定程序，甚至刑讯逼供、超期羁押。因此，我们必须大力提倡和强调实体公正与程序公正并重的、全面的公正观念。

尊重和保障人权是社会主义法治的基本原则。人权是人之为人都应该享有的权利，是现代社会的道德和法律对人的主体地位、尊严、自由和利益的最低限度地确认。人权源于人的理性、尊严和价值，基本人权是当代国际社会所确认的一切人所应当共同具备的权利。人的主体地位、尊严、自由和利益之所以被宣布或确认为权利，不仅因为它们经常面临着被侵犯、被否定的危险，需要社会道德的支持和国家强制力量的保护，而且因为人权是社会文明进步的标尺和动力。人权体现了现代法律的精神，人权保障奠定了现代法律的合理性基础，现代法律是保护人权的一种制度安排和强制力量。在新民主主义和社会主义革命年代，党领导人民推翻一切剥削阶级和剥削制度，建立新民主主义政权和社会主义制度，就是为了争取和实现人权；在社会主义现代化建设和全面改革开放的新时期，随着我国公有制为主体、多种所有制经济共同发展的基本经济制度和按劳分配为主体、多种分配方式并存的分配制度不断完善，社会利益多元化和社会矛盾复杂化的趋势日益明显，党作为长期执政的党要构建社会主义和谐社会，就必须突破两类不同性质的矛盾理论，树立尊重和保障人权的观念，高度重视和维护群众最现实、最关心、最直接的利益，高度重视解决群众生产生活中面临的困难问题，把工作重点从调整对立的阶级关系转移到承认和保护社会利益多元化的政治关系、经济关系、财产关系和人身关系等权利义务关系上来，转变重政权轻民权的观念，克服"防民"思想，提高人权保障意识和依法执政的能力。当前，在刑事司法领域，一些执法人员还存在着重打击犯罪、轻人权保障的观念，习惯于有罪推定，忽视刑事司法的人权保障功能。因此，我们必须着力提倡打击与保护并重的观念，增强以人为本、文明执法的意识。

法律权威是社会主义法治的根本要求。任何社会的国家机关及其公职人员都要求有一定的权威，而法治社会的政府权威是置于法律权威之下的权威。宪法和法律在政治生活和社会生活中是否真正享有最高权威，是一个国家是否实现法治的关键。在现代法治国家，有些宣布宪法和法律具有至高无上的权威，有些宣布任何组织和个人不得凌驾于宪法和法律之上，都把树立法律权威作为实现法治的重要内容。一方面，法律权威要通过立法建立具有客观性、确定性、稳定性和可预期性的法律制度。如果法律可以随时随需而改，因人因地而异，那就根本没有法治可言。另一方面，法律权威要通过执法、司法和守法保证任何个人、组织和国家机关在法律规定的范围内活动，特别是国家权力机关及其公职人员要严格依法办事，违法必究，有效防止任何人或组织享有凌驾于法律之上的特权。社会主义法治的基本原则为"有法可依，有法必依，执法必严，违法必究"，其实质内涵就是要使社会主义法律具有极大的权威。我国宪法第五条对法律权威的基本要求做了明确规定："国家维护社会主义法制的统一和尊严。一切法律、行政法规和地方性法规都不得同宪法相抵触。一切国家机关和武装力量、各政党和各社会团体、各企业事业组织都必须遵守宪法和法律。一切违反宪法和法律的行为，必须予以追究。任何组织或者个人都不得有超越宪法和法律的特权。"当前，树立法律权威观念，要特别强调维护法制统一，反对地方和部门保护主义，反对把个人或组织凌驾于法律之上的法律工具主义。

监督制约是社会主义法治的内在机制。法治的意义在于，既能充分利用国家权力促进和保障公民权利，又能防止国家权力的滥用和腐败，保证国家机关和公职人员正确行使权力，把人民赋予的权力真正用来为人民谋利益。社会主义法治是防止权力滥用和保证权力正确行使的基本措施，就是建立结构合理、配置科学、程序严密、制约有效、监督有力的权力运行机制，把决策、执行等环节的权力全部纳入监督制约机制之中，保证权力沿着制度化、法律化的轨道运行。不受监督和制约的权力必然导致滥用和腐败，实行法治就是要对国家权力进行有效的监督和制约，防止国家权力的异化。我国各级人民代表大会由民主选举产生，对人民负责并接受人民的监督；国家行政机关、司法机关由人民代表大会产生，对其负责并报告工作，受其监督。我们要努力拓宽民主监督的渠道，提高权力运行的透明度，把民主监督、党组织监督、法律监督、行政监督和新闻舆论监督有机结合起来，形成中国特色的社会主义监督体系。加强对权力监督和制约的方法和途径要多样化，最重要的是保证各个监督系统的整体协调和依法进行，实现监督工作的法制化，健全监督法制。同时，要树立权力接受监督制约的观念，全面贯彻分工负责、互相配合、互相制约的宪法原则，反对重配合、轻制约的做法，反对排斥监督的司法专横主义。

自由平等是社会主义法治的理想和尺度。自由是人从自然力和社会关系的束缚下获得解放，人的内在尺度与客体的外在尺度相互转化、相互统一的进步状态。社会主义的根本任务是创造实现和保障人类自由的社会前提，社会主义法治就是创造和保障这种不断发展着的自由的社会控制系统。只有坚持以人为本，发展社会主义民主法治，才能保证人的尊严、价值和主体性得到尊重，保证人的能动性和创造性得到充分发挥，才能创造一个充满活力的、公平正义的和谐社会。古代法治的根本缺陷在于普通公民没有成为法治的主体，法治只是统治阶级治国安邦的工具，这种法治实质上是"依法治民"，未能跳出人治的范畴。现代法治的优势和成功之处在于，国家不仅要依靠法律的强制力、规定性来建立稳定的社会秩序，更重要的是用法律来限制国家机关及其公职人员的权力，以平等地保障公民权利，使普通公民成为法治的主体。随着社会主义市场经济和民主政治的发展，我们必须把公民权利（个人自由的法律表达）作为构成社会关系和法律秩序的本位性要素。公民权利的平等保护不仅是社会主义法治优越性的体现，而且是经济体制改革、政治体制改革、司法体制改革乃至整个社会发展的一项重要指标。近20多年来，每一项重大制度的改革实质上都可以归结为重新认识和调整权利义务关系、加大保护公民平等自由和权利的力度。中国的社会发展和法治发展的进程就是公民权利要求和权利意识不断提高的过程，是公民权利平等保护机制逐步健全和完善的过程。因此，我们应当树立权利本位和法律面前人人平等的观念，增强平等地保护公民自由和权利的意识，摆正公民权利与国家权力的关系，反对"官本位"和长官意志。

2. 党的领导、人民当家做主和依法治国相统一的思想

党的十六届四中全会强调，坚持党的领导、人民当家做主和依法治国的有机统一，不断提高发展社会主义民主政治的能力，这就阐明了党的领导、人民当家做主和依法治国三个方面相互联系而不可分割的整体关系。

（1）党的领导是依法治国和人民民主的基本保障

党的领导地位是党在长期的革命和建设过程中正确领导人民群众而取得，是历史的选择、人民的选择。党的领导由党的先进性所决定，需要在依法执政的过程中予以体现。在法治建设过程中，坚持党的领导实际上就是坚持党依法领导、组织和支持人民群众按照宪法和法律的规定来管理国家和社会事务，实现人民群众的意志和利益，这也体现了党的立党为公、执政为民、全心全意为人民服务的宗旨。也就是说，广大人民群众要实现和维护好自己的根本利益，就需要中国共产党的坚强政治领导，按照自己的意志制定宪法和法律，这也证明党的意志同人民意志、国家意志保持着高度的一致性。实际上，党领导人民实现当家做主和依法治国经过了历史和实践的证明与检验。离开党的领导，人民当家做主的地位就失去了政治保障，社会主义法治建设也就迷失了方向。

（2）人民当家做主是社会主义法治建设的出发点与归宿

党的领导归根到底是为了实现人民当家做主和群众的根本利益。党本身没有自身利益，只是把群众的利益作为自身的利益。为了保障人民群众当家做主的权力和根本利益，社会主义法治建设必须着眼于一切为了人民、一切依靠人民，健全民主和法治，把群众的呼声当成第一信号，把群众的需要当成第一满足，把群众的利益当成第一考虑，保证群众行使当家做主的权力。从这一角度而言，党的领导实际上是支持和保证人民当家做主。同时，我们也应认识到，人民当家做

主是依法治国的实质和价值取向。民主和法治相互联系、相互促进。民主是法治的基础与前提，只有搞好民主建设的大环境，才能搞好法治建设，法治才能发挥巨大作用；法治是民主的体现和保障，只有以法治为依托，才能以法的形式来有力地保障民主实现。

（3）依法治国是社会主义法治建设的目标

只有实行依法治国，才能在法律和制度上强有力地保障党的基本路线和方针不动摇，使其在社会主义实践过程中得到深入贯彻与执行，巩固党的执政地位，发挥党总揽全局、协调各方利益、集中全国力量的核心作用，保障人民民主和群众的根本利益。在社会主义中国，人民群众在党的正确领导下通过人民代表大会的政体来制定宪法和法律，用法律手段治理和管理国家与社会方方面面的各项事务，维护和保障自己当家做主的权力。社会主义法治建设就是要实现依法治国，使人民群众在党的正确领导下，维护自身根本利益，保障人民民主专政。总之，"改革开放三十多年来，我们坚持从我国国情和实际出发，坚持党的领导、人民当家做主、依法治国有机统一，不断深化对社会主义民主法制建设规律的认识，将依法治国确定为党领导人民治理国家的基本方略，把建设社会主义法治国家作为社会主义现代化建设的重要内容，坚持科学执政、民主执政、依法执政，坚持科学立法、民主立法，不断加强和改进立法工作，社会主义民主法制建设取得了重大成就。"①

3. "三个至上"的思想

2007年12月26日，胡锦涛在与全国政法会议代表、法官、检察官座谈时提出了始终坚持"党的事业至上、人民利益至上、宪法法律至上"的要求。"三个至上"是党中央对司法工作提出的新要求，是对马克思主义法律思想和社会主义法治理念的丰富和发展，是马克思主义基本原理与中国司法实践相结合的最新理论成果，是我国政治制度改革的必然要求，是社会主义法治思想的总结与发展，是人民司法

---

① 《胡锦涛文选》第2卷，人民出版社2016年版，第509页。

属性的根本体现。

（1）党的事业至上体现了法治过程中的政治学要求

在社会主义法治建设过程中，我们必须牢固坚持党的领导，在政治上、思想上、行动上与党中央保持高度一致。胡锦涛明确指出："党的领导是人民当家做主和依法治国的根本保证，人民当家做主是社会主义民主政治的本质和核心，依法治国是党领导人民治理国家的基本方略。"① 因此，法治建设要巩固党的执政地位，提高党的执政能力，增进党与群众的血肉联系，践行党的宗旨思想。法治建设必须从贯彻党的科学法治观出发，从构建和谐社会的高度去谋划各项工作。各项法治建设始终要围绕党和国家的中心工作，围绕党和国家的大局来开展。

（2）人民利益至上体现了法治建设过程中的宗旨性要求

人民利益至上是指党和国家的各项工作都必须牢固树立人民利益高于一切的理念。"一个政党、一个政权，其前途命运最终取决于人心向背，不能代表最广大人民根本利益，不能赢得人民群众拥护和支持，迟早都要垮台。"② 我们必须清醒地认识到法治建设的根基在于人民，力量在于人民，血脉在于人民。党和国家的各项工作都要实现好、维护好、发展好最广大人民的根本利益，时刻把群众的诉求和利益作为首要考虑，为落实科学发展观、构建社会主义和谐社会提供司法保障，始终把人民群众的利益放在高于一切、重于一切的位置。要"以宪法为统帅，以宪法相关法、民法、商法等多个法律部门的法律为主干，由法律、行政法规、地方性法规等多个层次的法律规范构成的中国特色社会主义法律体系"③，集中体现党和人民意志。

（3）宪法法律至上体现了对法律尊严的要求

宪法法律至上旨在强调依法治国理念、树立法律的公信力，要求全国人民必须尊重宪法与法律的权威，任何人、任何政党、机关、事

---

① 《胡锦涛文选》第 2 卷，人民出版社 2016 年版，第 74 页。

② 同上书，第 475 页。

③ 同上书，第 509—510 页。

业单位、团体都不得违背宪法和法律的要求，人民群众必须在党的领导下依据法律而不是个人意志来管理国家。

"三个至上"是相辅相成、有机统一的整体，是党在法治建设进程中提出的具体要求。"党的事业至上"是法治建设的政治灵魂；"人民利益至上"是法治建设的价值追求；"宪法法律至上"是司法工作的本质属性。三者阐明了法治建设中政治性、人民性、法律性的要求，统一于依法治国的基本方略和伟大实践之中。

4. "以人为本"的法治思想

在党的十七大上，胡锦涛强调科学发展观的核心是以人为本，这是对社会法治规律的正确认识，为马克思主义法律思想与中国法治建设具体情况相结合提供了理论指导。推进中国特色法治建设，就要坚持以人为本，把人作为出发点和归宿点。社会进步在一定程度上是人的发展程度的反映，要推动社会全面进步就必须推动人的全面发展。因此，在法治建设中必须以人为着眼点，把满足人的需要、维护人的切实利益作为衡量法治工作的最重要标准和尺度。胡锦涛高度重视个人发展，尊重人的主体性，在十七大报告中强调："必须坚持以人为本。全心全意为人民服务是党的根本宗旨，党的一切奋斗和工作都是为了造福人民。要始终把实现好、维护好、发展好最广泛人民的根本利益作为党和国家一切工作的出发点和落脚点，尊重人民主体地位，发挥人民首创精神，保障人民各项权益，走共同富裕道路，促进人的全面发展，做到发展为了人民，发展依靠人民，发展成果由人民共享。"①

5. 依法行政思想

2011 年 3 月 28 日，胡锦涛在中共中央政治局推进依法行政和弘扬社会主义法治精神第二十七次集体学习会议上指出，全面推进依法行政、弘扬社会主义法治精神，是坚持立党为公、执政为民的必然要

---

① 胡锦涛：《高举中国特色社会主义伟大旗帜　为夺取全面建设小康社会新胜利而奋斗》，《人民日报》2007 年 10 月 15 日第 3 版。

求，是推动科学发展、促进社会和谐的必然要求，我们必须增强全面推进依法行政、弘扬社会主义法治精神的自觉性和主动性，加快建设社会主义法治国家。他强调，推进依法行政，弘扬社会主义法治精神，是党的十七大为适应全面建设小康社会新形势、推进依法治国进程而提出的一项战略任务，对于深化政治体制改革、发展社会主义民主政治，对于全面实施依法治国基本方略、加快建设社会主义法治国家，对于建设富强民主文明和谐的社会主义现代化国家、实现党和国家长治久安，都具有十分重要的意义。

全面推进依法行政，要以邓小平理论和"三个代表"重要思想为指导，深入贯彻落实科学发展观，坚持党的领导、人民当家做主、依法治国的有机统一，认真落实依法治国基本方略。要以建设法治政府为目标，以事关依法行政全局的体制机制创新为突破口，以增强领导干部依法行政意识和能力、提高制度建设质量、规范行政权力运行、保证法律法规严格执行为着力点，为保障经济又好又快发展和社会和谐稳定发挥更大作用。要更加注重制度建设，在中国特色社会主义法律体系已经形成的有利基础上，继续通过完善立法加强和改进制度建设，坚持科学立法、民主立法，着力抓好促进科学发展、深化改革开放、保护资源环境、保障和改善民生、维护社会和谐稳定、加强政府建设等方面所急需法律法规的制定或修改工作，力求体现规律要求、适应时代需要、符合人民意愿、解决实际问题。要更加注重行政执法，严格依照法定权限和程序行使权力、履行职责，推进政府管理方式创新，加强行政决策程序建设，切实把政府职能转变到经济调节、市场监管、社会管理、公共服务上来，着力保障和改善民生。要更加注重行政监督和问责，完善监督体制机制，全面推进政务公开，切实为人民掌好权、用好权。要更加注重依法化解社会矛盾纠纷，完善行政调解制度，提高行政调解效能，完善行政复议制度，完善信访制度。

在全社会大力弘扬社会主义法治精神，对于全面贯彻落实依法治国基本方略、建设社会主义法治国家具有基础性作用。因此，必须把加强宪法和法律实施作为弘扬社会主义法治精神的基本实践，不断推进科学立法、严格执法、公正司法、全民守法进程。各级党委要按照科学执政、民主执政、依法执政的要求，带头维护社会主义法制的统一、尊严、权威，坚持依法办事；各级政府要认真履行宪法和法律赋予的职责；广大党员、干部特别是领导干部要带头遵守和执行宪法和法律。要加强对全体人民的普法宣传教育，深入开展社会主义法治理念教育，特别是要加强与人民群众生产生活密切相关的法律法规宣传，加快在全社会形成学法、尊法、守法、用法的良好法治环境。要善于运用法律手段深化改革、推动发展、维护稳定，为全面建设小康社会提供有力的法治保障和良好的法治环境。

第十三章

建设中国特色社会主义法律
思想的新成果

党的十八大以来，以习近平为核心的新一届中央领导集体围绕全面实现小康社会、全面深化改革、全面依法治国、全面从严治党，进而实现"两个一百年"目标，建设一个强大的中国特色社会主义国家，提出了一系列新思想、新观点、新论断、新要求，丰富和发展了中国特色社会主义法治理论，为推进国家治理体系和治理能力现代化指明了根本路径和努力方向。

一　全面依法治国方略的提出

2012年11月，党的十八大提出了全面推进依法治国的要求，阐明了"科学立法、严格执法、公正司法、全民守法"的新十六字方针和法治建设总体布局。大会强调，法治是治国理政的基本方式，必须推进科学立法、严格执法、公正司法、全民守法，坚持法律面前人人平等，保证有法必依、执法必严、违法必究。要完善中国特色社会主义法律体系，加强重点领域立法，拓展人民有序参与立法途径。要推进依法行政，切实做到严格规范公正文明执法。要进一步深化司法体制改革，坚持和完善中国特色社会主义司法制度，确保审判机关、检察机关依法独立公正行使审判权、检察权。要深入开展法治宣传教育，弘扬社会主义法治精神，树立社会主义法治理念，增强全社会学法、尊法、守法、用法意识。要提高领导干部运用法治思维和法治方式深化改革、推动发展、化解矛盾、维护稳定能力，既要保证党领导人民制定宪法和法律，又要保证党在宪法和法律范围内活动。任何组织或个人都不得有超越宪法和法律的特权，绝不允许以言代法、以权压法、徇私枉法。2013 年 11 月，党的十八届三中全会审议通过的《中共中央关于全面深化改革若干重大问题的决定》确定了建设法治中国的新目标，提出必须坚持依法治国、依法执政、依法行政共同推进，坚持法治国家、法治政府、法治社会一体建设。大会强调，建设法治中国必须深化司法体制改革，加快建设公正、高效、权威的社会主义司法制度，维护人民权益，维护宪法法律权威，深化行政执法体制改革，确保依法、独立、公正行使审判权、检察权，健全司法权力运行机制，完善人权司法保障制度。2014 年 10 月，党的十八届四中全会审议通过了《中共中央关于全面推进依法治国若干重大问题的决定》，指出："依法治国，是坚持和发展中国特色社会主义的本质要求和重要保障，是实现国家治理体系和治理能力现代化的必然要求，事关我们党执政兴国，事关人民幸福安康，事关党和国家长治久安。"[1] 党的十八届四中全会是党的历史上第一次专题研究法治的中央全会，第一次以执政党最高政治文件和最高政治决策的形式对全面推进依法治国做出了重大部署，标志着依法治国方略进入新阶段，充分显示了中国共产党全面实施依法治国方略、建设社会主义法治国家的坚定决心。

二　全面依法治国方略的战略地位

"全面依法治国是关系我们党执政兴国、关系人民幸福安康、关系党和国家长治久安的重大战略问题，是'四个全面'战略布局的

---

[1] 《〈中共中央关于全面推进依法治国若干重大问题的决定〉辅导读本》，人民出版社 2014 年版，第 1 页。

重要组成部分。"① 全面依法治国，就是要在法治轨道上积极稳妥地深化各种体制改革，推进国家治理体系和治理能力现代化，为全面建成小康社会、实现中华民族伟大复兴中国梦提供制度化、法治化的引领、规范、促进和保障，这对中国特色社会主义现代化建设具有十分重要的战略意义。

（一）依法治国是实现科学发展的根本保证

依法治国是社会文明进步的显著标志，是社会主义法治的核心内容。在新的历史条件下，贯彻科学发展观，不仅要重视思想观念问题，更要关注法治保障问题，不仅要从法治理念上体现以人为本，更要在法治实践上保障人民群众的经济、政治、文化、社会等各项合法权益。因此，为了适应新形势的变化，"真正把科学发展建立在制度化的基础上，纳入法治化的轨道内，为改革开放和现代化建设提供强大动力和制度保障"②，就必须全面推进依法治国。

（二）依法治国是发展社会主义政治文明的重要途径

全面政治法治化是现代政治文明的重要特征。民主建国、民主立国，是无产阶级革命的基本主张，也是实现人类解放的必由之路。马克思、恩格斯在《共产党宣言》中就宣告："工人革命的第一步就是使无产阶级上升为统治阶级，争得民主。"③ 我们党从建党开始就致力于实现人民当家做主，带领广大人民取得了新民主主义革命和社会主义革命的胜利；新中国成立后，为了保障人民当家做主的政治地位，维护广大人民的根本利益，党和国家在政治、经济、文化和社会生活等方面进行了理论和实践探索，取得了巨大成就；改革开放以

---

① 《习近平总书记系列重要讲话读本》，学习出版社，人民出版社 2016 年版，第 85 页。

② 王发棠、张锡恩：《从依法治国到法治中国：中国政治文明建设的历史性飞跃》，载于《东岳论丛》2014 年第 1 期，第 184 页。

③ 《马克思恩格斯选集》第 1 卷，人民出版社 1972 年版，第 272 页。

来，我国社会主义民主政治进入了蓬勃地发展时期，取得了举世瞩目的成就，为实现社会主义现代化提供了政治保障；新时期，党和国家提出全面推进依法治国，建设社会主义法治国家，对于推动社会主义民主政治制度化、规范化、程序化发展具有重大现实意义，是推动社会主义民主政治在深度和广度上发展的重要手段，是发展社会主义政治文明的重要途径。

（三）依法治国是发展社会主义市场经济的客观需要

"市场经济在本质上是法治经济，市场经济需要法治来保障。"① 从我国现阶段的经济水平来看，我国仍然处在社会主义初级阶段，市场经济的法治化程度还不高。"要促进市场经济的更快发展，进一步完善社会主义市场经济体制，就要将法治建设提到关键措施上，加强立法工作，建立社会主义市场经济法律体系。特别是抓紧制定与完善相关的法律法规，保障改革开放的顺利运行，加强我国的宏观经济管理，规范微观经济行为，这都是建立社会主义市场经济体制的迫切要求。"② 习近平总书记也指出："我们面对的改革发展任务之重前所未有，矛盾风险挑战之多前所未有，依法治国地位更加突出、作用更加重大。"③

（四）依法治国是实现和谐社会的重要保障

和谐社会体现了人与人的和谐、人与社会的和谐以及人与自然的和谐，其关键在于以物质生活为基础的法权关系的和谐。社会和谐是中国特色社会主义的本质属性。在现代社会，法治是调节社会利益和社会关系的基本方式，是国家治理和社会管理不可替代的重要手段，

---

① 王发棠、张锡恩：《从依法治国到法治中国：中国政治文明建设的历史性飞跃》，载于《东岳论丛》2014 年第 1 期，第 184 页。

② 尚明瑞：《社会主义市场经济体制中依法治国基本方略的探讨》，载于《党史博采（理论）》2013 年第 8 期，第 42 页。

③ 《习近平关于全面依法治国论述摘编》，中央文献出版社 2015 年版，第 4 页。

对构建社会主义和谐社会具有重大意义。因此，在当代中国要实现政治清明、社会公正、民心稳定、长治久安，根本上要靠全面推进和落实依法治国方略。

（五）依法治国是提高党的执政能力的必然要求

"法律是治国之重器，法治是国家治理体系和治理能力的重要依托。"① 中国共产党作为中国特色社会主义事业的领导核心，其"执政能力建设是党执政后的一项根本建设，关系党的建设和中国特色社会主义事业的全局"。② 当前，随着改革开放的进一步深入，党员队伍和执政环境都发生了较大变化，党的建设面临"四大考验"和"四种危险"的双重挑战。实现党的执政水平和能力现代化成为破解这一切的关键。因此，中国共产党必须高度重视依法治国，提高依法治党、依法执政能力，把党的领导贯彻到依法治国的全过程之中。只有这样，党才能得到人民群众的真心拥护，党的执政地位才能得到切实巩固。

三　全面推进依法治国的"顶层设计"

2014 年 10 月，党的十八届四中全会审议通过了《中共中央关于全面推进依法治国若干重大问题的决定》。《决定》以中国特色社会主义法治理论为指导，坚持中国共产党的领导、坚持人民主体地位、坚持法律面前人人平等、坚持依法治国和以德治国相结合、坚持从中国实际出发等重大原则，形成了全面推进依法治国、加快建设社会主义法治国家的总体方案，形成了全面推进依法治国的"顶层设计"。这一"顶层设计"涵盖了依法治国所涉及的各个重要环节，是对新

---

① 《习近平总书记系列重要讲话读本》，学习出版社，人民出版社 2016 年版，第 85 页。

② 姚静：《浅论依法治国》，载于《四川职业技术学院学报》2014 年第 2 期，第 11 页。

的历史条件下全面推进依法治国、加快建设社会主义法治国家做出的科学谋划和战略布局。

（一）全面推进依法治国的总目标：建设中国特色社会主义法治体系

全面推进依法治国的总目标是建设中国特色社会主义法治体系，建成社会主义法治国家。也就是说，在党的领导下，坚持中国特色社会主义制度，贯彻中国特色社会主义法治理论，形成完备的法律规范体系、高效的法治实施体系、严密的法治监督体系、有力的法治保障体系、完善的党内法规体系，坚持法治国家、法治政府、法治社会一体建设，实现科学立法、严格执法、公正司法、全民守法，促进国家治理体系和治理能力现代化。为了实现这一总目标，必须坚持以下原则。

1. 坚持中国共产党的领导

办好中国的事情，关键在党。"全面推进依法治国这件大事能不能办好，最关键的是方向是不是正确、政治保证是不是坚强有力，具体讲就是要坚持党的领导，坚持中国特色社会主义制度，贯彻中国特色社会主义法治理论。"① 首先，党的领导是中国特色社会主义最本质的特征，是社会主义法治最根本的保证。把党的领导贯彻到依法治国全过程和各方面，是我国社会主义法治建设的一条基本经验，得到了宪法的确认和保障。坚持党的领导，是社会主义法治的根本要求。"只有坚持党的领导，人民当家做主才能充分实现，国家和社会生活制度化、法治化才能有序推进。"② 其次，党的领导和社会主义法治具有一致性，社会主义法治必须坚持党的领导，党的领导也必须依靠社会主义法治。只有在党的领导下依法治国、厉行法治，才能充分实现人民当家做主，才能有序推进国家和社会生活法治化。最后，依法执政是依法治国的内在要求，既要求党依据宪法法律治国理政，也要

① 《习近平关于全面依法治国论述摘编》，中央文献出版社2015年版，第22—23页。
② 同上书，第19页。

求党依据党内法规管党治党。党必须坚持领导立法、保证执法、支持司法、带头守法，把依法治国基本方略同依法执政基本方式统一起来，把党总揽全局、协调各方同人大、政府、政协、审判机关、检察机关依法依章履行职能、开展工作统一起来，把党领导人民制定和实施宪法法律同党坚持在宪法法律范围内活动统一起来，使党的主张通过法定程序成为国家意志，使党组织推荐的人选通过法定程序成为国家政权机关的领导人员，通过国家政权机关实施党对国家和社会的领导，运用民主集中制原则维护中央权威、维护全党全国团结统一。

2. 坚持人民主体地位

人民是依法治国的主体和力量源泉，人民代表大会制度是保证人民当家做主的根本政治制度。法治建设必须着眼于为了人民、依靠人民、造福人民、保护人民，以保障人民根本权益为出发点和落脚点，保证人民依法享有广泛的权利和自由并承担应尽的义务，维护社会公平正义，促进共同富裕。[①] 人民群众应该在党的领导下，依照法律规定，通过各种途径和形式管理国家事务、经济文化事业和社会事务。人民要认识到法律既是保障自身权利的有力武器，也是必须遵守的行为规范，要在全社会增强学法遵法守法用法的意识，使法律为人民所掌握、所遵守、所运用。行政机关"要带头严格执法，维护公共利益、人民利益和社会秩序"，切实做到"坚持党的领导、人民当家做主、依法治国有机统一"。[②]

3. 坚持法律面前人人平等

"平等是社会主义法律的基本属性，是社会主义法治的基本要求。坚持法律面前人人平等，必须体现在立法、执法、司法、守法各个方面。"坚持科学立法、民主立法。"科学立法的核心在于尊重和体现客观规律，民主立法的核心在于为了人民、依靠人民。"[③] 坚持法律

---

① 《〈中共中央关于全面推进依法治国若干重大问题的决定〉辅导读本》，人民出版社2014年版，第6页。

② 《习近平关于全面依法治国论述摘编》，中央文献出版社2015年版，第27、57页。

③ 同上书，第29、49页。

面前人人平等，使法律真正体现我国社会主义制度性质和实际国情、真正体现法律体系的内在规律和立法工作规律、真正反映广大人民的共同愿望和基本要求；坚持法律面前人人平等，任何组织和个人都必须尊重宪法法律权威，都必须在宪法法律范围内活动，都必须依照宪法法律行使权力或权利、履行职责或义务，都不得有超越宪法法律的特权；坚持法律面前人人平等，全国各族人民、一切国家机关和武装力量、各政党和各社会团体、各事业组织，都要维护国家法制的统一、尊严和权威，切实保证宪法法律的有效实施，绝不允许任何人以任何借口、任何形式以言代法、以权压法、徇私枉法；坚持法律面前人人平等，要以规范和约束公共权力为重点，加大监督力度，做到有权必有责、用权受监督、违法必追究，坚决纠正有法不依、执法不严、违法不究等行为。

4. 坚持依法治国和以德治国相结合

道德是法律的基础，只有那些合乎道德、具有深厚道德基础的法律才能为更多人所自觉遵守；法律是道德的保障，可以通过强制性规范人们行为、惩罚违法行为来引领道德风尚。我国社会主义国家和社会治理需要法律和道德共同发挥作用，必须坚持一手抓法治、一手抓德治，大力弘扬社会主义核心价值观，弘扬中华传统美德，培育社会公德、职业道德、家庭美德、个人品德，既重视发挥法律的规范作用，又重视发挥道德的教化作用，以法治体现道德理念、强化法律对道德建设的促进作用，以道德滋养法治精神、强化道德对法治文化的支撑作用，实现法律和道德相辅相成、法治和德治相得益彰。

5. 坚持从中国实际出发

"走什么样的法治道路，建设什么样的法治体系，是由一个国家的基本国情决定的。"[1] 全面推进依法治国，必须从我国社会主义初级阶段的基本国情出发，同改革开放的不断深化相适应，遵循中国特色社会主义道路、制度和理论，及时总结和运用党领导人民实行法治

---

[1] 《习近平总书记系列重要讲话读本》，学习出版社，人民出版社2016年版，第90页。

的成功经验，围绕社会主义法治建设的重大理论和实践问题，推进法治理论创新，充实和发展符合中国实际、具有中国特色、体现社会发展规律的社会主义法治理论，为依法治国提供理论指导和学理支撑。为此，要汲取中国法律文化之精华，借鉴国外法治有益经验，但决不能照搬外国法治理念和模式。

（二）完善以宪法为核心的中国特色社会主义法律体系，加强宪法实施

法律是治国之重器，良法是善治之前提。建设中国特色社会主义法治体系，必须坚持立法先行，发挥立法的引领和推动作用，把公正、公平、公开原则贯穿于立法全过程，提高立法质量。

1. 健全宪法实施和监督制度

宪法是党和人民意志的集中体现，是通过科学民主程序形成的根本法，是治国安邦的总章程。"宪法的生命在于实施，宪法的权威也在于实施。"[①] 坚持依法治国首先要坚持依宪治国，坚持依法执政首先要坚持依宪执政。全国各族人民、一切国家机关和武装力量、各政党和各社会团体、各企业事业组织，都必须以宪法作为根本的活动准则，并负有维护宪法尊严、保证宪法实施的职责，一切违反宪法的行为都必须予以追究和纠正。一方面，要完善全国人大及其常委会宪法监督制度，健全宪法解释程序机制。加强备案审查制度和能力建设，把所有规范性文件纳入备案审查范围，依法撤销和纠正违宪违法的规范性文件，禁止地方制发带有立法性质的文件。另一方面，可将每年12 月 4 日定为国家宪法日，在全社会普遍开展宪法教育，弘扬宪法精神，建立宪法宣誓制度，凡经人大及其常委会选举或者决定任命的国家工作人员正式就职时公开向宪法宣誓。

2. 完善立法体制

现在"人民群众对立法的期盼，已经不是有没有，而是好不好、

---

① 《习近平关于全面依法治国论述摘编》，中央文献出版社 2015 年版，第 42 页。

管用不管用、能不能解决实际问题"。①因此要完善立法体制，推进依法治国。要加强党对立法工作的领导，完善党对立法工作中重大问题决策的程序。凡涉及重大体制和重大政策调整的立法，必须报党中央讨论决定。党中央向全国人大提出宪法修改建议，依照宪法规定的程序进行修改。法律制定和修改的重大问题，由全国人大常委会党组向党中央报告。要健全由人大主导立法工作的体制机制，发挥人大及其常委会在立法工作中的主导作用。建立由全国人大相关专门委员会、全国人大常委会法制工作委员会组织有关部门参与起草综合性、全局性、基础性等重要法律草案制度。增加有法治实践经验的专职常委比例，依法建立健全专门委员会、工作委员会立法专家顾问制度。要明确立法权力边界，从体制机制和工作程序上有效防止部门利益和地方保护主义法律化。明确地方立法权限和范围，加强和改进政府立法制度建设，完善行政法规、规章制定程序，完善公众参与政府立法机制，重要行政管理法律法规由政府法制机构组织起草。

3. 深入推进科学立法、民主立法

"推进科学立法，关键是完善立法体制，深入推进科学立法、民主立法，抓住提高立法质量这个关键。"②完善以宪法为核心的中国特色社会主义法律体系，加强宪法实施，必须加强人大对立法工作的组织协调，健全立法起草、论证、协调、审议机制，健全向下级人大征询立法意见机制，建立基层立法联系点制度，推进立法精细化。完善立法项目征集和论证制度，健全立法机关主导、社会各方有序参与立法的途径和方式，探索委托第三方起草法律法规草案。健全立法机关和社会公众沟通机制，拓宽公民有序参与立法途径，健全法律法规规章草案公开征求意见和公众意见采纳情况反馈机制，广泛凝聚社会共识。完善法律草案表决程序，对重要条款可以单独表决。

---

① 《习近平关于全面依法治国论述摘编》，中央文献出版社 2015 年版，第 43 页。
② 同上书，第 50 页。

4. 加强重点领域立法

依法保障公民权利，加快完善体现权利公平、机会公平、规则公平的法律制度，保障公民人身权、财产权、基本政治权利等各项权利不受侵犯，保障公民经济、文化、社会等各方面权利得到落实，实现公民权利保障法治化。增强全社会尊重和保障人权意识，健全公民权利救济渠道和方式。实现立法和改革决策相衔接，做到重大改革于法有据、立法主动适应改革和经济社会发展需要。

（三）深入推进依法行政，加快建设法治政府

党的十八届四中全会通过的《中共中央关于全面推进依法治国若干重大问题的决定》中明确指出"深入推进依法行政，加快建设法治政府"。深入推进依法行政，加快建设法治政府，既是全面推进依法治国、建设法治中国的客观要求，也是提高政府自身建设和管理水平的现实需要。各级政府必须坚持在党的领导下、在法治轨道上开展工作，加快建设职能科学、权责法定、执法严明、公开公正、廉洁高效、守法诚信的法治政府。

1. 依法全面履行政府职能

依法全面履行政府职能，是建设法治政府的基础和前提。完善行政组织和行政程序法律制度，推进机构、职能、权限、程序、责任法定化。行政机关要坚持法定职责必须为、法无授权不可为，推进各级政府事权规范化、法律化，完善不同层级政府特别是中央和地方政府事权法律制度，强化中央政府宏观管理、制度设定职责和必要的执法权，强化省级政府统筹推进区域内基本公共服务均等化职责，强化市县政府执行职责。

2. 健全依法决策机制

健全依法决策机制，是建设法治政府的关节点。要把公众参与、专家论证、风险评估、合法性审查、集体讨论决定确定为重大行政决策法定程序，确保决策制度科学、程序正当、过程公开、责任明确。建立行政机关内部重大决策合法性审查机制，未经合法性审查或经审

查不合法者，不得提交讨论。积极推行政府法律顾问制度，建立政府法治机构人员为主体、吸收专家和律师参加的法律顾问队伍，保证法律顾问在制定重大行政决策、推进依法行政中发挥积极作用。建立重大决策终身责任追究制度及责任倒查机制，对决策严重失误或者应该依法及时做出决策而久拖不决造成重大损失、恶劣影响者，严格追究行政首长、负有责任的其他领导人员和相关责任人员的法律责任。

3. 深化行政执法体制改革

提升行政执法水平，是建设法治政府的目的。根据不同层级政府的事权和职能，按照减少层次、整合队伍、提高效率的原则，合理配置执法力量。推进综合执法，大幅减少市县两级政府执法队伍种类，重点在食品药品安全、工商质检、公共卫生、安全生产、文化旅游、资源环境、农林水利、交通运输、城乡建设、海洋渔业等领域内推行综合执法，有条件的领域可以推行跨部门综合执法。完善市县两级政府行政执法管理，加强统一领导和协调，理顺行政强制执行体制，理顺城管执法体制，加强城市管理综合执法机构建设，提高执法和服务水平。严格实行行政执法人员持证上岗和资格管理制度，未经执法资格考试合格，不得授予执法资格，不得从事执法活动。严格执行罚缴分离和收支两条线管理制度，健全行政执法和刑事司法衔接机制，完善案件移送标准和程序，建立行政执法机关、公安机关、检察机关、审判机关信息共享、案情通报、案件移送制度，坚决克服有案不移、有案难移、以罚代刑现象，实现行政处罚和刑事处罚无缝对接。

4. 坚持严格规范公正文明执法

依法惩处各类违法行为，加大关系群众切身利益的重点领域执法力度。完善执法程序，建立执法全过程记录制度。明确具体操作流程，重点规范行政许可、行政处罚、行政强制、行政征收、行政收费、行政检查等执法行为。严格执行重大执法决定法治审核制度，建立健全行政裁量权基准制度，细化、量化行政裁量标准，规范裁量范围、种类、幅度。加强行政执法信息化建设和信息共享，提高执法效率和规范化水平。全面落实行政执法责任制，严格确定不同部门及机构、岗位执法人员执法责任和责任追究机制，加强执法监督，坚决排除对执法活动的干预，防止和克服地方和部门保护主义，惩治执法腐败现象。

5. 强化对行政权力的制约和监督

"全面依法治国，要建立严密的法治监督体系。权力不论大小，只要不受制约和监督，都可能被滥用。"① 以规范和约束公权力为重点，加大监督力度是法治政府建设的关键。加强对执法活动的监督，坚决排除对执法活动的非法干预，加强党内监督、人大监督、民主监督、行政监督、司法监督、审计监督、社会监督、舆论监督制度建设，努力形成科学有效的权力运行制约和监督体系，增强监督合力和实效。加强对政府内部权力的制约，是强化对行政权力制约的重点，要对财政资金分配使用、国有资产监管、政府投资、政府采购、公共资源转让、公共工程建设等权力集中的部门和岗位实行分事行权、分岗设权、分级授权，定期轮岗，强化内部流程控制，防止权力滥用。完善政府内部层级监督和专门监督，改进上级机关对下级机关的监督，建立常态化监督制度。完善纠错问责机制，健全责令公开道歉、停职检查、引咎辞职、责令辞职、罢免等问责方式和程序。完善审计制度，保障依法独立行使审计监督权，对公共资金、国有资产、国有资源和领导干部履行经济责任情况实行审计全覆盖，强化上级审计机关对下级审计机关的领导，探索省以下地方审计机关人财物统一管理，推进审计职业化建设。

6. 全面推进政务公开

坚持以公开为常态、不公开为例外原则，推进决策公开、执行公开、管理公开、服务公开、结果公开。各级政府及其工作部门依据权力清单，向社会全面公开政府职能、法律依据、实施主体、职责权限、管理流程、监督方式等事项。重点推进财政预算、公共资源配置、重大建设项目批准和实施、社会公益事业建设等领域的政府信息

① 《习近平总书记系列重要讲话读本》，学习出版社，人民出版社2016年版，第92页。

公开。涉及公民、法人或其他组织权利和义务的规范性文件，按照政府信息公开要求和程序予以公布。推行行政执法公示制度，推进政务公开信息化，加强互联网政务信息数据服务平台和便民服务平台建设。

（四）保证公正司法，提高司法公信力

公正是法治的生命线。司法公正对社会公正具有重要引领作用，司法不公对社会公正具有致命破坏作用，必须完善司法管理体制和司法权力运行机制，规范司法行为，加强对司法活动的监督。

1. 完善确保依法独立公正行使审判权和检察权的制度

各级党政机关和领导干部要支持法院、检察院依法独立公正地行使职权，建立领导干部干预司法活动、插手具体案件处理的记录、通报和责任追究制度。任何党政机关和领导干部都不得让司法机关做违反法定职责、有碍司法公正的事情，任何司法机关都不得执行党政机关和领导干部违法干预司法活动的要求。对干预司法机关办案的领导干部，给予党纪政纪处分；造成冤假错案或者其他严重后果的领导干部，依法追究刑事责任。健全行政机关依法出庭应诉、支持法院受理行政案件、尊重并执行法院生效裁判的制度，完善惩戒妨碍司法机关依法行使职权、拒不执行生效裁判和决定、藐视法庭权威等违法犯罪行为的法律规定，建立健全司法人员履行法定职责保护机制。非因法定事由，非经法定程序，不得将法官、检察官调离、辞退或者做出免职、降级等处分。

2. 优化司法职权配置

健全公安机关、检察机关、审判机关、司法行政机关各司其职，侦查权、检察权、审判权、执行权相互配合、相互制约的体制机制。完善司法体制，推动审判权和执行权相分离的体制改革试点。完善刑罚执行制度，统一刑罚执行体制。改革司法机关人财物管理体制，实现法院、检察院司法行政事务管理权与审判权、检察权相分离。最高人民法院设立巡回法庭，审理跨行政区域重大行政和民事商事案件。

探索设立跨行政区划的人民法院和人民检察院，办理跨地区案件。完善行政诉讼体制机制，合理调整行政诉讼案件管辖制度，切实解决行政诉讼立案难、审理难、执行难等突出问题。改革法院案件受理制度，变立案审查制为立案登记制，对人民法院依法应该受理的案件，做到有案必立、有诉必理，保障当事人诉权。加大对虚假诉讼、恶意诉讼、无理缠诉行为的惩治力度，完善刑事诉讼中认罪认罚从宽制度。完善审级制度，一审重在解决事实认定和法律适用，二审重在解决事实法律争议、实现二审终审，再审重在解决依法纠错、维护裁判权威。对涉及公民人身、财产权益的行政强制措施，完善司法监督制度。检察机关在履行职责中发现行政机关违法行使职权或者不行使职权的行为，应该督促其纠正。探索建立检察机关提起公益诉讼制度，建立司法机关内部人员过问案件的记录制度和责任追究制度。完善主审法官、合议庭、主任检察官、主办侦查员办案责任制，做到谁办案谁负责。加强职务犯罪线索管理，健全受理、分流、查办、信息反馈制度，明确纪检监察和刑事司法办案标准与程序衔接，依法严格查办职务犯罪案件。

3. 推进严格司法

坚持以事实为根据、以法律为准绳，健全事实认定符合客观真相、办案结果符合实体公正、办案过程符合程序公正的法律制度。加强和规范司法解释与案例指导，统一法律适用标准。推进以审判为中心的诉讼制度改革，确保侦查、审查起诉的案件事实证据经得起法律的检验。全面贯彻证据裁判规则，严格依法收集、固定、保存、审查、运用证据，完善证人、鉴定人出庭制度，保证庭审在查明事实、认定证据、保护诉权、公正裁判中发挥决定性作用。明确各类司法人员工作职责、工作流程、工作标准，实行办案质量终身负责制和错案责任倒查问责制，确保案件处理经得起法律和历史检验。

4. 保障人民群众参与司法

坚持人民司法为人民，依靠人民推进公正司法，通过公正司法维护人民权益。在司法调解、司法听证、涉诉信访等司法活动中保障人民群众参与。完善人民陪审员制度，保障公民陪审权利，扩大参审范围，完善随机抽选方式，提高人民陪审制度公信度。逐步实行人民陪审员不再审理法律适用问题，只参与审理事实认定问题。构建开放、动态、透明、便民的阳光司法机制，推进审判公开、检务公开、警务公开、狱务公开，依法及时公开执法司法依据、程序、流程、结果和生效法律文书，杜绝"暗箱操作"。加强法律文书释法说理，建立生效法律文书统一上网和公开查询制度。

5. 加强人权司法保障

强化诉讼过程中当事人和其他诉讼参与人的知情权、陈述权、辩护辩论权、申请权、申诉权的制度保障，健全落实罪刑法定、疑罪从无、非法证据排除等法律原则的法律制度。完善对限制人身自由司法措施和侦查手段的司法监督，加强对刑讯逼供和非法取证的源头预防，健全冤假错案有效防范和及时纠正机制。切实解决执行难问题，制定强制执行法，规范查封、扣押、冻结、处理涉案财物的司法程序，加快建立失信被执行人信用监督、威慑和惩戒法律制度，依法保障胜诉当事人及时实现权益。落实终审和诉讼终结制度，实行诉访分离，保障当事人依法行使申诉权利。对不服司法机关生效裁判、决定的申诉，逐步实行由律师代理制度。对聘不起律师的申诉人，纳入法律援助范围。

6. 加强对司法活动的监督

完善检察机关行使监督权的法律制度，加强对刑事诉讼、民事诉讼、行政诉讼的法律监督。完善人民监督员制度，重点监督检察机关查办职务犯罪的立案、羁押、扣押冻结财物、起诉等环节的执法活动。司法机关要及时回应社会关切，规范媒体对案件的报道，防止舆论影响司法公正。依法规范司法人员与当事人、律师、特殊关系人、中介组织的接触、交往行为，严禁司法人员私下接触当事人及律师、泄露或者为其打探案情、接受吃请或者收受其财物、为律师介绍代理和辩护业务等违法违纪行为，坚决惩治司法掮客行为，防止利益输送。对因违法违纪被开除公职的司法人员、吊销执业证书的律师和公证员，终身禁止从事法律职业，对构成犯罪者要依法追究刑事责任。坚决破除各种潜规则，绝不允许法外开恩，绝不允许办关系案、人情案、金钱案。坚决反对和克服特权思想、衙门作风、霸道作风，坚决反对和惩治粗暴执法、野蛮执法行为，对司法领域的腐败零容忍。

（五）增强全民法治观念，推进法治社会建设

法律的权威源自人民的内心拥护和真诚信仰。人民权益要靠法律保障，法律权威要靠人民维护。因此，必须弘扬社会主义法治精神，建设社会主义法治文化，增强全社会厉行法治的积极性和主动性，形成守法光荣、违法可耻的社会氛围，使全体人民都成为社会主义法治的忠实崇尚者、自觉遵守者、坚定捍卫者。

1. 推动全社会树立法治意识

坚持把全民普法和守法作为依法治国的长期基础性工作，深入开展法治宣传教育，引导全民自觉守法、遇事找法、解决问题靠法。坚持把领导干部带头学法、模范守法作为树立法治意识的关键，完善国家工作人员学法用法制度，把宪法法律列入党委（党组）中心组学习内容，列为党校、行政学院、干部学院、社会主义学院必修课。把法治教育纳入国民教育体系，从青少年抓起，在中小学设立法治知识课程。健全普法宣传教育机制，各级党委和政府要加强对普法工作的领导，宣传、文化、教育部门和社会团体要在普法教育中发挥职能作用。实行国家机关"谁执法谁普法"的普法责任制，建立法官、检察官、行政执法人员、律师等以案释法制度，加强普法讲师团、普法志愿者队伍建设。把法治教育纳入精神文明创建内容，开展群众性法治文化活动，健全媒体公益普法制度，加强新媒体新技术在普法中的运用，提高普法实效。牢固树立有权力就有责任、有权利就有义务观念，加强社会诚信建设，健全公民和组织守法信用记录，完善守法诚信褒奖机制和违法失信行为惩戒机制，使遵法、守法成为全体人民的共同追求和自觉行动。加强公民道德建设，弘扬中华优秀传统文化，增强法治的道德底蕴，强化规则意识，倡导契约精神，弘扬公序良

俗。发挥法治在解决道德领域突出问题中的作用，引导人们自觉履行法定义务、家庭责任、社会责任。

2. 推进多层次多领域依法治理

坚持系统治理、依法治理、综合治理、源头治理，提高社会治理法治化水平。深入开展多层次多形式法治创建活动，深化基层组织和部门、行业依法治理，支持各类社会主体自我约束、自我管理。发挥市民公约、乡规民约、行业规章、团体章程等社会规范在社会治理中的积极作用，发挥人民团体和社会组织在法治社会建设中的积极作用。建立健全社会组织参与社会事务、维护公共利益、救助困难群众、帮教特殊人群、预防违法犯罪的机制和制度化渠道。依法妥善处置涉及民族、宗教等因素的社会问题，促进民族关系、宗教关系的和谐。

3. 建设完备的法律服务体系

推进覆盖城乡居民的公共法律服务体系建设，加强民生领域法律服务。完善法律援助制度，扩大援助范围，健全司法救助体系，保证人民群众在遇到法律问题或者权利受到侵害时获得及时有效的法律帮助。发展律师、公证等法律服务业，统筹城乡、区域法律服务资源，发展涉外法律服务业，健全统一司法鉴定管理体制。

4. 健全依法维权和化解纠纷机制

强化法律在维护群众权益、化解社会矛盾中的权威地位，引导和支持人们理性表达诉求、依法维护权益，解决好群众最关心最直接最现实的利益问题。构建对维护群众利益具有重大作用的制度体系，建立健全社会矛盾预警机制、利益表达机制、协商沟通机制、救济救助机制，畅通群众利益协调、权益保障法律渠道。把信访纳入法治化轨道，保障合理合法诉求依照法律规定和程序就能得到合理合法的结果。健全社会矛盾纠纷预防化解机制，完善调解、仲裁、行政裁决、行政复议、诉讼等有机衔接、相互协调的多元化纠纷解决机制。加强行业性、专业性人民调解组织建设，完善人民调解、行政调解、司法调解联动工作体系。完善仲裁制度，提高仲裁公信力。健全行政裁决制度，强化行政机关解决同行政管理活动密切相关的民事纠纷功能。深入推进社会治安综合治理，健全落实领导责任制。完善立体化社会治安防控体系，有效防范化解管控影响社会安定的问题，保障人民生命财产安全。依法严厉打击暴力恐怖、涉黑犯罪、邪教和黄赌毒等违法犯罪活动，绝不允许其形成气候，依法强化危害食品药品安全、影响安全生产、损害生态环境、破坏网络安全等重点问题的治理。

（六）加强法治工作队伍建设

全面推进依法治国，必须大力提高法治工作队伍的思想政治素质、业务工作能力、职业道德水准，着力建设一支忠于党、忠于国家、忠于人民、忠于法律的社会主义法治工作队伍，为加快建设社会主义法治国家提供强有力的组织和人才保障。

1. 建设高素质法治专门队伍

把思想政治建设摆在首位，加强理想信念教育，深入开展社会主义核心价值观和社会主义法治理念教育，坚持党的事业、人民利益、宪法法律至上，加强立法队伍、行政执法队伍、司法队伍建设。以立法、执法、司法机关各级领导班子建设为关键，突出政治标准，把善于运用法治思维和法治方式推动工作的人选拔到领导岗位上来，畅通立法、执法、司法部门干部和人才相互之间以及与其他部门具备条件的干部和人才交流渠道。推进法治专门队伍正规化、专业化、职业化，提高职业素养和专业水平。完善法律职业准入制度，健全国家统一法律职业资格考试制度，建立法律职业人员统一职前培训制度。建立从符合条件的律师、法学家中招录立法工作者、法官、检察官制度，畅通具备条件的军队转业干部进入法治专门队伍的通道，健全从政法专业毕业生中招录人才的规范便捷机制。加强边疆地区、民族地区法治专门队伍建设，加快建立符合职业特点的法治工作人员管理制度，完善职业保障体系，建立法官、检察官、人民警察专业职务序列及工资制度。建立法官、检察官逐级遴选制度，初任法官、检察官由高级人民法院、省级人民检察院统一招录，一律在基层法院、检察院任职；上级人民法院、人民检察院的法官、检察官一般从下一级人民法院、人民检察院的优秀法官、检察官中遴选。

2. 加强法律服务队伍建设

加强律师队伍思想政治建设，把拥护党的领导、拥护社会主义法治作为律师从业的基本要求，增强广大律师走中国特色社会主义法治道路的自觉性和坚定性。构建社会律师、公职律师、公司律师等优势互补、结构合理的律师队伍，提高律师队伍业务素质，完善执业保障机制。加强律师事务所管理，发挥律师协会自律作用，规范律师执业行为，监督律师严格遵守职业道德和职业操守，强化准入、退出管理，严格执行违法违规执业惩戒制度。加强律师行业党的建设，扩大党的工作覆盖面，切实发挥律师事务所党组织的政治核心作用。各级党政机关和人民团体普遍设立公职律师，企业可设立公司律师，参与决策论证，提供法律意见，促进依法办事，防范法律风险。明确公职律师、公司律师法律地位及权利义务，理顺公职律师、公司律师管理体制机制。发展公证员、基层法律服务工作者、人民调解员队伍，推动法律服务志愿者队伍建设。建立激励法律服务人才跨区域流动机制，逐步解决基层和欠发达地区法律服务资源不足和高端人才匮乏问题。

3. 创新法治人才培养机制

坚持用马克思主义法学思想和中国特色社会主义法治理论全方位占领高校、科研机构法学教育和法学研究阵地，加强法学基础理论研究，形成完善的中国特色社会主义法学理论体系、学科体系、课程体系，组织编写和全面采用国家统一的法律类专业核心教材，纳入司法考试必考范围。坚持立德树人、德育为先导向，推动中国特色社会主义法治理论进教材进课堂进头脑，培养造就熟悉和坚持中国特色社会主义法治体系的法治人才及后备力量，建设通晓国际法律规则、善于处理涉外法律事务的涉外法治人才队伍。健全政法部门和法学院校、法学研究机构人员双向交流机制，实施高校和法治工作部门人员互聘计划，重点打造一支政治立场坚定、理论功底深厚、熟悉中国国情的高水平法学家和专家团队，建设高素质学术带头人、骨干教师、专兼职教师队伍。

（七）加强和改进党对全面推进依法治国的领导

党的领导是全面推进依法治国、加快建设社会主义法治国家最根本的保证，必须加强和改进党对法治工作的领导，把党的领导贯彻到全面推进依法治国的全过程。

1. 坚持依法执政

依法执政是依法治国的关键。各级党组织和领导干部要深刻认识到，维护宪法法律权威就是维护党和人民共同意志的权威，捍卫宪法法律尊严就是捍卫党和人民共同意志的尊严，保证宪法法律实施就是保证党和人民共同意志的实现。各级领导干部要对法律怀有敬畏之心，牢记法律红线不可逾越、法律底线不可触碰，带头遵守法律，带头依法办事，不得违法行使权力，更不能以言代法、以权压法、徇私枉法。

健全党领导依法治国的制度和工作机制，完善保证党确定依法治国方针政策和决策部署的工作机制和程序，保证对依法治国的统一领导、统一部署、统筹协调。完善党委依法决策机制，发挥政策和法律的各自优势，促进党的政策和国家法律互联互动。党委要定期听取政法机关工作汇报，做促进公正司法、维护法律权威的表率。党政主要负责人要履行推进法治建设第一责任人职责，各级党委要领导和支持工会、共青团、妇联等人民团体和社会组织在依法治国中积极发挥作用。人大、政府、政协、审判机关、检察机关的党组织和党员干部要坚决贯彻党的理论和路线方针政策，贯彻党委决策部署，领导和监督本单位模范遵守宪法法律，坚决查处执法犯法、违法用权等行为。

政法委员会是党委领导政法工作的组织形式，必须长期坚持。各级党委政法委员会要把工作着力点放在把握政治方向、协调各方职能、统筹政法工作、建设政法队伍、督促依法履职、创造公正司法环境上，带头依法办事，保障宪法法律正确统一实施。政法机关党组织要建立健全重大事项向党委报告制度，加强政法机关党的建设，在法治建设中充分发挥党组织的政治保障作用和党员的先锋模范作用。

2. 加强党内法规制度建设

党内法规既是管党治党的重要依据，也是建设社会主义法治国家的有力保障。党章是最根本的党内法规，全党必须一体严格遵行。完善党内法规制定体制机制，加大党内法规备案审查和解释力度，形成配套完备的党内法规制度体系。注重党内法规同国家法律的衔接和协调，提高党内法规执行力，运用党内法规把党要管党、从严治党落到实处，促进党员、干部带头遵守国家法律法规。

人不以规矩则废，党不以规矩则乱。党的纪律就是党内规矩。"纪律严明是全党统一意志、统一行动、步调一致前进的重要保障。"① "各级党组织要按党章办事，把对党组织的管理和监督、对党员干部特别是领导干部的管理和监督、对党内的政治生活的管理和监督在标准上严格起来，在内容上系统起来，在措施上完善起来，在环节上衔接起来，做到不漏人、不缺项、不掉链，使存在的问题能及时发现，发现的问题能及时解决，解决一个问题能举一反三、触类旁通。"② 广大党员干部要按照党规党纪以更高标准严格要求自己，坚定理想信念，践行党的宗旨，坚决同违法乱纪行为做斗争。对违反党规党纪的行为必须严肃处理，对苗头性倾向性问题必须抓早抓小，防止小错酿成大错、违纪走向违法。要依纪依法反对和克服形式主义、官僚主义、享乐主义和奢靡之风，形成严密的长效机制。完善和严格执行领导干部政治、工作、生活待遇方面的各项制度规定，着力整治各种特权行为。深入开展党风廉政建设和反腐败斗争，严格落实党风廉政建设党委主体责任和纪委监督责任，对任何腐败行为和腐败分子，必须依纪依法予以坚决惩处，决不手软。

---

① 《党的十八届六中全会文件学习辅导百问》，党建读物出版社，学习出版社2016年版，第4页。

② 《习近平总书记重要讲话文章选编》，中央文献出版社，党建读物出版社2016年版，第231页。

3. 提高党员干部法治思维和依法办事能力

党员干部是全面推进依法治国的重要组织者、推动者、实践者，要自觉提高运用法治思维和法治方式深化改革、推动发展、化解矛盾、维护稳定的能力，高级干部尤其要以身作则、以上率下。要把法治建设成效作为衡量各级领导班子和领导干部工作实绩的重要内容，纳入政绩考核指标体系，把能不能遵守法律、依法办事作为考察干部的重要内容，在相同条件下，优先提拔使用法治素养好、依法办事能力强的干部。对特权思想严重、法治观念淡薄的干部要批评教育，不改正者要调离领导岗位。

4. 推进基层治理法治化

全面推进依法治国，基础在基层，工作重点在基层。要发挥基层党组织在全面推进依法治国中的战斗堡垒作用，增强基层干部法治观念、法治为民的意识，提高依法办事能力。加强基层法治机构建设，强化基层法治队伍，建立重心下移、力量下沉的法治工作机制，改善基层基础设施和装备条件，推进法治干部下基层活动。

5. 深入推进依法治军、从严治军

党对军队的绝对领导是依法治军的核心和根本要求。"建设一支听党指挥，能打胜仗、作风优良的人民军队，是党在新形势下的强军目标。"① 完成这一强军目标必须依法治军、从严治军。一要着眼全面加强军队革命化现代化正规化建设，创新发展依法治军理论和实践，构建完善的中国特色军队法治体系，提高国防和军队建设法治化水平。二要坚持在法治轨道上积极稳妥推进国防和军队改革，深化军队领导指挥体制、力量结构、政策制度等方面改革，加快完善和发展中国特色社会主义军事制度。三要健全适应现代军队建设和作战要求的军事法规制度体系，严格规范军事法规制度的制定权限和程序，将所有军事规范性文件纳入审查范围，完善审查制度，增强军事法规制

---

① 《习近平总书记重要讲话文章选编》，中央文献出版社，党建读物出版社2016年版，第38页。

度科学性、针对性、适用性。要坚持从严治军铁律，加大军事法规执行力度，明确执法责任，完善执法制度，健全执法监督机制，严格责任追究，推动依法治军落到实处。四要健全军事法制工作体制，建立完善领导机关法制工作机构。改革军队纪检监察体制和司法体制机制，完善统一领导的军事审判、检察制度，维护国防利益，保障军人合法权益，防范打击违法犯罪。建立军事法律顾问制度，在各级领导机关设立军事法律顾问，完善重大决策和军事行动法律咨询保障制度。五要强化官兵法治理念和法治素养，把法律知识学习纳入军队院校教育体系、干部理论学习和部队教育训练体系，列为军队院校学员必修课和部队官兵必学必训内容。六要完善军事法律人才培养机制，加强军事法治理论研究。

6. 依法保障"一国两制"实践和推进祖国统一

要坚持宪法的最高法律地位和最高法律效力，全面准确贯彻"一国两制""港人治港""澳人治澳"、高度自治的方针，严格依照宪法和基本法办事，完善与基本法实施相关的制度和机制，依法行使中央权力又依法保障高度自治，支持特别行政区行政长官和政府依法施政，保障内地与香港、澳门经贸关系发展和各领域交流合作，防范和反对外部势力干预港澳事务，保持港澳长期繁荣稳定。要运用法治方式巩固和深化两岸关系和平发展，完善涉台法律法规，依法规范和保障两岸人民关系、推进两岸交流合作。运用法律手段捍卫一个中国原则、反对"台独"，增进维护一个中国框架的共同认知，推进祖国和平统一。依法保护港澳台同胞权益，加强内地同港澳、大陆同台湾的执法司法协作，共同打击跨境违法犯罪活动。

7. 加强涉外法律工作

要适应对外开放不断深化的新形势，完善涉外法律法规体系，积极构建开放型经济新体制。积极参与国际规则制定，推动依法处理涉外经济、社会事务，增强我国在国际法律事务中的话语权和影响力，运用法律手段维护国家主权、安全、发展利益。强化涉外法律服务，维护我国公民、法人在海外及外国公民、法人在我国的正当权益，依法维护海外侨胞权益。深化司法领域国际合作，完善我国司法协助体制，扩大国际司法协助覆盖面。加强反腐败国际合作，加大海外追赃追逃、遣返引渡力度。积极参与执法安全国际合作，共同打击暴力恐怖势力、民族分裂势力、宗教极端势力和贩毒走私、跨国有组织犯罪。①

　　党的十八届四中全会通过的《决定》是我国全面推进依法治国的总纲，对建设法治中国做了全方位的论述。全面推进依法治国，必须贯彻落实党的十八大和十八届三中、四中、五中、六中全会精神，高举中国特色社会主义伟大旗帜，以马克思列宁主义、毛泽东思想、邓小平理论、"三个代表"重要思想、科学发展观为指导，深入贯彻习近平总书记系列重要讲话精神，坚持党的领导、人民当家做主、依法治国的有机统一，坚定不移地走中国特色社会主义法治道路，坚决维护宪法法律权威，依法维护人民权益、维护社会公平正义、维护国家安全稳定，为实现"两个一百年"奋斗目标、实现中华民族伟大复兴的中国梦提供有力的法治保障。

---

　　① 《中共中央关于全面推进依法治国若干重大问题的决定》，《人民日报》2014 年 10 月 29 日第 1 版。

第四部分

马克思主义法律思想在欧美
国家的多元发展

第十四章

西方马克思主义法学及其评价

西方马克思主义法学是指在西方国家中与经典马克思主义和列宁主义不同的马克思主义法学观点、法学理论的总称。它是西方马克思主义理论体系的重要组成部分，也是马克思主义法学特定历史条件下的产物。它以积极纠正第二国际的教条主义和探索欧洲无产阶级革命的新途径开始，而以偏离马克思主义法学基本理论和社会主义运动终结，流派庞杂、形态多样、观点不一。因此，在研究马克思主义法律思想中需要认真对待和辩证批判的。本章主要介绍西方马克思主义法学的特征、历史演化及其主要观点。

一　西方马克思主义法学及其历史演变

（一）西方马克思主义

根据任岳鹏在《西方马克思主义法学》一书中的解释，"西方马克思主义"一词最早出现于德国学者卡尔·柯尔施（Karl Korsch，1886—1961）1930年出版的《〈马克思主义和哲学〉问题的现状——一个反批判》这部著作中。卡尔·柯尔施认为有两种不同的马克思主义：一种是"俄国的马克思主义"；另一种是"西方马克思主义"（共产国际内部的一个敌对的哲学流派，是与"俄国的马克思主义"相抗衡的流派）。后来法国学者莫里斯·梅劳－旁蒂（Merleau Ponty，1908—1961）在《辩证法的历险》一书中正式对"西方马克思主义"

做了说明，认为西方马克思主义指的是强调主客体辩证的主体性，否定自然辩证法和反映论的"马克思主义"，并把它与列宁主义相对。梅劳 – 旁蒂把这股思潮追溯到卢卡奇 1923 年发表《历史和阶级意识》一书中。1976 年，英国学者佩里·安德森（Perry Anderson，1938—）的《西方马克思主义探讨》一书，分析了"西方马克思主义"的产生的背景、代表人物、特征以及与"经典传统"的马克思主义的区别等。从此，"西方马克思主义"一词便广为人们接受了。[①] 根据龚廷泰，程德文主编的《马克思主义法律思想通史》第四卷的内容，"西方马克思主义"不单纯是一个地域的概念（是指欧美各国出现的一股马克思主义思潮），也是一个意识形态的概念（是指第一次世界大战以后，在十月革命胜利而西方革命相继失败的背景下，在西方资本主义国家出现的，既反对第二国际的新康德主义，又反对共产国际的"机械唯物主义"，在对现代资本主义的分析和对社会主义的展望，在革命的战略和策略上提出了与列宁不同的见解）。西方马克思主义在哲学上，提出了不同于恩格斯和列宁等马克思主义者阐述的辩证唯物主义和历史唯物主义的见解，要求重新发现马克思的原来设计。因此，西方马克思主义沿袭了马克思对资本主义的批判立场和某些理论资源，同时也在逻辑进程上吸收了现代西方哲学、政治学、法学、社会学等学科发展的最新成果和资料，包括西方马克思主义者对资本主义发展甚至对整个西方文明发展的独特理解。[②]

　　从产生的背景来看，西方马克思主义是西方马克思主义者试图探寻资本主义国家内革命道路的结果。从理论特征来看，西方马克思主义往往主张按照现代西方哲学各流派的精神去解释、补充、重构马克思主义，从而形成了流派众多、观点不一的理论。早期有柯尔施、卢卡奇和葛兰西等代表人物，以及 20 世纪 30 年代德国的法兰克福学派、20 世纪 50 年代法国的"存在主义马克思主义"等。后来，随着

---

① 任岳鹏：《西方马克思主义法学》，法律出版社 2008 年版，第 8—9 页。
② 龚廷泰、程德文：《马克思主义法律思想通史》第 4 卷，南京师范大学出版社 2014 年版，第 2—3 页。

西方主要资本主义国家国际战略的调整，马克思主义进入大学讲坛和学术研究机构，出现了新实证主义马克思主义、存在主义马克思主义、结构主义马克思主义、分析学的马克思主义和生态学的马克思主义、后马克思主义等，存在致力于把马克思主义人本主义化和科学化的倾向，也即学术界所称的结构主义和工具主义倾向。从运动活动范围来看，1968 年法国"五月风暴"之前，西方马克思主义的重心主要在欧洲拉丁语系的地区，如法国、意大利、西班牙、希腊、匈牙利等国。"五月风暴"失败后，西方马克思主义开始向英美等英语国家和地区转移。从影响力来看，西方马克思主义思潮从产生时起，不仅遭到第二国际及所属社会民主党的抨击，而且也受到共产国际和各国共产党的批判，代表人物或被开除党外，或在党内作自我批判，在党外也只能远离工人运动做一些学术研究，常常被资产阶级视为"马克思主义"而又被社会民主党视为"异端"或"修正主义"，因而其思潮很难在共产国际得到广泛传播。直到萨特的存在主义马克思主义和马尔库塞的乌托邦革命被发达资本主义社会中奋起造反的青年学生、工人或"新左派"奉为自己的思想武器，西方马克思主义才引起了人们的广泛关注。总体来讲，在西方一些人的心目中，西方马克思主义就是发达资本主义社会的马克思主义。

（二）西方马克思主义法学

西方马克思主义者运用马克思主义观点对法律和社会现象进行分析，内容涉及法律的各个方面，如法律的本质、法与经济、法与阶级、法与国家、法与意识形态、法与政治、法的功能、资产阶级法、社会主义法、马克思主义与法等，提出了一些不同于以往的马克思主义的观点，由此促成一个独立于其他法学流派的新流派——西方马克思主义法学。尤其是大左翼的学者一方面注重研究马克思主义有关法的论述，另一方面又对资本主义社会的法律及相关问题进行"马克思主义"的分析，进而形成了各种不同的倾向和流派。关于西方马克思主义法学的创始人，尽管学界看法不一①，但也形成相对统一的共识：不论是学术影响力还是最早对正统马克思主义批判，西方马克思主义法学的创始人应属奥地利马克思主义者卡尔·伦纳，卢卡奇等早期西方马克思主义代表也是西方马克思主义法学的创始人之一，德国的柯尔施、意大利的葛兰西等人也从不同侧面对马克思主义法学进行了理论研究，为西方马克思主义法学奠定了理论的基石。作为对西方发达资本主义社会现状的分析和对西方革命途径的探索，以及对苏联模式的批评，主张重新发现马克思主义和革新马克思主义的哲学世界观，西方马克思主义派别众多、观点庞杂、缺乏系统性，又深受 20 世纪 60 年代西方社会学"冲突理论"、激进犯罪学以及苏联早期法学思想影响，因而西方马克思主义法学呈现着多元派别的发展态势。

（三）西方马克思主义法学的历史演变②

根据学界已有的研究成果，可将西方马克思主义法学的发展历史分为以下几个阶段。

19 世纪末—20 世纪 20 年代，是西方马克思主义法学的思想准备期。在这一时期，资本主义从自由竞争向垄断阶段发展，国际共产主义运动和西方世界发生了第二国际内部分裂、十月革命胜利、欧洲无产阶级革命相继失败等事件，使西方国家的共产党人和马克思主义者开始反思和探讨欧洲式的无产阶级革命道路问题，以及这条道路与俄国革命道路的关系。理论上的争论必将围绕着对马克思主义的解读和马克思主义在实践中的运用展开的。不过，20 世纪以前很少有人研究马克思主义法学理论，只是在论述一般的社会问题时才提及法律的。直到 1904 年，卡尔·伦纳发表了《私法制度及其社会功能》，引发了西方学者对马克思主义法学的兴趣，卡尔·伦纳也被视为西方马克思主义法学的开始者，但由于奥地利马克思主义更倾向于新康德主

---

① 龚廷泰、程德文：《马克思主义法律思想通史》第 4 卷，南京师范大学出版社 2014 年版，第 7 页。

② 同上书，第 7—11 页。

义，所以不被看成西方马克思主义流派。

20 世纪 20—30 年代，是西方马克思主义法学的思想创立时期。卢卡奇、柯尔施和葛兰西等创始人，反对第二国际修正主义的"经济决定论"，在支持十月革命的同时，认为资本主义各国的政治法律制度存在差异性，因此不能将十月革命道路教条化套用在欧洲国家，强调把马克思主义与欧洲各国的具体实践相结合，走符合欧洲各国自身特点的革命道路。他们在研究国家的政治制度时都会论述自己的法律理论和主张。如葛兰西研究了知识分子、国家、市民社会、革命以及领导权等领域中的法律问题，详尽地分析了法在资本主义社会中的作用，认为法律像国家一样，具有强制性功能和教育功能，对于维持资本主义合法性再生产具有重要作用——用教育功能说服被统治阶级服从国家政权，用强制功能为保证社会秩序的稳定和政权的巩固。葛兰西的这种二元的法律功能论对后来"西方马克思主义"法学的发展产生了极其重要的影响。与此同时，早期代表人物的著作和其他人用马克思主义观点所写的著作相继被译成英文，促进了"西方马克思主义"法学对各种社会问题的研究。

20 世纪 30—70 年代，是西方马克思主义法学的思想发展期。这一时期的马克思主义代表是法兰克福学派。进入 20 世纪 30 年代以后，自然科学的新发展标志着经典科学框架理想化特征的破灭；受弗洛伊德理论的影响，西方马克思主义研究视角开始从传统的理性向个体的非理性转变，凸显了"人的主体性"；1932 年马克思的《1844年经济学哲学手稿》的出版，在西方引起强烈反响，成为西方马克思主义者新的精神营养；大危机爆发之后，欧洲并未出现经典马克思主义所说的社会主义革命，反而使法西斯主义得以兴起，促使西方马克思主义者从政治、经济、法律、心理等方面进行分析这些新情况、新现象，推动了马克思主义法学研究领域的扩展，特别是学者们跳出纯学术的角度，在理论上选择远离马克思主义传统主体——物质资料的生产方式，注重从个人自由与权力层面考察资本主义理性文明和现代性的弊端，反思两次世界大战产生的根源和 20 世纪人类生存的困境，揭露工具理性与极权制度的必然性，反对资本主义以及工业文明的理性统治，主张通过左翼激进派发动的"文化革命"克服和消除资本主义政治法律制度造成的人性扭曲和个性压抑的异化现象。到20世纪50年代，赫鲁晓夫在苏共二十大会议上所做的秘密报告在西方世界引起了巨大的震动，人们对苏联社会主义模式和斯大林主义产生了怀疑，萨特等人又提出了用存在主义的人学来补充马克思主义的口号，使得西方马克思主义出现了新的转折。同时，第三次科技革命引动了资本主义社会步入黄金的发展期，从而形成了一个"新的实证主义的马克思主义"流派，激发了法兰克福学派对马克思主义的进一步反思。如德国哲学家霍克海默运用人本主义和否定论批判现存的资本主义制度；马尔库塞揭示了资本主义私有制条件下异化现象的加剧，不断提高的劳动效率的整合作用必然导致新的"极权主义"和顺从的公民，最终使人的自由和个性遭到压制，人成为政治上和情感上的消极的人（完全为资本利益驱使的人）。20世纪60年代，越南战争、法国的"五月风暴"、捷克斯洛伐克的"克拉克之春"等事件，使西方马克思主义者用弗洛伊德主义、存在主义、新实证主义、结构主义解释马克思主义，相继出现了黑格尔主义的马克思主义、弗洛伊德主义的马克思主义、存在主义的马克思主义、新实证主义的马克思主义、结构主义的马克思主义和分析主义的马克思主义等派别，有的反映了西方哲学中的人本主义倾向，有的则强调西方哲学中的科学主义。如以阿尔都塞为代表的"结构主义的马克思主义者"对"人道主义的马克思"极为不满，提出了"反人道主义"的解释。20世纪70年代欧洲共产主义的再度兴起、苏联入侵阿富汗和80年代波兰工人运动等事件，又给西方马克思主义者提供了新的研究课题。

20世纪80年代至今，是西方马克思主义法学思想的当代发展阶段。自20世纪80年代以来，苏东剧变、东西冷战结束、新的经济全球化，西方马克思主义也经历了"后现代主义"取向的文化革命和理论颠覆，出现了多元化的发展态势。如前存在主义人物高兹，在80年代以后成为生态社会主义的代表人物，试图从生态运动、女权运动等新社会运动中寻求反对资本主义的革命动力；前结构主义者普兰查斯接受了后现代方法论和多元民主理论，在政治上从结构决定论转向阶级行动和阶级斗争论，在法律意识形态上从结构分析转向了后现代文本分析；法兰克福学派的代表人物哈贝马斯则提倡在公共领域的多元话语，进行权力抗争，强调差异认同和族群认同。总之，这一时期的马克思主义从社会多元主义出发，解构了所有左派霸权和社会主义的可能性，并以某种"认同政治"取而代之。致使 20 世纪八九十年代的新自由主义霸权统摄下，西方马克思主义的主流甚至认为工人阶级政治已经成为政治保守主义，马克思主义的阶级政治已不适用于西方代议制民主下的民主社会主义政治，社会主义的话语已不再有团结各种社会政治力量的效能。

总之，西方马克思主义法学经历了准备、形成、发展和当代发展阶段，但就其内容而言，以 1968 年法国的"五月风暴"为界可分前后两个大分期。前期主要是西方马克思主义者关于法律问题的看法和观点，其地理范围主要是欧洲拉丁语系国家和地区，代表人物有西方马克思主义的早期代表人物葛兰西、结构主义马克思主义代表阿尔都塞和普兰查斯、法兰克福学派的代表霍克海默和哈贝马斯等人，主要关注哲学领域的问题，但他们在对国家、社会、政党等问题的探讨中包含了大量的法律思想。特别是哈贝马斯对法律和民主问题的关注，并于 1972 年出版了法哲学著作《事实与有效性》，奠定了自己的马克思主义法学家的身份。后期不仅有西方马克思主义者对法律问题的探讨，也有学者对马克思主义法学的研究。特别是西方马克思主义思潮从欧洲转向英美等国，掀起了学者研究马克思主义法学的高潮。这一时期的西方马克思主义法学主要从学术角度出发，或梳理概括马克思、恩格斯对法和法律问题的论述，或运用马克思主义的观点分析法律问题以发展马克思主义法学，但派别庞杂、形态多样、观点各异，继承中有创新，甚至也有全面、彻底地否定马克思主义法学。值得一提的是，奥地利学者卡尔·伦纳的《私有制度及其社会功能》（1904）和苏联学者帕舒卡尼斯的《法的一般理论与马克思主义》

（1924）两部著作的重新发现和批判，引发了西方学者对马克思主义法学的研究，涌现出大量的马克思主义法学著作，如玛琳·凯恩与阿兰·亨特合著的《马克思恩格斯论法》（1979）、科林·萨姆纳的《阅读意识形态：马克思主义意识形态和法律理论研究》（1979）、保罗·赫斯特的《论法律和意识形态》（1979）、保罗·菲利普斯的《马克思恩格斯论法和法律》（1980）、皮尔斯·贝尔尼和理查德·昆尼合写的《马克思主义与法》（1982）、休·柯林斯的《马克思主义与法》（1982）、米勒瓦那威克的《法的韦伯式和马克思主义式分析：资本主义生产方式下的法的发展和功能》（1989）、鲍伯·凡恩的《民主和法治：自由主义理想和马克思主义的批判》（1989）等①。

二　西方马克思主义者的法律思想介绍

（一）卢卡奇的法律思想

乔治·卢卡奇（George Lukacs，1885—1971）是匈牙利著名的马克思主义哲学家、美学家、文学理论家。被西方誉为"西方马克思主义"的创始人，一生著书比较多，代表作《历史和阶级意识》一书蕴含的丰富的法哲学思想，在20世纪马克思主义的演进中占据重要的地位。他以物化、总体性、阶级意识、主客体的统一等概念、范畴表达对马克思主义的理解，集中分析了物化及物化意识与资本主义法律形式化之间的内在关联，考察了法律现象与其他社会现象的互动关系，阐述了法律现象的功能、作用等总体性的法学辩证法思想，对后来的西方马克思主义者的法律思想产生了深刻的影响。

1. 物化理论的法哲学本体观

物化（Verdinglichung）理论的哲学本体观是卢卡奇在《历史与阶级意识》中着重探讨的问题之一，也是他阐述自己异化论的法律观的

①　任岳鹏：《西方马克思主义法学法定视域下的〈法与意识形态〉问题研究》，法律出版社2009年版，第12—13页。

重要分析工具。"物化"是卢卡奇用来表述资本主义社会生产的非总体性的经济运行及其现象的概念，是指人的活动、人的劳动成了与自己对立的、客观的东西，并通过异于人的自律性来控制人。值得注意的是，卢卡奇的"物化"概念受韦伯、齐美尔等人的理论启发，直接从《资本论》关于拜物教的分析中得出来的，并使之成为自己对资本主义进行理论批判的一个基本范畴，而非从马克思的早期著作《1844 年经济学哲学手稿》中得来的。卢卡奇认为"物化"是资本主义社会的普遍现象，是生活在资本主义社会中的每个人必须面对的必然的、直接的现实。人的自我解放过程就是克服"物化"，把人的本质还给人的过程。卢卡奇的理论对后来的法兰克福学派社会批判理论的形成产生很大影响。

经济生活中的物化。卢卡奇认为，马克思从商品开始分析整个资本主义社会及其本质绝非偶然。资本主义社会商品经济所具有的拜物教导致了"物化"现象的产生，而资本主义社会商品经济的进一步发展加剧了这一现象，因而商品拜物教是资本主义社会特有的现象和问题。根据马克思《资本论》的分析，资本主义社会商品生产通过价值形式使人们之间的关系物化、偶像化，就是拜物教。秉承马克思的分析思路，卢卡奇也从商品结构分析入手，认为在资本主义时代，商品成为普遍现象以及商品结构渗透到社会所有方面是物化出现的前提条件，商品结构的本质就是人与人之间的关系的表象化。在商品关系中，人的活动泛化为一种商品活动，而与人本身相脱离。这就是"人自己的活动，人自己的劳动，作为某种客观的东西，某种不依赖于人的东西，某种通过异于人的自律性来控制人的东西，同人相对立"。[①] 由商品关系而产生的物化对社会的客观发展以及人对社会的态度产生了决定性的意义。在客观方面看，商品生产与交换生成了一个由现成的物以及物与物之间关系构成的世界，是商品及其在市场上

---

① ［匈］卢卡奇：《历史与阶级意识——关于马克思主义辩证法的研究》，杜章智、任立、燕宏远译，商务印书馆 2012 年第 6 次印刷，第 147 页。

运动的世界，其运行规律虽然逐渐被人们所认识，但人无法控制、无法制服（作为异己的力量同人相对立）；从主观方面来看，越是在商品经济获得充分发展的地方，人的活动就越同人本身相对立，并客体化成一种服从社会规律的异于人的客观性的商品运动。显然，卢卡奇的这一理解与马克思在《1844 年经济学哲学手稿》中对异化劳动的理解具有相似性和一致性，但他并没有明确地区分对象化、物化和异化。

　　进入 20 世纪，人的主体性失落和人在技术理性中的符号化现象进一步加剧。卢卡奇对资本主义经济、社会、政治、文化等领域的物化结构进行了分析和批判。他认为机械化和可计算的合理化原则遍及资本主义社会生活全部领域，劳动者被整合到这种专门化和理性化的生产体系和社会机制中，变成了抽象的数字、失去了主体性，从而远离了总体性。一方面，劳动过程越来越被分解成一些抽象合理的局部操作，以至于工人的工作也被简化为一种机械性重复的专门职能；另一方面，在这种合理化中，社会必要劳动时间从最初作为从经验上可把握的、平均的劳动时间，变为越来越由于劳动过程的机械化和合理化而按照客观标准计算的劳动定额，"随着对劳动过程的'心理'分析（泰罗制），这种合理的机械化一直推行到工人的'灵魂'里；甚至他的心理特性也同他的整个人格相分离，同这种人格相对立地被客观化，以便能够被结合到合理的专门系统里去，并在这里归入计算的概念"。① 再者，由于劳动过程的合理化，工人的人的性质和特点与这些抽象的局部规律按照预先合理的估计起作用相对立，无论在客观上还是在他对劳动过程的态度上都不表现为这个过程的真正主人，而是作为一个部分被整合到这一机械的系统里，并受整个系统制约。生产过程的这种理性化原则不仅排斥了工人的个性、主体创造性，也扩散到社会的其他领域，使得生产过程和社会过程完全按照精确的理性

----

① ［匈］卢卡奇：《历史与阶级意识——关于马克思主义辩证法的研究》，杜章智、任立、燕宏远译，商务印书馆 2012 年第 6 次印刷，第 149 页。

原则组织起来，人与人之间的有机联系被切断了，变成了一个个以物为纽带联结起来的缺乏"灵魂"的原子。总之，资本主义社会使所有阶级、阶层都经历和正在经历着这种经济生活中的物化。

政治生活中的物化。政治生活中的物化现象主要是指官僚政治的物化或科层体制。资本主义社会的基本要求是经济的发展，而要使资本主义生产完全产生效果，其前提是这种变化过程必须遍及社会生活的领域。这样，资本主义的发展就必然创造了一种同它的需要、结构相适应的法律以及政治国家，即官僚政治中的各个组成部分，如法律、国家、管理等"形式上的合理化"和"非人性分工"，表现为客观层面上官僚统治越来越强烈地按照合理的、正式的方式处理问题，以及下层官僚统治分工中的片面化、专门化，甚至畸形化，每个个人都是官僚机构的部件，服从支配自己的整个科层体制，只需按照固定的位置行事即可。物化结构决定着法律结构，而法律结构又为资本主义的发展提供法律基础，通过这种法律结构，资本主义生产关系得到有效的调整，进而形成资本主义所需要的一切社会秩序。

意识形态领域的物化。在意识形态方面，商品关系也在人的整个意识上留下了它的印记。建立在商品经济上的资本主义世界的合理化，渗进了人的肉体和灵魂的最深处。"正像资本主义制度不断地在更高的阶段上从经济方面生产和再生产自身一样，在资本主义发展过程中，物化结构越来越深入地、注定地、决定性地沉浸入人的意识里"。[①] 一是用经济合理性处理一切问题，包括政治、法律、婚姻等，把人的问题当作物来对待；二是人的意识变成一种被动的观察，服从于它所控制不了的法则，失去了意识的能动力量；三是无产阶级意识形态的危机突显，工人的思想方式和情感方式都被资产阶级化了；四是人们认为自己存在于其中的社会是他们唯一可以面对的、不可改变的现实。

---

① ［匈］卢卡奇：《历史与阶级意识——关于马克思主义辩证法的研究》，杜章智、任立、燕宏远译，商务印书馆1999年版，第159页。

2. 总体性的法哲学辩证法

在《历史与阶级意识》一书中，卢卡奇以总体性概念表达了马克思哲学方法论。他认为，总体性辩证法重新恢复了总体性范畴在马克思著作中的方法论核心地位。在当时的大环境，第二国际思想家由于受实证主义和新康德主义的影响，放弃对资本主义社会本质的整体把握和对未来理想社会的总体预期，转而满足于对具体的局部的科学事实的追求，在机械地运用马克思主义指导革命实践过程中，甚至有人认为马克思主义已经过时，不再适合做共产主义革命事业的指导思想。针对这一思想流毒，卢卡奇在《什么是正统马克思主义？》中用声明性的言词指出："我们姑且假定新的研究完全驳倒了马克思的每一个个别论点。即使这点得到证明，每个严肃的'正统'马克思主义者仍然可以毫无保留地接受所有这种新结论，放弃马克思的所有全部论点，而无需片刻放弃他的马克思主义正统。所以，正统马克思主义并不是意味着无批判地接受马克思研究的结果。它不是对这个或那个论点的'信仰'，也不是对某本'圣'书的注解。恰恰相反，马克思主义问题中的正统仅仅是指方法。"① 因为，在卢卡奇看来总体性与辩证法是密切相联的，辩证法的实质就是总体性。马克思主义辩证法就是研究资本主义社会本质和人类社会发展的正确方法，那些企图"克服"或"改善"这种方法的做法只能使自己倒向肤浅、平庸与折中。

卢卡奇认为总体性辩证法的重要性主要体现在"理论与现实的统一""主体与客体的统一""历史与具体的统一"三个层次上。首先，马克思的总体性辩证法取自于黑格尔纯粹的思辨哲学，并独创性地改造成为一门全新的、旨在变革社会现实的科学方法论，因而要求理论与现实的统一；其次，主体与客体的统一是马克思总体性辩证法的另一个重要维度。主体与客体的统一指的就是无产阶级意识的自我觉

---

① ［匈］卢卡奇：《历史与阶级意识——关于马克思主义辩证法的研究》，杜章智、任立、燕宏远译，商务印书馆 2012 年第 6 次印刷，第 48 页。

醒。卢卡奇认为，面对资本主义社会的商品拜物教之魔力，无产阶级要取得革命的胜利必须首先对人类生存状况的觉醒和对阶级意识的自觉，因为只有具备了阶级意识的无产阶级才能重新焕发革命的斗志，冲破资产阶级意识形态的限制以及商品形式、物化结构的束缚，成为实现自己的历史使命和变革黑暗社会的真正主体，并在革命实践中实现主体与客体的统一；最后，历史性和具体性的统一是马克思主义总体性辩证法的又一基本特征。总体性辩证法作为一种哲学方法，其本质是为一定的哲学本体论服务的，因此正确对待具体的历史的辩证法必须从哲学根底处寻求依据，即从马克思哲学的本体论出发去理解这种方法。马克思哲学的本体论基础就是唯物史观——将具体的事件及其关系放在历史过程中去整体性考察，既要看到具体的现实问题，又要看到整体的优先性和决定性作用，并在总体的统摄下，认识部分及其相应的存在意义。同样，法律现象、政治现象同社会整个本质相关联，因而也不能将其从一定的社会制度体系框架下分解开来来解读。总之，作为一种哲学理论，总体性辩证法的确在特定的历史时期开辟出一条新的丰富和发展马克思哲学的理论道路，卢卡奇也因此被奉为西方马克思主义的开山鼻祖。

3. 主体性的法哲学历史观

卢卡奇认为，主客体间的互动关系是主体性问题的重要内容，也是近代哲学认识论的基本问题。在这一问题框架中，主体是认识的主体，客体是认识的对象（客体）。认识论的任务就是探讨作为认识主体的思维如何能够与被思维的对象相一致。不可否认，在人类社会历史中，主体是实践的、行动的主体，客体也并非自然界中自在的、既定的、与人相异的客体，而是人类在实践过程中创造出的东西，因而在本质上具有生成性和历史性。因此，主客体的关系问题不仅要从理论和实践两个层面上来讨论，而且也要从理论与实践相统一的基础上加以解决。然而由于资本主义社会的"物化结构"在法哲学观上的反映，使原本是人的历史活动产物的社会客体呈现出与自然客体全然相似的特征：人们在历史活动中创造的商品、货币、资本等表现为一种与人相独立、相异化的"自然存在物"，人们在社会生产中形成的社会关系也表现为存在于各种自然物之间的物与物的关系，致使主体不仅不能在认识中把握这样的客体对象，也不能在实践中参与对象的生成和变化，形成主客体的分离，甚至无主体。卢卡奇则是通过主客体的有机统一来论证无产阶级的历史使命与社会地位的一致性，以唤醒无产阶级的阶级意识重建其历史主体地位。他认为，无论在理论上还是在实践上，社会历史真正的主体是阶级而非个人，作为阶级而存在的无产阶级既是历史的主体，也是历史活动的客体，是主体与客体的统一。然而，无产阶级不是与生俱来就具有关于自身作为"主客体同一"的自觉意识。相反，需要把资本主义社会当作一个历史过程的总体加以认识，并逐渐形成关于自己是这个社会的真正主体的意识，进而在总体上把握资本主义社会的历史进程，实现改造社会的历史使命。事实证明，资本主义社会实现了人类社会由传统农业文明向现代工业文明的历史性转型、人治型的价值规范体系向法治型的价值规范体系的历史性演变，经济关系、法律关系摆脱了等级、宗教等因素而清晰地表现出来，为资产阶级和无产阶级实现对社会现实的总体性认识提供了条件，但由于阶级局限性，资产阶级难以实现阶级意识上的自觉，这个任务必然落在了无产阶级的肩上。[①] 总之，卢卡奇把黑格尔的概念辩证法改造成历史中的主客体同一的辩证法，把一个总体性的历史主体与历史客体看成理论和实践相统一的历史前提，明确地指出这个主体就是无产阶级，这个历史阶段就是资本主义社会，认为无产阶级只有在社会革命的实践中发挥阶级意识的能动性、主动性，运用总体性的方法把握社会现象、揭示社会规律，才能真正成为历史的主体。

4. 晚期的社会存在本体论

社会存在本体论的思想主要体现在卢卡奇晚年的《关于社会存在的本体论》对其青年时期思想的自我批判和修正中。首先，在《关

于社会存在的本体论》中，卢卡奇指出社会存在是社会物质生活存在和精神生活存在的有机统一体。其中，任何一个局部或部分，如劳动、分工、语言、意识和法律等，都是在执行由整体所规定的特殊职能时进行自我的再生产。由于卢卡奇将"劳动"和"实践"看着是理解社会存在方式的形成过程与自我发展的钥匙。① 认为劳动对于人的历史生成所具有的前提意义，不仅表现在人类起源方面，而且表现在每一个人的现实生活方面，它构成人类赖以存在的不可缺失的永恒条件。因此，他的社会存在本体论也可称为劳动本体论。其次，在《关于社会存在的本体论》中，卢卡奇完全沿用了马克思的定义，认为劳动是人与自然界之间所进行的物质交换过程，通过劳动人以自身的自然作用于外部自然，以换取外部自然物的形式变化来满足自身的需要。因此，劳动的最基本价值就是满足人的需要——劳动的结果能够超出劳动实施者自身再生产之所需。再次，卢卡奇认为劳动作为维持人类生存的最基本的活动方式，不仅体现了人与自然之间的相互关系，也体现了人与人之间的相互关系，劳动成为统一社会物质生活存在和精神生活存在的中介和基础，也成为包括法律制度在内的社会各种制度（规范人与人之间关系的规则）的客观前提和基础。因为，从人类社会的发展史看，生产力发展的必然结果是社会分工的产生，以及随着社会分工的进一步发展，阶级和阶级之间利益冲突与对立的产生，于是便产生了对执法分工的实际需求，即用法律调节人与物、人与人之间关系。复次，卢卡奇通过对生产劳动的剖析发现，社会经济的发展不仅是一个生产力的提高问题，而且包含着深刻的观念变革。作为社会存在的构成因素经济范畴是人的对象化的基本形式，其实质就是人的目的论的实践活动。因为，劳动以设定的选择为基础，伴随着设定目的的行动，在劳动本身中产生出社会存在。显然，卢卡奇的这一思想与马克思的"历史不过是追求着自己目的的人的活动而

---

① 姜佑福：《卢卡奇晚年重建马克思主义存在论的努力与局限》，载于《河北学刊》2008 年第 5 期，第 21 页。

已"是一脉相承的。最后，在《关于社会存在的本体论》中，卢卡奇站在人类社会存在的历史视野中，再一次理性地审视了异化问题。卢卡奇认为"客体的对象化和主体的外化，这两者作为一个整体过程而构成了人类实践和理论的基础"。① 如果没有了对象化的活动及其产物，人本身作为对象性的存在物也就失去了他的对象，失去了他赖以生存和发展的根基。假如无论在什么场合，只要人们已经不再通过意识，而只是通过条件反射来完成自己对于生产中的、交往中的或者消费中的某个过程的反应，物化就自发地产生了。事实上，商品经济是造成物化这一现象的社会根源，而"物化不可避免地要导致人的自我异化，导致人的生活过程的异化，它具有一种直接向异化过度的内在趋势"。② 资本主义社会商品经济最为发达和普遍，物化这一现象在资本主义社会达到了最高阶段，甚至直接转变成为异化和自我异化，成为一种制约人、统治人的力量。卢卡奇进一步还指出，物化和异化表现了人类历史发展中的辩证对抗性。一方面，随着生产力的不断发展，人类越来越向社会化的方向发展，直到人们创造的社会分工、交换、世界市场取代了自然形成的血缘、家族、地域和民族等；另一方面，日益社会化使人们越来越失去了对自己行为及其后果的自觉意识和有效控制，在彼此交往和作用中形成的社会生产方式越来越成为对他们来说不可理解的、自然铸就的直接现实，他们只能不加批判地屈从于这种物化了的现实。整个人类的历史就是一个异化和扬弃异化的历史。

综上所述，卢卡奇以劳动为基础建立的社会存在本体论思想，在马克思主义的理论发展中具有重要地位。但由于他的社会存在本体论只有社会而无人，因而他的社会只是一个劳动的社会而非人的社会。说明卢卡奇的《关于社会存在的本体论》并没有完全否定其早期的物化理论和主客体统一的辩证法，与青年时期的思想存在着某种一

---

① 卢卡奇：《关于社会存在的本体论》下卷，白锡堃译，重庆出版社1993年版，第432页。

② 同上书，第720页。

致性。

（二）葛兰西的法律思想

安东尼奥·葛兰西（Antonio Gramsci，1891—1937）是意大利共产党的创始人和领导人之一，著名的马克思主义理论家和政治活动家，西方马克思主义的创始人之一。葛兰西的思想与多数意大利马克思主义者的思想进程一样，早年受到意大利社会党内部社会实证主义与"达尔文主义"的影响，同时还受到意大利本国政治文化的影响。在革命斗争的实践中才逐步认识到马克思主义并与当时占主流地位的各种马克思主义错误思潮决裂。1917 年俄国革命的成功使葛兰西产生了新的想法，特别是列宁对马克思主义革命理论的发展触动了葛兰西。1926 年，葛兰西不幸被意大利法西斯逮捕入狱。在监狱中他克服重重困难进行艰苦的理论研究，完成了 32 卷本共 2848 页的代表作——《狱中札记》，全面地阐述了他的哲学、政治、法律等思想。他认为对法的现象的理解应当源于人们的法律实践活动；法的实践不仅是法律实践，而且也是包括围绕法权关系的变化进行的一切法权活动在内的人的实践活动。所以，没有人的实践活动，就不会有法的现象。研究法的现象应当从与人的实践活动密切相关的法的起源开始。在此基础上，葛兰西对法律是统治阶级统治的工具这一本质展开了论述。葛兰西将上层建筑分为"市民社会"（称为私有的有机体的整体）和"政治社会"（专政、或使人民群众与当时居支配地位的生产和经济形态相适应的强制机构）或"国家"两个层次。市民社会代表舆论，通过民间的社会、学校、以及各种意识形态组织，如报纸、杂志和各种学术文化团体等，行使维护统治阶级的领导权职能；政治社会代表暴力或专政，通过法庭、监狱、军队等执行机构，行使"直接统治"或命令的职能，并与既定的经济关系保持一致。不过，在葛兰西思想中，国家又称"完整国家"，不仅是政治社会的也是市民社会的，不仅被理解为政府机构也被理解为"民间的"领导机构或市民社会。在这两个层次上，法律都起作用。首先，法律是统治阶级的利益和意志的体现，为整个社会预设的、随时准备着对那些不愿意服从统治的社会集团给予强制性的约束，以防止命令或指示无法贯彻实施。其次，法律是阶级力量对比关系的表现形式，对阶级利益、阶级力量间的博弈造成的不稳定进行平衡。法律正是统治阶级与其他阶级、社会力量之间的复杂关系对比的体现。最后，法律作为统治阶级否定、根除旧的政治文明形态，推行其意识形态、文化观念和道德价值体系以形成有利于自身利益的政治秩序的有力手段，是统治阶级预先为整个社会生活规定好了的"总方向"，即法律具有教育功能，引导社会整体逐渐顺从。这就是葛兰西所强调的法律功能的两个基本方面：阶级统治职能和意识形态教育说服职能。因此，我们不能简单地把法律当作国家统治的一种惩罚性的工具。

总之，葛兰西是西方马克思主义早期代表人之一，也是最早论述法律的意识形态功能的西方马克思主义者。他的文化领导权理论、市民社会与国家理论一改马克思主义观点，令人耳目一新。由于葛兰西看到了在发达资本主义社会中资产阶级所采取的不同于马克思时代的统治特点，因而特别强调法律的教育功能和同化功能，这对后来的西方马克思主义者的法律思想有着深远的影响。

（三）法兰克福学派主要代表人物的法律思想

法兰克福学派以 1923 年德国法兰克福城创立的一个社会研究所为前身，逐渐发展成为西方马克思主义思潮中持续时间最久、成果最丰富、影响最大的一个学术派别。1930 年 7 月马克斯·霍克海默（M. Max Horkheimer，1895—1973）接任该所的所长，从此揭开了法兰克福学派（当时尚未使用"法兰克福学派"的称号）新的一页。第一代以霍克海默、马尔库塞等人为代表；第二代以哈贝马斯最为著名；第三代以韦尔梅尔为代表。纵观法兰克福学派思想的发展，早期的批判理论与马克思的早期哲学批判极为接近，表现出更多的马克思主义特色。这与当时的西方社会历史状况——已表露出后自由主义、工业社会的某些征兆，但并没有步入完全意义上的工业文明不与关系，同时也与 20 世纪 30 年代流行于西方的"巴黎手稿热"有关，这在很大程度上左右着法兰克福学派批判理论的基调和方向——立足于马克思主义的人本主义和异化理论，以及卢卡奇的物化理论，关注人的现实生存境遇，批判人的各种历史困境，试图找到确保人的自由与独立的新的社会秩序。"二战"以后，随着资本主义社会步入稳定的发展时期，社会生活各方面发生了一系列新变化，引发了法兰克福学派的新思考，以及为了与资本主义社会的稳定繁荣相协调而进行的理论辩护。如马尔库塞在《单向度的人》中提出的社会控制的新形式问题，展开了对资本主义社会、政治、思想等领域单面性的系统批判，揭露了技术理性的欺骗与操控的意识形态功能；霍克海默在《权威与家庭》中将"盲目的经济必然性"即"经济权威"比作"无名的上帝"，在《启蒙辩证法》中对社会统治的新形式、"匿名权威"等问题进行讨论，等等。反映出法兰克福学派普遍认识到，当代西方发达工业社会出现的一系列新发展、新变化与日益膨胀的技术理性密不可分。技术理性也是一种政治理性。技术理性导致西方社会成为"富裕社会"的同时，也成了"病态社会"或"单面的社会"。在这种整体指认下，法兰克福学派展开对这个"病态社会""单面的社会"的具体批判。总之，法兰克福学派的研究涉及哲学、美学、政治学、法学等领域。其中，对法律研究最具代表性的是哈贝马斯，他在发掘、重建马克思主义以及建构社会批判理论的过程中，将触角伸向了法学领域，形成了相当丰富和独特的法律思想。

1. 哈贝马斯的"法律合法性"思想[①]

尤根·哈贝马斯（Jürgen Habermas, 1929—）一生著述很多，有《理论与实践》（1963）、《认识与兴趣》（1968）、《社会科学的逻辑》（1967）、《晚期资本主义的合法性危机》（1973）、《历史唯物主义的重建》（1976）、《交往行动理论》（1981）、《交往行动理论的准备与

---

① 任岳鹏：《哈贝马斯法律合法性思想与西方马克思主义传统之关联》，载于《北方法学》2010 年第 6 期，第 36—38 页。

补充》（1984）、《在事实与规范之间》（1992）等。其中，《在事实与规范之间》是其法律思想之集大成。尽管该书内容相当庞杂艰涩，但现代社会法律的合法性问题却是该书的核心论题，哈贝马斯正是围绕着"法律合法性"问题展开对传统马克思主义、西方马克思主义、西方法学等理论的批判。传统马克思主义一般把国家定义为阶级矛盾不可调和的产物，强调国家和法的暴力镇压职能；西方马克思主义法学根据变化了的资本主义现实，认为国家和法的职能不仅仅是镇压、强制，还包括"同意"，法是创建社会同意的重要手段。这一思想可以看成对传统马克思主义国家和法的理论的批判与发展。哈贝马斯的"法律合法性"思想同样也是对"强制与同意"二元难题的探究，因而是对西方马克思主义法学的批判与继承。不同的是"强制与同意"论题在哈贝马斯那里变形为"事实与有效性"问题。

　　一般而言，对法律合法性的证明主要有两种路径：一种是自然法理论路径；一种是实证主义路径。哈贝马斯一直尊崇古希腊的民主观和理性主义，认为古代雅典城邦的秩序就是"靠全体公民共同参与行政、法律、正义与协商来实现的"[1]。在这样的城邦里，法律是自然的，是为自由的秩序而设立的，因而人类的本性能够得以实现。哈贝马斯还考察了阿奎那、霍布斯、洛克等人的自然法，认为现在的法律是被"实证化"了的彼此靠契约而强加于个人身上的形式的和实证的东西，由于自由（财富、自由和保障）是与统治者具有的绝对权力观念相一致的概念。因此，只有最高统治者才能决定"实际上"的法与社会契约上的法相一致。[2] 对于马克思主义法学，哈贝马斯认为马克思只是站在革命的自然法传统的内部，对"自由"的盎格鲁·撒克逊人的传统的自然法进行了批判，没有从根本上把人权与市民权区分开来，因而是不全面的；西方马克思主义者关于法律的评论也只是适用于自由竞争时期的资本主义，无法说明晚期资本主义社会

---

① 哈贝马斯：《理论与实践》（1963），伦敦 1974 年英文版，第 48 页。
② 吕世伦：《西方法律思潮流论》，西安交通大学出版社 2016 年版，第 289 页。

条件，工具理性造成的经济危机、合理化危机、动因危机和合法性危机。因此，有必要把理性主义自然法作为革命的组成部分，重建一种反映公共理性的正当、历史的价值和作为对现代国家批判核心的政治民主。

哈贝马斯通过对马克斯·韦伯（Max Weber，1864—1920）形式主义法律观和尼克拉斯·卢曼（Niklas Luhmann，1927—1998）系统论法律观的批判，实现实证主义路径的法律合法性证明的。根据韦伯的观点，法律和道德应（且实际）属于两个不同的领域。法律的合法性源于它的形式特征，而非其道德性。哈贝马斯则认为，法律的形式特征不能因其道德中立属性就获得合理性。相反，为了确保法律的合法性，法律程序（包括法律的制定和运用）必须为道德论证提供机会，因为只有道德规范才可以主张具有普遍的效力。[1] 卢曼则认为现代社会的进化已经达到了高度分化的程度，致使法律成为一个对外封闭的自创生（autopoietic）系统，因而不需要根据道德观点进行任何的正当化。对此，哈贝马斯认为结构功能主义研究方法已丧失了社会批判维度，因为这种完全实证化的研究范式切断了法律与道德、理性的关联。在其理解中，法律只能"实证地""从现行法"那里获得"有效性"。

关于法律的有效性，哈贝马斯认为有两个层面：一是规范本身的强制性（事实有效性），即如果行为违反了法律规范，行为将受到以国家力量为后盾的惩罚或制裁；二是规范本身的有效性（亦称合法性），即人们遵守法律规范是因为人们认为这样的规范本身是值得尊重的。因此应将法律定位于"事实与规范之间"，从程序主义的角度对法律的合法性进行了论证。需要指出的是，哈贝马斯这里所说的"程序"不是与"实体法"相对的"程序法"意义上的程序，甚至也不是立法程序，而是其"交往行动理论"中的程序。在法哲学和政

---

[1]　［美］马修·德夫林：《哈贝马斯、现代性与法》，高鸿钧译，清华大学出版社2008年版，第110—111页。

治哲学中，这一程序本身是与民主过程联系在一起的。也就是说，只要公民转换私人法律主体的角色并采取参与者的视角，参与到他们共同生活的规则达成理解的过程中法律就拥有了合法性。不可否认，作为一位"综合型"学者，哈贝马斯的法哲学吸收、融合了多种理论资源，并对发达资本主义国家法律现实进行思考，对我们了解现代国家的法律很有帮助。尤其是合法性理论的提出有一定的价位和合理成分，但由于时代的局限性，哈贝马斯的理性主义自然法思想不可避免地存在诸多的缺陷与不足。

2. 柯切恩海姆的"法律政治化"思想

法兰克福学派的代表人物之一的奥托·柯切恩海姆，在其《政治正义》一书中提出了"法律政治化"的论断并加以系统论证。他认为，20 世纪法西斯主义与资产阶级民主之间，资产阶级各种政治制度与共产主义者或进步的反对派之间的政治与意识形态的冲突已发展到国际化程度。随着各种冲突的增加，将引起统治阶级加强警察和其他非正规的制度去控制主体的各种交往及他们的政治活动。这就意味着法律和司法程序的政治力量得到了加强。与葛兰西的"政治社会化"观点遥相呼应，柯切恩海姆认为"意识形态极力去控制人们的思想"，使得法庭有必要加强其政治活动，即使在资产阶级民主国家里，对法庭不直接进行控制，但也存在一套假定和诉讼程序之类的基本东西，且法庭还要受到大众媒介宣传的间接压力。所以，政治审判成为"消除政治敌人"的一种最理想的方法。不过，柯切恩海姆将"法律政治化"命题置于首要地位，忽视了法律的社会职能，因而是一种片面的形而上学观点。事实上，法的政治职能与社会职能是一个问题的两个方面，法既执行政治职能，也执行着社会职能。恩格斯曾明确地指出，"政治只有在它执行了它的这种社会职能时才能维持下去"。柯切恩海姆只看到了政治对法律影响的一面，忽视了法律的社会性，过分强调政治意识形态对法律的影响，最终导致法律虚无主义，否定法治，主张人治。这是柯切恩海姆法律观的一大缺陷。

（四）结构主义马克思主义的代表人物的法律思想

结构主义作为一种方法论首见于法国索绪尔的语言理论，索绪尔因此而被视为结构主义的创始人。结构主义马克思主义是当代西方科技革命的产物。第二次世界大战后，随着自然科学研究中的系统观、结构观的成熟，法国部分知识分子在既渴望冲破主体限制，寻求社会矛盾的解决之道，又厌倦激进革命，试图在逃避现实中获得社会秩序的稳定，将希望的目光转向了自然科学中注重实证、整体、关系的结构主义。结构主义马克思主义，从人类认知能力的视角，运用结构主义、唯理主义的方法，反思以人性、人的本质解答一切社会问题的理论弊端时，以独有的方式和隐语表达了相关见解，其法哲学思想主要体现在阿尔都塞、普兰查斯的理论中。

1. 阿尔都塞的法律观

路易斯·阿尔都塞（Louis Althusser，1918—1990）的主要著作有《保卫马克思》和《阅读〈资本论〉》等。与人道主义马克思主义总是从人性、人的本质出发解答一切理论问题不同，阿尔都塞力图以客体性阐释马克思的历史观，认为"历史是无主体的过程"[1]，就马克思唯物史观而言，一是历史过程的条件是生产关系而非抽象的人，尽管生产关系表现为一种人与人之间的关系，但它独立于人的意志、人的活动之外，人只不过是生产关系的承受者和执行者；二是马克思从"结构的总体性"视角，将"社会"视为既相对自主又相互作用的各种要素的整体结构，"历史变革"是各种社会因素交互作用的结果，而非生产力与生产关系的矛盾运动的简单推动；三是在马克思的理论中，"社会形态"不过是由各种决定性领域的相互关系构成的整体，显现了经济基础与上层建筑及其他社会要素之间相互作用的历史结构的延续。因而，社会形态的发展、演变的过程只能是整体性的结

---

① ［法］阿图塞：《列宁和哲学》，杜章智译，远流出版事业股份有限公司（台北），1990 年版，第 128 页。

构改变而非连续性的发展过程。尽管马克思将经济因素视为社会结构诸要素中"归根结底"的决定性要素，但他从未将"归根到底"等同于"唯一"。可见，马克思的历史观不是黑格尔的历史观的简单"颠倒"（物质生产史决定意识生产史），而是"多元决定论"。综上所述，阿尔都塞试图"回到"马克思，一方面，竭力以客体视角理解马克思，强调社会结构、社会形态中的生产关系（经济基础）的决定性作用，解答"历史之谜"之一的社会发展动力时，弘扬了马克思历史观中的唯物论；另一方面，他又以结构主义方法阐释马克思，强调社会结构、社会形态中不同社会要素对社会构成、历史发展的"多元决定"作用时，揭示了马克思历史观的科学性，从而为解答社会发展动力开辟了新的路径——意识形态的实践功能。

阿尔都塞是在解答社会发展动力问题时阐述了自己的法律思想。与人道主义马克思主义的理论基点截然相反，阿尔都塞从工具理性的角度，充分肯定了意识形态的实践功能，承认了意识形态的社会动力价值。首先，他认为，意识形态虽然属于观念范围，但却具有客观性、普遍性、永恒性、强制性等特质，这些特质正是意识形态发挥实践工具作用的一般机制，即所有的意识形态的"实现"都归为"国家机器"内的政治操作。在此，阿尔都塞重复葛兰西的观点，将国家机器分为镇压性国家机器（包括政府、行政机构、军队、警察、法庭、监狱等）和意识形态国家机器（包括家庭、学校、教会、工会、传媒、文化机构等）两大类，认为前者是一种集权组织，具有整体性、强制性特点；后者是一种观念意识形态，具有多样性、教化性特点。其次，在论述意识形态的实践功能时，阿尔都塞指出，"法律"既属于（镇压性）国家机器，又属于意识形态国家机器，二者的根本区别在于前者以"暴力方式"执行职能，而后者以"意识形态方式"执行职能。在实践层面上，意识形态是以宗教的、政治的、伦理的、法律的、艺术的形式体现出来的，与一定社会结构相联系的"表象群"，就其原料而言，是宗教、教育、家庭、法律、政治、工会、信息（出版物、广播电视等）、文化（文学、艺术、体育等）等，因而又属于民间领域的意识形态。因此，统治阶级可以通过宣传、教育、灌输等方式，向民众输入，并加以改变和改造，以实现维护其统治秩序、现存生产关系、现有社会制度的长期稳定。可见，阿尔都塞是用结构主义的观点阐释了"意识形态国家机器"理论，以隐晦的方式承认了意识形态对社会发展的实际作用，实现了对马克思意识形态理论的改造。

在论及资本主义社会法的时候，阿尔都塞认为法是资本主义生产关系存在的条件。在阿尔都塞看来，尽管镇压性国家机器和意识形态国家机器发挥功能的方式、手段、途径不同，但两者对于社会再生产、生产关系再生产的保护却是一致的，尤其是意识形态国家机器对社会生产关系再生产的作用不可低估。他认为，马克思的"多元决定论"承认经济基础与上层建筑及其他社会要素之间相互作用，也承认上层建筑具有相对的自主性，但"经济基础—上层建筑"这个"隐喻"缺乏理论解释，因此要突出上层建筑在维持和保护经济的再生产上的重要性。因为，"正是给镇压性国家机器提供庇护的意识形态国家机器，主要地保护了生产关系的再生产"。换言之，正是在社会中占统治地位的意识形态"确保着镇压性国家机器和意识形态国家机器之间以及各种不同的意识形态国家机器之间的'和谐'（有时是不合拍的和谐)"。① 在《读〈资本论〉》一书中，他再次强调某些生产关系是以法和政治的以及意识形态的上层建筑的存在为自身存在的前提的，生产关系把它所要求的上层建筑看作是它自身存在的条件。②

2. 普兰查斯的法理观

普兰查斯（Nicos Poulantzas，1936—1979）是西方结构主义马克思主义阵营中一个重要人物，"他的政治与理论演进过程追随了欧洲

---

① ［法］阿图塞：《列宁和哲学》，杜章智译，远流出版事业股份有限公司（台北），1990年版，第170页。

② ［法］路易·阿尔都塞、艾蒂·安巴里巴尔：《读〈资本论〉》，李其庆、冯文光译，中央编译出版社2001年版，第205—206页。参见任岳鹏《西方马克思主义法学》，法律出版社2008年版，第90页。

'左'派主要倾向的轨程，反映了整整一代人政治上的艰难历程。"①普兰查斯的一生虽然短促，但他结合当时的历史条件，运用"结构主义马克思主义"的方法，深入地研究了资本主义和社会主义的政治理论，尤其是阶级、国家、权力、专政、意识形态等问题，先后出版了《政治权力和社会阶级》（1973）、《法西斯主义与专政》（1974）、《当代资本主义中的阶级》（1974）、《专政的危机》（1975）、《国家、权力和社会主义》（1978）等重要著作。普兰查斯的思想既深受卢卡奇的影响，又吸收阿尔都塞的精华，但又体现出不同凡响的原创性。

结构主义的国家观。在《政治权力与社会阶级》一书中，普兰查斯认为尽管马克思主义关于国家问题做了历史的解释，但没有关于一般国家，甚至资本主义国家的详尽理论。因此，应把国家置于社会结构整体中，从政治、经济和意识形态三个"结构方面"来探讨。首先，普兰查斯认为绝不能将国家简单地理解为一个阶级压迫另一个阶级的暴力工具，国家还是一个社会形态各个方面矛盾集中的场所和调和的因素，也是一个社会形态政治结构发生转变的地方。由于，社会形态在普兰查斯那里是一个由各种因素构成的复杂统一体。因此，国家代表着统一体中的秩序，保证统一体内部各要素不致失调而处于稳定的平衡状态。在此意义上，普兰查斯认为国家是产生一种新的统一和新的生产关系的一个因素。其次，普兰查斯把国家机器分为严格意义上的压迫性的国家机器和它的部门——军队、警察、监狱、法院系统、内务部，意识形态的国家机器，如教育机器、宗教机器（各种教会）、信息机器（无线电、电视和新闻系统）、文化机器（电影院、剧院和出版系统）、阶级合作的工会机器以及资产阶级和小资产阶级的政党还有家庭等，经济技术机器，如"'商业'或'工厂'作为人们占有自然的一种中心的事业，物质化和具体化了它们在与政治的意识形态的关系相结合中的经济关系"。② 因而国家的职能必然表现为

---

① 艾伦·伍德：《新社会主义》，江苏人民出版社 2002 年版，第 26 页。
② 尼科斯·普兰查斯：《当代资本主义中的阶级》，伦敦英文版 1975 年版，第 3 页。

政治职能、意识形态职能和技术职能三个方面。其中，政治职能是国家的基础职能，其他各种职能都是通过国家表现为政治职能的。当一个社会形态划分成阶级从而产生政治上的统治阶级时，严格说来，国家的技术职能、政治职能、意识形态职能是不存在的，存在的只是由国家所处地位而注定综合的调和职能，这种职能有多种形式，通过政治特殊形式受到多元决定的影响。

社会阶级与政治权力论。阶级理论是马克思主义政治理论的重要内容，也是马克思主义分析社会历史本质和规律的基本前提。在不同的著作中，马克思、恩格斯都阐述了马克思主义阶级理论的基本观点。随着当代资本主义社会的发展，阶级结构出现了新情况、新特点、新变化，给经典马克思主义的阶级理论提出了挑战。包括普兰查斯在内的许多西方学者都认为需要进一步完善马克思主义的阶级理论。普兰查斯正是在批判和继承马克思主义阶级理论的基础上阐述自己的社会阶级和政治权力的理论。

普兰查斯认为，阶级是社会行动者构成的群体，划分阶级的标准是各阶级在生产过程（经济领域中）的实际地位，但不是唯一的标准。由是，"一个社会阶级是根据它在社会实践总体（the ensemble of social practice）中的地位，即根据它在社会总体劳动分工（the social division of labour as a whole）中的地位来加以定义的。这一总体包含着政治的和意识形态的关系。在这个意义上，社会阶级是这样一个概念，它指示出社会劳动分工（社会关系和社会实践）内部的结果。因此，这一地位是与我称之为阶级的结构决定（the structural determination of class）一致的，也就是说，是与结构所决定的阶级实践内部的存在一致的。这里说的结构指的是生产关系、政治和意识形态的支配或从属关系。阶级仅仅存在于阶级斗争中（classes exist only in the class struggle）。"① 从这个定义可以看出，普兰查斯提出的"阶级的结构决定"肯定了阶级是由它在"社会实践总体"中的地位来决定的，

---

① 尼科斯·普兰查斯：《当代资本主义中的阶级》，伦敦英文版1975年版，第24页。

主张在阶级斗争的总体实践中为每一个社会阶级定位。因而，他没有停留在卢卡奇式的"总体"概念上，而是进一步主张用结构主义的眼光来审视这一总体内部的结构关系。

关于权力的范围，普兰查斯提出了著名的"阶级关系就是权力关系"的观点——权力的概念是由阶级实践领域构成，同社会中阶级关系联系在一起。他认为，"权力概念表明这些方面的整体对斗争中的社会各阶级之间关系的影响。它表示结构对处于'斗争'中的各个阶级实践之间的冲突关系的影响。……例如，我们说国家权力，其意并不是指国家综合和干预其他结构方面的方式，我们指的仅仅是一定阶级的权力，国家与它的利益（而不是与其他社会阶级的利益）相适应。"[1] 因此，正像经济方面经济"规律"领域并不构成权力关系一样，权力关系也拒绝从生产关系、友谊关系中加以探讨。总之，权力与阶级斗争领域、阶级组织、阶级利益有关，权力最终表现为一个阶级在经济权力、政治权力、意识形态权力关系上的彼此错位和失调。

法律与国家的关系。普兰查斯认为，现代的一些资产阶级国家都是根据一定的法律建立起来的。法律作为一种限制国家的无限权力的制度具有一定的暴力性。虽然法律有时充当了镇压和暴力的组织者，并在权力的实施中发挥着重要的作用，但法律并不是禁止一切，否定一切，拒绝一切，强压人们保持沉默，与公众民主相对抗。事实上，法律除了禁止或允许，还要规定人们去做或不去做什么，明确地宣布应该服从的义务和应尽的责任。就是作为镇压性的工具，法律不仅镇压那些为法律禁止的行为，也要惩罚那些不为法律规定就为的行为。因此，不能将法律完全归结为禁止和检查。显然，普兰查斯强调法律的镇压性功能，又认为法律并不完全等于镇压，法律作为国家的工具，仅仅是一个让被统治阶级服从的因素。

对国家与法律的关系，普兰查斯认为国家的活动和具体的功能，

---

① 尼科斯·普兰查斯：《政治权力与社会阶级》，中国社会科学出版社 1982 年版，第104 页。

无论如何都要采取法律（规则）的形式，"国家总是有一些逃避法律制度和法律秩序的行动和措施。这并不能说是一种'无法无天'或专制。但是，国家信奉的逻辑——阶级间斗争的力量关系的逻辑与法律秩序的逻辑是有着某种程度上的差别的。法律仅仅在某种距离上或特定的领域内授予（权力）给国家"。① 有时，国家的活动并不完全依照法律，国家会违犯自己制定的法律，甚至与法律背道而驰。因为，存在这样一种情况，每一种法律制度都应允最高权力突破自己的法律，甚至在制定时就加了一些可以灵活运用的规定。使得合法中有非法的因素，也使得国家的非法行为有了法律依据。② 最后，普兰查斯认为，国家的活动总要超越法律的规定，甚至还可以根据实际的变化修改法律。一个策略领域或权力网络的相互交叉和冲突在国家的受限层次上表现得非常清楚，如"在一些机构中发现它们的目标，或者由于其他的机构而短路，并最终绘制出这个力量的一般路线"。③ 其根本原因就在于，法律是由统治阶级制定和认可的而非先于国家存在的原始权力。

资本主义国家及法律。普兰查斯批评了工具主义的资本主义国家理论，指出由于资产阶级的国家的体制是以"个人"或"政治的人"的自由、平等、民主等原则为中心构建的，因而它具有代表大众阶级的国家特质，表现为个体公民在形式上（或法律上）的自由平等、大众的主权以及国家对人民的世俗责任等，但这无法掩盖资产阶级国家"负责资产阶级的政治利益"并实现其在政治上的霸主地位的本质。为此，它必须保持一种相对自主性——允许国家进行干预，即对某些被统治阶级的经济利益给予一定的保证。普兰查斯还指出在资本主义社会形态之中，不仅存在资产阶级和工人阶级两大基本对立阶级，还存在小资产阶级、农民、官僚和知识分子等社会阶层。尽管资产阶级通过国家的政策（包括法律规定）安排主动让渡一部分利益

---

① 吕世伦：《西方法律思潮流论》，西安交通大学出版社 2016 年版，第 295 页。
② 同上书，第 296 页。
③ Bob Jessop, Nicos Poulantzas. *Marxist Theoriesand Political Strategies. London：Macmillan*, 1985, p. 140.

给其他阶级，但资本主义国家机器再生产出统治阶级和被统治阶级之间的阶级关系（如意识形态国家机器再生产出资产阶级和小资产阶级的联盟、镇压机器再生产出资产阶级和农民阶级的联盟），往往使小资产阶级、农民阶级等阶级在政治上无法组织自身，更愿意依附于资产阶级，从而瓦解工人阶级的斗争，最终实现维护资产阶级政治统治的目的。因此，资本主义社会宣扬的所谓自由、平等、民主并非所有人的自由、平等、民主。

关于资本主义的法律，普兰查斯认为，虽然所有的法律制度都有保护统治阶级的权力和利益的实现这一共同特征，但资本主义的法律有着特别之处——形成一套原则性的制度，即抽象的、普遍的、形式上的和严格的法律规范。也就是说，资本主义国家把个人看成法律——政治上的主体，并确保主体在法律面前人人平等与自由。因此，不能简单地把资本主义国家理解为资产阶级统治的工具，资本主义国家应该被视为一个社会形态的"秩序"或"组织原则"。就此而言，当代资本主义国家已经不是恩格斯所说的是"资本主义生产方式的一般外部条件"，而是从资本主义的"守夜人"、中立的、不干预的角色转变为对经济领域大规模的直接干预。

综上所述，普兰查斯对现代资本主义国家的性质、特征、职能，社会阶级、政治权力以及国家与法律等问题的探讨，尤其是在对国家的社会职能的阐述时，承认法律作为统治阶级维持其统治的工具，既具有镇压的功能，也具有教育的功能，还具有赋予人民的一些基本权利的功能，这与马克思主义的法理观大致相同，但普兰查斯的理论忽视了国家的阶级统治本性，是对马克思主义相关理论的曲解。

三 西方学者对马克思主义法学的研究

20世纪70年代以后，随着西方马克思主义研究中心从西欧大陆向英美国家转移，英美国家取代西欧大陆成为马克思主义法学的研究中心，不断涌现出新的马克思主义流派或理论。一是马克思、恩格斯有关法律的分散著述被汇编成册，为西方马克思主义法学研究提供了极大的便利。如玛琳·凯恩（Maureen Cain）与阿兰·亨特（Alan Hunt）合著的《马克思与恩格斯论法》、保罗·菲利普斯编的《马克思与恩格斯论法和法律》、苏珊·伊斯顿的《马克思与法律》等①；二是一些西方马克思主义者的法学著作被翻译成英文，为西方马克思主义法学研究奠定了坚实的基础。如阿尔都塞和普兰查斯的著作被翻译为英文并在英国左翼知识界引起热议，还有葛兰西的《狱中札记》、伦纳的《私法制度及其社会功能》和苏联著名马克思主义法学家叶夫根尼·帕舒卡尼斯（Евгений Брониславович Пашуканис，1891—1937）的《法的一般理论与马克思主义》《马克思主义与法律著作选》的英译本先后出版，普遍受到英美马克思主义理论家的重视；三是英美的马克思主义法学研究成果受到主流法理学的关注和重视，许多学者在自己著书中对马克思主义法学进行介绍的研究。如《劳埃德法理学导论》一书专门用一章的篇幅来介绍"马克思主义法与国家理论"②、丹尼斯·帕特森（Dennis Patterson）教授编辑的《法哲学与法律理论手册》中阿兰·亨特介绍的"法律的马克思主义理论"、伦敦大学法学教授罗杰·科特威尔（Roger Cotterrell）主编辑的《法律社会学导论》第四章专门谈及他对马克思主义法学的认识③和《法律的社会学视角》收集的 Bob Jessop 教授的论文《论最近马克思主义法律理论与国家和司法政治意识形态》④、约翰·莫里斯·凯利（John Maurice Kelly）的《西方法律思想简史》用一节的篇幅介绍了"马克思主义的法律观"、韦恩·莫里森（Wayne Morrison）在他的《法理学：从古希腊到后现代》一书的第十章专门论述了"马克

---

① Maureen Cain. *Alan Hunt*，*Marx and Engels on Law*. London：Academic Press，1979.

② ［英］丹尼斯·劳埃德：《理学》，章润译. M. D. A. 弗里曼修订，法律出版社2007年版，第385—432页。

③ ［英］科特威尔：《法律社会学导论》，潘大松等译，华夏出版社1989年版。

④ Roger Cotterrell. *Sociological Perspectives on Law*. Dartmouth：Ashgate，2001，pp. 233 - 262.

思和马克思主义理解法律与社会的遗产"①、埃德加·博登海默（Edgar Bodenheimer）教授则在《法理学——法律哲学与法律方法》中论及马克思主义的法律理论价值②。最近英语世界出版的法律社会学方面的著作大多都对马克思的法律理论进行专门讨论，如里兹·巴纳卡（Reza Banakar）和马克斯·特拉弗斯（Max Travers）编辑的《法律与社会理论导论》第五章题目是"马克思主义与法律的社会理论"③、布赖恩·比克斯（Brian Bix）的《法理学》中也用了专门的篇幅介绍了马克思主义法学④、马修·戴弗雷姆（Mathieu Deflem）则在《法社会学讲义》中专门讨论了历史唯物主义的视角⑤，等等。

（一）英国学者对马克思主义法律思想的研究

20世纪70年代以来，英国学者在马克思主义理论发展史上扮演着非常重要的角色，先后涌现出了一批具有世界影响力的马克思主义理论家，⑥如保罗·赫斯特的《论法律与意识形态》（1979）、林·萨姆纳的《阅读意识形态：马克思主义意识形态和法律理论研究》（1979）等著作，掀起法律与意识形态研究的热潮；还有伦敦政治经济学院的休·柯林斯（Hugh Collins）教授的《马克思主义与法律》（1982）、英国社会学家罗伯特·法恩（Robert Fine）的《民主与法治：自由主义理想与马克思主义的批判》（1984），试图重构马克思的社会理论与自由主义传统的关系；伦理法律实证主义的代表人物英

---

① ［英］韦恩·莫里森：《法理学：从古希腊到后现代》，李桂林等译，武汉大学出版社2003年版，第263—268页。

② ［美］E. 博登海默：《法理学——法律哲学与法律方法》，邓正来译，中国政法大学出版社1999年版，第96页。

③ Reza Banakar, Max Travers. *An Introduction to Law and Social Theory*. Hart Publishing, 2002, pp. 101–118.

④ ［美］布赖恩·比克斯：《法理学：理论与语境》，邱昭继译，法律出版社2008年版，第308—309页。

⑤ ［美］马修·戴弗雷姆：《法社会学讲义——学术脉络与理论体系》，郭星华等译，北京大学出版社2010年版，第24—27页。

⑥ 张亮：《英国马克思主义理论传统的兴起》，载于《国外理论动态》2006年第7期，第4—5页。

国法哲学家汤姆·坎贝尔（Tom Campbell）教授的《七种人类社会理论》一书中详细探讨了马克思的冲突理论①，《左翼与权利：社会主义权利理念的概念分析》一书则是运用现代分析法学的方法研究社会主义权利概念的典范之作②。进入 21 世纪，马克思主义与国际法的关系引起了一些英国学者的关注。如被英国布里尔学术出版社收录到"历史唯物主义文丛"的英国小说家和学者柴纳·米耶维（China Miéville）的博士学位论文——《平等权之间：马克思主义的国际法理论》（2005）、伦敦国王学院苏珊·马克斯（Susan Marks）教授的《左翼的国际法：反思马克思主义者的遗产》（2008），特别是布鲁内尔大学法学院教授苏珊·伊斯顿的《马克思与法律》（2008）一书收集了一些最新的关于马克思主义与法律问题的经典论文，内容涉及马克思法律思想对于理解法律的形式和功能、正义与非正义、自由主义法治主义的批判、法律的意识形态属性、国际人权法和犯罪与惩罚的意义等。③ 英国这些马克思主义法学论著不仅讨论的问题十分广泛，而且也使马克思著作的遗产在最近的历史变迁中获得了重新的评价。

（二）美国学者对马克思主义法律思想的研究

20 世纪 70 年代以来，美国的马克思主义法学研究与批判法学的兴起密不可分，如以哈佛大学的邓肯·肯尼迪（Duncan Kennedy）、罗伯托·昂格尔（Roberto Unger）等人为代表的反形式主义左派法学家，以哈佛大学的莫顿·霍维茨（Morton Horwitz）教授、乔治敦大学的马克·图什内特（Mark Tushnet）教授等人为代表的新马克思主义者法学家，以罗伯特·戈登（Robert Gordon）和威廉·西蒙（William Simon）等人为代表的不属于前两种的左派法学家，④ 都在不同程度、

① T. Campbell. *Seven Theories of Human Society*. Oxford University Press, 1981.

② T. Campbell. The Left and Rights. *A Conceptual Analysis of the Idea of Socialist Rights*. Routledge and Kegan Paul: London, 1983.

③ Susan Easton. *Introduction*: *Marx's legacy*. Susan Easton ed, Marx and Law. Aldershot: Ashgate Publishing, 2008.

④ 沈宗灵：《批判法学在美国的兴起》，载于《比较法研究》1989 年第 2 期，第 1—9 页。

不同层面上批判和继承了马克思、恩格斯、葛兰西、哈贝马斯、萨特、福柯、德里达等马克思主义思想家的社会理论。其中，霍维茨的《美国法律的改造：1780—1860》（1977）和《美国法律的改造，1870—1960：法律正统的危机》（1992）以及图什内特的《美国奴隶制法律：1810—1860》（1981）都是运用马克思主义理论研究美国法律史的力作。除此之外，斯坦福大学法学院教授凯瑟琳·麦金侬（Catharine A. Mackinnon）的《女权主义、马克思主义、方法和国家：论女权主义法学》《女权主义、马克思主义、方法和国家：理论的议事日程》等著作奠定了女权主义的马克思主义法学的基础；① 普渡大学的哲学教授威廉·利昂·麦克布莱德（William Leon Mc Bride）通过对分析法哲学家哈特和存在主义马克思主义者萨特的革命观的比较，② 发表了许多马克思主义法学的论文；西雅图大学欧鲁菲米·太渥（Olufemi Taiwo）教授的《法律自然主义：一种马克思主义法律理论》则向我们提供了融合自然法和马克思主义的可能性；③ 以及后起之秀布赖恩·莱特（Briar Leiter）教授提出的"超越哈特－德沃金""帝国的终结""法律的自然主义转向"等口号，并广泛地研究了从古典哲学、欧洲的社会理论、自然主义哲学到法律现实主义、法律实证主义和马克思主义法学，他把马克思的理论定位为一种古典现实主义理论，并探讨了马克思主义与规范理论之间的相关性问题。

（三）其他英语国家的学者对马克思主义法律思想的研究

澳大利亚的马克思主义法学研究也蔚然成风。如国立大学高等研究所的尤金·卡门卡（Eugene Kamenka）教授的《马克思主义与伦理学》《费尔巴哈的哲学》《卡尔·马克思》等论著和《卢卡奇与法

---

① 吕世伦、范继海：《美国女权主义法学述论》，载于《法律科学》1998 年第 1 期，第 76—84 页。

② William Leon Mc Bride. *Fundamental Change in Law and Society：Hart and Sartre on Revolution*. Mouton and Co. , The Hague, 1970.

③ Olufemi Taiwo. *Legal naturalism：a Marxist theory of law*. Cornell University Press, 1996.

律》《法律的马克思主义理论》《马克思主义、经济学与法律》等论文，以及其夫人爱丽丝·泰（Alice Erh-Soon Tay）教授对马克思主义法学、法哲学和人权理论的研究著述。① 西悉尼大学法学院的迈克尔·黑德（Michael Head）副教授的《叶夫根尼·帕舒卡尼斯——一个批判性的再评价》一书对帕舒卡尼斯的理论遗产及其与当下马克思主义法律理论的相关性研究，为重新恰当地评价帕氏的法哲学思想做出了重要贡献。

（四）西方学者的马克思主义法学理论介绍

1. 法社会学与马克思主义法学

卡尔·伦纳（Karl Renner，1870—1950）是奥地利马克思主义团体里集中研究法律问题的专家，奥地利第二共和国的第一位总统，对奥地利马克思主义法学理论做出了重要贡献。据不完全统计，从 1895—1950 年间伦纳共出版了 60 部著作、小册子，还有大量的学术论文。《私法制度及其社会功能》一书是伦纳最重要的学术著作。该书围绕"法律在社会中的功能"这一主题展开，认为尽管法律落后于不断变化的经济现实，但对社会的变化具有潜在的影响。因此，对法律的演化史研究可以使人们认识到"平等"概念是法律和社会的产物，而非超自然的神人所恩赐的永恒之物。另外，在谈及世界和平问题时，伦纳支持以民族融合的态度构建政治共同体，要求在国际法的框架下确定相应的原则，主张具有执行权力的国际法庭监督这些原则的运行情况，通过逐步扩大国际法、国际规章、国际裁判，为民族融合开辟道路。②

罗杰·科特威尔（Roger cotterrell，1946—）是伦敦大学法学理论教授，先后发表 100 多篇文章，内容涉及法社会学、法理学以及公

---

① G. Doeker-ach, A. Ziegert. Law. *Legal Culture and Politics in the Twenty First Century.* Stuttgart: Franz Steiner Verlag, 2004, pp. 509 – 523.

② 孟飞、姚顺良：《卡尔·伦纳的政治理论和实践》，载于《武汉理工大学学报》（社会科学版）2016 年第 6 期，第 1101—1102 页。

法、犯罪学和侵权法等方面。在著作《法律社会学导论》的第四章"法律、权力和意识形态"中，科特威尔围绕着法的本质、阶级概念、法律和意识形态以及法与经济等问题详细论述了自己对马克思主义法学的认识。他认为马克思的早期著作反映了人道主义哲学，仅仅把法律看成人类自由的本质，而成熟时期的著作涉及了西方工业国家作为社会和经济秩序特征的资本主义本质，尽管马克思没有系统研究法学并形成体系，但在一些著作的章节中反映了法的理论，值得后继者进一步研究和挖掘。科特威尔正是以马克思成熟时期的思想为基点展开对马克思主义法律的看法的。首先，科特威尔认为马克思将资本主义国家理解为一种用来维持社会中占支配地位的生产方式的生产秩序和社会稳定的制度，即保护资本主义社会秩序以及反对个别资本家的贪得无厌，说明在现代社会条件下，国家常常以一个公正的仲裁者的形象来维护一种制度，这种制度对某些人较另一些人更为有利。同样，作为意识形态功能的法必须表现为中立的为全民利益服务，以维护法律面前人人平等。当然，有时也需要运用法律的镇压作用以抵制对现有社会占支配地位的生产方式所提出的任何挑战。就资本主义社会而言，法的镇压功能和意识形态功能同时发挥作用，形成相互支援的态势是至关重要的。因为，在资本主义社会的自由契约下，作为法律主体的工人和资本家在法律面前是平等的：工人获得工资以实现劳动力的必需补偿，资本家则有权得到由劳动力的使用而获得的利润。正是这种法律上的自由和平等构成了工人在经济上被压迫的基础；其次，科特威尔认为马克思主义阶级概念广泛地运用于社会学是适当的，但将这一概念作为与当代西方社会相关联的社会理论的基础是有问题的。因为，从表面上看"富人"和"穷人"的区别是不难，而且很容易与法律效果联系在一起，但它含糊地将诸如教育水平、宗教信仰、种族、个性、性别等可以把社会中的有权者与无权者区别开来的因素包括在里面，势必增加了阶级这一概念的负荷。再次，科特威尔认为法律意识形态是通过法律学说反映和表达的"社会意识形式"，因此分析法律意识形态就是要阐明其在特定社会中的性质、渊源和作用。马克思主义理论概括地指出了资本主义社会中法律学说和观念的社会根源与功能的"经济派生""结构主义"和"阶级工具主义"三种方法。采用"经济派生"方法的学者认为，法律形式是经济结构本质特征的表现和反映，因而是第二性的；运用"结构主义"方法的学者认为，社会形态是由相对独立的经济、意识形态和政治等"层次"构成的结构，所有的层次都是由占主导地位的生产方式所统一；运用"阶级工具主义"方法的学者则认为，法律和占统治地位的意识形态都是由统治阶级的意志发展和推动，因而是为统治阶级的利益服务的。其中，结构主义和阶级工具主义的方法都会遇到一些自相矛盾的难题。如结构主义方法教条地用理论固定了法律和意识形态的功能和作用，难以对法律和经济结构关系的确切性质做出具体的说明，而阶级工具主义方法则无法为其所依赖的经验研究提供合适的框架。[1] 最后，科特威尔认为国家与经济之间的关系是复杂和多层次的，马克思主义试图建立一种普遍理论未免显得教条化。因此，法律意识形态的经济决定论仍需进一步商榷。

休·柯林斯（Hugh Collins，1953—）是伦敦经济政治科学学院的法学教授，主讲合同法、劳动法和法律理论。在《马克思主义与法》一书中，他梳理了马克思主义法律理论中的众多争论，阐述了什么是马克思主义、什么是马克思主义法学，并对马克思主义者的法律思想进行了评析。柯林斯认为，马克思主义经常与社会主义政府联系在一起，这些国家往往将马克思主义作为自己的官方意识形态，因而在西方世界，不赞成马克思主义法学就等于爱国、等于反对一党制。事实上，马克思主义不等于社会主义。马克思主义是关于历史意义（人类终极目标建立共产主义社会）的理论，尽管法律不是马克思主义关注的中心，但作为社会进化一般理论的马克思主义必然要对法律等重要的国家制度发表看法，由是形成了马克思主义法学。不过，马克思主义者很少去研究法律的细节问题，而是将法律规则当作政治斗

---

[1] 任岳鹏：《西方马克思主义法学》，法律出版社 2008 年版，第 114—120 页。

争、社会进化的手段加以引证，因此，法律制度的本质仍然是一个的有待于进一步研究的领域。柯林斯还认为，恩格斯逝世后的10多年中，经济基础决定上层建筑这个隐喻影响着马克思主义者对法律的分析，他们普遍认为法律是经济基础的反映并受经济基础的制约。显然，这是一种粗糙的唯物主义解释。20世纪初第二代马克思主义者则致力于探究政治斗争的策略，特别是列宁将法律制度看成国家的组成部分且具有与国家相同的功能，即共同执行阶级压迫的任务。由生产关系决定其利益和成分的统治阶级就是利用国家机器包括法律制度来实现其统治目的的。柯林斯认为作为马克思主义的正统观点法的阶级工具论并未受到全面挑战，但从其产生时不可避免地遇到了两方面的批评：一是人们怀疑阶级工具论是否能够充分说明物质基础的决定机制问题；二是人们认为阶级工具论相对于粗糙的唯物主义对法的解释来说是一种退步。就前者而言，如果承认法律总是服务于统治阶级的最大利益，法律必然要与统治阶级的长期利益保持一致，那么统治阶级很难做到最大利益与长远利益的始终相一致；就后者而言，类似于法律或道德的社会规则，从一种观点看，它属于历史唯物主义所说的上层建筑；从另一种观点看，它则是构成生产关系的必要组成部分，那么它到底属于生产关系还是属于上层建筑呢？柯林斯倾向于法律规则既可表达生产关系又可组成生产关系，但仍由生产关系所决定。关于法的消亡问题，柯林斯认为这是马克思主义理论中一个富有争议的问题。一是以恩格斯、列宁为代表将法律看作是国家机器的一部分，认为随着国家的消亡法律最终也会消亡；二是以苏联法学家帕舒卡尼斯为代表将法律看成是资本主义社会特有的规则，因此随着资本主义社会的消亡法律必然消亡；第三种观点则认为法律制度是资本主义生产方式下疏远的社会关系的产物，一旦共产主义生产关系产生了，人与人之间的疏远就结束了，因而法律的重要性将会大大降低并有可能消亡。柯林斯认为这三种观点均不可信，在共产主义社会里，法律仅仅是某些功能变得不必要，而非绝对消亡。

英国马克思主义的主要代表人物、《今日马克思主义》的编辑阿兰·亨特（Alan Hunt），出版了大量的著作研究马克思主义法学，如与玛琳·凯恩合著的《马克思恩格斯论法》（1979）、独著的《法律中的社会化运动》（1978）、《阶级与阶级结构》（1977）、《马克思主义与民主》（1980）、《调整性道德：道德调整的社会历史》（1999）等。首先，亨特反对简化论和经济主义，认为简化论是用"经济基础"解释一切社会现象的历史唯物主义，包括社会经济、政治、文化等方面的变迁。在这种情况下，马克思主义往往被简化为一套相对简单的、普适的"法则"。如果要对这种观点提出挑战，就必须质疑许多被理解为理所当然的概念和理论，甚至重新研究马克思主义理论的基础；其次，亨特认为马克思、列宁将工人阶级理解为工业或工厂的无产者，但到20世纪30年代，随着革命运动的进一步发展，明确界定"什么是工人阶级"越来越困难和迫切。因为，从广义上讲，工人阶级是由所有出卖劳动力的人（所有靠工资生活的人）组成，这样就把那些在政治上反对作为工人阶级成员也包括进去，如高级管理人员、军人以及国家工作人员等；从狭义上讲，工人阶级仅仅指生产性的劳动者或工厂工人，那么这个组成部分不仅只占西方发达资本主义社会总人口的小部分，而且还处于不断减少的态势，但社会主义革命往往需要更广泛的群众基础，实现与其他阶级的联盟。显然，这些阶级与工人阶级具有不同的利益取向；再次，亨特认为社会主义者和马克思主义者均应认真对待民主问题。如列宁主张特定历史形式的民主是特定阶级的民主，包含了对其他阶级民主的否定。十月革命以后，马克思主义者把列宁这一观点作为讨论民主问题的起点，如葛兰西、阿尔都塞和普兰查斯等。但是，民主范围的扩大是资本主义社会中阶级斗争的必然结果，也是资本主义社会的核心特征。实现社会主义的先决条件就是实现民主的扩大化。因此，要求社会主义者和马克思主义者要以一种不同于列宁主义传统的方式对待民主、认识民主、发展民主。最后，亨特在《法社会学中的二分与矛盾》一文中指出，当代马克思主义和非马克思主义的法律理论之所以存在一致性，在于二者都有一种两分法，即"强制"或"同意"。在某种意义上，这种二元论确实揭示了法的重要特征，但没有成功地实现对立两极之间的有机结合，以产生一种整体的概念，致使每一种观点都被迫在"强制"或"同意"之间做出艰难的选择。这也是马克思主义法学需要进行深入研究的原因之一。

2. 自然法与马克思主义法学

在现代政治与法律话语中，马克思主义与自然法传统无疑都占据着举足轻重的地位，但它们在理论与实践中发挥影响力的方式和范围不同。马克思的著作为我们分析和理解现代性与资本主义之间的关系提供了丰富的理论，马克思主义者正是根据这些理论发展出多样的哲学、政治学、社会学以及法学理论①，并不间断地以此影响着一个多世纪以来的政治与法律实践。如尤金·卡门卡在《马克思主义的伦理基础》（1962）一书，依据马克思《莱茵报》时期的《论离婚法草案》和《关于新闻出版自由和公布省等级会议辩论情况的辩论》文章，将马克思的法律观诠释为一种"关于自由的自然法"观念②。在卡门卡看来，青年马克思将"法"视为理性之表现，而理性的本质在于自由，那么"法"根本上就是自由的体现。③ 换言之，此时的马克思法律观可以被视为一种黑格尔影响下的法律理性主义，内含着一种关于自由的自然法或理性自然法。威廉·麦克布莱德（William Mcbride）的《马克思主义与自然法》（1970）一文则试图使马克思主义与自然法传统之间的对话获得法哲学领域的"承认"④，认为"黑格尔与马克思都在为一种'法的规范性研究路径'（a normative approach to law）辩护，在这一点上，他们与自然法传统结盟，反对

---

① Susan Easton, "*Introduction*：*Marx's legacy. Marx and Law*. Ed. by Susan Easton, Ashgate, 2008, pp. 11 – 14.

② Eugene Kamenka, *The Ethical Foundations of Marxism*, Routledge & Kegan Paul, 1962, p. 3.

③ Ibid., pp. 4 – 5.

④ William McBride, Marxism and Natural Law, *American Journal of Jurisprudence*, 15, 1970, p. 127.

法律实证主义。"① 不过，马克思更倾向于某种自然法传统的世界观，而非黑格尔哲学的世界观。在与黑格尔主义的解释分道扬镳之后，麦克布莱德从《1844 年经济学哲学手稿》《关于费尔巴哈的提纲》《德意志意识形态》以及《政治经济学批判大纲》等著作中，探寻马克思对于"自然主义"与"自然"（本性）的理解，而《资本论》第 1 卷中的有关段落成为这一探究的重要线索②。

　　继麦克布莱德之后的一位非洲裔美国学者欧鲁菲米·太渥（Olufemi Taiwo）对马克思主义法律思想展开了更具建设性的讨论，他试图在马克思主义与自然法理论之间建立一种实质性法律理论，即一种马克思主义自然法理论。其《法律自然主义：一种马克思主义法律理论》（1995）一书的出版成为 20 世纪末马克思主义法律话语存在的有力明证。在本书中，太渥首先指出，在 1837—1843 年，马克思论法与法律的著作都具有法律理性主义及法律本质主义方法论的特征，如《评普鲁士最近的书报检查令》《关于新闻出版自由和公布省等级会议辩论情况的辩论》《论离婚法草案》以及《关于林木盗窃法的辩论》等。在这些早期著作中，"法"与"法律"、"法律"与"真正的法律"、"客观法"与"实在法"、"本质"与"形式"等术语的二元论区分，正是所谓本质主义方法论之运用的体现，表现出强烈的反实证主义倾向。1843—1845 年，马克思则从法律理性主义开始转向法律自然主义，或者社会—法律自然主义。《黑格尔法哲学批判》是这一转向的第一步，《德意志意识形态》则完成了这一转变。在《德意志意识形态》中马克思明确表达了自己的新观点。需要注意的是，放弃了法律理性主义的观点并不意味着马克思同时抛弃了法的二元论构想。相反，"法的二元论"恰恰是将马克思主义法律理论

---

① William McBride, Marxism and Natural Law, *American Journal of Jurisprudence*, 15, 1970, p. 130.

② "这位研究家最早分析了许多思维形式、社会形式和自然形式，也最早分析了价值形式。他就是亚里士多德。"（马克思：《资本论》第 1 卷，人民出版社 2004 年版，第 74 页）

置于自然法传统中的重要原因。其次，太渥通过对个别马克思主义法学家，如帕舒卡尼斯、弗拉基米尔·图马诺夫（Vladimir Tumanov）等人观点的检视，致力于沟通马克思主义与自然法理论。太渥认为"马克思在某些地方把国家、法律和财产权归于上层建筑，而在另一些地方却把它们置于经济基础之中"[①]，因而难以准确地描述法律关系、财产关系与生产关系三者之间的关联。在此基础上，他还指出在综合性生产方式中，实际上存在一类法律或者权利结构，它们才是该生产方式的构成性要素。相对于这类生产方式的构成性要素，自然法就是以给定的生产方式（社会形态）为其必需的特定形式的法。这些构成性要素的"生产方式之自然法"则是理解马克思主义自然法理论的关键。最后，太渥认为马克思主义自然法理论不仅是一种框架性自然法的构想，还是一种实质性法律理论，即一种实践中的法律理论。这既是马克思主义"理论与实践之统一"的要求，也是马克思主义实践性的体现。马克思主义自然法理论分享了自然法传统的基本特征——作为框架性自然法只有通过实证化才能深入到具体社会之中，相应，自然法只有在具体的社会生活中才能实现其"框架法"与"演化论"的属性，为实在法提供评价标准和正当性基础。总之，太渥第一次将马克思主义与自然法传统融合为一种实质性法律理论，既分享了自然法理论的"先验"优势，又保留了马克思主义的基本立场，使马克思主义自然法理论以其"实证化理论"获得了西方主流法哲学与法律理论领域的真正参与者身份，进一步在法学领域中凸显了马克思主义的实践性以及其理论与实践统一的特质。特别是太渥的法律消亡理论反映出一种马克思主义总体性社会理论的立场，可以说是当今分化的、多元化的马克思主义与马克思主义法学研究中十分稀缺的和可贵的一种尝试。当然，太渥对马克思的法律自然主义解读也存在一些局限，如该理论缺乏与当代主要自然法理论的深度交流与

---

① 欧鲁菲米·太渥：《法律自然主义：一种马克思主义法律理论》，杨静哲译，法律出版社2013年中文版，第71页。

对话、其实证化理论很大程度上限于英美法范围、缺乏实质性跨学科研究以及全球化理论的支持等，都会影响该理论的解释力。

3. 女权主义与马克思主义法学

女权主义（Feminism）来自法文 Féminisme，意指女性为获得平等权利而进行的斗争，是以女性社会经验为来源和动机的社会理论和政治运动。马克思主义女权主义以性别作为切入点解读马克思主义，并用女权主义的专门话语构建马克思主义，或以马克思主义基本原理和方法论为基础分析研究妇女解放问题，或以非马克思主义理论为出发点对马克思主义关于妇女解放的问题进行探讨。在国外，马克思主义女权主义师承马克思、恩格斯和 19 世纪其他的思想家的思想，后来又受阿尔都塞、哈贝马斯等人思想的影响，被有的学者称为"社会主义女权主义"。19 世纪末，在一些起步较晚但动员范围较广的北欧国家，如瑞典、芬兰、挪威等，广泛开展了争取女性政治权利的运动，取得了显著成效，使得这些国家的女性在 20 世纪初就获得了法律上平等的政治权利。① 1910 年 8 月，国际社会主义者第二次妇女代表大会在丹麦首都哥本哈根召开，会议的主要议题是世界和平以及保护妇女儿童权利，争取妇女选举权和八小时工资制度。这次会议被看成是马克思主义女权主义的奠基。20 世纪六七十年代，发生了席卷北美、欧洲和澳大利亚的新社会运动，包括民权运动、反战和平运动、学生运动、新左派运动和妇女运动。在争取自身权利的运动中，有的女权主义者向马克思主义寻求女性问题的答案，有的女权主义者用马克思主义的术语和范畴，或用马克思主义的立场、观点和方法研究和解决女性问题，还有的女权主义者用自己的见解重新阐释马克思主义，进而形成独具特色的马克思主义女权主义。早期的马克思主义女权主义探究妇女受压迫的经济原因，讨论家务劳动社会化和工资化问题，如加拿大的玛格丽特·本斯顿（Margaret Benston）、意大利的玛莉亚罗莎·达娜·库斯塔（Mariarosa Dalla Costa）等；中期的马克

---

① 周乐诗：《女性学教程》，时事出版社 2005 年版，第 33 页。

思主义女权主义则主要从父权制和资本主义的关系角度探讨妇女问题，如美国著名的激进女权主义者凯特·米利特（Kate Millite）认为，父权制是政治、经济和思想结构，特别是心理结构所构成的完整体系，其作用在于男性对女性实行统治，是一种普遍有效的意识形态结构和心理结构———一种久远而又普遍的容忍一个集团按照天经地义的权利去统治另外一个集团的格局。这种格局要比阶级分化、种族隔离更牢固、更持久、更严峻；20 世纪 80 年代后，女权主义与后现代主义、后结构主义、后殖民主义相结合，因而通常称为"后女权主义"。与之相应，这一时期的马克思主义女权主义被称为后马克思主义女权主义，主要代表人物有朱迪·巴特勒（Judith Butler）、米切莉·巴雷特（Mitchele Barrett）、南希·弗雷泽（Nancy Fraser）、凯瑟琳·麦金农（Catharine Mac Kinnon）等。后马克思主义女权主义认为马克思主义在对待女性问题上具有性盲性。如海蒂·哈特曼（Heidi Hartmann）指出，虽然早期马克思主义者意识到妇女被压迫的状况，但他们并没有注意到在资本主义制度下的家庭与社会公共领域里，男人和女人在地位上和境遇上的差异，也就是说，还没有人关注女人被压迫成一个女人的过程和原因。[①] 因为，阶级和阶级斗争问题始终是马克思主义理论的主要问题，妇女问题如同其他问题一样都具有从属性，将妇女看成是工人阶级的一部分，仅从经济角度进行探究，因而把资本主义制度的性质看成是妇女受压迫的根源，只要推翻资本主义制度就自然能够实现妇女解放。尽管马克思主义经典著作里面涉及妇女问题，但并没有引起足够的重视。严格地讲，马克思主义问题域中并不包含女权主义问题。后马克思主义女权主义还认为马克思主义用自然主义态度看待妇女问题，把女人在家做家务、男人外出工作看成是自然之理：女人即使在工作时也不被看成为完全意义上的人，她们不管在什么时候都扮演着妻子和母亲的角色；而男人则不同，他们在

---

① Stuart Sim（ed.）：*Post-Marxism：A Reader.* Edinburgh University Press, 1998, p. 158.

外出工作时是工人，是马克思所关注的真正人类。[①] 还有，后马克思主义女权主义认为马克思主义用一种普适的利益牺牲了妇女的利益。如马克思主义呼吁的"全世界无产者联合起来"，由于无产阶级代表全人类，因此，它的整体利益高于一切，任何对整体利益的分化都会影响共产主义事业的成功。这样一来，女权主义从自身的解放和自身的权益出发同男性压迫和剥削女性的行为做斗争，会被马克思主义看成是对无产阶级整体利益的分化，是个人主义、宗派主义的表现，是对共产主义事业的背离和分裂，是绝对要不得的。事实上，如果按照马克思主义观点，妇女永远不可能争取到自身的利益，实现自身的解放。总之，后马克思主义女权主义运用后现代主义话语系统及其批判手法，在重新解构同一性、二元论、宏观研究的基础上，突出强调了后现代话语表述的差异性、多元论、微观论证等，重新说明了妇女受压迫的根源、女权主义的主体、女性气质、女性经验、性等问题，达到对女性解放问题的重新解构。

四　西方马克思主义法学的特点

从地域上讲，发端于西方的西方马克思主义法学，既不属于西方传统法学理论，又区别与经典马克思主义法学，具有自身的独特性。因此，对其理论特征的梳理需要与西方传统法学和经典马克思主义法学相比较进行。

（一）与西方传统法学理论相区别的特点

1. 理论渊源和关注点不同

西方传统法学理论渊源于古希腊罗马文化，受影响于中世纪基督教文化，生成于近代资产阶级文化基础之上，以历史法学派、自然法

---

① 佩吉·麦克拉肯主编：《女权主义理论读本》，广西师范大学出版社 2007 年版，第 8 页。

学派和分析法学派等为主要流派的法律思想。当代以后，又逐渐演变为社会法学派、新自然法学派、新分析法学派等流派。在研究的内容上，当代西方法学流派关注的仍然是传统的法理学所关注的问题，诸如法与道德的关系、公正、权利、法律规范、法律与社会、自然法与实证法的关系等；对于法的理解，归纳起来不外乎三种观点，即"自然法观念、规则法观念和活的法观念"。① 西方马克思主义法学则不同，它既是马克思主义在西方传播、发展的产物，也是受欧美国家的"马克思主义"哲学和社会批判理论的启示和各种工潮、学潮的影响和推动而出现的。其理论渊源、思想体系属于西方马克思主义潮流中的一股支流，与马克思主义理论有着千丝万缕的关系，关注法的本质、法与经济、法与阶级、法与国家、法与政治、法的功能以及资本主义与法、社会主义与法、历史唯物主义与法、马克思主义与法等问题，并对资产阶级法学的一些观点进行了批判，对马克思主义遇到的新问题进行了研究。由是，一些西方法社会学家认为，西方马克思主义法学应属于法社会学理论。

2. 对待马克思主义的态度不同

西方传统法学理论完全否认或忽视马克思主义理论，认为马克思主义法学"对法律现象不去从规范的观点去研究，就是说，不去分析特殊的规范体系的结构，而是从社会学的观点研究和代替——而不是补充——规范的观点"，"它（苏维埃的法律理论）对实在法的说明，不带科学意义上的客观性，苏维埃理论利用了某些概念的手法，虽然是资产阶级法理学产生的，却已经被非共产主义国家中所自由发展起来的学科指责为意识形态而根本加以否定了"。② 西方马克思主义法学不仅承认马克思主义理论，而且主张运用马克思主义进行法律分析。认为尽管马克思、恩格斯二人研究的重点不是法律，但两人在论述社会经济、政治等问题时涉及了大量的法律问题，这些论述是马克

---

① 严存生：《西方法律思想史》，法律出版社 2004 年版，第 8 页。
② ［奥］凯尔森：《共产主义的法律理论》，王名扬译，中国法制出版社 2004 年版，第 238 页。

思主义法学的重要指导原则，西方马克思主义法学的任务之一就是根据这些指导原则对马克思、恩格斯法律思想进行梳理、还其本来面目，甚至创立系统的马克思主义法学。如玛琳·凯恩在《马克思恩格斯法社会学主题》一文中指出："有关马克思、恩格斯法理论的文章很少，这大概是因为马克思从来没有形成系统的国家理论……因而如果把'马克思论法'的思想拼凑到一起，人们就不得不处理来自不同著作中的相关部分，就好像它们的主题是相同的一样。有时候，比如在《资本论》的某个章节或者恩格斯的《反杜林论》中，某些段落本身足以能够表明是关于法的论述，而另一些时候，他们只是在解决其他问题时间接提到法，因而这些段落很容易被人们脱离当时的语境进行误解。因为我的目的是要让马克思、恩格斯的著作本身说话，我希望我能避免这个缺陷。"[1] 德里达在《马克思的幽灵》一书中甚至大声疾呼："不能没有马克思，没有马克思，没有对马克思的记忆，没有马克思的遗产，也就没有将来；无论如何得有某个马克思，得有他的才华，至少得有他的某种精神。""现在该维护马克思的幽灵们了"。[2]

3. 对待资本主义法律制度的态度不同

西方法治是人类争取自由平等长期奋斗的结果，反映着人类从非理性走向理性、从等级特权走向主体平等、从权力专制独裁走向权力受到有效制约、从诉诸武力解决冲突走向和平解决冲突的艰难历程。它与现代西方市场经济相适应，与民主政治相关联，以民族国家和复杂社会为背景，实现协调价值冲突、治理国家和管理社会等功能。因此，建立在这种法治理念之上的资本主义法律制度，当然也是西方传统法学理论所褒扬的制度。但是，西方马克思主义者则不以为然，他

---

① Maureen Cain, The Main Themes of Marx's and Engels' Sociology of Law, *Marxism and Law*, edited by Piers Beirne and Richard Quinney, New York：Wiley, 1982, p. 63. 参见任岳鹏《西方马克思主义法学法定视域下的〈法与意识形态〉问题研究》，法律出版社 2009 年版，第 23 页。

② ［法］雅克·德里达：《马克思的幽灵》，何一译，中国人民大学出版社 1999 年版，第 21 页。

们从信奉的马克思主义立场出发，对资本主义制度持批判态度，认为当代资本主义社会存在严重的政治异化与人的异化，是一个"全面异化的社会"，对这个社会仍有变革的必要。马克思、恩格斯的著作"对法律形式与资本主义生产关系，法与社会结构，法与国家，法在政治活动和历史进程中的作用，法的未来等重大问题作了比较精辟的分析"① 是值得重视的。

（二）与经典马克思主义法学相区别的特点

1. 关于经济基础与上层建筑的关系理解不同

马克思主义经典作家的法律观以唯物史观为理论基础，以经济基础决定上层建筑的原理为指导，始终坚持法的物质制约性，认为一定的经济基础决定法的内容、发展和变化，同时又承认法对经济基础具有强有力的反作用。② 西方马克思主义法学不完全赞同这种观点。首先，从葛兰西开始，西方马克思主义法学就有一个传统——对列宁以及苏联简单的经济决定论进行了批判，认为那种将现实生活中的一切现象归结于经济的经济决定论是"简化主义"，没有看到上层建筑的自治性和自主性，因而要从理论上对经济基础决定上层建筑这个隐喻加以阐述和发展。如葛兰西的文化领导权理论突出了法的意识形态功能的阐释。他在《狱中札记》中指出经济基础和上层建筑是统一的，在"上层建筑的各个方面，社会阶级注意到他们的地位和机会，并能改变他们所意识到的社会条件，这是一个连续的不间断的过程，所以说不上基础的明确的'首要性'。"③ 显然，他在批判否定上层建筑的相对自主性倾向的同时，也否定了经济基础对上层建筑的决定作用。阿尔都塞提出的意识形态的国家机器论，将法律归属为镇压性的国家

---

① 张文显：《二十世纪西方法哲学思潮研究》，法律出版社 2007 年（2006 年版）重印，第 151 页。

② 李龙、李志明：《马克思主义法学的创立、发展及其主要内容》，人民法院报，2008 年 8 月 2 日第 5 版。

③ 宋玉波：《争论中的"西方马克思主义法学"》，载于《现代法学》2001 年第 4 期，第 148 页。

机器和意识形态的国家机器，指出经济基础和上层建筑是一种功能关系，"再生产"是其中的核心概念，一切社会形态的持续都有赖于生产条件的再生产，即生产工具和劳动力的再生产和社会关系的再生产，而所有这些再生产都是从经济以外的实践和过程，即上层建筑中实现的。所以，家庭、学校等这类意识形态的"国家机器"对于"再生产"，特别是劳动力的再生产的作用远远超过了经济本身的力量。阿尔都塞甚至还将法视为资本主义生产方式赖以存在的条件，指出法同哲学、技术、科学及其他上层建筑的组成部分一样，有自己的历史和内在的发展逻辑，把法贬低为单纯的上层建筑和经济基础及其关系的消极反映，是完全错误的。① 这与马克思关于法没有自己的历史的观点相对立。柯林斯则想通过意识形态来优化传统的工具论，强调意识形态在法律制定和实施中的作用。

2. 关于法的阶级性理解不同

法的阶级性是经典马克思主义理论的一个最关键问题。马克思主义的法律观始终坚持法是统治阶级意志的体现，认为任何国家的法都具有阶级性，法和国家机器一道，执行着阶级压迫的职能。正如马克思在《共产党宣言》中所讲："你们的观念本身是资产阶级的生产关系和资产阶级的所有制关系的产物，正像你们的法不过是奉为法律的你们阶级的意志，而这种意志的内容是由你们这个阶级的物质生活条件来决定的。"② 这种观点被西方学者称为"法的阶级工具论"。西方马克思主义法学在确认物质基础与法律上层建筑之间的关系时，认为经济基础决定上层建筑不是机械的、单一的，而是通过阶级统治的程序完成的。法律和国家一样是自主的，是各种力量平衡的结果，统治阶级可以借助法律制度维护他们的利益。如卡尔·克莱尔认为"国家本身也作为商业活动者和雇主进入市场"，通过干预经济、控制工资规模和资本积累过程等发挥积极作用，或"通过劳动法直接调节阶级

---

① P. Berny, R Quinny, *Marxism and Law*, New York：Free Press. N. Y. 1982, p. 13.

② 《马克思恩格斯选集》第 1 卷，人民出版社 1972 年版，第 268 页。

斗争"等。阿尔都塞的"意识形态国家机器"理论认为，法律既属于（镇压性）国家机器，又属于意识形态国家机器的体系。（镇压性）国家机器以暴力这种单一的方式执行职能，而意识形态国家机器则以"意识形态"多样化的方式执行职能。普兰查斯在考察了资本主义的国家形式和作用及其相对自主性之后得出结论："国家不是自为存在的工具实体，不是物，而是力量平衡的凝聚"；"国家是阶级和阶级派别之间力量关系在国家内部以一种必然的特殊方式的凝聚"。因此，"一个旨在再生产阶级划分的制度就不是而且永远也不可能是一个没有裂缝的铁板一块的集团，在制定政策时可以无视自身的矛盾"。法和国家的相对自主性是建立在政治和经济相分离的基础上的国家权力机构所固有的特点。现代资产阶级对社会不实行直接的权力控制，而是运用财富的力量进行制约和控制，因此，在阶级和阶级斗争中，政治对经济的自主性就表现为国家和法对各个阶级包括统治阶级的相对自主性，究其原因不仅在于为了对被统治阶级的妥协，而且也为了干预统治阶级中各个集团的长期经济利益：因为这种妥协和牺牲有时对实现统治阶级的政治利益是很有必要的。① 哈贝马斯认为，法律首先是一种现实的力量，一种强制手段，这是法律的事实性，但法律必须同时需得到人们认可（自愿的）以获得合法性。综上所述，西方马克思主义法学与马克思主张法完全体现了统治阶级的意志的观点不同。

3. 关于法与意识形态的理解不同

在马克思所处的时代，马克思、恩格斯对意识形态总体上持否定性态度。在《德意志意识形态》中，他们对当时流行于德国的各种思潮都做了否定性的批判，认为意识形态就是从特定阶级利益的立场反映社会经济基础和政治制度的思想体系，表现为一定阶级的政治原则、行动纲领、价值标准和社会理想的观念的上层建筑。在《德意志

---

① 张文显：《二十世纪西方法哲学思潮研究》，法律出版社 2007 年（2006 年版）重印，第 165 页。

意识形态》中，马克思还提到了"道德，宗教，形而上学和其他意识形态"，其中法律也被认为是受生产发展限制的统治阶级的"生存条件的观念的表现"。在《历史批判全集》中，马克思认为"法律只是国家权力所奠基于其上的一些其他关系的表象和表现，真正的基础是生产关系"。法律就是建立在生产关系之上的意识形态，由于意识形态的阶级性决定了法律必然是错误的、虚假的、矛盾的。西方马克思主义进一步发展了马克思的意识形态理论，使之获得了新的表现形式。阿尔都塞反对将意识形态概念理解为"错误意识"，他认为意识形态有其自身的类似或准物质存在的特性，该特性界定了人们思维的内容并体现在我们的社会中。意识形态不仅仅是一种现实的虚幻反映，也是一种构成人们与现实生活世界联系的方式，因而在维持和保护经济再生产时具有很大的自主性，甚至某些生产关系是以法和政治以及意识形态作为自身存在的前提的。卢卡奇等人则把马克思的意识形态理论看成是一种社会批判理论，认为只有充分弘扬马克思的意识形态理论中所包含的"批判精神"，对资本主义社会的一切现象进行批判，才是真正地掌握和理解了这种理论的实质。在《历史与阶级意识》一书中，卢卡奇指出马克思意识形态批判的最重要的方法就是"历史过程中主体与客体之间的辩证方法"，通过意识形态的批判，马克思将黑格尔的唯心主义辩证法转变成唯物主义辩证法，并以"社会历史现实是由主客体之间的辩证关系构成的"为理论前提，具体考察了社会历史的客观结构是如何通过人类活动而得以生产出来的，以及这些客观结构又是如何以一种独立的形式限制人类行为的。卢卡奇认为如果将这种辩证关系退化为经济基础和上层建筑之间的关系是毫无根据的，因为主体性和意识是社会环境的组成部分。[①] 尤其是从"阶级的总体"看，"阶级意识因此既不是组成阶级的单个人所思想、所感觉的东西的总和，也不是它们的平均值。作为总体的阶级在历史

---

① 张秀琴：《西方马克思主义的意识形态理论》，载于《政法论坛》2004 年第 2 期，第 179 页。

上的重要行动归根结底就是由这一意识，而不是由个别人的思想所决定的，而且只有把握这种意识才能加以辨认。这一规定从一开始就建立了把阶级意识同经验实际的、从心理学的角度可以描述、解释的人们关于自己的生活状况的思想区别开来的差异。"① 因此，法的内容自然并非只反映统治阶级的意志。

（三）西方马克思主义法学的总体特征

1. 理论形态的多元化

西方马克思主义法学作为一个法学派别，没有统一的组织，也没有严整的、观点一致的体系。② 而是一种多元化、多线索、多样式展开的理论形态。③ 是欧美等西方国家马克思主义者的法律观点和西方学者对马克思主义法学研究的成果总称。不过，西方学者一般将马克思主义法学看成是一种法社会学或自然法。在这些观点中演化出两大倾向——工具主义和结构主义，前者以昆尼、米利班德、柯林斯为主要代表，坚持"经济决定论"，认为国家和法只不过是统治阶级进行统治的工具，强调法的内容以及法与其他政治现象的联系，试图从经验的角度来证明经济权力可以转化为影响社会立法的政治权力；后者以阿尔都塞、普兰查斯等人为代表，试图"发展"马克思主义关于经济基础——上层建筑关系的理论，提出了"多元决定论"的概念，认为国家和法是社会各种力量平衡的凝聚，强调法的形式以及法的相对自治性、独立性。当然，也有一些学者试图超越工具主义与结构主义之间的争论，并把工具主义与结构主义之分与社会学中的"强调"与"同意"的二分法联系起来。如法社会学的早期开拓者铁马谢夫则把法归结为"道德－命令的协调"（ethieo-imperativeeo ordsna-

---

① 卢卡奇：《历史与阶级意识》，商务印书馆1996年版，第126—127页。
② 任岳鹏：《西方马克思主义法学》，法律出版社2008年版，第23页。
③ 龚廷泰、程德文：《马克思主义法律思想通史》第4卷，南京师范大学出版社2014年版，第5页。

tion)[1]，即法律 = 道德（同意） + 权力（强制），两者的交叉部分便是法，文明的标志是法的道德内容越来越多，而对权力的依赖越来越少；霍洛威和皮奇奥托则对工具主义和结构主义各打五十大板，批评米利班德囿于资产阶级的政治理论和法律学说的樊篱而陷入了理论的死胡同，又责备普兰查斯的"相对独立"论割裂了法、国家、政治等各种矛盾方面的历史联系，米利班德和普兰查斯的理论将会严重阻碍马克思主义法学理论的发展。总之，西方马克思主义法学在理论形态上是多元化的，之所以能将它们罗列在一起，是因为在其多样的表现形态上也有一致性，特别是它们都与经典马克思主义和列宁主义法哲学有着这样或那样的联系。

2. 理论批判的指向性

西方马克思主义法学不仅对资本主义制度进行了批判，而且也对传统的社会主义制度进行了批判。一方面，西方马克思主义法学质疑马克思主义世界观的革命路线图，以民主诉求为中心探讨西方无产阶级革命和工人阶级革命觉悟的发展问题。[2] 如卢卡奇认为，资产阶级的阶级意识和阶级利益处于一种相互矛盾的关系之中：在阶级使命上，当资产阶级还没有打败自己的革命对象（封建主义）的时候，它的新敌人（无产阶级）已经出现；在政治合法性上，当资产阶级为反对封建社会等级制组织的斗争取得胜利的时，无产阶级已将其视为一种新的阶级压迫；在自我辩护上，尽管只有资本主义社会才使阶级斗争以纯粹的形式而出现，但资产阶级总是千方百计地掩饰阶级冲突与对抗的事实，极力地将这一事实从社会意识中抹去；在意识形态上，资产阶级突出了普遍的人权观念，赋予个人以一种前所未有的意义，但它又为这种个人主义得以确立的私有制经济条件以及其建立起来的物化所消灭。因此，只有无产阶级的意识才能指出摆脱社会危机

---

① 宋玉波：《争论中的当代"西方马克思主义法学"》，载于《现代法学》2001 年第 4 期，第 149 页。

② 龚廷泰、程德文：《马克思主义法律思想通史》第 4 卷，南京师范大学出版社 2014 年版，第 5—6 页。

的根本出路，但无产阶级必须首先成为"自为阶级"，通过实践活动打破资本主义的社会生产体系，消灭阶级和阶级压迫，才能解放自己。与卢卡奇等人的观点相一致，西方马克思主义大都强调西方民主的非暴力特点，质疑甚至背离马克思主义世界观设计的革命路线图，主张走一条不同于俄国的革命道路，即通过议会斗争的方式达到革命的目的；另一方面，西方马克思主义法学对当代资本主义社会"民主"的虚假性和反动性也进行了批判。自法兰克福学派以来，西方马克思主义者由于对工人阶级的革命潜力失去信心，对西方无产阶级革命前途悲观失望，加之苏联等社会主义国家出现的破坏民主和法治的现象，转而追求一种自认为既高于资本主义民主又高于苏联式的社会主义民主的政治理想和革命道路——批评极权主义、强调大众民主，将批判的矛头指向了当代资本主义社会的"民主"，认为人们之所以得出资本主义制度具有民主的印象，是因为资产阶级政府鼓吹容忍一切，包括容忍持不同政见者及其反政府言论，然而作为民主之重要标志的容忍总是与不容忍相联系的。正如马尔库塞所认为的，容忍作为一个政治范畴只不过是统治者精心设置的一个陷阱，其作用在于诱使反对派采取激进的变革行动，将其从群众中暴露和孤立出来，进而进行镇压。因此，容忍可为资产阶级国家机器进行政治演习、训练、检验提供可能。同样，作为发达工业社会民主的象征——多党制，也与践踏民主的极权主义相联系。弗洛姆从异化的角度揭露了当代资本主义社会"民主"的虚伪性，指出特权阶级同大多数无产者在机会和收入上存在惊人的不平等，这才是困扰当代西方民主制度的一个基本矛盾。这一矛盾表明在劳动领域中发生了异化。劳动的异化必然决定了政治的异化而使民主成为泡影。

总之，西方马克思主义以多元的参与制民主为诉求的纯文本化批判作为批判资本主义的唯一选择，使得西方马克思主义法学的理论目标不再是寻求一种推翻资本主义的政治法律制度，而是更多地去关注与个人相关的日常生活，更多地去发泄对这种政治法律制度的不满和失望，从而使他们的理论最终成为一种空洞的理想化的乌托邦的法学猜想。①

3. 理论论证的人本主义倾向

从一开始，西方马克思主义法学就形成了以人本主义为倾向的理论基调。卢卡奇、葛兰西等西方马克思主义创始人，在总结十月革命后的欧洲革命失败的教训时，均将失败的原因归结为无产阶级革命意识的不成熟性，转而诉诸意识形态革命为中心的总体革命。在《社会存在本体论》一书中，卢卡奇提出了一个涵盖物质存在和精神存在的社会存在概念，试图以此建构一种崭新的法哲学体系。根据其理论，社会存在蕴含着人的目的，表现为一个动态的有机总体，建立在这种社会存在观之上的本体论具有自己独特的属性——劳动本体论，但由于劳动是一种有意识、有目的的活动，因此，社会存在本体论也是一种意识本体论或价值的本体论。

两次世界大战使人们看到了工业文明带来的经济繁荣和生活质量的提高，也看到了工业文明背后资本扩张的本性和贪婪的欲望，特别是法西斯的集权统治和暴行。历史传统与人类生存境遇之间的关联成为学界关注的核心问题。在此背景下，法兰克福学派重拾德国的"批判"传统（尤其是马克思主义的批判本质），对启蒙精神、工具理性、文化工业、意识形态进行了批判和否定，致力于揭示"非人事物下面的人的根基"②。如霍克海默与阿多诺合著的《启蒙辩证法》一书，在法兰克福学派史上开创了悲观主义文明批判的先河。存在主义马克思主义在对世界大战和斯大林极权主义的反思中，强烈要求马克思主义法学人道化，坚持从主体方面全面诠释马克思主义法学的人学意义等。如萨特坚定的"捍卫"马克思主义的真理性，认为"一种'反马克思主义'的论据只是马克思主义以前的一切观念的表面更新；对马克思主义一种所谓的超越，在最坏的情况下是回到马克思主

---

①　龚廷泰、程德文：《马克思主义法律思想通史》第 4 卷，南京师范大学出版社 2014 年版，第 6 页。

②　［德］霍克海默：《批判理论》，徐崇温主编，李小兵等译，重庆出版社 1989 年版，第 3 页。

义以前的时代，在最好的情况下则是重新发现一种已经包含在人们自以为超越的哲学中的思想"。① 而"一些'专家'进行的一种所谓的'修正'只是一种空想的、无实际意义的故弄玄虚"②；斯大林时代马克思主义被误读，责任不在马克思本人，而是在马克思主义者；以苏联教科书式对马克思主义哲学教条化，必然使马克思主义中的"人"被定义为上紧了发条后的玩偶、公式化的傀儡，人的主动性已经在所谓的唯物主义面前无立锥之地了。因此，当下需要立即挽救马克思主义，把主观性因素加入现代马克思主义当中去，以恢复马克思主义中富含辩证法的本来面貌。总的说来，西方马克思主义法学突出主体性，有利于清除机械决定论和宿命论的消极影响，为我们批判资本主义政治法律制度提供了有利武器。然而，西方马克思主义法学过分夸大主观因素，远离马克思主义历史唯物主义哲学前提——社会存在决定社会意识这一本体论承诺，最终造成其理论研究的人本化倾向。③

五 对西方马克思主义法学的评价

西方马克思主义法学是以积极纠正第二国际的教条主义和探索无产阶级革命的新途径开始，而以偏离马克思主义法学的基本路径和理想目标终结，是马克思主义法学在特定历史条件下的产物。就其现有的成果看，虽然与马克思主义法学相去甚远，其中不乏误解和歪曲，有的甚至以"发展"为名走向了马克思主义法学的反面，但西方左翼知识分子将马克思主义法学理论同当代资本主义社会的法律现实乃至社会问题联系起来进行研究，虽有对资本主义制度（包括法制）的辩护、美化和赞扬，但更多的还是揭露和批判了它的腐朽性和阴暗面。因此，在某种意义上，西方马克思主义法学扩大了马克思主义法

① ［法］萨特：《辩证理性批判》，徐懋庸译，商务印书馆1963年版，第10页。
② 同上书，第11页。
③ 龚廷泰、程德文：《马克思主义法律思想通史》第4卷，南京师范大学出版社2014年版，第7页。

学的研究视域，也丰富了马克思主义法学的理论资源。对西方马克思主义法学应辩证地来看待。

与经典马克思主义着眼于宏观方面，从本体论、价值论和方法论等方面寻求对马克思主义法学基本理论的研究相比，西方马克思主义法学则从社会、政治、文化、生态等微观层面入手，寻求马克思主义与不同历史时期、不同国家的革命实践相结合，实现理论创新。如法兰克福学派的阿多诺、马尔库塞等人注重意识形态、民主、权力、文化和国家等问题的分析，英美的马克思主义者则试图将马克思主义法学与 20 世纪西方三大法学流派——法律实证主义、自然法学和社会法学相结合，或运用马克思主义社会学体系来建构一种法律理论，或运用法律实证主义的方法为马克思主义法律理论辩护，或向我们提供融合自然法和马克思主义的可能性等，都对进一步研究马克思主义法学具有启发意义。

当然，西方马克思主义法学的理论局限是很明显的。在解释马克思主义法学时，西方马克思主义法学者多是出于自己的意愿或需要，对马克思主义的基本原理错误地理解或有意识地扭曲，或提出许多与之相对的观点。法兰克福学派以后的"西方马克思主义"的各种流派，更是沿着一条离开无产阶级革命实践的曲折道路前进。[①] 这就阻断了经典马克思主义主题的直接发展，加之研究者使用的语言晦涩、难懂，使得马克思主义学说日益变为学术研究对象。在众多的"西方马克思主义者"中，有些人提出与马克思主义截然相反的理论，有些人则在"创造性地发展马克思主义"的口号下，干脆"创造"马克思主义。他们的补充、发展，从总体上"故意闭口不谈那些历史唯物主义经典传统最核心的问题：如详尽研究资本主义生产方式的经济运动规律，认真分析资产阶级国家的政治机器以及推翻这种国家机器所必需的阶级斗争战略"，而是将马克思主义理论和其他西方哲学某个

---

① 胡天邺：《浅谈"西方马克思主义"走向衰微的原因》，载于《天府新论》2008 年第 6 期，第 16 页。

派别的理论相混合、与实践相脱离，这必然导致马克思主义完整思想体系被分割、被肢解，从而导致马克思主义理论生命力的最终枯竭。因此，西方马克思主义法学不是科学上的或是真正的马克思主义法学，其性质只能属于资产阶级法学流派的范围。历经近百年的发展，一些西方马克思主义法学流派已经走向消亡，如存在主义的马克思主义法学、解构主义的马克思主义法学等一些思想仍具有活力，女权主义的马克思主义法学、生态主义的马克思主义法学等一些新的思潮正在兴起。但总的说来，西方马克思主义在西方只是作为一种学术思潮出现，其影响力在西方世界既不及西方传统法律思想，也不及马克思主义的经典法学理论。另一方面，不论是在马克思主义法学中，还是在当代西方诸多法学流派中，西方马克思主义法学的出现有其历史进步性。与其他资产阶级流派相比，该学派的立场最为激进，对资产阶级虚伪性的披露比较深刻，对资产阶级条件下劳动群众的关心也最多。它试图运用马克思主义的阶级分析方法研究法律和其他社会现象之间的关系，为被统治阶级的利益摇旗呐喊，这是其他法学流派所不具有的。它的研究视角和诸如社会经济分析方法、社会意识分析方法、结构分析方法等新的分析方法为传统的马克思主义法学研究提供了丰富的理论资源和研究方法。它不仅对马克思主义法学的内容予以了丰富和发展，更有助于我们准确理解马克思主义法律思想，如法的本质等问题。作为区别于传统马克思主义法学，又区别于自伯恩施坦以来的社会民主主义法学传统，更区别于西方传统法律理论的一种法学理论，西方马克思主义法学从另一个侧面丰富和深化了人类的法学理论思想。

参考文献

1. **著作类**

[1]《马克思恩格斯选集》第 1、2、3、4 卷，人民出版社 1995 年版。

[2]《马克思恩格斯选集》第 2 卷，人民出版社 1972 年版。

[3]《马克思恩格斯选集》第 1、2、3 卷，人民出版社 2012 年版。

[4]《马克思恩格斯文集》第 1、2、3、4 卷，人民出版社 2009 年版。

[5]《马克思恩格斯全集》第 1 卷，人民出版社 1995 年版。

[6]《马克思恩格斯全集》第 2 卷，人民出版社 2005 年版。

[7]《马克思恩格斯全集》第 3 卷，人民出版社 2002 年版。

[8]《马克思恩格斯全集》第 5 卷，人民出版社出版 1958 年版。

[9]《马克思恩格斯全集》第 16 卷，人民出版社 1964 年版。

[10]《马克思恩格斯全集》第 17、19 卷，人民出版社 1963 年版。

[11]《马克思恩格斯全集》第 20、37 卷，人民出版社 1971 年版。

[12]《马克思恩格斯全集》第 21、22 卷，人民出版社 1965 年版。

[13]《马克思恩格斯全集》第 36 卷，人民出版社 1974 年版。

[14]《马克思恩格斯全集》第 40 卷，人民出版社 1982 年版。

[15]《马克思恩格斯全集》第 44 卷，人民出版社 2001 年版。

[16]《马克思恩格斯全集》第 46 卷下，人民出版社 1980 年版。

[17]《马克思恩格斯全集》第 46 卷上，人民出版社 1979 年版。

[18] 马克思恩格斯：《德意志意识形态》，人民出版社 1961 年版。

[19]《列宁选集》第 1、2、3、4 卷，人民出版社 1995 年版。

［20］《列宁全集》第 1、2、4 卷，人民出版社 1984 年版。

［21］《列宁全集》第 1 卷，人民出版社 2013 年增订版。

［22］《列宁全集》第 6、7、37、41 卷，人民出版社 1986 年版。

［23］《列宁全集》第 10、12、42、43、48 卷，人民出版社 1987
年版。

［24］《列宁全集》第 15 卷，人民出版社 1959 年版。

［25］《列宁全集》第 18、25、49 卷，人民出版社 1988 年版。

［26］《列宁全集》第 20 卷，人民出版社 1989 年版。

［27］《列宁全集》第 29、31、32、33、34、35、36 卷，人民出版社
1985 年版。

［28］《中共中央关于全面深化改革若干重大问题的决议》，人民出版
社 2013 年版。

［29］［法］奥古斯特·科尔纽：《马克思的思想起源》，王瑾译，中
国人民大学出版社 1987 年版。

［30］［英］戴维·麦克莱伦：《马克思传》，王珍译，中国人民大学
出版社 2006 年版。

［31］公丕祥、龚廷泰：《马克思主义法律思想通史》第 1—4 卷，南
京师范大学出版 2014 年版。

［32］李光灿、吕世伦：《马克思恩格斯法律思想史》，西安交通大学
出版社 2016 年版。

［33］吕世伦、李用兵、巩献田：《列宁法律思想史》，法律出版社
2000 年版。

［34］龚廷泰：《列宁法律思想研究》，南京师范大学出版社 2000
年版。

［35］［美］E. 博登海默：《法理学——法哲学及其方法》，邓正来
译，华夏出版社 1987 年版。

［36］［德］康德：《实践理性批判》，韩水法译，商务印书馆 1999
年版。

［37］［德］康德：《法的形而上学原理——权利的科学》，沈叔平译，

商务印书馆 1991 年版。

［38］［德］黑格尔：《法哲学原理》，范扬等译，商务印书馆 1961 年版。

［39］《斯大林选集》上、下卷，人民出版社 1979 年版。

［40］《斯大林全集》第 1、2 卷，人民出版社 1953 年版。

［41］《斯大林全集》第 4、6、13 卷，人民出版社 1956 年版。

［42］《斯大林全集》第 5 卷，人民出版社 1957 年版。

［43］《斯大林全集》第 8、9、10 卷，人民出版社 1954 年版。

［44］《斯大林全集》第 11、12 卷，人民出版社 1955 年版。

［45］《斯大林文选》上下，人民出版社 1962 年版。

［46］《斯大林文集（1934—1952)》，人民出版社 1985 年版。

［47］［英］戴维·麦克莱伦著：《马克思传》，王珍译，中国人民大学出版社 2006 年版。

［48］张文显：《法哲学范畴研究》，中国政法大学出版社 2001 年版。

［49］《邓小平文选》第 1、2 卷，人民出版社 1994 年版。

［50］《邓小平文选》第 3 卷，人民出版社 1993 年版。

［51］《江泽民文选》第 1—3 卷，人民出版社 2006 年版。

［52］《胡锦涛文选》第 1—3 卷，人民出版社 2016 年版。

［53］任岳鹏：《西方马克思主义法学》，法律出版社 2008 年版。

2. 论文类

［1］公丕祥：《马克思法学观的演变》，载于《马克思主义来源研究论丛》第 10 辑，商务印书馆 1986 年版。

［2］冯锋：《走出马克思哲学与费尔巴哈哲学关系的误区》，载于《重庆邮电学院学报》（社会科学版）2003 年第 2 期。

［3］聂锦芳：《"Idealismus 不是幻想，而是真理"——马克思"博士论文"解读》，载于《北京行政学院学报》2016 年第 3 期。

［4］汪家宝：《马克思法哲学思想及其当代意义》，复旦大学博士学位论文，2008 年。

［5］公丕祥：《马克思法哲学思想论要》，载于《中国社会科学》
1990 年第 3 期。

［6］李延明：《对打碎旧国家机器的新理解》，载于《马克思主义研
究》2003 年第 4 期。

［7］阎孟伟：《国家的性质、职能及其合法性——从恩格斯的国家学
说谈起》，载于《马克思主义与现实》2011 年第 2 期。

［8］吴猛、张晓萌：《从黑格尔到海涅：论恩格斯〈路德维希·费尔
巴哈与德国古典哲学的终结〉的叙述起点》，载于《当代国外马
克思主义评论》2013 年第 12 期。

［9］马东景：《马克思法哲学思想研究马克思法哲学思想研究》，安
徽大学博士学位论文，2015 年。

［10］赵春荣：《马克思东方社会理论的若干问题探讨》，载于《探
求》2000 年第 6 期。

［11］马东景：《马克思法哲学思想研究》，安徽大学博士学位论文，
2015 年 5 月。

［12］赵纪梅：《列宁苏维埃制度建设思想研究》，山东师范大学博士
学位论文，2012 年 6 月。

［13］李其瑞、邱昭继：《西方马克思主义法学的源流、方法与价
值》，载于《法律科学》（西北政法大学学报）2012 年第 5 期。

［14］宋玉波：《争论中的当代"西方马克思主义法学"》，载于《现
代法学》2001 年第 4 期。

［15］程铭莉：《国外马克思主义女权主义：理论梳理·观点评析·
殊异甄析》，吉林大学博士学位论文，2014 年 12 月。

后　记

本书由甘肃政法学院党委书记宋秉武研究员具体拟订写作计划和提纲，并对全书的写作进行全面指导，由甘肃政法学院马克思主义学院赵菁教授具体分工部署和统稿。本书的写作具体分工如下：导论（宋秉武），第一、二、三、四、五章（徐玉钦、赵菁），第六、七、八、十四章（赵菁），第九、十章（杨栋），第十一章（一）（杨栋），第十一章（二、三）（张华），第十二、十三章（张华），参加写作的教师均为甘肃政法学院长期从事马克思主义理论、法学教学与研究工作。

本书作为 2014 年甘肃政法学院重点项目"马克思主义法律思想史研究（GZF2014XZDZZ03）"的最终成果，在写作的过程中参阅了大量专家、学者的论文、专著，因各种客观原因未能在书中一一标明，恳请谅解，并在此致以诚挚地敬意和感谢！同时，向中国社会科学出版社的专家们给予的无私指导表示衷心的感谢！也向给予支持和帮助的甘肃政法学院宣传部、科研处、学生处以及马克思主义学院的同仁们表示衷心的感谢！另由于时间仓促、水平有限，难免会有不足或错误，在此诚恳专家、学者批评指导，谢谢大家！

本书写作组

2017 年 2 月